금강삼매경론 상

金剛三昧經論 上

원효학 토대연구소
원효전서 번역총서 03

금강삼매경론 상
金剛三昧經論 上

-

초판 인쇄 2020년 12월 24일
초판 발행 2020년 12월 31일

-

주저자 박태원
발행인 이방원
편 집 정우경 · 김명희 · 안효희 · 정조연 · 송원빈 · 최선희 · 조상희
디자인 손경화 · 박혜옥 · 양혜진 **영 업** 최성수

-

발행처 세창출판사
신고번호 제300-1990-63호
주소 03735 서울시 서대문구 경기대로 88 냉천빌딩 4층
전화 02-723-8660 **팩스** 02-720-4579
이메일 edit@sechangpub.co.kr **홈페이지** www.sechangpub.co.kr
블로그 blog.naver.com/scpc1992 **페이스북** fb.me/Sechangofficial **인스타그램** @sechang_official

-

ISBN 978-89-8411-991-8 94150
978-89-8411-815-7 (세트)

_ 이 도서의 국립중앙도서관 출판예정도서목록(CIP)은 서지정보유통지원시스템 홈페이지(http://seoji.nl.go.kr)와 국가자료공동목록시스템(http://www.nl.go.kr/kolisnet)에서 이용하실 수 있습니다. (CIP제어번호: CIP2020055391)

_ 이 저서는 2015년 정부(교육부)의 재원으로 한국연구재단의 지원을 받아 수행된 연구임.
(NRF-2015S1A5B4A01036232)

원효학 토대연구소

원효전서 번역총서 03

금강삼매경론 상

金剛三昧經論 上

원효학 토대연구소 번역

주저자 박태원

세창출판사

원효전서를 번역하면서

박태원
(책임연구자, 울산대학교 철학과 교수)

대학생 때 『기신론소』를 읽으면서 처음 원효(617~686)와 만났다. 대학원 시절에는 원효전서 전체를 원전으로 일람一覽하였다. 박사학위 논문에도 원효를 담았다. 그러고 보니 원효와의 인연이 거의 35년이다.

인간과 세상의 향상진화에 기여할 수 있는 '보편 성찰에 관한 탐구'를 '보편학'이라 불러 본다면, 원효는 한국학 · 한국철학을 보편인문학으로 승격시키는 데 결정적 가교가 될 수 있는 인물이다. 이런 인물을 탐구한 성취에 기대어 새로운 한국철학 · 인문학을 수립해 보는 것이 언제부턴가 품게 된 학문적 의지이다. 그리고 이 의지를 구현하기 위해 지성공동체의 협업을 펼쳐 보고 싶은 의욕이 나날이 뜨거워진다.

원효 관련 글을 쓸수록 숙제 하나가 뚜렷해졌다. 원효 저서들을 다시 정밀하게 음미하는 동시에 전체를 번역해 보아야겠다는 생각이 간절하였지만 차일피일 미루고 있었다. 더 이상 미루지 못하게 자신을 압박하는 어떤 계기가 필요했다. 2015년에 한국연구재단 토대연구사업으로 '원효전서 번역'을 수행하기로 함으로써 그 계기가 마련되었다. 전체는 아닐지라도 이미 원효 저술의 상당 부분이 번역되어 있고, 『기신론 소 · 별기』 같은 저술은 다수의 번역이 나와 있다. 저술 일부는 영역英譯도 되어 있다. 그래서 〈이런 상황에서 굳이 원효전서를 다시 번역할 필요가 있는가?〉라는 질문을 자주 접하였다. 나의 대답은 〈반드시 다시 번역해야 한다〉는 것이었다. 학인의 길을 걷는 내내, 기존 번역들의 번역양식과 내용에 대해 비판의식을 갖고 새로운 대안적 번역양식에 대해 지속적으로 궁리해 왔기 때문이었다. 원효전서 번역을 통해 원효학 수립의 든든한 초석을 놓고 싶은 의욕도 소신의 근거였다.

어떤 인물과 그의 사상에 대한 탐구가 '학學(Science)'의 자격을 갖추려면 다층적이고 다원적인 탐구와 독법이 결합되어 하나의 학적 체계를 구성할 수 있어야 한다. 그리고 한반도 지성사에서 '학學'의 대상이 될 수 있는 인물들 가운데서도 원효는 단연 돋보인다. 그런데 '원효학'이라 부를 만한 내용은 아직 그 토대나 내용이 많이 취약하다. 무엇보다 원효 저술 전체가 제대로 번역되지 않고 있다는 점이 결정적 원인이다.

새로운 번역양식의 시도

가. 현토형 번역과 해석학적 번역

한문으로 저술한 원효의 글을 읽으면서 번역과 관련하여 품게 된 생각 두 가지가 있다. 하나는, 원문에 대한 자신의 이해를 분명하게 확인하려면 무엇보다도 번역을 해 보는 것이 최고라는 생각이다. 다른 하나는, 현재 통용되고 있는 '한문고전 번역양식'에 대한 방법론적 회의이다.

한문 저술을 원문대로 읽을 때는 원문 특유의 감각을 생생하게 직접 대면할 수 있다는 점이 가장 큰 장점이다. 그러나 원효 저술처럼 고도의 철학적 내용을 담은 글을 읽을 때는 심각한 난제에 봉착한다. 한문이 지니는 어문학적 특징은 철학적 사유의 표현과 전달에 심각한 문제를 발생시키기 때문이다. 한자어는 같은 용어라도 개념의 범주가 넓고 중층적 의미를 담아낸다. 또 한문 문장은 단어와 단어, 구절과 구절, 문장과 문장의 관계를 확인시키는 접속어가 풍부하지도 않고 정밀하지도 않다. 그래서 작자의 의중을 문장에 정밀하게 담아내는 일에, 또한 독자가 필자의 의중에 명확하게 접근하는 일에 많은 장애를 겪게 한다. 무릇 철학적 사유를 글에 담고 또 읽어 내려면, 가급적 개념을 명확히 제한할 수 있는 언어, 문장의 의미를 정확하게 표현할 수 있는 규칙을 정밀하게 구사할 수 있는 언어가 요구된다. 그런 점에서 고전한문을 철학적 사유의 그릇으로 사용하기에는 매우 불편하다.

문장을 구성하는 요소들 상호 간의 관계나 문장 안에서의 역할을 결정해 주는 격변화 법칙이 문장에 정밀하게 적용되는 문어文語, 단어의 개념범주가 분명한 언어는 번역작업을 용이하게 해 준다. 독일어처럼 격변화 법칙이 정밀하고 일관성 있게 반영되는 언어는 철학적 사유를 표현하거나 읽고 이해하는 데 매우 편리하다. 팔리어나 산스크리트어도 격변화 법칙이 분명하고 개념의 범주가 분명하기 때문에 문장 번역이나 이해에서 편차가 줄어든다. 이에 비해 고전한문에는 단어의 격변화 법칙이 없다. 한자어 하나가 어미변화 없이 다양한 품사로 구사된다. 그나마 문장 구성요소들의 관계를 파악하는 데 도움이 되는 허사虛辭들도 소략하다. 정밀하지도 않고 풍부하지도 않다. 그래서 단어들 사이의 관계나 문장 내에서의 역할을 결정하는 일에서 감당해야 할 독자讀者나 번역자의 몫이 너무 크다. 게다가 단어의 개념범주는 넓고도 다층적이다. 사정이 이렇다 보니 한문 해독력이나 문장 구사력을 확보하기 위해서는 다양한 문형들을 거듭 익히는 것이 전통 학습법이 되었다. '백번 읽다 보면 뜻이 저절로 드러난다(讀書百遍義自見)'는 말도 고전한문의 특성과 무관하지 않다.

원효 시대의 한국어, 특히 구어의 내용이 어떤 것이었는지 정확하게 확인하기는 어렵지만, 현재를 기준 삼아 볼 때 한국어는 접속어나 수사법의 정밀성이나 풍부함이 어디에 내놓아도 손색이 없는 수준이다. 한자어를 포섭하면서 구사되는 현재의 한국어는, 기록과 수사修辭는 물론 철학적 사유의 그릇으로 정말 탁월하다. 그래서 나는 한국어의 주체로 살아가는 것을 크나큰 행복으로 여긴다. 원효 시절의 한국어가 지금처럼 정밀하고 풍요로웠는지는 알 수 없으나, 한문이 한국어의 구어적 정밀성과 풍요로움을 담아내기에는 턱없이 부족했을 것이라 생각한다. 원효는 자신의 정교하고 다층적인 사유를 한자와 한문에 담아내는 데 매우 불편했을 것이다. 그러나 어쩔 수 없이 한문을 문어文語로 사용해야만 하는 시절이었다.

원효의 입장에서 볼 때, 다양한 의미일지라도 어쩔 수 없이 동일한 한자어를 쓸 수밖에 없는 경우가 허다했을 것이다. '불변의 본질', '본연', '특성', '면모' 등의 상이한 의미를 '성性'이라는 한 용어에 담아야 했고, '불변 · 독자의 실체 없음'과 '헛됨'도 모두 '공空'에 담아야 했으며, '실체 관념', '특징', '양상', '능력', '모습', '차이'라는 다양한 의미도 '상相'이라는 한 용어에 담아야 했다. 또 '가르침', '진리', '방법', '객관세계', '도리', '대상', '바탕', '존재', '온갖 것', '현상' 등의 의미도 모두 '법法'이라는 말에 담아야 했다. 이런 사례가 부지기수이다. 문장이 전하는 뜻을 결정짓는 핵심개념의 거의 전부가 이런 사정에 노출되어 있다. 게다가 단어와 단어, 구절과 구절, 문장과 문장의 관계를 이어 주는 접속어가 정교하지 않은 탓에, 순접과 역접뿐 아니라 미세하고 중요한 관계의 차이들을 한문 문장으로는 명확히 구현할 수가 없었다. 그의 사유가 보여 주는 극미세한 분석적 정밀성과 다층 · 다면적 입체성으로 볼 때, 그의 사유와 한문의 관계에는 심각한 불화가 있었을 것이지만 다른 방법도 없었다.

원효 저술뿐 아니라 한문으로 저술된 고전들, 특히 철학적 내용을 담은 고전들에 대한 번역은, 이런 난제들을 얼마나 잘 해결했는가에 따라 번역물의 수준이 결정된다. 그런데 한문고전에 대한 기존의 한글번역본은 과연 이런 난제들을 얼마나 해결하고 있을까? 아니, 번역자나 학인들은 이러한 문제를 해결과제로 인식하고는 있는 것일까? 필자의 생각으로는 회의적이다. 문제의식 자체가 결여되어 있는 것으로 보인다. 그래서 해결의지도 약하고, 해결하려는 시도도 만나기 어렵다.

기존의 원효저서 한글번역본들은 일종의 '현토懸吐형 번역'이다. 원전의 한문용어를 대부분 그대로 채택하면서 최소한의 접속어를 부가하여 한글문장으로 전환시키고 있다. 현토가 전통한문에 결핍되어 있는 정밀한 조사나 어미, 접속사를 최소한의 방식으로 보완하여 의미파악의 보조수단으로 삼는 형태였다면, 근대 이후의 한글번역은 현토라는 최소한의 역할을 한글로 보완한 형태라 할 수 있다. 그런 점에서 선행 번역들은 '현토형 번역' 혹은 '전통형 번역'이라 부를 수 있다.

현토형 번역은 원전의 어문적 구성요소들을 가급적 원형 그대로 번역문에 반영한다는 점에서, 의미의 변형이나 훼손을 최소화할 수 있는 번역 양식으로 간주되곤 한다. 그래서 원효 저술 번역의 경우, 예컨대 성性·상相·체體·법法이나 이런 개념들과 결합한 복합어를 모두 원전표현 그대로 사용하는 것이 의미훼손을 막을 수 있다고 주장하면서 그대로 번역어로 채택한다. 그러나 같은 용어라도 맥락에 따라서는 상반되거나 다른 의미로 사용되고 있기 때문에, 번역자는 자신의 관점에 따라 그 의미를 결정하여 번역어에 반영하는 것이 원칙이다. 특히 문학이나 비문학, 역사서뿐만 아니라 철학적 문헌인 경우에도 반드시 그렇게 해야 한다. '모든 번역은 해석이다'라는 말은 한문으로 된 철학적 문헌, 특히 원효 저술의 경우에도 고스란히 유효하다. 번역자의 관점에 따라 의미를 선택하고 내용을 명확하게 하는 방식으로 번역해 보면, 원문에 대한 번역자의 이해가 타인뿐 아니라 자신에게도 분명해진다. '원문에 대한 자신의 이해를 분명하게 확인하려면 무엇보다도 원전을 읽지 않은 사람, 읽을 수 없는 사람을 고려한 번역을 해 보는 것이 최고'라고 생각하는 이유이다.

그러나 현실의 풍경은 많이 다르다. '풍부한 원어의 의미를 제한하면 안 된다', '심오한 뜻을 훼손시키지 않아야 한다'는 등의 논리를 앞세워 가급적 원전표현을 그대로 사용하려는 태도가 일반화되어 있다. 단순개념이든 복합개념이든 원문용어 그대로 가져와 한글문장을 만들고 있다. 그런 번역에서는 문장을 구성하는 '용어들의 맥락적 의미'와 '문장의 의미'를 읽어 내는 역자의 관점 및 이해가 드러나기 어렵다. 번역자나 독자 모두 문장의 의미에 접근하기 어렵다. 특히 독자는, '읽을 수는 있으나 뜻을 알기 어려운 현토형 한글문장' 앞에서 고개를 젓는다.

문장의 의미파악을 현토懸吐적 번역으로 처리하는 현토형 번역양식을 채택하는 것은 번역자에게는 매우 유리하고 독자에게는 극히 불리하다. 원전용어의 현토형 배열에는 역자의 이해 수준을 숨길 공간이 넉넉하여, 역자에게는 편할지 몰라도 독자에게는 불편하고, 학문적 기여도는 제한된다. 현토형 번역물들 사이의 비교평가는 그저 한문해석의 어문학적 타당성이나 현토의 차이를 기준 삼아 행할 수 있을 뿐인데, 그런 평가는 너무 엉성하다.

한문고전의 현토형 번역물을 영어번역과 비교해 보면 현토형 번역의 문제점이 분명히 드러난다. 영어번역은 아무리 단순한 개념을 담은 용어라도 원전표현을 그대로 사용할 수가 없다. 영어에는 한자어가 없기 때문이다. 그래서 번역자가 선택한 해당 용어의 의미를 일일이 영어로 기술해야 한다. 한문을 영어로 옮기려면 모든 용어와 문장에 대한 번역자의 이해를 고스란히 번역문에 반영해야 한다. 따라서 영역본을 읽으면 뜻이 분명하고 이해하기가 쉽다. 원문에 대한 의미파악이 얼마나 정확한지, 얼마나 좋은 번역인지는, 여러 번역본들을 비교하고 평가하는 담론과정에서 결정하면 된다. 달리 말해, 영역은 번역자의 이해가 분명히 드러나므로 차이의 확인과 평가가 용이하다. 그리하여 다른 이해를 반영한 다른 번역이나 더 좋은 번역이 등장하기 쉽다. 영역을 비롯한 외국어 번역본에서는 동일 고전에 대한 새로운 번역이 계속 이어지고, 또 그런 현상을 당연하게 여기는 이유가 여기에 있다. 동일 문헌에 대한 다양한 번역을 통해 번역의 자기진화가 가능하다. 현토형 한글번역과 영역은 모든 점에서 극명하게 대비된다. 이 차이가 무엇을 의미하는지 주목해야 한다.

전통/현토형 번역의 유용성은 제한된 소수자들만의 협소한 공간에 유폐된다. 전문가를 자처하는 소수자들 사이에서만 유통되고 재생산되는 번역은 폐쇄적 공간에 머물기 마련이다. 학문적 기여가 제한되고, 현재어와의 소통성 부재로 인해 다양한 언어지형들과 상호작용하기가 어려우며, 의미 가독성이 떨어져 연구자들과 대중지성들의 갈증을 채워 줄 수가 없기 때문이다. 그럼에도 불구하고 한국에서의 동아시아 한문고전 번역, 특히 철학/사상 관련 고전들의 번역에서는 아직도 이러한 폐쇄적 방식이 일반형으로 유통되고 있다.

고전한문으로 기술된 철학적 문헌은 관점과 이해한 내용에 따라 번역물 수준의 편차가 특히 심하다. 원효저서의 번역에는 이런 문제가 고스란히 노출된다. 더욱이 원효는 거의 모든 유형의 불교교학을 통섭通攝적으로 다루고 있기에 그의 언어를 번역하기 위해서는 다채로운 역량을 준비해야 한다. 원효저서 번역을 위해서는 어문학적 한문해독력은 물론 모든 불교교학과 원효사상에 대한 심도 있는 탐구, 연관되는 철학적 성찰에 대한 넓고 견실한 소양을 확보해야 한다. 아울러 불교언어의 특수성이 요구하는 근원적 역량도 유념해야 한다. 불교언어는 경험에 의한 검증가능성을 원칙으로 삼는 진리관 위에 수립된 것이기에 사변적 방식만으로 접근하는 것에는 한계가 있다. 따라서 언어에 반영된 그 언어주체의 경험지평에 접근하려는 실존적 노력마저 요구된다. 이 근원적 역량의 향상은 결코 단기간에 가능한 것도 아니고 쉬운 것도 아니지만, 번역대상 언어의 의미 파악에서 결정적 역할을 한다. 번역자는 이런 다채로운 역량들에 의거하여 최종적으로 자신의 해석학적 관점을 선택한 후, 그 관점에 따라 포착한 문장의 의미를 명확한 형태로 현재어에 담아내야 한다.

원효저서에 대한 기존의 한글번역들은 현토형 번역양식이 안고 있는 문제점들을 그대로 노출하고 있다. 이런 문제점들을 극복할 수 있는 대안은 '해석학적 번역양식'이다. 원전 내용에 대한 번역자의 이해를 명확히 드러내면서 그 이해를 현재어에 담아내는 것을 '해석학적 번역'이라 불러보자. 해석학적 번역은, 번역자의 이해를 명확히 드러냄으로써 '의미 가독성'을 높이고 '번역내용에 대한 평가'를 용이하게 하여 더 좋은 번역들이 이어지게 한다. 또한 번역이 현재어와 접속되어 다양한 지식지형의 현재 언어들과 상호작용할 수 있는 '소통성'을 높여 준다.

해석학적 번역을 구현하기 위해서는, '모든 한자어의 의미 풀어 쓰기'와 더불어, 문장 의미에 대한 번역자의 이해를 번역문에 명확하게 반영하는 작업이 이루어져야 한다. 이러한 작업을 위해서는 파악한 뜻을 부연하여 설명하고 단어와 문장들의 관계를 정밀하게 연결시켜 주는 보조문의 삽입이 필수적이다. 원문에는 없어도 의미 전달에 필요한 내용을 원문과 차별 가능한 형태로 적절하게 추가해야 한다. 이를 위해 이 '원효전서 번역' 작업에서는 글자 크기를 달리하는 '[ ]' 기호를 사용하여 그 안에 보조문구를 기입하는 방식을 적극 활용했다.

기존의 현토형 내지 전통형 번역을 통틀어 '1세대 번역양식'이라 부른다면, 이제는 기존 번역양식의 한계와 문제점을 보완한 '2세대 번역양식'이 요청된다. 그리고 이 2세대 번역양식은 '해석학적 번역'이어야 한다. 이번에 시도하는 원효전서 번역은 이러한 해석학적 번역양식을 원효 저술을 대상으로 구현해 보려는 것이다. 해석학적 번역본은 원효저서의 외국어번역을 위한 저본으로 사용하기에도 용이하다. 현행 현토형 번역은 외국어번역의 저본으로 채택하기가 어렵다. 현재 부분적으로 영역되어 있는 것들은 영어권 학자 스스로 원전의 의미를 파악하여 영어로 옮긴 것이다. 원효저서 전체에 대한 신뢰할 만한 영어번역본의 확보는 원효학의 세계적 전개를 위해 시급한 과제인데, 이번의 번역이 그 가교가 될 수 있기를 기대하고 있다. 아울러 한문 불전佛典뿐 아니라 동아시아 고전의 한글번역 방식에 있어 양식 전환의 계기로 작용할 수 있는 한 전범典範을 마련해 보려는 전망까지 품고 있다.

나. 협업적 공동번역시스템에 의한 번역

번역자의 역량이 아무리 출중해도 단독번역 작업은 여러 한계를 수반한다. 아무리 꼼꼼히 챙겨도 놓치는 것이 있다. 관련자료 탐색, 의미파악, 번역문 구성 등 번역의 모든 면에서 혼자서는 해결하기 어려운 문제점들이 발생하기 마련이다. 이런 문제를 해결하려면 다양한 역량을 지닌 사람들이 팀을 이루어 협업하는 방식이 이상적이다.

통상적으로 대형 공동번역은 번역물을 연구자들에게 배분한 후 각 연구자들이 번역한 것을 종합하는 형식이다. 번역어 통일이나 내용의 정합성을 위한 조정과정을 거치기는 해도, 기본적으로는 단독번역들의 종합이 된다. 그러다 보니 문헌마다 담당 번역자의 이해가 단독적으로 반영될 뿐, 의미파악의 타당성을 공동으로 면밀하게 검토할 수 있는 기회가 결여된다. 무엇보다도 다수의 연구자들이 꾸준히 머리를 맞대고 함께 작업할 수 있는 환경을 확보하기가 어렵기 때문이다. 이번 원효전서 번역은 한국연구재단의 재정지원으로 인해 이런 문제점을 극복할 수 있는 협업적 공동번역 시스템을 구성하여 가동할 수가 있었다.

한역漢譯대장경을 산출했던 번역시스템은 탁월했다. 국가적 지원 아래 구성한 번역시스템은 가히 이상적이었던 것으로 보인다. 산스크리트어에 대한 어문학적 해석력, 한문 번역문의 구성력, 불교언어의 뜻을 읽어 내는 의미파악력 등, 번역에 필요한 최고수준의 전문가들이 모여 각자의 역량을 결합시킬 수 있는 시스템이었다. 그런 시스템을 다시 꾸리기는 어려울 것으로 보인다. 그러나 이번 원효전서 번역에서는 그런 시스템의 장점을 조금이라도 닮아 보려고 했다. 그래서 불교학 각 분야 전문연구자들의 역량을 결합할 수 있는 팀을 구성하고, 모든 번역문을 독회세미나를 거쳐 결정했다. 매주 1회 개최되는 '원효전서 독회세미나'에서 연구자들의 역량을 상승적으로 결합시키면서 모든 번역문을 확정했다. 이 팀 번역시스템은 언제나 다음과 같은 3단계의 작업으로 진행하였다.

1단계 참여연구자들은 각자 맡은 번역내용과 관련된 교학이론 및 기존의 연구를 소화하는 동시에, 문장내용, 인용문 원전내용, 전문 교학용어 등 관련 사항들을 꼼꼼히 분석하고 자료들을 종합한다. 또한 기존의 번역이 있는 경우에는 그 번역들과 대비시키면서 해석학적 번역양식에 맞추어 새로운 번역문을 준비하여 책임연구자에게 전달한다.

2단계 책임연구자는 참여연구자들이 작성한 번역문 및 관련 자료의 모든 내용을 원문과 대조하여 수정/보완한 새로운 번역문을 작성한다.

3단계 참여연구자들이 준비한 관련자료 및 번역과 책임연구자의 번역을 종합하여, 매주 1회 연구자들이 모두 모인 '원효전서 독회세미나'에서 함께 검토하면서 최종 번역문을 확정한다. 한 용어, 한 구절의 의미나 번역을 둘러싼 다양한 문제와 이견이 제기되고 토론되는 과정에서, 참여자들은 원효사상과 불교철학에 대한 이해 및 번역 역량을 향상시켜 간다.

이 모든 과정에서 번역의 일관성과 정합성을 위해 의미파악과 번역문의 최종결정은 책임연구자가 맡았다. 따라서 의미파악의 오류나 번역문의 문제점이 있다면 전적으로 책임연구자의 허물이다. 책임연구자가 꾸준히 원효연구를 진행했기에 그런 역할을 하긴 했지만, 잘못 이해하거나 놓쳐 버린 뜻을 일깨워 주는 참여연구자들의 혜안과 역량이 있었기에 역할 수행이 가능했다. 이러한 협업적 공동번역은 참여연구자들 각자의 공부 향상에도 크게 기여했지만, 무엇보다 나 자신에게 매우 유익했다. 한 단어 한 구절씩 해석학적 양식으로 꼼꼼히 번역하다 보니, 원문으로 읽을 때는 놓치거나 대충 넘어갔던 내용과 의미들을 새롭게 만날 수 있었다. 그동안 원효와 너무 건성으로 만났다는 것을 확인해야 하는 것은 부끄러움이었지만, 새로운 원효를 만난다는 것은 설레는 기쁨이었다. 거듭 새 모습으로 서 있는 원효를 만나고, 그를 통해 불교철학에 대한 새로운 독법을 전망해 보는 희열 때문에, 나와 참여연구자들 모두 장기간의 혹독한 과정을 기꺼운 마음으로 감내할 수 있었다. 원효와 대화하면서 비단 불교학이나 종교학뿐만 아니라 인문학과 철학 자체의 새로운 전망까지 품을 수 있었던 것은 행복을 넘어선 행운이었다.

원효사상의 포괄적 성격 때문에, 원효저서를 번역하려면 원효가 탐구했던 모든 유형의 교학과 불교철학을 소화해야 한다. 따라서 번역과정에서 연구자들은 자연스럽게 폭넓고 깊고 유기적인 불교이해와 견실한 학문 역량을 다져 가게 된다. 이러한 성취는 고된 작업과정을 감내해 낸 참여연구자들에게 주어지는 최고의 보상이다. 원효전서 번역과정을 통해 참여연구자들이 확보한 역량은 향후 원효학 수립은 물론 한국 인문학 발전의 소중한 자원이 될 것이다.

이미 출간한 『열반종요』와 『대승기신론 소・별기』에 이어, 이번에는 원효의 평생 탐구가 최종적으로 갈무리되어 있는 『금강삼매경론』을 내놓는다. 한국뿐 아니라 세계 인문학의 새로운 전망을 제공할 수 있을 것이라 확신한다. 세계적 범주의 인문 지성을 선도할 수 있는 한반도 자생인문학을 수립할 탄탄한 근거로 채택될 수 있을 것이다. 첫선을 보인 『열반종요』는 불교출판문화상 수향번역상(2019)과 대한민국학술원 우수학술도서(2020)로 선정되기도 하였다.

2020년 9월 9일

문수산* 자락 울산대학교 연구실에서

* 문수산(옛 영취산)은 원효가 사미 시절 영취산 서북쪽 반고사磻高寺에 있을 때 스승으로 삼았던 낭지朗智스님이 주석하던 곳이다. 이때 낭지스님은 원효로 하여금 『초장관문初章觀文』과 『안신사심론安身事心論』이라는 두 권의 책을 저술하도록 하였는데, 저술을 마친 원효가 낭지스님께 책을 올리며 쓴 게송이 지금도 전한다. 이 영취산 자락에 있는 울산대학교에서 원효전서를 번역하며 원효를 만나고 있다.

일러두기

❶ 본서는 『한국불교전서韓國佛敎全書』 제1권(604b~677b)에 실린 『금강삼매경론金剛三昧經論』(조선불교회본朝鮮佛敎會本: 劉敬鍾校訂本)을 저본으로 삼고, 『고려대장경高麗大藏經』(보유판정함補遺板庭函)을 갑본甲本으로 삼아 교감한 것에 따라 번역한 것이다. 아울러 본서에서는 『대정신수대장경大正新修大藏經』에 실린 『금강삼매경金剛三昧經』 1권(T9, 365c~374b)과 『금강삼매경론金剛三昧經論』(T34, 961a~1008a)에 실린 내용도 함께 대조하였다.

❷ 『금강삼매경』의 본문과 이에 대한 원효의 해설을 구분하기 쉽도록 『금강삼매경』의 본문은 글상자 안에 넣었다.

❸ 『금강삼매경론』에 대한 원효의 과문科文은 내용별로 나누어 각 품品 말미에 각주로 소개하였다. 아울러 부록에 전체 과문표를 종합해 두었다.

❹ 모든 원문 교감은 해당 원문의 각주에서 교감의 내용 및 그 근거와 이유를 밝히는 것을 기본방식으로 하였다. 문맥에 따른 교감의 경우에는 해당 번역문의 각주에서 그 근거와 이유를 밝히기도 했다. 또한 교감할 필요는 있어도 원효의 의도를 고려하거나 당시 문헌의 판본을 보존하는 의미가 있다고 판단되는 경우라면, 문맥에 저촉되지 않는 사례에 한하여 교감하지 않은 경우도 있다.

❺ 본문의 출처표기에 나오는 'H1'은 『한국불교전서』 제1권에 있는 『금강

삼매경론』의 해당 내용을 가리키고, 'T34'는 『대정신수대장경』 제34권 에 수록된 『금강삼매경론』의 해당 내용을 가리킨다.

❻ 학인들의 연구를 돕기 위해 각 문단마다 해당 원문의 출처를 자세히 밝혀 두었다.

❼ 원전 개념어의 뜻을 풀어 번역하는 경우, 번역문은 작은따옴표(' ')로 표시했고 해당하는 한문 개념어는 괄호 안에 제시했다. 또한 번역문에서 '[ ]'로 표시된 보조문의 내용은 단어와 문장 및 문맥에 대한 번역자의 이해를 나타낸 것이다.

❽ 원전의 개념어나 문맥의 해석을 위해 역주가 필요한 경우에는 관련된 경론經論의 문구를 제시함으로써 해석의 근거를 밝히는 것을 역주 작성의 원칙으로 삼았다. 참고한 사전과 연구서들에 관해서도 출처를 밝혔다.

❾ 『한국불교전서韓國佛教全書』는 H, 『대정신수대장경大正新修大藏經』은 T, 『만자속장경卍字續藏經』은 X로 약칭했다.

❿ 원효가 인용하고 있는 경론들의 산스크리트본이 현존하는 경우, 해당하는 산스크리트 문구들을 찾아 번역하여 역주에 반영시킴으로써 한역漢譯 내용과 대조해 볼 수 있게 하였다. 원효가 인용하고 있는 경론들의 내용과 현존하는 산스크리트본의 해당 내용을 대조할 때 사용한 참고문헌은 다음과 같다.

〈약호〉

LAS. *The Laṅkāvatāra Sūtra*, ed. by Bunyiu Nanjio, Kyoto: Otani University

Press, 1923.
MañjuSp. *Mañjuśrīparivartāparaparyāyā Saptaśatikā prajñāpāramitā* in *Mahāyānasūtrasaṃgraha Part I*, ed. by P. L. Vaidya, Darbhanga: Mithila Institute of Postgraduate Studies and Research in Sanskrit Learning, 1964.
MAV(MAVBh). *Madhyāntavibhāgabhāṣya*, ed. by Gadjin M. Nagao, Tokyo: Suzuki Research Foundation, 1964.
PvsP. I-2 *Pañcaviṃśatisāhasrikā Prajñāpāramitā I-2*, ed. by Kimura Takayasu, Tokyo: Sankibo, 2009.
PvsP. V *Pañcaviṃśatisāhasrikā Prajñāpāramitā V*, ed. by Kimura Takayasu, Tokyo: Sankibo, 1992.
RGV. *The Ratnagotra-vibhāga Mahāyānottaratantraśāstra*, ed. by Edward H. Johnston, Patna: The Bihar Research Society, 1950.
Saddhap. *Saddharmapuṇḍarīka*, ed. by H. Kern and Bunyiu Nanjio, Tokyo: Meicho-Fukyū-Kai, 1977(1st. 1908~1912).

〈기타〉

Delhey, Martin, *Samāhitā Bhūmiḥ: Das Kapite über de meditative Versenkung im Grundteil der Yogācārabhūmi Teil 1*, Wien: Arbeitskreis für Tibetische und Buddhistische Studien Universität Wien, 2009.
Lee, Youngjin, *Critical Edition of the First Abhisamaya of the Commentary on the Prajñāpāramitā Sūtra in 25,000 Lines by Ārya-Vimuktiṣeṇa, based on Two Sanskrit Manuscripts preserved in Nepal and Tibet*, Napoli: Università degli studi di Napoli L'Orientale, 2017.
안성두 번역, 『보성론寶性論』, 서울: 소명출판, 2011.

⓫ 『열반종요』와 『대승기신론 소 · 별기』 서문에 각각 게재했던 「원효학의 철학적 과제와 전망」과 「이해와 마음 — 원효와 붓다의 대화(Ⅰ)」를

이번에는 「차이(相)들의 '상호개방'(通)과 '상호수용'(攝) – 『금강삼매경론』과 차이통섭의 철학: 원효와 붓다의 대화(II)」라는 글로 대체하였다. 「원효전서를 번역하면서」, 「원효의 삶을 증언하는 기록들(三大傳記)」, 「원효의 생애 연보年譜」는 다시 게재하였다.

상권 차례

(3) 들어가는 원인이 되는 일의 작용(入因事用)

(4) 들어간 결과인 '[사실대로여서] 한결같은 현상[에 늘 머무르는 것]'(入果[常住]常法)

7. [육품六品의 핵심을] 모두 지니게 하는 단원(摠持品)

1) [질문을 받아 주기를] 요청함(請)

2) [질문을] 허락함(許)

3) [대중들의] 모든 의문들을 곧바로 해결함(正決諸疑)

(1) 여섯 단원[에 나오는] 여섯 가지 의문을 역순으로 해결함(六品六疑却次而決)

① 하나씩 해결함(別決)

가. 「여래의 면모가 간직된 창고[를 주제로 하는] 단원」에서 일어난 의문을 해결함(決如來藏品中起疑)

나. 「참된 면모[인 '사실 그대로']에는 불변 · 독자의 본질/실체가 없다는 것[을 주제로 하는] 단원」에서 일어난 의문을 해결함(決眞性空品中起疑)

다. 「사실 그대로가 온전하게 드러나는 지평에 들어감[을 주제로 하는] 단원」에서 일어난 의문을 해결함(決入實際品中起疑)

라. 「깨달음의 본연[인 '사실 그대로 앎']이 지닌 이로움[을 주제로 하는] 단원」에서 일어난 의문을 해결함(決本覺利品中起疑)

마. 「[불변 · 독자의 본질/실체로서] 생겨난 것이 없다는 [이해에 의거한] 수행[을 주제로 하는] 단원」에서 일어난 의문을 해결함(決無生行品中起疑)

바. 「[불변 · 독자의 본질/실체로 차별된] 차이가 없다는 도리[를 주제로 하는] 단원」에서 일어난 의문을 해결함(決無相法品中起疑)

② 총괄하여 마무리함(摠定)

(2) 한 단원[에 나오는] 세 가지 의문을 차례대로 없앰(一品三疑順次而遣)

① [여래장품如來藏品에서 일으킨] 첫 번째 의문(第一疑)

② [여래장품如來藏品에서 일으킨] 두 번째 의문(第二疑)

③ [여래장품如來藏品에서 일으킨] 세 번째 의문(第三疑)

4) [부처님의 설법을] 이해함(領解)

차이(相)들의 '상호개방'(通)과 '상호수용'(攝)
–『금강삼매경론』과 차이 통섭의 철학: 원효와 붓다의 대화(II)

박태원

1. 원효의 '철학적 영성'과 통섭通攝 그리고 치유철학

원효元曉(617~686)는 고도의 보편철학이 넘실대던 7세기 동아시아 지성계에서도 단연 돋보이는 '철학적 영성'이다. 메마른 사변 지성을 훌쩍 넘어서고 있다는 점에서는 '영성靈性'이고, 신비의 비약과 모호한 언어 안개의 베일을 거부하면서 정교한 사유와 치밀한 논리를 담은 언어로 그 영성의 내용을 드러내고 있다는 점에서는 '철학'이다. 이 희유한 '철학적 영성'은 한반도 지성 계보의 최고급 수준이 어떤 것인지를 확인시켜 줄 뿐 아니라, 인류 지성사에서 유례를 찾기 어려울 정도의 수준과 풍요를 구가한 7세기 동아시아 사상계에서도 그 정점의 우뚝한 한 자리를 차지한다.

원효의 통찰은 그 시효가 과거완료형이 아니다. 과거와 현재 그리고 미래를 관통하는 보편적 생명력으로 가득하다. 그의 사유와 혜안은 현금 인문학에게 새로운 전망을 선물한다. 특히 한반도 학인들이라면 그의 언어를 등바람 삼아 전위적인 자생 철학과 보편 인문학을 수립해 갈 수 있다. 원효와 대화하면서 갈수록 단단해지는 확신이다. 한반도 학인들은 원효와의 대화를 통해 비로소 세계적 호소력을 지닌 자생 철학/인문학을 충실한 내용으로 가꾸어 갈 수 있다. 전반적으로 한반도 인문 학인들은 근대 이전에는 중국에 주눅 들었고 근대 이후에는 서양에 압도되면서 가히 수동적 종속 지형에서 자유롭지 못했다. 예외에 해당하는 사례가 결코 흔치 않다. 원효와 제대로 대화한다면, 오래고도 질긴 수입 지성의 종속적 지형에서 비로소 탈출할 수 있다. 그리하여 자신감과 자부심으로, 전위적이고도 보편 수준의 능동적 자생 인문학을 일구어 인류에 기여할 수 있다. 원효의 철학적 영성은 한반도 인문학의 이러한 전환을 이끌 가장 강력한 고유 자산이다. 원효와 대화하면서 확신처럼 얻게 된 전망이다.

아쉬운 것은 한반도 학인들이 아직까지는 원효와 대화할 역량을 충분히 확보하지 못하고 있다는 점이다. 필자의 탐구 과정을 반성하면서 내리는 진단이다. 원효에 대한 찬사는 넘쳐 나지만, 그 찬미의 원효 읽기가 오히려 원효 언어의 생명력을 사장死藏해 버리거나 원효와의 대화를 방해하기조차 한다. 학인들은 원효와의 대화 역량을 전면적으로 보완할 필요가 있어 보인다. 별다른 문제의식 없이 학계에서 상호 승인해 가던 기존의 방법론과 관점들을 그 전제에서부터 비판적으로 성찰하고 새로운 시도에 나서 보는 용기와 노력이 절실하다고 본다. 필자가 한국연구재단 토대연구사업 지원으로 시도한 원효전서의 해석학적 번역은 그러한 문제의식의 산물이다. 한 권씩 출간되면서 확인되는 학계와 학인들의 반응은 이러한 문제의식과 노력이 유효한 것임을 확인시켜 준다. 새롭게 시도된 원효전서 번역은 향후 다채롭고 심층적인 원효 읽기 역량을 키우는 데 적절히 활용될 것이라 본다.

저술 규모로 보아도 원효는 가히 동아시아 최대의 저술가이다. 그의 저서 목록은 80여 부 200여 권이 확인된다. 그 가운데 완본完本으로 현존하는 것은 『금강삼매경론』·『대승기신론소』·『대승기신론별기』·『열반경종요』·『이장의』·『대혜도경종요』·『법화종요』·『미륵상생경종요』·『무량수경종요』·『아미타경소』·『보살계본지범요기』·『발심수행장』·『대승육정참회』 등의 13부이며, 잔본殘本으로 현존하는 것은 『중변분별론소』·『본업경소』·『범망경보살계본사기』·『화엄경소』·『판비량론』·『십문화쟁론』 등 6부와 『해심밀경소서』·『미타증성게』 등이 있다. 간략한 『미타증성게』를 제외하면 총 20종의 저서가 현존하는 것이다.

잔본의 경우, 『화엄경소』는 60권 『화엄경』에 대한 주석으로 원래 10권이었지만 지금은 서문과 권3만이 남아 있다. 원래 상 · 중 · 하 3권으로 되었던 『본업경소』는 현재 권1만 전하며, 『범망경보살계본사기』는 상 · 하 2권이었지만 지금은 상권만 남았다. 『판비량론』은 25지紙 분량의 1권이었는데, 지금은 후반부 약 19지 분량과 책 말미의 회향게廻向偈 7언 4구와 지기識記가 전한다. 『중변분별론소』는 모두 4권이었지만 지금은 권3만 남았다. 원래 2권이었던 『십문화쟁론』은 지금 해인사에 목판 3매가 남았을 뿐이다. 『해심밀경소』는 현재 서문만 남았고, 미타증성게는 7언 12구가 남아 있다.

총 저서 가운데 일부만 남아 있는 현존 저서만 해도, 그 분량과 내용이 보여 주는 사유의 범주는 거대할 뿐 아니라 그 내용 역시 심층적이며 다층적이다. 7세기 동아시아 불교사상계의 거의 모든 유형과 내용이 능동적 자세로 정밀하게 다루어지고 있다. 그런데 원효의 이 다채롭고 방대한 탐구는 그저 병렬적으로 나열된 것이 아니다. 방대한 경론經論과 불교해석학/교학의 다채로운 사유에 대한 원효의 탐구에는 수렴처가 있다. 이 수렴처는 그의 구도 행각 초기에 완결적으로 마련된 것이라기보다는, 구도의 길에 들어선 이후 평생에 걸친 성찰과 수행 과정에서 점차 뚜렷해진 것으로 보는 것이 합리적이다. 성찰과 수행 내용의 누적적 상호결합이 역동적으로 진행되는 과정에서 분명해진 것이라고 본다. 그리고 구도적 탐구 여정에서 점차적으로 뚜렷해졌을 이 수렴의 초점은 원효 삶의 후반기로 갈수록 그 내용이 분명해졌을 것이다. 필자가 그의 말기 저술, 아마도 최후 저술로 보이는 『금강삼매경론』을 특히 주목하는 이유도 여기에 있다.

원효철학을 총괄적으로 엮을 수 있는 최상위 원리를 '원효철학의 원리'라고 한다면, 이 원리를 무엇으로 파악하느냐에 따라 원효철학에 대한 이해와 원효철학의 체계를 수립하는 관점이 결정된다. 원효철학의 원리로서 학계에서 주로 주목되어 온 것은 일심一心과 화쟁和諍사상이다. 일심과 화쟁을 원효철학의 원리로 보려는 시선은 어느 것을 더 중시하느냐에 따라 두 부류로 나뉠 수 있다. 화쟁을 원효철학의 중심축으로 간주하는 시선은 일심사상을 화쟁의 토대로 이해하려고 하며, 일심을 중심축으로 보려는 시선은 화쟁을 일심사상의 표현 내지 일심 구현의 방법으로 이해하려 할 것이다. 어떤 시선을 선택하더라도 일심과 화쟁이 분리시킬 수 없이 연관되어 있다는 것을 인정하는 점에서는 공감대를 형성하고 있다. 그리고 원효철학의 특징 내지 원효철학의 체계를 관통하는 원리를 화쟁에서 찾는 것이 학계의 전반적 경향이다.

원효의 구도적 탐구과정에서 점차 형성되었고 시간이 흐를수록 뚜렷해졌을 탐구의 수렴처가 '원효철학의 원리'다. 그리고 이것은 '방대한 경론과 다채로운 불교해석학/교학들에 대한 원효의 구도적 탐구를 총괄할 수 있는 원리'이다. 필자는 이 원리를 '차이(相)들의 상호개방(通)과 상호수용(攝)'을 근원적으로 가능케 하는 '통섭通攝철학'이라 본다. 이러한 관점으로 보면 일심과 화쟁은 통섭을 가능케 하는 두 가지 핵심 조건이 된다. 일심은 '통섭을 가능케 하는 마음지평'이고, 화쟁은 '통섭을 구현해 내는 사유방법'이다. 원효가 사유의 토대를 마련한 연구인 『대승기신론별기』·『대승기신론소』에서는 물론, 평생의 탐구를 결합시켜 그 결실을 보여 주는 『금강삼매경론』에서도 등장하는 '통섭通攝'[1]이라는 용어야말로 원효의 모든 탐구 성과를 관통·총괄할 수 있는 개념이자 원리로 보인다. 원효가 『금강삼매경론』에서 평생의 탐구 성과를 결집시켜 집중적으로 거론하는 것은 다름 아닌 '통섭철학'이다. 그리고 이 통섭철학은 '차이 문제에 관한 근원적 통찰'이자 차이들의 화해를 가능케 하는 '차이 치유의 철학'이다.

---

1 학계에서 널리 회자되는 '통섭統攝'이라는 개념은 원효가 구사하는 '통섭通攝'이라는 개념과는 한자어도 다르고 그 함의도 다르다. 모든 내용을 통합적으로 결합시키려는 발상인 '통섭統攝'과는 달리, 원효의 '통섭通攝'은 동일성이라는 환각 때문에 배타적으로 격리되어 상호 폭력적으로 대응하는 차이들로 하여금 '상호개방되어 상호 작용하면서 호혜적 자리를 마련해 가게 하는 통찰'에 초점을 맞추고 있다. '統攝'과 '通攝'의 지향과 함의를 비교하는 것도 흥미로운 주제이지만 여기서는 더 이상 거론하지 않는다.

필자는 '치유철학'을, 〈경험을 통해 직접 확인할 수 있는 현상들을 대상으로, 그 진위眞僞와 가치를 인간 실존에서 경험적으로 검증할 수 있는 문제들을 과제로 삼아, 나와 타인 및 세상 모두에게 이로움을 주는 내용으로 풀어 주는 철학적 통찰과 방식〉이라 정의한다. 그리고 '차이현상'이야말로 이러한 치유철학의 대상이고 핵심 과제라고 본다. 그런데 흥미롭게도 원효는 바로 이 '지각 조건에서 발생하는 차이현상'(相)과 이로부터 발생하는 문제를 성찰의 핵심 대상으로 삼고 있다. 이 점은 원효가 평생의 탐구내용을 결산하고 있는 『금강삼매경론』에서 분명하게 나타난다. **압도적 스케일과 수준을 보여 주는 원효의 구도적 탐구는 결국 '차이들의 상호개방(通)과 상호수용(攝)'에 관한 성찰과 혜안으로 귀결되고 있다. 그리고 원효의 통섭철학은, '동일성'이라는 인지환각 때문에 배타적으로 충돌하면서 상호 오염과 폭력을 펼치는 차이들의 '소통과 화해 및 호혜적 관계'를 가능케 하는 '차이 치유의 철학'이다.** 원효는 방대한 경론과 다채로운 불교해석학/교학에 대한 구도적 탐구를, '차이 문제에 관한 근원적 통찰'과 '차이 소통과 화해의 혜안'으로 귀결시켰다. 그리고 이 '차이 치유의 통섭철학'을 『금강삼매경론』에 담아 세상에 선물하고 그 뜨거운 열정을 마감하였다. 그런 점에서 필자는 **원효사상의 특징을 '차이 소통과 화해를 가능케 하는 치유철학으로서의 통섭철학'이라 정리한다.**

따라서 **원효의 대표저술을 꼽으라고 한다면 단연 『금강삼매경론』이다.** 『금강삼매경』과 그에 대한 원효의 해설서인 『금강삼매경론』이 동시에 한반도에 등장하는 인연을 전하는 기록들과 그 의미, 다른 저술들에서 전개한 다양한 통찰과 이론들이 총망라되어 인간과 세상에 대한 혜안과 전망이 가장 완숙된 내용과 완결된 체계로 담겨져 있는 점, 게다가 완본完本으로 남아 있는 말기저술이라는 점까지 모두 고려할 때, 필자는 『금강삼매경론』을 원효의 대표저술로 간주하는 데 조금도 주저하지 않는다. 흔히 『대승기신론소 · 별기』가 원효의 대표작처럼 간주되곤 하지만, 그 내용이나 원효사유의 발전단계를 감안하면 『금강삼매경론』을 원효의 대표저술로 보아야 한다.

그간 『금강삼매경론』이 원효의 대표저술로서 연구되지 못한 이유 가운데 하나는 그 내용의 난해함 때문이다. 내용도 난해하거니와 『금강삼매경』과 『금강삼매경론』은 문장해독 자체가 어렵다. 아무리 한문과 교학에 정통해도 『금강삼매경』과 『금강삼매경론』을 해석하는 것은 난제 중의 난제다. 게다가 『금강삼매경』만을 놓고 해석하려면 더욱 해석의 갈피를 잡기 어렵다. 원효의 해설을 보아야 갈피가 잡힌다. 그런데 원효의 해설마저 해석하기가 매우 어렵다. 이런 사정 때문에 『금강삼매경론』이 원효 저술에서 차지하는 각별한 위상과 의미에 비해 그에 대한 관심과 탐구는 턱없이 미흡하다. 학인들 각자 갈고닦은 역량을 총동원하여 자신의 이해를 자세하게 드러내는 번역과 연구를 거듭 내놓을 수밖에 없다.

모든 번역이 그렇지만, 특히 철학적 내용을 담은 문헌, 그것도 한문으로 기술된 문헌은, 번역자의 관점과 이해를 정직하고 소상하게 드러내는 번역을 지속적으로 누적해야 한다. 그 누구의 번역도 완결된 정답의 자리를 차지하기 어렵다. 특히 원전 용어를 그대로 채택하면서 한글 접속어를 최소한으로 부가하는 방식의 현토懸吐형 번역양식은 반드시 넘어서야 한다. 필자가 시도한 '원효전서의 해석학적 번역'은 그러한 문제에 대한 대안적 시도이기도 하다.[2] 해석학적 번역양식에 상응하는 번역들이 동일 문헌에 대해서도 지속적으로 등장해야 한다. 그 과정에서 더 좋은 번역 내용들이 역동적으로 산출될 것이다. 평가와 선택은 학인 공동체의 집단지성에 맡길 수밖에 없다.

2. 붓다의 법설과 후대 교학의 불연속 – 차이에 대한 시선의 문제

니까야/아함을 통해 붓다와 대화하면서 지속적으로 심화되는 의문은,

---

2 출판한 원효저서들의 서문으로 게재한 글에 이와 관련된 생각이 피력되어 있다.

〈'붓다의 법설'과 '붓다 법설의 의미를 해석해 온 교학'과의 불연속 문제가 예상보다 훨씬 근원적 지대에 분포되어 있는 것은 아닌가?〉라는 것이다. 그 불연속 양상은 연기緣起 법설, 정학定學 등 붓다 법설의 핵심부와 그에 수반하는 주변부에 이르기까지 널리 그리고 다양하게 포진되어 있는 것으로 보인다. 지난번 발간한 『대승기신론 소 · 별기』 번역본의 서두에 수록한 「이해와 마음」이라는 글은 이 불연속 문제를 나름대로 성찰해 보기 위한 행보다. 그 글에 '원효와 붓다의 대화(Ⅰ)'라는 부제를 단 것은, 이러한 문제들을 원효의 언어를 매개로 삼아 연속적으로 다루어 보려는 의욕의 표현이다. 〈빈약한 내용으로라도 소견을 개진해 놓으면 눈 밝은 학인들이 밟고 나아갈 디딤돌은 되겠지〉라며 애써 의미를 부여하면서, 기왕 내딛은 행보를 이번에도 이어 간다.

'붓다의 법설'과 '후학後學들의 법설 해석학(教學)'의 불연속 양상에서 광범위하게 목격되는 것은 '차이(nimitta, 相)에 대한 이해'와 '차이를 다루는 방식'이다. 붓다의 모든 법설은 인간의 감관을 조건으로 하여 발생하는 경험현상에서 출발한다. 그리고 감관을 조건 삼아 발생하는 현상은 다름 아닌 '차이들'이다. 살아 있는 내내 차이와 무관한 지각이나 경험은 없다. 또한 차이가 없는 순수 지각이나 경험도 없다. 깨달음 · 해탈 · 열반 · 구원의 깃발을 들고 '모든 차이가 소거된 불변의 동일성 지대'를 향한다면, 원래 없는 목적지를 향한 헛걸음이다. 혹 이런 헛걸음이 철학이나 교리, 신비주의의 지원을 받으면서 위세당당하게 행진하는 것은 아닌가. **'차이가 없는 동일성의 평등', '변화가 없는 무풍의 고요', '오직 자신만으로 존재하는 독자의 자유'는 원래 없고 미래에도 생겨나지 않는다. 만약 붓다의 법설을 이런 목적지로 이끌어 주는 길이라 해석한다면, 붓다의 길에서 벗어나는 일탈이다. 붓다의 법설은, '차이'에서 시작하여 '차이와의 관계능력'을 키워 〈차이와 접속한 채 펼치는 '풀려나는 이해와 마음'〉[3]으로 이끌어 주고 마침**

3 『대승기신론 소 · 별기』 번역본에 게재한 「이해와 마음」이라는 글에 이에 관한 필자

내 '차이 접속지대에서 누릴 수 있는 최고수준의 개인적 · 사회적 이로움'을 누릴 수 있는 길을 일러 준다. 그리고 붓다의 이러한 법설을 원효는 〈차이(相)들의 '상호개방과 상호수용'(通攝)〉의 통찰로써 계승한다.

차이현상의 경험과 관련한 붓다의 통찰과 관련 법설은 아마도 붓다의 상당수 직제자들에서부터 그 의미와 초점이 흐려지기 시작한 것이 아닌가 싶다. 붓다의 제자가 된 지식인들이 대부분 붓다 이전 인도전통의 사유방식 속에서 지적 소양을 키워 왔던 것이 가장 큰 이유로 보인다. 기존의 전통사유를 내면화한 사람들은 차이에 대해 전혀 다른 통찰을 펼치는 붓다의 법설 앞에서 두 길 가운데 하나를 선택해야 했다. 하나는 과감하게 전통사유와 결별하는 것이고, 다른 하나는 인도전통의 길에 붓다의 길을 이어 붙이는 것이다. 미련 없이 옛길을 버리고 새 길로 갈아탄 사람들은, 그 길을 걸으며 누리는 새로운 이로움에 환호하였을 것이다. 반면 인도 우파니샤드 전통의 옛길에 붓다의 길을 이어 붙이려 했던 사람들은, 익숙하던 옛길에 이어진 길을 걸으면서 안도감을 누렸을 것이다. 그러나 그 익숙한 길에서의 편안함은 붓다의 감로약수甘露藥水를 흐리는 이물질이 되어 약효를 없애고 말았다.

붓다 이전 인도의 사상과 종교는 그 시선이 불변 · 동일 · 독자 · 순수 · 절대 · 만능의 궁극실재(아트만/브라흐만)로 향하고 있다. 우파니샤드 전통은 이러한 시선을 신비주의로 포장하여 종교와 사상 및 사회를 장악했다. 그리고 이 우파니샤드 전통에 기대어 우월적 지위를 확보할 수 있었던 종교와 정치의 강자들은, 자신들의 지위를 확고하게 유지하기 위해 불변 · 동일 · 독자 · 순수 · 절대 · 만능의 궁극실재를 근원 내지 정점으로 하는 교리 · 논리 · 철학 · 수행론과 본질주의적 신분 위계제도를 수립하였다. 그런 궁극실재는 원래 존재하지 않기에 경험적으로 입증하기가 불가능하다. 아무도 확인했던 사람은 없었고 앞으로도 그럴 사람은 없다. 그런데

의 생각이 상론되어 있다.

기이하게도 바로 이 검증 불가능성이야말로 모든 허구적 이론과 체계의 강력한 보호막이다. 어떤 방법으로든 경험세계에서 확인할 수 없는 것에 대한 주장은, 참과 거짓을 논할 수 있는 자격 자체가 결여된 '무의미한 명제'일 뿐이다. '참과 거짓'을 따질 수조차 없기에, 필요한 것은 설득의 기술이고 거창해 보이도록 꾸미는 수사법이며 그럴듯한 의미와 가치를 부여하는 논리이고 권위를 세우는 갖가지 장치이다. 불변 · 동일 · 독자 · 순수 · 절대 · 만능의 궁극실재(아트만/브라흐만/창조신)를 설정하여 종교와 철학, 사회와 문화를 장악한 모든 유형의 '무의미한 명제'들은 이러한 기법들을 꾸준히 개발하여 성공한 사례들이다.

붓다 이전, 아트만/브라흐만을 에워싼 인도의 전통사유는, 유일 · 절대 · 만능의 창조신을 옹립하는 서양의 신앙 사유와 더불어, 무의미한 명제가 어떤 방식으로 세상에 먹힐 수 있는가를 보여 주는 사례의 전형이고 아직까지 위력을 잃지 않는 성공 사례이다. 그런데 붓다는 이 무의미한 명제를 원점에서 해체한다. 불변 · 동일 · 독자 · 순수 · 절대 · 만능의 궁극실재로 향하는 길 자체를 폐쇄하고 전혀 새로운 길을 연다. 필자가 보기에, 그 길에 들어서는 문은 대략 다음과 같은 관점들이 열쇠가 된다. — **〈삶의 구원과 진리에 관한 모든 주장은 반드시 경험을 통해 검증할 수 있어야 한다.〉 〈모든 현상 속에 불변 · 동일 · 독자의 실체나 본질은 원래 없고, 그런 현상들을 산출하고 관장하는 전능의 불변 실재도 없다.〉 〈모든 현상은 가변적이고 관계적이며 조건발생적이다.〉 〈인간의 모든 경험은 차이(nimitta, 相)들과의 관계에서 발생하는 것이다. 따라서 그 어떤 수준의 깨달음과 성취라도 처음부터 끝까지 '경험의 발생조건인 차이현상들'과의 관계를 유지해야 하며, 또 그 관계에서 발생해야 한다.〉 〈구도와 수행이란 것은 '차이현상들과의 새로운 관계방식'에 눈떠 '새롭게 관계하는 능력'을 키워 가는 과정이다.〉 〈개인과 사회의 모든 수준의 이로움도 가변적 · 관계적 · 조건발생적인 차이현상들과의 접속을 유지한 채 추구해야 하고, 그 차이현상과의 관계에서 구현해야 한다.〉 〈가변적 · 관계적 · 조건발생적인 차이**

(nimitta, 相)들과의 접속을 끊어 버리려는 초월의 유혹, 모든 변화와 차이 및 관계 의존성이 제거된 '불변 · 동일 · 독자의 실재나 지대'를 설정하는 것은, 모든 무지와 기만 및 폭력의 원천이다.〉

붓다의 길에 들어서는 이러한 문 열쇠들이 과연 얼마나 제대로 간수되고 또 계승되었는지는 의문이다. 붓다의 법설을 해석하고 이론적으로 체계화하는 지적 작업, 그 지적 작업의 산출물에 의거한 수행론의 구성 및 수행 현장, 불교의 팻말을 내건 종교 현상, 불교와 사회의 관계방식 및 상호작용. – 이 모든 영역에서 그 열쇠들이 혹 분실되는 일들은 없었는가? 혹은 다른 열쇠로 대체되어, 붓다의 길에 들어서는 문은 열지 못하고 다른 문을 열고 엉뚱한 길에 들어선 일들은 없었을까?

3. '있는 그대로, 사실 그대로'(yathābhūta, 如實)에 대한 전통 시선

'있는 그대로 알고 봄'(yathābhūtañaṇadassana, 如實知見)은 '동일성 · 독자성 · 불변성이라는 환각으로 사실을 왜곡시키던 근본무지가 제거된 온전한 이해'를 지칭하기 위해 사용되는 초기경전의 대표적 용어이다. 지혜(paññā, 般若) · '있는 그대로'(yathābhūta, 如實) · '있는 그대로 안다'(yathābhūtaṁ pajānāti) 등은 같은 맥락에서 채택되는 용어들이다. 원효가 『금강삼매경론』에서 구사하는 '실상實相' '실상관實相觀' '실상진여實相眞如' '진관眞觀' '진실관眞實觀' '진여정관眞如正觀' '정관正觀' '정관지正觀智' '진여眞如' '진여실상眞如實相' '진조관眞照觀' '진증관眞證觀' 등도 같은 의미계보에서 등장한 용어들이다.

동일한 맥락에 놓인 이 일련의 용어들은 모두 두 가지 의미가 한 용어에 결합되어 다양하게 변주되고 있다. 하나는 '있는 그대로, 사실 그대로'(如實 · 實相 · 眞如 · 眞 · 眞實)이고, 다른 하나는 '이해'(知 · 見 · 觀)이다. '있는 그대로, 사실 그대로 이해하는 것'이 지혜이고, 이러한 지혜를 성취하는 과정

이 깨달음의 수행이며, 이 지혜에 의해 개인과 사회는 원초적 무지의 왜곡 · 오염으로부터 풀려나 좋은 이로움을 누릴 수 있다는 것이다. 붓다의 모든 법설은 결국 '인지능력의 원초적 결함'(根本無知)을 궁극적 문제로 삼고 있다는 점을 확인시켜 주는 용어들이다. '있는 그대로, 사실 그대로 이해하기'는 니까야 대장경 탐구에 집중하는 상좌부 전통의 교학이나 수행법의 핵심 목표이고, 대승불교 역시 용어와 이론을 변주시켜 가며 같은 목표를 겨냥하고 있다. 다만 선종 선불교의 후기에 들어서는 깨달음에 관한 일종의 신비주의적 언어가 번성하면서 이 '있는 그대로, 사실 그대로 이해하기'에 대한 시선과 초점이 이동되는 경향성이 목격된다. 그것은 선종 선불교가 부각시킨 '마음'의 문제에서 파생된 현상으로 보이는데, 이에 관한 필자 나름의 소견을 이 글에서는 더 이상 피력하지 않는다.[4]

불교철학과 수행론의 핵심이 '있는 그대로, 사실 그대로 이해하기'에 있다는 것은 학인들 사이에서 널리 공유되고 있다. 그런데 중요한 물음 하나에 대한 성찰이 아직 충분치 않아 보인다. 〈'있는 그대로, 사실 그대로 이해한다는 것'은 '무엇'을 대상으로 하는 것인가?〉라는 물음이 그것이다. 이 물음에 대한 대답을 예상하는 것은 어렵지 않다. 〈당연히 내면의 주관적 현상들은 물론 외부의 현상들까지, 일체를 대상으로 하는 것이지!〉라고 할 것이다. 그리고 '있는 그대로, 사실 그대로의 이해'에 대해서는, 상좌부의 시선을 통해 초기불교를 탐구하는 학인이라면 〈인간 내부와 외부에 있는 모든 현상들의 무상無常 · 고苦 · 무아無我를 직접 보아 이해하는 것〉이라 대답할 것이고, 대승 공空 교학의 학인이라면 〈모든 현상들이 공空하다는 것을 이해하는 것〉이라 할 것이며, 대승 유식唯識 교학의 학인이라면 〈모든 현상은 알음알이 식識이 지어낸 것임을 이해하는 것〉이라 할 것이고,

---

4 이런 문제를 다루려면 결국 '이해와 마음'에 대한 성찰로 나아갈 수밖에 없다. 『대승기신론 소 · 별기』 번역본에 게재한 「이해와 마음」이라는 글은 이런 문제와 직결된다.

선종 선불교의 학인이라면 〈마음의 본연을 깨칠 때 모든 현상이 사실 그대로 훤하게 드러나는 것〉이라 대답할 것이다. 또 이런 내용을 직접체득으로 확인하려는 것이 '위빠사나 관법觀法 수행'이고 '공관空觀 및 유식관唯識觀 수행'이며 '진심眞心을 깨치려는 무념無念의 화두참구 수행'이라 말할 것이다.

〈내면의 주관적 현상은 물론 외부의 객관적 현상을 망라하는 일체의 것이 '있는 그대로, 사실 그대로 이해해야 하는 대상'이다〉라고 보는 것은 모든 교학전통에서 이견이 없는 것으로 보인다. 다만 '있는 그대로, 사실 그대로'에 해당하는 내용에 대해서 초점이나 관점의 차이가 있을 뿐이다. '있는 그대로, 사실 그대로'를 '무상無常·고苦·무아無我인 현상', '불변·독자의 본질이나 실체가 없는 공空한 현상', '식識에 의해 구성된 현상', '분별심에서 벗어날 때 드러나는 현상' 등으로 이해하는 것들은 내용상 전혀 다른 것들은 아니다. 이런 표현들은 '무상無常·고苦·무아無我·연기緣起를 핵심으로 삼는 붓다의 혜학慧學'과 '정지정념正知正念을 축으로 삼는 붓다의 정학定學'에 대한 후학들의 이해가 초점을 달리하면서 나타난 것인데, 그 초점의 이동은 곧 교학/불교해석학의 다채로운 역동적 전개를 보여 준다. 교학/불교해석학의 이러한 다양한 초점들이 모두 상이한 내용을 지시하는 것이라 할 수도 없고, 동일한 내용의 다양한 표현이라 장담할 수도 없다. 또 이들 가운데 어느 하나가 완결된 정답이라 말할 수도 없고, 모두를 합하면 정답이 된다고도 말하기 어렵다. **'있는 그대로, 사실 그대로'를 읽는 교학/불교해석학들의 다양한 초점과 이해들에는, 관통하는 연속선과 공유 지대도 있고, 충돌하는 불연속선과 비非공유 지대도 목격된다.**

붓다의 법설에 대한 후학들의 이해인 다양한 교학/불교해석학은 어느 하나가 정답이라고 할 수 없다. 붓다 법설에 대한 역사적·문헌적 정통성을 주장하는 상좌부 교학, 사상적 정통성을 내세우는 대승 교학, 수행론적 정통성을 자부하는 선불교, 이들 가운데 어느 하나 혹은 모두가 완결된 정답이라 볼 수는 없다. 그러나 이들 각자가 정답은 아니라는 말이 그들 모두가 틀렸다는 것을 의미하지는 않는다. **어느 교학/해석학과 수행론 전통 속에도 붓다 법설의 의미를 제대로 포착하는 부분과 그렇지 못한 부분이 혼재되어 있다고 보는 것이 타당할 것이다. 또한 붓다 법설에 대한 새로운 이해는 여전히 열려 있다. 따라서 기존의 교학/해석학과 수행론들 속에서 붓다 법설에 상응하는 내용들을 선별적으로 종합하거나 상응하게끔 통섭通攝시키는 노력을 하고, 혹 기존의 시선들이 아직 포착하지 못하고 있는 내용은 도전적으로 발굴하며, 혹 잘못 이해하고 있는 내용은 과감하게 비판하면서, 과거나 현재에 멈추지 않고 진보하는 행보를 내딛어야 한다.**

'있는 그대로, 사실 그대로'를 둘러싼 이러한 시선들은 과연 충분할까? 혹 방치하거나 놓쳐 버린 것이 있지는 않을까? 현상들을 '있는 그대로, 사실 그대로' 만나지 못하는 궁극 원인이 무명無明이라는 점에 대해서는 모든 교학 · 수행론 전통에서 이견이 없다. 그리고 '있는 그대로, 사실 그대로'를 왜곡하고 오염시켜 가는 과정의 인식적 계기를 '분별과 희론'으로 보는 통찰을 계승하는 점도 동일하다. 그런데 붓다 법설의 이런 통찰을 계승하는 교학/해석학과 수행론에서 목격되는 경향성 하나가 있다. '근본무지 · 분별 · 희론과 언어 · 사유의 관계'에 관한 시선이 그것이다. **〈언어와 사유는 근본무지 · 분별 · 희론의 토대이다. 언어와 사유에 의거하는 한 근본무지 · 분별 · 희론에서 풀려나는 것은 불가능하다. 언어와 사유의 집을 뛰쳐나와야 '있는 그대로, 사실 그대로'와 직접 만날 수 있다. 언어와 사유는 '있는 그대로, 사실 그대로'를 가리는 장막이다. 그 장막을 걷어 내는 일을 진행하는 과정에서는 언어와 사유의 조력이 필요하지만, 걷어 내는 단계에서는 언어와 사유를 넘어서야 한다. 어떤 형태로든 언어 및 사유와 관계 맺는 한, 분별은 완전히 그칠 수 없고 '있는 그대로, 사실 그대로'를 직접 체득할 수가 없다.〉** – 초기불교 학인에서부터 대승의 공空 · 유식唯識 학인 및 선종 선불교 학인에 이르기까지 거의 예외 없이 공유하는 시선이다. 이러한 시선은 압도적 주류여서 예외를 찾기 어려울 정도이다.

붓다의 진리관은 몸(五蘊)으로 경험할 수 있는 현상들을 대상으로 한다는 점에서 '경험주의적 진리관'이다. 붓다의 경험주의는 두 층으로 구성되어 있다. 한 층은, 〈진리 주장은 '경험할 수 있는 것'에 의거해야 한다〉는 것이다. 다른 한 층은, 〈진리 주장은 '온전한 경험'에 상응하는 것이어야 한다〉는 것이다. **경험 혹은 경험 가능한 것들은 '온전한 것과 왜곡된 것'의 두 유형이 있으며, 진리는 '온전한 경험'에 상응하여 구현된다는 것이, 붓다 경험주의의 지향이다.**

니까야/아함에서 빈번하게 등장하는 '있는 그대로, 사실 그대로'(yathā-bhūta, 如實)라는 용어는 붓다 경험주의의 지향을 드러내는 대표적 표현으로 보인다. '사실대로 안다'(yathābhūtaṁ pajānāti)는 것은 '온전한 경험' 지평이 열린 것이며, 이 경험지평에서 해탈의 명지明知가 밝아진다. 사성제 및 그 다양한 변주 법설들은 결국 '사실을 있는 그대로 아는 온전한 경험'을 발생시키는 조건들에 관한 통찰로 볼 수 있을 것이다. **그런데 이 '있는 그대로, 사실 그대로'와 '언어'의 관계를 적대적으로 보는 시선이 즐비하다. '있는 그대로, 사실 그대로'에 대한 직접체득(直接知)을 '비非언어적 실재에 대한 직접경험'으로 간주하는 시선들이 그에 해당한다. 이런 시선은 불교교학의 여러 범주에서 광범위하게 목격할 수 있는데, 필자는 그 타당성에 대해 근원적으로 회의적이다. 붓다 법설의 굴절이라고 본다. 그리고 이 굴절 때문에 붓다 법설의 개인적 · 사회적 치유력과 생명력이 원천에서부터 부당하게 제한받아 왔다고 본다. '있는 그대로, 사실 그대로'를 모든 '차이경험이나 개념적 경험 이전의 비언어적 실재'라고 읽어서는 안 된다고 본다.**

지각이론에 대한 정교한 논리와 통찰을 펼치고 있는 불교인식논리학을 비롯하여, 깨달음의 대상과 내용 및 방법에 대한 전통 교학/해석학들 가운데, '사실 그대로'를 '차이 경험이나 개념적 경험 이전의 비언어적 실재'로 보는 시선을 품고 있는 것들은 그 발밑부터 되짚어 볼 필요가 있다. **'사실 그대로'라는 말에다가 비언어적 실재에 대한 기대를 투영하여 일종의 존재론적 궁극실재를 설정하는 시선은, 붓다 이전의 인도전통 신비주의 사유가 붓다의 언어에 개입하여 초래한 해석학적 굴절이라고 본다.** 솔직히 필자는 아비담마 이래 교학의 중심부를 차지하는 존재론과 인식론에 대한 관심과 지향이 전반적으로 과연 얼마나 불교적일까 하는 의문까지 품고 있다. 이때 '불교적'이라는 말은 '붓다 법설과의 의미 상응'을 염두에 둔 표현이다. 니까야/아함을 통해 붓다와 대화를 하면 할수록 커져 가는 의문이다. 기존 교학의 존재론 및 인식론적 통찰이 결코 무의미하다고는 생각하지 않는다. 다만 그 통찰들을 '붓다와의 대화'에 유익하게 활용하려면('적용'이 아니다) 새로운 해석학적 전망이 필요하다고 생각하는 것이다. 필자의 관심은, **'있는 그대로'의 지평에 대한 새로운 독법의 가능성 및 필요성**에 있다. 그 독법 여하에 따라 붓다와의 대화내용이 새로운 국면으로 접어들 수 있다고 보기 때문이다. 붓다의 법설이 여타의 철학이나 종교와 다른 지평을 열고 있다는 점을 제대로 포착하기 위해서도, 이 문제에 대한 새로운 접근이 필요하다. 이 글에서 거론하는 '육근수호의 법설'은 그 문제와 맞닿아 있다.

'있는 그대로, 사실 그대로'와 관련된 성찰을 인식론적 · 논리학적으로 전개하고 있는 불교인식논리학에서는, '사실 그대로'를 '차이 경험이나 개념적 경험 이전의 비언어적 실재'로 보는 시선을 인식 · 논리적으로 정립한다. 디그나가(Dignaga, 480~540?)는 바른 인식수단(pramāṇa, 量)으로서 직접지각과 추리의 두 가지를 거론하면서 인도 및 불교인식론 전통을 계승하여 독자적인 불교논리학 체계를 수립한 인물로 평가받는다. 그는 직접지각의 대상으로는 독자상(svalakṣaṇa, 自相)을, 추리의 대상으로는 공통상(sāmānyalakṣaṇa, 共相)을 거론하면서, '개념을 여읜 것'을 직접지각이라 정의한다. 또한 다르마끼르티(Dharmakīrt, 600~660)는, 직접지각은 '개념을 여읜 것이며 착오가 없는 인식'이고 '개념'이란 '언어를 지닌 이해'라고 정의한다. 아울러 다르마키르티는 인식대상이 되는 것은 독자상뿐이라고 주장하는데, 공통상은 단지 관념적 존재이고 독자상만이 효과적인 작용이 가능하다는 것을 논거로 삼는다. 이들에 의하면, 유일한 실재인 독자상을 '있는 그대로' 인식하는 것이 직접지각이며, 이 독자상에 가탁되는 다양한 공통상의 하나를 매개로 삼아 그 독자상을 인식하는 것이 '추리에 의한 앎'인 추리지推理知라고 한다. 디그나가와 다르마키르티 모두 〈직접지각은 '대상에 대한 있는 그대로의 인식'이고 추리지는 '대상에 대한 부분적 인식'〉이라는 관점이지만, 인식대상을 독자상으로만 한정한다는 점에서는 다르마키르티가 디그나가와 입장을 달리한다고 알려져 있다.

일반적으로 불교지식론에서는 '개념적 지각'(有分別知覺)을 '근본무지 → 분별 → 오염'의 계열에 속하는 것으로 간주하기 때문에 이 계열에서 벗어나는 새로운 지각을 지향할 수밖에 없는데, 디그나가와 다르마키르티는 이 지향을 '직접지각과 독자상'의 문제로 정립한 것이다. 이들이 수립한 인식논리체계에서, 직접지각으로 알게 되는 독자상은 분별의 오염에서 벗어난 '있는 그대로의 실재'이고, 추리로 알게 되는 공통상은 '언어 개념을 통한 앎'인 개념지概念知이다. 그리고 개념지의 공통되는 기능은 '타자의 배제'(anyāpoha)이며 분별(kalpanā)과 동일하게 취급된다. '타자의 배제'를 통해 수립되는 개념지인 공통상은 추리나 분별지에 의해 알게 되고, '있는 그대로, 사실 그대로'인 독자상은 분별이 없는 직접지각에 의해 인식된다는 것이다. 이러한 직접지각은 '요가 수행자의 직접지각'이라 불리기도 한다. 결국 직접지각은 개념지인 공통상을 인식대상에서 배제하고, 개념지 · 분별지는 직접지각의 대상인 독자상을 인식할 수 없다.

디그나가나 다르마키르티는 모두 유식설의 입장을 취하기 때문에 모든 '차이나 구분'은 결국 인식의 자기인식이다. 따라서 '궁극적 관점'(勝義)에서는 모든 차이와 구분이 부정되는 불이不二(advaita)의 입장에 서게 된다. 그리하여 다르마키르티의 학설을 계승한 프라즈냐카라굽타(Prajñākaragupta, 750~810?)는 모든 차이 구분이 사실상 성립하지 않는다는 관점을 분명히 한다. 유식의 관점에서는 자기인식 이외의 타자가 인식될 수가 없기 때문이다. **유식의 지평에서 모든 구별과 차이를 부정하는 것이 일체의 언어 · 개념적 분별을 넘어서는 것이며, 그것이 무분별지이고 붓다의 지혜 경지라는 것이다.**

'있는 그대로, 사실 그대로'에 대해 보여 주는 불교인식논리학의 이러한 이해에 의하면, 직접지각은 언어 · 개념적 인식이 아니고 독자상은 언어 · 개념적 인식으로는 알 수 없는 것이다. 따라서 직접지각과 그 대상인 독자상은 언어 · 개념과의 그 어떤 연루도 거부하고 그 어떤 차이나 구분도 배제한다. 차이와 구분에 관한 인간의 모든 경험은 '개념에 의한 구분'에 의거하고 개념은 언어에 담겨 수립되는데, '있는 그대로'인 독자상은 모든 언어 · 개념적 인식을 거부하는 직접지각에 의해 알려진다고 주장하기 때문이다. 이런 주장에 따르면, '있는 그대로, 사실 그대로'인 독자상은 언어 · 개념적 인식 이전의 지각인 직접지각에 의해 알려지므로 모든 언어 · 개념적 연루를 허용하지 않는다. 이러한 시선에 따르면, **붓다의 지혜는 '그 어떤 언어 · 개념적 연루도 없는 지적 능력'으로 간주하게 된다.**

인간의 지각경험은 어떤 수준, 어떤 방식으로든 언어 · 개념과 결합되어 있다고 보는 것이 타당하다고 생각한다. 불교인식논리학에서 거론하는 공통상은 '유사한 차이들을 언어 · 개념으로 묶은 것'이라는 의미이므로 언어 · 개념의 특징을 반영하는 용어이다. 그런데 독자상은 '언어 · 개념과의 연루가 끊어진 실재'이다. 〈언어 · 개념에 담겨 분류되지 않은 것을 지각할 수 있다〉는 가정을 수립하고 있는 것이다. **독자상에 대한 불교인식논리학의 이러한 가정은 타당하지 않다는 것이 필자의 소견이다. 인간이 지각 가능한 범주는 어디까지나 '언어 · 개념과 연루된 현상'이라 생각하기 때문이다.** 다르마키르티처럼 '효과적인 작용을 할 수 있는 것'을 논거로 삼아 독자상을 거론하는 방식은 수긍하기 어렵다. **'언어 · 개념에 담기기 이전의 것'이 존재한다고 보는 것은 무리가 없지만, 그 '언어 · 개념과 무관한 것'을 인간의 지각대상으로 설정하는 것은 타당하지 않다. 불교인식논리학이 설정하는 독자상은 인간의 지각대상이 될 수 없다. 독자상을 지각대상으로 설정하는 시선의 연원은 아비담마가 설정한 자성自性(svabhāva)으로 보인다.** 만약 그렇다면 아비담마의 실체론적 해석학을 비판하면서 수립된 대승 불교인식논리학도 이 점에서는 아비담마의 불교이해의 틀에서 자유롭지 못한 셈이다. 필자는 아비담마가 설정한 자성이 인도전통 우파니샤드 본체·현상론의 변주일 가능성을 주목하는데, 이런 이해가 타당하다면 **아비담마를 비롯하여 대승 불교인식논리학에 이르기까지, 붓다 법설을 탐구한 학인들 가운데는 거의 무의식적으로 인도 우파니샤드 신비주의 사유에 포획된 경우가 많아 보인다.**

불교인식논리학의 이러한 이론은 '있는 그대로, 사실 그대로'에 대해 붓다의 후학들이 널리 공유해 온 이해를 인식·논리적으로 이론화시키는 것이기도 하다. 지금도 학인들은 불교인식논리학의 이러한 이해를, '있는 그대로, 사실 그대로'를 설하는 붓다 법설에 관한 해석의 정답으로 간주하는 것으로 보인다. 불교인식논리학의 거장들이 펼치는 정밀한 논리와 사유에 경탄하면서 그들의 논의를 분석하고 정리하는 작업에 몰두하는 학인들은 많지만, '있는 그대로, 사실 그대로'를 이해하는 불교인식논리학의 시선이 과연 얼마나 타당한가를 물어보는 근원적 성찰은 만나 보기 어렵다. **〈'있는 그대로, 사실 그대로'는 무엇이며 어떻게 포착될 수 있는가?〉라는 의문은 디그나가와 다르마키르티를 위시한 불교인식논리학 학인들의 출발지이기도 하고 도착하려고 하는 목적지이기도 하다. 그리고 탐구의 결과로 그들이 제시한 것은 그 어떤 언어·개념적 인식도 배제하는 지각능력인 '직접지각'이었고, 일체의 언어·개념적 연루도 허용하지 않는 실재인 '독자상'이었다. 〈직접지각 능력을 확보하여 독자상을 인식하는 것이 깨달음의 성취이고 해탈과 열반의 궁극적 근거이다〉라는 것이 불교인식논리학의 모든 내용을 하나로 꿰는 줄이다.**

'있는 그대로, 사실 그대로'에 관해 불교인식논리학이 정립하고 있는 관점과 이론에서 일관되게 목격되는 것은 '언어·개념·차이·구분에 대한 부정적 시선'이다. '있는 그대로, 사실 그대로'의 실재와 '언어·개념·차이·구분'은 상호부정과 불상응의 관계에 놓여 있다는 관점은 초기불교 학인을 비롯한 대승의 공空·유식唯識 교학 학인 및 선종 선불교 학인들에서 널리 공유되고 있고, 모든 교학/불교해석학과 수행론의 전통에서 예외를 찾기 어려울 정도로 압도적이다. 불교인식논리학이 정립하는 '직접지각과 독자상' 이론은 붓다 법설을 이해하여 온 주류 시선을 정밀한 학적 체계로 정립한 셈이다.

그런데 근원적 질문이 필요해 보인다. **〈'있는 그대로, 사실 그대로'를 이해하는 이러한 주류 시선은 과연 붓다의 법설을 제대로 읽고 있는 것일까? '있는 그대로, 사실 그대로'는 과연 언어 · 개념 · 차이 · 구분과의 연루를 허용하지 않는 실재인가? 붓다가 그런 내용을 설한 적이 있는가?〉** – 불편하지만 구도의 학인이라면 언제든지 누구나 물어야 하는 질문이다. 그래야 〈모든 것을 전제 없이 성찰하라. 나의 가르침조차〉라는 붓다의 권유에 따르는 것이 된다. **〈'있는 그대로, 사실 그대로'에 대한 교학/불교해석학의 이해는 혹 출발점에서부터 부적절한 행보가 있는 것은 아닐까? 만약 붓다의 길로부터 일탈이 있었다면 그 이유는 무엇일까? '있는 그대로, 사실 그대로'는 어떻게 이해하는 것이 타당할까? 또 붓다의 법설에 상응하는 이해는 어떤 것이어야 할까?〉** – 감당할 내공이 안 된다는 이유로 밀쳐 놓을 수만은 없는 질문이다.

일단 묻고 나름대로 대답해 보려는 시도 자체가 필요해 보인다. 그런 시도들이 쌓이고 상호작용하는 과정에서 더 향상하는 길에 오를 수 있을 것이다. '있는 그대로, 사실 그대로'는, 붓다의 도움을 받아 탐구하는 학인들 모두의 근원적 · 궁극적 관심사다. 또한 '있는 그대로, 사실 그대로'와 '언어 · 개념 · 차이 · 구분'은 상호부정과 불상응의 관계에 놓여 있다는 관점이 과거와 현재를 압도적으로 장악하고 있다. '있는 그대로, 사실 그대로'에 대한 전통 시선은 교학 · 이론적 탐구와 수행적 탐구의 거의 모든 내용과 직결되어 왔기에, 주류 시선의 타당성을 묻는 질문과 대답은 불편함을 넘어 강한 반발을 예상하게 된다. 그러나 어쩌랴, 불붙은 질문의 심지에 기름이 더해만 가는 것을.

필자가 보기에, '있는 그대로, 사실 그대로'에 대한 전통 주류의 시선은 간과하기 어려운 두 가지 문제점을 안고 있다. 첫 번째 문제점은, 〈'있는 그대

로, 사실 그대로'의 실재는 '언어 · 개념 · 차이 · 구분'과 상호부정의 관계에 놓여 있다〉는 시선의 타당성 문제이다. 〈'있는 그대로, 사실 그대로'인 독자상은 모든 언어 · 개념적 연관을 끊은 것〉이며, 〈독자상을 직접 체득하기 위해서는 언어와 개념에 의거하는 일체의 인식과 차이들을 배제하는 직접지각의 능력을 확보해야 한다〉는 명제 자체가 의심스럽다. 과연 인간의 경험에서 언어 · 개념과 무관한 것이 있기나 할까? 또 언어 · 개념에 의거하지 않아도 되는 지각이 가능하기는 할까? 그런 지각능력이 있을 수는 있는 것인가?

두 번째 문제점은 '현실 문제해결력의 원천적 거세 현상'이다. 인간의 삶은 문제풀이의 과정이다. 동식물보다 훨씬 복잡하고 다층적인 문제들을 만들어 내고 또 풀어 가는 과정이다. 흔히 종교 고유의 문제인 양 간주되는 '삶과 죽음'의 문제도 사실은 인간만이 풀어 가야 할 '인간 특유의 문제' 가운데 하나이다. 결코 생명의 유지와 소멸에 관한 생물 일반의 문제가 아니다. 그리고 그 모든 문제들은 인간의 감관으로 지각하는 현실에서 발생하며, 또한 예외 없이 언어 · 개념 · 차이들과 연관된 것들이다. 달리 말해, **언어 · 개념과 연관된 차이들에서 발생한 문제들이기에 '인간 특유의 문제'이고, 인간의 삶은 그 문제들을 풀어 가는 길에서의 여정일 뿐이다.**

그런데 〈'있는 그대로, 사실 그대로'는 '언어 · 개념 · 차이 · 구분'과 상호부정의 관계에 놓여 있다〉 〈'있는 그대로, 사실 그대로'인 독자상은 그 어떤 언어 · 개념적 연관도 끊은 것이다〉 〈독자상을 직접 체득하기 위해서는 언어와 개념에 의거하는 일체의 인식과 차이들을 배제하는 직접지각의 능력을 확보해야 한다〉는 시선으로 '있는 그대로, 사실 그대로'를 추구한다면, 그것도 구도의 열정으로 추구한다면 어떤 일이 벌어질까. **'언어 · 개념 · 차이 · 구분'에 의거한 모든 현실문제들에 대한 근원적 혐오와 무관심이 깨달음의 깃발 아래 무성해진다는 것을 의미한다. 그리고 그 결과는 '현실문제에 대한 무관심'과 '문제해결 능력의 저하'이다. '언어 · 개념 · 차이 · 구분'과 관련하여 발생할 수밖에 없는 부당한 차별과 불의, 기만과 폭력의 문제들을**

구도의 명패를 달고 외면해 버리기 쉽다. '속세에서 초연함' '세간에 매이지 않음' '더 높은 출세간 문제를 해결하기 위한 불가피한 외면' 등으로 정당화되는 경우, 직면하고 풀어야 할 문제들에 대한 무관심과 무능력은 뻔뻔해지기도 한다.

사회적 강자의 입장에서는, '있는 그대로, 사실 그대로'에 대한 전통 시선과 그에 수반하는 '지각 가능한 현실문제에 대한 무관심과 문제해결력의 저하 현상'은 더할 나위 없는 우군이다. 이에 비해, 부당한 차별의 다양한 방식들에 포획되어 있는 다수 약자들이 이 전통 시선을 따른다면, 문제를 해결하려는 관심과 의지 및 능력을 원점에서 포기하게 된다. 기독교와 이슬람교, 불교 교단들이 현실 강자들과 맺어 온 관계에서는 이런 진단이 유효한 현상들을 쉽게 찾아볼 수 있다. 구원이나 깨달음이라는 깃발 아래 운집시켜 놓고는 '현실문제에 대한 무관심과 문제해결 의지의 거세'를 교리 · 교학으로 정당화시키는 현상은 지금도 여전히 기승을 부린다. 모든 종교의 주류세력이 관습과 제도, 사유나 행동에서 강한 보수적 태도를 보여 주는 것도 이와 무관하지 않다. 사랑이나 자비 같은 보편적 우호 정서의 실천은 매우 고귀한 것이지만, 그 정서는 언제나 '언어 · 개념 · 차이와 관련된 현상들에 대한 조건인과적/연기적緣起的 성찰력'과 결합하여야 한다. 그렇지 않을 경우, 불합리하고 부당한 현상들마저 보호 · 유지시켜 가는 자기모순과 사회적 기만의 덫에 걸리기 쉽다. 불합리한 기존질서를 수호하는 닫힌 보수의 최후 보루는 과거나 지금이나 여전히 종교다.

지금까지 제기해 온 질문을 다시 요약하면 이렇다. 〈붓다 법설을 해석해 온 교학과 수행론 속에, 혹 '언어 · 개념 · 차이와 궁극실재와의 절연絶緣'을 설정하는 인도전통 신비주의 시선을 수용해 버린 현상이, 생각보다 깊고 넓게 포진해 있는 것은 아닐까? 붓다는 말한 적이 없는 내용을, 전통 신비주의 시선에 길들여진 학인들이 붓다 법설의 해석에 끌어들여 붓다 법설을 굴절시킨 것은 아닐까? 언어 · 개념 · 차이와 연관된 경험현상들을 기초조건으로 삼는 붓다의 '있는 그대로, 사실 그대로'에 관한 통찰을 제대로 살피지 못한 것은 아닐까? 아트만 · 브라흐만이라는 불변 · 동일 · 독자 · 순수 · 절대 · 만능의 실체를 설정하여 언어 · 개념 · 차이로부터 아예 탈출해 보려는 인도 신비주의 사유의 허구를 원점에서부터 해체하고 새 길을 보여 준 붓다의 법설이, 그 후학들에 의해 변형된 신비주의가 되어 다시금 인도전통 신비주의 문법에 포획되어 버린 것은 아닐까? 그리하여 언어 · 개념 · 차이와 연관된 삶과 세상의 문제들을 치유하는 능력이 원점에서부터 거세된 것은 아닐까? '있는 그대로, 사실 그대로'에 대한 신비주의적 이해가, 언어 · 개념 · 차이에 의거하여 발생하는 지각범주 내의 문제들을 다루는 관심과 능력을 근원에서 마비시켜 버린 것은 아닐까?〉

4. '있는 그대로, 사실 그대로'(yathābhūta, 如實)와 언어 · 개념 · 차이

1) 인간 그리고 언어적 인지능력

인간이건 동물이건 감관이 마주하는 일차적 사태는 '무수한 차이들'이다. 다만 감관을 통해 경험되는 차이들의 양상과 내용은 인간과 동물이 다르다. 동물의 경우 생존에 필요한 이로운 현상은 수용하고 해로운 현상은 거부하는 '본능적 기준에 의해 선별 · 취사 · 가공된 차이들'을 경험한다. 이에 비해 인간은 이로운 현상과 해로운 현상을 분간하고 취사선택 · 가공하는 독특한 능력 하나를 발전시켜 감관능력에 추가하였다. 유사한 차이들을 묶어 언어라는 부호에 담아 분류하고 처리하는 능력이 그것이다.

동물이건 인간이건, 지각을 통해 대면하는 차이현상들은 '현상 자체의 모습과 내용'이 아니다. 감관이라는 필터를 통해 '여과된 현상'을 지각한다. 살아 있는 유기체의 감관은 환경에서 제공되는 무수한 차이현상들을 생존에 유리할 수 있도록 선별 · 취사 · 가공하여 지각한다. 감관은 그 선별 · 취

사 · 가공능력을 발전시키는 방향으로 진화해 온 것으로 보인다. 예컨대 청각의 경우, 모든 소리를 그대로 지각하는 것이 아니라 종種에 따라 음파의 영역과 감지 거리를 달리하면서 선별적으로 감지한다. 시각, 후각, 피부감각 등도 마찬가지이다. 인간의 귀도 모든 음파, 모든 거리의 소리를 그대로 감지하지 않는다. 생존에 필요한 내용만을 선별적으로 감지하는 구조로 진화해 왔다. 역동적으로 변하는 환경에서 제공되는 무수한 차이 정보들에 대해 '생존에 유리한 방식으로 선별 · 취사 · 가공하는 방식'을 적절히 진화시켜 온 종種은 살아남았고, 그렇지 못한 종은 소멸했다고 볼 수 있을 것이다. 인간의 감관능력도 이러한 생물학적 요청 속에서 진화해 온 것이다. **인간뿐 아니라 모든 생물은 감관이라는 그물망을 통과한 차이들을 지각하는 것이며, 그 그물망 씨줄과 날줄의 크기와 짜임새 등은 저마다 다르다.**

따라서 감관기능을 지닌 모든 생명체의 '지각하는 차이경험'과 '외부세계의 차이현상'은 동일한 것이 아니다. **생명체의 지각에서 발생하는 차이경험은 '생존 이익을 위해 선별 · 취사 · 가공된 차이들'이다. 어떤 생명체도 외부세계의 차이현상들을 거울에 비추어 내듯 고스란히 그대로 경험하지 않는다. 인간도 예외가 아니다. 인간이 아무리 고도화된 인지능력을 지녔을지라도 그 인지능력/정신이 감관 밖으로 나가 외부세계의 현상들을 '있는 그대로' 확인하는 것은 불가능하다. 인간의 경험은 감관조건에 의존할 수밖에 없으며, 따라서 인간의 지각에서 발생하는 차이경험들도 다른 생명체들처럼 '선별 · 취사 · 가공된 차이들에 대한 경험'이다.** 붓다에 의하면 기억 · 비교 · 분석 · 종합 · 추리 등을 행하는 인지능력(意根)도 하나의 감관능력이며, 이 인지능력의 경험내용은 다른 다섯 가지 감관능력과 연관되어 있다. **인간의 정신 · 사유 · 인지능력이 아무리 복잡하고 고도화된 것일지라도, 다른 신체적 감관들과 연계하여 외부세계의 차이현상들을 선별 · 취사 · 가공한 후 경험한다. 인간의 지각경험은 감관조건에 갇혀 있고, 대승의 유식학唯識學은 이 점을 잘 통찰하고 있으며, 칸트는 이 문제를 '구성적 인식**

론'으로 확인하고 있다.

동물의 감관능력에서도 기억 · 판단 등의 지적 능력이 목격된다. 그러나 감관능력의 통합적 역할을 수행하는 인간 인지능력(意根)의 지적 능력은 단연 고도의 수준을 보여 준다. 이 고도의 지적 능력이 가능한 것은 분명 인간 특유의 고도화된 언어능력 때문이다. 위험 등의 상황정보를 본능적 방식으로 전달하는 것은 언어능력이 아니라 단순한 신호 전달능력이다. 인간의 언어능력은 동물 일반의 신호 전달력과는 차원을 달리한다. **인간 특유의 언어능력은 '감관으로 1차 처리된 차이현상들'을 '언어부호에 의거하여 재처리하는 능력'과 관련되어 있다. 감관에 포착된 '1차 처리된 차이들'을 대상으로, 다시 유사한 차이들을 묶어 언어 · 문자 부호에 담아 하나의 차이로 재처리하는 것이 인간 언어능력의 출발 지대이다.**

언어 · 개념에 담아 유사한 차이들을 적절하게 분류하자, 분류된 차이들의 비교가 용이해졌다. 인간이 유사한 차이들을 한 다발로 묶어 언어 · 문자 부호에 담으려고 한 애초의 동기는, 감관에 와닿는 차이들의 혼란을 줄여 대응능력을 높이려는 것이다. **유사한 차이들을 한 다발로 묶으면 무수한 차이들의 혼란이 줄어들어 비교와 대응이 용이해지고, 기억도 쉬울 뿐 아니라 장기 기억이 가능하며, 그에 따라 환경에서 발생하는 문제들에 대한 대응력과 해결력이 높아지기 때문이다.** 환경에 잘 적응하여 생존하기 위한 생물학적 충동의 인간적 표현이다. **언어 · 개념을 통해 차이들의 분류와 비교 및 기억능력이 현저하게 발달하고, 또 분류 · 비교 · 기억된 차이들에 대해 취사선택 등으로 대응하는 과정에서, 언어적 인지능력의 고도화가 발생하였을 것이다.**

차이들과의 만남에서 발생하는 문제들을 해결하기 위해, 언어 · 개념에 담아 분류된 차이들에 대해 적절히 대응할 수 있는 판단 · 평가의 기준선 수립이 우선적으로 요청되었을 것이다. 그 기준선이 바로 관점(view)이다. 관점이 확보되자, 다시 관점을 토대로 한 판단 · 평가 · 선택의 고도화 과정에서 일관성을 지닌 질서와 법칙이 포착되었을 것이다. 이 '비교된 차이들의

질서와 법칙에 대한 경험'이 바로 이해(understanding)이다. 이해는 '언어·개념에 담아 재처리된 차이들에 대한 법칙적 경험'이다. 이렇게 이해능력이 발현되자 이해의 질서인 '논리'(logic), 이해와 논리의 체계인 '이론'(theory)이 등장하고, 이에 수반하여 판단·평가·종합·분석·추론 등의 능력이 고도화되었을 것이다.

예를 들어 보자. 인간의 생존을 도와주거나 해치는 외부환경 가운데 대표적인 것은 인간이다. 피부, 외양, 언어, 성별 등에서 다양한 차이를 지닌 인간들 가운데 이로운 사람(들)과 해로운 사람(들)을 구분하고 기억하는 일은 생존의 필수능력이다. 이 구분과 기억이 성공적인 만큼 생존을 위한 문제해결력이 높아진다. 효과적인 구분과 기억을 위해 우선 필요한 것은 유사한 차이들을 묶어 언어부호에 담는 일이다. 관계의 친소親疏, 피부색, 말, 성별, 행동양식 등 다양한 측면에서 유사한 차이들을 묶어 언어로 담아 선명하게 구분한다. 개인의 이름에서 출발하여 혈육관계를 묶는 성씨, 민족과 국가 단위로 묶은 차이를 지칭하는 명칭 등, 다종·다층의 유사성을 언어부호에 담아 이로운 사람(들)과 해로운 사람(들)을 효과적으로 구분한다.

이 지점에서 **언어인간 특유의 '언어의 속성에 의거하여 수립한 유용한 허구'가 발생한다. '언어에 담은 유사한 차이들의 다발'에, 실제의 차이현상들 속에는 존재하지 않는 '동일성·불변성·독자성'을 부여하는 것이다.** 유사한 차이들을 한 다발로 묶어 하나의 언어그릇에 담으면, 혼란스러운 무수한 차이들의 비교가 용이해지고 기억도 선명해지며 장기기억도 가능해진다. 그리고 그에 따라 차이들에 대한 대응력과 문제해결력이 높아진다. 이때 언어에 담긴 차이들 사이의 대비가 선명하고 지속적으로 유효할수록 비교·판단·평가·기억의 작업도 효율적이다. 그런데 '유사한 차이들의 다발'을 '동일한 단일 차이'로 보면 '차이들 사이의 대비'가 극적으로 명확해지고 일관성을 갖게 된다. 게다가 언어부호는 각자가 품은 차이 고유성을 배타적으로 유지하는 것을 속성으로 한다. '한국'과 '일본'이라는 명칭이 상호 교환되거나 내용이 변경되면 '언어에 의한 차이 분류' 기능이 사라진다. 바로 여기서 인간 특유의 '요청된 허구'가 발생한다. **'차이 비교를 통한 문제해결력의 고도화 요청'은 '유사한 차이들의 다발'을 '동일 · 불변 · 독자적 단일 차이'로 간주하는 관점(view)을 채택하게 한다. 이 관점은 문제해결력의 고도화 요청과 언어 속성이 결합하여 발생한 '사실에 부가한 허구적 포장'이고, 필요에 의해 '선택한 환각'이다. 이 동일성 관점은 인간 생존능력과 문제해결력의 고도화를 위해 선택한 '요청된 허구'이다.** 사실이 아닐지라도 차이 대비의 선명성과 일관성을 높여 개인과 집단의 이익을 도모하는 데 기여하기 때문이다.

'변화와 관계 속에 있지만 유사한 차이들의 묶음'을 '불변 · 독자의 동일한 차이'로 간주하는 관점을 수립하자, 차이들에 대한 비교를 선명하고 일관되게 진행할 수 있게 되었다. 그리고 그에 따라 차이들에서 발생하는 문제들을 해결하기 위한 분석과 종합, 판단과 평가 및 기억이 더욱 용이해지고 한층 고도화되었을 것이다. 그 과정에서 차이들의 관계에서 작동하는 질서와 법칙이 포착되었을 것이다. 그러자 '차이들에 대한 법칙적 경험'인 이해(understanding)가 확립되었고, 그에 수반하여 이해의 질서인 '논리'(logic), 이해와 논리의 체계인 '이론'(theory)이 발전하였을 것이다. 그리고 관점 · 이해 · 논리 · 이론이 상호 결합하면서 차이 문제에 대응하는 기억 · 판단 · 평가 · 종합 · 분석 · 추론 능력의 고도화가 가속화되었을 것이다.

그러나 '동일한 것' '변하지 않는 것' '단독적인 것'이라는 관념은 설정된 허구일 뿐 사실이 아니다. 하나의 언어그릇에 담긴 것들이 아무리 유사한 차이들일지라도, 그 차이들은 동일한 것이 아니며 불변하는 것도 아니고 독자적인 것도 아니다. **모든 차이들에 동일성 · 불변성 · 독자성은 없다. 모든 현상은 '가변적 · 관계적으로 구성되는 차이현상들'이다.** 이것은 만물의 보편적 속성이고 우주적 운명이다. 그런데 지구 행성에서 진화해 온 생물종 가운데 오직 인간만이 이 보편적 속성을 임의로 왜곡하고 우주자연의 운명을 외면한다. 이 인간의 선택은 '양지와 음지가 선명하게 갈리면서도 결합해 있는' 독특한 길을 열어 왔다. **언어에 기대어 차이들을 동일성으로 착색시킨 선택은 기억 · 판단 · 평가 · 종합 · 분석 · 추론 능력을 지속적으로 발전시켜 차이에서 발생하는 문제들에 대한 대응력을 고도화시켰다.** 인간 종이 자랑하는 다양 · 다층의 문화와 문명, 허약한 신체적 능력에도 불구하고 먹이사슬의 최고 정점을 확보한 것은 그 길의 양지이다.

그러나 언어로 구분한 차이에 동일성 · 독자성 · 불변성을 부여한 것은 인간 특유의 실존적 고통과 재앙의 문을 열었다. 판도라의 상자를 개봉한 셈이다. 동일성 · 불변성 · 독자성이라는 열쇠로 열고 들어선 문안에서, 인간은 언어와 연루된 모든 경험에 동일성 · 불변성 · 독자성을 기대하여 '나와 우리만의 변치 않는 영원한 소유'를 기대하고 또 전력으로 추구한다. '나'는, '나의 신체와 정신' '나의 생명' '나의 가족' 등 일체의 '나의 것들'이, '나만의 변치 않는 소유물'로서 동일하게 유지되길 기대한다. 그러나 그 어떤 것도 이 기대를 채워 주지 못한다. 원래 채워 줄 수가 없기 때문이다. **'가변적 · 관계적으로 구성되는 현상들의 실제'와 '불변 · 독자의 동일성에 대한 인간적 요청' 사이에 패인 깊은 골은 건널 수도 없고 메울 수도 없다. 변화 · 관계 속에서 끊임없이 다른 차이로 미끄러져 가는 땅 위에 서서, 건너갈 방법이 없는 불변 · 독자 · 동일성의 땅을 바라보는 인간은 고통스럽다. 변화로 인한 동일성의 붕괴와 상실을 기억하고 또 예상하는 것은 인간 특유의 고통이다. 인간 이외의 그 어떤 생물종도 겪지 않는 '언어인간의 언어적 고통'이다.** 소유물을 배타적으로 차지하는 능력을 키우고 소유의 양을 끝없이 늘려 보려는 노력에 매달리지만, 그리하여 소유물의 비교우위를 통해 '동일성 상실의 불안'을 지우려 하지만, 동일성 · 불변성 · 독자성에 대한 기대를 품고 있는 한 실패할 수밖에 없다. 개인의 실존은 동일성 상실의 불안과 고통에 만성적으로 시달린다.

언어로 분류한 차이들에 동일성 · 독자성 · 불변성을 부여하자 사회적 고통과 재앙의 문도 활짝 열렸다. 동물들의 군집생활에서는 목격되지 않는 인간 특유의 재앙이다. 가족 · 가문 · 지역 · 국가 · 계층 · 신분 · 성별 · 민족 · 혈연 · 종교 · 전통 등에서 '유사한 특징'이나 '공유하는 이익'으로 결집된 각종의 차이집단은, 자신들의 '차이 유사성'을 '동일한 본질'로 포장하여 배타적 이익을 관철하는 길에 올랐다. '동일성 이데올로기'로 뭉쳐 이질성과 타자들을 배제하고 차별하며 억압하는 '인간 특유의 폭력'을 펼치는 길을 질주했다. 인간은 동일한 명칭의 것들을 '무조건적/절대적으로 긍정'하고 다른 명칭을 지닌 것들을 '무조건적/절대적으로 부정'하는, 과잉 애정과 과잉 폭력성을 보여 준다. 다른 생물종에서는 목격되지 않는 특이한 현상이다.

'흑인'이라는 명칭으로 분류된 사람들에 대한 '백인' 명칭 인간들의 '무조건/절대적' 혐오와 경멸은 현실을 왜곡하는 '불합리한 현상'이다. 현실의 개인 흑인들과 개인 백인들은 생활세계에서 미워하기도 하고 좋아하기도 한다. 경멸하기도 하지만 존경하기도 한다. 상이한 시선과 감정이 조건들에 따라 서로에게 '조건적/역동적으로' 오고 간다. 모든 우호와 혐오는 '조건적으로' 변하면서 교환된다. 뿐만 아니라 우호와 같은 긍정 요소든 혐오와 같은 부정 요소든, 각자 단일 · 순수의 내용으로 존재하는 현상은 언제 어디에도 없다. 우애에도 증오가 섞여 있고 그 반대이기도 한 것처럼, 상반되거나 상이한 것들이 한 행동, 한 욕구, 한 시선에 동거하기도 한다. 또한 섞여 있든 같이 있든, 그 어떤 양상도 예외 없이 변한다. 한 사람의 신체와 인격, 지성이나 정서에도 불변의 순수본질은 원래 없다. **상이한 것들, 상반된 것들이 뒤섞여 있고, 상호 조건적 관계로 얽혀 있으며, 예외 없이 역동적으로 변한다. 이것이 현상들의 '있는 그대로, 사실 그대로'이다.**

기실 상반되는 것들은 서로에게 기대어 존재한다. 어떤 시선이나 정서도 '사실상 그리고 구조적으로' 반대되는 것들과 동거한다. '좋아함'은 '싫어함'이라는 반대 정서를 조건 삼아 발생하고 유지된다. 그러기에 '좋아함'과 '싫어함'은 서로에게 기대어 존재하고, 서로를 성립시켜 주며, 서로를 지탱해 준다. 어느 한쪽이 아예 없다면 반대쪽도 성립하지 않는다. 선善과 정의正義의 이름을 새긴 깃발을 들고 악과 불의라 이름 붙인 것들을 제거해 버린다면, 승리하는 순간 자신도 소멸한다. **'반대되는 것들의 상호적 성립과 지지 구조' 자체가 붕괴되면, 양쪽 모두 소멸한다. 그러므로 필요한 것은 상반되는 명칭 양쪽이 가져올 이로움의 양과 질은 키우고 해로움의 양과 질은 줄여 나가는 '관계의 역동적 구성' 혹은 '역할의 역동적 조정'이지 어느 한쪽의 완전한 소거가 아니다.**

언어로 분류한 차이들에 동일성 · 독자성 · 불변성을 부여하는 인간의 선택은, 현상세계의 〈'섞여 있음' · '조건 지어져 있음' · '의존하고 있음' · '변하고 있음'의 사실 그대로〉를, 〈'순일함' · '무조건적/절대적으로 있음' · '독자적으로 있음' · '변하지 않음'의 허구〉로 바꾸어 버린다. 그리고 이 '있는 그대로, 사실 그대로에 대한 왜곡'에 의거하여 무조건적/절대적 과잉 애정과 과잉 증오를 펼쳐 낸다. '무조건적/절대적 과잉 애정'과 '무조건적/절대적 과잉 증오'는 서로의 발생조건이 된다. 종교인들에게 부여한 동일한 명칭과 그에 수반하는 동일성 신념은, '우리 종교'에게는 무조건적/절대적 긍정과 애정을, 명칭을 달리하는 '다른 종교'에게는 무조건적/절대적 부정과 혐오를 동시적으로 발생시킨다. 인종 · 국가 · 성 · 신분 등에서도 같은 현상이 발생한다. **다른 생물종에서는 목격할 수 없는 인간 특유의 '동일성의 기만과 폭력'이 사회적 단위에서 자행된다. '차이와 언어와 동일성의 결합'은 '있는 그대로, 사실 그대로'에 대한 사회적 기만과 집단적 과잉 폭력의 길을 활짝 열었다. 그 길 위에서의 신음과 고통은 여전히 줄어들지 않는다.**

이렇게 보면 인간의 궁극 과제가 명백해진다. **인간이 노력하여 스스로 해결할 수 있고 또 해결해야 하는 궁극적 문제는, '개인과 사회에서 목격되는 인간 특유의 동일성 재앙'이다. 이 재앙의 원천인 동일성 · 독자성 · 불변성 관념은, 인간이 진화과정에서 생존력을 고도화하기 위해 언어를 매개로 삼아 부가한 '언어적 허구'이다. 이 재앙이 '언어를 매개로 차이에 부가한 허구'로부터 발생한 것이라면 '부가한 허구'를 제거하면 될 것이다.** 두 가지 제거방식이 있다. 하나는, 허구를 부가한 매개를 없애 버리는 것, 즉 언어를 제거해 버리는 것이다. 이 방식은 불가능하다. 언어능력은 언어 이전으로 되돌리거나 삭제할 수 있는 것이 아니기 때문이다. 언어능력을 삭제하면 인간의 인지·사유능력도 삭제된다. 그럴 수도 없고 그래서도 안 된다. 그렇다면 선택지는 하나다. **언어의 역할과 언어능력을 유지하면서도 '언어 속성에 기대어 차이현상들에 동일성을 부여하는 일'을 행하지 않는 것**이다. 이것이 가능하다면 인간 특유의 언어적 재앙을 치유할 수 있다. **이것은 새로운 언어능력을 계발하는 일이며, 언어인간이 다시 한번 차원 다른 진화를 감행하는 일이다. 〈차이를 분류하여 비교·기억·판단·평가·종합·분석·추론 능력을 지속적으로 발전시키면서 관점·이해·논리·이론을 통한 문제해결력을 고도화시켜 가는 언어능력〉에 〈동일성 환각을 버릴 수 있는 능력〉을 추가하는 여정에 오르는 일이다. 새로운 언어인간으로의 진화 행진이다.**

2) '있는 그대로, 사실 그대로'를 언어·개념·차이와 연관시켜 만나는 길

이 새로운 길은 〈'있는 그대로, 사실 그대로'를 언어·개념·차이와 연관시켜 만나는 길〉이다. 〈'있는 그대로, 사실 그대로'를 언어·개념·차이와의 연관이 완전히 끊긴 실재로 간주하는 신비주의의 길〉이 아니다. 감관을 통한 인간의 경험 속에 언어·개념·차이와의 연관이 끊긴 현상은 있을 수 없기 때문이다. 앞서 언급했듯이, 모든 생명체가 감관을 통해 대면하는 차이현상들은 '현상 자체의 모습과 내용'이 아니라 '생존 이익을 위해 선별·취사·가공된 차이들'이다. 어떤 생명체도 외부세계의 차이현상들을 '있는 그대로' 고스란히 그대로 경험하지 않는다. 인간의 모든 경험도 그러하다. 인간의 경험은 감관을 구성하는 조건들에 의존할 수밖에 없으며, 그런 감관을 통해 경험하는 것들은 '선별·취사·가공된 차이들에 대한 경험'이다. 그런데 인간의 경우는 이 선별·취사·가공 능력에 특유의 능력 하나를 추가하였다. 언어능력이 그것이다. **감관을 통해 포착된 '1차 가공 · 처리된 차이들'을 다시 언어 · 문자 부호에 담아 재처리하는 능력**이다. 인간 특유의 고도화된 인지 · 사유 능력은 언어능력과 맞물려 발전해 왔다. **차이들을 언어에 담아 개념으로 처리하는 능력을 갖춘 이후, 인식 · 사유 · 욕구 · 행동 등 인간의 모든 행위와 경험은 언어 · 개념을 그 발생조건으로 삼게 되었다. 인간의 모든 경험은 속속들이, 그리고 예외 없이, '언어 · 개념'과 '언어 · 개념으로 분류하여 구분한 차이'와 연관된다.**

'언어 · 개념'과 '언어 · 개념으로 분류하여 구분한 차이'는 인식 · 사유 · 욕구 · 행동 등 인간의 모든 행위와 경험의 필수적 발생조건이라고 보아야 한다. 따라서 이러한 이해를 전제로 한다면, **'있는 그대로, 사실 그대로' 역시 '언어 · 개념' 및 '언어 · 개념으로 분류하여 구분한 차이'를 조건으로 발생하는 현상들을 그 대상으로 삼아야 한다. 인간이라는 생명체에게 '언어 · 개념' 및 '언어 · 개념으로 분류하여 구분한 차이'와 무관한 '있는 그대로, 사실 그대로'는 경험의 대상이 되지 않는다.** 인간의 경험을 발생시키는 조건에서 '언어 · 개념' 및 '언어 · 개념으로 분류하여 구분한 차이'를 배제하면 경험 자체가 공허해진다. **인간이 감관능력을 통해 경험할 수 있는 '있는 그대로, 사실 그대로'는, '언어 · 개념' 및 '언어 · 개념으로 분류하여 구분한 차이'와 연루되어 있다. 개인의 실존과 인간세상의 근원적 치유를 위해 '있는 그대로, 사실 그대로'를 탐구하는 행보는, '언어 · 개념' 및 '언어 · 개념으로 분류하여 구분한 차이'가 열어 놓은 길 위에서 이루어져야 한다.** 언어 · 개념 · 차이와의 연관이 단절된 실재를 '있는 그대로, 사실 그대로'라고 설정하여 추구하는 신비주의의 길에 오르는 것은 도피 행각에 불과하다. '언어 · 개념 · 차이에서 발생한 문제들'로 채워진 집의 거주민이 문제를 감당하기 어려워 아예 언어 · 개념 · 차이가 없는 집으로 이사해 버리려는 것과 같다. 그러나 이사해 입주할 집 자체가 없다. 동일성 환각의 언어 재앙에 지친 인간의 희망이 부여한 주소지는 있다. 그러나 살 집이 없는 유령 주소지일 뿐이다.

붓다가 사문유관四門遊觀에서 눈뜬 인생의 근원적 불안과 고통은 생물학적 생로병사의 문제가 아니다. 붓다는, 고스란히 보존되는 ‘영원하고도 동일한 건강과 삶’을 추구한 것이 아니고, 그런 삶을 성취한 것도 아니다. 붓다가 된 이후에도 그는 병들었고 늙었고 죽었다. 다만 병듦과 늙음과 죽음을 마주하면서도 동요하지 않는 평온, 생로병사를 비롯한 삶의 모든 변화 양상에 노예적으로 종속되지 않는 자유를 누리는 능력을 성취한 분이 붓다이다. **붓다는 언어인간이 품게 된 동일성 환각에서 발생하는 삶의 무지와 불안, 고통을 문제 삼았고, 그런 인간 특유의 고통에서 벗어나는 능력을 성취하는 데 성공하였으며, 그 능력의 성취방법을 널리 공유하려고 한 분이다.** 그 능력을 ‘마비시키고 있는 조건들’, 그 능력의 성취를 가능케 하는 ‘성공의 조건들’을 일러 준 것이, 붓다 그분의 삶이고 그의 법설이다. 그런데 그 **성공의 길은 인도전통의 신비주의의 길이 아니다. 그 성공 조건은 ‘언어 · 개념 · 차이와의 단절’이 아니라 ‘언어능력의 새로운 진화향상’이다. 언어의 역할과 능력을 유지하면서도 ‘차이현상들에 동일성을 부여하지 않을 수 있는 능력’을 확보하는 길에 나서는 일이다. 〈‘언어능력’과 ‘동일성 환각을 버릴 수 있는 능력’을 결합시키는 일〉, 〈언어 · 개념 · 차이와 접속하면서도 동일성 환각의 집에 들어가지 않는 능력을 키우는 일〉이 성공 조건이다. 파도를 타고 가면서도 물에 빠지지 않는 능력, 파도 위에 몸을 싣고서도 파도에 휩쓸리지 않고 자유와 평안의 유희를 누리는 파도타기 능력.[5] — 이 능력을 키우는 방법이 붓다의 법설이다.**

만약 붓다의 성취를 〈몸은 비록 병들고 죽지만 정신은 동일성과 전능성을 유지할 수 있는 불변 · 불멸의 실재가 된 것〉이라거나 〈육신의 한계를 벗어 버린 사후에는 동일성 · 전능성 · 완전성을 보존하는 불변 · 불멸의 실재가 되는 것〉으로 본다면, 영락없는 신비주의 시선이다. 순수 · 완전 · 전능

5 자세한 내용은 『대승기신론 소 · 별기』 번역본에 게재한 「이해와 마음」을 참고할 수 있다.

의 본질/실체이며 불변 · 불멸의 영원성을 지닌 아트만 · 브라흐만을 설정하고, 그것을 직접 체득하여 하나가 될 수 있다고 주장하는, 인도 우파니샤드 전통의 신비주의 시선이다. **만약 일체의 변화와 차이를 넘어선 순수 · 불변의 실재를 꿈꾸는 신비주의 기대를 교학이라는 이름으로 붓다에게 적용한다면, 이는 후학들이 붓다를 배신하는 셈이다. 붓다는 한 번도 말한 적이 없고 오히려 명확히 비판하는 우파니샤드 신비주의의 옷을 붓다에게 입혀 버리는 일이다.**

인간은 어떤 경우에도 감관 너머의 객관적 현상을 '있는 그대로, 사실 그대로' 알 수가 없다. 이 점을 입증하는 성찰은 동서양의 인식론 계보와 과학에 널려 있다. **인간이 만날 수 있고 경험할 수 있는 '있는 그대로, 사실 그대로'는, '언어의 창을 통과한 특징 · 차이'이다. 아무리 지각 · 인식 과정을 거슬러 올라가 인간 경험발생의 첫 지대에 이를지라도, 그곳에서 만나게 되는 것은 '언어의 그물망에서 걸러진 특징 · 차이'이다.** 언어적 인지능력을 품은 인간이 사유능력을 비롯한 감관능력을 통해 만날 수 있는 것은, 감관에 개입하고 있는 언어 스크린을 통과한 특징 · 차이 현상들일 뿐이다. 어떤 방식으로도 인간은 감관 밖으로 나갈 수 없다는 인식론적 성찰과, 인간의 감관은 언어에 연루되어 있다는 언어인간의 면모를 그대로 수용해야 한다.

이렇게 생각하면, **인간이 추구할 수 있는 '있는 그대로, 사실 그대로'는 '언어 · 개념으로 직조織造된 처리 · 해석 체계'를 통과한 특징 · 차이들과 연관된 것이다.** '있는 그대로, 사실 그대로'를 마치 언어 · 개념 · 감관을 초월하여 만나는 객관적 실재로 여긴다면, 무지의 공허한 기대일 뿐이다. 그런 실재에 대해 말하거나 그것을 직접 체득할 수 있다고 주장하는 것은, 경험현상을 발생시키는 인간의 감관조건에 대한 무지의 발언이다. 때론 신비의 품에 안기어, 때론 구원이나 깨달음 혹은 진리의 깃발을 들고, 자못 비장하게 그런 실재를 향하는 행렬은 여전히 현재진행형이다.

인간의 모든 경험은 '언어 · 개념에 의거한 사유'가 '현상세계의 특징 · 차

이'(相)들을 해석 · 처리하여 구성한 것이라는 점, 그리고 인간의 고통과 평안, 구속과 자유는 그 '언어사유가 구성한 현상들 범주' 안에서 이루어질 수밖에 없다는 점을, 원효는 명료하게 인지하고 있다. 그리고 그 성찰 위에서 〈차이(相)들의 '상호개방'(通)과 '상호수용'(攝)〉을 가능케 하는 통섭通攝철학을 펼치고 있다.

"'[자아를 이루고 있는 요소들의 다섯 가지] 더미'([五]陰)와 '[6가지 감관능력과 6가지 감관대상, 그리고 이 둘의 결합으로 생겨난 6가지 경험현상을 모두 합한 18가지] 경험세계'([十八]界) 등의 '존재하는 것'(有)들은 본래 스스로 자기를 '모양과 색깔이 있는 것'(色) 등의 명칭으로 부를 수가 없고 단지 '[사실 그대로를] 잘못 분별하는 마음'(妄心)에 의해 '모양과 색깔이 있는 것'(色) 등의 명칭으로 부르는 것이니, 그렇기 때문에 모든 것은 다 '불변 · 독자의 본질/실체가 없고 [불변 · 독자의 본질/실체로 보는 분별의] 동요가 없는 것'(空寂)이다."[6]

"이것은 [세 번의 문답 가운데] 두 번째로서 [무주보살의] 두 번째 의심을 없애어 '다스려야 할 해로움'(所治惡)을 드러낸 것이니, '[불변 · 독자의 본질/실체로 보아 분별하는] 한 생각이 일으킨 [분별망상의] 네 가지 양상'(一念四相)이 '모든 [근본무지에 매인] 삶과 죽음을 포괄하기'(攝諸生死) 때문에 [불변 · 독자의 본질/실체로 보는] '자아를 이루고 있는 요소들의 다섯 가지 더미'(五陰)를 갖추어 '50가지 해로움'(五十惡)이 있게 됨을 밝히고자 한 것이다."[7]

"'세 가지 세계[에 대한 분별]이 없어질'(三界滅無) 때에는 마음과 대상세계(境)가 서로를 일으키지 않는다. 왜냐하면, 오직 마음이 '사실과 다르게 보아'(妄見) '[사

6 『금강삼매경론』(H1, 631b18~20). "陰界等有, 本不自名我爲色等, 但由妄心, 名爲色等, 是故一切悉皆空寂也."

7 『금강삼매경론』(H1, 636b1~3). "是第二番, 遣第二疑, 顯所治惡, 欲明一念四相, 攝諸生死故, 具五陰有五十惡."

실과 다른] 대상세계'(境界)를 바꾸어 지어내는 것이니, 마음에 '사실과 다르게 [봄]'(妄[見])이 없을 때는 곧 '[사실과 다른] 대상세계'(境)를 지어내지 않고, '[사실과 다른] 대상세계'(境界)가 없기 때문에 '[사실과 다르게 분별하는] 마음'(心)을 생겨나게 하지 않는다."[8]

"〈유익한 현상이나 해로운 현상은 마음에 따라 변화하여 생겨나는 것이다〉(善不善法, 從心化生)라는 것은, ['유익한 현상이나 해로운 현상'(善不善法)에 대해] '[신체(身)·언어(口)·생각(意)으로 이루어지는] 세 가지 행위'(三業)라는 '원인이 되는 행위들'(因行)은 모두 마음이 짓는 것이기 때문이다. 〈모든 대상세계는 생각과 언어로 구분하여 나눈 것이다〉(一切境界, 意言分別)라는 것은, '[지옥地獄·아귀餓鬼·축생畜生·아수라阿修羅·천상天上·인간人間, 이] 여섯 가지 세계'(六道)에서의 '결과로 나타나는 대상세계'(果境)는 모두가 '생각[과 언어]'(意[言])가 변화시킨 것이기 때문이다. 마음이 어지럽게 움직이지만 다스릴 수 없기 때문에 ['여섯 가지 미혹세계'(六道)에 태어나게 하는] '원인[인 삼업三業]과 결과[인 육도의 삶]'(因果)을 변화시키면서 만들어 내어 '괴로움의 바다'(苦海)를 흘러 다닌다. 그러므로 '괴로움의 바다'(苦海)에서 건너가고자 원한다면 '보살 수행'(菩薩道)을 닦아 마음을 '하나처럼 통하는 사실 그대로'(一如)가 되게 하여 ['여섯 가지 미혹세계'(六道)를 흘러 다니게 만드는] '여러 가지 조건들'(衆緣)을 끊어 없애야 하니, 그래서 '보살의 수행'(菩薩修)에는 '언어가 나타내는 차이'(名相)가 [불변·독자의 본질/실체로서] 없다."[9]

"처음에 〈이해〉(觀)라고 말한 것은 '사유하고 성찰하는 것'(思量觀察)이고, 〈오로지 마음과 언어[에 의해 구성된 것]이다〉(唯是意言)라는 것은 '취해진 외부의 대

8 『금강삼매경론』(H1, 641b17~20). "三界滅無時, 心境不相生. 所以然者, 唯心妄見, 變作境界, 心無妄時, 則不作境, 境界無故, 不生心也."

9 『금강삼매경론』(H1, 650c18~23). "〈善不善法, 從心化生〉者, 三業因行, 皆是心作故. 〈一切境界, 意言分別〉者, 六道果境, 無非意變故. 由心亂動, 不能制故, 變作因果, 流轉苦海. 是故欲度苦海, 修菩薩道, 制心一如, 衆緣斷滅, 所以菩薩修無名相."

상'(所取外境)은 '[불변 · 독자의 본질/실체로서] 소유되는 것이 없기'(無所有) 때문이다. [또] 〈마음에 따라 나타난다〉(隨意顯現)라는 것은 '외부의 객관'(外相分) 같은 것이 주관(見[分])과 분리되지 않기 때문이다. 〈나의 [욕망세계(欲界) · 유형세계(色界) · 무형세계(無色界)의] 근본이 되는 식識이 아니다〉(非我本識)라는 것은, 식識과 분리되어 바깥[의 것]으로 '보이는 대상'(所見境界)은 이미 나의 식識이 아니기 때문에 '[나의 것으로] 소유되는 것이 없다'(無所有)는 것이다. 여기서 말하는 〈근본이 되는 식識〉(本識)이라는 것은 제6식第六識이니, '[욕망세계(欲界) · 유형세계(色界) · 무형세계(無色界), 이] 세 가지 세계'(三有)의 근본이기 때문이다. [이것은] 제바提婆보살이 설한 게송에서 [다음과 같이] 말한 것과 같다. 〈의식意識은 '세 가지 세계'(三有)의 근본이니, '모든 대상세계'(諸塵)는 그 [의식이] 원인이네. 만약 대상세계(塵)가 '[불변 · 독자의 본질/실체로서] 있는 것이 아님'(非有)을 알면 '[세 가지] 세계가 [전개되는] 잠재적 가능성'([三]有種)은 저절로 사라진다네.〉"[10]

"이러한 '모든 현상'(諸法)은 '오로지 마음에 의해 지어진 것'(唯心所作)이니, 마음(心)을 벗어나서는 대상(境)이 없고 대상(境)을 벗어나서는 마음(心)도 없다. 이와 같은 것을 '오로지 분별하는 마음[에 의한 구성]일 뿐이라고 사유하는 것'(唯識尋思)이라고 말한다. 마치 『화엄경』에서 [다음과 같이] 말하는 것과 같다. 〈마음은 화가와도 같이 갖가지 '자아를 이루고 있는 요소들인 [색色 · 수受 · 상想 · 행行 · 식識의] 다섯 가지 더미'(五陰)를 그려 내니, 모든 세상의 어떤 것도 만들어 내지 않는 것이 없다네. 마음처럼 부처도 그러하고, 부처처럼 중생도 그러하니, 마음과 부처와 중생 이 세 가지에는 [모든 것을 지어냄에] 차별이 없다네.〉"[11]

---

10 『금강삼매경론』(H1, 654c22~655a6). "初言〈觀〉者, 思量觀察, 〈唯是意言〉者, 所取外境, 無所有故. 〈隨意顯現〉者, 似外相分, 不離見故. 〈非我本識〉者, 離識已外所見境界, 既非我識, 故無所有. 此中言〈本識〉者, 謂第六識, 三有本故. 如提婆菩薩所說頌言, 〈意識三有本, 諸塵是其因. 若見塵非有, 有種自然滅.〉"

11 『금강삼매경론』(H1, 665b2~7). "如是諸法, 唯心所作, 離心無境, 離境無心. 如是名爲唯識尋思. 如『華嚴經』言, 〈心如工畵師, 畵種種五陰, 一切世間中, 無法而不造. 如心佛亦爾,

3) '있는 그대로, 사실 그대로'가 지시하는 것

철학이나 종교에서는 〈감관이나 개념적 사유는 사실과 진리를 가리거나 왜곡시킨다〉는 시선을 쉽게 목격한다. 이런 시선은 인간 감관능력의 조건과 특징을 그대로 수용하기를 거부하는 태도이다. **인간의 지각과 인식은 감관능력을 구성하는 조건들에 의지하며, 인간의 경우 특히 '언어 · 개념'을 필수조건으로 삼는다.** 이 사실을 수용하면서 관심사를 탐구해야 한다. **'있는 그대로, 사실 그대로'라는 말로 추구해야 할 것은 '감관능력과 언어 · 개념적 사유에 의해 선별 · 해석 · 가공되기 이전의 실재'가 아니다.** 인간 경험의 발생조건 및 인식의 구조상 그런 실재는 접근할 수도 만날 수도 없다. 언어 · 개념을 핵심조건으로 삼아 짜여진 '특징 · 차이의 처리/해석 체계'와 무관한 실재는 체득할 수 없는 것이다. **그렇다면 붓다의 법설이 설하는 '있는 그대로, 사실 그대로'는 무엇을 지시하는 것인가?**

디그나가의 관점을 필두로 한 불교인식논리학 이론체계에서는 〈인간의 감관능력이 '언어 · 개념의 연루가 없는 실재'를 직접 만나고 있는 원초적 사태〉를 설정한다. 그리고 그 실재를 '독자상'(svalakṣaṇa, 自相)이라 부르는 동시에, 언어 · 개념에 연루되지 않고 그 실재를 만날 수 있는 감관능력을 '직접지각'이라 부른다. 따라서 **불교인식논리학이 상정하는 '직접지각'이란 〈'인간의 감관능력'과 '언어 · 개념의 연루가 없는 실재'가 직접 만나고 있는 원초적 사태〉를 지칭한다.** 그런데 앞서 거론한 것처럼, 인간의 경우, 언어 · 개념과의 연루를 배제한 감관능력을 설정하는 것 자체가 문제가 된다. 필자는 그런 설정을 수긍하지 않는다. **'언어 · 개념 이전의 실재인 독자상을 언어 · 개념과 무관하게 경험하는 직접지각'이라는 발상은 인도 우파니샤드 신비주의 사유의 연장선 위에 있으며, 붓다의 사유에서 일탈한 것**이라고 생각한다.

如佛衆生然, 心佛及衆生, 是三無差別〉故."

붓다는 〈'있는 그대로, 사실 그대로'(yathābhūta, 如實)에 대한 이해와 경험적 체득〉을 천명하고 있고, 이것은 모든 교학/해석학과 수행론의 출발지 내지 귀착지이다. 인도 불교인식논리학 이론수립에 참여한 학인들은 이 '있는 그대로, 사실 그대로'를 '언어 · 개념적 사유의 대상이 아닌 실재'로 이해하는데, 필자가 보기에는, 부적절하게 해석한 것이다. 불교인식논리학의 이론체계가 붓다의 통찰을 인식논리학적으로 계승 · 발전시키는 내용을 풍부하게 지니고 있다는 점과는 별도로, '있는 그대로, 사실 그대로'에 대한 비非불교적 전제에서 출발하고 있지 않는가라는 의문은 유효하다고 본다. 그런데 **붓다가 〈'있는 그대로, 사실 그대로'(yathābhūta, 如實)에 대한 이해와 경험적 체득〉을 천명하고 있다는 것은 〈인간의 감관능력과 '있는 그대로, 사실 그대로'와의 대면 상황〉을 인정하고 있는 것이다.** 인간 감관능력(六根)의 특성은 사유능력(意根) 때문에 발생하는 것이고, 그 사유능력은 어떤 경우 어떤 수준에서라도 언어 · 개념과 연루되어 있다는 관점을 전제로 한다면, **〈인간의 감관능력과 '있는 그대로, 사실 그대로'와의 대면 상황〉은 무엇을 지시하는 것일까?**

인간이 감관을 통해 지각 내지 인식하는 모든 경험현상은 '다양한 특징 · 차이들'인 동시에 '언어 · 개념에 의해 1차 분류 · 처리된 특징 · 차이들'이다. 그리고 붓다는 〈'있는 그대로, 사실 그대로'의 인식〉을 해탈의 조건으로 설한다. 그렇다면 이런 결론이 가능하다: **〈인간이 지각 · 인식하는 '언어 · 개념에 의해 분류 · 처리된 특징 · 차이들'은 두 범주로 구분된다. 하나는 '있는 그대로, 사실 그대로의 범주'이고, 다른 하나는 '있는 그대로, 사실 그대로가 아닌 범주'이다.〉**

이렇게 보면 문제가 분명해진다. **'있는 그대로, 사실 그대로의 범주'와 '있는 그대로, 사실 그대로가 아닌 범주'를 나누는 기준을 무엇으로 보느냐에 따라 '있는 그대로, 사실 그대로'의 내용과 의미가 결정된다. 필자는 그 기준선을 '언어 · 개념의 속성에서 발생하는 동일성 관념'으로 본다.** 유사한 특징 · 차이들을 묶어 하나의 언어그릇(개념)에 담아 처리하는 것이 인간 언어능력의 출발이고 핵심이다. 언어 · 개념적 사유능력은 '유사한 특징 · 차이들'을 마치 '동일한 특징 · 차이'인 것처럼 간주하여 처리하는 기능을 기초 생명력으로 삼기 때문에, '언어 · 개념에 의해 분류 · 처리된 특징 · 차이들'에 대해 '인간의 사유능력'은 '동일성'을 덧씌우는 일을 자연스럽게 행한다. **'언어 · 개념에 의해 분류 · 처리된 특징 · 차이들'과 '동일성'의 결합은 언어기능의 속성상 자연스럽다. 그러나 필연적인 것은 아니다.** 인간의 감관능력이 1차적으로 대면한 것은 '언어 · 개념에 의해 분류 · 처리된 특징 · 차이들'이고, 여기에 사유능력이 '동일성'을 추가적으로 부여한 것이다. 따라서 **'동일성'은 인간 사유능력의 선택이다. 〈인간의 사유능력이 동일성을 부여한다〉는 말은 〈인간의 사유능력은 동일성을 부여하지 않을 수도 있다〉는 것을 의미한다.**

인간의 감관능력, 특히 사유능력(意根)은 '언어 · 개념에 의해 분류 · 처리된 특징 · 차이들'을 대면하면서 두 길로 나뉘는 갈림길에 선다. 하나는 〈'언어 · 개념에 의해 분류 · 처리된 특징 · 차이들'에게 '동일성'을 부여하는 길〉이고, 다른 하나는 〈'언어 · 개념에 의해 분류 · 처리된 특징 · 차이들'에게 '동일성'을 부여하지 않는 길〉이다.

'언어 · 개념에 의해 분류 · 처리된 특징 · 차이들'일지라도 변화와 관계의 현상들이고 어디에도 동일성은 없다. 다양 · 다층의 유사성만 존재할 뿐이다. 따라서 〈동일성 · 불변성 · 독자성이 부여된 '언어 · 개념에 의해 분류 · 처리된 특징 · 차이들'〉은 '있는 그대로, 사실 그대로'가 아니다. 〈'언어 · 개념에 의해 분류 · 처리된 특징 · 차이들'에게 '동일성'을 부여하는 길〉에 오르면 언어 · 개념으로 묶은 유사한 특징 · 차이들을 '동일성을 지닌 본질'로 처리한다. 동일성이 유지된다는 것은 곧 '변하지 않는다'는 것과 '독자적'이라는 것을 의미하므로, 동일성 관념은 불변성 및 독자성 관념과 한 몸이 된다. 그리하여 이 길에서는 모든 가변적 · 관계적 현상에 동일성 · 불변성 · 독자성을 덧씌워 처리한다. 경험세계에서는 동일 · 불변 · 독자의 존재가 목격되지 않으므로 '가변적 현상 이면의 불변 · 독자의 본질이나 실체', '현상의 가변성과 관계성을 초월하여 자기동일성을 유지하면서 변하지 않는 궁극실재' 등을 설정해서라도 동일성 · 불변성 · 독자성 관념을 관철해 간다. 그리고 동일성과 독자성을 확보하기 위해 '타자의 배제'를 '존재의 필연적 요청'으로 간직해 간다. 그 결과 **이 길에서는 비교와 분석의 명료함이 선물하는 탁월한 문제해결력이 돋보이지만, 본래 존재하지 않는 동일성 허구를 주장하는 무지와 기만, 그 동일성 허구가 요청하는 배제의 폭력이 넘실댄다. 언어인간이 된 이후 현재까지 대부분의 인류가 선택한 길이기도 하다.**

감관능력이 변화와 관계를 내용으로 하는 '언어 · 개념에 의해 분류 · 처리된 특징 · 차이들'을 접촉하는 것이 1차적 사태라면, 그들에게 동일성을 부여하여 불변 · 독자의 본질/실체를 설정하는 것은 사유능력의 선택에 의해 발생한 2차적 사태이다. 1차적 사태와 2차적 사태 사이에는 '갈림길에 선 인간의 사유능력'이 있다. 그런데 〈'언어 · 개념에 의해 분류 · 처리된 특징 · 차이들'에게 '동일성'을 부여하는 길〉의 선택이 인간으로서는 너무도 자연스러운 것이었기에, 그 갈림길에서의 다른 선택은 마치 망각된 것처럼 보인다. 대부분 무시해 버리거나 간과해 버렸기에, 본래 있던 길이지만 비로소 성찰로 환기하여 다시 갈림길의 분기점에 서야 한다. **인간의 감관능력과 대상의 접촉지대에 분기점이 있음을, 또한 그 지점에서 선택할 수 있는 새로운 길이 있음을, 그리고 그 새로운 길에 접어들어 걸어갈 수 있음을 알려 주는 것이 붓다 그분이었다고 본다. 그 새로운 길이 바로 〈'언어 · 개념에 의해 분류 · 처리된 특징 · 차이들'에게 '동일성'을 부여하지 않는 길〉이다. 특히 육근수호의 법설은 그 갈림길의 분기점과 새 길을 일깨워 주는 동시에, 새 길에 오를 수 있는 구체적 방법까지 일러 주고 있다. 이 길에서 만나는 〈동일성이 덧씌워지지 않은 '언어 · 개념에 의해 분류 · 처리된 특징 · 차이들'〉이 '있는 그대로, 사실 그대로'이다.**

그렇다면 '있는 그대로, 사실 그대로'를 추구하는 학인들은 무엇을 대상으로 탐구해야 하는가? 일단 〈'언어 · 개념을 주요 소재로 직조된 처리/해석의 그물'(인간의 감관능력)을 통과한 특징 · 차이 현상〉이 '있는 그대로, 사실 그대로'를 탐구하는 현상의 범주다. **'언어 · 개념에 의해 1차 가공된 특징 · 차이 현상들'이 '있는 그대로, 사실 그대로'의 대상인 것이다. 그리고 그 〈'1차 가공된 특징 · 차이들'에 동일성 · 독자성 · 불변성을 덧씌워 탐욕 · 분노 · 무지를 발생 · 증폭시키는 조건이 된 것〉은 '있는 그대로, 사실 그대로'가 아니다. 반면에 〈'1차 가공된 특징 · 차이들'에 동일성 · 독자성 · 불변성을 덧씌우지 않아 차이들이 상호개방과 상호수용의 관계를 맺으면서 좋은 이로움을 발생시키는 조건이 된 것〉은 '있는 그대로, 사실 그대로의 범주'에 놓인다.**

왜 '있는 그대로, 사실 그대로의 범주'라고 말하는가? '있는 그대로, 사실 그대로'가 '확정된 공간을 점유한 실재'가 아니기 때문이다. 만약 언어 · 개념과 연루되지 않은 '동일 · 불변 · 독자의 실재'가 존재하고 또 경험될 수 있는 것이라면, '있는 그대로, 사실 그대로'라는 말은 불변의 본질로 채워진 비非유동적 실재를 가리키는 것이 된다. 그러나 인간의 경험에 포착되는 것은 '언어 · 개념적 처리의 산물'이면서 동시에 '가변적 · 관계적인 특징 · 차이들'이다. 따라서 **〈개념적 · 가변적 · 관계적 특징 · 차이 현상으로서의 '있는 그대로, 사실 그대로'〉는 동일 · 불변 · 독자의 고정된 사태일 수가 없다. 인간의 과제는 〈'있는 그대로, 사실 그대로'라는 말로 지시할 수 있는 현상과 그 발생조건들을 '선택'하는 일〉이다. 그리고 그 어떤 선택 가능한 조건들일지라도 가변적 · 관계적 지평 위에 놓인 것이므로, 선택 가능한 '가변적 · 관계적 조건들'과 그런 조건들에서 발생한 '가변적 · 관계적 현상' 가운데서 '있는 그대로, 사실 그대로'를 언급해야 한다. '있는 그대로, 사실 그대로의 범주'라고 말한 이유이다.**

붓다의 법설을 기준 삼아 '있는 그대로, 사실 그대로'라는 말로 지시할 수 있는 현상과 그 발생조건들을 '선택'한다면 최소한 이렇게 말할 수 있다: **〈언어 · 개념에 의해 1차 가공된 특징 · 차이 현상들에, 동일성 · 독자성 · 불변성을 덧씌우지 않아, 차이들이 상호개방과 상호수용의 관계를 맺으면서 좋은 이로움을 발생시키는 조건이 된 것. — 이것은 '있는 그대로, 사실 그대**

로의 범주'에 놓인다. 이 '있는 그대로, 사실 그대로의 범주'에 있는 특징 · 차이들은 탐욕 · 분노 · 무지를 줄이고 치유하여, 향상된 이해능력(지혜)과 정서능력(자비)으로 좋은 이로움을 발생시킨다.〉

'있는 그대로, 사실 그대로'가 지시하는 것은 불변의 본질이나 동일 · 독자의 실재가 아니다. 따라서 '있는 그대로, 사실 그대로'와 만나려는 행보는 불변의 확정된 주소지에 도달함으로써 끝나는 것이 아니다. **'있는 그대로, 사실 그대로'라는 말로 선택한 현상 및 그 발생조건과의 상응 정도에 따라, '있는 그대로, 사실 그대로'와의 상응 정도가 역동적으로 이루어진다. '있는 그대로, 사실 그대로 범주 내에서의 근접 · 상응 수준'의 문제인 것이다.** 필자가 언급하는 '상호개방과 상호수용이 이루어지는 통섭通攝의 차이' · '왜곡 · 오염되지 않은 차이' · '있는 그대로, 사실 그대로의 차이' · '탐욕 · 분노 · 무지를 발생 · 증폭시키는 조건이 아닌 차이' 등은, '울타리 쳐진 집' 안에 놓인 불변 · 동일 · 순수의 본질이 아니다. 따라서 **'있는 그대로, 사실 그대로'와 만난다는 것은, 그 말로 지시하려는 현상 및 그 발생조건과 상응해 가는 '역동적 자리 잡기'이다.** 예컨대 '있는 그대로, 사실 그대로'를 '파도에 빠지지 않는 상태'에 비유한다면, '빠지지 않는 파도타기'를 역동적으로 지속하는 것이 '있는 그대로, 사실 그대로의 차이들과 만나는 행위'이다. 안 빠지고 멀리 갈 수 있으면 '있는 그대로, 사실 그대로의 차이들'과 잘 만나고 있는 것이고, 빠졌다가 다시 올라오거나 멀리 가지 못하는 실력이면 '있는 그대로, 사실 그대로와의 상응'도 그만큼이다.

4) 차이(相)에 대한 원효의 통섭通攝 통찰

원효사상의 총결산으로 보이는 『금강삼매경론』에서는 '상相'[12]이라는 개

---

12 '相'은 니까야에서 '구분되는 특징적 차이'를 의미하는 팔리어 nimitta의 번역어로 시작하여 불교문헌들 속에서 다양한 변주를 보여 주는 용어이다. 원효 저술 속에서 목격되는 '相'의 다양한 용법들을 우리말로 번역할 경우 〈차이, 양상, [불변 · 독자의 본

념을 중심으로 '차이'와 '사실 그대로'의 문제가 다양한 방식으로 풍부하게 거론되고 있다. 원효는 '구분되는 특징적 차이', 더 정확하게는 '언어 · 개념에 의해 분류 · 처리된 특징 · 차이들'을 지시하는 **'상相'이라는 용어에 두 가지 상반된 의미를 모두 담는다.**[13] **하나는 '왜곡 · 오염되어 부당하게 차별된 차이'이고, 다른 하나는 '제대로 이해된 사실 그대로의 차이'이다. '왜곡 · 오염되어 부당하게 차별된 차이'는 '동일성이 덧씌워져 불변 · 독자의 본질이나 실체로 간주되는 차이'이고, '제대로 이해된 사실 그대로의 차이'는 '동일성의 옷이 벗겨진 변화 · 관계의 차이현상'이다. 그리고 전자의 차이(相)는 '독점 · 배제 · 억압의 폭력'과 '무지 · 독단의 기만'에 힘을 실어 주는 차별적 차이이고, 후자의 차이(相)는 '개방 · 수용 · 공유 · 호혜互惠의 평화'와 '사실에 접근하려는 성찰'의 토대다. 원효의 '차이 통섭의 철학'은 후자의 차이를 세상에 구현하려는 통찰의 체계다.**

원효는 '상相'이라는 동일한 용어에 이와 같은 상반된 두 가지 의미를 부여한다. 그러고는 논의의 맥락에 따라 두 가지 가운데 하나를 선택하고 있다. 원효가 같은 용어에 상반된 의미를 모두 담고 있는 것은, 의미를 명료하게 분리시켜 반영하는 것이 어려운 한자어의 한계 때문이다. 원효의 저술을 읽으면서 항상 목격하게 되는 것은, '원효 사유의 정밀함'과 '한문이라는 언어의 특성'이 보여 주는 언어적 불화이다. 그런 점에서 의미 압축적 기능이 돋보이는 한자어를 수용하면서도 의미 구분과 표현 및 연결의 정밀함을 아울러 보여 주는 한글은, 철학적 사유와 언어를 결합시키는 데 너무도 탁월한 언어다. 한국어와 한글을 통해 원효와 대화하고 그 내용을 기술할 수 있

질/실체로 차별된] 차이, 특성, 특징, 면모, 모습, 현상, 대상〉 등이 있다. 이들은 모두 '相'(nimitta)이 지시하는 '구분되는 특징적 차이'라는 의미의 '문장 맥락에 따른 다양한 변형'이다. 따라서 이 모든 번역어들을 관통하는 일관된 의미는 '구분되는 특징적 차이'이다.

13 이 글에서는 '相'을 서술의 편의상 그저 '차이'라고도 표현하지만, 엄밀하게 말하면 '언어 · 개념에 의해 분류 · 처리된 특징 · 차이들'을 지시한다.

다는 것을 필자는 금생의 특별한 축복으로 여긴다.

원효는, 다른 저술에서도 그러하지만, 특히 『금강삼매경론』에서는 '일一'이라는 기호에 자신의 모든 성찰과 체득을 압축하는 모습을 집중적으로 보여 준다. 〈일심一心, 일각一覺, 일심본각一心本覺, 일미관행一味觀行, 일미一味, 일상一相, 일여一如, 일행삼매一行三昧, 일법一法, 일성一性, 일실一實, 일심여一心如, 일의一義, 일제一諦, 일처一處, 일행一行〉 등이 그런 사례들이다. 원효는 이런 개념들을 다양한 논의와 맥락에서 사용하면서 '一'이라는 말로 드러내려는 동일한 의미를 변주하고 있다. 그리고 이 모든 용법들에서 **'一'은 '하나'라는 숫자를 나타내는 것이 아니라 '하나처럼 상통하고 서로 연결되어 있으며 상호작용하는 역동적인 동사적 현상'을 지시하고 있다. 원효가 구사하는 '一'은 '역동적 통섭通攝 현상'을 압축적으로 드러내는 개념이다.** 그래서 필자는 이런 경우의 '一'을 '하나처럼 통하는' 혹은 '하나처럼 통하게 하는'이라고 번역하고 있다. 예컨대 '일심一心'은 '하나처럼 통하는/통하게 하는 마음'이라 번역하고 있다. **원효의 평생 탐구는 '모든 차이현상의 역동적 통섭通攝'에 관한 통찰로 결산되며, '一'이라는 기호는 그 통찰을 압축적으로 대변하고 있다.**

'一'이 드러내는 역동적 통섭通攝에 관한 통찰을 원효는 『금강삼매경론』에서 집중적으로 거론하는데, 특히 '차이현상'(相)과 연관시키고 있어 주목된다. 필자가 『금강삼매경론』을 통해 거듭거듭 확인하는 것은, 원효의 철학을 일관되게 '차이현상에 대한 통찰'로 읽을 수 있다는 점이다. 일심一心과 화쟁和諍을 비롯하여 원효의 사유를 직조하고 있는 주요 개념과 이론들은 '통섭通攝'으로 망라할 수 있고, 그 통섭철학은 다름 아닌 '차이에 관한 통찰'로 읽을 수 있다고 본다. 그런 점에서 원효철학은 '차이 통섭의 철학'이다.

불교 교학의 거의 모든 유형을 심도 있게 탐구하여 '차이들의 상호개방과 상호수용'이라는 '차이 통섭의 지혜'로 읽어 내는 원효의 안목은 주목해야 한다. 불교 언어들을 '차이 통섭에 관한 통찰'로 읽는 것은 붓다와의 대화에서 새로운 장을 마련하는 것이기 때문이다. 주류 교학의 시선으로는 이러한 독법이 정통성을 확보하기 어려운 특수한 유형으로 보일지 모른다. 그러나 오히려 이런 독법은 오랫동안 묻혀 왔던 붓다 법설의 중요한 핵심 하나를 채굴하는 것이라 본다. 그리고 그런 점에서 이런 독법은 붓다 법설의 정통성을 확보할 수 있다고 본다. 기존의 교학/해석학들이 공유하고 승인하던 정통성이 아니라, 새로운 내용으로 보완된 새로운 정통성의 구성 가능성에 학인들은 인색할 필요가 없다.

'상相'이라는 용어를 통해 '차이의 문제'를 다룰 때, 원효는 '一'을 차이들에 대한 왜곡과 오염을 치유하는 일종의 '치유의 언어'로 구사한다. 동일성의 옷이 입혀져 불변의 독자적 · 배타적 본질/실체로 간주되면서 부당하게 차별되는 차이(相)들, 그리하여 상호 배제적으로 격리되고 서로 막혀 버린 차이(相)들. — 그 오염된 차이들을 원효는 '一'을 통해 치유한다. 차이(相)들에서 동일성의 의상을 벗겨 내어 '사실 그대로의 차이'에 접근하는 길을 열고, '차이들이 하나처럼 통하여 상호개방하고 상호수용하는 통섭의 세상'(實際)을 일구려 한다. 이와 관련된 원효의 통찰을 『금강삼매경론』에서 일부만 소개해 본다.

"먼저 단원(品)의 명칭을 해석한다. '[불변 · 독자의 본질/실체로 차별된] 차이가 없음'(無相)이라고 말한 것은 '[불변 · 독자의 본질/실체로 차별된] 차이가 없음에 대한 이해'(無相觀)를 가리키니, '모든 유형의 [불변 · 독자의 본질/실체로 차별된] 차이'(諸相)를 깨뜨리는 것이다. 다음으로 도리(法)라고 말한 것은 '이해의 대상이 되는 도리'(所觀法)를 가리키니, [바로] 〈'하나처럼 통하는 마음'이라는 도리〉(一心法)이다. '[불변 · 독자의 본질/실체로 차별된] 차이가 없음에 대한 이해'(無相觀)라는 것은 앞[에서 말한] [육품六品의 각각인] '여섯 부분'(六分) 중에서 [첫 번째인 무상법품無相法品에 해당하는] '첫 번째 부분'(第一分)[이 드러내는] 뜻이고, '이해의 대상이 되는 도리'(所觀法)라는 것은 뒤[에서 말한] '여섯 가지 해석방식'(六門) 가운데 '첫 번째 해석방식'(第一門)에서의 도리이다. 이제 이 '첫 번째 단원'(初品)에서는 이 두 가지 뜻을 나타내니, 그러므로 〈[불변 · 독자의 본질/실체로 차별된] 차이가 없다는 도리[를 주제로 하는] 단원〉(無相法品)이라고 말하였다."[14]

"〈현상의 '사실 그대로'에 들어간 것이다〉(入實法相)라는 것은, [바로] 이 부처님의 지혜가 '[불변 · 독자의 본질/실체로 차별된] 모든 차이'(一切相)를 깨뜨려 '모든 현상'(諸法)의 '사실 그대로'(實相)에 통달했음을 일컫는다. 〈본래 그러한 것〉(決定性)이라는 것은, 이 〈현상의 '사실 그대로'〉(實法相)는 부처가 지어낸 것이 아니고, 부처가 있든 없든 본연(性)이 스스로 그러하기 때문이다. … 여래가 스스로 〈현상의 '사실 그대로'에 들어간 것〉(入實法相)이기 때문에 다른 이들로 하여금 '[불변 · 독자의 본질/실체로 차별된] 차이가 없어서 생기는 이로움'(無相利)을 얻게 할 수 있는 것이다."[15]

"〈모든 곳〉(一切處)이라는 것은 '진리와 세속'(眞俗) '동요와 평온'(動寂) 등[의 현상이 있는] 모든 곳이며, 〈머무름이 없다〉(無住)라고 말한 것은 이 모든 것에서 '[불변 · 독자의 본질/실체로서] 얻은 것이 없기'(無所得) 때문이다. [또] 〈떠남이 없다〉(無離)라는 것은 이 모든 것에서 '[현상으로서] 얻지 못하는 것도 없기'(無所不得) 때문이니, 왜냐하면 그 '모든 곳'(一切處)들은 다 '[불변 · 독자의 본질/실체로서] 그러한 것도 아니고 [현상으로서] 그러하지 않은 것도 아니기'(非然非不然) 때문이다."[16]

"'[어디에도] 자리 잡지 않는 경지'(無在之處)는 오직 '하나처럼 통하는 마음'(一心)이니, '하나처럼 통하는 마음의 본연'(一心之體)은 '본래부터 [불변 · 독자의 본질/실체로 보는 분별의 동요가] 그쳐 평온한 것'(本來寂靜)이기 때문에 〈본래 사실 그대로인 본연의 경지〉(決定性地)라고 말하였다. '하나처럼 통하는 마음'(一心)이

---

14 『금강삼매경론』(H1, 609b4~9). "先釋品名. 言無相者, 謂無相觀, 破諸相故. 次言法者, 謂所觀法, 一心法故. 無相觀者, 先六分中, 第一分義, 所觀法者, 後六門內, 第一門法. 今此初品, 顯是二義, 以之故言〈無相法品〉."

15 『금강삼매경론』(H1, 609c6~13). "〈入實法相〉者, 謂此佛智破一切相, 通達諸法之實相故. 〈決定性〉者, 是實法相, 非佛所作, 有佛無佛性自爾故. … 如來自入實法相故, 故能令他得無相利也."

16 『금강삼매경론』(H1, 629a4~8). "〈一切處〉者, 一切眞俗動寂等處, 言〈無住〉者, 於此一切, 無所得故. 言〈無離〉者, 於此一切, 無所不得故, 所以然者, 彼一切處, 悉皆非然非不然故."

나타날 때에는 '여덟 가지 식'(八識)이 모두 바뀌어 가니, 그러므로 이때에 '['거울로 비추는 것처럼 [현상세계를] 온전하게 드러내는 지혜'(大圓鏡智) · '[불변 · 독자의 본질/실체라는 생각으로 비교하지 않아] 평등하게 보는 지혜'(平等性智) · '사실 그대로 이해하는 지혜'(妙觀察智) · '[중생들이 열반에 이르도록 성숙시키는] 일을 이루어 가는 지혜'(成所作智), 이] 네 가지 지혜'(四智)가 완전(圓滿)해진다. 왜냐하면 이 '하나처럼 통하는 마음'(一心)이어야 [근본무지의] 암흑에서 벗어나 [지혜의] 밝음을 이루고 [그 지혜가] 명백하고 온전해져서(淸淨) [제대로] 비추어 내지 못하는 모습이 없기 때문이니, 그러므로 〈그 경지는 청정하니 맑은 유리와 같다〉(其地淸淨, 如淨瑠璃)라고 말하였다. 이것은 '거울로 비추는 것처럼 [현상세계를] 온전하게 드러내는 지혜의 면모'(大圓鏡智之義)를 드러낸 것이다. [또한] 이 '하나처럼 통하는 마음'(一心)이어야 '['항상 있다는 견해'(常見)와 '완전히 없어진다는 견해'(斷見) 이] 두 가지 치우친 견해'(遠離二邊)에서 멀리 벗어나 '나와 남이 평등하여 둘이 아닌 [경지]'(自他平等無二)를 통달하니, 그러므로 〈본연은 언제나 평등하니 저 대지와 같다〉(性常平等, 如彼大地)라고 말하였다. 이것은 '[불변 · 독자의 본질/실체라는 생각으로 비교하지 않아] 평등하게 보는 지혜의 면모'(平等性智之義)를 나타낸 것이다. 이와 같은 '하나처럼 통하는 마음'(一心)[지평]에서는 '[불변 · 독자의 본질/실체가 있다는 생각으로 분별하여] 본 것'(所觀)이 없기 때문에 '모든 현상세계'(諸法門)를 [사실대로] 이해하지 못하는 경우가 없으니, 그러므로 〈깨달음은 '사실대로 이해하니', 햇빛처럼 빛나는 지혜와 같다〉(覺妙觀察, 如慧日光)라고 말하였다. 이것은 '사실 그대로 이해하는 지혜의 면모'(妙觀察智之義)를 밝힌 것이다. [또] 이와 같은 '하나처럼 통하는 마음'(一心)[지평]에서는 [분별로] '지어내는 것'(所作)이 없기 때문에 다른 사람을 이롭게 하는 일을 지어내지 않음이 없으니, 그러므로 〈이로움이 이루어져 본연을 얻으니, 위대한 진리의 비[를 맞은 것]과 같도다〉(利成得本, 如大法雨)라고 말하였다. 비는 만물을 적셔 열매를 맺게 하는데, 이 지혜도 그와 같아 다른 사람을 이롭게 하는 일을 이루어 [그들로 하여금] '깨달음의 본연'(本覺)[인 '사실 그대로 앎']을 얻게 하니, 이것은 '[중생들이 열반에 이르도록 성숙시키는] 일을 이루어 가는 지혜의 면모'(成所作智之義)를 밝힌 것이다. [이렇게 이] 네 가지 지혜'(四智)가 완전해지면, 이것이 '['사실 그대로'

를] 비로소 깨달아 감이 완전해진 것'(始覺滿)이다."[17]

"이것은 ['대승의 세 부류의 계율들이 참된 면모[인 '사실 그대로']로부터 이루어짐을 밝힌 것'(明三聚戒從眞性成)의 다섯 부분 중에서] 다섯 번째인 '[사리불이] 이해함'(領解)인데, 여기에는 두 가지가 있다. 앞의 것은, 〈따라야 할 '하나처럼 통하는 사실 그대로'(一如)가 바로 '진리의 몸'(法身)이고, '[상락아정常樂我淨이라는] 네 가지 [본연의] 능력'(四德)을 갖추었으며, '사람과 현상에 대한 [불변 · 독자의 본질/실체로 차별된] 차이'(人法相)를 뛰어넘은 것이고, 이것이 위대한 열반임〉을 이해한 것이다. [그리고] 뒤의 것은, 〈'[사실] 그대로를 따르는 마음'(能順如心)은 '[사실] 그대로를 따르기에'(隨如) [번뇌의] 속박에서 벗어나 '크나큰 자유자재의 힘'(大自在力)을 행하지 않음이 없음〉을 이해한 것이다."[18]

"그 '[불변 · 독자의 본질/실체로 보는 생각으로] 분별한 것이 없음'(無所分別)으로 말미암아 '[차이를 제대로] 구별하지 않음도 없으니'(無不分別), 그러므로 〈[불변 · 독자의 본질/실체로 보는 생각으로] 분별함이 없는 지혜는 [차이를 제대로] 구별함이 끝이 없다〉(無分別智, 分別無窮)라고 말하였다. '[차이를 제대로] 구별함이 끝이 없는'(分別無窮) 까닭은 다만 모든 분별을 없애기 때문이니, 그러므로 〈'[제대로 구별함이] 끝이 없는 차이들'(無窮之相)은 오직 '[불변 · 독자의 본질/실체로 보는 생각으로] 분별된 것'(分別)만이 사라진 것이겠습니다〉(無窮之相, 唯分別滅)라고 말하였다."[19]

---

17 『금강삼매경론』(H1, 633a17~b8). "無在之處, 唯是一心, 一心之體, 本來寂靜, 故言〈決定性地〉. 一心顯時, 八識皆轉, 故於是時, 四智圓滿. 所以然者, 卽此一心, 離闇成明, 明白淸淨, 無影不照, 故言〈其地淸淨, 如淨瑠璃〉. 是顯大圓鏡智之義. 卽此一心, 遠離二邊, 通達自他平等無二, 故言〈性常平等, 如彼大地〉. 是顯平等性智之義. 如是一心無所觀故, 於諸法門, 無不觀察, 故言〈覺妙觀察, 如慧日光〉. 是明妙觀察智之義. 如是一心, 無所作故, 於利他事, 無所不作, 故言〈利成得本, 如大法雨〉. 雨潤萬物, 令成菓實, 此智亦爾, 利他事成, 令得本覺, 是明成所作智之義. 四智旣圓, 是始覺滿也."

18 『금강삼매경론』(H1, 651c17~20). "此是第五領解, 於中有二. 先領所順一如, 卽是法身, 具足四德, 超人法相, 是大涅槃. 後領能順如心, 隨如離繫, 而無不爲大自在力."

5) '있는 그대로, 사실 그대로'를 언어 · 개념 · 차이와 연관시켜 만나는 길과 원효

니까야/아함에서 만나는 붓다의 법설은 '언어 · 개념 · 차이 · 변화 · 관계와의 접속을 끊지 않고 무지의 오염 문제를 해결하는 길'이다. 필자는 그렇게 본다. 게다가 흥미로운 것은 원효의 '차이 통섭의 통찰'이다. 필자가 보기에, 원효는 '언어 · 개념 · 차이 · 변화 · 관계와 접속하면서 삶과 세상의 오염을 치유하는 붓다의 길'을 제대로 포착한 흔치 않은 인물이다. 동아시아 대승불교 언어권역 속에서 등장한 한반도 토착 불교지성에서 이런 면모를 목격하게 되는 것은 경이롭다. 니까야 문헌들만 간수하고 탐구하여 붓다 법설의 해석학적 정통성을 주장하는 남방 상좌부 전통에서도 목격하기 어려운 혜안을, 북방 대승권역의 한 자락 한반도에서, 그것도 하늘을 찌르는 자신감으로 중국 유학도 거부한 인물에게서 목격한다는 것은 놀라운 일이다. 원효와 꾸준히 대화해 온 필자도 이런 사실을 확신하게 된 것은 그리 오랜 일이 아니다. 원효전서를 번역하느라 꼼꼼히 음미하면서 비로소 눈에 선명히 잡힌 원효의 면모이다. 이전에도 감지 정도는 했었지만, '차이 통섭'에 관한 원효의 안목이 이토록 일관되고 또 심층적인 줄은 미처 몰랐었다.

이후 원효의 언어가 새로운 의미로 다가왔고, 불교철학이 새롭게 읽혔으며, 철학과 인문학, 인간의 새로운 전망이 보였다. 여러 분야의 지성들과 협업을 진행하면, 원효를 '지금 여기'로 소환하면서 새로운 인문학을 수립하는 멋진 일이 구현될 수 있겠다는 전망이 뚜렷해졌다. 현재 출간 중인 원효전서 한글번역의 영역英譯까지 이루어진다면, 원효학은 단기간에 인문학과 철학의 중심과 전위지대를 형성해 갈 것이라는 확신을 다지게 된다. 이런 전망을 구현할 수 있는 조건들만 현실에서 갖추어진다면,

---

19 『금강삼매경론』(H1, 659c4~7). "由其無所分別, 乃能無不分別, 故言〈無分別智, 分別無窮〉. 所以'分別無窮'者, 只由滅諸分別, 故言〈無窮之相, 唯分別滅〉."

한반도 지성의 전통계보 속에서 비로소 고도의 보편적 호소력을 지닌 현재적 자생 인문학을 내놓을 수 있을 것이다.

원효철학 형성의 기반으로 보이는 『대승기신론』을 불교 신비주의의 이론 체계로 간주하는 시선이 많다. 무엇보다도 『대승기신론』이 채택하고 있는 긍정형 용어들이 그런 이해에 힘을 실어 왔다. 일심一心 · 상주일심常住一心 · 여래장如來藏 · 본각本覺 · 진각眞覺 · 자성自性 · 자성청정심自性淸淨心 · 심성心性 · 진심眞心 · 심진여心眞如 · 심진실心眞實 · 심원心源 · 심체心體 · 불성佛性 · 진여眞如 · 불생불멸不生不滅 등의 긍정형 기호들은, 만약 이런 기호들이 채택되는 문장의 의미맥락을 충분히 살피지 않으면, 동일성 · 독자성 · 불변성을 지닌 궁극실재를 지칭하는 것으로 읽기 쉽다. 원전의 한자용어가 지니는 의미를 현재어로 풀어 자신의 견해를 밝히지 않고 원전 용어를 그대로 사용하는 방식의 번역과 해설들은, 한자어의 일상적 의미를 성찰 없이 따라가면서, 긍정형 기호들을 구사하는 『대승기신론』을 불교 신비주의의 교본처럼 보기 쉽다. 게다가 불교인식논리학이 정립하고 있는 '직접지각과 독자상' 이론까지 끌어 붙이면, 『대승기신론』은 영락없이 '동일 · 독자 · 불변의 궁극실재'를 설하는 대승불교 신비주의 교본이 되고 만다. 그럴 때 **『대승기신론』은 〈언어 · 개념적 인식인 '심생멸心生滅의 분별심分別心'과 작별케 하고, 그 어떤 언어 · 개념 · 차이 · 변화와도 연緣을 끊어 버린 일심一心 · 본각本覺 · 진심眞心 · 심진여心眞如 · 심원心源 · 심체心體를 깨닫게 하여, 동일 · 독자 · 순수 · 불변의 실재인 '있는 그대로, 사실 그대로'를 체득하게 해 주는 이론〉으로 읽혀지게 된다.** 학계의 학인이나 현장의 수행 구도자들 속에서 이런 경우를 만나는 것은 어렵지 않다.

『대승기신론』이 신비주의 교본으로 읽혀지는 경우, 원효철학도 덩달아 신비주의 불교철학으로 취급받게 된다. 원효 저술이 『대승기신론』 연구 · 해설서에 국한되는 것은 아니지만, 『대승기신론』 사상은 그의 다른 저술 및 사유와 밀접한 정합적 관계를 맺고 있다. 따라서 『대승기신론』을 신비주의 철학이론으로 읽으면, 원효의 모든 저술과 철학도 신비주의 문법으로 읽게 된다. 원효철학이 흔히 최고 수준의 상찬賞讚을 받곤 하지만, 그간 학인들이 제시해 온 상찬의 이유와 논거들이 과연 얼마나 적절하고 타당한지는 되물어 보아야 한다. **『대승기신론』을 비롯하여 원효의 언어를 신비주의 독법으로 읽는 한, 원효의 안목과 그 의미는 드러나지 않는다. '언어·개념·차이·변화·관계와의 접속을 끊지 않고 문제를 해결하는 길'에 관한 원효의 통찰은 묻히거나 왜곡되고 만다. 이에 비해 원효철학을 〈차이(相)들의 '상호개방과 상호수용'(通攝)에 관한 통찰〉로 읽으면 원효의 안목이 새롭게 드러난다. 『금강삼매경론』은 이러한 원효의 '차이 통섭의 철학'을 완숙된 내용으로 집대성하고 있다.**

5. 언어·개념·차이·사유·욕구와 접속한 '있는 그대로, 사실 그대로' – 붓다의 육근수호六根守護 법설과 원효의 '차이 통섭通攝'

니까야/아함에서 만나게 되는 '육근수호六根守護 법설'과 '희론戲論(papañca, 분별의 확산)에 관한 법설'은, 붓다가 언급하는 '있는 그대로, 사실 그대로'(yathābhūta, 如實)의 의미로 안내하는 대표적 가르침으로 보인다. 붓다는 우파니샤드 전통에 기초한 인도 신비주의가 설정하는 '일체의 언어·개념·차이·사유·욕구와 연관되지 않는 불변·독자·전능·순수·동일의 실재'를 명백히 부정했다. 그의 어떤 법설에서도 그런 신비주의 실재를 설정하는 내용이나 흔적을 발견할 수 없다. **붓다의 법설이 변화(無常)와 '불변·독자의 본질/실체의 부재'(無我) 및 '조건인과적 발생'(緣起)에 관한 통찰을 천명하고 있다는 점은 널리 알려져 있으며 또한 분명한 사실이다. 그런데 이러한 붓다의 법설이 붓다 후학들 사이에서는 '언어·개념·차이·사유·욕구·변화·관계와의 접속을 끊지 않고 무지의 오염 문제를 해결하는 길'로서 읽혀지지 않는 경우가 빈발한 것으로 보인다.** 변화(無常)의 법설에 대해서는 〈변화하는 것들은 허망하니 그런 것들에 매여 살지 말고 허망하지 않은 불변의 실재를 구하라는 뜻이다〉라고 읽고, '불변 · 독자의 본질/실체의 부재'(無我)에 대해서는 〈무상한 가짜 자아를 버리고 참 자아인 불변자아를 구하라는 뜻이다〉라고 읽으며, '조건인과적 발생'(緣起)에 대해서는 〈인과법칙에 매이는 것은 모두 윤회이니, 인과법칙에 매이지 않는 절대 실재를 체득하여 윤회의 굴레에서 벗어나라는 뜻이다〉라고 읽는 시선이 대표적이다.

변화 · 차이 · 관계의 현상을 불안과 고통으로 보는 시선들, 특히 우파니샤드 전통에 기초한 인도 신비주의에 길들어진 시선들에게는, 무상無常 · 무아無我 · 연기緣起도 불변 · 동일 · 독자의 피난처로 이끄는 이정표로 읽어야 안심이 되었을 것이다. '변화'(無常)와 '불변 · 독자의 본질/실체의 부재'(無我) 및 '조건인과적 발생'(緣起)을 제대로 수용하는 것이 자유와 평안의 길에 오르는 것이라는 붓다의 법설은 이해하기도 감당하기도 어려웠을 것으로 보인다. 그런 시선들로서는, 붓다의 법설도 표현만 다를 뿐 인도전통 신비주의 교설과 차이가 없는 것으로 읽고 싶은 유혹을 거부하기 어려웠을 것이다.

1) 육근수호 법설과 '있는 그대로, 사실 그대로'(yathābhūta, 如實)

육근수호 법설의 의의意義

필자는 '경험을 발생시키는 여섯 가지 감관능력을 잘 간수해 가는 방법에 관한 설법', 즉 '육근수호六根守護 법설'이야말로 인도 신비주의 시선과의 결별을 가장 명확하게 보여 주는 것이라 생각한다. 붓다가 일러 주는 길이 '언어 · 개념 · 차이 · 사유 · 욕구 · 변화 · 관계와의 접속을 끊지 않고 무지의 오염 문제를 해결하는 길'이라는 것을 육근수호의 법설은 명확하고 정확하게 알려 주기 때문이다. 붓다의 길을 이해하려면 육근수호 법설을 충분히 음미해야 한다고 본다. 생각건대, '육근수호 법설'은 붓다의 모든 법설, 사상과 수행의 모든 내용이 그곳으로 수렴되고 또 그로부터 발산된다. 특히 팔정도 정념正念을 축으로 하는 정학定學의 의미와 내용을 이해하려면 반드시 '육근수호 법설'을 깊이 음미해야 한다. '육근수호 법설'은 붓다의 사상과 해탈 수행법을 제대로 이해하는 관건이다. 붓다의 선禪, 특히 정념정지正念正知와 사마타 수행의 의미와 내용을 탐구하는 데 가장 중요한 것이 '육근수호의 법설'이다. 연기 법설과 무아 법설을 제대로 이해하고 체득하는 데 있어서도 '육근수호의 법설'을 건너뛰면 큰 구멍이 생긴다. 게다가 '육근수호의 법설'은 선종禪宗 선문禪門을 이해하기 위해서도 필수적이다. 선종 선문의 언어를 곧바로 붓다의 육성과 결합시킬 수 있게 하는 근거 가운데 '육근수호의 법설'보다 적절한 것은 없다고까지 생각한다. 직지인심直指人心 돈문頓門의 연원을 추적해 가는 작업에서 '육근 수호의 법설'은 가히 보배광산이라고 본다.

무아 · 연기 · 사성제 · 팔정도 · 삼학 등 붓다가 펼친 모든 법설은 '육근수호의 법설'과 직결되어 있다. **'육근수호의 법설'은 붓다의 모든 교설을 총체적으로 엮을 수 있는 매듭으로 다룰 수 있다고 본다. 붓다의 모든 교설이 수렴되어 하나로 엮이는 매듭이고, 또 모든 교설의 가닥을 다양하게 풀어내는 발산의 매듭이다.** 붓다의 모든 언어는 상호 연관되어 있는 것이지만, '육근수호의 법설'처럼 교설의 모든 것을 직접적으로 연관시키면서 망라할 수 있는 매듭은 발견하기 어렵다고 생각한다. '육근수호의 법설'은, 모든 교설이 자유롭게 들락날락하면서도 쉽게 서로 연결될 수 있다는 점에서, 가히 수렴과 발산의 통섭적通攝的 매듭으로 보인다. 따라서 이 육근수호 법설을 어떻게 이해하느냐에 따라, 붓다의 법설과 수행법 전체에 대한 이해가 결정될 수도 있다. 육근수호 법설에 대한 이해는, 무아 · 연기 · 혜학 · 정학 · 위빠사나 · 사마타 · 고苦 · 해탈 · 열반 · 깨달음 · 이해 · 마음 등 초기불교 핵심 주제들을 읽는 시선과 이해 내용을 결정한다. 또한 **육근수호 법설은, 붓다 법설의 치유력을 개인적 범주에 제한시키려는 태도가 얼마나 근거 없는 것인지도 확인시켜 준다. 붓다의 깨달음과 법설이 지니는 '개인적 향상진화'의 의미와 내용뿐 아니라 '사회적 향상진화'의 전망도, 육**

근수호 법설에서 그 근원적 내용을 확인할 수 있다. 육근수호 법설은, 붓다 교설에 대한 후학들 내지 특정 교학전통의 해석이 지닌 특징과 적절성을 판단할 수 있는 지표로 선택해도 전혀 손색이 없다고 본다. 이처럼 중차대한 내용과 의미를 지닌 붓다의 법설이 전통 교학과 수행론에서는 거의 방치되고 있다. 개인적으로 육근수호 법설을 음미해 가면서 품게 된 큰 의문이다.

육근수호 법설은 니까야/아함에서 다음과 같은 내용을 핵심으로 하여 거의 정형구처럼 자주 등장한다.

> "그는 눈으로 형색을 봄에 그 표상(nimitta, 全體相/相)을 취하지 않으며, 또 그 세세한 부분상(anuvyañjana, 細相)[20]을 취하지도 않는다. 만약 그의 눈의 기능(眼根)이 제어되어 있지 않으면, 욕심과 싫어하는 마음이라는 나쁘고 해로운 법(不善法)들이 그에게 [물밀듯이] 흘러들어 올 것이다. 따라서 그는 눈의 감각기능을 잘 단속하기 위해 수행하며, 눈의 감각기능을 잘 방호하고, 눈의 감각기능을 잘 단속한다. 귀로 소리를 들음에 … 코로 냄새를 맡음에 … 혀로 맛을 봄에 … 몸으로 감촉을 느낌에 … 마노(意)로 법을 지각함에 그 표상(全體相)을 취하지 않으며, 또 그 세세한 부분상(細相)을 취하지도 않는다. 만약 그의 마노의 기능(意根)이 제어되어 있지 않으면, 욕심과 싫어하는 마음이라는 나쁘고 해로운 법(不善法)들이 그에게 [물밀듯이] 흘러들어 올 것이다. 따라서 그는 마노의 감각기능을 잘 단속하기 위해 수행하며, 마노의 감각기능을 잘 방호하고, 마노의 감각기능을 잘 단속한다. 그는 이러한 성스러운 감각기능의 단속을 구족하여 안으로 더럽혀지지 않는 행복을 경험한다. **그는 나아갈 때도 돌아올 때도 [자신의 거동을] 분명히 알아차리면서(正知) 행한다. 앞을 볼 때도 돌아볼 때도 분명히 알아차리면서 행한다. 구부릴 때도 펼 때도 분명히 알아차리면서 행한다. 법의法衣 · 발우 · 의복을 지닐 때도 분명히 알아차리면서 행한다. 먹을 때도 마실 때도 씹을 때도 맛볼 때도 분**

20 전재성은 nimitta를 '인상'으로, anuvyañjana를 '연상'으로 번역하고 있다. 『맛지마니까야』(한국빠알리성전협회, 2009), p.607.

명히 알아차리면서 행한다. 대소변을 볼 때도 분명히 알아차리면서 행한다. 갈 때도 서 있을 때도 앉아 있을 때도 잠잘 때도 깨어 있을 때도 말할 때도 침묵할 때도 분명히 알아차리면서 행한다."[21]

이와 같은 육근수호의 법설은 붓다의 다양한 법문 상황에서 등장하고 있는데, 특히 주목해야 할 것은 구도자의 해탈 수행과정을 완결된 체계로서 설하고 있는 법문에서 등장하는 경우이다. 니까야/아함에서는 해탈 수행과정의 완결된 체계를 설하는 법문이 거의 동일한 내용으로 자주 설해지고 있는데, 이 법문을 '해탈 수행차제 법문'이라 불러 보자. **붓다는 이 '해탈 수행차제 법문'을 두 가지 형태로 설하고 있다. 하나는, 붓다 자신의 수행과정에 대한 회고 형식으로 설하는 것이다.** 출가와 수행, 목표 성취의 실패와 성공과정을 들려주는 방식으로 해탈수행의 전체 과정과 내용을 완결적으로 설하는 법문이다. **다른 하나는, 이러한 붓다 자신의 수행경험에서 실패한 내용은 빼고 성공할 수 있었던 내용과 과정만으로 재구성한 것이다.** 여기서는 수행 주체가 붓다가 아닌 일반 구도자로 바뀌고, '육근의 수호'와 '다섯 가지 장애(五蓋)의 극복'이 추가되어 있다. 붓다가 자신의 해탈수행 과정과 경험을 일반 구도자의 수행지침과 전범으로 채택할 수 있게 하려는 교육적 고려를 반영한 설법방식이다. 따라서 **전자가 '해탈 수행차제 법문'의 특수형이라면, 후자는 '해탈 수행차제 법문'의 일반형이라 할 수 있다.**

---

21 「깐다라까의 경(Kandarakasutta)」(M1:339), 대림 번역, 『맛지마니까야』 2권, pp.428~429. 이 번역문에서 '분명히 알아차리면서 행한다'라고 번역된 정지正知(sampajānāti)를 필자는 〈모든 것을 앞세우듯 하면서 알아차린다〉라고 번역한다. 일상의 모든 동작을 '괄호 치듯 묶어 재인지(알아차림)의 대상으로 처리하면서 빠져나오는 국면'을 일깨워 간수해 가면서 그 재인지 자리에서 현상의 특징과 차이들의 연기적 양상을 관찰하는 것이 정지正知(sampajānāti) 행법의 초점이라고 생각하기 때문이다. 이와 관련된 생각은 『대승기신론 소 · 별기』 번역본에 게재한 「이해와 마음」에 있다.

육근수호의 법설은 '해탈 수행차제 법문'의 일반형에서 가장 중요한 역할과 위상을 지니는 것으로 보인다. 육근수호의 수행법이 붓다 자신의 수행과정과 경험을 회고하는 '해탈 수행차제 법문의 특수형'에서는 등장하지 않고 일반형 법문에서 등장한다는 점, 그리고 해탈 수행차제에 관한 일반형 법문은 붓다 자신의 개인적 경험과 성공요인을 교육적 목적으로 재구성한 것이라는 점, 그리고 육근수호의 내용 자체를 아울러 고려하면, **육근수호의 법설이야말로 붓다가 설하는 해탈 수행체계 안에서 중추적 역할과 위상을 지니고 있는 것으로 보인다.** 인간과 세상에 대한 통찰, 위빠사나와 사마타 수행의 의미와 내용, 해탈·열반의 의미와 내용, 무아와 연기 법설의 이해, 깨달음의 문제 등, 붓다 법설의 핵심 주제들을 탐구하는 작업에서 육근수호의 법설은 가히 중심축의 역할을 담당할 수 있다고 생각한다.

또 하나 주목해야 할 것은 '육근수호 법설이 등장하는 전후 맥락'이다. 구도자들을 대상으로 한 '일반형 해탈 수행차제 법문'에 나타나는 내용들이 전개되는 맥락을 유심히 살펴야, '육근수호 법설의 범위'와 '육근수호 법설이 지니는 수행법으로서의 의미와 위상'이 드러난다. '해탈 수행차제 법문'의 일반형에서 나타나는 내용 전개는 다음과 같다.

【붓다가 출현하여 가르침을 설함 → 가르침을 들은 사람이 가르침에 대한 믿음을 일으켜 출가수행을 결심 → 출가 후 윤리적 행위를 익힘(正業·正語·正命에 해당하는 수행) → **육근의 수호 → 동작들의 정지正知 수행** → 다섯 가지 장애(五蓋)의 극복 → 사선四禪 → 숙명통 → 천안통 → 누진통 → 해탈】

이러한 내용 전개에서 우선적으로 이해와 의견이 엇갈릴 수 있는 대목은 두 가지이다. 하나는 **'육근수호 법설'에 해당하는 구절을 어디까지로 보아야 하는가의 문제**이고, 다른 하나는 **'육근수호 법설'이 '행위 제어의 수행'(戒學)·'선정수행'(定學)·'이해수행'(慧學)이라는 삼학三學 중 어디에 해당하는가의 문제**이다.

〈육근수호 법설에 해당하는 구절을 어디까지로 보아야 하는가?〉의 문제는, 구체적으로는, 육근수호의 구절에 바로 이어 설해지는 '다양한 동작들에 대한 정지正知'의 수행이 육근수호 법설과 어떤 관련이 있는가 하는 문제이다. 육근수호와는 별개의 수행으로 볼 때는 육근수호 법설의 범위가 이전의 구절로 한정되게 되지만, 육근수호 수행을 부연하는 법문으로 볼 때는 '다양한 동작들에 대한 정지正知'를 설하는 구절도 육근수호의 법설에 포함되게 된다. **필자는 '다양한 동작들에 대한 정지正知'의 내용을 육근수호 법설의 내용이라 보고 있다. 육근수호의 이치를 실제 수행에 적용하는 방법을 일러 주는 것으로서, '육근수호 법설'의 의미를 포착하는 데 필수적이고도 중요한 내용이라고 본다.**

〈육근수호 법설이 삼학 중 어디에 해당하는가?〉의 문제는, 육근수호 법설을 '행위 제어의 수행'(戒學)으로 보아야 하는가 아니면 '선정수행'(定學)으로 보아야 하는가의 문제이다. 육근수호에 관한 전통적 이해를 대변하는 『청정도론』은 육근수호 법문을 '행위 제어의 수행'(戒學)으로 해설하고 있다. 그러나 필자는 **육근수호 법문의 초점이 '다양한 동작들에 대한 정지正知'를 핵심으로 하는 '선정수행'(定學)에 있다**고 생각한다.

니까야 대장경에 대한 해석학적 준거로 평가받는 『청정도론』의 시선이 육근수호 법설의 의미 탐구에 도움을 주는 내용은 기대보다 훨씬 제한적이다. 『청정도론』은 육근수호의 법설을 제1장의 '계'(sīlanidesso)에서 해설하고 있는데, 해설 내용은 감관대상들에 대한 욕망을 단속하는 금욕적 능력의 계발에 초점을 두고 있다. 『청정도론』의 전체 구성에서 육근수호를 '계' 범주에 넣고 있을 뿐 아니라 내용도 계학수행으로 해설하면서[22] 육근수호 법설의 의미를 금욕주의적 수행론으로 읽고 있는 것이다. 그리하여 '전체적 특징·차이'(nimitta, 相)와 '부분적 특징·차이'(anuvyañjana, 細

22 「감각기능(根)의 단속에 관한 계」, 대림 번역, 『청정도론』 1, pp.155~158, pp.181~183.

相)를 '대상을 깨끗하지 못하다고 보는 이해수행'(不淨觀)에 관련시키고, 이 수행을 감관능력(육근)의 단속을 성취하는 정념수행의 내용으로 거론하고 있다. 대상의 '전체적 특징 · 차이'(相)가 아름다운 것이어서 욕정이 발생하면, 아름답다는 생각을 제거하기 위해 '아름답지 않다는 생각'(不淨想, asubha-saññā)을 의도적으로 수립하여 대상에 적용함으로써 욕정을 가라앉혀 감관기능(육근)을 단속한다는 것이다. 이렇게 감관기능을 금욕적으로 단속하는 것이 바로 계율 조목의 단속이고 육근수호의 수행이라는 것이 『청정도론』의 설명이다.

『청정도론』이 이해하는 육근수호 수행은 이렇게 요약할 수 있다: 〈대상의 '전체적 특징 · 차이'(nimitta, 相)와 '부분적 특징 · 차이'(anuvyañjana, 細相)를 감관(육근)이 접촉한다 → 욕정과 같은 파계破戒의 욕망이 일어난다 → '청정하지 못한 것이라는 생각'(不淨想, asubha-saññā)을 수립하여 아름다운 '전체적 특징 · 차이'와 '부분적 특징 · 차이'를 지닌 대상에 적용하여 욕망을 제거한다.〉

이러한 이해에 따르면, 육근수호 법설에서 말하는 〈'전체적 특징 · 차이'(nimitta, 相)와 '부분적 특징 · 차이'(anuvyañjana, 細相)를 움켜쥔다〉는 말의 의미는 〈계율을 깨뜨리는 욕망에 따른다〉는 것이고, 〈전체적 특징 · 차이와 부분적 특징 · 차이를 움켜쥐지 않는다〉는 말의 의미는 〈'청정하지 않은 것이라는 이해'(不淨觀) 등으로 그 욕망에 따르지 않는다〉는 것이 된다. 요컨대, 계율을 오염시키지 않게 하기 위해 감관(六根)을 욕망으로부터 보호하는 것이 '육근수호'이고, nimitta(相)와 anuvyañjana(細相)는 계율을 깨뜨리는 욕망을 발생시키는 대상의 특징들을 두 가지로 구분한 것이 된다. 그리고 'nimitta(相)와 anuvyañjana(細相)를 취하는 것'은 'nimitta(相)와 anuvyañjana(細相)에 따라 발생한 욕망을 따르는 것'이고, 'nimitta(相)와 anuvyañjana(細相)를 취하지 않는 것'은 'nimitta(相)와 anuvyañjana(細相)에 따라 발생하는 욕망에 따르지 않는 것'이라는 이해이다. 이러한 **『청정도론』의 이해는 육근수호 법설의 의미를 계학戒學으로**

읽는 입장을 대변하고 있다. 정념正念 수행에 대한 이해 역시 그 연장선에서 수립하고 있다. 출가자 위주의 금욕주의적 해석이다. 그러나 이러한 해석으로는 육근수호 법설이 알려 주는 '선정수행'(定學) 내용을 포착할 수가 없다고 본다.

만약 '해탈 수행차제 법문'에 등장하는 육근수호 법설을, 『청정도론』의 시선처럼, '대상의 특징을 접촉할 때 발생하는 욕망을 따라가지 않는 금욕주의적 계학'으로 본다면, '해탈 수행차제 법문'은 그저 수행과정의 주요 항목들을 평면적으로 병렬한 것이 된다. 그럴 때, 〈붓다가 출현하여 가르침을 설함 → 가르침을 들은 사람이 가르침에 대한 믿음을 일으켜 출가수행을 결심 → 출가 후 윤리적 생활을 함 → '경험을 발생시키는 여섯 가지 감관능력을 잘 간수함'(육근수호) → '다섯 가지 장애'(五蓋)의 극복 → '네 가지 선정 단계'(四禪)의 성취 → 숙명통 → 천안통 → 누진통 → 해탈〉이라는 내용을 열거하는 '해탈 수행차제 법문'은, 〈육근수호를 통해 욕망을 제어하고, 다섯 가지 장애를 극복하며, 선정을 성취하고 삼명三明이 밝아지면 마침내 해탈한다〉는 설법이 된다. 그런데 만약 이런 정도의 의미라면, '해탈 수행차제 법문'은 사실상 평범하다. 붓다의 여타 법문들에서 누누이 목격되는 '법문마다의 특별한 초점'이 뚜렷하게 드러나지 않게 된다.

구도자들을 대상으로 설하는 '해탈 수행차제 법문의 일반형'이 지닌 특별한 초점과 내용은 '육근수호 법설'에 있다고 본다. 붓다가 해탈수행의 전체 과정을 열거하면서 육근수호 법설을 설한 것은, 이 육근수호 법설의 특별한 의미와 위상을 알려 주기 위한 선택이었으며, 또한 육근수호가 정학定學을 이끌어 가는 요결임을 알려 주려는 것으로 보인다. 다시 말해, **정학定學의 요결을 육근수호 법설에 담고 그것을 해탈수행의 중심축으로 삼아 해탈수행의 전체구조를 완결적으로 설하는 것 — 이것이 '해탈 수행차제 법문의 일반형'이 지니는 의미이자 특별함이라 생각한다.**[23]

23 그렇다면 육근수호 법설은 왜 정학인가? 도대체 정학이란 무엇인가? 이 문제에 관한

2) 육근수호 법설의 세 가지 의미

필자는 육근수호 법설에서 세 가지를 주목하고 싶다. 첫 번째는, 감관을 통한 인간의 경험을 '감관능력(根)과 그에 대응하는 차이현상(相)의 관계'로 설명한다는 점이다. 감관능력이나 차이현상이 없으면 그 어떤 경험도 발생하지 않는다. 〈감관능력과 그에 대응하는 차이현상이 서로 관계 맺는 것이 인간 경험발생의 초기조건이다〉라는 점을 분명히 하고 있는 것이다. 그리고 이때의 차이현상(相)은 이미 언어 · 개념에 의해 1차 가공 처리된 것들이다. **두 번째는, '감관능력(根)과 그에 대응하는 차이현상(相)의 관계 맺기 방식'은 두 가지로 나눌 수 있으며, 이 두 가지 방식은 모두 인간의 선택지라는 것을 분명히 한다**는 점이다. 〈감관능력(根)과 그에 대응하는 차이현상(相)의 관계 맺기는, 감관능력이 그에 대응하는 차이현상을 '움켜쥐는 방식으로 관계 맺는 것'과 '움켜쥐지 않는 방식으로 관계 맺는 것'의 두 가지가 있으며, 어떤 관계방식이든 인간의 자율적 선택의 대상이 된다〉는 것이다. **세 번째는, 감관능력(根)이 그에 대응하는 차이현상(相)과 '움켜쥐는 방식'으로 관계 맺으면 '해로운 현상'(不善法)들이 감관능력으로 일으키는 모든 경험을 채울 것이고, '움켜쥐지 않는 방식'으로 관계 맺으면 '이로운 현상'(善法)들이 경험을 채워 수준 높은 행복을 누리게 된다**는 점이다. 〈감관능력(根)과 그에 대응하는 차이현상(相)이 관계 맺는 두 가지 방식은 삶/경험의 내용을 각각 '해로운 것'과 '이로운 것'으로 결정한다〉는 것이다.

첫 번째 의미인 〈감관능력과 그에 대응하는 차이현상이 서로 관계 맺는 것이 인간 경험발생의 초기조건이다〉라는 것의 함의는 다음과 같다: **인간의 경험은 감관능력(根)과 그에 대응하는 차이현상(相)의 만남에 의해 발생하므로 차이현상이 없으면 인간의 경험 자체가 없다. 따라서 '차이가 없**

견해는 이 글에서 더 이상 전개하지 않는다. 『대승기신론 소 · 별기』 번역본에 게재한 「이해와 마음」에 소견의 일단이 피력되어 있다.

는 동일 실재'를 체득하겠다는 발상은 인간 경험발생의 구조상 불가능하다. 붓다의 법설이 안내하는 깨달음이나 해탈 · 열반은 '차이와의 접속에서 이루어지는 것'이다.

두 번째 의미인 〈감관능력(根)과 그에 대응하는 차이현상(相)의 관계 맺기는, 차이현상을 '움켜쥐는 방식으로 관계 맺는 것'과 '움켜쥐지 않는 방식으로 관계 맺는 것'의 두 가지가 있으며, 어떤 관계방식이든 인간의 자율적 선택의 대상이 된다〉는 것의 함의는 다음과 같다: **다른 생물종들과는 달리, 인간은 '감관능력과 차이현상의 관계방식'에서 자율적 선택 가능성을 발전시켜 왔다.** 다른 생물종들은 '생존과 번식'이라는 생물학적 충동에 의해 형성된 생물학적 관계방식을 수동적으로 수용한다. **인간 역시 기본적으로는 생물학적 관계방식을 채택하고 있지만, 진화과정에서 새로운 관계방식의 선택 가능성을 꾸준히 발전시켜 온 것으로 보인다. 그 결정적 근거는 붓다가 감관능력의 하나로 간주하는 '사유능력'(意根)이다.**

인간은 진화과정에서 차이들을 언어에 담아 분류하여 기억 · 비교하는 능력을 발현시킨 이후, 그 능력에 의거하여 다시 판단 · 평가 · 종합 · 분석 · 추리의 능력 및 관점 · 이해 · 논리 · 이론의 구성능력까지 발전시켜 왔다. 다른 생물종에서는 목격되지 않는 이 독특한 능력은 흔히 인지능력 · 사유능력이라 불리는데, 붓다는 이것을 의근意根이라 부르면서 감관능력의 하나로 간주한다. **인간은 의근意根이라는 감관능력을 발전시켜 가는 과정에서 '감관능력과 차이현상의 관계방식'에서 새로운 선택지를 추가하는 동시에, 자율적 선택 가능성을 발전시켜 온 것으로 보인다. 붓다는 이러한 인간 감관능력의 특징, 특히 의근意根에 의거하여, 감관능력(根)과 차이현상(相)의 관계방식을 '움켜쥐는 방식'과 '움켜쥐지 않는 방식'의 두 가지로 구분하였고, 이 두 가지 관계방식은 모두 인간의 자율적 선택의 대상이 된다고 천명한다.**

세 번째 의미인 〈감관능력(根)과 그에 대응하는 차이현상(相)이 관계 맺는 두 가지 방식은 삶/경험의 내용을 각각 '해로운 것'과 '이로운 것'으로 결정한다〉라는 것의 함의는 다음과 같다: **개인적 삶과 사회적 삶의 목표는 '해로운 경험은 줄이고 이로운 경험은 늘리는 것'이다. 이 목표를 달성하는 방식과 내용 및 그 수준에 따라 개인과 사회의 행복 수준이 결정된다. 그리고 이 목표를 추구하는 인간과 사회의 근원적 역량은 '차이현상(相)과의 관계 맺기 방식'에 의해 좌우된다. 차이현상(相)과 관계 맺기를 '움켜쥐는 방식'으로 하면, 해로운 경험이 갈수록 늘어나고 이로운 경험은 갈수록 줄어든다. 반면에 차이현상(相)과 관계 맺기를 '움켜쥐지 않는 방식'으로 하면, 해로운 경험은 갈수록 줄어들고 이로운 경험은 갈수록 늘어난다. 개인과 사회의 행·불행은 그 원초적 분기점이 '차이현상(相)과의 관계 맺기 방식'에 있으며, 관계 맺기의 두 가지 방식에 대한 선택은 개인과 사회 모두에게 열린 가능성이다. 개인적 선택 역량은 개인 내면의 내공內功의 문제일 수 있지만, 사회적 선택 역량은 개인 역량과 집단 역량 및 제도·환경의 역량이 결합한 외공外功의 문제이다.**

'감관능력(根)과 차이현상(相)의 관계 맺기 문제'에는 사회적 범주도 포함시켜야 한다. 감관능력의 개인적 양상뿐 아니라 사회적 양상도 동시에 고려해야 한다. 그것이 '조건인과적 발생'(緣起)에 관한 붓다의 통찰에도 부응한다. '감관능력(根)과 차이현상(相)의 관계 맺기'는 개인적 범주에 국한되지 않고 사회적 범주에서도 발생한다. 다수인과 집단 및 전통이 공유하거나 승인하는 '차이들에 대한 시선'과 '차이들과의 관계방식'은 '집단적으로 작동하는 사회적 감관능력과 그에 대응하는 차이현상들'의 문제 영역이다. 이렇게 생각하면, 앞서 거론한 육근수호 법설의 세 가지 의미는 개인적 범주에서의 의미일 뿐 아니라 사회적 범주에서의 의미이기도 하다.

〈감관능력과 그에 대응하는 차이현상이 서로 관계 맺는 것이 인간 경험 발생의 초기조건이다〉라는 것은, 〈사회적 구성에서 주력해야 할 것은 사회적 감관능력이 차이들을 대하는 방식이다〉라는 의미이기도 하다. 국가나 사회가 자신을 구성해 가는 작업에서는, 전통·관행·문화·종교·사상·제도 등에 의해 형성된 사회적 감관능력이 보여 주는 '차이들을 대하는 방식과 내용'에 집중해야 한다. 차이들을 대하는 사회적 감관능력은 사회적 인문능력의 핵심이다. '사회적 감관능력과 차이들이 관계 맺는 방식과 내용'을 경시하거나 간과해 버리는 국가나 사회는 문화적 · 인문적 전망을 상실한다.

〈감관능력(根)과 그에 대응하는 차이현상(相)의 관계 맺기는, 차이현상을 '움켜쥐는 방식으로 관계 맺는 것'과 '움켜쥐지 않는 방식으로 관계 맺는 것'의 두 가지가 있으며, 어떤 관계방식이든 인간의 자율적 선택의 대상이 된다〉는 것은, 〈사회적 감관능력이 차이들과 관계 맺는 방식은 '불통 · 배제의 방식'과 '소통 · 수용의 방식'으로 구분할 수 있으며, 이 두 가지 방식 모두 열려 있는 사회적 선택지이다〉라는 의미이기도 하다. 집단이나 국가의 사회적 감관능력은 비록 과거의 방식에 크게 영향받고 있지만, 그럼에도 불구하고 역동적으로 구성되어 가는 열린 가능성이다. 강자나 기득 질서의 방어 · 유지를 위해 차이들을 부당하게 차별하고 배제 · 억압하면서 그것을 종교나 전통 및 제도에 기대어 정당화시키는 사회적 감관능력은 차이들에 대해 '불통과 배제의 방식'을 선택한다. 반면, 차이에 대한 부당한 억압 · 배제 · 차별을 지지하는 사유와 제도를 비판적으로 성찰하면서 차이 왜곡과 오염을 치유해 가려는 사회적 감관능력은 '소통과 수용의 방식'을 선택한다.

〈감관능력(根)과 그에 대응하는 차이현상(相)이 관계 맺는 두 가지 방식은 삶/경험의 내용을 각각 '해로운 것'과 '이로운 것'으로 결정한다〉는 것은, 〈국가와 사회의 행복지수와 구성원들의 삶의 질은 '차이들을 대하는 사회적 감관능력의 수준'에 달려 있다〉는 의미이기도 하다. 국가나 사회의 성장지표는 국민총생산(GNP) 성장률이 아니라, 갖가지 차이들을 대하는 사회적 감관능력의 수준에 따라 결정된다고 보아야 한다. 따라서 **사회/국가 운영의 일관되고도 궁극적인 관심사는 '사회적 감관능력과 차이들과의 관계능력 향상'이 되어야 한다.** 사회적 감관능력이 차이들과 관계 맺는 방식 및 내용이 사회/국가의 수준과 구성원의 행복지수를 결정한다.

3) 육근수호 법설의 '차이(相) 통찰'과 원효의 '차이 통섭通攝'

흥미롭게도 원효의 통섭通攝철학은 '차이들의 상호개방과 상호수용'을 가능케 하는 철학적 조건들에 관한 성찰이다. 그런 점에서 원효는 붓다의 육근수호 법설이 갖는 의미를 계승하고 있다. 원효가 『금강삼매경론』에서 차이(相)라는 개념을 중심으로 '왜곡 · 오염되어 부당하게 차별된 차이'와 그 해로움, '제대로 이해된 사실 그대로의 차이'와 그 이로움을 집중적으로 거론하고 있는 것은, 고스란히 육근수호 법설의 의미와 통한다. 원효는 '오염되어 차별되는 차이'를 '불변 · 독자의 본질이나 실체로 간주되는 차이'로, '사실 그대로 이해된 차이'를 '무본질 · 무실체의 차이현상'으로 대비시키면서 '차이 통섭'의 통찰을 펼친다.

"〈이와 같은 명칭과 뜻〉(如是名義)이라는 것은 앞에서 말한 것과 같은 '생각으로 헤아리기 어려운 명칭과 뜻의 면모'(不可思議之名義相)이다. 명칭(名)과 뜻(義)이 서로 상응하여 뒤바뀜도 없고 달라짐도 없기 때문에 〈참됨〉(眞實)이라 불렀고, 이와 같은 명칭과 뜻은 '주관과 객관'(能所)[을 불변 · 독자의 본질/실체라고 분별하여 분리하는 것]에서 멀리 벗어나 '한 맛처럼 통하여 평등'(一味平等)하기 때문에 〈같아진 차이〉(如相)라고 불렀다. [또] 이와 같은 '명칭과 뜻'(名義)은 '평등과 같아진 차이'(平等如相)이고 모든 부처님과 여래께서 체득한 것이기 때문에 〈여래와 같아진 차이〉(如來如相)라고 말하였다. … 이와 같이 [뜻과 이름이 서로] 들어맞아 '주관과 객관이 [불변 · 독자의 본질/실체로 분리되지 않고] 평등'(能所平等)하기 때문에, 명칭(名)[으로 나타내는 차이(相)]이든 뜻(義)[으로 나타내는 차이(相)]이든 '여래 아닌 것이 없다'(非不如來). … 〈'중생 마음에서의 차이'(衆生心相)에서 [그] 차이(相)도 여래이다〉(衆生心相, 相亦如來)라는 것은, 모든 중생의 '[불변 · 독자의 본질/실체로 보는 생각으로] 분별하는 마음에서의 차이'(分別心相)는 [그] '차이'(相)가 곧 '[불변 · 독자의 본질/실체로 차별된] 차이가 아니어서'(非相) [여래와 같아진 차이들과] 평등하지 않음이 없기 때문에 저 '[중생의 분별하는 마음에서의] 차이'(相)도 여래라는 것이다. 이상으로 '평등에 관한 도리'(平等道理)를 곧바로 세웠다."[24]

"〈어떤 것도 '[사실] 그대로[인 면모]'(如)가 없는 것은 없다〉(無有無如)라는 것은 '특징을 지닌 그 어떤 현상'(一有相之法)이라 해도 '사실 그대로의 도리'(如理)가 없는 것은 아니기 때문이다. … 이와 같이 '온전한 현상'(淨法)들은 '[불변 · 독자의 본질/실체를] 설정하는 양상'(有爲相)에서 벗어났기에, '[불변 · 독자의 본질/실체로서] 생겨남도 없고 [완전히] 사라짐도 없으며'(無生無滅) '[불변 · 독자의 본질/실체가] 시작됨도 없고 [완전히] 끝남도 없다'(無始無終). 이와 같은 뜻이기 때문에 〈현상 그대로가 온전하다〉(法爾淸淨)[라고 말한 것이다.]"[25]

"'모든 현상의 양상'(一切法相)은 조건(緣)에 따라 생겨난 것이고 '결과인 모든 현상'(一切果法)도 조건에 따라 있게 된 것이므로 곧 '[불변 · 독자의 본질/실체로서] 생겨난 것'(生起)은 없으니, [따라서] 〈생겨나는 양상의 본연은 '사실 그대로'이고 '사실 그대로'에는 동요되는 것이 없다〉(起相性如, 如無所動)라고 하였다. 그 아래에서는 '[현상을] 일으키는 모든 조건'(能起諸緣)도 '불변 · 독자의 본질/실체가 없음'(空)을 밝혔다."[26]

"'참 그대로인 현상'(眞如之法)은 '모든 이로운 능력'(諸功德)과 '모든 작용능력'(諸行德)을 두루 갖추어 [그] '본연의 면모'(本性)로 삼기 때문에 〈참된 면모[인 '사실 그대로']〉(眞性)라고 말하고, 이와 같은 '참된 면모[인 '사실 그대로']'(眞性)는 모든

24 『금강삼매경론』(H1, 640c2~20). "言〈如是名義〉者, 如前所說, 不可思議之名義相. 名義相稱, 無倒無變, 故名〈眞實〉, 如是名義, 遠離能所, 一味平等, 故名〈如相〉. 如是名義, 平等如相, 諸佛如來所體, 故言〈如來如相〉. … 如是稱當, 能所平等故, 若名若義, 非不如來也. … 〈衆生心相, 相亦如來〉者, 謂諸衆生分別心相, 相卽非相, 無不平等, 是故彼相亦是如來. 上來正立平等道理."

25 『금강삼매경론』(H1, 643a18~b7). "〈無有無如〉者, 無一有相之法, 而無如理者故. … 如是淨法, 離有爲相, 無生無滅, 無始無終. 由是義故, 〈法爾淸淨〉也."

26 『금강삼매경론』(H1, 644a8~10). "一切法相, 從緣所生, 一切果法, 從緣有故, 卽無生起, 〈起相性如, 如無所動〉也. 下明能起諸緣亦空."

'언어가 나타내는 차이'(諸名相)[를 불변 · 독자의 본질/실체로 보는 것]을 끊어 버리기 때문에 〈참된 면모[인 '사실 그대로']에는 불변 · 독자의 본질/실체가 없다〉(眞性空)라고 말한다. 또한 이 '참된 면모[인 '사실 그대로']'(眞性)는 '차이(相)에서 벗어나 있고 본질(性)에서도 벗어나 있으니'(離相離性), '차이에서 벗어나 있다'(離相)는 것은 '[불변 · 독자의 본질/실체로 보는] 분별망상으로 지어낸 차이에서 벗어나 있다'(離妄相)는 것이고 '본질에서 벗어나 있다'(離性)는 것은 '참된 면모[라는 불변 · 독자의 본질/실체]에서도 벗어나 있다'(離眞性)는 것이다. '[불변 · 독자의 본질/실체로 보는] 분별망상으로 지어낸 차이에서 벗어나 있기'(離妄相) 때문에 '[불변 · 독자의 본질/실체로 보는] 분별망상으로 지어낸 차이'(妄相)에는 불변 · 독자의 본질/실체가 없고, '참된 면모[라는 불변 · 독자의 본질/실체]에서도 벗어나 있기'(離眞性) 때문에 '참된 면모[인 '사실 그대로']'(眞性)에도 불변 · 독자의 본질/실체가 없으니, 그러므로 〈참된 면모[인 '사실 그대로']에는 불변 · 독자의 본질/실체가 없다〉(眞性空)라고 말하는 것이다. 지금 이 단원(品)에서는 ['분별망상으로 지어낸 차이에는 불변 · 독자의 본질/실체가 없다'(妄相空)는 것과 '참된 면모[인 '사실 그대로']에도 불변 · 독자의 본질/실체가 없다'(眞性亦空)는] 이 '두 가지 뜻'(二義)을 드러내고 있으므로, 이러한 뜻에 의거하여 ['참된 면모[인 '사실 그대로']에는 불변 · 독자의 본질/실체가 없다'(眞性空)라고 하는] 단원의 이름을 세웠다."[27]

"['깨달음의 본연[인 '사실 그대로 앎'을 일으키는] 마음'(本覺之心)에 의하여] 생겨난 '신체와 마음'(色心)[이라는 현상들]이 [중생에게는] '[불변 · 독자의 본질/실체로 간주되어] 차별된 양상'(差別相)이지만, 저 '깨달음의 본연[인 '사실 그대로 앎'을 일으키는] 마음'(本覺心)은 '[불변 · 독자의 본질/실체로서의] 양상'(相)에서 벗어나 있고 '불변 · 독자의 본질'(性)에서도 벗어나 있으니, 이와 같은 '[불변 · 독자

---

27 『금강삼매경론』(H1, 650b6~13). "眞如之法, 具諸功德與諸行德, 而作本性, 故言〈眞性〉, 如是眞性, 絶諸名相, 以之故言〈眞性空〉也. 又此眞性, 離相離性, 離相者離妄相, 離性者離眞性. 離妄相故, 妄相空也, 離眞性故, 眞性亦空, 以之故言〈眞性空〉也. 今此品中, 顯是二義故, 依是義, 立品名也."

의 본질/실체라고] 차별하는 자리'(差別之處)에 있지 않아야 저 '[불변 · 독자의 본질/실체로서의] 양상에서 벗어나 하나처럼 통하게 하는 깨달음'(離相一覺)과 같은 것이 있게 된다. 그러므로 이 신체(色)와 마음(心)의 '[불변 · 독자의 본질/실체로 간주되어] 차별된 양상'(差別相)을 '불변 · 독자의 본질/실체가 없는 것'(空)으로 볼 때라도 '[불변 · 독자의 본질/실체로서의] 양상에서 벗어나 하나처럼 통하게 하는 깨달음'(離相一覺)마저 함께 없앨 수는 없다. 이러한 도리로 말미암아 앞[에서 마음은 '아무것도 없이 허망한 것과는 같지 않다'(不同空)고 말한 설명]이 헛된 말이 아닌 것이다."[28]

육근수호 법설의 의미가 개인적 범주뿐 아니라 사회적 범주에서도 유효한 것처럼, 원효의 통섭철학도 마찬가지이다. 특히 『금강삼매경론』에서는 이러한 사회적 범주에서의 통섭철학이 집대성되어 있다. 원효는 이와 관련한 성찰을 '중생과 세상을 이롭게 하기 위한 세속(俗)으로의 재귀再歸' 문제로 펼치고 있다. 〈'차이 통섭의 능력'은 개인 실존뿐 아니라 사회적 범주에서도 작동되어야 한다〉는 점을 역설하고 있는 것이다. 그런 점에서 원효의 통섭通攝철학은 육근수호 법설의 사회적 의미를 잘 계승하고 있다. 『금강삼매경론』에는 이와 관련된 내용이 풍부하게 등장하는데 일부만 소개한다.

"모든 중생들이 시작을 알 수 없는 때부터 '근본무지의 [어두운] 길고 긴 밤'(無明長夜)에 들어 '[불변 · 독자의 본질/실체로 보아 분별하는] 잘못된 생각이 일으킨 크나큰 꿈'(妄想大夢)을 꾸지만, 보살이 '[진리다운] 이해'(觀)를 닦아 '[불변 · 독자의 본질/실체로서] 생겨난 것이 없는 경지'(無生)를 얻을 때에는 〈중생들[의 망상대몽妄想大夢]이 '본래부터 [불변 · 독자의 본질/실체로 보는 분별의 동요가] 그쳐 평온한 것'(本來寂靜)이고 단지 '깨달음의 본연'(本覺)[인 '사실 그대로 앎']〉이라는

28 『금강삼매경론』(H1, 669a5~9). "所生色心, 是差別相, 彼本覺心, 離相離性, 不於如是差別之處而有如彼離相一覺. 是故空此色心差別相時, 不得同遣離相一覺. 由是道理, 前非虛說."

것을 통달하여, '[온전함과] 하나처럼 통하여 같아지는 자리'(一如床)에 누워 이 '[깨달음의] 본연[인 '사실 그대로 앎']이 지닌 이로움'(本利)으로써 중생들을 이롭게 한다. 이 단원(品)은 이러한 이치를 드러내고 있기 때문에 〈깨달음의 본연[인 '사실 그대로 앎']이 지닌 이로움[을 주제로 하는] 단원〉(本覺利品)이라고 부른다."[29]

"〈'불변 · 독자의 본질/실체가 없고 [불변 · 독자의 본질/실체로 보는 분별의] 동요가 없는 경지'도 [이것을 붙들지 않고] 모두 벗어난다〉(具離空寂)라는 것은 '[중생의 처지에] 응하여 [몸을] 변화시켜 세상에 태어나'(應化受生) '[욕망세계 · 유형세계 · 무형세계, 이] 세 가지 세계'(三有)를 두루 다니기 때문이고, 〈온갖 [종류의] '불변 · 독자의 본질/실체가 없다'(諸空)[는 생각]에도 머무르지 않는다〉(不住諸空)라는 것은 '다섯 가지에 불변 · 독자의 본질/실체가 없다'(五空)[30][는 것으로 보는 것]에 빠지지 않고 항상 '모든 곳'(十方)[의 중생]을 교화하기 때문이니, 이것은 '중생을 교화하는 선'(敎化衆生禪)을 밝힌 것이다."[31]

"이 글은 '[열 가지] 본격적인 수행경지[의 초지初地] 이상'(地上)을 증득하여 들어가는 수행(行)을 밝힌 것이다. 〈마음이 [대상으로] 기울거나 의존하지 않는다〉(心不傾倚)라는 것은, '사실 그대로의 도리와 같아진 지혜로운 마음'(如理智心)이 [대

29 『금강삼매경론』(H1, 629c4~8). "一切有情, 無始已來, 入無明長夜, 作妄想大夢, 菩薩修觀, 獲無生時, 通達衆生本來寂靜, 直是本覺, 臥一如床, 以是本利, 利益衆生. 此品顯是道理, 故名〈本覺利品〉."

30 '다섯 가지에 불변 · 독자의 본질/실체가 없음'(五空)은 『금강삼매경』(H1, 639a21~23)에 등장하는데, 이에 따르면, '[욕망세계(欲界) · 유형세계(色界) · 무형세계(無色界), 이] 세 가지 세계는 불변 · 독자의 본질/실체가 없음'(三有是空), '여섯 가지 미혹한 세계에서의 그림자와 같은 과보는 불변 · 독자의 본질/실체가 없음'(六道影是空), '현상세계의 양상은 불변 · 독자의 본질/실체가 없는 것임'(法相是空), '언어가 나타내는 차이는 불변 · 독자의 본질/실체가 없는 것임'(名相是空), '마음과 의식의 면모는 불변 · 독자의 본질/실체가 없음'(心識義是空)이다.

31 『금강삼매경론』(H1, 621b3~5). "〈具離空寂〉者, 應化受生, 遍三有故, 〈不住諸空〉者, 不滯五空, 恒化十方故, 此明教化衆生禪也."

상에] 얽매이지 않기 때문에 '[대상에] 얽매이는 마음'(攀緣之心)을 일으키지 않는 것이다. 〈[대상의] 모습에 움직임과 바뀜이 없다〉(影無流易)라는 것은, '사실 그대로의 도리와 같아진 대상'(如理之境)은 '[과거와 현재와 미래의] 세 시기'(三際)[에서 마음의 분별에 의해 바뀌어 가는 것]에서 벗어난 것이기 때문에 '[분별에 의해] 움직이고 바뀌는 대상의 모습'(流變境像)이 다시는 [마음에] 나타나지 않기 때문이다. '존재하는 모든 세간적 행복과 즐거움'(所有一切世間福樂)에서부터 '깨달음으로 얻는 위대한 열반의 결실'(菩提大涅槃果)에 이르기까지 이 모든 것에서 다 [불변 · 독자의 본질/실체를] 원함이나 구함이 없고, [불변 · 독자의 본질/실체가 없어] 평등함을 통달하여 '이것과 저것'[을 불변 · 독자의 본질/실체로 차별하는 것]이 없기 때문에, 대상세계(境界)의 바람에 동요되지 않는다. 이것은 '자신을 이롭게 하는 것'(自利)에 '수행으로써 들어감'(行入)을 밝힌 것이다. 〈[마음과 자아를 불변 · 독자의 본질/실체로 보는 생각을] 없애고 벗어났기에〉(捐離) 이하는 다른 사람들을 [이로움에] 들어가게 하는 수행이니, '[자아(我)와 현상(法), 이] 두 가지에 불변 · 독자의 본질/실체가 없음'(二空)을 증득하여 '사람과 현상에 대한 [불변 · 독자의 본질/실체로 차별된] 차이'(人法相)에서 벗어났기 때문에 모든 [중생들을] 두루 구제할 수 있는 것이다. 비록 '마음에 [불변 · 독자의 본질/실체로서] 생겨난 것이 없고'(心無生) '[불변 · 독자의 본질/실체로 차별된] 대상의 차이도 없지만'(無境相), 그 '불변 · 독자의 본질/실체가 없고 [불변 · 독자의 본질/실체로 보는 분별의] 동요가 없는 면모'(寂滅之性)도 [불변 · 독자의 본질/실체로서] 취하지 않아 언제나 모든 중생을 버리지 않으니, 그러므로 〈[열반을] 취하지도 않아 [중생을] 버리지 않는다〉(不取不捨)라고 말하였다. ['자신의 이로움'(自利)과 '타인을 이롭게 함'(利他)에 들어가게 하는] 이와 같은 '두 가지 수행'(二行)을 '수행으로써 들어가기'(行入)라고 부른다."[32]

---

32 『금강삼매경론』(H1, 642a17~b4). "是明地上證入之行. 〈心不傾倚〉者, 如理智心, 不攀緣故, 攀緣之心不生起故. 〈影無流易〉者, 如理之境, 離三際故, 流變境像, 不復現故. 所有一切世間福樂, 乃至菩提大涅槃果, 於是一切皆無願求, 通達平等無此彼故, 故非境界風所鼓動. 是明自利行入. 〈捐離〉已下, 令他入行, 以證二空, 離人法相故, 能普遍救度一切. 雖心無生, 亦無境相, 而不取其寂滅之性, 恒不捨於一切衆生, 以之故言〈不取不捨〉. 如是二

“뒤의 [부처님의] 대답에서 말한 〈마음[의 경지]와 [세상의] 일이 별개의 것으로 나뉘지 않는 것을 ‘간직해 가는 작용’이라 부른다〉(心事不二, 是名存用)라는 것은 ‘세 가지 [해탈]을 간직해 가는 작용’(存三之用)의 뛰어난 능력을 말하는 것이다. 만약 어떤 이가 ‘세 가지 [해탈]을 간직해 가는 작용’(存三之用)[의 능력]을 아직 얻지 못했다면, ‘마음을 고요하게 하고’(靜心) ‘불변 · 독자의 본질/실체가 없음을 이해하더라도’(觀空) [세상의] 일과 마주하면 ‘[이해한 그] 생각을 놓쳐’(失念) ‘나[라는 생각]’(我)과 ‘내 것[이라는 생각]’(我所)을 취하고 ‘해롭거나 이로운 대상’(違順境)에 집착하여 ‘하늘에서 부는 바람’(天風)[처럼 몰아치는 대상들]에 동요되어 ‘마음[의 경지]와 [세상의] 일이 각기 달라진다’(心事各異). [그런데] 만약 ‘[허공虛空 · 금강金剛 · 반야般若, 이] 세 가지 해탈’(三解脫)을 익숙하게 닦을 수 있는 사람이라면 ‘이해수행에서 나와’(出觀) 세상의 일과 마주하더라도 ‘이해수행의 힘’(觀勢)을 여전히 간직하고 있어서 ‘[불변 · 독자의 본질/실체로 차별된] 나와 남의 차이’(我他之相)를 취하지 않고 ‘좋거나 싫은 대상’(好惡之境)에 집착하지 않는다. 이에 따라 ‘하늘의 바람’(天風)[처럼 몰아치는 대상들]에 휘둘리지 않게 되고 [‘이해수행’(觀行)으로] 들어간다거나 [‘이해수행’(觀行)에서] 나온다는 [생각을] 모두 잊어버려 마음[의 경지]와 [세상의] 일이 별개의 것으로 나뉘지 않으니, 이와 같은 것을 ‘세 가지 [해탈]을 간직하는 작용’(存三之用)이라고 부른다. 이러한 ‘이해수행’(觀)을 처음으로 닦는 것은 ‘믿음을 세우는 열 가지 단계’(十信位)에서이고, ‘간직하는 작용’(存用)이 이루어지는 것은 ‘[믿음이 이해로] 안착하는 열 가지 단계의 경지’(十住位)에서이다. 『본업경本業經』에서 ‘[믿음이 이해로] 안착하는 열 가지 단계의 경지’(十住位)[를 설명하는] 가운데 이 ‘이해수행’(觀[行])을 세운 것과 같은 것이다. 〈안으로 수행함〉(內行) 이하는 [보살의] 두 번째 질문에 대한 대답으로 ‘이해수행을 하는 양상’(觀相)을 밝힌 것이다. 〈안으로 수행함〉(內行)은 ‘이해수행으로 들어가’(入觀) ‘[분별의 동요를] 그쳐 [사실 그대로] 이해하는 행위’(寂照行)이고, 〈밖으로 [중생을] 교화함〉(外行)은 ‘이해수행에서 나와’(出觀) ‘중생을 교화하는 행위’(化物行)이다. 나오거나 들어가거나 [‘사실 그대로와 만나는 지평’(實際)인] 중

行, 名爲行入.”

도中道를 잃지 않기 때문에 〈별개의 것으로 나뉘지 않는다〉(不二)라고 말하였다."[33]

"〈'[사실] 그대로(如)에 따르는 지혜와 선정'(如慧定)에서 [크나큰] 연민(悲)으로써 모두를 유익하게 한다〉(於如慧定, 以悲俱利)라는 것은, 앞의 지혜와 선정이 모두 '사실 그대로의 도리'(如理)를 따르기 때문에 〈[사실] 그대로에 따르는 지혜와 선정에서〉(於如慧定)라고 하였고, 그 가운데 또한 '크나큰 연민'(大悲)과 서로 응하는 것을 수행하여 자신을 이롭게 하고 타인도 이롭게 하기 때문에 〈모두를 유익하게 한다〉(俱利)라고 말하였다. 왜냐하면, 만약 '크나큰 연민'(大悲)에서는 멀어진 채 단지 '선정과 지혜'(定慧)만을 닦는다면 '[성문聲聞, 연각緣覺] 두 부류의 수행자의 지위'(二乘地)로 떨어져 '보살의 수행'(菩薩道)을 가로막을 것이고, [또] 만약 연민(悲)[의 마음]만 일으키고 '선정과 지혜'(定慧)를 닦지 않는다면 '범부의 근심'(凡夫患)에 떨어져 '보살의 수행'(菩薩道)이 아니기 때문이다. 그러므로 '세 가지 일'(三事)을 닦아 [범부凡夫와 이승二乘의 수준으로 떨어지는] '두 가지 치우친 견해'(二邊)에서 멀리 벗어나고 '보살의 수행'(菩薩道)을 닦아 '가장 높은 깨달음'(無上覺)을 이루니, 그러므로 〈이와 같은 세 가지 일로 깨달음을 성취한다〉(如是三事, 成就菩提)라고 말하였다. 만약 이 세 가지 일을 함께 행하지 않는 사람이라면 곧 '[근본무지에 매여] 살고 죽어 가는 [동요]에 머물러 있거나'(住生死) '열반[의 고요함]에 집착하여'(着涅槃) '크나큰 바다와 같은 네 가지 지혜'(四智大海)로 흘러 들어가지 못하고 '수행을 방해하는 네 가지 방해물'(四魔)의 뜻대로 되게 된다."[34]

33 『금강삼매경론』(H1, 646b24~c13). "後答中言, 〈心事不二, 是名存用〉者, 是名存三之用勝能. 若人未得存三之用, 靜心觀空, 涉事失念, 取我我所, 着違順境, 天風所動, 心事各異. 若能熟修三解脫者, 出觀涉事, 觀勢猶存, 不取我他之相, 不着好惡之境. 由是不爲天風所鼓, 入出同忘, 心事不二, 如是乃名存三之用也. 是觀如修在十信位, 存用得成在十住位. 如『本業經』十住位中, 立此觀故. 〈內行〉已下, 答第二問, 以明觀相. 〈內行〉者, 入觀寂照行, 〈外行〉者, 出觀化物行. 若出若入, 不失中道, 故言〈不二〉."

34 『금강삼매경론』(H1, 662a9~19). "〈於如慧定, 以悲俱利〉者, 前慧及定, 皆順如理, 是故說名〈於如慧定〉, 於中亦修大悲相應, 自利利他, 故言〈俱利〉. 所以然者, 若離大悲, 直修定慧, 墮二乘地, 障菩薩道, 設唯起悲, 不修定慧, 墮凡夫患, 非菩薩道. 故修三事, 遠離二邊,

"〈이 사람은 이러한 도리(法)에서 '완전한 깨달음'(正覺)을 증득하지 못함이 없다〉(是人於是法, 無不得正覺)라는 것은, '자기를 이롭게 하는 지혜능력이라는 결실'(自利智德之果)을 드러낸 것이다. 이 '세 가지 도리'(三法)에서 '부처가 되는 길'(佛道)을 닦으면 '완전한 깨달음'(正覺)이라는 결실(果)을 얻지 못함이 없기 때문이다. 〈'완전한 깨달음에서 생긴 지혜'(正覺智)를 얻고서는 '위대한 궁극적 자애'(大極慈)를 흘려보낸다〉(得正覺智, 流大極慈)라는 것은, '남을 이롭게 하는 자애능력이라는 결실'(利他恩德之果)을 드러낸 것이다. '[불변·독자의 본질/실체로 보는 생각으로] 차별함이 없는 크나큰 궁극적 자애'(大極無緣之慈)를 널리 흘려보내 '모든 현상세계'(法界)에 두루 미치게 하여 [중생을] 이롭게 하지 못함이 없기 때문이다. 〈자기와 남을 모두 이롭게 하여 '부처의 깨달음'(佛菩提)을 이룬다〉(己他俱利, 成佛菩提)라는 것은 앞의 두 가지를 '총괄하여 묶은 것'(摠結)이다. '['자기를 이롭게 함'(自利)과 '타인을 이롭게 해 줌'(利他), 이] 두 가지 이롭게 함'(二利)이 완전해져 '[차이들을] 평등하게 볼 수 있는 깨달음'(等覺)을 이루기 때문이다."[35]

4) 육근수호 법설에서의 '있는 그대로, 사실 그대로'(yathābhūta, 如實)

육근수호 법설의 의미에 접근하기 위해서 통과해야 하는 세 가지 관문이 있다. **첫째는 nimitta(相)와 anuvyañjana(細相)를 거론하는 취지이고, 둘째는 'nimitta(相)와 anuvyañjana(細相)를 움켜쥐는 것과 움켜쥐지 않는 것'의 의미이며, 셋째는 '다양한 동작에 대한 정지正知(sampajānāti)'의 의미이다.** 이 세 가지가 결합하여 육근수호 법설의 구체적 내용을 구성하고 있다.

修菩薩道, 成無上覺, 故言〈如是三事, 成就菩提〉. 若不俱行此三事者, 卽住生死, 及着涅槃, 不能流入四智大海, 卽爲四魔所得便也."

35 『금강삼매경론』(H1, 673b5~12). "〈是人於是法, 無不得正覺〉者, 是顯自利智德之果. 於是三法而修佛道, 無有不獲正覺果故. 〈得正覺智, 流大極慈〉者, 是顯利他恩德之果. 普流大極無緣之慈, 遍周法界, 無不利故. 〈己他俱利, 成佛菩提〉者, 摠結前二. 二利圓滿, 成等覺故."

(1) '전체적 특징 · 차이'(nimitta, 相)와 '부분적 특징 · 차이'(anuvyañjana, 細相)를 거론하는 의미

『청정도론』은 'nimitta'와 'anuvyañjana'를 각각 '전체적인 특징'과 '세세한 특징'으로 설명하고 있는데, nimitta와 anuvyañjana의 언어적 의미를 파악하는 데 요긴하다.

> "**그 표상(nimitta, 全體相)을 취하지 않으며:** 여자라든지 남자라든지 하는 표상이나 아름답다는 표상 등 오염원의 바탕이 되는 표상을 취하지 않는다. 단지 본 것에서만 그친다. **세세한 부분상(anuvyañjana, 細相)을 취하지도 않는다:** 손, 발, 미소, 웃음, 이야기, 앞으로 봄, 옆으로 봄 등의 형태를 취하지 않는다. 그런 형태는 오염원들을 더 상세하게 하기 때문에, 분명히 드러나게 하기 때문에 세세한 부분상이라는 이름을 얻는다. 그는 단지 있는 그대로 그것을 취한다."[36]

'전체적 특징 · 차이'(相)와 '부분적 특징 · 차이'(細相)를 지시하는 'nimitta'와 'anuvyañjana'는 경험과 인식 성립의 초기조건이다. 물론 이 특징 · 차이들은 이미 언어 · 개념의 그물이 쳐진 지각에서 1차 걸러진 것들이다. 인간의 모든 경험은 지각에 포착된 특징 · 차이를 조건으로 펼쳐지기에 '차이를 조건으로 발생하는 현상'이다. 그리고 경험의 구체적 내용은 '차이들의 대비'에 의해 이루어진다. '그것'과 '그것 아닌 것'의 차이가 '그것'과 '그것 아닌 것'을 경험할 수 있게 한다. '흰색'이라는 경험은 흰색 아닌 것들과의 차이에서 발생하고, '둥근 것'이라는 경험은 '둥근 것 아닌 것들'과의 대비에서 발생한다. 물질적/유형적 대상에 대한 경험뿐 아니라 정신적/무형적 대상에 대한 경험도 마찬가지이다. '선善에 관한 인식'은 '선 아닌 것'과의 대비에서 발생한다. 선과 악, 정의와 불의 등 모든 무형적 현상에 대한 인식

36 대림 번역, 『청정도론』 1, p.154.

경험도 '차이'를 조건으로 발생한다.

'차이'란 '대비對比 가능한 특징'이다. 〈차이가 있다〉는 것은 〈대비가 가능하다〉는 것이고, 대비를 가능케 하는 속성을 '특징', 즉 '차이를 보여 주는 속성'이라 부른다. 〈같다〉는 말도 '차이'를 전제로 성립한다. 대비할 수 있는 차이를 전제로 〈다르지 않다〉거나 〈같다〉는 말을 사용한다. 따라서 **모든 차이가 소거된 '절대 순수'는 어떤 경우에도 경험되지 않는다. 대비나 차이를 허용하지 않는 '절대 선' '절대 악'은 인식되거나 경험되지 않고, 아예 존재조차 하지 않는다. '차이들의 대비'는 곧 '차이들의 상호 의존'이기에, 인간뿐 아니라 모든 생명체의 지각과 경험은 '차이의 허용'을 조건으로 발생한다. 경험세계는 '차이들의 동거 및 공생'을 구조적 운명으로 안고 있다. 그 어떤 차이도 모두 소멸해 버린 '절대 · 순수의 경험'은 있을 수가 없다.** 만약 선하지 않은 모든 것이 제거된 '오직 선善' '절대 선' '순수지선純粹至善'을 추구하거나 내세운다면, 존재하지도 않고 경험될 수도 없는 환각을 추구하는 공허한 시도이거나 무지의 기만이다. '동일성의 순수'를 경험할 수 있고 또 성취할 수 있다고 생각하는 것은 무지이고, 그런 것이 실재한다거나 그것을 성취했다고 주장하는 것은 기만이다. **'순수'나 '절대'라는 수사修辭는 '이룹지 못한 현상'(不善)에 대한 비판의지의 표현 혹은 극복을 위한 잠정적 수단에 그쳐야 한다.**

선善이나 정의正義 같은 윤리적 가치뿐 아니라 '깨달음' '열반' 같은 궁극적 가치도 마찬가지이다. 일체의 차이가 실제로 소거된 절대평등, 차이들과의 관계로부터 격절된 절대자유를 깨달음이나 열반의 이름으로 추구하거나 상정한다면, 그러한 깨달음이나 열반 역시 경험될 수 없다. '경험발생의 조건'을 거부하고서 '경험의 발생'을 기대하는 것은 무지다. 붓다의 통찰을 빌리면, 반反연기법적 무지다. 만약 붓다가 설한 깨달음과 열반의 경지가 그런 유형의 절대경험이라면, 붓다의 말은 허위가 된다. 만약, 붓다는 그런 '차이현상이 완전히 없어진 절대주의적 깨달음과 열반'을 설하지 않았는데 후학들이 그렇게 해석한 것이라면, 깨달음과 열반에 대한 절대주의적 해석은 붓다에 대한 오해이고 해석학적 일탈이다. 붓다에 대한 배반이다. **'정신 · 물질 현상의 다섯 가지 집합과 그 관계'(五蘊)인 심신心身에서 경험할 수 있는 현상 속에서 진리를 추구하고 또 주장해야 한다는 것이 붓다의 일관된 입장이었다**는 점, **붓다의 어느 법문에서도 절대주의적 내용이 보이지 않는다**는 점을 고려할 때, 깨달음이나 해탈/열반에 대한 절대주의적 해석은 후자의 경우라고 생각한다.

붓다 법설에 대한 일부 후학들의 절대주의적 해석은, 교학과 수행의 다양한 영역에서 논리를 갖추며 자리 잡아 온 것으로 보인다. 존재와 현상의 연기적 성립에 관한 붓다의 법설을 '본질/본체와 그로 인한 현상'의 존재론으로 해설하려는 아비담마/유부의 해석학적 일탈, '동일성 무지에 매인 측면에서의 언어와 사유'를 지시하는 '무분별無分別 · 불가설不可說 · 불가사량不可思量 · 불가사의不可思議' 등의 용어를 아예 '언어 · 사유에 의한 차이 구분과 판단의 전면적 부정'으로 이해하는 절대주의적 해석에 오염된 시선들은, 불교학이 성찰해야 할 절박한 과제라고 생각한다. 불교 내부에 자리 잡은 본질주의 · 절대주의 양상을 비판적으로 성찰한다는 것은, 불교교학의 핵심 주제들에 대한 이해들을 성역 없이 근원에서 재검토한다는 것을 의미한다. 절대주의나 본질주의의 옷을 걸친 것으로 의심되는 이론에 대한 기존의 성찰 방식과 내용으로는 턱없이 부족하다. 방법론이나 논의의 내용 모두 새롭고 충실한 성찰이 요청된다. 필자는 **불교 내부에 축적된 본질주의 · 절대주의 해석학들이 붓다의 연기 법설과 불교의 문제해결력을 근원적 지점에서부터 훼손시켰다**고 생각하고 있다. **어떤 경우라도 오온五蘊 심신의 연기적 경험현상을 떠나지 않고 문제를 해결하려는 붓다의 법설을, 거꾸로 연기적 경험세계에 대한 전면적 외면과 혐오의 태도를 초래하는 '절대초월의 법설'로 변질시켜 버리는 것이 본질주의 · 절대주의 해석학이라고 보기 때문이다. 붓다 법설의 '경험세계 치유능력'을 거세시켜 버리는 철학적 흉기가 바로 불교 내부의 본질주의 · 절대주의 해석학이라고 생각한다.** 지금 이 글도 이런 문제의식의 연장선 위에 있다.

과학적 진리든, 윤리적 진리이든, 삶의 궁극적 진리든, 인간이 추구하는 진리는 어디까지나 '경험할 수 있는 대상'이어야 유의미하다. '경험 가능한 현상'이나 '그 현상을 발생시키는 조건들'과 무관한 탐구나 주장은 근원에서부터 공허하다. 어떤 방식으로든 경험할 수 없는 것에 대해서는, 침묵하는 것이 정직한 태도이다. 붓다가 선택한 진리관도 그런 것이었고, 필자도 그러한 경험주의적 진리관을 지지한다. 모든 유형의 본질주의나 절대·초월주의가 설정하는 대상이나 목적은 경험될 수 없고, 경험에 의해 검증될 수 없다는 의미에서 '무의미한 형이상학적 설정'이다. 그리고 **모든 유형의 형이상학적 설정은 언제나 독단적 무지의 기만과 허구에 수반하는 해로움을 품고 있기에 충분히 경계해야 한다.**

비록 경험될 수 없는 본질이나 절대의 설정이 경험세계의 구성에 큰 영향력을 행사할 수 있지만, 그런 영향력 행사에는 항상 기만과 그 후유증의 그늘이 드리워진다. 경험적 근거를 가질 수 없는 본질·절대의 형이상학이라 할지라도, 그들이 설정한 대상이나 목적은 인간의 사유와 욕망, 행위의 결정에 영향을 끼쳐 현실세계의 구성에 개입한다. 그러나 본질·절대의 형이상학이 설정한 것들은 애초부터 경험적 근거를 지닐 수 없는 것이라는 점에서 '허구'다. 그리고 **형이상학적 허구가 지닌 모든 영향력은 언제나 위험하다. 강력할 수 있고, 때로는 이로울 수도 있으며, 문제해결을 위해 요청된 것일 수도 있지만, 형이상학적 허구는 근원적으로 독단적 무지의 기만과 그로 인한 해악성을 안고 있다. 타당성의 경험적 검증과 평가가 원천적으로 막혀 있기 때문이다.**

나치는 게르만민족의 순수한 본질이 있다고 주장했다. 경험적 근거는 물론 없다. 우리가 경험적으로 확인할 수 있는 것은, 모든 혈통은 생물학적으로 잡종일 뿐, 그 어떤 불변의 순수본질은 없다는 것이다. 유전자적 유사성과 인과적 근접성의 정도 차이는 말할 수 있어도 순수 본질은 원래 없다. 그것이 경험세계의 진실이다. 그러나 허구가 분명한 순수혈통 주장은 나치집단의 사고와 욕망, 행위를 발생시키는 조건이 된다. 절대우월의식에 의거한 강력한 응집력과 배타적 전투력을 발생시켜 집단이익을 관철하게 만든다. 동시에, 경험적 검증과 평가를 거부하는 무조건적 · 절대적 타당성을 주장할 수 있어 이익의 강력한 추구에 유리하다. 그러나 **경험적 검증과 평가를 원천적으로 거부하는 무조건적 · 절대적 주장은 제어되지 않는 배타적 폭력의 원천이 된다. 인간에 대한 인간의 가장 잔혹한 살육에 태연히 참여한 '악의 평범성'은, 검증될 수 없는 본질 · 절대주의 주장의 그늘에서 번성한다. 순수 · 본질 · 절대의 깃발을 높이 세운 종교적 구원과 정치적 이념의 모든 주장들도 마찬가지다. 강력한 현실 구성력과 집단이익의 관철에는 탁월한 기능을 하지만, 검증과 수정을 거부하는 독단과 독선의 배타성과 그 잔인한 폭력성은 언제나 분출의 계기를 기다린다.**

인간의 역사는 본질 · 절대주의 사고의 해악을 넘치도록 증언한다. 그럼에도 불구하고 인간은 아직도 '본질 · 절대'의 마력에 홀리고 '본질 · 절대주의'의 덫에 빠져든다. 그 이유는 무엇일까? 세 가지가 주목된다. 첫 번째는 '무오류의 유혹'이고, 두 번째는 '배타적 이익 관철의 강력한 동력'이며, 세 번째는 '경험세계의 불안에서 벗어나려는 충동'이다.

경험을 통해 검증될 수 있는 주장들은 언제나 오류와 수정 가능성에 열려 있다. 경험가능성과 검증가능성을 중시하는 사람들은 항상 더 나은 주장과 해법을 수용할 수 있는 열린 태도를 지닐 수 있다. 자기주장의 오류와 수정 가능성을 용인하는 것이 더 나은 진실로 나아갈 가능성을 높여준다는 사실을 더 소중하게 여긴다. 반면, 경험적 근거를 내놓을 필요가 없는 주장들은 자기주장의 오류가능성과 수정의 필요성을 원천적으로 거부할 수 있다. '경험할 수 없는 것'에 대한 주장은 맞다고 할 수도 없고 틀리다고 하기도 어렵다. 기껏해야 형식논리적 정합성 여하를 다툴 수 있을 뿐이다. 바로 이 점 때문에 경험세계에서는 존재하지 않는 '본질 · 절대의 것'에 대한 주장은 무오류의 유혹에 말려든다. 누구도 경험적 근거를 제시할 수 없기에, 오히려 무조건 · 절대적 타당성을 주장할 수 있게 된다. 그냥 우기면 된다. 그럴듯한 논리라도 갖추면 무적이다. 경험근거를 가지고 오류 여부를 다툴 수 없기에 '무오류의 확신'을 품을 수 있어, 소신을 완결적으로 유지해 갈 수 있다. 달콤한 유혹이 아닌가?

본질·절대주의적 주장은 이익을 배타적으로 관철시키는 데에도 강력한 기능을 행사한다. 무오류의 확신은, 개인에게는 확고부동의 신념을, 집단에게는 구성원들의 강력한 결집을 제공하여, 전투력을 극대화시킨다. 그리하여 이익이 충돌하는 현실세계에서 자신과 자기집단의 이익을 배타적으로 관철할 수 있는 힘을 제공한다.

본질·절대주의가 발산하는 '무오류의 유혹'과 '배타적 이익 관철의 강력한 동력'을 가장 선호해 온 것은 절대주의 종교전통일 것이다. '유일·절대·전능의 존재'에 대한 주장은 '경험으로 직접 확인할 수 없는 존재'라는 전제 위에 펼쳐지기 때문이다. 경험적 입증책임으로부터 자유로운 폐쇄적 완결성, 절대적 타당성의 독단, 무오류의 독선은, 독점과 배타의 진리주장을 담보해 주기 때문이다. 그런 점에서 경험주의적 토대 위에 펼쳐진 동아시아 종교·철학 전통은 서구 절대주의 종교전통과는 매우 대조적이다. 불교·유교·노장사상의 보편적 호소력은 기실 경험에 집중하여 검증가능성을 중시하는 태도에서 비롯된다. 붓다 법설에 대한 해석학들(교학)과 신유학, 노장사상의 도교적 전개 속에서는 본질·절대 형이상학의 유혹이 파고든 족적을 목격하게 되지만, 그 출발과 전반적 통찰 및 수행·수양론은 한결같이 경험주의적이다.

경험을 발생시키는 최초 조건은 지각에서 1차 걸러진 '차이들'이다. 그리고 그 차이들은 각자의 동일성을 유지하는 '본질'도 아니고 상호 조건적 관계를 거부하는 '독자적 절대'도 아니다. 언어·개념에 의해 재배치된 차이들이라 할지라도, 경험 가능한 차이현상들의 보편적 특성이 '변화와 조건적 관계'라는 점은 부인할 수 없다. '변화'와 '조건적 관계'는 경험의 실제에서 결합되어 있다. 변화는 조건적 관계라야 발생하며, 조건적 관계는 변화를 통해 전개된다. 변화와 조건적 관계의 결합이 연기緣起이다. 추상적이거나 논리적 존재들이 동일성과 독자성을 지니는 것처럼 보여도, 그들 역시 다른 논리적 존재와의 차이 대비를 통해 성립한다는 점에서 '조건적인 것'이며, 대비를 통해 자신도 변한다는 점에서 '변화하는 것'이다. 게다가 논리를 펼치는 주체(五蘊) 역시 '변화와 관계'의 차이들이다. 그런 점에서 **인간이 경험할 수 있는 모든 현상은 '변화와 조건적 관계 속의 차이들'이다.** 그러나 모든 본질·절대주의는 경험세계의 보편적 속성인 '변화와 조건성'을 거부한다. 따라서 본질·절대주의는 어쩔 수 없이 '변화하는 조건적 차이현상 범주' 밖으로 뛰쳐나가 '불변·절대의 그 무엇'을 설정해야 한다. 그러기에 본질·절대주의의 목표는 결코 경험할 수 없는 환각이고 허구다. 그 환각적 허구가 '무오류의 유혹'과 '배타적 이익 관철의 강력한 동력' 위에 아직도 맹위를 떨친다.

경험을 발생시키는 최초의 조건은 '변화와 조건적 관계를 속성으로 하는 차이'다. 그리고 인간의 실존을 채우는 경험이란 것은 그러한 차이들에 의해 발생한다. 그런데 변화와 조건적 관계를 경험한다는 것은 근원적으로 불안하다. 〈무상한 것은 괴롭다〉라는 말이 간명하게 일깨워 주듯이, 변화는 현실의 안정을 잠재적·현실적으로 위협한다. 나의 삶을 지탱하는 모든 것이 '변화하는 조건적 관계'라는 점은 구조적 불안이다. 내 삶이 〈변하는 몸·인간관계·사회적 관계·환경적 관계 등 무수한 조건들에 기대어 있다〉는 것은, 안전과 안정의 불변적 확보를 불가능하게 한다. **〈'일체의 섞임이나 변화가 없는 순수 동일성'이 '그 어떤 조건적 의존'도 없이 절대적·독자적으로 영속되어야, 불변의 안정과 위협받지 않는 안전이 가능하다〉는 생각은, 그래서 자연스럽다. 그리고 이러한 기대와 갈구가 본질·절대주의를 수립하는 것은, 변화와 조건적 관계를 숙명으로 지닌 경험세계의 불안에서 탈출하려는 인간의 절절한 몸부림이기도 하다.** 플라톤이 수립한 이데아 형이상학도, 변화하는 현상계가 안고 있는 불안의 구조를 극복하기 위한 시도일 것이다.

이쯤에서 우리는 근원적 질문에 봉착한다. **〈인간의 경험범주를 채우고 있는 것은 '차이들'이며, 그 차이들은 '변화와 조건적 관계'를 보편적 속성으**

로 지니는 것이라면, 경험세계의 삶은 불안할 수밖에 없는 것이 아닌가? 경험 속에서 확인할 수 없는 '본질'이나 '절대'를 설정하여 그 불안에서 탈출하려는 시도를, 허구의 해악성을 이유로 거부한다면, 인간에게 불안은 어쩔 수 없는 숙명이란 말인가? 경험범주를 벗어나지 않고도 경험세계의 불안구조를 극복할 수 있는 길은 있는 것인가? 있다면 그 길은 어떤 것인가? 그리고 그 길은 개인적 극복에 국한되는 것인가, 사회적 전망까지 지니는 것인가?〉[37]

붓다가 눈뜬 것이 바로 그 길이었다고 본다. 그러나 그 길에 관한 붓다의 가르침은, 절대 · 불변 · 본질의 유혹에 길들어 버린 인간들에게는 이해되기도 수용되기도 어려운 것이었다. 심지어 붓다의 제자나 후학들도 붓다가 일러 주는 길을 제대로 이해하기가 어려웠을 것으로 보인다. 그 증거의 하나가 불교 내부에 자리 잡은 갖가지 본질 · 절대주의적 교학/해석학들이다. 붓다의 길을 탐구했던 사람들은, 그리고 지금도 우리는, 붓다가 일러 준 그 길을 아직도 제대로 혹은 충분히 이해하지 못하고 있을 가능성이 높아 보인다. 원점에서 다시 붓다와 대화할 필요가 절실해 보인다. 붓다는 매우 외로울 것 같다는 생각도 든다. 붓다는 아직도 제한적으로 이해되고 있으며, 붓다의 법설을 해석해 온 교학의 축적이 반드시 발전만은 아니라는 생각이 든다. 그래서 붓다에 대한 기존의 이해와 교학에 성역을 두지 말고, 아무런 전제 없이, 다시 붓다와의 대화에 나설 필요가 절실하다는 생각이 든다. 이런 문제의식은 갈수록 더욱 뚜렷해진다.

〈'전체적 특징 · 차이'(相)와 '부분적 특징 · 차이'(細相)는 경험을 발생시키는 초기조건들〉이다. 감관능력이 어떤 대상을 지각하거나 인식할 수 있으려면, 그 대상은 '다른 것과 대비될 때 구분될 수 있는 특징'을 지닌 것이어야 한다. 이때 특징이란 것은 동일성을 말하는 것이 아니라 '응집된

---

37 필자는 그 길에 관한 소견을 '파도타기'로 설명해 본다. 『대승기신론 소 · 별기』 번역본에 게재한 「이해와 마음」에 있다.

유사성'이다. 유사성의 정도가 근접한 것들이 응집되어 마치 동일한 것처럼 보이는 것을 '특징'이라 불러 보자. 유사한 것들을 하나의 집합으로 묶어 개별성을 부여하는 '개념'과도 같은 것이다. 그리고 이 응집된 유사성들 사이의 대비적 편차를 '차이'라고 하자.

특징과 차이는 서로 맞물려 있다. 특징 때문에 차이가 드러나고, 차이 때문에 특징이 나타난다. 특징은 개별성의 근거이자, 차이를 분간하게 하는 근거이다. '이것'과 '저것'의 개별성, '이것'과 '이것 아닌 것'의 차이는 모두 특징에서 비롯된다. 특징을 지니지 않는 대상은 개별성도 차이도 발생시킬 수 없다. 그리고 개별성과 차이를 발생시킬 수 없는 대상은 지각되지도 인식되지도 않는다. 어떤 특징도 없는 것처럼 보이는 허공도 사실은 일종의 특징이다. '허공 아닌 것'과의 대비에서만 허공을 말할 수 있고 또 경험할 수 있기 때문이다. 그런 점에서 허공도 차이이며 개념적 개별성을 지닌다.

물리적이든 정신적이든, 모든 현상에서는 특징들이 목격된다. **현상 전개의 특징화 양상은 '본래 그러한 우주적 이법'으로 보인다. 모든 현상의 인과적 전개에도, 그 인과계열의 개별성을 말할 수 있게 하는 인과적 응집성들이 목격된다. 해체되기도 하고 다시 나타나기도 하면서, 일정한 패턴을 일정 기간 지속적으로 보여 주는 '인과적 전개의 특징들' 때문에, 인과적 분석과 예측도 가능해진다.** 인간 개개인도 '이미 형성된 특징적 인과계열' 속에서 태어나 살다가 죽는다. 개인을 말할 수 있게 하는 '인과계열의 특징', '인과관계의 개별적 응집성'을 지니고 있다. 생명의 진화현상은 그렇게 전개되어 왔다. **〈윤회에서 벗어난다〉 혹은 〈윤회를 그친다〉는 말의 불교적 의미를, 〈인과계열의 구분 가능한 개별적 응집성이 완전히 소멸된다〉는 뜻으로 이해하는 것은 부적절하다고 생각한다. 그런 이해 역시 '차이들의 가변적 · 조건적 전개 현상'과의 연결고리를 아예 끊어 버리고 싶은 절대 · 본질주의 사유의 표현일 수 있다. 〈동일성 관념에 얽매여 전개되던 '개별적 응집성을 지닌 인과계열'〉에서 〈동일성 관념에서 풀려나 전개되는 '개별적 응집**

성을 지닌 인과계열'〉로의 질적質的 전환이 이루어진 것. — 그것이 윤회와 해탈의 차이라고 본다.

인간이 감관능력으로 어떤 대상과 세계를 만난다는 사태는 다름 아닌 '특징과 특징의 만남'이다. 그리고 인간의 경험은 특징과 특징의 만남에서 발생하는 '또 다른 특징들'이다. 육근수호의 법설은 이 점을 분명히 인지하고 있다. 눈·귀·코·혀·신체·마음은 이미 나름대로의 특징을 지니고 있으며, 이 감관적 특징들이 만나는 대상·세계의 최초 조건도 특징, 즉 nimitta(전체적 특징, 相)와 anuvyañjana(부분적 특징, 細相)이다. '감관특징과 대상특징의 만남' – 이것은 이미 주어져 있는 조건들이다. 그리고 이 조건들의 만남으로 발생하는 '경험'이라는 현상도 특징·차이들로 채워진다.

경험범주 안에서 문제를 해결한다는 것은, '특징과 차이'라는 조건들을 제거하지 않고 문제를 해결하려는 것을 의미한다. 〈인간의 경험을 발생시키는 조건들은 그 최초지점에서부터 특징·차이들이다〉라는 통찰에서 출발하는 육근수호 법설에는 이러한 시선이 담겨져 있다. 붓다가 육근수호 법설에서 '전체적 특징·차이'(相)와 '부분적 특징·차이'(細相)를 거론하는 취지가 여기에 있다고 생각한다. 문제는 '어떻게 그러한 해결이 가능한가?' 하는 것이다. 이 물음에 어떤 답을 내놓는가에 따라 붓다 법설의 모든 것에 대한 이해 내용이 결정된다. 계·정·혜 삼학을 채우고 있는 모든 법설에 대한 이해가 이 문제에 대한 응답에 따라 달라진다.

(2) '전체적 특징·차이'(nimitta, 相)와 '부분적 특징·차이'(anuvyañjana, 細相)를 '움켜쥐는 행위'와 '움켜쥐지 않는 행위'

육근수호 법설을 파악하기 위해 통과해야 할 두 번째 관문은 '전체적 특징·차이'(相)와 '부분적 특징·차이'(細相)를 '움켜쥐는 것'과 '움켜쥐지 않는 것'의 의미이다. "그 인상에 집착하지 않고 그 연상에 집착하지 않는다" "그 표상(全體相)을 취하지 않으며, 또 그 세세한 부분상(細相)을 취하지도 않는다" 등으로 번역되고 있는 "na nimittaggāhī hoti nānubyañjanaggāhī" (MN. Ⅰ, p.346)에서, '집착한다/취한다'에 해당하는 'gāhī'는 중성명사 'gāha' (움켜쥠)에서 파생한 형용사 'gāhin'(집착하고 있는, 집착을 가지고 있는)이 격변화된 것이다.[38]

세계와 만나는 대문인 감관능력(육근)을 수호하지 못하면, 이 문과 세계의 만남은 '삶을 해치는 현상'(不善法)을 발생시켜 그 해로운 현상이 감관주체를 장악해 버린다. 마치 거센 탁류가 밀려들어 덮치듯이. 이와 달리 만약 감관능력의 문을 잘 지키면, 주체는 지고의 행복을 누리게 된다. 그리고 **〈특징·차이(相, nimitta와 anuvyañjana)를 움켜쥐듯 취하여 그것에 달라붙으면〉 감관의 문을 '지키지 못하는 것'이 되고, 〈특징·차이를 움켜쥐지 않고 그것들에 달라붙지 않으면〉 감관의 문을 '지키는 것'이 된다. 따라서 〈특징·차이를 움켜쥔다〉는 것과 〈특징·차이를 움켜쥐지 않는다〉는 말의 의미가 관건이 된다. '특징·차이를 움켜쥐는 것'과 '특징·차이를 움켜쥐지 않는 것'의 의미를 어떻게 파악하는가에 따라 육근수호 법설에 대한 이해가 결정된다.**

이미 살펴본 대로, 『청정도론』이 종합하고 있는 일련의 니까야 해석학에서는 이 말의 의미를 '계율의 수호를 위한 법설'로 파악하고 있다. 윤리적 규범을 지키려는 노력을 위협하는 것은 감관욕망이고, 그 감관욕망을 부추기는 것은 '대상들의 매력적 특징'이니, 〈대상의 특징들에 끌리지 않을 수 있는 능력을 계발하고 실천하라〉는 것이 육근수호 법설의 의미라는 것이다. 그러기에 『청정도론』류類의 시선은 '다양한 동작에 대한 정지正知'를 육근수호 법설에 포함시키지 않는다. 그러나 **'다양한 동작에 대한 정지正知'야말로 육근수호 법설의 화룡점정**이라 생각한다.

---

38 T. W. Rhys Davids & William Stede, *Pali-English Dictionary*(The Pali Text Society, 1986), p.250.

'감관을 통한 경험'과 특징 · 차이

감관능력을 통한 경험은 '차이들의 대비'에서 발생하므로 인간의 경험은 온통 '차이들을 조건 삼아' 발생한다. 차이와 무관하거나 차이 자체가 소거된 경험은 있을 수 없다. 그것은 이미 경험이 아니다. 경험일 수 있는 것은 어디까지나 '차이를 조건으로 발생하는 현상'의 범주이지, 차이와 상관없거나 차이를 소거한 것은 경험이 될 수 없다. 차이와 무관하거나 차이가 증발된 상태를 경험 대상으로 설정하는 것은 공허한 상상이다. **'모든 차이가 사라진 절대동일성과 평등' '차이들의 대비에서 발생하는 삶과 세상의 알록달록한 다양성들이 완전히 제거된 동일 · 순수의 세계' '모든 변화와 차이를 훌쩍 초월해 버린 무차이의 영원한 신세계'를 염원하는 것은 그저 꿈으로나 즐겨야 한다.** 그런 경지나 세계가 실재한다고 생각하여 신앙이나 수행의 목표로 설정하는 순간, 결코 경험할 수 없는, 따라서 실패할 수밖에 없는 공허한 무지의 신기루를 좇아 황야에서 헤매게 된다. 그런 꿈은 험하고 힘겨운 현실을 잠깐 잊게 하는 임시처방에서 그쳐야 한다. 아무도 성취하지 못하였고 그 누구도 성공 못 할 목표를 세워 놓고는, 자못 비장한 의지를 불태우며 타인마저 선동하지 말아야 한다. 자기 혼자의 일로 그치는 것이 그나마 후유증을 최소화하는 일이다. 종교와 신비주의의 길을 따라가다 그런 늪에 빠져 버렸다면, 팽팽한 성찰의 밧줄을 잡고 있는 힘을 다해 탈출해야 한다.

감관능력으로 어떤 대상과 세계를 만날 때 최초의 사태는, '차이를 대비시켜 주는 특징들'과의 접촉이다. 그리고 인간의 감관이든 동/식물의 감관이든, 감관 자체가 이미 '특징들로 이루어진 체계'이고 '차이들로 직조된 문법'이다. 인간의 눈과 귀는 대상의 특징들을 자신의 특징적 체계에 맞추어 선택적으로 수용한다. 눈은 가시광선만을, 귀는 가청영역의 음파만을 선택적으로 여과시킨다. 시각능력(眼根)은 형색, 청각능력(耳根)은 소리, 후각능력(鼻根)은 냄새, 미각능력(舌根)은 맛, 감촉능력(身根)은 촉감, 인지능력(意根)은 개념만을 수용한다는 점도, 감관이 '특징적 차이의 체계/문법' 이라는 점을 의미한다. 인간 감관능력의 특이성인 인지능력(意根)은 물론, 모든 생명체가 지닌 감관도 그러하다. 따라서 **감관과 대상이 만난다는 것은 '차이와 차이의 만남'이고 '특징과 특징'의 교류이다. 눈 · 귀 · 코 · 혀 · 신체 · 마음은 이미 나름대로의 특징적 체계를 지니고 있으며, 이 감관의 '차이 문법'들이 만나는 대상/세계의 최초 국면도 '특징'이다. 경험이란 것은 특징과 특징의 만남에서 발생하는 '또 다른 특징들'이다. 〈'여섯 가지 감관능력'(六根)과 그에 상응하는 '여섯 가지 대상세계'(六境)의 만남(觸)에서 '여섯 가지 의식 현상'(六識)이 발생한다〉는 것은 그러한 사태를 의미한다. '감관특징과 대상특징의 만남', 그리고 이 만남에서 발생하는 '특징과 차이들을 조건으로 하는 경험현상'. — 이것은 그 누구도 예외일 수 없는 '이미 스스로 그러한 조건'(自然)이며 '그럴 수밖에 없는 사태'(當然)이다. 붓다는 이 점을 통찰한 것으로 보인다. 그리고 육근수호 법설은 이 통찰에 의거하여 해탈 수행의 요결을 밝히는 것으로 보인다.**

생물이 감관으로 대상을 만날 때 최초의 사태는, 감관 스크린에 올라온 특징 · 차이와의 만남이다. 이때 감관의 주체는 그 특징 · 차이에 대해 반응한다. 그 반응양식을 결정하는 생물학적 원리는 '개체와 종種의 보전'이다. 긍정 반응이든 부정 반응이든, 대상의 특징 · 차이에 대한 반응양식은 '개체와 종種 보전의 유/불리'에 따라 결정된다. '사슴이라는 감관 주체'가 '호랑이라는 대상의 특징'을 만나면 즉각 도망간다. 부정반응 양식을 통해 생존이익을 추구한다. 이에 비해 '호랑이라는 감관 주체'가 '사슴이라는 대상의 특징'을 만나면 즉각 쫓아가고 달려든다. 긍정반응 양식을 통해 역시 생존이익을 추구한다. 사슴의 감관에는 호랑이와 같은 대상의 특징 · 차이를 위해危害정보로 처리하는 '정보해석 체계'가 갖추어져 있고, 호랑이의 감관에는 사슴과 같은 대상의 특징 · 차이를 이익정보로 처리하는 '정보해석 체계'가 갖추어져 있다. 특징 · 차이를 처리하는 이 상이한 '해석체계'는 감관 주체가 환경에 적응하는 과정에서 경험의 누적을 통해 형성된 것이다. 〈인간의 감관이든 동/식물의 감관이든, 감관 자체가 이미 '특징 · 차이들로 이루어진 체계'이고 '특징 · 차이들로 직조된 문법'이다〉라고 말한 것은 이러한 사정을 반영한 것이다.

특징 · 차이들에 대한 인간의 반응양식

'대상의 특징 · 차이들에 대한 인간의 반응양식'은 크게 두 가지 유형이다. 첫 번째는 생물적 방식이다. '감관능력에 이미 새겨져 있는 방식'에 의존하여 조건반응 하듯 대상의 특징 · 차이에 응하는 본능적 방식이며, **'대상의 특징 · 차이를 움켜쥐듯 취하는 방식'의 생물적 유형**이다. **두 번째는 언어적 방식이다.** 언어적 인지력에 의해 추가된 방식이다. 그런데 이 **언어적 방식은 다시 두 가지로 나뉜다. 하나는 '언어로 분류한 특징 · 차이들에 동일성을 부여하면서 그 특징 · 차이에 응하는 방식'이다. '대상의 특징 · 차이를 움켜쥐듯 취하는 방식'의 인간적 유형이다. 다른 하나는 '언어에 의거하여 특징 · 차이들을 처리하면서도 동일성을 부여하지 않고 그 특징 · 차이에 응하는 방식'이다. 언어능력을 새로운 차원으로 고도화시킨 방식이다. 이것은 비非본능적 방식일 뿐 아니라 '대상의 특징 · 차이를 움켜쥐듯 취하는 방식'도 아니다. 육근수호 법설에서 붓다가 권유하는 '대상의 특징 · 차이를 움켜쥐지 않는 방식'이다.**

생물적 방식

〈'전체적 특징 · 차이'(相)와 '부분적 특징 · 차이'(細相)를 움켜쥔다〉는 말은, 생물 일반의 경우, 감관 주체가 대상의 특징에 반응하는 전반적 양식을 지시한다. '개체와 종種 보전의 원칙'에 따라 '즉각적'이고 '본능적'으로 신속하게 가동하는 반응양식이다. 인간 이외의 생물에게는 이 본능적 반응양식이 유일해 보인다. 달리 반응할 수 있는 또 다른 선택지가 없어 보인다.

있다고 해도 인간의 선택 가능성과는 비교할 수 없는 단순한 수준으로 보인다. 적어도 인간의 시선으로 보기에는 그렇다. 환경변화에 적응하기 위해 새로운 반응양식이 필요한 경우, 업그레이드된 새로운 반응양식을 추가하여 다시 본능 수준으로 내면화시키는 정도가 생물 일반이 취할 수 있는 새로운 선택지일 것이다. 대상의 특징 · 차이에 반응하는 생물적 방식은 그 목표나 내용이 단순하다. '개체와 종種의 보존'이라는 생물학적 목표만 달성되면 된다. 생존 위험을 회피하여 살아남으면 되고, 생명 유지에 필요한 것을 확보하면 된다. 그런 의미에서 생물적 방식은 1차적 수준이다.

대상의 특징 · 차이들을 만나 그것에 반응하는 생물적 방식은 공유와 전승 및 본능화의 산물로서, 감관에 유전적으로 전승된 본능적 방식이며, 신속하게 작동한다. 그리고 그 목표와 내용은 개체/종의 생존 수준에 그친다는 점에서 1차적이다. **'개체/종 보전'의 본능에 따라 대상의 특징 · 차이에 즉각적으로 반응하는 양상은, '특징 · 차이에 대한 일종의 본능적 조건반응'이라는 점에서, 〈특징 · 차이를 움켜쥔다〉는 말을 적용할 수 있다.**

인간도 생물 진화의 계열에서 등장한 것이므로, '대상의 특징 · 차이에 대한 생물 일반의 조건반응적 양식'을 본능으로 지닌다고 보아야 한다. **'개체/종 보전'에 유리한 것으로 검증된 본능적 반응방식은 인간 몸에 계승되어 새겨져 있다고 보아야 한다. 그래서 인간도 대상을 접할 때 많은 경우에 '대상의 특징 · 차이를 움켜쥐듯 취하는 방식'으로 만난다.** 생활세계 전반적으로는 인간도 '감관능력에 이미 새겨져 있는 방식'에 의존하여, 조건반응 하듯 대상의 특징 · 차이를 처리한다. 환경과의 관계에서 장기간에 걸쳐 수립되어 감관에 계승된 '정보처리의 방식과 체계'를, 거의 본능적으로 대상의 특징 · 차이들에 적용하는 것이다. **성찰적 자율능력이 개입하는 경우는 예상이나 기대보다도 훨씬 적은 것이 현실일 것이다. 그럴 때 인간은, 감관능력에 이미 새겨져 있는 반응양식에 대해 수동적 · 종속적이다. 대상의 특징 · 차이에 대해 '움켜쥐는 방식'으로 만난다.**

언어적 방식과 육근수호 법설

인간은 생물적 방식에 갇히지 않고 새로운 반응양식을 추가하였다. 인지혁명 이후 언어적 사고능력의 고도화 과정에서 생겨난 특이 현상이다. 본래 주어진 가능성이라 하든, 진화의 산물이라 하든, **'대상의 특징 · 차이에 대한 새로운 반응방식'을 선택할 수 있게 된 것이야말로 인간 생명의 경이로운 신비라 생각한다. '인간의 궁극적 향상진화'에 관한 전망은 바로 이 새로운 능력으로 인해 가능해진다. 붓다는 인간이 품게 된 '특징 · 차이에 대한 새로운 반응방식의 선택능력'에서 그 최고수준을 성취한 분으로 보인다.**

인간도 여타의 생물처럼 개체/종 보존에 유리한 반응방식을 수립하여 공유와 전승 그리고 본능화를 통해 내면화시켰다고 보아야 한다. **대상의 특징 · 차이들에 반응하는 생물의 본능적 방식은 인간의 감관능력에도 고스란히 새겨져 있다. 그리고 강력하고 유효하게 작동한다.** 그런데 대상의 특징 · 차이들에 대한 인간의 반응방식도 기본적으로는 개체/종의 생존을 목표로 하지만, 그 내용은 일반 생물종들과는 현저한 차이를 보여 준다. **생물의 본능적 반응방식을 '1차적'이라 한다면, 인간의 그것은 '2차적'이라 부르는 것이 적절할 내용이 부가되어 있다. 그 부가된 내용은 언어능력에 의거한 인지혁명 이후에 인간이 품어 고도화시켜 온 '언어적 인지능력'의 산물이다.**

필자가 보건대, **인간의 인지능력은 두 가지 능력의 상호 결합 및 상호 작용으로 그 특유의 면모를 발생시켰고 또 고도화될 수 있었다. 하나는, '유사한 특징 · 차이를 언어기호에 담아 처리하는 능력'이다.** 이때 '처리'한다는 것은 개념을 기초단위로 삼아 특징 · 차이들에 대한 기억과 비교, 판단과 평가, 분석과 종합 등을 행하는 작용을 일컫는다. **다른 하나는, 모든 경험을 대상화시켜 다시 인지하는 능력인 '재인지 능력'이다. 언어 · 개념으로 분류 · 처리된 모든 것들을 '대상화시켜 경험하는 것'이 재인지이다.**

'특징 · 차이를 언어로 처리하는 능력'과 '재인지 능력'은 상호 조건적으로

작용한다. '모든 경험을 대상화시켜 다시 인지하는 능력'은 '특징 · 차이에 대한 경험을 언어로 처리하는 능력'을 조건 삼아야 가능하다. 언어라는 그릇에 담긴 내용이라야 괄호 안에 집어넣듯 명료하게 대상화시킬 수 있기 때문이다. 또한 언어적 처리능력은 재인지 능력을 조건으로 삼아야 언어에 담기는 내용이 풍요로워지고 또 증폭적으로 새로워질 수 있다. 언어적 경험이 재인지의 대상이 될 때, 새로운 언어적 처리가 가능해지고 그 내용이 고도화될 수 있기 때문이다.

'특징 · 차이를 언어로 처리하는 능력'과 '재인지 능력'의 상호 작용으로 인해 인간은 모든 자기경험을 '분리적으로 재경험하는 존재'가 되었다. 인간은 자신의 경험을 〈나는 어떤 사람이다〉 〈나는 무엇을 한다〉는 등으로 언어그릇에 담는 동시에, 언어그릇 안의 모든 내용을 분리적으로 재경험할 수 있는 독특한 면모를 지니게 되었다. **인간은 모든 경험을 임의적으로 괄호치듯 대상화시켜 놓고 그것들을 '다시 경험하는 주체의 자리'를 마련하고는 그 자리에 선다.**

필자는 **모든 생명 현상이 일종의 '원초적 창발력'을 품고 있다**고 생각한다. 생명의 진화계열에서 목격되는 창발적 현상을 설명하려면 이 '생명의 원초적 창발력'을 설정해야 한다고 본다. 그런데 **이 '생명의 원초적 창발력'이 언어적 인지력을 지닌 인간에 이르러서는 새로운 차원의 창발력이 되었다고 본다. 바로 '재인지 능력' 때문이다. '재인지 능력'이야말로 모든 인간적 창발성의 원천으로 보인다.** 특징 · 차이들을 언어의 그릇에 담아 처리하는 능력에 기대어 인지능력이 보여 주는 다양한 창발적 현상은 근원적으로 '재인지 능력'에서 발원한다. 관점 · 이해 · 판단 · 평가 · 분석 · 종합 · 추론 등을 수립 · 보존 · 수정 · 폐기 · 대체하는 과정에서 목격되는 창발성은 '재인지 현상'이 없다면 설명할 수가 없다. 모든 경험을 언어의 그릇에 담아 괄호 치고, 그것들을 다시 관찰하는 재인지 자리를 열며, 그 자리에 서서 대상화시킨 것들을 비교 · 검토 · 분석 · 선택 · 수정 · 대체하는 과정에서 모든 유형의 창발성이 생겨나는 것이다. **인간의 창발성이 발**

생하는 인식적 조건을 '거리 두고 보기'·'매이지 않고 만나기'·'갇히지 않고 관계 맺기' 등으로 압축시켜 본다면, 이 모든 것을 가능케 하는 것이 바로 '재인지 능력'이다. '재인지 능력'을 품게 됨으로써 인간은 '생명의 원초적 창발력'을 새로운 차원의 창발력으로 계승하였다.[39] 그러나 이 재인지 능력은 '모든 것을 재인지하는 자아'에 동일성을 부여하여 '동일·불변·독자의 자아'라는 허구를 수립하는 토대가 되기도 한다.

〈'특징·차이를 언어로 처리하는 능력'과 '재인지 능력'이 상호작용하면서 특징·차이들에 응하는 것〉을 '언어적 방식'이라 불러 보자. 이때 인간의 이 언어적 방식은 두 가지로 나뉜다. 하나는 '특징·차이를 움켜쥐는 언어적 방식'이고, 다른 하나는 '특징·차이를 움켜쥐지 않는 언어적 방식'이다. 육근수호 법설은 이 두 가지 방식을 구분하면서, 전자는 해로운 방식이고 후자는 이로운 방식이라 평가한다. 아울러 '특징·차이를 움켜쥐지 않는 이로운 방식'을 선택할 수 있는 수행론적 방법을 제시한다. 〈일상의 동작들을 괄호 치듯 묶어 빠져나오는 재인지 자리를 열고, 그 자리를 간수해 가면서, 그 재인지 자리에서 특징·차이들의 연기적 양상을 관찰하는 능력〉을 키워 갈 것을 권한다. 모든 경험현상을 앞세우듯 하면서 알아차리는 정지正知(sampajānāti)의 국면을 열어 확보하라는 것이다. **일상의 모든 동작을 '괄호 치듯 묶어 재인지(알아차림)의 대상으로 처리하면서 빠져나오는 국면'을 일깨우고, 그 재인지 자리에서, 동작이 지닌 특징·차이들의 연기적 양상을 관찰하는 것. — 이것이 육근수호 법설에서 일깨워 주려는 정지正知(sampajānāti) 행법의 요점이며, 육근수호 법설의 화룡점정에 해당하는 것으로 보인다.**

특징·차이를 움켜쥐는 언어적 방식 – 동일성 부여의 방식

육근수호 법설이 언급하는 〈'전체적 특징·차이'(相)와 '부분적 특징·차

---

39 『대승기신론 소·별기』 번역본에 게재한 「이해와 마음」이라는 글에서는 이 인간적 창발성을 '이해와 마음'의 문제와 관련시켜 생각해 보았다.

이'(細相)를 움켜쥐는 것〉은 '특징 · 차이들에 응하는 인간의 언어적 방식' 가운데 하나인 '언어로 분류한 특징 · 차이들에 동일성을 부여하면서 대상의 특징 · 차이에 응하는 방식'이다. '대상의 특징 · 차이를 움켜쥐듯 취하는 방식'의 인간적 유형이다.

'대상의 특징 · 차이들을 처리하는 인간의 언어적 방식'에는 원초적 결함이 있다. 언어로 처리하는 특징 · 차이들에 동일성을 부여하는 행위가 그것이다. 경험하는 특징 · 차이의 현상 그 어디에도 존재하지 않는 '동일성'을 임의로, 아마도 차이들의 대비와 비교를 명확히 하려는 의도에서, 부여한 것이다. 특징 · 차이들에 덧씌운 이 '동일성'은 '불변성 · 독자성 · 순수성 · 절대성' 관념과 맞물리면서 문명 · 문화의 성채를 허구의 기초 위에 건립해 왔다. 자아와 세계의 구성을 '애초부터 존재하지 않는 허구' 위에 수립해 온 것이다. 붓다가 일관되게 문제 삼는 탐욕(貪, lobha) · 분노(瞋, dosa) · 무지(癡, moha)는 그 허구 위에 건립하는 건축행위의 지적知的 · 정서적 · 행위적 측면과 양상을 세 가지로 압축시킨 것으로 보인다.

감관을 지닌 생물은 대상세계에 반응하면서 개체/종을 보존해 간다. 생물의 감관능력은 그 자체로 자족적이지 않기 때문에 환경으로부터 감관 보존에 필요한 것을 취해야 한다. 감관능력을 유지해 가려면 환경과의 관계에서 필요한 조건들을 확보해야 하는 것이다. 그리고 이 필요조건들은 예외 없이 소진해 가는 것이기에, 감관 주체는 지속적 · 반복적으로 발생하는 필요조건들의 결핍을 채워 주어야 한다. 먹이 판단과 그에 대한 반응, 위험 판단과 그에 대한 반응 등, 감관으로 만나는 대상의 특징들을 처리하는 생물의 본능적 방식은, 이 결핍을 효과적으로 해소하기 위한 선택이다. **감관 보존에 필요한 조건이 결핍될 때 그 결핍된 조건을 확보하려는 충동을 '욕망'이라 부른다면, 살아 있는 모든 생물은 '욕망하는 존재'이다.** 감관에 의존하여 생명을 유지하는 모든 생물은 끊임없이 욕망을 일으킬 수밖에 없고, 그 욕망을 충족시키기 위해 대상세계와 만난다. **감관으로 만난 대상의 특징 · 차이들을 처리하는 '생물의 본능적 방식'은 욕망 충족을 목표**

로 한다. **〈감관의 자기보존 능력에 결핍이 발생 → 결핍을 해소하려는 욕망이 발생 → 환경/대상의 특징·차이들을 욕망해소에 적합한 방식으로 처리 → 욕망 충족 → 감관적 결핍의 재발생 → (동일한 과정의 반복)〉. ― 이것이 '생물학적 욕망의 구조'이고 '욕망 발생과 해소의 양식'이다.**

인간의 욕망도 이러한 '생물학적 욕망의 속성'을 기본으로 한다. 그래서 감관으로 만나는 대상특징들을 처리하는 인간의 방식도 상당 부분이 생물학적 일반 양상과 겹친다. 그러나 인지능력이 발달하면서부터, 동일한 생물학적 방식일지라도 그 내용에 뚜렷한 차이가 발생하게 된다. 인간이 생물적 수준의 욕구 충족에 만족하지 못하는 존재가 된 계기는 인지능력의 발달과 맞물려 있다. **생존과 번식 충동에 따른 생물적 욕망을 1차 욕망, 언어적 인지능력에 의해 발생한 욕망을 2차 욕망이라 부른다면, 지금 우리의 몸은 진화과정에서 수립된 생물적 1차 욕망과 인간적 2차 욕망의 궤적들을 모두 계승하고 있다.**

특징·차이를 언어에 담아 개념으로 분류하여 처리하는 '언어적 사유능력'은 동/식물 일반의 욕망과는 다른 새로운 욕망을 발생시킨다. **〈'언어에 담긴 차이들'(개념)에 의거한 개념적 욕망〉과 〈'언어에 담긴 차이들의 비교'에 의거한 비교우위를 향한 욕망〉이 발생한 것이다. 이 두 가지 욕망의 특징은 '배제'와 '무한 증폭'이다.** 개념은 배제를 통해 성립하기 때문에 개념적 욕망은 구조적으로 '배제의 욕망'이고 그런 점에서 언제나 폭력의 불씨를 품고 있다. 그리고 '언어에 담긴 차이들의 비교'는 무한히 증폭하는 것이기 때문에 '비교우위를 향한 욕망'은 무한 증폭의 욕망이고, 따라서 만족할 수도 그칠 수도 없다. **또한 '재인지 능력'은 인간으로 하여금 모든 경험을 분리적으로 재경험하게 하는데, 이때 이 '재인지한 대상'이나 '재인지하는 주체'에 이름을 붙이면서 동일성을 부여하여 '불변·동일·독자의 자아나 대상'이라는 실체 관념을 수립한다.**

〈'언어에 담긴 차이들'(개념)에 의거한 개념적 욕망〉과 〈'언어에 담긴 차이들의 비교'에 의거한 비교우위를 향한 욕망〉 그리고 〈재인지의 대상이나

재인지 주체에 동일성을 부여하여 발생시킨 '동일 · 불변 · 독자의 실체관념'〉이 상호 결합하고 상호 작용하는 것이, 탐욕 · 분노 · 무지의 전개양상이다. 언어인간의 행보는 이 '탐욕 · 분노 · 무지의 길'을 넓혀 왔고 또 질주해 왔다. 배제를 속성으로 하는 '개념적 욕망', 무한히 증폭하는 '비교우위를 향한 욕망', '동일 · 불변 · 독자의 자아관념'을 자기보존의 힘으로 삼아 개인과 집단의 이익을 추구해 왔다. 그리고 이 힘을 본능처럼 내면화시켜 왔다. 또한 특징 · 차이들을 이 힘의 유지와 강화를 위한 조건으로 삼아 왔다. 따라서 인간이 감관능력(六根)을 통해 특징 · 차이들을 만날 때는, '특징 · 차이들과 탐욕 · 분노 · 무지가 결합하는 방식'을 선택하는 것이 일반적 경향이다. 이것이 '특징 · 차이를 움켜쥐는 언어적 방식'이고, 육근수호 법설에서 말하는 〈'전체적 특징 · 차이'(相)와 '부분적 특징 · 차이'(細相)를 움켜쥐는 것〉이다.

특징 · 차이를 움켜쥐지 않는 언어적 방식 – 동일성을 부여하지 않는 언어적 인지능력

〈불교는 모든 욕망을 버리라는 가르침이다〉라는 식의 이해는 비연기적非緣起的 오독誤讀이다. 욕망 현상도 모든 다른 현상들처럼 '조건적'으로 이해되어야 한다. 욕망을 발생시키는 조건이 무엇이냐에 따라 평가를 달리해야 한다. 생물적 1차 욕망이든 인간적 2차 욕망이든, 욕망은 크게 두 유형이다. 하나는 '이로운 욕망'이고, 다른 하나는 '해로운 욕망'이다. 인간의 경우, 광의의 욕망은 정서적 현상뿐 아니라 지적 현상까지 포함해 보아야 한다. '이해'라는 현상도, 언어 · 개념적 처리능력에 의거하여 문제를 해결하여 해로움을 피하고 이로움을 취하려는 욕망의 표현이기 때문이다. 그런 점에서 보면 탐욕 · 분노 · 무지는 모두 '인간적 욕망의 해로운 양상'이라 할 수 있다. 그리고 인간의 경우, 정서적 현상이든 지적 현상이든 모두 '언어적 인지능력'과 연루되어 있다.

그런데 **언어적 인지능력은 탐욕 · 분노 · 무지의 원천이지만, 인간 특유의 희망과 가능성이 발생하는 근거이기도 하다.** 언어적 인지능력은 탐욕 · 분노 · 무지의 발생조건이 될 뿐 아니라, 탐욕 · 분노 · 무지의 치유조건이 될 수 있는 것이다. **언어적 인지능력으로 인해 인간은 생물적 결핍과는 다른 차원의 결핍을 느낄 수 있으며, 이 새로운 차원의 결핍을 해소하려는 욕망(이것을 생물적 욕망과 구별하여 이후에는 '욕구'라 부른다)을 일으킬 수 있는 것이다.** 특징 · 차이들을 언어로 분류하여 비교 · 기억 · 판단 · 평가 · 종합 · 분석 · 추리하는 것은 생물들에서는 목격할 수 없는 현상이며, 이 새로운 현상들을 조건으로 삼아 다른 생물들에서는 발생하지 않는 새로운 욕구가 발생한다. 그리고 이 새로운 욕구는 밝음과 어둠을 동시에 품은 양가적兩價的 현상이다. **이 새로운 욕구에 의해 인간은 생물종 가운데 가장 해로운 욕망(탐욕 · 분노 · 무지)의 주체가 되기도 하고, 다른 생물종은 품기 어려운 새로운 차원의 향상을 추구하고 성취할 수도 있다.**

언어적 인지능력이 탐욕 · 분노 · 무지의 발생조건만이 아니라 치유조건도 될 수 있는 까닭은 무엇일까? 탐욕 · 분노 · 무지는 '동일성'이라는 허구관념에 의해 발생 · 유지 · 강화 · 확대의 순환을 이어 간다. 자기와 타자의 특징 · 차이에 동일성을 부여하여 '동일 · 불변 · 독자의 실체적 자아와 대상'을 허구로 수립한 후, '동일 · 불변 · 독자의 자아'가 '동일 · 불변 · 독자의 타자들'을 향해 탐욕 · 분노 · 무지를 펼쳐 간다. **그런데 동일성이라는 허구관념을 발생시킨 결정적 계기는 아마도 '재인지 능력'인 것 같다.** 재인지 능력은 모든 자기경험을 분리적으로 재경험하게 하는데, 이때 '재인지한 대상'이나 '재인지하는 주체'에 명칭을 부여한 후 동일성을 부여하여 '불변 · 동일 · 독자의 실체'라는 관념을 수립하는 것으로 보인다. **인간 특유의 '개념적 욕망'과 '비교우위를 향한 욕망'은, 재인지 능력에 수반하여 발생한 '동일 · 불변 · 독자의 실체관념'과 상호 결합하고 상호 작용한다. 그 결과는 '탐욕 · 분노 · 무지의 상호적 발생과 전개'이다.**

그런데 **탐욕 · 분노 · 무지의 발생조건이 되는 '언어적 사유능력'과 '재인**

지 능력'은, 거꾸로 탐욕 · 분노 · 무지의 치유조건이 될 수 있다. 경험의 초기조건인 특징 · 차이를 언어 · 개념을 통해 명료하게 인지하는 능력은, 언어 · 개념으로 구분된 특징 · 차이의 속성을 명확하고도 법칙적으로 파악하고 성찰하는 능력이 될 수도 있다. 또한 특징 · 차이에 관한 모든 경험을 '대상화시켜 재인지하는 능력'은, 특징 · 차이가 탐욕 · 분노 · 무지의 발생조건이 되는 현상을 다시 대상화시켜 비판적으로 인지함으로써, 탐욕 · 분노 · 무지로부터의 자유와 치유의 길을 열 수도 있다.

언어적 인지능력은 어떤 현상이든 언어라는 그릇에 담아 명료하게 인지하는 능력이다. 그래서 언어적 인지능력은, 인간 특유의 탐욕 · 분노 · 무지라는 현상을 발생시키는 동시에, 그 탐욕 · 분노 · 무지의 현상도 언어에 담아 명료하게 인지하게 해 준다. 그리하여 탐욕 · 분노 · 무지라는 현상의 발생인과와 속성을 '이해와 성찰의 대상'으로 만들어 준다. **언어적 인지능력은 탐욕 · 분노 · 무지 현상에 대한 '언어적 인지'를 통해 명료한 이해와 비판적 성찰을 가능케 해 주는 것이다.**

언어 · 개념적 처리를 통해 명확하게 된 모든 경험을 대상화시켜 재인지하는 능력은, 특징 · 차이가 탐욕 · 분노 · 무지의 계기가 되어 가는 현상을 다시 대상화시켜 성찰할 수 있다. 그리하여 특징 · 차이와 탐욕 · 분노 · 무지의 관계를 이해하는 동시에 치유의 길을 모색하게 한다. **재인지의 '대상화를 통한 사이 띄우기' 능력을 활용하면, '특징 · 차이를 탐욕 · 분노 · 무지의 발생조건으로 처리하는 방식'으로부터도 사이를 띄워 탈출과 수정을 가능케 하는 것이다. '재인지 자리'로 이전하는 능력, 즉 모든 경험을 대상화시켜 재인지하는 능력이란 것은, 일종의 '빠져나와 만나기'이며 '거리두고 성찰하기'이다. 그리고 이를 통해 '특징 · 차이를 탐욕 · 분노 · 무지의 발생조건으로 처리하는 방식'에서 탈출하여 그 방식을 치유할 수 있다.**

인간의 인지능력은, 언어적 사유능력과 재인지 능력을 결합시켜, 모든 경험과 그 발생체계를 비판적으로 성찰하는 능력, 올바로 이해하는 능력, 그리고 치유하고 교정하는 능력으로 전환될 수 있다. 언어적 사유능력은 개념적 명료화를 통해 현상에 대한 '성찰적 이해'를 발생시켜 '특징 · 차이를 탐욕 · 분노 · 무지의 발생조건으로 움켜쥐는 방식'을 이해하여 제동을 걸며 치유할 수 있다. 또 재인지 능력은, '특징 · 차이에 동일성 관념을 덧씌우면서 움켜쥐어 탐욕 · 분노 · 무지의 발생조건으로 만드는 현상'을 재인지의 대상으로 삼아 괄호 치고, 그 현상을 움켜쥐지 않아, '특징 · 차이와 탐욕 · 분노 · 무지의 결합 관계'를 끊을 수 있다. 그리고 이 두 가지 치유력을 결합시키면, 탐욕 · 분노 · 무지의 치유와 그로부터의 해방을 근원적 수준에서 전망할 수 있다.

육근수호 법설에서 말하는 〈'전체적 특징 · 차이'(相)와 '부분적 특징 · 차이'(細相)를 움켜쥐지 않는 것〉은 언어적 사유능력과 재인지 능력이 지닌 이 두 가지 치유력 때문에 가능해진다. 그리고 두 가지 가운데서도 특히 '재인지 능력에 의한 치유력'이 육근수호 법설의 초점으로 보인다. 〈일상의 모든 동작을 '괄호 치듯 묶어 재인지(알아차림)의 대상으로 처리하면서 빠져나오는 국면'을 일깨우고, 그 재인지 자리에서, 동작이 지닌 특징 · 차이들의 연기적 양상을 관찰하는 정지正知(sampajānāti)〉를 '특징 · 차이를 움켜쥐지 않는 방법'으로 설하고 있기 때문이다. 이 '움켜쥐지 않는 방식'은 **'언어에 의거하여 특징 · 차이들을 처리하면서도 동일성 환각에 매이지 않고 대상의 특징 · 차이에 응하는 방식'**이다. 언어능력을 새로운 차원으로 고도화시킨 방식이다. 이것은 '생물의 본능적 방식'이 아닐 뿐더러 '대상의 특징 · 차이를 움켜쥐듯 취하는 언어적 방식'도 아니다.

(3) 육근수호 법설과 탐욕(貪, lobha) · 분노(瞋, dosa) · 무지(癡, moha)

중생 인간은 인지능력의 두 축인 언어적 사유능력과 재인지 능력에 의거하여 〈특징 · 차이를 탐욕 · 분노 · 무지의 발생조건으로 처리하는 반응방식〉을 선택했다. '특징 · 차이를 움켜쥐는 방식'과 '탐욕 · 분노 · 무지의 현상'은 상호 결합되어 있다. 대다수 중생 인간의 감관능력은 '탐욕 · 분노 · 무지를 발생시키는 반응방식'을 통해 특징 · 차이들을 만난다. 따라서 〈전체적 특징 · 차이와 부분적 특징 · 차이를 움켜쥐면 감관을 통해 해로운 것들이 밀려들어 온다〉고 하는 육근수호 법설의 통찰을 이해하려면 탐욕 · 분노 · 무지의 속성을 이해해야 한다.

붓다의 언어는 다양한 매듭이 중층적으로 배열되어 있는 하나의 새끼줄이다. 다양하게 꼬여진 언어의 새끼줄을 모두 수렴하여 묶는 매듭, 새끼줄 꼬기를 출발시키고 마무리하는 매듭들이 다채롭게 배열되어 있다. 탐욕 · 분노 · 무지(이하 탐 · 진 · 치라고도 표기한다)는 붓다의 언어 새끼줄에서 목격되는 수렴과 발산의 대표적 매듭이다. 붓다의 법설과 교학/불교해석학은 탐욕 · 분노 · 무지에서 출발하고, 다시 그곳으로 되돌아오게 된다. 붓다의 법설이 탐욕 · 분노 · 무지의 문제를 해결하는 데 집중하고 있다는 것은 『심사빠 숲 경』과 『깔라마 경』에서 명확하게 천명된다.

붓다가 심사빠 숲에 머물 때 나뭇잎을 비유 삼아 설한 가르침은, **자신이 알고 있는 다양한 문제해법들 가운데 오직 〈탐 · 진 · 치에 연루된 실존의 근원적 결핍을 해소하는 데 유효한 것만을 선택하여 진리의 가치를 부여하고 설한다〉**는 붓다의 명시적 입장이다.[40] 붓다에게 진리란, '고苦(dukkha, 삶의 인간적/근원적 불안)를 경험하게 하는 인간 특유의 문제 상황에 적용되어 그것을 해결해 주는 해법'이다. 달리 말해, 탐 · 진 · 치에서 발생하는 인간 실존의 상처를 치유하는 데 기여하지 못하는 지식이나 이론은 붓다의 관심사가 아니며, 그런 지식이나 이론을 진리의 이름으로 탐구하지도 않았고 또 설하지도 않겠다는 입장이다.

붓다의 이러한 입장은 '주장과 이론의 진리치眞理值 판별 문제'에서도 고스란히 관철된다. 삶에 적용했을 때 나타나는 탐 · 진 · 치의 증가 · 감소를 기준 삼아 어떤 가르침의 진리치를 판단하라는 『깔라마 경』의 가르침은 그

---

40 『심사빠 숲 경』(S56:31). 이하 상윳따니까야 출전은 각묵 번역본(초기불전연구원, 2009)에 따른다.

전형이다.

성찰적 탐구력이 돋보이는 깔라마인들이 붓다에게 묻는다. 〈사람들이 설하는 진리의 내용은 각기 다르다. 게다가 각자 자신의 가르침은 진리지만 다른 사람들의 가르침은 진리가 아니라고 비난한다. 도대체 어떤 가르침의 진리 여부를 판단할 수 있는 기준은 무엇인가? 진리 판별의 기준이 없다 보니, 들으면 들을수록 혼란만 더해 간다. 붓다 당신은 무엇을 진리 판별의 기준이라고 생각하는가?〉 — 이에 대한 붓다의 응답에는 진리에 대한 경험주의 및 실용주의적 태도가 종합되어 있다.

"(1) 그대들이 의문을 지니는 것은 당연하다. 깔라마인들이여, 소문에 그렇다고 해서, 전통이 그러하다고 해서, 거듭 들어 얻어진 지식이라 해서, 성전에 쓰여 있다고 해서, 논리적이라 해서, 추론이 그럴듯하다고 해서, 이유가 그럴듯하다고 해서, 우리가 사색하여 얻은 견해와 일치한다고 해서, 유력한 인물이 말한 것이라 해서, 혹은 '이분은 우리의 스승이다'라는 생각 때문에, 어떤 가르침을 진실이라고 받아들이지는 말라. (2) 깔라마인들이여, 스스로 생각하여 '이 가르침대로 따라 행하면 해롭고 괴롭게 된다'는 것을 알게 된다면, 그것을 버리도록 하라. 또한 스스로 생각하여 '이 가르침대로 따라 행하면 이롭고 행복하게 된다'는 것을 알게 된다면, 그대로 받아들여 살도록 하라. (3) 어떻게 생각하는가, 깔라마인들이여. 사람의 마음속에 탐욕(분노, 무지)이 일어나면 그것이 그에게 이로움이 되겠는가, 해로움이 되겠는가? (깔라마인) 해롭습니다, 존자시여. (붓다) 그렇다. 그 사람은 탐욕(분노, 무지)에 빠져 그 탐욕(분노, 무지)에 압도되고 정복되었기에 산목숨을 죽이고, 주지 않은 것을 갖게 되고, 불륜을 행하고, 거짓말을 하게 된다. 또 다른 사람마저도 그렇게 만들고 만다. 그리하여 해로움과 괴로움이 오래가게 된다. 어떻게 생각하는가, 깔라마인들이여. 사람의 마음속에 탐욕(분노, 무지)이 일어나지 않으면 그것이 그에게 이로움이 되겠는가, 해로움이 되겠는가? (깔라마인) 이롭습니다, 존자시여. (붓다) 그렇다. 그 사람은 탐욕(분노, 무지)에 빠지지 않고 탐욕(분노, 무지)에 압도되거나 정복되지 않아서 산목숨을 죽이지 않고, 주지 않은 것은 갖지 않으며, 불륜을 행하지 않고, 거짓말을 하지 않는다. 또 다른 사람마저도 그렇게 인도한다. 그리하여 이로움과 행복이 오래가게 된다. 깔라마 인들이여, 성스러운 제자는 이와 같이 탐욕을 여의고 분노를 여의고 무지를 벗어나 올바로 깨어 있다."[41]

붓다의 답변은 세 단계로 펼쳐지고 있다. 단계 구분을 위해 본문에 임의로 번호(1/2/3)를 추가하였다. 첫 단계(1)는 〈자기 삶에서 발생하고 직접 검증되는 경험과 무관한 것들을 진리판별의 기준으로 삼는 것은 부적절하다〉는 것을 일깨워 주는 것이고, 둘째 단계(2)는 〈어떤 주장이나 가르침을 삶에 적용했을 때 발생하는 경험적 변화를 이로움 · 해로움의 기준으로써 판단하라〉는 것이며, 셋째 단계(3)는 〈이로움 · 해로움을 판단하는 기준은 탐욕 · 분노 · 무지이다〉라는 것이다.

첫 단계(1)에서 붓다가 열거하는 '진리판별의 부적절한 근거들'은 모두 직접경험에 의거한 것이 아니다. 경험을 통해 그 타당성을 검증하지 않은 것이거나 검증할 수 없는 것들이다. 경험하지 않았거나 경험할 수 없는 것에 기대어 진리를 주장하는 태도를 붓다는 비판하는 것이다. 둘째 단계(2)는, 어떤 가르침의 진리치를 판단하려면 그 가르침을 삶에 적용할 때 발생하는 경험적 결과를 기준으로 삼는 것이 바람직하다는 것이다. 그 경험적 결과가 해롭고 괴로운 것이면 진리답지 못하다고 보아 외면하면 되고, 이롭고 행복한 것이면 진리답다고 보아 수용하면 된다는 것이 붓다의 조언이다. 경험을 통해 검증할 수 있는 '문제풀이의 실제결과'를 기준으로 해법/진리의 타당성과 그 수준을 판정하자는 실용주의(pragmatism) 현대철학의 정신은, 흥미롭게도 붓다의 관점과 상통한다. 마지막 질문이 남는다. 〈이로움과 해로움, 행복과 괴로움의 판별기준은 무엇인가? 문제풀이의 결과를 평가하는 기준은 무엇인가?〉 — 탐욕과 분노와 무지가 그 기준

41 『앙굿따라니까야』(A3:65). 『구도의 마음, 자유 —칼라마 경—』(소마 영역/현음 번역, 고요한 소리, 1988). 이하 앙굿따라니까야는 대림 번역본(초기불전연구원, 2006)에 따른다.

이다. 탐욕 · 분노 · 무지가 증대되면 될수록 해로움과 괴로움이 커지고, 탐욕 · 분노 · 무지에서 풀려나면 날수록 이로움과 행복이 커진다는 것이 붓다의 관점이다.

〈경험을 통해 검증되지 않았거나 검증될 수 없는 것은 진리판별의 기준이 되기에 부적합하다〉는 경험주의 원리, 〈삶이라는 문제 상황에 실제로 적용했을 때 발생하는 경험적 결과의 이로움과 해로움을, 탐 · 진 · 치를 기준으로 평가하여 그 해법의 진리치를 판단하라〉는 실존 실용주의 원리. — 붓다의 진리관은 이 두 원리를 기반으로 삼고 있다. 집단이익을 확보하기 위해 각 집단이 고안해 낸 논리와 주장의 허구 비판,[42] 연극집단의 자기옹호 논리에 대한 비판,[43] 상반되는 진리주장들을 처리하는 방법,[44] 개종의 문제,[45] 논리의 승리와 삶의 이익의 승리 문제[46] 등을 처리하는 붓다의 설법에는 일관되게 이러한 진리관이 적용되고 있다.

『깔라마 경』의 의미를 다시 풀어 보자. 깔라마인들은 혼란스럽다. 자기 가르침은 진리이지만 타인의 가르침은 비非진리라면서 비난하는 다수의 진리 주장들, 하나같이 진리의 지위를 천명하지만 내용은 각기 다른 다양한 진리 주장들을 접하기 때문이다. 〈어떤 가르침이 진리이고 어떤 가르침이 진리가 아닌지, 누가 진리를 설하는 것이고 누가 진리를 빙자하여 기만하고 있는 것인지를, 판단할 수 있는 기준이 우리에게는 없습니다. 그래서 많은 스승의 가르침들을 들으면 들을수록 혼란만 더해 갑니다. 그러니 세존께서 생각하시는 진리판단의 기준을 들려주십시오.〉 — 깔라마인들의 수승한 질문이다. 근원적 문제를 정조준하는 철학적 근기가 돋보인다.

42 『짠다 경』(S42:1).
43 『딸라뿌따 경』(S42:2).
44 『빠딸리야 경』(S42:13).
45 『밧디야 경』(A4:193).
46 『아지따 경』(A10:116).

핵심을 파고들며 의문을 해결하려는 그들의 탐구정신을 높이 평가하면서, 붓다는 먼저 '세상에서 일반적으로 통용되는 진리판단의 기준들'을 열거하며 그런 것들에 구속받지 말 것을 권한다. 구체적으로는, 반복학습으로 익숙해진 지식, 전통이나 성전 및 스승의 권위, 소문의 위력, 확인 내지 검증되지 않은 단순한 추측, 논리 정합성에만 의거하는 추리, 일반원리로서의 권위를 확보한 원칙, 공들여 얻은 자기 견해에 대한 편애, 말하는 사람의 특별한 능력 등에 의거하여, 어떤 주장이나 이론을 진리로 인정하고 받아들여 따르지는 말라고 권한다. 전통과 성전, 스승과 소문, 추측과 추리, 일반화된 원칙과 애써 얻은 견해, 특별한 능력을 지닌 사람의 주장이 맞을 수도 있다. 그러나 '그것들에 의거한 주장'이라고 해서 진리인 것은 아니다. 진리판단의 참고 내지 필요조건은 될 수 있지만 충분조건은 아니다. 그럼에도 불구하고 많은 사람들은 이 가운데 어느 하나 내지 몇 개의 조합을 진리판단의 기준으로 삼는다. 지금도 이 기준들은 지식 수용의 원천으로서 맹위를 떨치고 있다.

붓다는 지식 수용의 불충분 · 부적절한 원천들, 취약한 진리판단의 기준들을 열거하며 그것들에 지배받지 말아야 할 것을 일깨워 준 후, 자신이 생각하는 진리판단의 기준을 두 가지로 밝힌다. 하나는 실용주의적 기준이다. "스스로 생각하여 '이것을 그대로 따라 행하면 해롭고 괴롭게 된다'고 판단된다면, 그것을 버리도록 하라. 또 '이것을 그대로 따라 행하면 이롭고 행복하게 된다'고 판단된다면, 받아들여 행하도록 하라"라는 것이다. 전통 · 소문 · 성전 · 스승 · 논리 등을 기준 삼아 진리 여부를 판단하는 것보다는, 삶에 실제로 적용했을 때 발생하는 경험결과를 주목한 후, 그 결과의 '이로움/행복'과 '해로움/괴로움'을 기준으로 채택 여부를 결정하라는 권고다.

그런데 '이로움/행복'과 '해로움/괴로움'을 판단하는 기준은 무엇인가? 예상되는 이 질문에 대한 대답이 곧이어 설하는 또 하나의 기준이다. 붓다는 '그대로 따라 행할 때 해롭고 괴롭게 되는 것'으로는 탐욕과 분노와 무지를, '그대로 따라 행할 때 이롭고 행복하게 되는 것'으로는 '탐욕 없음' · '분노 없음' · '무지 없음'을 거론한다. 탐욕 · 분노 · 무지가 이로움과 해로움, 행복과 괴로움을 가르는 기준이라는 것이다.

붓다의 모든 가르침은 탐욕 · 분노 · 무지의 근원적 해체를 겨냥한다. 붓다는 탐욕 · 분노 · 무지의 원천 치유에 유효한 것들에만 '진리'의 자격을 부여한다. 그가 깨달음을 통해 성취한 것은 결국 탐욕 · 분노 · 무지의 근원적 치유능력이었다. 그는 그 능력을 세상과 공유하기 위해 다양하게 변주했다. 사성제 연기, 육근수호 법설, 무아, 12연기 등은 그 대표적 노랫가락이다. 붓다의 전통에서 '깨달아 간다는 것'은 탐욕 · 분노 · 무지의 치유능력을 계발해 가는 것이고, '깨달았다'는 것은 치유능력의 확보이며, '깨달아 마쳤다는 것'은 탐욕 · 분노 · 무지로부터의 완전한 자유다.

붓다의 진리관은 이렇게 요약할 수 있다. — 〈진리/깨달음은 탐욕 · 분노 · 무지의 치유력과 관련된 것이며, 탐욕 · 분노 · 무지가 구축한 문제들의 해법과 연관된 것이다. 그러므로 어떤 가르침이나 이론이 진리인가를 판단하기 위해서는, 전통이나 성전, 스승, 논리 등의 권위보다도 삶이라는 경험적 문제 상황에 적용했을 때 나타나는 경험결과를 탐욕 · 분노 · 무지의 변화를 기준으로 판단하라. 어떤 가르침을 삶에 적용했더니 탐욕 · 분노 · 무지가 감소 내지 해체되는 변화가 확인된다면, 그 가르침은 진리답다고 여겨 수용하면 된다. 어떤 전통의 가르침이든, 누구의 가르침이든, 어느 성전의 가르침이든 상관없다. 반면, 적용한 결과가 탐욕 · 분노 · 무지의 증가로 확인된다면, 진리답지 못하다고 간주하여 외면하라. 아무리 다수가 찬탄하고 따르는 전통 · 성전 · 스승의 가르침일지라도 그것은 거대하고 화려한 기만이다.〉

이러한 진리관의 의미를 달리 표현하면 이렇게 된다. — 〈불교의 모든 수행과 노력은 탐욕 · 분노 · 무지의 치유를 겨냥해야 하며, 그 어떤 체득과 성취라도 탐욕 · 분노 · 무지의 감소와 해체로 이어져야 한다. 제아무리 특별한 체험이고 초인적 수행일지라도, 탐욕 · 분노 · 무지의 감소 · 해체와 무관

하거나 상반되는 것은 무의미하다. 깨달음이라는 말로 표현하자면, 깨달아 가는 모든 과정은 탐욕 · 분노 · 무지의 감소 · 해체 과정이어야 하고, 깨달음의 수준은 탐욕 · 분노 · 무지의 해체능력 수준에 비례한다.〉

그렇다면 탐욕 · 분노 · 무지는 과연 무엇인가? 욕심 적고 화 안 내고 지식 많으며 논리정연하면 탐욕 · 분노 · 무지를 치유한 것인가? 욕구를 축소하면 탐욕에서 풀려나고, 거짓과 불의에 대한 비판적 분개심마저도 일으키지 않으면 분노에 사로잡히지 않는 것인가? 어떤 용어든 연기적 용법으로 구사하는 붓다일진대, 이 중요한 핵심용어들을 막연하거나 '무조건적'으로 구사할 리 없다. **탐욕 · 분노 · 무지라는 말이 지시하는 내용도 '연기적'으로 음미해야 한다. '탐욕 · 분노 · 무지라는 현상 발생의 조건인과'를 읽어야 하는 것이다. 그래야 탐욕 · 분노 · 무지가 무엇인가를 이해할 수 있고, 그것을 치유하고 그것들에서 풀려난다는 의미와 그 지평과 방법이, 제대로 눈에 보일 수 있다. 육근수호 법설은 그 길을 열어 준다.**

니까야에서 확인되는 붓다의 탐 · 진 · 치 관련문구는 다음과 같은 내용을 전한다.

"탐 · 진 · 치의 그침이 무위無爲(Asaṅkhata: 行에서 풀려남)인 열반이며[47] 청정범행의 완성이고[48] 불사不死의 지평이자[49] 최상의 평화이다.[50] 세존은 자신을 일컬어 '탐 · 진 · 치를 멸진하였기 때문에 세상에서 가장 잠을 잘 자는 사람'이라고 한다.[51] 불 · 법 · 승 삼보三寶는 탐 · 진 · 치 지멸止滅의 상징이며,[52] 탐 · 진 · 치와 지혜의 눈(혜안)이 유익한 법의 쇠퇴 여부를 결정한다.[53]

---

47 『몸에 대한 마음챙김 경』(S43:1).

48 『어떤 비구 경 1』(S45:6).

49 『어떤 비구 경 2』(S45:7).

50 『세계에 대한 분석의 경』(MN.Ⅲ.237). 이하 맛지마니까야는 전재성 번역본(한국빠알리성전협회, 2009)에 따른다.

51 『알라와까 경』(A3:34).

52 『깃발 경』(S11:3).

탐 · 진 · 치는 모든 '의도적 행위'(業)의 근원으로서,[54] 업은 '탐 · 진 · 치에서 생기는 것'과 '탐 · 진 · 치 없음'에서 생기는 것의 두 가지로 나뉘는데,[55] 탐 · 진 · 치 때문에 일어난 업은 '해롭고' '비난받아 마땅하고' '괴로운 과보를 가져오고' '다른 (해로운) 업을 일어나게 하고' '(해로운) 업을 소멸하게 하지 않으며',[56] 탐 · 진 · 치 없음에서 일어난 업은 '유익하고' '비난받을 일 없고' '즐거운 과보를 가져오고' '다른 (해로운) 업을 일어나지 않게 하며' '(해로운) 업을 소멸하게 한다.'[57] 또 탐 · 진 · 치는 세 가지 해로움의 뿌리인데 비해 탐 · 진 · 치 없음은 세 가지 이로움의 뿌리이고,[58] 탐 · 진 · 치가 좋음/유익함(kusala, 善)과 좋지 않음/해로움(akusala, 不善)을 나누는 기준이다.[59]

탐욕은 허물은 적지만 천천히 사라지고, 분노는 허물은 크지만 빨리 사라지며, 무지는 허물도 크고 천천히 사라진다.[60] 탐 · 진 · 치는 계 · 정 · 혜 삼학 수행의 구조와 맞물려 있다. 중생은 행동 · 마음 · 견해의 결함이 있는데, 오계五戒를 범하는 것이 행동의 결함, 탐욕과 분노는 마음의 결함, 연기법을 외면하는 것은 견해의 결함이다. 따라서 오계를 준수하면 윤리적 행위를 갖추는 것이고, 탐욕과 분노가 없으면 마음을 갖추는 것이며, 연기에 대한 올바른 견해를 지니면 견해를 갖추는 것이다. 견해의 결함이 곧 무지라는 점에서, 탐욕 · 분노는 마음수행인 정학定學의 대상이고 무지는 이해수행인 혜학慧學의 대상인 셈이다.[61] 선천적 탐 · 진 · 치 경향의 강약과 '다섯 가지 능력의 수행'(五根, 信 · 精進 · 念 · 定 · 慧) 강약의 상호관계에 따라, 수행 진보의 어려움과 쉬움, 최상의 지혜를 성취하는 것의 더디고 빠름이 결정되기도 한다.[62] 이해수행인 위빠사나 관법으로 수행할 경우,

---

53 『쇠퇴 경』(A4:158).
54 『업의 근원 경』(A10:174).
55 『인연 경』(A6:39).
56 『원인 경1』(A3:107).
57 『원인 경2』(A3:108).
58 『불선근 경』(A3:69).
59 『밧차곳따의 큰 경』(MN. Ⅰ.489).
60 『외도 경』(A3:68).
61 『결함 경』(A3:115).

탐욕은 부정관不淨觀, 분노는 자애관慈愛觀, 아만과 무지는 무상관無常觀 · 무아관無我觀으로 대처한다.[63] 마음수행인 사마타 선정수행으로 보면, 초선初禪의 경지에서 탐욕과 분노의 잠재적 경향이 풀리고, 제4선第四禪의 경지에서 무명의 잠재적 경향이 풀린다.[64]

감관능력(六根)과 대상(六境)의 만남에서 발생하는 세 가지 느낌(좋은 느낌, 싫은 느낌, 좋음이나 싫음에 쏠리지 않은 느낌)은 각각 탐욕 · 분노 · 무지의 잠재적 경향의 발전과 연관되며,[65] 대상(六境)을 탐 · 진 · 치로 경험하는가 아닌가가 해탈수행의 핵심이다.[66] 식識이 '감관능력(육근)과 대상(육경)의 관계'를 '빠져듦과 종속'으로 처리하게 되는 조건/원천/이유가 탐 · 진 · 치이다.[67] 탐 · 진 · 치에 묶이면 자신과 타인 그리고 모두를 해치는 생각을 하게 되고, 탐 · 진 · 치에서 풀려나면 자신과 타인 그리고 모두를 해치는 생각을 하지 않는다.[68] 두려움과 공포, 슬픔은 탐 · 진 · 치에서 오며,[69] 사유의 그릇인 개념도 탐 · 진 · 치에 물들어 있다.[70]

오온五蘊인 몸을 탐욕의 대상으로 경험하는 사람은 여래4구如來四句(사후死後의 여래에 대해 존재/비존재/존재 · 비존재/비존재 · 비비존재라는 네 가지 판단을 하는 것)의 덫에 빠지고, 오온을 탐욕의 대상으로 경험하지 않는 사람은 여래4구의 덫에 빠져들지 않는다.[71]"

그런데 **육근수호 법설과 관련하여 특히 주목을 끄는 것은 '전체적 특징 ·**

62 『상세하게 경』(A4:162).

63 『바쎗타의 경』(MN. II.196). 무지의 대처방법이 『탐욕 경』(A6:107)에서는 통찰지혜, 『깨달음 경』(A9:1)에서는 호흡념(일으킨 생각/심尋을 대처)과 무상관(유신견有身見을 대처)으로 나타난다.

64 『교리문답의 작은 경』(MN. I.299).

65 『여섯의 여섯에 대한 경』(MN.III.280); 『화살 경』(S36:6).

66 『나가라빈다의 장자들에 대한 경』(MN.III.290).

67 『유액을 가진 나무 비유 경』(35:231).

68 『라시야 경』(S42:12).

69 『깃발 경』(S11:3); 『끊음 경』(S1:71); 『마가 경』(S2:3).

70 『비구 경 1』(S22:35); 『비구 경 2』(S22:36).

71 『사리뿟따와 꼿티따 경 3』(S44:5).

차이'(相)와 탐 · 진 · 치 현상의 관계에 관한 다음과 같은 언급들이다.

"판단 · 평가 · 이해를 가능케 하는 초기조건인 '전체적 특징 · 차이'(相)는 탐 · 진 · 치의 산물이며,[72] 동시에 '아름다운 특징 · 차이'는 탐욕(감각적 욕망)의 조건이고 '혐오스러운 특징 · 차이'는 분노의 조건이 된다.[73] 탐욕 · 분노가 발생하고 증폭되는 원인/조건은 '아름다운 특징 · 차이'와 '혐오스러운 특징 · 차이' 및 그것에 대해 '지혜롭지 못한 생각을 일으킴'(ayoniso manasikāra, 不如理作意)이고, 무지 발생과 증폭의 원인/조건은 '지혜롭지 못한 생각을 일으킴'(不如理作意)이다. 그리고 탐욕 · 분노가 일어나지 않거나 일어난 것이 사라지게 되는 원인/조건은 '아름답지 않은 특징 · 차이로 봄'(不淨觀)과 자애심 및 그것에 대해 '지혜롭게 생각을 일으킴'(yoniso manasikāra, 如理作意)이고, 무지가 일어나지 않거나 일어난 것이 사라지게 되는 원인/조건은 '지혜롭게 생각을 일으킴'(如理作意)이다."

육근수호 법설에서 말하는 〈'전체적 특징 · 차이'(相)와 '부분적 특징 · 차이'(細相)를 움켜쥐면 감관을 통해 해로운 것들이 밀려들어 온다〉는 것은 다름 아닌 탐욕 · 분노 · 무지의 발생과 증폭을 의미한다. 감관능력(육근)이 대상(육경)과 접촉할 때, 대상의 특징 · 차이들을 〈배제를 속성으로 하는 '개념적 욕망'과 무한히 증폭하는 '비교우위를 향한 욕망' 및 '동일 · 불변 · 독자의 자아관념', 이 세 가지를 결합시키는 계기〉로 삼으면, 탐욕 · 분노 · 무지의 길로 접어든다. 이때는 언어적 사유능력과 재인지 능력이 감관의 주체를 탐 · 진 · 치의 길로 접어들게 하는 동력으로 작용한다. 이것이 '특징 · 차이를 움켜쥐어 감관을 통해 해로운 것들이 밀려들어 오는 사태'이다. 이 경우 특징 · 차이들은 탐욕 · 분노 · 무지의 길에서 왜곡되고 오염된다. '있는 그대로, 사실 그대로' 대접받을 수 있는 길이 막혀 버린다.

---

72 『고닷따 경』(S41:7).

73 『조건 경 1』(A2:11:6); 『조건 경 2』(A2:11:7).

그런데 언어적 사유능력과 재인지 능력을 전혀 새로운 동력으로 삼을 수 있다. 탐 · 진 · 치의 길에서 내려와 더 좋은 이로움을 누리는 길에 오르는 향상의 힘으로 돌릴 수 있다. 그럴 때 언어적 사유능력과 재인지 능력은, 탐 · 진 · 치의 길로 들어가는 대문은 닫고, '특징 · 차이들에 대한 사실대로의 이해'(지혜)와 '호혜적 행위의 실천'(자비)이 빛을 발하는 길의 대문은 여는 힘이 된다. **'특징 · 차이와 관계하는 언어적 사유능력과 재인지 능력의 전회轉回'**가 이루어지는 것이다. 붓다의 모든 법설은 사실상 이러한 전회로 이끄는 길 안내이다. 붓다는 인간이 품은 언어적 사유능력과 재인지 능력을 이 전회의 문을 여는 열쇠로 쓰는 방법을 일러 준 것으로 볼 수 있다.

특히 육근수호 법설에서는, 〈일상의 모든 동작을 괄호 치듯 묶어 재인지(알아차림)의 대상으로 처리하면서 빠져나오는 국면을 일깨우고, 그 재인지 자리에서, 동작이 지닌 특징 · 차이들의 연기적 양상을 관찰하는 정지正知〉를 '특징 · 차이를 움켜쥐지 않는 방법'으로 설하면서, 탐욕 · 분노 · 무지의 길에서 탈출하는 방법을 일러 주고 있다. 이 정지正知의 힘을 키워 '특징 · 차이들을 움켜쥐지 않는 능력'을 확보하는 것은, 특징 · 차이들을 '탐욕 · 분노 · 무지의 발생 · 증폭 조건으로 삼지 않을 수 있는 능력'을 확보하는 것을 의미한다. 또한 이것은 소유 · 배제 · 차별의 대상으로 왜곡되고 오염되었던 특징 · 차이들을 '있는 그대로, 사실 그대로' 만날 수 있는 힘을 키우는 것이며, '특징 · 차이들이 서로 제대로 대접하고 또 제대로 대접받을 수 있는 길'을 여는 힘을 얻는 것이다.

6. 분별의 확산(희론戱論, papañca)과 '있는 그대로, 사실 그대로'

1) 분별分別(kalpanā)에 대한 조건적 이해 — 해로운 분별과 이로운 분별

분별分別(kalpanā)은 개념에 의한 사유행위를 지칭한다. 인간의 모든 경험과 인식은 어떤 방식으로든 개념에 연루되어 있다. 언어에 담긴 차이인 개념은, '경험의 초기조건인 특징 · 차이'를 처리하는 인간적 방식의 토대이다. 인간의 감관능력(六根)은 그중 하나인 사유능력(意根) 없이는 제 기능을 발휘하지 못한다. 그리고 사유능력은 언어 · 개념이 없다면 무능하고 공허하다. 그런 점에서 **'개념에 의거한 사유'는 인간의 숙명이다. 따라서 〈분별은 다 무지이고 망상이니 버려야 한다〉는 식의 이해는 부적절하다.** 그런 이해조차 개념에 기대어 있다. '분별'이 없으면 '인간의 경험'도 없다. 개념을 모두 제거한 것을 무분별의 경지라 부르면서 깨달음이나 진리의 명목으로 추구하는 것이야말로 망상이다. 신기루 좇는 격이다.

〈개념적 사유는 사실과 진리를 가리거나 왜곡시킬 뿐이다〉라는 시선은 철학과 종교에서 광범위하게 펴져 있다. 이러한 '개념적 사유에 대한 근원적 부정'은 인간 경험의 발생조건에 대한 이해 부족의 산물이다. 인간의 경험과 인식은 처음부터 끝까지 '언어'와 연루되어 있고, 따라서 '이해 현상'을 비롯하여 인간이 경험하는 그 어떤 현상도 그 발생에는 '개념적 사유'가 개입되어 있다. 이것은 언어적 인지능력을 확보한 인간의 숙명이다. 그 누구도 살아 있는 한 그 숙명에서 벗어날 수 없다. **우리가 추구해야 할 것은 '개념적 사유의 제거나 초월'이 아니다. 필요한 것은, '탐욕 · 분노 · 무지를 발생 · 증폭시키는 개념적 사유와 그 발생조건들'을 성찰하여 그 조건들에 대한 선택을 그치는 일이다. 또한 '탐욕 · 분노 · 무지에서 풀려나게 하여 좋은 이로움을 발생시키는 개념적 사유와 그 발생조건들'을 확보하는 일이다. 그리하여 대상의 특징 · 차이를 왜곡 · 오염시키지 않을 수 있는 힘, 특징 · 차이들의 '사실 그대로'로 하여금 서로 이로운 관계를 맺게 하는 능력을 확보해 가는 것이 인간의 과제이다.**

따라서 '분별'은 '조건적'으로 이해되어야 한다. 〈모든 분별은 무지이고 망상이다〉라는 식으로 주장하지 말고, '분별의 내용과 그 내용을 발생시키는 조건들'을 제시하면서 '분별'을 다루어야 한다. 그래야 붓다가 그토록 강조하는 '조건인과적 사유', 즉 '연기적緣起的 사유'에 맞는다. **'분별의 내용과 그**

내용을 발생시키는 조건들'이 어떤 것이냐에 따라 '사실 그대로에 상응하는 분별'과 '사실 그대로를 왜곡 · 오염시키는 분별'이 나뉘고, '이로운 분별'과 '해로운 분별'이 갈라진다. 붓다는 개념적 사유인 '분별' 자체를 거부한 것이 아니라, '분별의 내용과 그 내용을 발생시키는 조건들'을 연기적 사유로 다룬 것이다. 개념적 사유 자체의 제거나 초월을 진리나 깨달음이라는 말로 주장하는 것은 인도전통 우파니샤드 신비주의의 발상일 뿐이다. **붓다는 '분별의 발생조건'을 통찰하여, '사실 그대로를 가리고 오염시키는 무지 · 망상의 분별'과 '사실 그대로를 드러내는 지혜로운 분별'을 구분하여 다룬 것이다. 전자는 해롭기에 치유의 대상이고, 후자는 이롭기에 계발과 실천의 대상이다.** '무분별'은 '사실 그대로를 가리고 오염시키는 무지 · 망상의 분별'을 비판하기 위해 채택된 용어이지 개념적 사유 자체의 전면적 부정이 아니다. 그런 의미에서 **무분별은 '사실 그대로를 드러내어 이롭게 하는 지혜로운 분별'의 다른 이름이다.**

2) 분별망상으로서의 희론戱論(papañca)

특징 · 차이들을 탐욕 · 분노 · 무지의 발생조건으로 처리하는 것이 '무지 · 망상의 분별'이다. 이런 분별이 발생하여 확산되는 사태를, 붓다의 법설에서는 '분별망상' 혹은 '희론戱論'(papañca)이라 부른다. 언어 · 개념적 사유에 수반하기 쉬운 동일성 환각이 인간의 지각경험과 인식을 오염시켜 가는 과정에 관한 붓다의 통찰은, 빠빤짜(papañca, mental proliferation/분별망상의 확산, 희론)와 빠빤짜싼냐쌍카(papañca-saññā-saṅkhā/희론에 오염된 지각과 관념)에 관한 설법에서 잘 드러난다.[74] 『맛지마니까야』의 「꿀과자

---

74 냐냐난다(Ñāṇananda)스님의 *Concept and Reality in early Buddhist thought — An essay on 'papañca' and 'papañca-saññā-saṅkhā'*(Buddhist Publication Society, 1971)는 빠빤짜(papañca)와 빠빤짜싼냐쌍카(papañcasaññāsaṅkhā)를 중심으로 개념적 사유가 안고 있는 환각적 덫의 문제를 집중적으로 분석하고 있다. 이 책은 아눌

경」(Madhupiṇḍikasutta)[75]은 이 문제를 거론하는 대표적 사례인데, 여기서는 '느낌 → 지각 → 사유 → 희론(papañca) → 희론에 오염된 지각과 관념(papañca-saññā-saṅkhā)'[76]이라는 조건인과적/연기적 연쇄를 통해 탐·진·치 현상이 발생한다는 통찰을 제시한다.

"〔수행승〕 세존이시여, 어떻게 신들의 세계, 악마들의 세계, 하느님들의 세계, 성직자들과 수행자들, 그리고 왕들과 백성들과 그 후예들의 세계에서 어떠한 자와도 싸우지 않는다는 것이며, 그리고 감각적 쾌락에 대한 욕망을 떠나고, 의혹을 벗어나, 회한을 끊고, 존재와 비존재에 대한 갈애를 끊은 그 거룩한 임에게는 어떻게 지각이 경향을 갖지 않는다는 것입니까?

라 스님에 의해 번역되어 있다(『위빠사나 명상의 열쇠 빠빤차』, 한언, 2006). 냐냐난다는 빠빤짜 문제와 관련된 니까야 관련 구절들을 망라하면서 빠빤짜와 해탈의 상관성을 세밀하게 음미하고 있다. 냐냐난다 스님의 견해가 얼마나 타당한지를 검토하는 것은 또 다른 문제로 남아 있지만, 『청정도론』이 지니고 있는 해석학적 권위에서도 비판적 거리를 유지하며 빠빤짜의 불교적 의미를 탐구하고 있는 점은 돋보인다. 빠빤짜와 빠빤짜싼냐쌍카의 의미와 관련하여 냐냐난다는, 〈빠빤짜의 어원이 '퍼져 나가다' '확산하다' '발산하다' '여럿으로 되다'이므로, 빠빤짜는 개념이 형성되는 과정에서 원래의 어떤 것으로부터 확산된 상태라 볼 수 있다〉고 하면서 〈생각의 착수인 위따카(vitakka)와 사색의 상태인 위짜라(vicāra)는 항상 함께 다니는 것으로서 위짜라가 원래의 어떤 것으로부터 벗어난 상태라 할지라도 아직 지적 정교함과 체계적인 면을 유지하는 데 비해, 빠빤짜는 생각의 뿌리로부터 아예 떨어져 나가거나 사념들이 꼬리를 물고 돌아다니는 경향이 있음을 암시한다. 위짜라가 정신적 영역에서 조화 상태를 말한다면 빠빤짜는 혼돈을 말한다고 할 수 있다〉고 이해한다(『위빠사나 명상의 열쇠 빠빤차』, p.25~27).

75 『꿀과자의 경』(MN. Ⅰ.108).

76 전재성은 papañca-saññā-saṅkhā를 '희론에 오염된 지각과 관념'으로 번역한다(p.260). 이에 비해 냐냐난다(Ñāṇananda)는 이 용어가 '사념의 확산을 거치며 일어난 〈개념화 경향의 특성을 갖는 관념이나 언어적 규정〉을 의미한다'고 이해한다(*Concept and Reality in early Buddhist thought — An essay on 'papañca' and 'papañca-saññā-saṅkhā'*; 『위빠사나 명상의 열쇠 빠빤차』, p.25~27). 냐냐난다의 설명은 자칫 '개념적 사유'나 '언어적 규정'에 대한 과도한 부정적 인식과 결합할 수 있기에 필자는 전재성의 역어를 취한다.

〔세존〕 수행승이여, 어떤 원인으로 인간에게 희론에 오염된 지각과 관념이 일어나는데, 그것에 대해 환희하지 않고 주장하지 않고 탐착하지 않는다면, 그것이 탐욕의 경향을 끝내는 것이며, 성냄의 경향을 끝내는 것이며, 견해의 경향을 끝내는 것이며, 의혹의 경향을 끝내는 것이며, 자만의 경향을 끝내는 것이며, 존재에 대한 탐욕의 경향을 끝내는 것이며, 무지의 경향을 끝내는 것이며, 몽둥이 잡는 것, 칼을 드는 것, 투쟁, 싸움, 논쟁, 언쟁, 이간, 거짓을 끝내는 것이다. 여기서 악하고 불건전한 상태는 남김없이 사라진다."

붓다의 말을 이해하기 어려웠던 수행승들이 깟짜나 존자에게 찾아가 그 의미를 묻자, 깟짜나 존자는 다음과 같이 그 뜻을 설명해 준다. 그리고 붓다는 깟짜나 존자의 설명이 당신의 의중을 그대로 드러낸 것이라고 추인한다.

"〔깟짜나〕 벗들이여, 시각과 형상을 조건으로 시각 의식이 생겨나고, 그 세 가지를 조건으로 접촉이 생겨나고, 접촉을 조건으로 느낌이 생겨나고, 느낀 것을 지각하고, 지각한 것을 사유(vitakka)하고, 사유한 것을 희론(papañca)하고, 희론한 것을 토대로 과거, 현재, 미래에 걸쳐 시각에 의해서 인식되는 형상에서 '희론에 오염된 지각과 관념'(papañcasaññāsaṅkhā)이 일어납니다."[77] (이어서 나머지 다섯 감관과 그 대상을 조건으로 동일한 내용이 설해진다.)

이 경전은 감관을 통한 인식과정에서 어떻게 분별망상과 그에 의한 삶의 오염이 발생하는가를 조건인과(緣起)적으로 설하고 있다. 냐나난다 스님에 의하면, 〈이 구절은 비非인칭으로 시작하여 이 비인칭 기록이 느낌이 일어나는 시점까지 유지되는데, 이것은 느낌까지는 자동적 발생이고 여기서부터 〈나〉의 개입이 일어나 느낌 이후부터 계획적인 개인적 행위

---

77 「꿀과자의 경」, 『맛지마니까야』, p.259~263.

가 일어난다는 것을 암시한다. 그리고 이 인식 과정의 마지막 단계인 희론(빠빤짜)과 '희론에 오염된 지각과 관념'(빠빤짜산냐쌍카)이 형성되면, 언어에 의해 만들어진 비실재적 개념이 개념의 주체인 사람을 정복하여 그것에 집착하게 만든다.〉[78]

개인의 삶을 탐 · 진 · 치에 종속시키고 사회관계를 소유 · 차별 · 배제 · 폭력으로 오염시키는 강력한 원인이 '희론'과 '희론에 오염된 지각과 관념'이며, 그것은 '느낌 → 지각 → 사유 → 희론 → 희론에 오염된 지각과 관념'이라는 조건인과적 연쇄에서 발생한다는 것이 이 구절의 핵심이다. 그런데 감관능력과 대상의 접촉에서 발생하는 **'느낌'이 희론 발생의 조건인과 연쇄에서 첫 조건으로 거론되고 있다**는 점은 각별한 의미를 지닌다.

3) 느낌과 희론의 발생

감관으로 대면한 현상들을 인간 특유의 고통으로 수용하게 되는 조건인과를 12가지 항목으로 열거하는 12연기에서는, 〈감관능력(六根)과 대상의 접촉(觸) → 느낌(受)의 발생 → '맹목적 끌림'(渴愛)의 발생 → 달라붙음(取)〉을 말한다. 이 대목의 의미는 분명하다. **'느낌(受) → 맹목적 끌림(渴愛)'의 인과적 전개를 선택하면 인간 특유의 고통 양상이 펼쳐진다는 것이다. 달리 말해, '느낌 → 맹목적 끌림'의 인과적 전개를 선택하지 않으면 인간 특유의 고통에서 풀려나는 길에 들어선다는 것이다. 느낌은 실존의 해로운 길과 이로운 길이 갈리는 결정적 분기점이 된다는 통찰이다.**

인간은 언어 · 개념에 의거하여 세계를 법칙적으로 해석해 낼 수 있는 생명체이다. 인간의 이러한 이법理法적 사유능력을 중시하는 사람들은 '느낌'과 같은 정서적 · 감정적 현상보다 '이성'과 같은 법칙적 현상을 더 높이 평가한다. 법칙적으로 작용하는 이성의 기능과 문제해결력이 인간

78 냐냐난다, 『위빠사나 명상의 열쇠 빠빤차』, p.28~31.

특유의 면모를 구성하는 핵심이기 때문이다. 그러나 **인간의 법칙적 사유 능력은 언제나 느낌과 연루되어 있다. 지각 · 인지의 과정에서 느낌이 이성적 사유에 선행하는 조건이기 때문이다.**

느낌은 생명체가 외부환경에 대응하기 위해 진화시킨 자기방어 장치이다. 위험과 안전을 판별하여 해로움은 피하고 이로움은 선택하기 위해 구성한 본능적 현상이다. 인간을 포함한 모든 생명체는 느낌을 통해 위험과 안전을 즉각적으로 감별하여 대응한다. 모든 생명체는 자기보호에 적합한 느낌 능력을 진화시켜 감관에 장착하고 있다. 외부환경에 대한 느낌이 적절하게 작동하지 않으면 생존이 어렵다. 호랑이를 보고 호감을 느껴 다가가는 토끼는 없다. 인간도 언어인간으로 진화하기까지의 전 과정에서 느낌을 통해 자기를 보호해 왔다. 언어인간이 된 이후에는 언어 · 개념에 의거하여 수립한 기준과 법칙을 통해 비교 · 분석 · 판단 · 평가 · 예측하면서 대상과 환경에 대응하는 능력을 추가적으로 확보하였다. 그리고 이 추가된 능력으로 인해 가장 정교한 자기보호 능력을 갖추게 되었다. 그러나 이 추가된 언어적 능력은 느낌을 대신한 것이 아니다. 위험과 안전에 대한 느낌의 감별과 대응을 언어적 판별능력으로 보완하여 자기보호 능력과 보호 방식을 새로운 차원으로 고도화시킨 것이다.

환경에 대해 법칙적 · 이법理法적으로 대응하는 인간의 이성능력은 비록 특별하고 탁월한 것이기는 하지만, 어디까지나 생물 일반이 보여 주는 '느낌 방식'을 보완하여 추가된 것이다. 이성능력의 토대는 느낌인 것이다. 필자는 **비교 · 판단 · 평가 · 분석 · 예측하는 언어 · 이성적 능력이 언제나 느낌을 토대조건으로 하고, 느낌과 연관되어 있으며, 느낌의 연장선에서 작용한다**고 생각한다. 과연 '느낌 · 감정과 무관한 이성적 행위'가 존재하는지 의문이다. 감관능력의 진화과정과 구조 및 속성을 감안한다면, **인간의 모든 이성적 행위는 느낌 · 감정과 연루되어 있다**고 보아야 한다. 그런 점에서 **붓다가 12연기에서 느낌(受)을 해로운 실존구성과 이로운 실존구성의 결정적이고도 현실적인 분기점으로 본 것은 탁월하다.**

정학定學을 탐구하는 학인들의 관심을 끄는 용어들 가운데 상수멸想受滅(Saññāvedayitanirodha)이라는 선정 개념이 있다. 이 용어를 문자적 의미 그대로 '지각(saññā, 想)과 느낌(vedanā, 受)의 중지(nirodha, 滅)'로 보아, '모든 지각 작용이 멈추고 감각기관이 외부로부터 차단된 상태' 혹은 '모든 육체적 · 정신적 활동이 잠정적으로 중지된 것'으로 이해하는 경우가 흔하다. '느낌과 지각경험은 언제나 모두 왜곡 · 오염되어 있을 뿐'이라고 이해하는 시선은 상수멸정想受滅定을 이렇게 해석하곤 한다. 만약 이런 이해가 타당하다면 해탈/열반의 경험은 지각경험 범주에서는 불가능한 것이 되어 버린다. 그러나 〈감관을 통한 모든 지각은 사유능력인 의근意根의 결합에 의해 발생한다〉는 것, 〈의근의 기능은 생명이 유지되는 한 멈출 수가 없다〉는 점, 그리고 〈해탈/열반의 경험은 살아 있는 오온五蘊 · 육근六根의 몸에서 성취된다(붓다가 말하는 현법열반現法涅槃)〉는 것을 모두 감안하면, 아무리 일시적 · 잠정적 형태라 할지라도 지각 자체의 중지를 상수멸의 상태로 보기는 어렵다. 설혹 가사假死 상태라 할지라도 지각은 중지되는 것이 아니라 작동한다. 눈 · 귀 · 코 · 혀 · 신체의 감관기능에서 외부 세계의 정보유입이 차단되는 상태를 설정할 수 있다 할지라도, 그럴 때라도 의근意根은 기억 등을 대상으로 내적 지각활동을 유지한다고 보아야 한다. 그리고 그에 따른 느낌과 지각은 발생하고 있다고 해야 할 것이다.[79] **선정에서 발생하는 현상들과 그 현상들을 발생시키는 조건들을**

---

79 의식상태, 무의식상태, 가사상태 등 지각의 조건과 상태를 어떻게 분류하든 간에, 의근意根이 살아 있는 한 지각은 중지 내지 폐기될 수가 없다. 그렇다면 '상수멸'이라는 용어와 관련한 두 가지 가능성을 생각해 볼 수 있다. 용어 자체가 부적절한 것일 수 있는 가능성이 하나이고, 너무 소박한 문자적 이해로 접근하여 부적절하게 취급되는 가능성이 다른 하나이다. 필자로서는, 상수멸이라는 용어가 붓다의 육성일 가능성과 아닐 가능성을 모두 열어 놓고 있지만, 어떤 경우라도 소박한 문자적 이해를 경계한다. 상수멸은, 정학定學을 구성하는 조건들의 의미 및 선정의 내용을 구성하는 언어들의 의미를 연관시켜 음미할 때라야 그 의미지평을 넘볼 수 있다고 생각한다. 상수멸을 문자의 일상언어적 의미에 맞추어 이해하려는 주석이나 통설적 이해는 너무 단

고려하여 필자는 상수멸想受滅을, '느낌(受)을 분별망상(想)의 계기로 삼는 일을 그치는 선정 경지' 혹은 '느낌에서 분별망상을 수립하는 일을 그치는 선정 경지'라고 이해한다.

'희론의 발생과 그 희론에 의한 지각 · 인식의 오염'을 연기적/조건인과적으로 설하는 『맛지마니까야』 「꿀과자 경」의 통찰은 느낌의 이러한 의미와 직결되어 있다. 「꿀과자 경」이 설하는 '느낌 → 지각 → 사유 → 희론 → 희론에 오염된 지각과 관념/인식'이라는 조건인과적 발생, 그리고 앞서 확인한 '탐욕 · 분노 · 무지와 느낌 및 특징 · 차이의 상호연관'을 종합하면, 희론의 의미가 드러난다.

「꿀과자 경」은 〈접촉을 조건으로 느낌이 생겨나고, 느낀 것을 지각하고, 지각한 것을 사유하고, 사유한 것을 희론하고, 희론한 것을 토대로 과거 · 현재 · 미래에 걸쳐 감관능력에 의해 인식되는 형상에서 '희론에 오염된 지각과 관념'이 일어난다〉고 한다. 또 탐욕 · 분노 · 무지와 관련하여 붓다는 이렇게 말한다. 〈판단 · 평가 · 이해를 가능케 하는 초기조건인 전체적 특징 · 차이는 탐 · 진 · 치의 산물이며, 감관능력(六根)과 대상(六境)의 만남에서 발생하는 세 가지 느낌(좋은 느낌, 싫은 느낌, 좋음이나 싫음에 쏠리지 않은 느낌)은 각각 탐욕 · 분노 · 무지의 잠재적 경향의 발전과 연관된다. 즉 아름다운 특징 · 차이는 탐욕(감각적 욕망)의 조건이고, 혐오스러운 특징 · 차이는 분노의 조건이 된다. 또 탐욕 · 분노가 발생하고 증폭되는 원인/조건은 '아름다운 특징 · 차이'와 '혐오스러운 특징 · 차이' 및 그것에 대해 '지혜롭지 못한 생각을 일으킴'(不如理作意)이고, 무지 발생과 증폭의 원인/조건은 '지혜롭지 못한 생각을 일으킴'(不如理作意)이다.〉 – 이 내용들을 육근수호 법설과 결합시키면 「꿀과자 경」이 설하는 '희론의 발생과 그 희론에 의한 지각 · 인식의 오염'이 지니는 내용과 그 의미에 접근하는 길이 열린다.

순하고 원색적이어서, 붓다 선정의 취지에서 일탈할 가능성이 높아 보인다.

인간의 감관능력이 처음 만나게 되는 특징 · 차이(相)들은 이미 탐 · 진 · 치에 물들어 있다

생물의 감관능력이 대상 · 환경을 만나면 이로움과 해로움을 구분하는 느낌이 발생한다. 좋은 느낌과 싫은 느낌, 그리고 어느 한편으로 쏠리지 않는 느낌이 그것이다. '어느 한편으로 쏠리지 않는 느낌'은 대상 · 환경이 이롭거나 해로운 것이 아닐 때 발생하는 느낌이다. 이 중성적 느낌에는 이로움이나 해로움과 관련하여 발생하는 '긍정 · 선택이나 부정 · 회피를 위한 긴장'이 없다. 인간 이외의 생물이라면 먹이 포획을 위한 긴장이나 위험 회피를 위한 긴장이 없을 때 발생하는 느낌이며, 흔히 놀거나 잠잔다.

인간의 감관능력도 대상 · 환경과 만날 때 이 세 가지 느낌이 발생한다. 그런데 인간의 감관능력은 사유능력(意根)을 포함하고 있기 때문에 느낌의 대상이나 느낌 이후의 양상이 많이 다르다. 인간의 감관이 만나는 안전하거나 위험한 대상 · 환경은, 생물의 경우와는 달리, 언어 · 개념을 통해 1차 처리된 것들이다. 육근수호 법설에 의하면, 인간이 감관능력(六根)으로 대상을 만날 때는 대상의 '전체적 특징 · 차이'(相)와 '부분적 특징 · 차이'(細相)를 만난다. 그런데 붓다는 '전체적 특징 · 차이'를 탐 · 진 · 치의 산물이라 한다.[80] '전체적 특징 · 차이'가 탐 · 진 · 치의 산물이라면, 수반하는 '부분적 특징 · 차이'도 그러하다. 그렇다면 인간의 감관능력이 처음 만나게 되는 특징 · 차이들은 이미 탐 · 진 · 치에 물들어 있다는 말이 된다. 이것은 무슨 의미인가?

앞에서 '있는 그대로, 사실 그대로'가 지시하는 것을 거론하면서, 〈감관능력이 변화와 관계를 내용으로 하는 '언어 · 개념에 의해 분류 · 처리된 특징 · 차이들'을 접촉하는 것이 1차적 사태라면, 그들에게 동일성을 부여하여 불변 · 독자의 본질/실체를 설정하는 것은 사유능력의 선택에 의해 발

80 『고닷따 경』(S41:7).

생한 2차적 사태이다. 1차적 사태와 2차적 사태 사이에는 '갈림길에 선 인간의 사유능력'이 있다. 그런데 '언어 · 개념에 의해 분류 · 처리된 특징 · 차이들'에게 동일성을 부여하는 길의 선택이 인류 행보의 자연스러운 대세였다〉라고 하였다. 인간의 감관능력이 처음 만나게 되는 특징 · 차이들은 이미 탐 · 진 · 치에 물들어 있다는 말은 이런 정황을 반영한 말로 보인다.

'언어 · 개념에 의해 분류 · 처리된 특징 · 차이들'이 인간의 사유능력(意根)에 의해 동일성을 부여받아 탐욕 · 분노 · 무지의 발생조건이 되어 버린 사태. ― 이것이 붓다가 목격한 현실이다. 붓다는 이런 현실에서 출발한다. 사성제四聖諦의 처음이 '인간 특유의 고통에 대한 이해'(苦聖諦)인 것도 그런 까닭에서일 것이다. 동시에 붓다는 사유능력이 선택할 수 있는 새로운 길을 알려 준다. '언어 · 개념에 의해 분류 · 처리된 특징 · 차이들'에 입혀진 동일성의 옷을 벗기는 길이 그것이다. 그 새 길에서는 동일성의 덫에서 풀려나기에, 〈더 이상 탐욕 · 분노 · 무지의 발생조건이 되지 않는 '언어 · 개념에 의해 분류 · 처리된 특징 · 차이들'〉을 만나게 된다. 그것이 '있는 그대로, 사실 그대로'를 이해하고 체득하는 것이다. 그때 개인과 세상은 특징 · 차이들을 왜곡 · 오염시키는 일을 그치고 지금까지 누리지 못했던 이로움을 누릴 수 있다.

느낌과 특징 · 차이(相)와 육근수호 그리고 희론

「꿀과자 경」에 의하면, 〈느낀 것을 지각하고, 지각한 것을 사유하고, 사유한 것을 희론하고, 희론한 것을 토대로 과거 · 현재 · 미래에 걸쳐 감관능력에 의해 인식되는 형상에서 '희론에 오염된 지각과 관념'이 일어난다〉고 한다. 또한 느낌과 특징 · 차이(相) 및 탐욕 · 분노 · 무지의 관계에 대해 붓다는, 〈전체적 특징 · 차이는 탐 · 진 · 치의 산물이며, 감관능력(六根)과 대상(六境)의 만남에서 발생하는 세 가지 느낌(좋은 느낌, 싫은 느낌, 좋음이나 싫음에 쏠리지 않은 느낌)은 각각 탐욕 · 분노 · 무지의 잠재적 경향의 발전과 연관된다. 아름다운 특징 · 차이(相)는 탐욕(감각적 욕망)의 조건, 혐오스러운 특징 · 차이(相)는 분노의 조건이 되는 것이다. 또 탐욕 · 분노가 발생하고 증폭되는 원인/조건은 '아름다운 특징 · 차이'와 '혐오스러운 특징 · 차이' 및 그것에 대해 '지혜롭지 못한 생각을 일으킴'(不如理作意)이고, 무지 발생과 증폭의 원인/조건은 '지혜롭지 못한 생각을 일으킴'(不如理作意)이다〉라고 한다. 그리고 육근수호 법설에서는 〈전체적 특징 · 차이와 부분적 특징 · 차이를 움켜쥐면 감관을 통해 탐욕 · 분노 · 무지의 해로운 것들이 밀려들어 오고, 움켜쥐지 않으면 최고의 행복을 누린다〉고 한다.

이상의 세 가지 내용을 결합시켜, 「꿀과자 경」이 전하는 희론 발생의 조건인과 연쇄를 그 순서에 따라 **'느낀 것을 지각하는 단계'/'지각한 것을 사유(vitakka)하는 단계'/'사유한 것을 희론(papañca)하는 단계'/'희론한 것을 토대로 과거 · 현재 · 미래에 걸쳐 감관능력에 의해 인식되는 형상에서 희론에 오염된 지각과 관념(papañcasaññāsaṅkhā)이 일어나는 단계'**로 나누어 음미해 본다.

'느낀 것을 지각하는 단계'에서 '지각의 대상'은, 육근수호 법설에 따르면, '전체적 특징 · 차이와 부분적 특징 · 차이'이다. '언어 · 개념에 의해 분류 · 처리된 특징 · 차이들'을 지각하는 것이다. **그런데 이 특징 · 차이들은 이미 사유능력(意根)에 의해 동일성을 부여받아 탐욕 · 분노 · 무지의 발생조건이 되어 버린 것들이다.**

따라서 **'지각한 것을 사유하는 단계'에서 사유(尋, vitakka)는, '언어 · 개념에 의해 분류 · 처리된 특징 · 차이들'에 동일성을 부여하여 기억 · 비교 · 판단 · 평가 · 분석 · 예측하는 분별이다.** 그러기에 이 사유는 **'해로운 분별'이다.** 비록 특징 · 차이들에서 발생하는 문제들을 명료하게 분석하고 법칙적으로 이해하여 처리하는 힘은 돋보이지만, 경험세계에 존재하지 않는 동일성을 설정하는 무지와 기만, 동일성 허구로 인해 강력해진 소유 · 배제 · 차별의 폭력성을 안고 있는 힘이다. **이 '분별 사유'의 단계는 '요청된**

허구의 순기능'과 '허구의 기만과 폭력'이 얽혀 동거한다. 세간에서 널리 통용되는 사유 양상이고, 소위 이성적 사유의 많은 경우가 이 분별의 범주에 놓인다. **그러나 동일성 사유의 허구와 그에 수반하는 해악을 비판적으로 성찰하는 이성은 이 '해로운 분별'을 치유하려는 '이로운 분별'이다.**

'느낀 것을 지각하는 단계'와 '지각한 것을 사유하는 단계'를 합하면 다음과 같은 의미가 된다:

〈'좋은 느낌'으로 지각된 '아름다운 특징·차이(相)'는 동일성 관념에 의거하는 사유의 대상이 되면서 '지혜롭지 못한 생각을 일으킴'(不如理作意)과 결합하여 '무한히 지속·확장되는 소유충동'인 탐욕의 발생 및 증폭조건이 된다. 이 경우 '좋은 느낌'은 탐욕의 잠재적 경향성이 되는 셈이다. 그리고 '지혜롭지 못한 생각을 일으킴'(不如理作意)은 육근수호 법설에서 말하는 '아름다운 특징·차이(相)를 움켜쥐는 생각을 일으킴'으로 볼 수 있다. 그렇다면 '지혜로운 생각을 일으킴'(如理作意)은 '아름다운 특징·차이(相)를 움켜쥐지 않는 생각을 일으킴'이 된다.

또한 '싫은 느낌'으로 지각된 '혐오스러운 특징·차이(相)'는 동일성 관념에 의거하는 사유의 대상이 되면서 '지혜롭지 못한 생각을 일으킴'(不如理作意)과 결합하여 '전면적 배제와 폭력충동'인 분노의 발생 및 증폭조건이 된다. 이 경우 '싫은 느낌'은 분노의 잠재적 경향성이 되는 셈이다. 그리고 이때 '지혜롭지 못한 생각을 일으킴'(不如理作意)은 육근수호 법설에서 말하는 '혐오스러운 특징·차이(相)를 움켜쥐는 생각을 일으킴'으로 볼 수 있다. 그리고 '지혜로운 생각을 일으킴'(如理作意)은 '혐오스러운 특징·차이(相)를 움켜쥐지 않는 생각을 일으킴'이 된다.

'좋음이나 싫음에 쏠리지 않은 느낌'으로 지각된 '아름답지도 혐오스럽지도 않은 특징·차이(相)'는 동일성 관념에 의거하는 사유의 대상이 되면서 '지혜롭지 못한 생각을 일으킴'(不如理作意)과 결합하여 무지의 발생 및 증폭조건이 된다. 인간 사유의 생명력은 '사실대로 이롭게 판단·이해·평가·분석하는 힘'에 달려 있다. 이런 힘이 지혜다. 그리고 판단·이해 · 평가 · 분석의 힘을 발전시키려면 '긍정 · 선택과 부정 · 회피의 대비에서 발생하는 긴장'이 필수적이다. 그런데 '좋음이나 싫음에 쏠리지 않은 느낌'은 이러한 긴장을 증발시켜 버린다. 따라서 이 중성적 느낌을 불변 · 동일한 것으로 보는 사유로 대하면서 그것에 매이면, '사실대로 이롭게 사유하는 능력'의 향상을 막거나 훼손시킨다. 따라서 이 경우에 '좋음이나 싫음에 쏠리지 않은 느낌'은 무지의 잠재적 경향성이 된다. 그리고 이때의 '지혜롭지 못한 생각을 일으킴'(不如理作意)은 육근수호 법설에서 말하는 '아름답지도 혐오스럽지도 않은 특징 · 차이(相)를 움켜쥐는 생각을 일으킴'으로 볼 수 있다. 그리고 '지혜로운 생각을 일으킴'(如理作意)은 '아름답지도 혐오스럽지도 않은 특징 · 차이(相)를 움켜쥐지 않는 생각을 일으킴'이 된다.〉

이렇게 보면 **'사유한 것을 희론하는 단계'**의 의미가 분명해진다. 동일성의 허구가 비교 · 판단 · 평가 · 분석에 힘을 실어 주는 '요청된 허구의 순기능'과, 기만을 정당화시키고 소유 · 배제 · 차별의 폭력에 강력한 힘을 실어 주는 '허구의 기만과 폭력'이, 함께 얽혀 동거하고 있는 것이 '분별 사유'다. **이러한 양가적兩價的 분별 사유에서, 순기능은 축소 · 제거되고 역기능은 확대 · 범람하게 되는 망상적 사유가 희론戱論(papañca)이다.** 희론도 '논리를 갖춘 사유'일 수 있지만, 희론을 지탱하는 논리는 무지의 기만과 소유 · 배제 · 차별의 폭력을 정당화시키는 도구일 뿐이다. **비록 동일성이라는 허구관념을 품긴 했지만 '사실 판단에 유효한 근거'를 제한적으로 지녔던 '분별 사유'가, '희론 사유'에 이르러서는 부당한 근거 위에 사실에서 일탈하여 망상의 허구 속을 헤매게 된다.** '분별 사유'는 사실과의 연계 고리를 유지하고 있지만, '희론 사유'는 그 고리를 끊어 버리고 허구의 집 안을 휘젓고 다닌다. 그런 의미에서 희론을 '망상분별'이라 부를 수 있다.

이상의 내용을 토대로 삼으면, **'희론한 것을 토대로 과거 · 현재 · 미래에 걸쳐 감관능력에 의해 인식되는 형상에서 희론에 오염된 지각과 관념이 일어나는 단계'**의 의미에는 어렵지 않게 접근할 수 있다. 지각과 사유와 희론의 조건인과적 연쇄는 일회적이거나 일방향적一方向的이 아니라 반복적이고 양방향적兩方向的이다. 사유가 행동 발생의 원인조건이 될 뿐 아니라, 행동이 사유 발생의 원인조건이 되는 것과 마찬가지이다. 망상분별인 '희론 사유'는 다시 지각과 사유에 작용하여 지각과 사유에서 희론의 영향력을 확대 · 강화시킨다. 그리고 희론의 개입이 강화된 지각과 사유는 다시 더 증폭된 희론 양상을 발생시키는 원인조건이 된다. **이런 양방향의 상호인과가 순환되면, 감관능력이 대상의 특징 · 차이들을 만날 때 '희론에 오염된 지각과 관념'(papañcasaññāsaṅkhā)이 일어난다. 이런 인과관계 순환의 덫에서 빠져나오지 못하면, 지각과 사유와 인식은 '특징 · 차이들의 사실 그대로'에서 크게 멀어지고, 탐욕 · 분노 · 무지에 노예적으로 종속되어, '특징 · 차이들에 대한 기만적 차별과 부당한 폭력'을 일삼게 된다. 개인과 세상이 희론에 의해 오염되고 망가진다.**

백인 우월주의를 노골적으로 드러내는 국가에서 한 백인 경찰이 흑인을 검문한다. 백인 경찰의 의심을 발생시킨 근거는 두 가지이다. 〈그 흑인이 도난신고 현장 부근에 있었다〉는 정황과 〈흑인은 야만적이어서 범죄를 저지를 확률이 높다〉는 생각이다. 정황적 근거는 사실과의 연결고리를 지닌다. 그래서 그 정황 근거에 의거한 추정이 사실일 수도 있고 사실이 아닐 수도 있다. 따라서 '합리적 분별 사유'에 속한다. 그러나 후자의 근거는 사실과의 연결고리를 유지하기 어렵다. 부당한 인종적 편견에 가까우며 설득할 만한 사실적 근거를 확보하기 어렵다. 이런 경우 이 백인 경찰이 어떤 근거에 비중을 두어 판단하는가에 따라, 그의 '분별 사유'가 사실과의 연결고리를 유지하는 '합리적 분별 사유'(합리적 이성)에 속하기도 하고 '해로운 분별 사유'(불합리한 이성)에 속하기도 한다. 정황 근거와 부당한 편견 가운데 어느 쪽에 얼마만큼 기울어 판단하는가에 따라, '이로운 합리적 분별 사유'(합리적 이성)와 '해로운 분별 사유'(불합리한 이성)의 정도나 수준이 결정된다.

만약 이 백인 경찰이 사실과의 연결고리가 유지되는 정황 근거는 아예 외면하고 오로지 부당한 인종적 편견을 선택하여 판단할 경우, 그는 '희론 사유'에 빠져들게 된다. 이후 그의 사유는 허구를 전제로 전개되므로 '사실 그대로'를 크게 훼손시킨다. 이때 그의 사유와 행동은 흑인에게도 해롭고 자신과 백인에게도 해롭다. '특징 · 차이의 사실 그대로'에서 현저히 멀어질 뿐 아니라 오히려 적극적으로 왜곡하면서, '특징 · 차이에 대한 기만적 차별과 부당한 폭력'을 당당하게 펼친다. 백인 경찰이 동일한 정황에서 백인을 검거할 때도 마찬가지이다. 이때는 인종적 편견이 부당한 편애가 되어 사실을 오염시키고, 백인이라는 특징 · 차이를 차별적으로 우대한다.

'해로운 분별 사유'(불합리한 이성)와 '희론 사유'(망상)의 치유

희론의 발생과 속성에 대한 붓다의 통찰을 이렇게 이해한다면, '특징 · 차이의 사실 그대로'에 접근하기 위해서는 두 가지를 치유해야 한다. '해로운 분별 사유'(불합리한 이성)와 '희론 사유'(망상)가 그것이다. 이 치유의 길에 관한 붓다의 법설은, 팔정도 수행을 그 특징에 따라 다시 세 범주로 구분하는 이른바 삼학三學으로 종합된다. '행동 제어력 계발 · 향상'(戒學)과 '마음능력 계발 · 향상'(定學) 및 '이해능력 계발 · 향상'(慧學)을 상호적으로 결합시켜 삶 · 세상을 치유하고 이롭게 하는 것이 삼학三學이다. 그리고 이 삼학은 '해로운 분별 사유'(불합리한 이성)와 '희론 사유'(망상)를 비롯한 탐욕 · 분노 · 무지의 전체 체계를 치유하는 길이다. 여기서는 삼학 가운데 특히 '이해능력 계발 · 향상'(慧學)과 '마음능력 계발 · 향상'(定學)에 초점을 맞추어 본다.

필자는 '이해능력 계발 · 향상'(慧學)을 총괄하는 것을, 〈모든 현상은 조건인과적으로 발생 · 유지 · 소멸한다〉고 이해하는 연기적 사유의 문제로 본다. 또한 '마음능력 계발 · 향상'(定學)의 초점은, 〈모든 특징 · 차이를 움켜쥐지 않아 기존의 경험방식에 '빠져들지 않는/갇히지 않는 마음국면'의 계발〉

에 놓여 있다고 본다. '조건인과에 대한 이해력'(연기緣起 통찰)과 '모든 경험 현상을 앞세우듯 하면서 알아차리는 정지正知(sampajānāti)의 마음국면'을 수립하여 양자를 결합시켜 가는 것이 각각 혜학慧學과 정학定學을 관통하는 핵심이라 생각한다.[81] 따라서 '해로운 분별 사유'(불합리한 이성)와 '희론 사유'(망상)를 치유하고 '특징 · 차이의 사실 그대로'에 접근하는 방법도 이 두 가지를 축으로 음미해 본다.

'언어 · 개념에 의해 분류 · 처리된 특징 · 차이들'에 동일성을 부여하여 기억 · 비교 · 판단 · 평가 · 분석 · 예측하는 '분별 사유'가, 비非연기적 사유에 종속될 때는, '희론 사유'로 발전한다. 〈모든 현상은 조건인과적으로 발생 · 유지 · 소멸한다〉고 이해하는 연기적 사유는, '특징 · 차이를 지닌 조건들의 변화와 관계'를 그대로 반영한다. 반면, 특징 · 차이들에 동일성을 부여하여 처리하는 '분별 사유'는, '불변 · 독자의 본질/실체'를 설정하기 때문에 무조건적/절대적 사유를 선호한다. 관계를 인정하려면 '상호 조건성'과 '쌍방의 변화'가 인정되어야 하는데, 동일성 사유는 '관계의 조건성'과 '변화'를 부정한다. 그래야 동일성이 확보되기 때문이다. 따라서 '다른 것들과의 조건적 관계'를 부정하는 무조건적/절대적 사유를 선호한다.

'희론 사유'는 이 무조건 · 절대의 사유를 굳건한 토대와 양분으로 삼아 번성한다. '분별 사유'의 단계는 아직 '동일성 허구'와 '사실과의 연결'이라는 두 지대에 양발을 걸치고 있기에, '해로운 분별 사유'(불합리한 이성)와 '이로운 합리적 분별 사유'(합리적 이성)의 가능성을 모두 지니고 있다. 하지만 '분별 사유'가 무조건 · 절대의 비非연기적 사유의 품에 안겨 '희론 사유'가 될 때에는, '사실 그대로'와의 고리를 끊어 버릴 뿐 아니라 사실을 적극적으로 왜곡 · 오염시킨다. 그러고는 허구로 건축한 집 안을 무지 · 기만 · 소유 · 배제 · 차별의 사유와 폭력적 행위로 장식한다. 사실 그대로를 왜곡 · 오염하

81 『대승기신론 소 · 별기』 번역본에 게재한 「이해와 마음」이라는 글에 상세한 관련 논의가 있다.

는 '희론 수준의 해로운 분별 사유'(불합리한 맹목 이성)가 된다.

가. '해로운 분별 사유'(불합리한 이성)를 '이해능력 계발 · 향상'(慧學)으로 치유하기

'해로운 분별 사유'(불합리한 이성)의 치유를 위해서는 '동일성을 부여하지 않고서 특징 · 차이를 처리하는 연기적 사유방식'을 수립하여 힘을 실어 주어야 한다. 언어인간의 현실은 이미 '특징 · 차이에 동일성을 부여하여 처리하는 분별 사유'가 장악하고 있다. 그런데 이 '분별 사유'는 '동일성 허구'와 '사실과의 연결고리'를 모두 지닌다. 따라서 '분별 사유'로 하여금 '동일성 허구' 지대로부터는 가급적 멀어지게 하고 '사실과의 연결' 지대에는 최대한 접근하게 하는 것이 현실적 대응이다. 구체적으로는 '무조건 · 절대의 비非연기적 사유'는 멀리하고, '변화와 관계를 수용하는 조건인과적/연기적 사유'는 가까이하는 것이다. 그리고 이 현실적 대응을 위해서 '성찰 이성'의 힘을 키워야 한다. '동일성 사유' 및 '무조건 · 절대의 비非연기적 사유'를 비판적으로 성찰하는 동시에 '변화와 관계'를 그대로 수용하는 조건인과적 이해를 수립해 갈 수 있는 힘은, 다름 아닌 '성찰 이성'에서 나온다. 이 **성찰 이성이 힘을 발휘할 때, '분별 사유'는 '해로운 분별 사유'(불합리한 이성)이기를 그치고 '이로운 합리적 분별 사유'(합리적 이성)가 된다. 사성제四聖諦 · 팔정도八正道를 비롯하여 무아無我 · 무상無常 · 연기緣起를 일깨워 주는 붓다의 법설은 그러한 성찰 이성을 일깨우는 보물 창고이기도 하다.**

나. '해로운 분별 사유'(불합리한 이성)를 '마음능력 계발 · 향상'(定學)으로 치유하기

'분별 사유'가 자신이 품고 있는 동일성 관념에 달라붙어 '무조건 · 절대의 비非연기적 사유'에 종속되는 강력한 계기는, '만나는 특징 · 차이를 움켜쥐는 마음'이다. 특징 · 차이들을 언어 · 개념의 그릇에 담아 분류할 뿐 아니

라, 분류된 특징 · 차이에 '동일성을 부여하여 처리하는 사유방식'을 잠재적 경향성으로 축적해 온 것이 중생 인간이다. 이 중생 인간이 '대면하게 되는 특징 · 차이들'에 움켜쥐듯 달라붙으면, '동일성을 부여하여 처리하는 방식'과 한 몸이 되어 동일성 사유의 집 안으로 빠져들게 된다. 그리하여 사실과의 연결고리를 강화시키려는 '이로운 합리적 분별 사유'(합리적 이성)는 힘을 잃고, 사실과 거리가 멀어지는 '해로운 분별 사유'(불합리한 이성)는 힘을 얻어, '무조건 · 절대의 비非연기적 사유'에 밀착해 간다. 반면, **'만나는 특징 · 차이들'을 움켜쥐지 않으면, '동일성을 부여하여 처리하는 방식'에 갇히지 않을 수 있는 '풀려남의 지대'가 확보된다. 이때는 동일성 사유의 집 안에서 빠져나올 뿐 아니라 그 집을 수선하는 힘이 생겨난다. 그리하여 사실에서 일탈하는 '해로운 분별 사유'(불합리한 이성)는 힘을 잃고, 사실과 접속하는 '이로운 합리적 분별 사유'(합리적 이성)는 힘을 얻어, '변화와 관계를 수용하는 조건인과적/연기적 사유'를 수립 · 실천하는 힘이 증장한다.** 〈모든 경험현상을 앞세우듯 하면서 알아차리는 마음국면을 수립하여 특징 · 차이를 움켜쥐지 말라〉고 하는 육근수호의 법설은, 이 치유방식의 내용과 의미를 분명하게 알려 준다.

다. 희론 사유를 '이해능력 계발 · 향상'(慧學)으로 치유하기

'분별 사유'가 무조건 · 절대의 비非연기적 사유에 종속될 때 '희론 사유'가 된다. '해로운 분별 사유'(불합리한 이성)와 '이로운 합리적 분별 사유'(합리적 이성)라는 두 가지 가능성 가운데, '해로운 분별 사유'(불합리한 이성)만이 위세를 부리는 길에 올라서게 된다. '사실 그대로'와의 연결고리마저 끊어져 버릴 뿐 아니라 무지에 의한 왜곡과 허구가 사실의 자리를 차지한다.

'희론 사유'의 치유를 위해서도 '동일성을 부여하지 않고서 특징 · 차이를 처리하는 연기적 사유'의 빛을 애써 밝혀야 한다. '분별 사유의 단계'에서 '해로운 분별 사유'를 치유할 때보다는 더 어렵지만, 어려운 만큼 더욱

'연기적 사유'의 불을 밝히는 노력에 힘을 쏟을 수밖에 없다. 이를 위한 구체적이고도 효과적인 개인적 · 사회적 방법이 총동원되어야 한다. 철학 · 역사학 · 문학 등 인문학 일반, 심리학 · 사회학에서의 성찰들이 결합하면, 풍부하고도 효과적인 치유방식을 확보할 수 있다.

라. 희론 사유를 '마음능력 계발 · 향상'(定學)으로 치유하기

오직 허구에 기대어 망상을 펼치는 희론 사유의 길에서는, 온갖 개인적 · 사회적 유형의 무지 · 기만 · 차별 · 폭력이 '동일성 허구의 자기합리화 장치'에 기대어 폭주한다. **이 희론 사유의 폭주에 가장 강력하고도 원천적으로 제동을 걸 수 있는 것은, 육근수호 법설이 강조하고 있으며 '마음능력 계발 · 향상'(定學)의 핵심인, '특징 · 차이를 움켜쥐지 않는 마음의 힘'이다. 이 '특징 · 차이를 움켜쥐지 않는 마음의 힘'에는 두 가지 범주가 있다. 하나는 '개인적 마음의 범주'이고, 다른 하나는 '사회적 마음의 범주'이다.**

'개인적 마음의 범주'에서는, 개인 각자가 '특징 · 차이들을 움켜쥐지 않을 수 있는 마음의 힘'을 키워야 한다. 이 힘을 키워 사용할 수 있으면, 특징 · 차이들을 처리하는 본질 · 실체 · 절대주의적 희론 사유에서 일거에 탈출한다. 또한 '사회적 마음의 범주'에서는, 사회적 감관능력이 '사회적 범주에서 만나는 특징 · 차이들을 움켜쥐지 않을 수 있는 힘'을 키워야 한다. 사회적 감관능력이란, 집단화된 통념처럼, '특징 · 차이들을 대하는 사회적 해석능력'이다. **이 사회적 감관능력/해석능력은 집단지성과 제도의 힘에 의해 구성된다.** 따라서 특징 · 차이들을 '희론 방식'으로 처리하는 사회적 감관능력에는 제동을 걸어 수정하고, '사실 그대로의 방식'으로 처리하는 사회적 감관능력은 힘써 계발하여 힘을 실어 주어야 한다. **이 성찰적 집단지성 및 제도의 핵심 역량은 '본질 · 실체 · 절대주의적 방식에 의해 특징 · 차이들을 움켜쥐는 것을 그침'에 있다.** 이 힘을 확보하는 만큼, 차이를 왜곡 · 오염하는 '희론 수준의 해로운 사회적 분별 사유'(불합리한 사회적

맹목 이성)는 치유되고, '이로운 합리적 분별 사유의 사회적 능력'(사회적 이성)은 강화되며, '변화와 관계를 수용하는 조건인과적/연기적 사유'가 사회적 감관능력으로 작동할 수 있다.

7. 차이(相)로 만나는 원효와 붓다

『금강삼매경』은 크게 본문에 해당하는 여섯 단원(「무상법품無相法品」·「무생행품無生行品」·「본각리품本覺利品」·「입실제품入實際品」·「진성공품眞性空品」·「여래장품如來藏品」)과 이 여섯 단원의 핵심을 문답 형식으로 총괄하고 있는 한 단원(「총지품摠持品」)으로 구성된다. 원효는 본문인 여섯 단원 각각의 상호 연관과 그 의미를 장문에 걸쳐 여러 방식으로 해석하고 있는데, 가히 『금강삼매경론』의 백미白眉이고 원효 자신의 평생 탐구를 총결산하는 압권壓卷이다. 필자는 이 대목을 '육품해석학六品解釋學'이라 칭해 보는데, 음미할수록 경탄을 금치 못한다. 원효가 한반도뿐 아니라 동아시아 고대 지성의 최고봉에 오른 인물로 평가받을 수 있는 단적인 근거이며, 그의 통찰이 철학을 비롯한 현대 인문지성과 어울려 인문학과 인간학의 새 지평을 열어 갈 수 있겠다는 확신을 품게 하는 근거들의 한 요목要目이다. 요즘 유행어로 〈읽을 때마다 소름!〉이다. 이 육품해석학만을 보더라도 『금강삼매경』의 편찬을 원효와 분리시켜 생각하기가 어렵게 된다.

『금강삼매경론』을 관통하는 것은 흥미롭게도 '언어·사유·욕구와 접속해 있는 차이'(相)에 관한 통찰이다. 이 차이(相)를 '불변·독자의 본질/실체 관념에 포획되어 왜곡·오염된 차이'와 '불변·독자의 본질/실체 관념에서 벗어난 차이'로 구분하여 다루는 다양·다층의 통찰들이 『금강삼매경』·『금강삼매경론』을 관통하고 있다. 특히 원효의 『금강삼매경론』을 통해 이 점이 선명하게 부각된다. '불변·독자의 본질/실체 관념에 오염된 차이'와 '불변·독자의 본질/실체 관념이 치유된 차이'는 다름 아닌 '동일성'과 관련된 문제이다. 동일하다는 말은 '변치 않음'(불변)/'다른 것과 섞이지 않음'(순수)/'상호적 의존 관계가 필요 없음'(독자/절대)과 같은 의미로 통한다. 따라서 '동일성 관념'은 변화와 관계를 보편 속성으로 갖는 현상을 불변·독자·순수·절대의 것으로 착각하게 한다. 동일성은 현상세계에 존재하지 않는다. 그럼에도 불구하고 인간은 집요하게 동일성에 집착한다. 그 이유와 사정은 앞서 이미 거론한 바 있다.

붓다는 이 동일성 관념의 허구를 깨뜨리는 것을 인간에 의한 세상 오염과 고통의 뿌리를 제거하는 것으로 보았고, 그 통찰을 무아無我·무상無常·연기緣起를 비롯한 다양한 법설로 드러낸다. 붓다의 관점에 공감하는 후학들은 '동일성 허구'를 깨뜨리는 언어적 장치로 '공空'이라는 기호를 사용한다. 이 공空에 관한 통찰들을 압축시켜 한국어로 표현하면, 동일성은 '불변·독자의 본질/실체'가 되고 공성空性은 '불변·독자의 본질/실체가 없음'이 된다. 본 원효전서 번역에서는 공空을 가급적 이렇게 번역하고 있다.

원효가 『금강삼매경론』에서 '언어·사유·욕구와 접속해 있는 차이'(相)를 〈'불변·독자의 본질/실체 관념에 포획되어 왜곡·오염된 차이'와 '불변·독자의 본질/실체 관념에서 벗어난 차이'〉로 구분하여 다루는 통찰은, 달리 말해 〈'동일성에 오염된 차이'와 '동일성이 벗겨진 차이'〉에 관한 통찰이다. 원효는 불교교학의 거의 모든 유형을 능동적 역량으로 탐구하여 그 결과를 '차이 통섭의 철학'으로 조직화시키고 있다. 일심이문一心二門, 본각本覺과 시각始覺, 공空, 유식唯識, 진여眞如, 여래장如來藏 등 대승교학의 핵심개념과 이론들을 하나로 꿰어 펼치는 **원효의 통섭通攝철학은, 결국 〈'언어·사유·욕구와 접속해 있는 차이'(相)들의 '상호개방'(通)과 '상호수용'(攝)을 통한 진실과 이로움의 구현〉을 겨냥하고 있다. 그런데 놀라운 것은, 주로 대승교학을 통해 붓다와 대화한 원효의 통섭철학이 붓다의 육근수호 법설이 지니는 의미를 탁월하게 계승하고 있다는 점이다.** 필자는 그렇게 본다. 이 글은 그런 관점을 입증하려는 소론小論이기도 하다.

니까야/아함이 전하는 붓다의 법설을 『청정도론』류類의 남방해석학에 의거하여 이해하는 학인들에게는 엉뚱해 보이는 관점일지 모른다. 그러나 원효의 안목에 의거하여 니까야/아함을 읽으면 기존의 이른바 초기불교 이해가 얼마나 겉돌거나 철학적 깊이를 놓치고 있는지 반성하게 된다. 니까야/아함이 전하는 붓다의 법설은 결코 쉽지도 간단하지도 않다. 조금만 깊이 음미하려 들면 곧 겹겹의 관문을 만나게 된다. 원효와의 대화는 그 철옹성 같은 관문들을 통과하는 열쇠를 마련하는 데 큰 힘을 보탠다. **육품해석학은 원효가 눈뜬 '차이 통섭의 길'을 총괄적으로 묘사**하고 있는데, 그 일부를 소개한다.

"'[경의 내용을] 본격적으로 설한 [부분]'(正說[分])의 내용을 크게 나누면 두 가지가 되니, 앞의 [「무상법품無相法品」, 「무생행품無生行品」, 「본각리품本覺利品」, 「입실제품入實際品」, 「진성공품眞性空品」, 「여래장품如來藏品」의] '여섯 단원'(六品)은 '[진리다운] 이해와 [이해에 의거한] 수행'(觀行)[82]을 하나씩 드러낸 것이고, '[육품六品의 핵심을] 모두 지니게 하는 하나의 단원'(摠持一品)은 의문(疑情)을 모조리 없애 버린 것이다. 하나씩 드러낸 내용은 곧 '여섯 부분'(六分)이 된다. 첫 번째는 「[불변·독자의 본질/실체로 차별된] 차이가 없다는 도리[를 주제로 하는] 단원(無相法品)」이니 '[불변·독자의 본질/실체로 차별된] 차이가 없음에 대한 이해'(無相觀)를 밝히는 것이고, 두 번째는 「[불변·독자의 본질/실체로서] 생겨난 것이 없다는 [이해에 의거한] 수행[을 주제로 하는] 단원(無生行品)」이니 '[불변·독자의 본질/실체로서] 생겨난 것이 없다는 [이해에 의거한] 수행'(無生行)을 나타낸 것이며, 세 번째는 「깨달음의 본연[인 '사실 그대로 앎']이 지닌 이로움[을 주제로

82 원효가 『금강삼매경』 수행론의 요점을 '일미관행一味觀行'이라는 말로 압축하고 있는 것에서도 확인할 수 있듯이, '관행觀行'의 의미를 무엇으로 볼 것인가의 문제는 매우 중요하지만 간단하지 않다. '관행觀行'이라는 한문은 크게 세 가지로 번역할 수 있다. 첫 번째는 '관觀하는 행行'으로 보는 것이고, 두 번째는 '행行을 관觀하는 것'으로 보는 것이며, 세 번째는 '관觀과 행行'으로 보는 것이다. 필자는 '관觀'과 '행行'이라는 말과 관련된 『금강삼매경』과 『금강삼매경론』의 용례들을 종합적으로 감안하여 '[진리다운] 이해와 [이해에 의거한] 수행'이라고 번역한다.

하는] 단원(本覺利品)」이니 본래적인 [사실 그대로에] 의거하여 '[온갖] 중생'(物)을 이롭게 하는 것이고, 네 번째는 「'사실 그대로가 온전하게 드러나는 지평'에 들어감[을 주제로 하는] 단원(入實際品)」이니 '[사실이 왜곡된] 허구'(虛)로부터 '[사실 그대로인] 참됨'(實)으로 들어가는 것이며, 다섯 번째는 「참된 면모[인 '사실 그대로']에는 불변 · 독자의 본질/실체가 없다는 것[을 주제로 하는] 단원(眞性空品)」이니 '모든 행위'(一切行)가 〈'참된 면모[인 '사실 그대로']에는 불변 · 독자의 본질/실체가 없음'(眞性空)[을 아는 경지]에서 나온 것〉임을 밝힌 것이고, 여섯 번째는 「여래의 면모가 간직된 창고[를 주제로 하는] 단원(如來藏品)」이니 '헤아릴 수 없이 많은 수행 방식들'(無量門)이 [모두] '여래의 면모가 간직된 창고'(如來藏)로 들어가는 것임을 나타낸 것이다.

이와 같은 '여섯 가지 방식'(六門)으로 '[진리다운] 이해와 [이해에 의거한] 수행'(觀行)을 두루 다 펼치니, 그 이유는 [다음과 같다.] 무릇 모든 '[불변 · 독자의 본질/실체로 보아 분별하는] 잘못된 생각'(妄想)이 '시작을 알 수 없는 때'(無始)로부터 '흐르면서 바뀌어 가는 것'(流轉)은 단지 '[불변 · 독자의 본질/실체로 차별된] 차이를 취하여 분별하는 병'(取相分別之患) 때문이니, 이제 [분별망상分別妄想의] 흐름을 돌이켜 근원으로 돌아가려면 먼저 '모든 유형의 [불변 · 독자의 본질/실체로 차별된] 차이'(諸相)를 깨뜨려 없애야 한다. **그러므로 먼저 '[불변 · 독자의 본질/실체로 차별된] 차이가 없다는 도리'(無相法)를 이해(觀)하는 것을 밝힌 것이다.** [그런데] 비록 '모든 유형의 [불변 · 독자의 본질/실체로 차별된] 차이'(諸相)를 없애도 만약 ['[불변 · 독자의 본질/실체로 차별된] 차이가 없다는 도리'(無相法)를] '이해하는 마음'(觀心)을 [도리어 불변 · 독자의 본질/실체로서] 남겨 둔다면, [불변 · 독자의 본질/실체로 간주하는] '이해하는 마음'이 오히려 생겨나 '깨달음의 본연'(本覺)[인 '사실 그대로 앎']에 부합하지 못하니, 그러므로 [불변 · 독자의 본질/실체로 보는] 마음을 없애기 위하여 **두 번째로 '[불변 · 독자의 본질/실체로서] 생겨난 것이 없다는 [이해에 의거하는] 수행'(無生行)을 드러낸 것이다.** 수행이 이미 '[불변 · 독자의 본질/실체로 보는 생각을] 일으킴이 없음'(無生)[경지]가 되면 비로소 '깨달음의 본연'(本覺)[인 '사실 그대로 앎']에 부합하게 되고, 이에 의거하여 '중생을 교화'(化物)하여 '[깨달음의] 본연[인 '사실 그대로 앎']이 지닌 이로움'(本利)을 얻게 하니, 그러므로 **세 번째로 '깨달음의 본연[인 '사실 그대로 앎']이 지닌 이로움의 측면'(本覺利門)을 밝힌 것이다.** 만약 '깨달음의 본연'(本覺)[인 '사실 그대로 앎']에 의거하여 중생을 이롭게 하면 [그] 중생들이 곧바로 '[사실이 왜곡된] 허구'(虛)로부터 '[사실 그대로인] 참됨'(實)[의 지평]으로 들어갈 수 있으니, 그러므로 **네 번째로 '사실 그대로가 온전하게 드러나는 지평으로 들어감'(入實際)을 밝힌 것이다.** '안으로의 수행'(內行)이 '[불변 · 독자의 본질/실체로 차별된] 차이가 없음'(無相)과 '[불변 · 독자의 본질/실체로서] 생겨난 것이 없음'(無生)에 이르고, '밖으로의 [중생] 교화'(外化)는 '[깨달음의] 본연[인 '사실 그대로 앎']이 지닌 이로움'(本利)으로써 '사실 그대로[가 온전하게 드러나는 지평]에 들어가도록'(入實) 하면, 이와 같은 두 가지 이로움으로써 '모든 수행'(萬行)을 갖추어 ['모든 수행'(萬行)이] 똑같이 '참된 면모[인 '사실 그대로']'(眞性)로부터 나오고 ['모든 수행'(萬行)이] 다 '[사실 그대로인] 참된 [면모에는] 불변 · 독자의 본질/실체가 없다'(眞[性]空)[는 도리]를 따르니, 그러므로 **다섯 번째로 '참된 면모[인 '사실 그대로']'에는 불변 · 독자의 본질/실체가 없다는 것(眞性空)을 밝힌 것이다.** 이 '참된 면모[인 '사실 그대로']'(眞性)에 의지하여 '모든 수행'(萬行)이 갖추어지면 '여래의 면모가 간직된 창고'(如來藏)가 지닌 '한 맛[처럼 서로 통하는]'(一味) 근원으로 들어가니, 그러므로 **여섯 번째로 '여래의 면모가 간직된 창고'(如來藏)를 드러낸 것이다. 이미 '[하나처럼 통하게 하는] 마음의 근원'(心源)으로 돌아가면 곧 '[불변 · 독자의 본질/실체/본질로 보고 분별하는 생각에 이끌려] 하는 것이 없고'(無所爲), '[분별하는 생각에 이끌려] 하는 것'(所爲)이 없기 때문에 [중생의 이로움을 위해] '하지 않는 것이 없으니'(無所不爲), 그러므로 [이러한] '여섯 측면'(六門)을 설함으로써 '대승[의 이치들]을 포괄'(攝大乘)한다. … 또 이 '여섯 단원'(六品)은 오직 '한 맛[처럼 서로 통하는 것]'(一味)일 뿐이다.** 그 이유는 [다음과 같다.] '[불변 · 독자의 본질/실체로 차별된] 차이'(相)와 '[불변 · 독자의 본질/실체로서] 생겨난 것'(生)에는 '[얻을 수 있는] 불변 · 독자의 본질'(性)이 없고, '깨달음의 본연'(本覺)[인 '사실 그대로 앎']에는 '불변 · 독자의 근본'(本)[83]이 없으며, '사실 그대로가 온전하게 드러나는 지평'

83 '本'은 맥락에 따라 '근본' '본연' '불변 · 독자의 근본' 등으로 옮기고 있다. 한자어는

(實際)은 '[불변 · 독자의 본질/실체로 제한하는] 지평'(際)에서 벗어난 것이고, '참된 면모[인 '사실 그대로']'(眞性)에도 '불변 · 독자의 본질/실체가 없는 것'(空)이니, 무엇에 의해 '여래의 면모가 간직된 창고의 면모'(如來藏性)가 [불변 · 독자의 본질/실체/본질로서] 있겠는가? 아래에 나오는 '여래의 면모가 간직된 창고[를 주제로 하는] 단원'(如來藏品)에서 말한 것과 같이 〈이 식識은 늘 고요하지만(寂滅) 고요함(寂滅) 또한 '[불변 · 독자의 본질/실체가 없어] 고요하고'(寂滅)〉(是識常寂滅, 寂滅亦寂滅), '[육품六品의 핵심을] 모두 지니게 하는 단원'(摠持品)에서 말한 것처럼 〈'제7말나식과 [제6식 이하의] 다섯 가지 식이 [불변 · 독자의 본질/실체로서] 생겨나지 않고'(七五不生), '제8아뢰야식과 제6의식은 불변 · 독자의 본질/실체가 없고 [불변 · 독자의 본질/실체로 보는 분별의] 동요가 없으며'(八六寂滅), '제9식의 양상도 불변 · 독자의 본질/실체가 없다'(九相空無)〉(七五不生, 八六寂滅, 九相空無).

이와 같이 '[불변 · 독자의 본질/실체로서] 얻을 것이 없어'(無所得) '한 맛[처럼 서로 통하는 것]'(一味)이 바로 이 경의 근본(宗)의 핵심(要)이 되니, 〈단지 [불변 · 독자의 본질/실체로서] 얻을 것이 없기 때문에 얻지 못하는 현상도 없는 것〉(但以無所得故, 無所不得)이다. 그리하여 '모든 해석방식'(諸門)이 펼쳐지지 않는 것이 없기 때문에 '헤아릴 수 없는 뜻'(無量義)을 지어내는 근본(宗)이 되는 것이다. ['여섯 단원'(六品)이] 비록 '한 맛[처럼 서로 통하는 것]'(一味)이지만 '여섯 가지 해석방식'(六門)을 펼치니, 그러므로 [육품六品의 각각인] '여섯 부분'(六分)에 의거하여 '[『금강삼매경』의] 본문을 [단락으로] 나누어'(科文) 해석하였다."[84]

다의적이기 때문에 '특정 맥락에 따른 특정한 의미'를 한글번역어에 반영하기 위해서는 같은 용어라도 달리 번역해야 한다. 본 번역에서는 이러한 원칙을 일관되게 유지하고 있다. 따라서 동일한 한자용어라도 다수의 번역어를 채택하고 있는데, 그 사례들을 번역어 색인에서 종합하고 있다.

84 『금강삼매경론』(H1, 608c4~609b4). "正說之中, 大分爲二, 謂前六品, 別顯觀行, 摠持一品, 摠遣疑情. 別顯之中, 卽爲六分. 一無相法品, 明無相觀, 二無生行品, 顯無生行, 三本覺利品, 依本利物, 四入實際品, 從虛入實, 五眞性空品, 辨一切行, 出眞性空, 六如來藏品, 顯無量門, 入如來藏. 如是六門, 觀行周盡, 所以然者. 凡諸妄想, 無始流轉, 只由取相分別之患, 今欲反流歸源, 先須破遣諸相. 所以初明, 觀無相法. 雖遣諸相, 若存觀心, 觀心猶生, 不

육근수호 법설의 초점은 '선정수행'(定學)의 요점인 정지正知(sampajānāti)를 알려 주는 데 있다. **〈일상의 동작들을 비롯한 모든 경험현상을 괄호 치듯 묶어 재인지(알아차림)의 대상으로 처리하면서 '빠져나오는 마음국면'을 일깨우고, 그 재인지 자리에서, 모든 특징 · 차이들의 연기적 양상을 관찰하는 것.〉** – 이것이 정지正知 행법의 요점이라 생각한다. 그런데 '선정수행'(定學)은 '이해수행'(慧學)과 '행위 제어의 수행'(戒學)을 끌어안고 있다. 삼학三學의 각 항목들이 그러하다. '이해수행'(慧學)은 '선정수행'(定學) 및 '행위 제어의 수행'(戒學)과 결합해야 성공할 수 있고, '행위 제어의 수행'(戒學)은 '이해수행'(慧學) 및 '선정수행'(定學)을 품어야 성공한다. 그런 점에서 육근수호 법설도 그 요점은 '선정수행'(定學)의 정지正知이지만, '이해수행'(慧學)과 '행위 제어의 수행'(戒學)을 동시에 품고 있다. **원효의 통섭철학도 언제나 이 삼학三學의 상호 의존적 결합구조를 반영하고 있다.**

"이것은 '닦음의 단계'(修位)를 밝힌 것이다. [여기에도] 또한 두 구절이 있으니, 먼저 '닦음의 특징'(修相)을 밝혔고 나중에는 '[그러한 특징을 지닌] 닦음[을 발생시킨] 원인'(修因)을 드러내었다. '닦음의 특징'(修相)이라는 것은 '본연의 온전한 지혜'(正體智)를 가리키니, '[빠져들지 않는 마음국면에 의거한] 그침과 [사실대로 보는] 이해를 동시에 운용'(止觀雙運)하여 [수행에서] 나가거나(出) [수행으로] 들어가는(入) [구분이] 아예 없기 때문에 〈늘 일으키는 것〉(常起)이라고 말하였다.

會本覺, 故泯生心, 所以第二顯無生行. 行旣無生, 方會本覺, 依此化物, 令得本利, 故第三明本覺利門. 若依本覺, 以利衆生, 衆生卽能從虛入實, 所以第四明入實際. 內行卽無相無生, 外化卽本利入實, 如是二利, 以具萬行, 同出眞性, 皆順眞空, 是故第五明眞性空. 依此眞性, 萬行斯備, 入如來藏, 一味之源, 所以第六顯如來藏. 旣歸心源, 卽無所爲, 無所爲故, 無所不爲, 故說六門, 以攝大乘. … 又此六品, 唯是一味. 所以然者, 相生無性, 本覺無本, 實際離際, 眞性亦空, 何由得有如來藏性? 如下如來藏品中言, 〈是識常寂滅, 寂滅亦寂滅〉, 摠持品言, 〈七五不生, 八六寂滅, 九相空無〉. 如是無所得之一味, 正爲此經之宗之要, 但以無所得故, 無所不得. 所以諸門, 無所不開故, 作無量義之宗也. 雖是一味, 而開六門, 故依六分科文而釋."

〈일으켜 내는 것〉(能起)이라는 것은 '그침'(止)이 일으켜 내는 것을 일컫는 것이니, [그침(止)은] '[사실대로 보는] 이해'(觀)를 일으킬 수 있기 때문이다. ['능기能起'에 이어] 다음에 말한 ['기수起修'에서의] 〈일으킴〉(起)이라는 것은 '일으켜진 이해'(所起觀)를 가리킨다. 그침(止)과 이해(觀)는 분리되지 않으므로 〈동시에〉(同時)라고 하였으니, '[빠져드는 마음의] 분별양상을 그치는 것'(止相)과 '사실 그대로를 이해하는 것'(觀如)은 반드시 동시[에 작용하는 것]이기 때문이다. 이[상의 내용]은 '닦음의 특징'(修相)을 밝힌 것이고, 다음은 그 [그러한 특징을 지닌 닦음을 발생시킨] 원인(因)을 드러낸 것이다.

이 '[그침(止)과 이해(觀)를] 동시에 운용하는 수행'(雙運修)을 얻은 이유는 먼저 '힘을 더해 가는 수행'(加行)으로 온갖 장애(障)를 물리쳤기 때문이다. 〈지혜로써 이끈다〉(智導)라는 것[에서 '지혜'(智)라는 것]은 '향상시켜 가는 지혜'(加行智)를 말하는 것이니, '마음과 언어로 이해하여'(意言分別) [아직] 언어(名言)에서 벗어나지 않았기 때문에 〈지혜로써 이끈다〉(智導)라고 하였다. '[십지十地의] 일곱 번째 경지[인 원행지遠行地 보살의 단계]'(七地) 이전의 모든 경지에서는 다 '힘을 더해 가는 수행'(加行)이 있으니, 먼저 장애를 다스리[는 과정이 필요하]기 때문이다. 〈온갖 장애와 난관을 물리친다〉(排諸障難)라는 것은 '거칠고 무거운 번뇌'(麁重)를 덜어 내고 제압하기 때문이고, 〈번뇌에서 벗어난다〉(出離盖纏)는 것은 '현재 작용하는 번뇌'(現纏)를 일으키지 않기 때문이다."[85]

원효가 『금강삼매경』의 요점이라 말하고 있는 '한 맛[처럼 서로 통하는 진리다운] 이해와 [그 이해에 의거한] 수행'(一味觀行)이라는 개념은, 삼학三學의 상호의존적 결합구조를 압축적으로 반영한 것이다. 일미관행一味觀行 체

85 『금강삼매경론』(H1, 655a19~b6). "此明修位. 亦有二句, 先明修相, 後顯修因. 言修相者, 謂正體智, 止觀雙運, 更無出入, 故言〈常起〉. 言〈能起〉者, 謂止能起, 能起觀故. 次言〈起〉者, 謂所起觀. 止觀不離, 故曰〈同時〉, 止相觀如, 必同時故. 是明修相, 次顯其因. 所以得此雙運修者, 由先加行, 排諸障故. 言〈智導〉者, 謂加行智, 意言分別, 不離名言, 故名〈智導〉. 七地已還, 一切地中, 皆有加行, 在先伏障故. 〈排諸障難〉者, 損伏麁重故, 〈出離盖纏〉者, 不起現纏故."

계에서 '이해수행'(慧學, 觀)은, 〈정신적 현상이건 물질적 현상이건 모든 '[불변 · 독자의 본질/실체로 차별된] 차이'(相)에는 '불변 · 독자의 본질/실체'가 본래부터 없다〉는 이해를 수립하고 그 이해를 내면화시키는 것에 집중된다. 그리고 그 이해로써 만나려는 것은 '사실 그대로의 차이'(實相)이다. 이 수행에서 힘을 붙여 내면화시키는 과정에 대해 원효는 이렇게 말한다.

"뒤의 [부처님의] 대답에서 말한 〈마음[의 경지]와 [세상의] 일이 별개의 것으로 나뉘지 않는 것을 '간직해 가는 작용'이라 부른다〉(心事不二, 是名存用)라는 것은 '세 가지 [해탈]을 간직해 가는 작용'(存三之用)의 뛰어난 능력을 말하는 것이다. 만약 어떤 이가 '세 가지 [해탈]을 간직해 가는 작용'(存三之用)[의 능력]을 아직 얻지 못했다면, '마음을 고요하게 하고'(靜心) '불변 · 독자의 본질/실체가 없음을 이해하더라도'(觀空) [세상의] 일과 마주하면 '[이해한 그] 생각을 놓쳐'(失念) '나[라는 생각]'(我)과 '내 것[이라는 생각]'(我所)을 취하고 '해롭거나 이로운 대상'(違順境)에 집착하여 '하늘에서 부는 바람'(天風)[처럼 몰아치는 대상들]에 동요되어 '마음[의 경지]와 [세상의] 일이 각기 달라진다'(心事各異). [그런데] 만약 '[허공虛空 · 금강金剛 · 반야般若, 이] 세 가지 해탈'(三解脫)을 익숙하게 닦을 수 있는 사람이라면 '이해수행에서 나와'(出觀) 세상의 일과 마주하더라도 '이해수행의 힘'(觀勢)을 여전히 간직하고 있어서 '[불변 · 독자의 본질/실체로 차별된] 나와 남의 차이'(我他之相)를 취하지 않고 '좋거나 싫은 대상'(好惡之境)에 집착하지 않는다. 이에 따라 '하늘의 바람'(天風)[처럼 몰아치는 대상들]에 휘둘리지 않게 되고 ['이해수행'(觀行)으로] 들어간다거나 ['이해수행'(觀行)에서] 나온다는 [생각을] 모두 잊어버려 마음[의 경지]와 [세상의] 일이 별개의 것으로 나뉘지 않으니, 이와 같은 것을 '세 가지 [해탈]을 간직하는 작용'(存三之用)이라고 부른다. 이러한 '이해수행'(觀)을 처음으로 닦는 것은 '믿음을 세우는 열 가지 단계'(十信位)에서이고, '간직하는 작용'(存用)이 이루어지는 것은 '[믿음이 이해로] 안착하는 열 가지 단계의 경지'(十住位)에서이다. 『본업경本業經』에서 '[믿음이 이해로] 안착하는 열 가지 단계의 경지'(十住位)[를 설명하는] 가운데 이 '이해수행'(觀[行])을 세운 것과 같은 것이다.

〈안으로 수행함〉(內行) 이하는 [보살의] 두 번째 질문에 대한 대답으로 '이해수행을 하는 양상'(觀相)을 밝힌 것이다. 〈안으로 수행함〉(內行)은 '이해수행으로 들어가'(入觀) '[분별의 동요를] 그쳐 [사실 그대로] 이해하는 행위'(寂照行)이고, 〈밖으로 [중생을] 교화함〉(外行)은 '이해수행에서 나와'(出觀) '중생을 교화하는 행위'(化物行)이다. 나오거나 들어가거나 ['사실 그대로와 만나는 지평'(實際)인] 중도中道를 잃지 않기 때문에 〈별개의 것으로 나뉘지 않는다〉(不二)라고 말하였다."[86]

일미관행一味觀行 체계에서 '선정수행'(定學)은 주로 유식唯識의 통찰과 관련되어 나타난다. 그리고 원효가 구사하는 유식 통찰은 육근수호 법설의 정지正知와 맞닿아 있다. '특징 · 차이들을 움켜쥐는 것'과 그로 인한 '해로운 분별 사유의 전개' 및 '희론으로의 확산'은 '특징 · 차이를 움켜쥐는 마음 양상'의 산물이며, 원효는 이것을 〈'오로지 분별하는 마음[에 의한 구성]일 뿐'(唯識)이라는 도리를 알지 못함〉으로 거론한다. 반면에 '특징 · 차이들을 움켜쥐지 않는 것'과 그로 인한 '이로운 합리적 분별 사유의 향상' 및 '동일성에 오염된 차이들의 치유'와 '사실 그대로의 드러남'(實相)은, 〈'오로지 분별하는 마음[에 의한 구성]일 뿐'(唯識)이라는 도리를 앎〉으로 거론한다.[87]

인식능력(識)이 '동일성의 옷을 입힌 특징 · 차이들'을 움켜쥐면, '해로운 분별 사유'와 '희론 사유'를 펼치는 주관이 된다. 이 경우, '주관(분별 사유)에

---

86 『금강삼매경론』(H1, 646b24~c13). "後答中言, 〈心事不二, 是名存用〉者, 是名存三之用勝能. 若人未得存三之用, 靜心觀空, 涉事失念, 取我我所, 着違順境, 天風所動, 心事各異. 若能熟修三解脫者, 出觀涉事, 觀勢猶存, 不取我他之相, 不着好惡之境. 由是不爲天風所鼓, 入出同忘, 心事不二, 如是乃名存三之用也. 是觀如修在十信位, 存用得成在十住位. 如『本業經』十住位中, 立此觀故. 〈內行〉已下, 答第二問, 以明觀相. 〈內行〉者, 入觀寂照行, 〈外行〉者, 出觀化物行. 若出若入, 不失中道, 故言〈不二〉."

87 유식唯識에 대한 이러한 이해는 『대승기신론 소 · 별기』 번역본의 「이해와 마음」에서 상론하였다.

의한 객관(특징 · 차이들)의 오염'과 '객관(특징 · 차이들)에 의한 주관(분별 사유)의 오염'이 상호적으로 작용하는 인식구조가 수립된다. 그리고 이에 따른 '차이들의 왜곡과 오염'은 삶과 세상에 온갖 해로움을 발생시킨다. 이와 반대로 인식능력(識)이 동일성 관념의 허구에 대한 성찰과 연기적 사유에 기대어 특징 · 차이들을 움켜쥐지 않으면, '이로운 합리적 분별 사유'를 펼쳐 차이들의 왜곡과 오염을 치유한다. 이 경우, 주관(이로운 합리적 분별 사유)과 객관(특징 · 차이들)의 관계는 '사실 그대로'(實相)를 드러내는 양상으로 상호작용한다. 그리고 '차이들의 사실 그대로'를 접점으로 삼아 전개되는 주관(이로운 합리적 분별 사유)과 객관(특징 · 차이들)의 관계는 삶과 세상에 온갖 이로움을 발생시킨다. 원효의 다음과 같은 말은 이러한 통찰을 담고 있다.

"〈안[의 식識]과 밖[의 대상]이 서로 ['이로운 능력'(善根)을] 빼앗지 않는다〉(內外不相奪)라고 말한 것은, '안의 식識'(內識)과 '밖의 대상'(外境)이 함께 서로를 나타나게 하면서 거스름(違)이나 따름(順)을 취하여 온갖 '이로운 능력'(善根)을 서로 빼앗다가 이제 [식識과 대상에] 모두 '불변 · 독자의 본질/실체가 없음'(空)을 깨달아 ['이로운 능력'(善根)을] 빼앗게 하지 않기 때문이다."[88]

"'다섯 단계'(五位)의 모든 수행은 '깨달음의 본연'(本覺)[인 '사실 그대로 앎']에서 떠나지 않아 모두 '[깨달음의] 본연[인 '사실 그대로 앎']이 지닌 이로움'(本利)으로부터 이루어지지 않음이 없는데, 수행을 이룰 때는 이전[의 단계로]부터 이후[의 단계]로 들어가기 때문에 〈들어간다〉(入)라고 하였다. 〈들어간다〉(入)라는 것은 '자신을 이롭게 함'(自利)이고 〈교화한다〉(化)라는 것은 '남을 이롭게 함'(利他)이니, 이와 같은 [자리행과 이타행] '두 가지 수행'(二行)은 모두 ['깨달음의 본연'(本覺)[인 '사실 그대로 앎']의] '본연의 자리'(本處)를 따르는 것이다."[89]

---

88 『금강삼매경론』(H1, 662a2~4). "而言〈內外不相奪〉者, 內識外境, 共相現發, 取違順, 相奪諸善根, 今達皆空, 不令奪故."

89 『금강삼매경론』(H1, 655c21~656a1). "五位諸行, 不離本覺, 莫不皆從本利而成, 成行之

"이것은 [두 부분으로 이루어진 '네 게송'(四頌)에서 뒤의 한 게송과 절반에 해당하는] 두 번째인 '불변 · 독자의 본질/실체가 없는 참된 현상을 드러내는 것'(示眞空法)이다. 〈이 때문에〉(是故)라고 말한 것은 앞에서 집착한 '[독자적 실체가] 있다는 것'(有)이 모두 '사실이 아니어서'(虛妄) 그 [집착]을 깨뜨릴 수 있는 사람은 참됨(實)을 얻기 때문이니, [그럴 때는] '참 그대로'(眞如)[인 지평]에서 움직이지 않아 '사실이 아닌 현상'(妄法)을 이루지 않는다. 〈식에 의해 바뀐 것〉(識所化)이라는 것은 '식에 의해 분별된 것'(識所計)을 말하니, 저 '분별된 양상'(所計相)은 '[사실 그대로의] 진리'(理)에는 있지 않고 단지 '[분별하는] 생각'(情)을 따라서 있는 것이니, 그러므로 〈바뀐 것〉(所化)이라고 하였다. '모든 [참 그대로인] 현상'(諸[眞如]法)은 [분별하는] 식識에 의해 바뀐 것과는 같지 않기 때문에 식識[의 분별]에서 벗어난 현상(法)은 '불변 · 독자의 본질/실체가 없어 [불변 · 독자의 본질/실체로서] 있는 것이 아니니'(空無所有), 그러므로 〈저는 '불변 · 독자의 본질/실체가 없는 경지'(空處)에 따라 '사실 그대로'(如)를 말하는 것입니다〉[라고 말한 것이다.]"[90]

"['깨달음의 본연[인 '사실 그대로 앎'을 일으키는] 마음'(本覺之心)에 의하여] 생겨난 '신체와 마음'(色心)[이라는 현상들]이 [중생에게는] '[불변 · 독자의 본질/실체로 간주되어] 차별된 양상'(差別相)이지만, 저 '깨달음의 본연[인 '사실 그대로 앎'을 일으키는] 마음'(本覺心)은 '[불변 · 독자의 본질/실체로서의] 양상'(相)에서 벗어나 있고 '불변 · 독자의 본질'(性)에서도 벗어나 있으니, 이와 같은 '[불변 · 독자의 본질/실체라고] 차별하는 자리'(差別之處)에 있지 않아야 저 '[불변 · 독자의 본질/실체로서의] 양상에서 벗어나 하나처럼 통하게 하는 깨달음'(離相一覺)과 같은 것이 있게 된다. 그러므로 이 신체(色)와 마음(心)의 '[불변 · 독자의 본질/실체로 간주되어] 차별된 양상'(差別相)을 '불변 · 독자의 본질/실체가 없는 것'(空)으로

時, 從前入後, 故名爲〈入〉. 〈入〉者, 自利, 〈化〉者, 利他, 如是二行, 皆從本處也."

90 『금강삼매경론』(H1, 666b18~24). "此是第二示眞空法. 言〈是故〉者, 是前執有皆是虛妄, 其能破者, 得實之故, 眞如不動, 妄法不成也. 〈識所化〉者, 謂識所計, 彼所計相, 理無所有, 直從情有, 故名〈所化〉. 諸法非如識所化故, 離識之法, 空無所有, 是故我從空處說如."

볼 때라도 '[불변 · 독자의 본질/실체로서의] 양상에서 벗어나 하나처럼 통하게 하는 깨달음'(離相一覺)마저 함께 없앨 수는 없다. 이러한 도리로 말미암아 앞[에서 마음은 '아무것도 없이 허망한 것과는 같지 않다'(不同空)고 말한 설명]이 헛된 말이 아닌 것이다."[91]

"이 [글]은 '사유의 단계'(思位)를 밝힌 것인데, 또한 두 구절이 있다. 먼저는 '[불변 · 독자의 본질/실체로 차별된] 차이가 [본래] 없음을 사유하여 이해하는 것'(無相尋思觀)을 밝힌 것이고, 나중은 〈[불변 · 독자의 본질/실체로서] 생겨난 것이 없다는 것을 '사실 그대로 아는 지혜'〉(無生如實智)를 드러낸 것이다. 처음에 〈이해〉(觀)라고 말한 것은 '사유하고 성찰하는 것'(思量觀察)이고, 〈오로지 마음과 언어[에 의해 구성된 것]이다〉(唯是意言)라는 것은 '취해진 외부의 대상'(所取外境)은 '[불변 · 독자의 본질/실체로서] 소유되는 것이 없기'(無所有) 때문이다. [또] 〈마음에 따라 나타난다〉(隨意顯現)라는 것은 '외부의 객관'(外相分) 같은 것이 주관(見[分])과 분리되지 않기 때문이다. 〈나의 [욕망세계(欲界) · 유형세계(色界) · 무형세계(無色界)의] 근본이 되는 식識이 아니다〉(非我本識)라는 것은, 식識과 분리되어 바깥[의 것]으로 '보이는 대상'(所見境界)은 이미 나의 식識이 아니기 때문에 '[나의 것으로] 소유되는 것이 없다'(無所有)는 것이다. 여기서 말하는 〈근본이 되는 식識〉(本識)이라는 것은 제6식第六識이니, '[욕망세계(欲界) · 유형세계(色界) · 무형세계(無色界), 이] 세 가지 세계'(三有)의 근본이기 때문이다. [이것은] 제바提婆 보살이 설한 게송에서 [다음과 같이] 말한 것과 같다. 〈의식意識은 '세 가지 세계'(三有)의 근본이니, '모든 대상세계'(諸塵)는 그 [의식이] 원인이네. 만약 대상세계(塵)가 '[불변 · 독자의 본질/실체로서] 있는 것이 아님'(非有)을 알면 '[세 가지] 세계가 [진개되는] 잠재적 가능성'([三]有種)은 저절로 사라진다네.〉 이상의 내용은 '[불변 · 독자의 본질/실체로 차별된] 차이가 없다는 것을 사유하는 것'(無相尋思)

91 『금강삼매경론』(H1, 669a5~9). "所生色心, 是差別相, 彼本覺心, 離相離性, 不於如是差別之處而有如彼離相一覺. 是故空此色心差別相時, 不得同遣離相一覺. 由是道理, 前非虛說."

과 '사실 그대로 아는 지혜'(如實智)를 통틀어 드러낸 것이고, 이하부터는 그 '[불변·독자의 본질/실체나 본질로서] 생겨남이 없다는 도리'(無生道理)를 밝히는 것이다. … 이 [경문經文]은 '[불변·독자의 본질/실체로서] 생겨난 것이 없다는 것을 사유하는 것'(無生尋思)과 '[불변·독자의 본질/실체로서 생겨난 것이 없다는 것을] 사실 그대로 아는 지혜'([無生]如實智)를 통틀어 드러낸 것이다. 처음에 '[진리에 대한 믿음이 이해로 안착하는] 이해의 열 가지 경지'(十解) 이상으로부터 '[견도 이전의 단계에서] 가장 뛰어난 수준의 수행'(世第一法)에 이르기까지 이러한 〈[[불변·독자의 본질/실체로서] 생겨난 것이 없다는 것에 대한] 사유(尋思)와 '사실 그대로 아는 지혜'(如實智)에 의거한 이해〉(尋思如實智觀)를 닦는데, 그 가운데에는 '선정수행으로 얻은 지혜'(修慧)로 관찰하는 것도 있지만 모두가 아직은 '사유로 관찰하는 이해'(思察分別)에서 벗어나지 못하니, 그러므로 통틀어 '사유의 단계'(思位)라고 부른 것이다."[92]

붓다의 육근수호 법설처럼, 원효도 차이(相)를 경험 발생의 초기조건으로 본다. 그리고 이 차이(相)는 언어·사유·욕구와 한 몸이다. 육근수호 법설에 따르면, 차이(相)를 발생조건으로 삼는 인간의 지각과 인식 경험은 인지능력(意根, 識)의 선택에 의해 두 가지 계열/범주로 나뉜다. '차이를 움켜쥐는 선택'은 '동일성 관념에 의한 차이 왜곡과 오염의 길'에 오르는 것이고, 이에 따라 인간의 경험은 허구적 기만의 그늘에서 발생하는 갖가지 해로움으로 채워진다. 이와 달리 '차이를 움켜쥐지 않는 선택'은 동일성 관념의 허구에서 빠져나와 '차이 왜곡과 오염을 치유하는 길'에 오르는 것

92 『금강삼매경론』(H1, 654c21~655a16). "此明思位, 亦有二句. 先明無相尋思觀, 後顯無生如實智. 初言〈觀〉者, 思量觀察, 〈唯是意言〉者, 所取外境, 無所有故. 〈隨意顯現〉者, 似外相分, 不離見故. 〈非我本識〉者, 離識已外所見境界, 旣非我識, 故無所有. 此中言〈本識〉者, 謂第六識, 三有本故. 如提婆菩薩所說頌言, 〈意識三有本, 諸塵是其因. 若見塵非有, 有種自然滅.〉 上來通顯無相尋思及如實智, 自下明其無生道理. … 此是通顯無生尋思及如實智. 始從十解已上乃至世第一法, 修此尋思如實智觀, 於中亦有修慧觀察, 而皆未離思察分別, 所以通名爲思位也."

이고, 이에 따라 '사실 그대로의 차이'에서 발생하는 좋은 이로움이 개인과 세상을 채운다. 흥미롭게도 원효도 이와 같은 통찰을 전개한다.

『금강삼매경론』에서 거론하는 차이(相)는 '언어 · 사유 · 욕구와 접속해 있는 현상'이며, 이 차이(相)는 인식능력(識)의 선택[93]에 따라 상이한 두 범주로 나뉜다. 하나는 '불변 · 독자의 본질/실체 관념에 포획되어 왜곡 · 오염된 차이들의 범주'이고, 다른 하나는 '불변 · 독자의 본질/실체 관념에서 벗어나 사실 그대로인 차이들의 범주'이다. 그런데 어떤 범주에 속하는 차이(相)일지라도 '언어 · 사유 · 욕구와 접속해 있는 현상'이다. 따라서 붓다와 원효의 경우, 차이(相)에 관한 통찰은 곧바로 '언어 · 사유 · 욕구'에 관한 것으로 치환해도 된다. 차이(相)가 인식능력(識)의 선택에 따라 상이한 두 범주로 나뉘는 것처럼, 언어 · 사유 · 욕구도 그러하다. 사유의 경우는 앞서의 '희론' 논의에서 '이로운 합리적 분별 사유'와 '해로운 불합리한 분별 사유'의 문제로 확인한 바 있다. 욕구의 경우는 기본적으로 '나와 남을 함께 이롭게 하는 욕구'와 '나와 남을 함께 이롭게 하지 못하는 욕구'로 구분된다. **원효의 저술을 일관하는 〈'자기를 이롭게 함'(自利)과 '남들을 이롭게 함'(利他)의 결합〉은 '차이를 움켜쥐는 선택'과 '차이를 움켜쥐지 않는 선택'에 의해 갈라지는 두 가지 욕구와 관련된다.** 『금강삼매경론』의 구절 하나만 소개한다.

"'다섯 단계'(五位)의 모든 수행은 '깨달음의 본연'(本覺)[인 '사실 그대로 앎']에서 떠나지 않아 모두 '[깨달음의] 본연[인 '사실 그대로 앎']이 지닌 이로움'(本利)으로부터 이루어지지 않음이 없는데, 수행을 이룰 때는 이전[의 단계로]부터 이후[의 단계]로 들어가기 때문에 〈들어간다〉(入)라고 하였다. 〈들어간다〉(入)라는 것은 '자신을 이롭게 함'(自利)이고 〈교화한다〉(化)라는 것은 '남을 이롭게 함'(利他)이

93 원효는 이 두 가지 가능성을 모두 지니고 있는 인식능력을 '여래 면모를 품고 있는 창고'(如來藏)의 의미로 보아 '여래장如來藏'이라는 용어를 중시한다. 여래장을 마치 가변적 현상의 이면에 있는 불변의 궁극실재(本體, 基體)로 이해하려는 '본체론적 여래장설'과 원효의 여래장사상은 그 궤가 완전히 다르다.

니, 이와 같은 [자리행과 이타행] '두 가지 수행'(二行)은 모두 ['깨달음의 본연'(本覺)[인 '사실 그대로 앎']의] '본연의 자리'(本處)를 따르는 것이다."[94]

'차이를 움켜쥐는 선택'은 언어로 하여금 '동일성 관념에 의한 차이 왜곡과 오염의 도구'가 되게 한다. 이 경우의 언어는 '사실을 왜곡 · 오염시키는 해로운 분별 사유의 집'이기 때문에 비판과 결별의 대상이 된다. 반면에 '차이를 움켜쥐지 않는 선택'은 언어로 하여금 '왜곡 · 오염된 차이들을 치유하고 사실 그대로의 차이를 드러내는 도구'가 되게 한다. 이 경우의 언어는, '동일성 허구를 깨뜨리고 차이 왜곡과 오염을 치유하는 장치'일 뿐 아니라, '사실 그대로의 차이를 반영하는 기호'이다. 따라서 〈언어가 곧 진실이다〉 〈언어가 그대로 '사실 그대로'(實相, 眞如)이다〉라고 할 수 있는 지평의 언어다. 선종禪宗의 선종禪門에서는 이런 '사실 그대로의 언어' '진실 그 자체인 언어'에 해당하는 언구들이 비非이론 서술적 형태로 등장한다. 원효는, 선종보다 앞서, '차이를 움켜쥐는 선택'과 '차이를 움켜쥐지 않는 선택'에 의해 두 계열/범주로 갈라지는 언어를 이러한 내용으로 펼치고 있다. 가히 '언어인간의 궁극적 진화'에 관한 통찰이다.

"【금강삼매경】 심왕보살이 말하였다. 〈존경받는 분이시여! '[불변 · 독자의 본질/실체로서] 생겨난 것이 없다고 아는 지혜'(無生般若)는 '모든 곳에 머무름이 없고'(一切處無住) '모든 곳에서 떠남도 없으니'(一切處無離), [그리하여] 마음은 [그 어디에도] '머무르는 곳'(住處)이 없고 '머무르고자 하는 마음'(處住心)도 없습니다. '머무름이 없고 [머무르는] 마음도 없으면'(無住無心) 마음은 '[불변 · 독자의 본질/실체로서] 생겨난 것이 없는 경지에 머무니'(無生住), 이와 같이 머무르는 마음이어야 곧 '[불변 · 독자의 본질/실체로서] 생겨난 것이 없는 경지에 머무르는 것'(無生住)입니다. 존경받는 분이시여! 〈'마음에는 [불변 · 독자의 본질/실체로서] 생겨

94 『금강삼매경론』(H1, 655c21~656a1). "五位諸行, 不離本覺, 莫不皆從本利而成, 成行之時, 從前入後, 故名爲〈入〉. 〈入〉者, 自利, 〈化〉者, 利他, 如是二行, 皆從本處也."

난 것이 없다'는 [이해에 의거하는] 수행〉(心無生行)은 '생각으로 헤아리기 어려운'(不可思議) 것이지만, '생각으로 헤아리기 어려운'(不思議) 가운데서도 '[말로써] 설명할 수 있기도 하고 설명할 수 없기도 합니다'(可不可說).〉

【금강삼매경론】 이는 ['경의 내용을 본격적으로 설한 부분'(正說分)의] 세 번째인 '[보살이] 핵심을 이해하는 것'(領解)이다. 〈모든 곳〉(一切處)이라는 것은 '진리와 세속'(眞俗) '동요와 평온'(動寂) 등[의 현상이 있는] 모든 곳이며, 〈머무름이 없다〉(無住)라고 말한 것은 이 모든 것에서 '[불변 · 독자의 본질/실체로서] 얻은 것이 없기'(無所得) 때문이다. [또] 〈떠남이 없다〉(無離)라는 것은 이 모든 것에서 '[현상으로서] 얻지 못하는 것도 없기'(無所不得) 때문이니, 왜냐하면 그 '모든 곳'(一切處)들은 다 '[불변 · 독자의 본질/실체로서] 그러한 것도 아니고 [현상으로서] 그러하지 않은 것도 아니기'(非然非不然) 때문이다. 〈마음은 [그 어디에도] 머무르는 곳이 없다〉(心無住處)라는 것은 [대상인] '머무르는 곳'(所住處)이 [불변 · 독자의 본질/실체로서] 없는 것이고, 〈머무르고자 하는 마음도 없다〉(無處住心)라는 것은 [주관인] '머무르는 마음'(能住心)이 [불변 · 독자의 본질/실체로서] 없는 것이다. 〈머무름이 없고 [머무르는] 마음도 없다〉(無住無心)라는 것은 앞의 두 구절을 합친 것이니, [머무르는] 곳과 머무르는 마음이 [불변 · 독자의 본질/실체로서] 없기 때문이다. [그리고] 〈마음은 '[불변 · 독자의 본질/실체로서] 생겨난 것이 없는 경지에 머문다〉(心無生住)라는 것은 '[불변 · 독자의 본질/실체로서] 생겨난 것이 없고 머무름도 없는 마음'(無生無住之心)이 없는 것은 아니기 때문이다. … 〈'마음에는 [불변 · 독자의 본질/실체로서] 생겨난 것이 없다'는 [이해에 의거하는] 수행은 생각으로 헤아리기 어려운 것이다〉(心無生行, 不可思議)라는 것은 '언어적 규정에서 벗어나고 [불변 · 독자의 본질/실체로] 분별하는 생각이 끊어졌기'(離言絶慮) 때문이고, 〈생각으로 헤아리기 어려운 가운데서도 '[말로써] 설명할 수 있기도 하고 설명할 수 없기도 하다'〉(不思議中, 可不可說)라는 것은 '언어적 규정을 벗어난 것'(離言)이면서 '또한 언어적 규정을 벗어난 것에서도 벗어난 것'(亦離離言)이기 때문이다. '언어적 규정을 벗어난 것'(離言)이기 때문에 말로 설명할 수가 없고, '언어적 규정을 벗어난 것에서도 벗어난 것'(離離言)이기 때문에 말로 설명할 수도 있는 것이다. 〈[말로써] 설명할 수 있다〉(可說)라는 것은 '[현상으로서] 그러

하지 않은 것도 아니기'(非不然) 때문이고, 〈설명할 수 없다〉(不可說)라는 것은 '[불변 · 독자의 본질/실체로서] 그러한 것이 아니기'(非是然) 때문이다. 그러므로 총괄하여 〈[말로써] 설명할 수 있기도 하고 설명할 수 없기도 하다〉(可不可說)라고 말하였다. '말로써 설명을 할 수 있기도 하고 할 수 없기도 하다'고 말한 것처럼, 그 '생각으로 헤아리는 것'(思)에도 가능한 것과 불가능한 것이 있음을 알아야 하니, [이 경문에서는] 다만 [말로써 설명할 수 있는] '한쪽 측면'(一邊)에 의거하여 그 [생각으로 헤아릴 수 있는] 것을 비추어 드러내었을 뿐이다."[95]

"【금강삼매경】 대력보살이 말하였다. 〈이와 같은 '명칭과 뜻'(名義)은 '참됨과 같아진 차이'(眞實如相)[를 드러내는 것]이며 '여래와 같아진 차이'(如來如相)[를 드러내는 것]입니다. [이] 같아짐(如)은 '머무르지 않는 같아짐'(不住如)이고, [이] 같아짐(如)은 '같아짐이 없는 차이'(無如相)이며 [그] 차이(相)에는 같아짐(如)이 없기 때문에, [명칭과 뜻이 드러내는 모든 차이는] 여래가 아닌 것이 없습니다. [그렇다면] '중생 마음에서의 차이'(衆生心相)에서 [그] 차이(相)도 여래이니, 중생의 마음에는 '[불변 · 독자의 본질/실체라고] 분별된 대상'(別境)이 없겠습니다.〉
【금강삼매경론】 〈이와 같은 명칭과 뜻〉(如是名義)이라는 것은 앞에서 말한 것과 같은 '생각으로 헤아리기 어려운 명칭과 뜻의 면모'(不可思議之名義相)이다. 명칭(名)과 뜻(義)이 서로 상응하여 뒤바뀜도 없고 달라짐도 없기 때문에 〈참됨〉(眞實)이라 불렀고, 이와 같은 명칭과 뜻은 '주관과 객관'(能所)[을 불변 · 독자의 본

95 『금강삼매경』(H1, 628c22~629a3). "心王菩薩言, 〈尊者! 無生般若, 於一切處無住, 於一切處無離, 心無住處, 無處住心. 無住無心, 心無生住, 如此住心, 卽無生住. 尊者! 心無生行, 不可思議, 不思議中, 可不可說.〉"; 『금강삼매경론』(H1, 629a4~22). "此是第三領解. 〈一切處〉者, 一切眞俗動寂等處, 言〈無住〉者, 於此一切, 無所得故. 言〈無離〉者, 於此一切, 無所不得故, 所以然者, 彼一切處, 悉皆非然非不然故. 〈心無住處〉者, 無所住處故, 〈無處住心〉者, 無能住心故. 〈無住無心〉者, 合前二句, 以無有處有住之心故. 〈心無生住〉者, 不無無生無住之心故. … 〈心無生行, 不可思議〉者, 離言絶慮故, 〈不思議中, 可不可說〉者, 以離言亦離離言故. 以離言故, 言不可說, 離離言故, 亦可得說. 言〈可說〉者, 非不然故, 不可說者, 非是然故. 故摠說言〈可不可說〉. 如說言說有可不可, 當知其思亦有可不可, 但擧一邊, 影顯之耳."

질/실체라고 분별하여 분리하는 것]에서 멀리 벗어나 '한 맛처럼 통하여 평등'(一味平等)하기 때문에 〈같아진 차이〉(如相)라고 불렀다. [또] 이와 같은 '명칭과 뜻'(名義)은 '평등과 같아진 차이'(平等如相)이고 모든 부처님과 여래께서 체득한 것이기 때문에 〈여래와 같아진 차이〉(如來如相)라고 말하였다. 〈[이] 같아짐은 머무르지 않는 같아짐이다〉(如不住如)라는 것은 〈이름을 붙일 수 없는 '같아진 이름'〉(無名之如名)을 밝힌 것인데, '같아짐이 없는 같아짐의 뜻'(無如之如義)에 해당한다. 〈[이] 같아짐(如)은 '같아짐이 없는 차이'(無如相)이며 [그] 차이(相)에는 같아짐(如)이 없기 때문에〉(如無如相, 相無如故)라는 것은 〈'같아짐이 없는 차이'의 '같아진 차이'〉(無如相之如相)이니, 〈이름을 붙일 수 없는 '같아진 이름'〉(無名之如名)에 해당한다. **이와 같이 [뜻과 이름이 서로] 들어맞아 '주관과 객관이 [불변 · 독자의 본질/실체로 분리되지 않고] 평등'(能所平等)하기 때문에, 명칭(名)[으로 나타내는 차이(相)]이든 뜻(義)[으로 나타내는 차이(相)]이든 '여래 아닌 것이 없다'(非不如來).** 〈[그] 차이(相)에는 같아짐(如)이 없다〉(相無如)라는 것은 '같아진 차이'(如相)에는 같아짐(如)이 없다는 것이니, '같아진 차이'(如相)는 바로 '[불변 · 독자의 본질/실체로 차별된] 차이가 없음을 차이로 삼는 것'(無相爲相)이[기 때문이]다. 〈[이] 같아짐은 '같아짐이 없는 차이'이다〉(如無如相)라는 것은 〈'같아짐'의 '[불변 · 독자의 본질/실체로 차별된] 차이가 없음'〉(如之無相)이 [불변 · 독자의 본질/실체로서] 있지 않다는 것을 밝혔고, 〈[그] 차이(相)에는 같아짐(如)이 없다〉(相無如)라는 것은 '[불변 · 독자의 본질/실체로 차별된] 차이가 없는 같아짐'(無相之如)이 [불변 · 독자의 본질/실체로서] 있지 않다는 것을 밝혔다는 것을 알아야 한다. '같아짐의 본연과 차이'(如之體相)가 비록 [불변 · 독자의 본질/실체로서] 있는 것이 아니지만, 또한 '같아짐의 본연과 차이'(如之體相)가 없는 것도 아니다. 이와 같이 〈'같아진 차이'가 없는 '같아진 차이'〉(無如相之如相)라야 〈이름 붙일 수 없는 '같아진 이름'〉(無名之如名)이라고 부를 수 있다. **〈'중생 마음에서의 차이'(衆生心相)에서 [그] 차이(相)도 여래이다〉(衆生心相, 相亦如來)라는 것은, 모든 중생의 '[불변 · 독자의 본질/실체로 보는 생각으로] 분별하는 마음에서의 차이'(分別心相)는 [그] '차이'(相)가 곧 '[불변 · 독자의 본질/실체로 차별된] 차이가 아니어서'(非相) [여래와 같아진 차이들과] 평등하지 않음이 없기 때문에 저 '[중생의 분별하**

는 마음에서의] 차이'(相)도 여래라는 것이다. 이상으로 '평등에 관한 도리'(平等道理)를 곧바로 세웠다."[96]

96 『금강삼매경』(H1, 640b20~23). "大力菩薩言, 〈如是名義, 眞實如相, 如來如相. 如不住如, 如無如相, 相無如故, 非不如來. 衆生心相, 相亦如來, 衆生之心, 應無別境.〉"; 『금강삼매경론』(H1, 640c2~20). "言〈如是名義〉者, 如前所說, 不可思議之名義相. 名義相稱, 無倒無變, 故名〈眞實〉, 如是名義, 遠離能所, 一味平等, 故名〈如相〉. 如是名義, 平等如相, 諸佛如來所體, 故言〈如來如相〉. 〈如不住如〉者, 是明無名之如名, 當於無如之如義. 〈如無如相, 相無如故〉者, 無如相之如相, 稱於無名之如名. 如是稱當, 能所平等故, 若名若義, 非不如來也. 〈相無如〉者, 如相無如, 如相正是無相爲相. 當知〈如無如相〉, 是明不有如之無相, 〈相無如〉者, 是明不有無相之如. 如之體相, 雖是不有, 而亦不無如之體相. 如是無如相之如相, 方稱無名之如名也. 〈衆生心相, 相亦如來〉者, 謂諸衆生分別心相, 相卽非相, 無不平等, 是故彼相亦是如來. 上來正立平等道理."

『금강삼매경』과 원효의 『금강삼매경론』

박태원

『금강삼매경』은 누가 만들었나? – 한반도 지성에 의한 찬술 가능성[1]

『금강삼매경』은 그 기원과 저자가 아직 신비의 안개에 둘러싸여 있는 문헌이다. 현존하는 자료나 문헌연구 성과로 볼 때, 이 경전은 한반도에서 원효 생애의 만년에 최초로 등장하였으며, 그 찬술자 내지 찬술집단은 삶과 문제의식 및 사상의 지향을 공유하는 일군의 한반도 불교지성知性이고, 원효元曉(617~686) 및 대안大安(?~?) 등이 그 지성의 핵심 인물로 추정된다. '불설佛說'이라는 권위를 세울 수 있는 '경經'이라는 저술형식을 통해, 금강삼매金剛三昧라는 선禪의 주제 아래 원효시대 7세기까지 한반도와 동아시아에서 유통되던 거의 모든 주요한 대승불교 이론을 일정한 문제의식과 지향 속에서 통섭적으로 종합하고 있는 특이한 문헌이 『금강삼매경』이다. 더욱 주목되는 것은 이 『금강삼매경』 경문의 의미를 드러내 주는 최초의 해설서이자 『금강삼매경』과 동시적으로 등장한 것이 다름 아닌 원효가 저술한 『금강삼매경론』이라는 점이다. 더욱 주목되는 것은 『금강삼매경』만을 가지고서는 아무리 교학과 불교한문에 정통한 사람일지라도 경문해석이 잘 안되고 의미 파악은 더더욱 어렵다는 점이다. 『금강삼

1 필자의 『원효의 《금강삼매경론》 읽기』(세창미디어, 2014) 서문 내용을 토대로 삼으면서 보완한 글이다.

매경』은 원효의 해설을 참고할 때라야 경문해석도 되고 의미도 잘 포착된다. 이 점은 『금강삼매경』의 등장 상황을 알려 주는 『송고승전』, 『금강삼매경론』의 저술 상황을 알려 주는 『삼국유사』의 기록과 더불어, 『금강삼매경』 등장/찬술이 원효와의 특별한 관계 속에서 이루어졌음을 시사하는 강력한 증거이기도 하다. 『금강삼매경』과 관련하여 남아 있는 모든 기록과 정황은 하나같이 한반도불교 · 신라 · 원효 · 대안을 『금강삼매경』 찬술배경으로 지목하고 있다.

『금강삼매경론』은 원효의 말기 저술로 보인다. 원효 저술의 시기와 장소를 알 수 있는 것은 행명사에서 671년 음력 7월 16일에 저술된 것으로 서문에 기록된 『판비량론』이 유일하다. 원효의 최후 저술은 『화엄경소』로 간주하는 것이 다수의 견해이다. 『삼국유사』의 기록을 근거로, 분황사에서 『화엄경소』를 짓다가 절필하고 대중교화에 나섰을 것이라는 추정이다. 이와는 달리, 원효에 관한 『삼국유사』 기록에 『금강삼매경론』 저술 이야기가 『화엄경소』 절필 이야기 다음에 등장하고 있다는 것을 근거로, "『화엄경소』는 원효가 대중교화에 나서기 전까지의 마지막 저술이었으나 특별한 경험을 통해 저술활동으로 되돌아와 새롭게 발견된 『금강삼매경』에 대한 주석서인 『금강삼매경론』을 마지막으로 저술하였다"[2]라는 견해와, "『화엄경소』에 실린 원효의 교판설(四種敎判)이 『금강삼매경』이 설하는 관행觀行과 상응하고 있다는 점에서 『화엄경소』가 저술된 이후에 『금강삼매경론』이 저술되었을 것"[3]이라는 견해가 있다. 필자는 『금강삼매경론』을 『화엄경소』 이후의 저술로 보는 견해에 동의한다. 현존하는 원효의 다른 저술들에서 『금강삼매경』이나 『금강삼매경론』이 언급되고 있지 않다는 점까지 고려하면, 『금강삼매경론』은 적어도 원효의 말기 저술이며,

---

2 Robert. E. Buswell, *The formations of Ch'an ideology in China and Korea*(Princeton University Press, 1989), pp.67~73.

3 김병환, 「원효의 금강삼매경론 연구」(동국대대학원 박사논문, 1997), p.137.

최후 저술일 가능성이 매우 높다.

『금강삼매경』은 여타의 한역漢譯 경전들과 비교할 때 그 문체나 내용 전개방식이 현저하게 다른 독특한 문헌이다. 이 점만을 보아도 『금강삼매경』을 중국에서 역경되거나 찬술된 경전으로 보기가 어렵다. 게다가 원효의 『금강삼매경론』에 의거하지 않으면 『금강삼매경』의 해석과 의미파악이 사실상 불가능하다. 만약 『금강삼매경』이 원효시대 한반도 불교지성들의 창작품이라는 추정이 타당하다면, 원효는 『금강삼매경』의 찬술작업에도 깊숙이 관여하고 있다고 보는 것이 자연스럽다. 『금강삼매경론』을 읽다 보면 어쩔 수 없이 품게 되는 추정이다. 『금강삼매경』과 『금강삼매경론』은 분리시킬 수 없는 한 짝이다. 그럴진대 『금강삼매경』과 『금강삼매경론』은 7세기 한반도 불교지성의 최고수준을 망라하여 자신(들)의 문제의식과 철학 및 지향을 압축시켜 특정한 의도와 기획 아래 한 세트로 찬술한 사상/종교 문헌이다. 만약 문제의식과 사상 수준을 공유하는 지성군群들이 주역이 되어 경과 논을 한 짝으로 묶어 특정한 의도와 기획을 담아낸 것이라면, 인도와 중국뿐 아니라 모든 불교권역에서 아마도 유일한 사례일 것이다.

『금강삼매경』이 원효시대 한반도 지성에 의해 찬술된 것이라면, 이 경의 내용을 구성하고 있는 난해할 정도의 고급사상과 논리는 7세기 한반도 불교지성들의 수준과 역량이 어느 정도였는지를 증언해 준다. 『금강삼매경』·『금강삼매경론』은 남북조시대부터 수·당 시대까지 중국 땅에 유포되었던 교학들의 주요 주제와 내용들을 거의 망라하여 자신의 기획에 따라 배치하고 해석하며 체계화시키고 있다. 한반도 고대지성들이 불교 문헌의 탐구에 얼마나 열정적이었고 진지하였으며 그 소화능력이 탁월하였는지를 확인시켜 준다.

불교 문헌은 부처의 육성을 원형대로 보존하려는 노력의 산물인 초기경전(남전 니까야, 북전 아함)과, 불교이론에 대한 해석학적 입장과 자기 해석의 불교적 정통성을 표방하기 위해 부처가 설법하는 형식을 빌려 찬술된 후기 경전군群들로 대별된다. 동아시아인들은 이 모든 경전들을 접하였지만, 사상과 논리가 풍부하고 내용이 다채로운 후기 대승경전들로 일찌감치 관심이 기울어진다. 대승경전들은 고도화된 사상과 논리를 지니고 있어 동아시아 지성들의 철학적 갈증을 해소시켰을 뿐 아니라, 구세救世의 원력을 강하게 표방하면서 대중의 종교적 관심사를 충족시켜 주는 대중 종교성도 지니고 있기 때문이었다.

부처가 설법하는 형식을 취하고 있지만 실제로는 부처의 육성이 아닌 경전들은 모두 위경僞經이라 할 수 있다. 니까야/아함에서도 부처의 육성 부분과 부가 · 변형된 부분이 혼재하지만 위경들과는 구분되는 것이 타당하다. 학계에서는 인도에서 성립된 경전들을 진경眞經, 그것을 중국에서 번역한 것을 번역경飜譯經, 인도 이외의 지역에서 성립된 경전을 위경이라 부르면서 구분하기도 한다. 그러나 니까야/아함 이후에 성립한 경전들은 그 성립지가 인도이건 인도 이외의 지역이건 간에 사실상 모두 위경이라 해도 무방하다. 굳이 진경 · 번역경을 위경과 구분하여 권위를 부여하는 것은 부당한 인도 중심적 편향이다.

그런데 불교의 역사는 이러한 위경들의 지속적 등장으로 내용이 풍부해지고 부처와의 대화도 깊이를 더해 가는 행적을 보여 준다. 위경에 대한 불교도들의 인식은, '계시에 의한 무오류 정전正典의 절대적 지위'와 '가감 내지 변형 불가'를 강조하는 계시종교의 그것과는 사뭇 다르다. 부처 스스로 천명하듯이, 부처의 모든 언어는 경험으로 확인 · 검증 가능하며 또한 검증 가능한 것을 진리 탐구의 대상으로 삼아야 한다. 어떤 방법으로도 실존에서 경험적 검증이 불가능한 것을 진리의 이름으로 주장하거나 탐구하는 것을 거부한다. 또한 근본무지(無明)에 얽혀 사실을 왜곡 · 오염시키면서 삶과 세상을 해롭게 하는 문제들을 근원적 수준에서부터 해결하는 문제해결력을 지니고 있어야 한다.

이러한 실용주의적, 경험주의적 진리관으로 인해, 불교 전통은 진리 체득과 구현에 기여하는 언어들의 변형과 변신에 대해 개방적이다. 굳이 부처의 육성이 아니더라도 부처의 가르침이 안내하는 경험지평에 접속할 수 있게만 한다면, 그 어떤 유형의 언어라도 기꺼이 '부처의 가르침'(佛法)으로 수용하려는 태도를 보여 준다. 부처 이외 그 누구의 언어라도, 부처가 안내한 것과 동일한 통찰과 향상으로 이끌어 주는 것이라면, 모두 대장경에 등재되어 성전의 반열에 오르는 것을 허용한다. 불교의 위경이 지니는 독특한 성격과 위상이 여기에 있다.

문제는 경전 내용의 정합성이다. 수많은 경전들이 보여 주는 다양한 내용을 정합적으로 소화해 내는 것은 쉬운 일이 아니다. 특히 부처의 육성 법문 형식을 취하고 있는 모든 경전을 부처 한 사람의 설법으로 간주할 수밖에 없었던 고대 불교도들에게는, 동일 주제에 대한 다양한 관점과 다층의 이론은 흔히 상호 모순되거나 충돌하는 것으로 보였기에, 경전의 내용을 정합적으로 읽어 낼 수 있는 해석학적 분류이론이 절실하였다. 이 경전 분류이론이 이른바 교판敎判(敎相判釋, 이론의 특징에 대한 판단과 해석)이다. 중국불교인들은 다양한 교판이론을 구성하여 모든 경전을 부처의 일관된 일생 법문으로서 체계적으로 분류하여 모든 불경의 의미를 정합적으로 소화해 내려 하였다. 그리고 천태天台(538~597)의 오시팔교五時八敎는 교판이론의 대표성을 확보한다.

원효의 저술 내용을 보면 그가 중국불교인들이 시도한 교판이론들을 충분히 숙지하고 있음이 확인된다. 또한 원효 자신이 경전들의 가르침을 『아함경』류의 삼승별교三乘別敎, 『반야경』·『해심밀경』류의 삼승통교三乘通敎, 『영락경』·『범망경』류의 일승분교一乘分敎, 『화엄경』류의 일승만교一乘滿敎로 분류하는 사교판四敎判을 세운 것으로 전해진다. 다만 이러한 사교판은 현존 원효의 저술 속에서는 확인할 수 없고 법장法藏(643~712), 징관澄觀(738~839) 등 화엄가들의 저술을 통해 전해진다. 따라서 이 사교판이 얼마나 원효의 교판이론을 그대로 전하는지는 장담할 수 없다. 『화엄경』을 정점에 두는 화엄가들의 인식과 선호에 의해 원효 기술의 전체 맥락이 굴절되었을 가능성도 고려해야 하기 때문이다. 화엄가들이 전하는 원효의 사교판은 『화엄경』에 대한 높은 평가만을 선택적으로 부각하는 거두절미去頭截尾·단장취의斷章取義가 반영되었을 수 있다. 현존 원효 저술에서 분명히 확인되는 것은, 그는 기존의 교판이론을 숙지하는 동시에 비판적으로 성찰하였으며, 모든 교판이론의 부분적 타당성과 부분적 부당성을 함께 거론하면서 특유의 통섭通攝적 안목을 펼치고 있다는 점이다. 원효는 중국불교인들의 교판이론이 지닌 종파적 편향성과 배타성에 내재하는 불합리성을 비판적으로 성찰하는 동시에, '일련의 인과계열'(門)을 구분하여 그 타당성과 부당성을 '조건적으로' 거론하는 통섭通攝·화쟁和諍의 합리성을 보여 준다.

원효가 대변하고 있듯이, 원효시대 한반도 불교지성은 다종/다층의 불교이론에 대한 가치평가를 종합적으로 수행할 수 있는 역량이 충분히 고도화되어 있었다. 『금강삼매경』과 『금강삼매경론』은 그러한 역량을 입증하고 있다. 남북조시대부터 수·당 시대까지 중국에 유포되었던 수많은 불교이론 가운데 핵심 개념들을 자신(들)의 사상적·종교적 안목과 지향 및 기획에 맞추어 선별하고 그것들을 일관된 맥락과 의미로써 정합적으로 종합하고 있다. 경이로운 수준을 보여 주는 역량이다. 『금강삼매경』과 『금강삼매경론』이 보여 주는 이러한 고도의 이해능력과 이론의 구사능력은, 7세기 한반도 불교지성의 전위적 고도 역량을 증언하고 있다. 한반도와 중국의 사상 조류나 문헌들은 거의 시차 없이 신속하게 상호 교류되고 있었으며, 한반도 불교지성계와 중국 불교지성계는 동시적으로 상호 작용하면서 동아시아 사상계의 전위지대를 함께 열어 가고 있었다.

중국 찬녕贊寧(919~999)의 『송고승전宋高僧傳』에 의하면, 『금강삼매경』이 세상에 처음 나타난 것은 7세기 중엽 신라 대중불교의 기인奇人 대안 화상의 편집에 의한 것이었고, 그 최초의 강설자는 대안 화상과 깊은 교분이 있었던 신라불교의 간판 원효였다(『宋高僧傳』 卷4, 義解編 「元曉傳」). 여러 기록들을 참고하면서 원효의 일생을 기술하고 있는 일연一然(1206~1289)의 『삼국유사三國遺事』 역시 같은 사정을 전하고 있다(『三國遺事』 卷4, 「元

曉不羈」). 『금강삼매경』의 찬술자(들)를 추정하는 작업에서 이 두 자료는 가장 중요하게 취급되어야 한다. 이 자료가 전하는 내용을 거부하려면 그럴 만한 반박자료가 존재해야 한다. 『금강삼매경』은 최초로 한반도에서 등장하였고 대안과 원효가 그 경전의 성립과 유포에 결정적 역할을 하였다는 이들 기록을 외면하려면, 이들 문헌 기록의 내용을 반박할 수 있는 다른 기록이나 자료가 확보되어야 한다. 그러나 현재까지 『송고승전』과 『삼국유사』의 기록을 부정할 수 있는 자료는 어디에도 없다. 그럼에도 불구하고 경전의 한반도 성립 가능성 자체를 부정적으로 보는 시선들은 『금강삼매경』의 중국 성립설을 세우기 위해 노력하였다. 그들이 제시해 온 중국 성립설의 이런저런 유형과 논거는 학문적 설득력이 결여되어 있는 것으로 보인다. 『송고승전』과 『삼국유사』의 기록을 애써 외면하고 『금강삼매경』의 중국 성립설을 수립해 보려는 의욕들은 원효 및 동시대 한반도 불교지성이 보여 주는 수준과 역량에 대한 이해와 평가가 혹 불충분하지 않은가를 자문할 필요가 있다.

『금강삼매경』과 『금강삼매경론』이 그간 교학적 · 사상적으로 학계의 특별한 주목을 받아 온 이유는 크게 두 가지였다. 하나는, 『금강삼매경』이 중국 초기선종의 성립과 밀접한 관련이 있을 것이라는 추정 때문이다. 달마의 이입사행설二入四行說과 『금강삼매경』 이입설二入說의 상관관계를 주목하면서 출발한 이 논의는, 초기선종과 『금강삼매경』이 맺고 있는 관계를 밝히는 데 초점을 두고 진행되어 왔다. 『금강삼매경』이 주목받아 온 또 하나의 이유는, 한국불교의 거인 원효가 이 경에 대한 최초의 주석가이며, 그가 저술한 『금강삼매경론』은 원효 사상의 원숙한 경지를 보여 주고 있기 때문이다. 그리하여 원효 사상을 탐구하는 사람들에게는 언제나 『금강삼매경』이 각별한 관심의 대상이 되었다.

사상적 관심과는 별도로 문헌학적 논의도 『금강삼매경』에 대한 관심의 한 초점이 되어 왔다. 중국 초기선종사 연구에 새로운 전기를 제공한 돈황문서의 발굴 이래, 달마의 이입사행설이 『금강삼매경』에 의거하고 있다고 추정한 학자들은 『금강삼매경』을 인도에서 전래된 경전으로 간주했었다. 그러나 『금강삼매경』에 현장玄奘(602~664)의 경전번역 이후에나 등장하는 용어들(『반야심경』〈648년 번역〉의 '是大神呪 是大明呪 是無上明呪 是無等等呪'의 四呪, 『유식삼십송』〈649년 번역〉의 '末那')이 나타난다는 점 등을 논거로, 이 경전이 인도에서 찬술되고 중국에서 한역된 것(眞經說)이 아니라 중국에서 찬술된 위경이라는 주장이 제기되자 사정은 급변하였다.[4]

중국에서 『금강삼매경』이라는 경명은 승우僧祐(445~518)의 『출삼장기집出三藏記集』에 수록된 『신집안공량토이경록新集安公凉土異經錄』에 처음 등장한다. 그러나 그 이후 6, 7세기에 편찬된 여러 경록들에서는 모두 이 경을 '사라진 경'(闕經)으로 기록했다. 그러다가 지승智昇의 『개원석교록開元釋敎錄』(730)에서 『금강삼매경』 2권 혹 1권을 '현존하는 경전목록'(現存錄)에 편입하였는데, 이후에 편찬된 경록들에서는 이 경을 '현존하는 경전'(現存經)으로 기록하였다. 이러한 중국의 경전목록집 기록을 중국 성립설의 시선으로 보면, 『금강삼매경』은 4세기 후반에 한역漢譯된 후 일실逸失되었다가 7세기 후반 신라에서 재발견되어 다시 중국으로 유입되었다고 볼 수 있게 된다. 그러나 『금강삼매경』에 현장 번역 이후에나 등장하는 용어들이 나타난다는 점은, 7세기 후반 신라에서 등장한 『금강삼매경』은 중국 목록집에 기록된 경이 아니라 650년 이후에 등장한 위경임을 입증해 준다.

그런데 『금강삼매경』은 현장의 신역新譯 이후의 용어뿐 아니라 불교가 중국에 도입되던 시기의 번역용어들까지 망라하고 있다. 그런 점에서 『금강삼매경』은, 한역漢譯되어 중국에 유통된 거의 모든 경전들을 탐구한

---

4 미즈노 고겐(水野弘元)은 『금강삼매경』에 현장玄奘(602~664) 역譯 이후에나 등장하는 용어들(『반야심경』〈648년 譯〉의 是大神呪 是大明呪 是無上明呪 是無等等呪의 四呪/『유식삼십송』〈649년 譯〉의 末那)이 나타난다는 점 등을 논거로 하여, 이 경전이 인도에서 찬술되고 중국에서 한역된 것(眞經說)이 아니라 중국에서 찬술된 위경僞經이라고 주장하였다(「菩提達摩の二入四行說と金剛三昧經」, 『駒澤大學研究紀要』 13, pp.56~57).

고도의 통합 지성(들)에 의해 만들어진 작품이다. 또한 『금강삼매경』을 650년 이후에 등장한 문헌으로 보아야 한다는 점도 논란의 여지가 없는 사실이다. 650년 이후에 등장한 문헌이라는 것을 인정하면서도 찬술자나 찬술 지역 등 찬술배경에 관해서는 견해가 갈린다. 중국 찬술설과 신라 찬술설로 이분된다. 중국 찬술설[5]은 『금강삼매경』이 신라에서 최초로 등장했음을 전하는 『송고승전』이나 『삼국유사』의 명백한 설화를 외면하면서 논거를 구성하는 무리를 범하고 있고 그 논거들 역시 설득력이 약하다. 신라 찬술설[6]의 경우는, 『송고승전』「원효전」이나 『삼국유사』의 사료

---

5 미즈노 고겐(水野弘元)의 주장 이후 월터 리벤탈(Walter Liebenthal, "Notes on the 'Vajrasamadhi'", *通報Toung Pao* Vol.42, 1956), 야나기다 세이잔(柳田聖山, 『初期禪宗史書の硏究』, 禪文化硏究所, 1967), 이시이 코세이(石井公成, 「『金剛三昧經』の成立事情」, 『印度學佛敎學硏究』 46, 日本印度學佛敎學會, 1997), 석길암(「『금강삼매경』의 성립과 유통에 대한 재고」, 『보조사상』 31, 불일출판사, 2009) 등이 중국 찬술설을 전개하였다. 야나기다 세이잔은 이후 입장을 수정하여 원효가 먼저 『금강삼매경론』을 저술하고 대안이 이것을 발췌하여 『금강삼매경』을 편집한 것이라는 추정을 제기한다(「『金剛三昧經』の硏究」, 『백련불교논집』 3, 백련불교문화재단, 1993).

6 기무라 노부아키(木村宣彰)는 『금강삼매경』 찬술문제를 신라불교 내에서 접근할 것을 제안하는 동시에, 『금강삼매경』은 섭론종攝論宗이나 선禪사상 등 당시 중국의 다양한 불교사상을 불설佛說의 권위 아래 회통시키고자 대안大安이나 원효元曉 주변의 사람들이 만들어 낸 것일 것이라 추정하였다(「金剛三昧經の眞僞問題」, 『佛敎史學硏究』 18-2, 佛敎史學會, 1976). 이어 로버트 버스웰(Robert E. Buswell)은 『금강삼매경』의 찬술자로서 신라의 법랑法朗을 지목하기도 한다(*The Formation of Ch'an Ideology in China and Korea; The Vajrasamadhi-Sutra, a Buddhist Apocryphon*, Princeton University Press, 1989, p.174). 그러나 법랑의 활동시기로 볼 때 그가 『금강삼매경』을 찬술했다고는 보기 어렵다는 점을 지적하면서, 김영태金煐泰는 『금강삼매경』의 신라 찬술 가능성을 본격적으로 검토한 끝에 신라 대중불교의 주체였던 대안大安/혜공惠空/사복蛇福 등을 그 찬술자로 지목한다(「신라에서 이룩된 금강삼매경」, 『불교학보』 25, 동국대 불교문화연구소, 1988). 남동신南東信 역시 이러한 관점에 동의하면서, 대안을 비롯하여 대중교화에 뜻을 둔 일군의 승려들이 자신들의 이상형인 범행장자梵行長者를 주요 등장인물로 하는 『금강삼매경』을 편찬하였을 것으로 추정한다(「新羅 中代佛敎의 성립에 관한 연구 – 금강삼매경과 금강삼매경론의 분석을 중심으로」, 『韓國文化』 21, 서울대 한국문화연구소, 1998).

적 가치를 주목하면서 『금강삼매경』의 찬술자로 원효 · 대안을 비롯한 대중불교 지성들을 지목한다. 현재까지의 연구 내용과 그 타당성으로 볼 때 신라 찬술설에 힘이 실린다.[7] 필자도 『금강삼매경』의 신라 찬술설을 지지하는 입장이다. 원효와 대안을 축으로 한 한반도 불교지성, 특히 수직적 위계와 권력 질서에 비판적이었던 대중불교 지성들이 찬술자(들)이었을 것이며 원효는 『금강삼매경』 편찬 작업에도 깊숙이 관여하면서 『금강삼매경론』을 저술한 것으로 본다.

『금강삼매경』이 초기선종의 맥락에서 성립된 중국 찬술의 위경일 것이라는 추정은, 그 견해의 대표자 격이었던 야나기다 세이잔(柳田聖山) 자신이 원효를 지목하는 신라 찬술설로 입장을 수정할 정도로 설득력이 퇴색되었다. 이제는 『금강삼매경』의 찬술 동기 및 배경을 신라불교의 맥락에서 탐구하는 쪽으로 무게가 실리고 있고, 또 그것이 설득력 있는 추정이다. 시야를 7세기 중엽 동아시아불교로 확대하여 접근한다 하더라도, 결국은 한반도 · 신라불교의 정황이 『금강삼매경』 형성의 핵심 조건으로 취급될 수밖에 없다. 현존 자료와 그간의 논의를 종합해 보면, 『금강삼매경』이라는 문헌은 종교적 태도나 사상적 수준 및 문제의식을 공유하는 일군의 한반도 · 신라 불교인들, 특히 대안 및 원효와 사상적, 인간적으로 밀접한 연관이 있는 그룹이나 개인에 의해 찬술된 것으로 보인다. 『금강삼매경』의 찬술자를 확정시키는 객관적 자료들이 새롭게 발굴되지 않는 한, 대안과 원효를 중심으로 하는 한반도 · 신라 불교지성들이 경전 찬술의 주역일 것이라는 추정이 자연스럽다. 또한 『금강삼매경』과 원효의 『금강

---

7 「신라성립 경전연구 ― 금강삼매경을 중심으로」(서은희, 동국대대학원 석사논문, 2014)는 『금강삼매경』 찬술문제와 관련된 기존의 연구들을 종합하면서 『금강삼매경』의 신라 찬술설을 지지하고 있다. 돈황에서 발견된 7종의 『금강삼매경』 필사본은 모두 동일한 경문을 서사한 것이며 원효의 『금강삼매경론』을 저본으로 삼아 작성되었을 것이라는 점, 중국 찬술설 가운데 삼계교설의 문제점, 원효는 『금강삼매경』 편찬 작업에도 개입하였을 것이라는 점 등을 설득력 있게 논하고 있다.

삼매경론』은 찬술과정에서부터 여러모로 불가분의 관련을 맺고 있다고 보아야 한다.

『금강삼매경』이 한반도 · 신라 불교지성들에 의해 만들어진 것이라면, 무엇보다도 그 찬술의 동기나 배경이 궁금해진다. 단지 불교사상의 통상적 표현을 위해서라면 굳이 불설佛說의 권위를 빌리는 경전을 만들 필요는 없기 때문이다. 설득력을 위해 경전의 권위까지 필요로 하는 그 어떤 강렬한 문제의식이 있었다고 보는 것이 자연스럽다. 그렇다면 『금강삼매경』의 찬술자(들)가 표현하고 싶었던 문제의식이나 관심사는 무엇이었을까? 경전의 권위를 빌려서까지 설득력을 확보하고자 했던 주장이나 관점은 도대체 무엇이었을까? 두 가지를 주목하고 싶다. 하나는 시대/국가적 요청과 불교 진보지성의 상호 호응이고, 다른 하나는 한반도 불교지성의 불교 내적內的 문제의식과 기획이다.

한국 고대불교사 연구 성과들이 충분히 지적하고 있듯이, 신라 중고기中古期(527~654)는 국가의 수직적 위계제도와 신라불교계가 밀월관계를 형성 · 유지해 가던 시기였다. 원광圓光(542~640)과 자장慈藏의 활동은 그 밀월관계를 대변한다. 그에 수반하여 엘리트 중심의 귀족불교 현상이 뚜렷해진다. 신라 특유의 신분제인 혈통에 의한 신분차별제도는 신분의 수직적 위계질서를 뒷받침하는 강력한 요소였는데, 신라 귀족불교는 전반적으로 이 수직적 위계질서에 순응적 · 협조적이었던 것으로 보인다. 왕위 계승자격이 있는 성골聖骨 혈통을 인도 카스트 신분제의 왕족 계층인 찰제리에 대비시켜 성골 왕권의 정당성을 지지해 주는 성골찰제리종설聖骨刹帝利種說은 그 단적인 사례이다.

최초의 진골출신 왕(무열왕)이 등장하여 삼국을 통일하는 신라 중대中代(654~780)는 혈통 신분제의 위계 규정력에 누수현상을 발생시키는 전환기였다. 이 전환기는 사상적으로 두 가지 강력한 시대적 요청을 발생시킨다. 태생적 혈통에 의한 신분차별과 그에 의거하여 구축된 권력질서를 청산할 수 있는 사상과 그러한 사상을 설득력 있게 제공 내지 유포시킬 수 있는 역량을 지닌 혁신지성이 그 하나라면, 통일된 거대국가의 차이 통섭력通攝力을 지원할 수 있는 보편수준의 통섭지성이 다른 하나이다. 여러 국가들을 통합하여 등장하는 모든 거대국가는 통합된 이질성을 품을 수 있는 보편적 인간관과 누구나 수긍할 수 있는 수준의 보편통찰을 요청한다. 모든 보편적 인간관과 보편통찰의 등장은 대부분 이러한 시대환경과 맞물려 있다.

한반도에는 마침 이러한 요청에 적절히 응할 수 있는 불교지성들이 축적되어 있었다. 원효와 의상義相(625~702)이 성취하여 펼치는 최고 수준의 보편통찰은 혈통에 의한 신분차별제도와 그 수직 위계적 인간관을 해체하기에 충분한 혁신지성이었고, 모든 다양한 차이들을 '분별에 의한 차별'에서 해방시켜 수평적 지대에서 각자의 차이를 마음껏 펼치며 제대로 대접받을 수 있게 하는 통섭通攝지성이었다. 권력자들과 동시대 지식인들이 원효와 의상이 펼치는 보편통찰의 내용과 의미를 얼마나 이해하였는가의 문제는 있지만, 적어도 이들 사상의 해체적 혁신성과 통합성에 대한 직감적 인지는 있었을 것이다. 게다가 원효는 대안, 혜숙惠宿, 혜공惠空 등과 어울려 기존의 제도권 불교와는 확연히 구분되는 일련의 새로운 지향을 공유하면서 대중들의 열렬한 지지를 받은 것으로 보인다. 이 새로운 지향은 제도권과 친연관계를 유지하면서 신분과 생활의 특혜를 누려 가는 종래의 제도권 귀족불교에 비판적이면서 소수 상위질서의 혜택에서 소외된 다수의 대중에 적극적으로 다가서는 대중지향성을 보여 준다. 기존의 엘리트 귀족불교군群과 비교할 때 가히 대중불교 진영이라 할 만한 혁신·통섭 지성 및 운동이 뚜렷하게 일련의 공유지대를 형성하고 있었다.

이 혁신·통섭·대중 지향 지성들의 주장과 행동은 원광과 자장에 의해 대변되는 제도 옹호의 국가불교적 지향과는 선명하게 대비되는 것이었다. 그리고 원효가 대변하는 이 혁신·통섭·대중 지향의 지성은 기존의 성골 중심 왕위계승의 정당성을 해체하는 데 적합하였다. 무열왕이 원효를 사위로 맞은 것을 결코 우연으로 볼 수 없는 이유이기도 하다. 게다가 이 혁신·통섭·대중 지향의 지성은 삼국의 차이들을 하나의 국가 안에서 품어야 하는 통일국가의 요청에도 상응하는 것이었다. 『금강삼매경』과 원효 『금강삼매경론』의 내용이 이 혁신·통섭·대중 지향 지성을 고도의 내용으로 총결하는 면모를 지니고 있다는 것은 흥미롭다. 그 시기의 새로운 시대/국가적 요청과 원효·대안을 중심으로 하는 혁신·통섭·대중 지향의 진보지성이 상호적으로 맞물려 있을 가능성을 고려하게 되는 대목이다. 『금강삼매경』의 등장은 시대/국가적 요청과 불교 진보지성의 상호 호응현상으로 볼 수 있는 것이다. 『금강삼매경』·『금강삼매경론』은 온갖 차별적 속박과 무지로부터의 해방과 평등을 지향하는 한반도의 혁신진보 불교지성의 화현化現으로 볼 수 있다.

『금강삼매경』 찬술배경으로서 또 하나 고려해 보아야 할 것은 한반도 불교지성의 불교 내적內的 문제의식과 기획이다. 『금강삼매경』「입실제품入實際品」에서는 보리달마 저술로 알려진 『이입사행론』의 이입二入(理入과 行入) 수행과 흡사한 구절이 발견된다는 점, 또 중국 초기선종 제4조 도신과 제5조 홍인의 동산법문에서 부각되는 '수일守一' 법문과 유사한 내용이 등장한다는 점은, 『금강삼매경』 찬술배경이나 찬술자를 추정해 가는 작업에서 각별한 주목을 받아 왔다. 『이입사행론』의 내용이 『금강삼매경』에서 발견된다는 점이, 『금강삼매경』 찬술자(들)가 초기선종 소속이라는 것을 입증하지는 못한다. 그러나 『금강삼매경』 찬술자(들)가 『이입사행론』을 읽었을 가능성을 설정하는 것은 전혀 무리가 없다. 『금강삼매경』이 찬술된 것으로 추정되는 시기는 중국 초기선종이 대두하고 있었던 시기였고, 중국의 새로운 사상 조류나 문헌이 큰 시차 없이 신속하게 한반도에 유입되고 있었다는 점을 감안하면, 『금강삼매경』이 『이입사행론』의 내용 일부를 채택하고 있는 것은 부자연스런 일이 아니다. 『금강삼매경』이 '삼매'를 경전의 주제로 삼고 있다는 점에 과도한 의미를 부여하여 『금강삼매경』 찬술배경과 찬술자를 초기선종과 직접 결합시키려는 시도는

『금강삼매경』의 내용이나 정황상 오히려 어색하다.

『금강삼매경』·『금강삼매경론』은 7세기 중반까지 동북아 불교권에서 거론되던 불교사상의 거의 모든 유형을 망라하면서 삼매三昧라는 선禪의 주제 아래 최고급 수준의 통합적 불교철학 및 선禪의 철학적 기반을 통섭적通攝的으로 전개하고 있다. '삼매'를 전면에 부각시키고 있는 만큼, 『금강삼매경』이 한반도에서 찬술된 것이라면 원효시대 7세기 한반도 불교계에는 선禪을 주요 관심사로 설정하는 정황이 발생하였다는 추정이 가능하다. 그리고 『금강삼매경』 찬술자(들)가 선을 주요 의제로 삼은 배경에는, 당시 새롭게 대두하는 선종의 주장이 일정한 영향을 끼쳤을 가능성이 높다. 한반도 불교계의 내적 역량과 중국 초기선종의 등장이라는 외적 상황이 맞물리면서, 원효를 위시한 한반도 불교지성은 선을 전면에 내세우면서 그간 탐구한 다양한 불교이론을 통섭적으로 종합하여 불교와 인간 및 세상에 대한 자신들의 관점과 전망을 통합적으로 펼쳐 보려는 기획에 착수했을 가능성이 있다. 특히 교학의 다양한 차이들을 종파적 편향성으로 소화하는 경향성을 노출하는 중국 불교지성과는 달리, 다양한 관점들이 지닌 각자의 '부분적 타당성'(一理)을 포착하여 통섭적으로 엮으려는 원효의 방법론적 기획, 그리고 그러한 원효의 방법론에 공감했던 한반도 불교지성들은, 중국 선종의 대두로 부각되는 새로운 관심과 전망에 대응하여 자신들의 관점과 전망을 불설佛說의 권위를 빌려 천명하려는 기획에 착수하였고, 그러한 의욕과 역량이 결집된 것이 『금강삼매경』·『금강삼매경론』의 찬술이었다고 추정해 본다.

이렇게 볼 때 『금강삼매경』 찬술자(들)가 지녔던 문제의식의 하나는, '선禪의 사상적 근거와 이론을 통섭적으로 체계화시키는 것'이었다고 본다. 7세기 한반도 불교지성들은 새로운 불교운동인 초기선종의 등장을 계기로 선의 교학적 토대에 대한 자신들의 관점을 천명하려는 문제의식을 지녔고, 그리하여 그들이 소화하고 있던 불교이론들을 통섭적으로 엮어 '선의 철학적 기반을 정초定礎하려는 작업'에 착수하였으며, 그 결실이

『금강삼매경』·『금강삼매경론』이었을 것이다. 그리고 이 과정에서 대안과 원효는 직, 간접으로 주도적 역할을 하였을 것이다. 또한 『금강삼매경』 찬술자(들)에 원효가 직접 포함될 가능성도 배제할 필요나 근거가 없다. 『금강삼매경』 찬술과정에서의 원효 역할은 상상 이상으로 깊숙한 것이었을 수 있다.

『금강삼매경』의 찬술배경을 이렇게 설정한다면, 『금강삼매경』의 의미를 주석 형태로 풀어 가는 원효의 『금강삼매경론』을 '선禪의 철학적 정초'라는 맥락에서도 읽을 수 있다. 『금강삼매경』 및 『금강삼매경론』을, '선의 교학적, 철학적 토대 구축을 위한 체계구성' 혹은 '선과 교, 선과 철학의 통합체계 구성'이라는 맥락에서 읽을 수 있는 것이다. 그리고 이러한 읽기는, 원효시대인 7세기 한반도 불교계의 사상사적 의미와 원효 사상 및 선사상사 등에 새로운 면모를 추가할 수 있다.

그럴진대 『금강삼매경』과 『금강삼매경론』은 '선학禪學'의 대승교학적 체계이기도 하다. 『금강삼매경』과 『금강삼매경론』은 '선의 철학'을 밝히는 동시에 '철학의 선'을 세우고 있다. 선의 철학적 근거와 이론체계를 수립하여 선의 지적 기초와 전망을 제공하는 '선의 철학'을 보여 주는 동시에, 그 '선의 철학'이 단순한 지적 지평 열기에 그치지 않고 선 수행의 범주에 포섭되어 새로운 실존 지평을 여는 '철학의 선'으로 전변轉變되는 길을 열고 있다. 교학과 철학이 선에 합리적, 이론적 기초를 제공하여 선의 언어 몸집을 탄탄하게 하는 동시에, 선이 교학과 철학에 생명을 불어넣어 그들을 살아 있는 언어로 만들고 있다. 그리고 이것은 종래 선종의 맥락에서 탐구되던 선학과는 그 성격과 내용을 달리한다. 바로 이 지점에서 『금강삼매경』·『금강삼매경론』 선학의 특별한 의의가 수립된다. 『금강삼매경』·『금강삼매경론』의 선학과 선종의 선학을 상생적으로 결합시키면, 정학定學을 탐구하고 발전시키기 위한 더 넓고도 명확한 길이 드러날 것이라 전망한다.

『금강삼매경론』에서 원효는 평생 숙성시켜 왔던 '상호개방(通)과 상호

수용(攝)의 통섭通攝철학'을 집대성하고 있다. 또한 통섭철학을 두 가지 초점을 중심으로 펼치면서 결국에는 이 두 갈래를 통섭通攝적으로 결합시키는데, 그 두 초점은 '차이(相)'와 '선禪'이다. '차이(相)'와 '선禪'을 주제로 삼아 통섭철학을 펼치면서 두 주제에 관한 성찰을 융합시키고 있다. 그리고 이러한 작업의 방법론은 '불교 계보의 모든 교학들에 대한 통섭通攝적 해석학'이다. 다양 · 다층의 교학들을 정밀하게 탐구하여 각 교학의 핵심을 정확하게 파악하고 정밀하게 분석하며 비판적으로 검토한 후, 그에 대한 자신의 관점을 수립하는 동시에, 방대한 경론들을 종횡무진 인용하면서 '서로 통하게 하고 서로 받아들이게'(通攝) 한다.

『송고승전』과 『삼국유사』가 전하는 『금강삼매경』 및 『금강삼매경론』의 한반도 등장 이야기는, 필자가 보기에, 한국사상사에서 그 의미나 무게에 있어서 가장 빛나는 한 정점이 아닌가 싶다. 7세기 한반도 지성의 고도화된 역량과 그 보편지혜의 수준을 고도의 언어에 응집시킨 문헌, 그 문헌 형성을 가능케 한 인적, 사상적, 문화적, 역사적 조건들은, 생각할수록 매력적 상상의 나래를 펼치게 한다. 『금강삼매경』 · 『금강삼매경론』은 원효의 구도행각이 결국 어떤 성취로 귀결되고 있는지, 또한 그 성취의 의미는 무엇인지, 그리고 그것이 '지금 여기 그리고 이후'의 인간과 세상을 어떤 길로 초대하는지를 고스란히 드러내고 있다. 음미할수록 놀라고 환호하게 된다. 원효와 함께 웃고 울고 춤추고 노래하며 마음껏 어울리고 싶은 충동을 누르기 어렵다. 아, 원효여!

제1편

전체의 취지를 기술

(述大意)

新羅國沙門, 元曉述.

신라국의 승려인 원효가 짓다.

此經略開四門分別, 初述大意, 次辨經宗, 三釋題名, 四消文義.

[H1, 604b5~6; T34, 961a6~7]

이 [금강삼매金剛三昧]경[에 대한 해설]을 대략 네 가지 방식(門)으로 나누어 펼치니, 처음에는 '전체의 취지'(大意)를 기술하고, 다음에는 경의 핵심내용(宗)을 밝히며, 세 번째로는 [『금강삼매경론』이라는] 명칭을 해석하고, 네 번째로는 경문의 뜻을 자세히 풀어낸다.

第一述大意者, 夫一心之源, 離有無而獨淨, 三空之海, 融眞俗而湛然. 湛然融二而不一, 獨淨離邊而非中. 非中而離邊故, 不有之法, 不卽住無, 不無之相, 不卽住有. 不一而融二故, 非眞之事, 未始爲俗, 非俗之理, 未始爲眞也. 融二而不一故, 眞俗之性, 無所不立, 染淨之相, 莫不備焉. 離邊而非中故, 有無之法, 無所不作, 是非之義, 莫不周焉. 爾乃無破而無不破, 無立而無不立, 可謂無理之至理, 不然之大然矣. 是謂斯經之大意也. 良由不然之大然, 故能說之語, 妙契環中, 無理之至理, 故所詮之宗, 超出方外. 無所不破, 故名"金剛三昧", 無所不立, 故名"攝大乘經", 一切義宗, 無出是二, 是故亦名無量義宗. 且擧一目, 以題其首, 故言『金剛三昧經』也.

[H1, 604b6~c1; T34, 961a7~21]

첫 번째인 '전체의 취지'(大意)를 기술한 것은 [다음과 같다.] 〈'하나처럼 통하는 마음'이라는 원천〉(一心之源)[1]은 '[불변 · 독자의 본질/실체로서] 있음'(有)과 '[아무것도] 없음'(無)[이라는 '존재에 대한 환각']에서 벗어나 오로지 온전하며(淨), '불변 · 독자의 본질/실체가 없는 세 가지 경지'(三空)[2] [3]의 바다는 '[성

---

1 일심一心의 번역어: '一心'은 원효사상의 근원적이고도 궁극적인 개념인데 '하나처럼 통하는 마음'이라고 번역해 보았다. '一心'에 대한 원효 자신의 설명, '一心'과 직결되어 있는 '一覺' '一味' 등에 관한 원효의 설명, 이 개념들이 등장하는 맥락 등을 종합적으로 고려한 번역이다. 원효가 채택하는 '一心'이라는 기호는 '모든 현상을 산출해 내는 실체나 본체' 혹은 '현상의 이면에 있는 불변의 어떤 기체基體'를 지시하는 것이 아니다. 그 어떤 '불변 · 독자의 본질/실체가 있다는 생각'에도 막히거나 갇히지 않는 인지지평, 그리하여 '실체나 본질의 차이로 나누는 분별'에서 풀려난 채 차이들을 만날 수 있는 마음수준을 지시하는 기호로 보는 것이 적절하다고 생각한다. 이런 이해를 기본으로 삼아 '一心'을 '하나처럼 통하는 마음'이라 번역한 것이다. '하나처럼 통하는 마음'이라는 번역어의 타당성을 논증하기 위해서는 한 편의 독립적 논문이 필요하다. 풍성한 근거들과 필요한 논리들이 준비되어 있지만 역주에 반영하기는 어려워 생략한다. 참고로 『기신론소』(H1, 705a11~16)에 나오는 '一心'에 관한 원효의 정의定義적 해설은 다음과 같다. "'두 측면'(二門)이 [나뉘는 것이] 이와 같은데, 어째서 '하나처럼 통하는 마음'(一心)이라 하는가? 말하자면, 오염되었거나 청정하거나 그 모든 것의 '본연적 면모'(性)는 [본질로서] 다른 것이 아니기에(無二), 참됨(眞)과 허구(妄)의 두 국면은 [본질적] 차이가 있을 수 없으니, 그러므로 '하나'(一)라고 부른다. 이 '다르지 않은'(無二) 자리에서 모든 것을 실재대로이게 하는 것은 [이해하는 작용이 없는] 허공과는 같지 않아 '본연적 면모'(性)가 스스로 신묘하게 이해하니, 그러므로 '마음'(心)이라 부른다. 그런데 이미 '둘'(二)이 있지 않다면 어떻게 '하나'(一)라는 것이 있을 수 있으며, '하나'(一)가 있지 않다면 무엇에 입각하여 '마음'(心)이라 하겠는가? 이와 같은 도리는 언어적 규정에서 벗어나고 [불변 · 독자의 본질/실체로] 분별하는 생각을 끊은 것이니, 무엇으로써 지칭해야 할지 알 수가 없지만 억지로나마 '하나처럼 통하는 마음'(一心)이라 부른다"(二門如是, 何爲一心? 謂染淨諸法其性無二, 眞妄二門不得有異, 故名爲一. 此無二處, 諸法中實, 不同虛空, 性自神解, 故名爲心. 然旣無有二, 何得有一, 一無所有, 就誰曰心? 如是道理, 離言絶慮, 不知何以目之, 强號爲一心也). 여기서는 '一心之源'을 〈'하나처럼 통하는 마음'이라는 원천〉으로 번역한다. 이 『금강삼매경』의 대의문大意文에서는 '一心之源'이라는 표현에 곧이어 '三空之海'라는 표현이 등장하는데, '源'과 '海'는 상호 밀접한 연관을 보여 주는 수사법이기 때문이다.

2 공空의 번역어: '공空'은 동일성 · 독자성 · 불변성을 인정하려는 모든 유형의 사유방식을 비판하고 해체하기 위해 채택된 개념적 도구로서 붓다의 무아無我 통찰을 계승

스러운] 진리[의 세계]'(眞)와 '[저속한] 세속[의 세계]'(俗)[의 둘로 나누는 분별을] 녹여 말끔하다(湛然). 둘[로 나누어 보는 분별을] 말끔히 녹였으나 [진眞과 속俗의 차이가 없어진] 하나는 아니며, 오로지 온전하게 '[유有와 무無에 대한 두 가지] 치우친 견해'(邊)에서 벗어났지만 [유有와 무無를 섞어 놓은] 중간도 아니다. [유有와 무無를 섞어 놓은] 중간이 아니면서 '[유有와 무無에 대한 두 가지] 치우친 견해'(邊)에서 벗어났기 때문에, '[불변 · 독자의 본질/실체로서] 있지 않은 현상'(不有之法)이라 해서 곧 '[아무것도] 없는 상태'(無)에 머무는 것이 아니고, '[아무것도] 없지 않은 양상'(不無之相)이라 해서 곧 '[항상] 있는 상태'(有)에 머무는 것이 아니다. [그리고] [진眞과 속俗의 차이가 없어진] 하나가 아니면서 [진眞과 속俗을] [불변 · 독자의 본질이나 실체인] 둘[로 나누어 보는 분별]을 녹였기 때문에, 〈'[성스러운] 진리'(眞)가 아닌 현상〉(非眞之事)이라 해서 처음부터 '[저속한] 세속'(俗)[의 현상]이기만 한 적은 없고, 〈'[저속한] 세속'(俗)이 아닌 진리〉(非俗之理)라 해서 처음부터 '[성스러운] 진리'(眞)이기만 한 적도 없다. [또한] [진眞과 속俗을] [불변 · 독자의 본질이나 실체인] 둘[로 나누어 보는 분별]을 녹였지만 [진眞과 속俗의 차이가 없어진] 하나가 아니기 때문에, '[성스러운] 진리[의 세계]'

하고 있다. 그런데 원효의 저술에서는 이러한 의미 외에도 '긍정 가치의 허무주의적 부재' '허망함' '없음' 등을 지시하는 개념으로 사용되기도 한다. 따라서 이 용어가 채택되는 의미맥락에 따라 그 의미를 한글 번역어에 적절히 반영해 주어야 한다. 본 번역에서는 공空이 무아 통찰의 핵심을 반영하는 용어로 사용될 경우 '불변 · 독자의 본질/실체가 없음'으로 번역한다.

3 삼공三空: 인도의 초기 · 부파불교의 교학에서는 '불변 · 독자의 본질/실체가 없음'(空), '[불변 · 독자의 본질/실체로서의] 양상이 없음'(無相), '[불변 · 독자의 본질/실체적인 것들을] 바라는 것이 없음'(無願)이라는 '해탈의 세 가지 측면'(三解脫門)을 가리키는 술어이다. 그러나 『금강삼매경』에서는 '불변 · 독자의 본질/실체가 없는 면모 또한 불변 · 독자의 본질/실체가 없다'(空相亦空), 〈'불변 · 독자의 본질/실체가 없는 면모도 불변 · 독자의 본질/실체가 없다는 것' 또한 불변 · 독자의 본질/실체가 없다〉(空空亦空), '불변 · 독자의 본질/실체가 없어진 것 또한 불변 · 독자의 본질/실체가 없다'(所空亦空)의 세 가지를 가리키는 말이다. 이 내용은 '사실 그대로가 온전하게 드러나는 지평에 들어감[을 주제로 하는] 단원'(入實際品)에서 자세하게 나온다.

(眞)와 '[저속한] 세속[의 세계]'(俗)라는 면모(性)가 세워지지 않음이 없고, 오염(染)과 청정(淨)의 양상(相)[4]이 갖추어지지 않음이 없다. [그리고] '[유有와 무無에 대한 두 가지] 치우친 견해'(邊)를 여의었지만 [유有와 무無를 섞어 놓은] 중간이 아니기 때문에, 있음(有)과 없음(無)의 현상(法)이 만들어지지 않는 바가 없고, [유有와 무無에 대한 판단의] 옳음(是) 그름(非)의 뜻(義)이 두루 미치지 아니함이 없다. 그리하여 '깨뜨림이 없으면서도 깨뜨리지 않음이 없고, 세움이 없으면서도 세우지 않음이 없으니'(無破而無不破, 無立而無不立), 가히 '[한정시키는] 이치가 없는 지극한 이치'(無理之至理)요 '[한정되는] 그러함이 없는 크게 그러함'(不然之大然)이라 할 수 있다. 이것이 이 경전의 '전체 취지'(大意)이다.

참으로 '[한정되는] 그러함이 없는 크게 그러함'(不然之大然)이기 때문에 '설하는 말'(能說之語)은 [모든 것과 통하는] '고리 가운데'(環中)[5]에 신묘하게 합치

4 '상相'의 번역어: '相'은 니까야에서 '구분되는 특징적 차이'를 의미하는 팔리어 nimitta의 번역어로 시작하여 불교문헌들 속에서 다양한 변주를 보여 주는 용어이다. 또한 '相'은 붓다를 위시한 모든 불교적 성찰의 핵심부에 놓이는 개념으로서 이 개념을 어떻게 이해하는가에 따라 불교 언어와 이론을 읽는 해석학적 독법의 내용이 결정될 정도로 중요하다. 원효 저술에서는 불교의 교학/해석학에 축적된 '변주된 相의 용법들'이 망라되어 있으며 맥락에 따라 가변적으로 선택되고 있다. 따라서 '相'으로 지칭되는 구체적 내용은 맥락에 따라 다양하며, 번역에서는 그 다양한 맥락에서의 다양한 용법들 가운데 적절한 것을 역자의 이해에 따라 선택하여 번역어에 반영해야 한다. 원효 저술 속에서 목격되는 '相'의 다양한 용법들에 대한 본 번역에서의 번역어 사례로는 〈차이, 양상, [불변 · 독자의 본질/실체로 차별된] 차이, 특성, 특징, 면모, 모습, 현상, 대상〉 등이 있다. 그리고 이들 번역어는 모두 '相'(nimitta)이 지시하는 '구분되는 특징적 차이'라는 의미의 '문장 맥락에 따른 다양한 변형'이다. 따라서 이 모든 번역어들을 관통하는 일관된 의미는 '구분되는 특징적 차이'이다. 본 번역에서는 이런 점을 충분히 고려하면서 '相'이 등장하는 문장의 의미맥락에 따라 적절한 번역어를 탄력적으로 선택한다.

5 환중環中: 『장자莊子』의 「제물론齊物論」에 나오는 것으로 고리의 가운데에 있는 구멍을 가리키는 말이다. 고리의 구멍은 텅 비어 있으면서도 고리 전체와 연결되어 있으므로 원효는 '금강삼매'의 이치를 비유하는 데 적절하다고 보아 채택한 것으로 보인다.

하고, '[한정시키는] 이치가 없는 지극한 이치'(無理之至理)이기 때문에 '말에 담겨진 근본도리'(所詮之宗)는 '한정[하는 이치]'(方)를 뛰어넘는다. [이처럼] 깨뜨리지 않는 것이 없으므로 '금강[석金剛石 같은] 삼매'(金剛三昧)라 부르고, 세우지 않는 것이 없기 때문에 '대승大乘[의 이치]를 포괄하는 경'(攝大乘經)이라 부르며, 모든 이치(義)의 핵심(宗)은 이 ['깨뜨리지 않음이 없음'(無所不破)과 '세우지 않음이 없음'(無所不立)의] 두 가지를 벗어남이 없기 때문에 또한 '헤아릴 수 없이 많은 이치의 핵심'(無量義宗)이라고도 부른다. 그리고 [이 가운데] 첫 번째 것을 들어 [경의] 앞머리로 삼았기 때문에 『금강삼매경』이라고 말하였다.

제2편

경전의 핵심내용을 밝힘

(辨經宗)

Ⅰ. 합치는 방식(合): 한 맛[처럼 서로 통하는 진리다운] 이해와 [그 이해에 의거한] 수행(一味觀行)

第二辨經宗者, 此經宗要, 有開有合, 合而言之, 一味觀行爲要, 開而說之, 十重法門爲宗. 言觀行者, 觀是横論, 通於境智, 行是竪望, 亘其因果. 果謂五法圓滿, 因謂六行備足, 智卽本始兩覺, 境卽眞俗雙泯. 雙泯而不滅, 兩覺而無生, 無生之行, 冥會無相, 無相之法, 順成本利. 利旣是本利而無得, 故不動實際, 際旣是實際而離性, 故眞際亦空. 諸佛如來, 於焉而藏, 一切菩薩, 於中隨入, 如是名爲入如來藏. 是爲六品之大意也. 於此觀門, 從初信解, 乃至等覺, 立爲六行. 六行滿時, 九識轉顯, 顯無垢識, 爲淨法界, 轉餘八識, 而成四智, 五法旣圓, 三身斯備. 如是因果, 不離境智, 境智無二, 唯是一味, 如是一味觀行, 以爲此經宗也. 所以大乘法相, 無所不攝, 無量義宗, 莫不入之, 名不虛稱, 斯之謂歟. 合論一觀, 略述如之.

[H1, 604c2~22; T34, 961a22~b8]

두 번째인 '경의 핵심내용을 밝힘'(辨經宗)이라는 것은 [다음과 같다.] 이 경전의 근본(宗)과 요점(要)[을 밝히는 방식]에는 '펼치는 방식'(開)과 '합치는 방식'(合)이 있다. '합치는 방식'(合)으로 말하면 '한 맛[처럼 서로 통하는 진리다운] 이해와 [그 이해에 의거한] 수행'(一味觀行)이 요점이 되고, '펼치는 방식'(開)으로 말하면 '열 가지 진리 전개방식'(十重法門)[1]이 근본이 된다. '[진리다

1 "開說十門爲其宗者"(H1, 604c22) 이하의 내용에 해당한다.

운] 이해와 [이해에 의거한] 수행'(觀行)이라는 것은 [다음과 같은 것이다.] [진리다운] 이해(觀)는 '[시간과 무관하게] 수평적으로 말하는 것'(橫論)[2]으로서 경지(境)[3]와 지혜(智)[4]에 통하는 것이고, [이해에 의거한] 수행(行)은 '[시간이 걸리는] 수직적 측면에서 보는 것'(竪望)[5]으로서 그 '원인과 결과'(因果)에 걸쳐 있다. 결과(果)는 '다섯 가지 현상'(五法)[6]이 완전해지는 것을 말하는 것이고, 원인(因)은 '여섯 단계의 수행'(六行)[7]이 잘 갖추어짐을 말하며, 지혜(智)는 곧 '깨달음의 본연'(本覺)[인 '사실 그대로 앎']과 '['사실 그대로'를] 비로소 깨달아 감'(始覺)의 두 깨달음이고, 경지(境)는 곧 '[성스러운] 진리[의 세계]'(眞)와 '[저속한] 세속[의 세계]'(俗)[에 대한 분별]이 함께 없어진 것이다. [진眞과 속俗이] 함께 없어졌지만 [아무것도 없이] 없어진 것이 아니고, [본각과 시각] 두 가지로 깨달았지만 '[불변·독자의 본질/실체로서] 생겨난 것이 없으니'(無生), '[불변·독자의 본질/실체로서] 생겨난 것이 없다는 [이해에 의거한] 수행'(無生之行)은 그윽이 '[불변·독자의 본질/실체로 차별된] 차이가 없는 지평'(無相)[8]과 만나게 되

---

2 일종의 공시共時적 측면이라 할 수 있다.

3 진眞과 속俗에 대한 분별이 모두 없어진 경지.

4 '깨달음의 본연'(本覺)[인 '사실 그대로 앎']과 '['사실 그대로'를] 비로소 깨달아 감'(始覺)의 두 깨달음.

5 일종의 통시通時적 측면이라 할 수 있다.

6 이어지는 내용에 따르면 '오법五法'은, 제9식인 '오염되지 않은 식'(無垢識)이 '온전한 진리 세계'(淨法界)를 드러내는 것과, 대원경지大圓鏡智·평등성지平等性智·묘관찰지妙觀察智·성소작지成所作智의 '네 가지 지혜'(四智)를 이루는 것이다.

7 십신十信, 십해十解(진제역)/십주十住, 십행十行, 십회향十廻向, 십지十地, 등각等覺의 여섯 단계이다.

8 무상無相의 번역: 앞서의 역주에서 밝혔듯이 '구분되는 특징적 차이'를 의미하는 '相'은 불교철학의 모든 계보에서 핵심지위를 차지하는 개념으로서 원효 저술에서는 불교의 교학/해석학에 축적된 '변주된 相의 용법들'이 망라되어 있다. 그리고 원효 저술 속에서 목격되는 '相'의 다양한 용법들에 대한 번역어로서 본 번역에서는 〈차이, [불변·독자의 본질/실체로 차별된] 차이, 특성, 특징, 양상, 면모, 모습, 현상, 대상〉 등을 선택하고 있다. 그리고 이들 번역어는 모두 '相'(nimitta)이 지시하는 '구분되는 특징적 차이'라는 의미가 문장 맥락에 따라 다양하게 변주된 것이므로, '구분되는 특징적 차이'라는 하나의 핵심 의미가 이들 다양한 번역어들을 관통하고 있다. 그런데 '무

고, '[불변 · 독자의 본질/실체로 차별된] 차이가 없다는 도리'(無相之法)는 '[깨달음의] 본연[인 '사실 그대로 앎']이 지닌 이로움'(本利)을 차례차례 이룬다. 이로움은 이미 [있는] '[깨달음의] 본연[인 '사실 그대로 앎']이 지닌 이로움'(本利)이라서 '얻었다고 할 것이 없기'(無得) 때문에 '사실 그대로가 온전하게 드러나는 지평'(實際)을 움직이지 않았고, 그 지평(際)은 이미 [있는] '사실 그대로가 온전하게 드러나는 지평'(實際)이라서 '[얻을 수 있는] 불변 · 독자의 본질/실체'(性)[라는 환각]을 여의었기 때문에 '사실 그대로인 지평'(眞際) 또한 [불변 · 독자의 본질/실체가 아니어서] 공空하다. 모든 부처와 여래가 이 경지에 들어가 있으며, 모든 보살이 이 [경지] 가운데로 따라 들어가니, 이러한 것을 '여래장如來藏에 들어간다'(入如來藏)고 말한다. 이것이 [『금강삼매경』] 6품六品[인 무상법품無相法品, 무생행품無生行品, 본각리품本覺利品, 입실제품入實際品, 진성공품眞性空品, 여래장품如來藏品]의 '전체 취지'(大意)이다.

상無相'은 '상相'의 부정형이기에 '무상無相'의 의미와 번역은 '상相'의 의미 및 번역어와 맞물려 있다. 특히 '무상無相'은 『금강삼매경』「무상행품無相行品」의 핵심 개념으로 등장할 뿐 아니라 『금강삼매경/론』 전체의 철학체계에서 매우 중요한 지위를 부여받고 있기 때문에, 이 용어의 의미를 어떻게 이해하는가에 따라 『금강삼매경/론』 및 원효철학에 대한 이해가 크게 출렁거리게 된다. 본 번역에서는 이런 점들을 십분 고려하면서 '무상無相'의 번역어로 〈[불변 · 독자의 본질/실체로 차별된] 차이가 없음/[불변 · 독자의 본질/실체로 차별된] 차이가 없는 지평/[불변 · 독자의 본질/실체로서의] 양상이 없음/차이가 없음/[불변 · 독자의 본질/실체로 차별된] 차이를 두지 않음〉 등을 맥락에 따라 선택하고 있다. 크게 보면 '相'을 '차이'와 '양상'으로 번역하는 것을 두 선택지로 삼았는데, 어느 번역어든 '구분되는 특징적 차이'를 반영한 것이다. '면모' '특성' '특징'이라는 번역어들도 마찬가지이다. 원효가 그의 모든 저술에서 '相'과 '無相'의 대비를 통해 드러내려는 통찰의 핵심은 다음과 같이 정리할 수 있을 것이다. ─ 〈'구분되는 특징적 차이들/현상/양상'을 '불변 · 독자의 본질/실체로 간주하는 분별 · 희론적 사유에서 벗어나 '구분되는 특징적 차이들/현상/양상'의 '사실 그대로' 이해하는 것, 다시 말해 차이들에 대한 '허구의 분별적 차별'을 치유하여 '굴절 · 왜곡되지 않는 차이들'을 드러내고 그런 차이들과의 이로운 상호관계를 펼쳐 가는 것이 '相-無相'의 통찰이다. 차이 현상들을 초월하거나 지워 버리는 것이 아니라 오염되고 왜곡되었던 차이들의 '사실 그대로'를 드러내어 '차이들과의 온전한 관계'를 구성해 가려는 것이다.〉

이 [진리다운] '이해[를 밝혀 가는] 길'(觀門)에는, [보살수행의 52단계의] 처음 [두 단계인] '믿음을 세우는 열 가지 단계'(十信)와, '[진리에 대한 믿음이 이해로 안착하는] 이해의 열 가지 경지'(十解)로부터 '[차이들을] 평등하게 볼 수 있는 깨달음[의 경지]'(等覺)[9]에 이르기까지 '여섯 단계의 수행'(六行)을 세운다. '여섯

---

9 등각等覺: 원효의 관점에 따르면, 보살수행의 52단계(52位)에서 십지十地 이전인 십신十信·십주十住·십행十行·십회향十廻向 단계에서의 관행은 모두 방편관에 속하고, 십지 초지初地부터의 관행은 정관에 해당한다. 그에 의하면, 자리행과 이타행이 하나로 결합되는 분기점은 십지의 초지이며, 십지부터는 자리행과 이타행이 근원에서 하나로 결합하는 경지가 펼쳐지게 되고, 등각等覺과 묘각妙覺에 이르러 그 완벽한 경지가 된다. 또 십지의 초지初地 이상의 지평을 여는 정관正觀의 핵심을 원효는 유식관唯識觀으로 본다. 정관이 작동하는 초지 이상의 경지에서 현상과 존재의 사실 그대로인 진여공성眞如空性에 직접 접속하게 되고, 그때 '['사실 그대로'를] 비로소 깨달은' 시각始覺을 증득하여 본각本覺[인 '사실 그대로 앎']과 상통하게 되어 '시각이 곧 본각'이라는 일각一覺의 지평에 올라선다. 이후의 과제는 본각과의 상통 정도를 확장해 가는 것이다. 초지에서 위로 올라갈수록 상통의 원만성이 확대되다가, 등각等覺 경지에서 성취하게 되는 금강삼매에 의거하여 마침내 묘각妙覺 지평이 열려 시각과 본각이 완전하게 하나가 된다. 등각等覺을 "行過十地, 解與佛同"라고 설명하는 『보살영락본업경』의 이해(T24, 1018b2)에 따른다면, '등각等覺'의 한글 번역은 '이해가 부처와 같아진 깨달음[의 경지]' 정도가 무난할 것이다. 그러나 이러한 번역어는 등각等覺의 구체적 특징에 관한 정보를 제공하지 못한다. '부처와 같은 이해'가 구체적으로 어떤 특징적 내용을 염두에 두고 있는 것인지 알려 주지 않는다. 번역자의 이해를 명확하게 반영하려는 해석학적 번역을 추구할 때는 이런 모호한 번역어에 그칠 수가 없다. 십지의 초지初地 이상에서 직접 접속하게 된 '진여공성眞如空性'이라는 지평은 무지가 차이현상들에 덧씌우던 불변·독자의 본질/실체/본질이 해체된 '사실 그대로의 지평'이다. 이러한 의미를 고려할 때 '등각等覺'은, '차이들의 실체적/본질적 차별화를 만들어 내던 무지'에 매이지 않고 '차이들을 무실체/무본질의 지평 위에서 실체적/본질적 차별 없이 만날 수 있는 능력이 고도화된 경지'로 풀이해 볼 수 있다. 이런 이해를 반영하여 '등각等覺'을 '[차이들을] 평등하게 볼 수 있는 깨달음'이라고 번역하였다. '등각等覺'의 의미를 이렇게 이해한다면, 등각等覺 이후에 등장하는 묘각妙覺은 '[차이들을] 사실대로 함께 만날 수 있는 깨달음'이라고 번역할 수 있을 것이다. 불교문헌에서 '묘妙'라는 개념을 사용할 때는 '실체적/본질적 구분이 해체되어 차이들이 동거/동행하는 지평'을 지시하기 때문이다. '묘妙'라는 한자어 자체도 '경계가 확정되지 않는 상태'를 지시하는 것이다. 『금강삼매경론』에서는 등각과 묘각에 관련된 내용이 자주 등장하는데, '등각等覺'과 '묘각妙覺'을 각각 '[차이들을] 평등하게 볼 수 있

단계의 수행'(六行)이 완전하게 충족될 때, '[분별이 그친 마음지평인] 제9식'(第九識)으로 바뀌어 가면서 [마침내] '[근본무지에 따른 분별에] 오염되지 않은 식'(無垢識)을 드러내어 '온전한 진리 세계'(淨法界)를 이루고, 나머지 여덟 가지 식을 바꾸어 '['거울로 비추는 것처럼 [현상세계를] 온전하게 드러내는 지혜'(大圓

는 깨달음' 및 '[차이들을] 사실대로 함께 만날 수 있는 깨달음'으로 번역하는 것을 지지해 줄 수 있는 『금강삼매경론』의 내용을 몇 가지 소개하면 다음과 같다. "〈[분별하는] 생각'(念)을 그쳐 일어나지 않게 한다〉(靜念無起)라는 것은, '[차이들을] 평등하게 볼 수 있는 깨달음의 경지'(等覺位)에서는 그 '동요하는 생각'(動念)이 '본래부터 [불변·독자의 본질/실체로 보는 분별의 동요가] 그쳐 평온한 것임'(本來寂靜)을 깨달아 일어나지 않게 하는 것이다. 〈마음이 늘 편안하고 평안하다〉(心常安泰)라는 것은, '[차이들을] 사실대로 함께 만날 수 있는 깨달음의 경지'(妙覺位)에 이르러 〈'[하나처럼 통하게 하는] 마음의 근원'(心源)에는 '[분별하는 생각이] 일어남도 없고 사라짐도 없고'(無起無滅) '본래 [분별에 따라] 동요하는 생각도 없으며'(本無動念) '[분별의] 시작됨도 없고 끝남도 없음'(無始無終)〉을 증득하여 본[다는 뜻이]다. '[마음의 본원에는 분별하는 생각이] 일어남도 없고 사라짐도 없기'(無起滅) 때문에 '늘'(常)이고, [본래부터] '[분별에 따라] 동요하는 생각'(動念)이 없기 때문에 '편안하고'(安), '[분별하는 생각이] 시작됨도 없고 끝남도 없기'(無始終) 때문에 '평안'(泰)하지 않음이 없다. 이와 같이 수행하여 '궁극적인 깨달음'(究竟覺)을 얻으면 곧 '[근본무지에 매여] 생겼다가 사라지면서 [불변·독자의 본질/실체로 보아 분별하는] 한 생각이 일으킨 [분별망상의] [생기고(生) 머무르며(住) 변이되고(異) 사라지는(滅)] 네 가지 양상'(生死一念四相)이 없으니, 그러므로 〈곧 '[불변·독자의 본질/실체로 보아 분별하는] 한 생각'이 생겨나지 않을 것이다〉(卽無[生]一念)라고 말하였다"(〈靜念無起〉者, 等覺位中, 覺其動念本來寂靜, 令不起故. 〈心常安泰〉者, 至妙覺位, 得見心源無起無滅, 本無動念無始無終. 無起滅故常, 無動念故安, 無始終故無不泰然. 如是修行, 得究竟覺, 卽無生死一念四相, 以之故言〈卽無一念〉. 『금강삼매경론』, H1, 636b23~c5); "처음[인 '총괄적으로 밝힘'(摠明)]에는 두 가지가 있으니, 먼저는 질문이고 나중은 대답이다. 질문에서 말한 〈이 마음이 온전해질 때에는 '[욕망세계·유형세계·무형세계, 이] 세 가지 세계'(三界)도 없겠습니다〉(此心淨時, 應無三界)라는 것은 [다음과 같은 뜻이다.] '['열 가지 본격적인 수행경지'(十地)의] 첫 번째 경지'(初地) 이상에서는 '본연의 온전함'(本淨)을 증득하여 보기 때문에, ['본연의 온전함'(本淨)에] 응하여 증득하는 것에 따라 '세 가지 세계'(三界)가 없어진다. [구체적으로는] '세 가지 세계에서의 [분별하는] 현상'(三界事相)은 '['열 가지 본격적인 수행경지'(十地)의] 첫 번째 경지'(初地)에서, 혹은 '['열 가지 본격적인 수행경지'(十地)의] 여덟 번째 경지'(八地)에 이르러 없어진다. [또] '세 가지 세계의 속성'(三界自性)은 '[차이들을] 평등하게 볼 수 있는 깨달음의 경지'(等覺位)에서 없

鏡智)·'[불변·독자의 본질/실체라는 생각으로 비교하지 않아] 평등하게 보는 지혜'(平等性智)·'사실 그대로 이해하는 지혜'(妙觀察智)·'[중생들이 열반에 이르도록 성숙시키는] 일을 이루어 가는 지혜'(成所作智), 이] **네 가지 지혜**'(四智)[10]**를 이루니,** [이] **다섯 가지**[11]**가 완전해지면** [법신法身·보신報身·화신化身이라는] **'부처의 세 가지 몸'**(三身)**이 갖추어진다.**

이와 같은 원인[인 '여섯 단계의 수행'(六行)을 잘 갖추는 것](因)**과** [그] **결과**[인 '다섯 가지 현상'(五法)이 완전해지는 것](果)**은,** ['진리의 세계'(眞)와 '세속의 세계'(俗)

어지고, '세 가지 세계의 누적된 경향성'(三界習氣)은 '[차이들을] 사실대로 함께 만날 수 있는 깨달음의 경지'(妙覺位)에 이르러서야 없어진다"(初中有二, 先問後答. 問中言〈此心淨時, 應無三界〉者, 初地已上, 證見本淨故, 隨所應得, 三界滅無. 三界事相者, 或於初地, 或第八地, 而得滅無. 三界自性者, 等覺位中, 而得滅無, 三界習氣, 至妙覺位, 方得滅無. 『금강삼매경론』, H1, 641b10~16); "또한 이 지혜의 작용은, '[차이들을] 평등하게 볼 수 있는 깨달음의 경지'(等覺位)에 있을 때는 '[사실 그대로] 이해하여 [분별의 동요를] 그치게 하는 지혜'(照寂慧)라고 부르니 '[근본무지에 따라] 생겨나고 사라지는 동요 양상'(生滅之動相)에서 아직 벗어나지 못했기 때문이고, '[차이들을] 사실대로 함께 만날 수 있는 깨달음의 경지'(妙覺位)에 이를 때는 '[분별의 동요를] 그쳐 [사실 그대로] 이해하게 하는 지혜'(寂照慧)라고 부르니 이미 제9식識의 '궁극적인 평온'(究竟靜)으로 돌아갔기 때문이다"(又此智用, 在等覺位, 名照寂慧, 未離生滅之動相故, 至妙覺位, 名寂照慧, 已歸第九識究竟靜故. 『금강삼매경론』, H1, 657b18~21).

10 사지四智: 유식학파에서 지혜를 네 가지로 구분한 것인데, '거울로 비추는 것처럼 [현상세계를] 온전하게 드러내는 지혜'(大圓鏡智)·'[불변·독자의 본질/실체라는 생각으로 비교하지 않아] 평등하게 보는 지혜'(平等性智)·'사실 그대로 이해하는 지혜'(妙觀察智)·'[중생들이 열반에 이르도록 성숙시키는] 일을 이루어 가는 지혜'(成所作智)를 말한다. 곧, 이 전식득지轉識得智로써 유식唯識의 도리로 들어간다는 것이다. 그런데 이 사지四智 개념은 『해심밀경解深密經』이나 『섭대승론攝大乘論』 등에서는 나타나지 않고, 『대승장엄경론大乘莊嚴經論』 권3(T31, 606c23~607a2)에서 사지四智의 설명이 나오는데, 이 네 가지 지혜를 제8식에서 전5식에 이르기까지 각각을 대응시켜 전식득지轉識得智를 설하는 이론적 체계는 『성유식론成唯識論』 권8(T31, 56a12~26)과 『불지경론佛地經論』 권3(T26, 302c1~11) 등에서 자세한 설명을 찾아볼 수 있다.

11 제9식인 '오염되지 않은 식'(無垢識)이 '온전한 현상세계'(淨法界)를 드러내는 것과, 대원경지大圓鏡智·평등성지平等性智·묘관찰지妙觀察智·성소작지成所作智의 '네 가지 지혜'(四智)를 이루는 것.

에 대한 분별이 함께 없어진] 경지(境) 및 ['깨달음의 본연'(本覺)[인 '사실 그대로 앎']과 '['사실 그대로'를] 비로소 깨달아 감'(始覺)의] 지혜(智)를 떠나지 않는 것이며, ['진리의 세계'(眞)와 '세속의 세계'(俗)에 대한 분별이 함께 없어진] 경지(境)와 ['깨달음의 본연'(本覺)[인 '사실 그대로 앎']과 '['사실 그대로'를] 비로소 깨달아 감'(始覺)의] 지혜(智)도 서로 다른 것이 아니라서 오직 '한 맛[처럼 서로 통하는 것]'(一味)이니, 이러한 '한 맛[처럼 서로 통하는 진리다운] 이해와 [그 이해에 의거한] 수행'(一味觀行)을 이 경전의 근본(宗)으로 삼는다. 그러므로 [이 경전에는] 대승 교설의 특징이 모두 포섭되고 무량한 뜻의 근본(宗)이 모두 들어가 있으니, '명칭은 괜히 붙여진 것이 아니다'(名不虛稱)라는 것은 이 [경전의 경우]를 일컫는 것이다. '한 맛[처럼 서로 통하는 진리다운] 이해와 [그 이해에 의거한] 수행'(一味觀行)을 '합치는 방식'(合)으로 논하는 것을 대략적으로 서술하자면 이와 같다.

II. 펼치는 방식(開): 열 가지 진리 전개 방식(十重法門)

開說十門爲其宗者, 謂從一門, 增至十門. 一門云何? 一心中, 一念動, 順一實, 修一行, 入一乘, 住一道, 用一覺, 覺一味. 二門云何? 不住二岸, 以遣二衆, 不着二我, 以離二邊, 通達二空, 不墮二乘, 俱融二諦, 不違二入. 三門者, 自歸三佛, 而受三戒, 順三大諦, 得三解脫, 等覺三地, 妙覺三身, 入三空聚, 滅三有心. 四門者, 修四正勤, 入四神足, 四大緣力, 四儀常利, 超出四禪, 遠離四謗, 四弘地中, 四智流出. 五門者, 於五陰生, 具五十惡, 故植五根, 而養五力, 涉五空海, 跋五等位, 得五淨法, 度五道生, 如是等也. 云何六七八九等門? 具修六度, 永除六入, 行七覺分, 滅七義科, 八識海澄, 九識流淨. 始從十信, 乃至十地, 百行備足, 萬德圓滿. 如是諸門, 爲是經宗, 皆在經文, 文處當說. 然此後九門, 皆入一門, 一門有九, 不出一觀. 所以開不增一, 合不減十, 不增不減, 爲其宗要也.

[H1, 604c22~605a22; T34, 961b9~26]

〈'펼치는 방식'(開)으로 말하면 '열 가지 [진리 전개] 방식'(十門)이 근본(宗)이 된다〉라는 것은, '일一로써 펼치는 방식'(一門)으로부터 [숫자를 하나씩] 더하여 '십十으로써 펼치는 방식'(十門)에까지 이르는 것을 말한다.

〈'일一'로써 펼치는 방식〉(一門)이란 무엇인가? '하나처럼 통하는 마음'(一心) 가운데 '하나처럼 통하는 생각'(一念)이 움직여, '하나처럼 통하는 진실'(一實)을 따라 '하나처럼 통하는 수행'(一行)을 닦고, '하나처럼 통하게 하는 가르침'(一乘)으로 들어가 '하나처럼 통하는 길'(一道)에 머무르며, '하나처럼 통하게 하는 깨달음'(一覺)으로써 '한 맛[처럼 서로 통함]'(一味)을 깨닫는 것이다.

〈'이二'로써 펼치는 방식〉(二門)이란 무엇인가? '[생사(此岸)와 열반(彼岸)의] 두 가지 언덕'(二岸)에 머물러 있지 않아 '['세속에 사는 사람들'(俗衆)과 '출가 수행자'(道衆), 이] 두 부류의 사람들'(二衆)을 벗어나고, '['불변 · 독자의 본질/실체인 사람'(人我)과 '불변 · 독자의 본질/실체인 현상(法我), 이] 두 가지 자아'(二我)에 집착하지 않아 '['항상 있다는 견해'(常見)와 '완전히 없어진다는 견해'(斷見), 이] 두 가지 치우친 견해'(二邊)에서 벗어나며, '[자아(我)와 현상(法), 이] 두 가지에 불변 · 독자의 본질/실체가 없음'(二空)을 통달하여 '['가르침을 들어서 [혼자] 깨달으려는 수행자'(聲聞)와 '연기緣起의 이치로 [혼자] 깨달으려는 수행자'(獨覺)의] 두 부류'(二乘)[1]에 떨어지지 않고, '['세속적 관점'(俗諦)과 '진리적 관점'(眞諦), 이] 두 가

1 이승二乘인 성문聲聞 · 연각緣覺/독각獨覺/벽지불辟支佛에 대한 번역어: 원효 저술에서 채택되는 '이승二乘' 혹은 '소승小乘'은 대승불교의 관점을 천명하기 위해 설정한 비판대상을 지칭하는 용어로서 역사적 관점보다는 철학적 관점이 반영된 것이다. 대승불교의 문제인식에서는, 아라한을 추구하는 기존의 불교교학과 교단전통 및 수행방식은 '자기'에 대한 관심에 과도하게 집중된 나머지, 구도의 실제내용이 일종의 '변형된 종교 이기주의'로 변질될 가능성이 높아졌으며, 이러한 태도는 붓다의 가르침을 제대로 이해하지 못하는 것으로 판단한 것 같다. 아라한을 정점으로 하는 전통교학과 수행론에서는 과도한 종교 이기주의가 범람하고 있으며 이것은 붓다의 무아 설법으로부터의 일탈이라고 본 것이다. 그리하여 교학과 수행론 전반에 걸쳐 그러한 종교 이기주의적 태도와 경향성을 비판적으로 극복하려는 일군의 문제의식이 등장하는데, 이들은 자신의 관점을 '대승大乘'이라 부르는 한편, 비판대상을 '소승小乘'으로 부르면서 자신의 문제의식과 관점을 명백히 한다. 교학과 수행을 관통하는 대승의 비판의식은 일관되게 '과도한 개인주의' 혹은 '변형된 종교 이기주의'를 겨냥하고 있는데, 대승이 그들의 문제의식을 전개하기 위해 채택한 용어인 '소승小乘' '이승二乘' '성문聲聞 · 연각緣覺/독각獨覺/벽지불辟支佛' 등은 모두 이러한 비판을 반영하고 있다. 아라한을 추구했던 불교전통, 그리고 현재도 아라한을 이상으로 하는 남방 상좌부 전통의 실제에서는 이러한 대승적 비판에 해당하지 않는 경우가 많을 것이고, 그런 경우 아라한 교학/수행 전통을 비판적으로 규정하는 대승의 시선에 동의하지 않을 것이다. 그러나 '소승小乘' '이승二乘' '성문聲聞 · 연각緣覺/독각獨覺/벽지불辟支佛' 등의 용어를 구사하는 대승의 시선은, 그들이 극복하고자 했던 문제와 해결의지를

지 관점'(二諦)을 함께 융합하여 '['이해하여 들어가기'(理入)와 '수행하여 들어가기'(行入), 이] 두 가지 들어가기'(二入)에 어긋나지 않는 것이다.

〈'삼三'으로써 펼치는 방식〉(三門)이라는 것은, 스스로 '[법신法身, 보신報身, 화신化身] 세 부처'(三佛)에게 귀의하여 '[섭율의계攝律儀戒, 섭선법계攝善法戒, 섭중생계攝衆生戒] 세 가지 계율'(三戒)[2]을 지니고, '세 가지 크나큰 진리'(三大諦)[3]에 따라 '세 가지 해탈'(三解脫)[4]과 '[차이들을] 평등하게 볼 수 있는 깨달음의 세 가지 경지'(等覺三地)와 '[차이들을] 사실대로 함께 만날 수 있는 깨달음을 펼치는 세 가지 몸'(妙覺三身)을 얻으며, 〈세 가지 종류의 '불변·독자의 본질/실체 없는 경지'〉(三空聚)에 들어가 '[욕망세계(欲界)·유형세계(色界)·무형세계(無色界), 이] 세 가지 세계의 마음'(三有心)을 없애는 것이다.

〈'사四'로써 펼치는 방식〉(四門)이라는 것은, '해로움은 끊고 이로움은 살리는 네 가지 수행'(四正勤)[5]을 닦아 '선정을 이루어 번뇌를 끊게 하는 네

분명히 하려는 비판철학적 맥락에서 이해해야지 역사적 기술로 접근하는 것은 부적절하다. 원효는 대승의 이러한 문제의식에 누구보다 공감하고 있고, 자신의 교학/수행론 이해나 철학 구성에 적극 채택하고 있다. 본 번역에서는 이러한 정황과 맥락을 고려하여 '이승二乘' '성문聲聞·연각緣覺/독각獨覺/벽지불辟支佛'을 〈'가르침을 들어서 [혼자] 깨달으려는 수행자'(聲聞)〉 〈'연기緣起의 이치로 [혼자] 깨달으려는 수행자'(緣覺/獨覺/辟支佛)〉 〈'['가르침을 들어서 [혼자] 깨달으려는 수행자'(聲聞)와 '연기緣起의 이치로 [혼자] 깨달으려는 수행자'(獨覺)의] 두 부류'(二乘)〉로 번역한다.

2 삼계三戒: 여기서 세 가지 계율이란 대승大乘의 계율체계를 총칭하는 삼취정계三聚淨戒를 가리킨다. '규범을 끌어안는 계율'(攝律儀戒), '이로운 것들을 끌어안는 계율'(攝善法戒), '중생을 끌어안는 계율'(攝衆生戒)의 세 가지이다.

3 삼대제三大諦: 『금강삼매경론』 본문 전체에서 '삼대제三大諦'란 술어는 나타나지 않는다. '삼제三諦'라는 명칭은 여러 차례 보이는데, 이 경우 천태교학의 공空·가假·중中 삼제三諦를 지칭하는 것인지는 분명하지 않다. 『금강삼매경론』 본문이 마무리되는 지점에서 보이는 다음의 서술이 참고가 될 것이다. "三諦者, 一謂菩提之道, 是平等諦, 非不等諦. 二謂大覺正智得諦, 非邪智得諦. 三謂慧定無異行入諦, 非雜行入諦"(H1, 672c3~5).

4 삼해탈三解脫: '허공[과 같이 모양 있는 것들을 수용하는] 해탈'(虛空解脫), '금강[석처럼 모든 것을 깨뜨리는] 해탈'(金剛解脫), '[선정에 의해 생겨난] 지혜[로 성취한] 해탈'(般若解脫)을 가리킨다. "三解脫者, 虛空解脫, 金剛解脫, 般若解脫"(H1, 646a2~3).

가지 능력의 계발'(四神足)[6]에 들어가고, '네 가지 조건이 지닌 크나큰 힘'(四大緣力)[7]으로 '[걷고(行) 머물고(住) 앉고(坐) 눕는(臥)] 네 가지 동작'(四[威]儀)[8]이

---

5 사정근四正勤: 범어는 'catvāri-prahāṇani'로서 사정단四正斷, 사의단四意斷, 사의단四意端, 사정승四正勝, 사단四斷이라고도 한다. 단斷은 장애를 끊는다는 뜻이고 근勤은 게으르지 않다는 뜻으로, 악업을 끊고 선업을 일으키는 네 가지 수행 방법이다. 초기 경전들에서는 ① 이미 생겨난 악업을 끊고 또 끊는 단단斷斷, ② 아직 생겨나지 않은 악업을 끊는 율의단律儀斷, ③ 아직 생겨나지 않은 선업을 생겨나게 하는 수호단隨護斷(방호단防護斷), ④ 이미 생겨난 선업을 증장시키는 수단修斷의 네 가지를 밝히는데, 네 가지 방법으로 수행에서의 게으름(懈怠)을 끊기 때문에 또한 4정단이라고 한다. 『불광대사전』, pp.1679~1680 참조.

6 사신족四神足: 범어는 'catvāra-ṛddhipādāḥ'로서 사여의분四如意分, 사여의족四如意足이라고도 한다. 욕구(欲), 정진精進(勤), 심념心念(心), 관조觀照(觀)의 네 가지 힘으로 여러 신묘한 작용을 발휘하여 삼매三昧(定)를 일으키는 것이다. ① 욕삼마지단행성취신족欲三摩地斷行成就神足은 선정禪定의 신통神通에 도달하려는 의욕으로 선정을 일으키는 것이고, ② 근삼마지단행성취신족勤三摩地斷行成就神足은 끊임없이 악행을 그치려는 선한 힘으로 선정을 일으키는 것이며, ③ 심삼마지단행성취신족心三摩地斷行成就神足은 심념력心念力으로 선정을 일으키는 것이고, ④ 관삼마지단행성취신족觀三摩地斷行成就神足은 불법佛法을 사유하는 힘으로 선정을 일으키는 것이다. 『불광대사전』, pp.1751~1752 참조.

7 사대연력四大緣力: 『금강삼매경론』(H1, 651a12~17). "四緣者, 一謂作擇滅力取緣, 攝律儀戒, 二謂本利淨根力所集起緣, 攝善法戒, 三謂本慧大悲力緣, 攝衆生戒, 四謂一覺通智力緣, 順於如住. 是謂四緣. 善男子! 如是四大緣力, 不住事相, 不無功用, 離於一處, 卽不可求." 밑줄은 해당하는 용어를 가리킨다.

8 사의四儀: 사위의四威儀를 줄인 말이다. 팔리어로는 'cattāro iriyā-pathā'이다. 여기서 'iriyā'는 여성명사로서 '자세, 태도'를 뜻하고, 'patha'는 남성명사로 '길'을 의미한다. 따라서 일상에서 이루어지는 행行(Ⓢ Ⓟ gamana)·주住(Ⓢ sthāna, Ⓟ ṭhāna)·좌坐(Ⓢ niṣadyā, Ⓟ nisajjā)·와臥(Ⓢ śaya, śayana, Ⓟ sayana)의 모든 동작에서 흐트러짐이 없는 자세를 존중하는 의미로 이해할 수 있다. 『장아함경長阿含經』 권8(T1, 51a26~28)에서는 "復有四法, 謂四威儀. 可行知行, 可住知住, 可坐知坐, 可臥知臥"라고 하여 일상의 동작 그대로에 주의를 기울여 알아차려야 한다는 뜻으로 사위의四威儀를 이해하고 있다. 『대반야바라밀다경大般若波羅蜜多經』 권327(T6, 673c8~11)에서도 "善現! 是菩薩摩訶薩成就無上菩提作意, 常不遠離大菩提心, 身四威儀, 往來入出, 擧足下足, 心無散亂, 行住坐臥, 進止威儀, 所作事業, 皆住正念"이라고 하여 동작마다 정념正念을 행하는 것으로 나타난다.

항상 이로우며, '네 가지 선정'(四禪)[9]을 뛰어넘어 '네 가지 [상반되는 판단의] 훼방'(四謗)[10]에서 멀리 벗어나며, '[대원경지大圓鏡智 · 평등성지平等性智 · 묘관찰지妙觀察智 · 성소작지成所作智, 이] 네 가지 넓디넓은 지혜의 경지'(四弘[智]地)[11] 가운데서 '['거울로 비추는 것처럼 [현상세계를] 온전하게 드러내는 지혜'(大圓鏡智) · '[불변 · 독자의 본질/실체라는 생각으로 비교하지 않아] 평등하게 보는 지혜'(平等性智) · '사실 그대로 이해하는 지혜'(妙觀察智) · '[중생들이 열반에 이르도록 성숙시키는] 일을 이루어 가는 지혜'(成所作智), 이] 네 가지 지혜'(四智)가 흘러나오는 것이다.

〈'오五'로써 펼치는 방식〉(五門)이라는 것은, '[자아를 이루고 있는 요소들의]

---

9 사선四禪: '네 가지 단계로 이루어진 선정'(四禪定, cattur-jhāna)을 가리키는 말이다. 이 네 단계의 선정을 각각 제1선第一禪(初禪, paṭhamaṁ jhānaṁ), 제2선第二禪(dutiyaṁ-jhānaṁ), 제3선第三禪(tatiyaṁ-jhānaṁ), 제4선第四禪(catutthaṁ jhānaṁ)이라고 부른다. 니까야와 아함에 나타난 서술을 토대로 각 단계에서 성취되는 경지를 정리하면 다음과 같다. 〈제1선: 심尋(vitakka), 사伺(vicāra), 희喜(pīti), 락樂(sukha); 제2선: 무심무사無尋無伺(avitakka avicāra), 심일경성心一境性(cetasoekodibhāva), 삼매에서 생겨난 희喜(samādhija pīti), 락樂(sukha); 제3선: 사捨(upekha), 정념정지正念正知(sato ca sampajāno), 사념낙주捨念樂住(upekho satīma sukha vihāra); 제4선: 불고불락不苦不樂(adukkha asukha), 사념청정捨念淸淨(upekhā sati pārisudhi). 여기서 단계적으로 성취하는 내용으로 거론된 '심사尋伺, 희락喜樂, 심일경성心一境性, 염念, 사捨' 등의 개념은 초기 · 부파뿐만 아니라 후기 대승불교의 정학定學 및 수행론에서도 지속적으로 중시되었다. 더 자세한 설명은 후술하기로 한다.

10 사방四謗: '네 가지 [상반되는] 판단'(四句)으로 주장이나 생각을 펼치는 방식을 의미한다. 이 네 가지의 내용에 대한 설명은 「무생행품無生行品」에 나온다. "是決定性, 亦不一不異, 不斷不常, 不入不出, 不生不滅. 離諸四謗言語道斷, 無生心性, 亦復如是"(T9, 273c12~14). 『섭대승론석攝大乘論釋』 권12에서는 "言說有四種, 即是四謗. 若說有, 即增益謗. 若說無, 即損減謗. 若說亦有亦無, 即相違謗. 若說非有非無, 即戲論謗. 菩薩得無分別智, 不可以言說顯示故, 稱無戲論無分別. 何以故? 出過世間智故. 又非世間智所知故"라고 하여, 사방四謗은 유무有無 사구四句를 통해서 희론戲論에 빠지는 것으로 설명한다.

11 사홍지四弘地: 「본각리품本覺利品」(T9, 368c13~14)에 나오는 '사홍지지四弘智地'를 말한다("如來所說一覺聖力, 四弘智地, 即一切衆生本根覺利"). 대원경지大圓鏡智 · 평등성지平等性智 · 묘관찰지妙觀察智 · 성소작지成所作智, 이 '네 가지 지혜'(四智)의 위상을 높이려는 의도에서 만들어진 술어로 보인다.

다섯 가지 더미'(五陰)에서 생겨나 '50가지 해로움'(五十惡)을 갖추기 때문에 '[신信 · 정진精進 · 염念 · 정定 · 혜慧, 이] 다섯 가지 능력의 수행'(五根)을 심고 '[신信 · 정진精進 · 염念 · 정定 · 혜慧의 수행으로 얻은] 다섯 가지 힘의 수행'(五力)을 길러, '다섯 가지 공함의 바다'(五空海)[12]를 건너고 '[신위信位 · 사위思位 · 수위修位 · 행위行位 · 사위捨位, 이] 다섯 가지 경지'(五等位)[13]를 지나 '다섯 가지 온전한 도리'(五淨法)[14]를 얻어 '[지옥地獄 · 아귀餓鬼 · 축생畜生 · 인간人間 · 천상

---

12 오공해五空海: '다섯 가지에 불변 · 독자의 실체가 없음'(五空)을 바다의 광활함에 비유한 말이다. 오공五空은 「입실제품入實際品」의 서두(H1, 639a21~23)에 등장한다. '[욕망세계(欲界) · 유형세계(色界) · 무형세계(無色界), 이] 세 가지 세계는 불변 · 독자의 본질/실체가 없음'(三有是空), '여섯 가지 미혹한 세계에서의 그림자와 같은 과보는 불변 · 독자의 본질/실체가 없음'(六道影是空), '현상세계의 양상은 불변 · 독자의 본질/실체가 없는 것임'(法相是空), '언어가 나타내는 차이는 불변 · 독자의 본질/실체가 없는 것임'(名相是空), '마음과 의식의 면모는 불변 · 독자의 본질/실체가 없음'(心識義是空)이 그것이다. 여기서는 숫자에 맞추어 설명하는 방식에 따라 '다섯 가지 공함의 바다'로 번역하였지만, 뒤에서는 〈바다와도 같은 '다섯 가지에 불변 · 독자의 본질/실체가 없는 경지'〉로 번역하였다.

13 오등위五等位: 『금강삼매경』의 「진성공품眞性空品」(T9, 371a23~b6)에 나오는 개념으로, '좋은 능력이 모두 끊어진 자의 마음'(一闡提心)으로부터 여래와 〈여래인 '사실 그대로'〉(如來實相)에 이르기까지 거쳐야 하는 '다섯 단계'(五等位)를 뜻한다. 다섯 가지는 신위信位, 사위思位, 수위修位, 행위行位, 사위捨位인데, 원효의 설명에 따르면 '믿음의 단계'(信位)는 '믿음을 세우는 열 가지 단계의 수행'(十信行)에 해당하고, '사유의 단계'(思位)라는 것은 '[십주十住, 십행十行, 십회향十回向의] 서른 가지 마음'(三十心)[의 단계]에 해당하며, '닦음의 단계'(修位)라는 것은 '열 가지 [본격적인] 수행경지의 수행'(十地行)에 해당한다. 또 네 번째인 '완성의 단계'(行位)라는 것은 '[차이들을] 평등하게 볼 수 있는 깨달음의 행위'(等覺行)[단계]에 해당하고, 다섯 번째인 '치우치지 않는 단계'(捨位)라는 것은 '[차이들을] 사실대로 함께 만날 수 있는 깨달음의 단계'(妙覺地)에 해당한다.

14 오정법五淨法: 오정법은 '다섯 가지 온전한 도리'로 번역할 수 있지만, 이 다섯 가지에 해당하는 내용을 확정하기는 쉽지 않다. 『마하승기율摩訶僧祇律』 권35(T22, 492a6~8)에서는 "五淨法, 如法如律隨喜, 不如法律者應遮. 何等五? 一制限淨, 二方法淨, 三戒行淨, 四長老淨, 五風俗淨"이라고 하여 가르침(法)과 행위규범(律)대로 기쁘게 따라 행하여 '제한, 방법, 계행, 장로, 풍속' 등의 다섯 가지가 청정한 것을 오정법五淨法이라 한다. 그러나 본문의 문맥을 감안할 때 오정법의 뜻은 다음의 세 가지로 추정해 볼 수 있

天上, 이] 다섯 가지 [미혹한 세계의] 중생들'(五道生)을 제도하는 것과 같은 것들이다.

'육六 · 칠七 · 팔八 · 구九로써 펼치는 방식'(六七八九門)이란 무엇인가? '여섯 가지 보살수행'(六度)[15]을 갖추어 닦아 '여섯 감관'(六入)[으로 들어오는 번뇌]를 영구히 제거하고, '깨달음을 성취하게 하는 [원인이 되는] 일곱 가지 부분'(七覺分)을 수행하여 '일곱 가지 영역'[에서 생기는 번뇌](七義科)[16]를 없애

다. 첫 번째는 색계色界 제사선천第四禪天의 다섯인 오정거천五淨居天을 말하는 경우이다. 이렇게 볼 경우, 사선정四禪定을 닦은 결과로 성취한 경지로써 중생들을 구제한다는 뜻이 된다. 그러나 오정거천을 오정법五淨法으로 바꾸어 표현하는 것은 부자연스럽다. 두 번째는 『보살영락경菩薩瓔珞經』에 의거한 추정이다. 『보살영락경』 권8 제22 「무식품無識品」에서는 "佛復告淨觀菩薩曰, 云何? 族姓子! 若有一恒沙衆生, 超一地, 二地在三地中, 修五淨法行五觀法, 修行八法并十八法, 三十七品, 空無相願, 其功德福寧爲多不?"(T16, 73c25~29)이라고 서술한 데서 '修五淨法'이라는 표현이 나오는데, 『금강삼매경론』의 문맥과 어울리는 대목이다. 다만 이 단원에서 13회에 걸쳐 '修五淨法'이라는 표현이 나오지만, 정작 오정법의 내용을 명시하지 않았다. 「무식품」의 서두에 나오는 "何以故? 一恒沙衆生成就五戒, 皆由法瓔珞而得具足諸道果報. 佛復告淨觀菩薩. 云何? 族姓子! 若有一恒沙衆生, 盡得五通皆悉成就, 加修五戒十善, 其功德福寧爲多不?"(T16, 73a15~19)이라는 내용을 고려한다면, 오정법은 오계五戒와 십선업十善業으로 대표되는 '온전한 행위를 발휘하게 만드는 계율'을 가리키는 것으로 볼 수 있다. 세 번째는 『본업경소本業經疏』(H1, 523a7~9)에서 원효가 『유가사지론瑜伽師地論』 권94의 "云何名爲七種清淨. 一戒清淨. 二心清淨. 三見清淨. 四度疑清淨. 五道非道智見清淨. 六行智見清淨. 七行斷智見清淨"(T30, 838a25~28)을 인용한 것에 의거한 추정이다. 여기서 제5청정을 '길과 길 아닌 것에 대한 견해의 온전함'(道非道知見清淨)이라고 하였기 때문에 제5청정을 오정법으로 가리킨 것이거나 제1정부터 제5정까지의 수행을 합쳐서 부른 말로 볼 수도 있다.

15 육도六度: '여섯 가지 보살수행'(六度)이란, 『육도집경六度集經』(T3)의 내용에서 분명하게 드러나는 것처럼, 육바라밀을 가리키는 말이다. 바라밀波羅密은 범어 'pāramitā'의 발음을 옮긴 말이고, 육도六度는 그 뜻을 옮긴 말이다. 범어 'pāramitā'의 어원을 분석하면, 다음의 두 가지로 나뉜다. ① pāram 단수, 목적격(n. 언덕, 반대편 지역, 목적지, 극한極限. a. 건너가는) + √i [2][4] 가다(여성명사, '완전, 최상') + -tā(추상명사 어미) → 저 언덕으로 건너감(도피안度彼岸). ② pārami(여성명사, 구경究竟, 완성, 완전) 'parama(a. 최고의, 최상의)'의 여성형 + -tā(추상명사 어미) → '완성'. 여기서 ①의 뜻인 '건너감'에 무게를 두어 번역하면 '도度'가 된다.

서, '여덟 가지 식識의 바다'(八識海)가 [무명과 번뇌의 오염을 없애어] 맑아지고 '제9식의 흐름'(九識流)이 온전해지는 것이다.

['십으로써 펼치는 방식'(十門)이라는 것은,] '믿음을 세우는 열 가지 단계'(十信)로부터 시작하여 '열 가지 [본격적인] 수행경지'(十地)에 이르러 온갖 수행을 갖추고 '모든 이로운 능력'(萬德)이 완전해지는 것이다.

이와 같은 '[숫자별로 펼친] 모든 방식'(諸門)이 이 경전의 핵심(宗)이 되는데, [그] 모두가 『금강삼매경』 글 안에 있으니 [해당하는] 글에서 설명할 것이다. 그런데 뒤의 '아홉 가지로 펼치는 방식'(九門)은 모두 '일一로써 펼치는 방식'(一門)으로 들어가서 '일一로써 펼치는 방식'(一門)에는 '아홉 가지[로 펼치는 방식]'(九[門])이 있는 것이니, [결국 이 모든 방식은] '한 [맛처럼 서로 통하는 진리다운] 이해[와 그 이해에 의거한 수행]'(一[味]觀[行])을 벗어나지 않는다. 그러므로 펼쳐도 하나에서 더 늘어나지 않고, 합쳐도 열에서 더 줄어들지 않으니, 늘어나지도 줄어들지도 않는 것이 이 『금강삼매경』의 '가장 중요한 핵심'(宗要)이 된다.

---

16 칠의과七義科: 이 명칭은 기존의 사전에서 표제어로 나오지 않는다. 'CBETA' 프로그램으로 '칠의과七義科'를 검색하면 『금강삼매경론』이 유일한 용례로 나오고, '칠의七義'로 검색하면 500개소의 용례가 나오지만 『화엄경』이나 『열반종요』의 경우와 같이 부처의 면모를 설명하는 개념으로 나온다. 따라서 본문의 문맥에 맞는 '일곱 가지 영역[에서 생기는 번뇌]'(七義科)에 해당하는 용례는 발견되지 않는다. 문장에서 바로 이어지는 제8식과 제9식의 등장을 고려하면, 번뇌가 발생하는 토대로서 전前6식과 제7식까지 이르는 일곱 가지 의식의 영역을 가리키는 말로 추정할 수도 있다.

제3편

[『금강삼매경론』이라는] 명칭을 해석함(釋題目)

Ⅰ. 금강을 풀이함(釋金剛)

第三釋題目者, 此經之目, 有其三種, 一名"攝大乘經", 二名"金剛三昧", 三名"無量義宗". 初後二名, 次門當釋, 今且先釋, 中間一目, 唯此一名, 在首題故. 於中有二, 先釋金剛, 後釋三昧.

[H1, 605a23~b3; T34, 961b27~c1]

'세 번째로 [『금강삼매경론』이라는] 명칭을 해석한다'(三釋題目)라는 것은 [다음과 같은 것이다.] 이 경전의 명칭에는 세 가지가 있으니, 첫 번째는 '대승[의 이치를] 포괄하는 경'(攝大乘經)이고, 두 번째는 '금강[석金剛石 같은] 삼매'(金剛三昧)이며, 세 번째는 '헤아릴 수 없이 많은 이치의 핵심'(無量義宗)이다. 처음 [『섭대승경攝大乘經』]과 맨 뒤 [무량의종無量義宗]의 두 명칭에 대해서는 뒷부분(次門)에서 해석할 것이고, 지금은 먼저 [두 번째인] 중간의 한 명칭을 해석하니, 오직 이 하나의 명칭이 [『금강삼매경』] 앞머리의 제목으로 있기 때문이다. 여기에는 두 가지가 있으니, 먼저 '금강金剛'을 풀이하고, 그 다음에 '삼매三昧'를 해석할 것이다.

初中亦二, 先釋後簡. 言"金剛"者, 寄喩之稱, 堅實爲體, 穿破爲功. 金剛三昧, 當知亦爾, 實際爲體, 破穿爲能. 實際爲體者, 證理窮源故, 如下文言, "證法眞實定"故. 破穿爲能者, 有其二義, 一破諸疑, 二穿諸定. 破諸疑者, 起說斷疑故, 如下文言, "決定斷疑悔"故. 穿諸定者, 此定能令諸餘三昧, 皆得有用, 如穿寶珠, 得有用故. 如『大品經』言, "云何名金剛三昧? 住此三昧, 能破諸三昧", 彼『論』釋云, "金剛三昧者, 譬如金剛, 無物不陷, 此三昧亦如是, 於諸法中, 無不通達, 令諸三昧, 皆得有用. 如硨磲碼碯琉璃,唯金剛能穿入". 案云, 經言破諸三昧者, 破之言穿, 論中穿入, 釋經破故. 達諸三昧皆無自性, 令彼三昧能離自着, 由是無碍, 得自在故, 釋名如是.

[H1, 605b4~b22; T34, 961c2~16]

1. 해석(釋)

[이 경의 제목인 '금강삼매'의 '금강'을 해석하는] 처음 구절에도 두 가지가 있으니, 먼저는 해석(釋)이고, 나중은 구분(簡)이다. '금강[석金剛石과 같은]'(金剛)이라는 것은 비유(喩)로 말한 것이니, 단단함을 본연(體)으로 삼고 꿰뚫고(穿) 깨뜨리는(破) 것을 능력(功)으로 삼는다. '금강[석金剛石과 같은] 삼매'(金剛三昧)도 그와 같다는 것을 알아야 하니, '사실 그대로가 온전하게 드러나는 지평'(實際)을 본연(體)으로 삼고 깨뜨리고 꿰뚫는 것을 능력(能)으로 삼는다. 〈'사실 그대로가 온전하게 드러나는 지평'(實際)을 본연(體)으로 삼는다〉는 것은 진리(理)를 증득하여 근원에 이르렀기 때문이니, 아래의 글에서 "진리(法)를 증득하는 '참된 선정'(眞實定)[1]"(證法眞實定)이라 말하는 것과 같은 것이다.

'깨뜨리고 꿰뚫는 것을 능력(能)으로 삼는다'는 것에는 두 가지 뜻이 있으니, 첫 번째는 모든 의혹을 깨뜨리는 것이요, 두 번째는 모든 선정을 꿰뚫는 것이다. '모든 의혹을 깨뜨린다'는 것은 언설을 일으켜 의혹을 끊기 때문이니, 아래의 글에서 "의혹(疑)과 후회(悔)를 기어코 끊어 버린다"(決定斷疑悔)[2]라고 말한 것과 같다. '모든 선정을 꿰뚫는다'는 것은, 이 [금강삼매의] 선정(定)으로 다른 모든 삼매를 유용하게 해 주는 것이 마치 보배 구슬을 꿰뚫어 유용하게 하는 것과 같기 때문이다. 이를테면 『마하반야바라밀

---

1 『금강삼매경』(H1, 608b21~22). "入於金剛味, 證法眞實定, 決定斷疑悔, 一法之印成."

2 『금강삼매경』(H1, 608b21~22). "入於金剛味, 證法眞實定, 決定斷疑悔, 一法之印成."

경』에서 "어떤 것을 금강삼매라고 부르는가? 이 삼매에 머무르면 온갖 삼매를 깨뜨릴 수 있다"[3]라고 말하고, 저 [『대지도론』]에서 [이 말을 해석하여] "금강삼매라는 것은, 비유하면 금강[석金剛石]이 뚫어 내지 못하는 물체가 없는 것처럼 이 삼매도 그와 같아 '모든 현상들'(諸法) 중에서 통달하지 못하는 것이 없어서 온갖 삼매들로 하여금 모두 유용하게 만드는 것이다. 마치 차거硨磲, 마노碼碯, 유리琉璃[4]는 오직 금강[석金剛石]만이 뚫고 들어갈 수 있듯이"[5]라고 말한 것과 같다.

생각하건대, 『마하반야바라밀경』이 말한 "온갖 삼매를 깨뜨릴 수 있다"는 것에서 '깨뜨린다'는 말은 '꿰뚫는다'는 것이니, 『대지도론』 중에서 [말하는] '뚫고 들어감'(穿入)이란 경[에서 말한] '깨뜨린다'는 것을 해석한 것이다. 모든 삼매에는 '자기만의 변치 않는 본질이 없음'(無自性)을 통달하여 그 삼매들로 하여금 '자신에 대한 집착'(自着)을 떠날 수 있게 하니, 이처럼 걸림(碍)이 없어 자유롭게 되기 때문에 ['금강삼매'의 '금강'이라는] 명칭을 이렇게 해석한 것이다.

---

3 『마하반야바라밀경摩訶般若波羅蜜經』 권5(T8, 251b27~28). "云何名金剛三昧? 住是三昧能破諸三昧, 是名金剛三昧." 〈산스크리트본의 해당 내용: *Pañcaviṃśatisāhasrikā Prajñāpāramitā I-2*, p.66. tatra katamo vajropamo nāma samādhiḥ? yatra samādhau sthitvā sarvasamādhibhir na bhidyate …; 그 [삼매의 리스트] 중에서 금강과 같이 [부술 수 없다]는 삼매는 무엇인가? 이 삼매에 머문다면, [다른] 모든 삼매들에 의해 [이 삼매가] 부수어지지 않기 때문에 ….〉

4 문헌에 따라 차이는 있지만 차거, 마노, 유리는 칠보七寶의 하나이다. 차거硨磲(musāra-garbha)는 호박琥珀의 일종, 마노瑪瑙(aśma-garbha)는 석영질의 보석인데 그 원석이 말의 모습을 닮았다고 해서 마노라 부른다. 우리나라에서는 홍옥紅玉이라고 불렀다.

5 『대지도론大智度論』 권47(T25, 399b2~5). "金剛三昧者, 譬如金剛無物不陷, 此三昧亦如是, 於諸法無不通達, 令諸三昧各得其用. 如車磲瑪瑙琉璃唯金剛能穿."

2. 차이를 구분함(簡別)

次簡別者, 於中有二, 先簡定慧. 問. 金剛般若, 金剛三昧, 皆名金剛, 有何差別? 解云. 彼慧此定, 是爲差別. 又金剛般若, 通於因果, 金剛三昧, 位在果地. 又般若金剛, 具有三義, 軆堅用利, 形狀寬狹. 三昧金剛, 但取堅利, 如是差別. 次別餘定, 此有三類, 一金剛三昧, 二金剛輪三味, 三如金剛三昧. 『大品經』言, "云何金剛輪三昧? 住是三昧, 能持諸三昧分. 云何如金剛三昧? 住是三昧, 能貫達諸法, 亦不見達". 彼論釋言, "問曰, 三種三昧, 何以皆言金剛? 答曰, 初言金剛, 中言金剛輪, 後言如金剛. 如金剛三昧, 佛言能貫穿諸法, 亦不見是穿. 金剛三昧, 能通達諸三昧, 金剛輪三昧, 能持諸三昧輪, 是皆佛自說義. 論者言, 如金剛三昧者, 能破一切煩惱結使, 無有遺餘, 譬如釋提桓因, 手執金剛, 破阿修羅軍. 卽是學人末後之心, 從是心, 次第得三種菩提, 聲聞・辟支佛・佛無上菩提. 金剛三昧者, 能破一切諸法, 入無餘涅槃, 更不受有, 譬如眞金剛, 能破諸山, 令滅盡無餘. 金剛輪者, 能破一切諸佛法, 無遮無碍".

[H1, 605b22~c23; T34, 961c16~962a7]

다음은 '차이를 구분하는 것'(簡別)인데, 여기에는 두 가지가 있으니 먼저는 선정(定)과 지혜(慧)를 구분하는 것이다.

1) 선정과 지혜를 구분(簡定慧)

묻는다. '금강[석金剛石과 같은] 지혜'(金剛般若)와 '금강[석金剛石과 같은] 삼매'(金剛三昧)는 모두 금강金剛이라 부르니 [이 둘의 뜻에] 어떤 차이가 있는가? 해설해 보겠다. 저것[금강반야金剛般若]은 지혜이고 이것[금강삼매金剛三昧]은 선정이니, 이것이 다른 점이다. 또 '금강[석金剛石과 같은] 지혜'(金剛般若)는 '원인과 결과'(因果)에 [모두] 통하지만 '금강[석金剛石과 같은]' 삼매(金剛三昧)는 [그] 위상이 '[수행의 결과로 얻은] 과보의 자리'(果地)에 있다. 또 '지혜로서의 금강'(般若金剛)은 세 가지 뜻을 갖추고 있으니, 본연(體)이 단단하고, 작용(用)은 예리하며, [작용하는] 모습(形狀)은 넓기도 하고 좁기도 하여 [걸림이 없다.] [그러나] '삼매로서의 금강'(三昧金剛)에서는 [이 세 가지 뜻 가운데] 단지 단단함(堅)과 예리함(利)만을 채택하였으니, 이와 같이 차이 나는 것이다.

2) 다른 선정들과 구별함(別餘定)

다음은 다른 선정들과 구별하는 것인데, 여기에 세 가지가 있으니 첫 번째는 '금강[석金剛石과 같이 단단한] 삼매'(金剛三昧)이고 두 번째는 '금강[석金剛石] 바퀴[처럼 무엇이든 통과할 수 있는] 삼매'(金剛輪三昧)이며 세 번째는 '금강[석金剛石]과 비슷한 삼매'(如金剛三昧)이다.

『마하반야바라밀경』에서는 [이렇게] 말한다. "무엇을 '금강[석金剛石] 바퀴[처럼 무엇이든 통과할 수 있는] 삼매'(金剛輪三昧)라고 하는가? 이 삼매에 머무르면 모든 삼매들의 '고유한 능력'(分)들을 [다] 지닐 수 있[기 때문이]다. '무엇을 '금강[석金剛石]과 비슷한 삼매'(如金剛三昧)라고 하는가? 이 삼매에 머무르면 '모든 현상들'(諸法)[의 참모습]을 꿰뚫으면서도 꿰뚫었다고 보지 않는다."[6]

---

6 『마하반야바라밀경摩訶般若波羅蜜經』 권5(T8, 251c19~20). "云何名金剛輪三昧? 住是三昧, 能持諸三昧分"; 같은 곳(T8, 252a29~252b1). "云何名如金剛三昧? 住是三昧, 能貫達諸法, 亦不見達." 〈산스크리트본의 해당 내용: *Pañcaviṃśatisāhasrikā Prajñāpāramitā I-2*, pp.69~70. tatra katamo vajramaṇḍalo nāma samādhiḥ? yatra samādhau sthitvā sarvasamādhimaṇḍalāni dhārayati, ayam ucyate vajramaṇḍalo nāma samādhiḥ … tatra katamo vajropamo nāma samādhiḥ? yatra samādhau sthitvā sarvadharmān nirvidhyate samādhim api na samanupaśyati, tenocyate vajropamo nāma samādhiḥ.; 그 [삼매의 리스트] 중에서 무엇이 '금강의 만달라'(여기서는 바퀴)라고 하는 삼매인가? 이 삼매에 머문다면(=이 바퀴를 타고 돌아다닌다면), [다른] 모든 삼매의 만달라(여기서는 영역)를 지닐 수 있기에, 이것은 '금강의 만달라'라는 삼매라고 불린다. … 그 [삼매의 리스트] 중에서 '금강과 같은 삼매'는 무엇인가? 이 삼매

[또] 저 『대지도론』에서는 [이 말을] 해석하여 [다음과 같이] 말한다. "묻는다. [금강金剛, 금강륜金剛輪, 여금강如金剛] 세 종류의 삼매를 어째서 모두 '금강'(金剛)[이라는 말로] 부르는가? 답한다. [세 가지 삼매 가운데] 처음 것은 '금강[석과 같이 단단한 삼매]'(金剛[三昧])라 부르고, 중간 것은 '금강[석] 바퀴[처럼 무엇이든 통과할 수 있는 삼매]'(金剛輪[三昧])라 부르며, 맨 나중 것은 '금강[석金剛石]과 비슷한 [삼매]'(如金剛[三昧])라 부른다. '금강[석金剛石]과 비슷한 삼매'(如金剛三昧)[에 대해서]는, 부처님이 말씀하시길 〈'모든 현상들'(諸法)[의 참모습]을 꿰뚫으면서도 꿰뚫었다고 보지 않는다〉고 하였다. '금강[석金剛石과 같이 단단한] 삼매'(金剛三昧)는 모든 삼매를 통달할 수 있고, '금강[석金剛石] 바퀴[처럼 무엇이든 통과할 수 있는] 삼매'(金剛輪三昧)는 '모든 삼매들이 지닌 [고유의] 능력들'(諸三昧輪)을 [다] 지닐 수 있으니, 이는 모두 부처님이 직접 말씀하신 뜻이다. [이에 대해] 논하는 사람은 [다음과 같이] 말한다. '금강[석]과 비슷한 [삼매]'(如金剛[三昧])란 것은 모든 번뇌의 속박을 깨뜨려 남는 것이 없게 할 수 있으니, 비유하면 인드라신(Indra, 釋提桓因)이 손에 '금강[으로 만들어진 무기]'(金剛[杵])를 들고 아수라(Asura, 阿修羅)의 군대를 쳐부수는 것과 같다. 이 ['금강석과 비슷한 삼매'(如金剛三昧)]는 바로 수행자 [수행 과정의] 맨 끝[에 얻는] 마음인데, 이 마음으로부터 [이후] 차례대로 세 가지 깨달음을 증득하게 되니, [먼저는] '가르침을 들어서 [혼자] 깨달으려는 수행자'(聲聞)[의 깨달음이고], [다음은] '연기緣起의 이치로 [혼자] 깨달으려는 수행자'(緣覺/獨覺/辟支佛)[의 깨달음이며], [마지막은] 부처님(佛)의 '가장 높은 깨달음'(無上菩提)이다. '금강[석金剛石과 같이 단단한] 삼매'(金剛三昧)라는 것은, [근본무지에 얽힌] '모든 현상들'(諸法)을 깨뜨리고 '완전한 열반[의 경지]'(無餘涅槃)로 들어가서 '[근본무지에 얽혀 윤회하는] 삶의 양태'(有)를 다시는 받지 않게 할 수 있는 것이니, 비유하면 마치 진짜 금강[석金剛石]이 모든 산을 깨뜨려 남김없이 모두 없

에 머문다면 모든 다르마를 꿰뚫지만, [그것을] 삼매라고 보지 않는다(즉 동일시하지 않는다). 이런 까닭에 [이것은] '금강과 같은 삼매'라고 불린다.〉

앨 수 있는 것과 같다. '금강[석] 바퀴[처럼 무엇이든 통과할 수 있는 삼매]'(金剛輪[三昧])는, 모든 부처님의 가르침[마저]도 깨뜨려 [부처님 가르침에] '막히거나 걸리지 않을 수'(無遮無碍) 있게 한다."[7]

案云, 此中破諸佛法者, 猶如轉輪聖王輪寶, 能破諸王無不伏故, 是故與前二金剛別. 前二金剛, 云何別者? 有五差別. 一者喩別, 謂如金剛破軍, 金剛破山故. 二者法別, 前破煩惱, 後破諸法故. 三者位別, 前在學位, 後在無學故. 四者名別, 前名如金剛三昧, 餘處名金剛喩定, 後者直名金剛三昧, 除如及喩. 所以然者, 爲顯因果二定異故. 因有功用, 果無功用, 損之又損之, 以至無爲故. 又如金剛, 取其少分相似之義, 但破煩惱, 不破餘法故. 言"金剛"者, 顯其全同, 金剛之利, 一切色物, 無不貫破, 三昧之用, 當知亦爾. 一切諸法, 亦無不破故. 五者敎別, 謂有學位金剛三昧, 則『金剛三昧本性淸淨不增不減經』中所說, 其無學位金剛三昧, 今此經中所說是也. 今此經中, 佛所入定, 破一切法, 皆無所得, 是故名爲金剛三昧. 六種釋中是持業釋, 取譬名者, 是隣近釋, 卽以是名目此經者, 是依主釋, 定爲主故.

[H1, 605c23~606a22; T34, 962a7~25]

생각건대, 이 가운데 '모든 부처님의 가르침마저도 깨뜨린다'는 것은, 마치 전륜성왕轉輪聖王의 ['일곱 가지 보물'(七寶) 중의 하나인] '수승한 [전차]바퀴'(輪寶)가 [다른] 모든 왕들[의 전차바퀴]를 깨부수어 항복받지 못하는 일이 없는 것과도 같은 것이니, 그러므로 앞에서 말한 [여금강如金剛과 금강삼매金剛三昧, 이] 두 가지 금강[金剛의 뜻]과는 구별된다.

---

7 『대지도론大智度論』 권47(T25, 400b17~c1). "問曰. 三種三昧何以皆言金剛? 答曰. 初言金剛, 中言金剛輪, 後言如金剛. 如金剛三昧, 佛說能貫穿一切諸法亦不見, 是金剛三昧能通達諸三昧. 金剛輪三昧者, 得是三昧卽能持諸三昧輪, 是皆佛自說義. 論者言. 如金剛三昧者, 能破一切諸煩惱結使無有遺餘. 譬如釋提桓因手執金剛破阿修羅軍. 卽是學人末後心, 從是心次第得三種菩提, 聲聞菩提辟支佛菩提佛無上菩提. 金剛三昧者, 能破一切諸法, 入無餘涅槃更不受有. 譬如眞金剛能破諸山令滅盡無餘. 金剛輪者, 此三昧能破一切諸法無遮無礙. 譬如金剛輪轉時無所不破無所障礙."

앞에서 말한 두 가지 금강[의 뜻]은 [서로] 어떻게 다른 것인가? 다섯 가지 차이가 있다.

첫 번째는 비유(喩)의 차이이니, '금강[석金剛石]과 비슷한 [삼매]'(如金剛[三昧])는 [인드라신이 아수라의] 군대를 쳐부수는 것[에 비유되고] '금강[석金剛石과 같이 단단한] 삼매'(金剛三昧)는 [금강석이 모든] 산을 깨뜨리는 것[에 비유되기] 때문이다.

두 번째는 대상(法)의 차이이니, 앞의 ['금강석과 비슷한 삼매'(如金剛三昧)]는 번뇌를 깨뜨리고 뒤의 ['금강석과 같이 단단한 삼매'(金剛三昧)]는 [근본무지에 얽힌] '모든 현상들'(諸法)을 깨뜨리기 때문이다.

세 번째는 지위의 차이이니, 앞의 ['금강석과 비슷한 삼매'(如金剛三昧)]는 '배워야 할 것[이 남아 있는] 지위'([有]學位)에 있고 뒤의 ['금강석과 같이 단단한 삼매'(金剛三昧)]는 '배워야 할 것이 [남아] 있지 않은 [지위]'(無學[位])에 있기 때문이다.

네 번째는 명칭(名)의 차이이니, 앞의 것은 '금강[석]과 비슷한 삼매'(如金剛三昧)라 부르는데 다른 곳에서는 '금강[석金剛石에] 비유되는 선정'(金剛喩定)이라고도 하고, 뒤의 것은 단지 '금강석과 같이 단단한 삼매'(金剛三昧)라고 부르는데 '비슷하다'(如)라든가 '비유된다'(喩)는 말을 쓰지 않는다. 왜 그런가 하면, '원인[의 자리에 있는] 선정'(因[地]定)과 '결과[의 자리에 있는] 선정'(果[地]定)이 다르다는 것을 드러내기 위해서이다. [여금강삼매如金剛三昧처럼] '원인[의 자리에 있는 선정]'(因[地定])에는 [결과를 얻기 위한] '능력 발휘'(功用)가 있고 [금강삼매金剛三昧처럼] '결과[의 자리에 있는 선정]'(果[地定])에는 [결과를 얻기 위한] '능력 발휘'(功用)가 없으니, [결과를 얻기 위한 능력 발휘를] 덜어내고 또 덜어내어 [결과를 얻기 위한 능력 발휘를] '하지 않음[의 경지]'(無爲)에 이르기 때문이다.[8] 또 '금강[석金剛石과] 비슷함'(如金剛)이란 그것[금강석金剛石]과

8 '損之又損之, 以至無爲'라는 표현은 분명 노자 도덕경의 구절을 가져온 것으로 보인다. 원효는 도덕경의 표현에 불교의 이치를 담아내는 경우가 종종 있다. 다만 철저히

조금 비슷하다는 뜻을 채택한 것인데, 단지 번뇌를 깨뜨릴 뿐 [근본무지에 얽힌] 다른 현상(法)들은 깨뜨리지 못하기 때문이다. '금강[석金剛石같이 단단함]'(金剛)이라는 것은 [금강석金剛石과] 완전하게 똑같음을 드러낸 것이니, '금강[석石]'(金剛)의 예리함이 모든 물체(色物)를 꿰뚫어 깨뜨리지 못하는 것이 없는 것처럼 [금강]삼매의 작용(用)도 그와 같음을 알아야 한다. [근본무지에 얽힌] '모든 현상들'(一切諸法)을 또한 깨뜨리지 못하는 것이 없기 때문이다.

다섯 번째는 가르침(敎)의 차이이니, '배워야 할 것이 남아 있는 지위'(有學位)[에서 말하는] '금강[석金剛石과 같이 단단한] 삼매'(金剛三昧)는 곧 『금강삼매본성청정부증불감경金剛三昧本性淸淨不增不減經』 중에서 설한 것이고,[9] '배워야 할 것이 남아 있지 않은 지위'(無學位)[에서 말하는] '금강[석金剛石과 같이 단단한] 삼매'(金剛三昧)는 지금 이 [금강삼매金剛三昧]경 중에서 설한 것이다. 지금 이 [금강삼매金剛三昧]경 중에서 부처님께서 들어 있는 선정은 [근본무지에 얽힌] '모든 현상들'(一切法)을 깨뜨려 얻는 것이 하나도 없게 하니, 이런 까닭에 '금강[석金剛石과 같이 단단한] 삼매'(金剛三昧)라고 부른 것이다. '[산스크리트 복합어의 의미구조를 파악하는] 여섯 가지 해석법'(六種釋)[10]에서 이 [금강

불교적 의미맥락에서 차용하고 있다. '원효사상과 노자사상의 상관성' 등을 거론할 때는 이 점을 면밀히 살펴야 한다.

9 여기서 출처로 제시한 『금강삼매본성청정부증불감경金剛三昧本性淸淨不增不減經』은 대정장 권15에 실려 있는 『불설금강삼매본성청정불괴불멸경佛說金剛三昧本性淸淨不壞不滅經』을 지칭한 것으로 보인다. 이 경전에서는 금강삼매를 비롯하여 갖가지 삼매의 의미가 논해지고 있지만, '유학위의 금강삼매'라는 문구는 발견되지 않는다. 한편 원효가 주로 인용하는 『부증불감경不增不減經』은 대정장 권16에 있는 여래장 계통의 경전을 가리키는 것이었지만, 이 경에서는 '금강삼매' 자체가 등장하지 않으므로 현존 판본에서 경증經證을 확인하기가 어렵다.

10 육종석六種釋: 육합석六合釋이라고도 한다. 육종석은 산스크리트어 'ṣaṭ samāsā'의 번역어로, 산스크리트어에서 둘 이상의 단어가 결합된 복합어를 해석하기 위한 여섯 가지 방식이다. ① 지업석持業釋(Karmadhāraya): 한량복합어를 해석하는 방식이라는 점에서는 의주석과 같으나 앞부분에 형용사 또는 부사 등이 오는 점에서 차이가

삼매]는 지업석持業釋(Karmadhāraya)에 해당하고,[11] 비유(譬)를 취하여 부른 것은 인근석隣近釋(Avyayībhāva)에 해당하며,[12] 바로 이 명칭으로 이 [금강삼매金剛三昧]경의 제목으로 삼은 것은 의주석依主釋(Tatpuruṣa)에 해당하니[13] 삼매(定)가 주어가 되기 때문이다.

난다. 앞 단어가 뒤 단어의 작용, 성질, 상태, 시간, 공간 등을 한정하기 때문에 지업이란 말을 붙였다. 즉, 동격한정同格限定 복합어이다. ② 의주석依主釋(Tatpuruṣa): 한량복합어를 해석하는 방식이다. 곧 뒤 단어가 앞 단어에 의해 한정되는 것으로 파악하여 해석하는 방법이다. 이때 앞 단어와 뒤 단어 사이에는 격格 관계가 있다. 즉, 격한정格限定 복합어이다. ③ 유재석有財釋(Bahuvrīhi): 단어의 맨 끝부분이 명사 또는 형용사 형태가 되면서 단어 전체가 소유격 복합어 곧 형용사 기능을 지닐 때의 해석방식이다. 즉, 소유所有 복합어이다. ④ 상위석相違釋(Dvandva): 앞 단어와 뒤 단어를 병렬복합어로 보아 단어 안의 각 부분의 위상을 동등하게 놓고 해석하는 방식이다. 즉, 병렬竝列 복합어이다. ⑤ 인근석隣近釋(Avyayībhāva): 앞 단어가 불변화사, 뒤 단어에 명사계열이 올 경우의 해석방식이다. 즉, 불변화不變化 복합어이다. ⑥ 대수석帶數釋(Dvigu): 의주석과 유사하나 앞 단어가 수사로 구성되는 경우를 가리킨다. 즉, 수사한정數詞限定 복합어이다.

11 '금강[석金剛石인] 삼매/금강[석金剛石과 같은] 삼매'(金剛三昧)로 해석한다는 말이다. 이때 '금강'과 '삼매'는 동격同格으로 간주한 것이다.

12 '금강[석金剛石]처럼 [작용하는] 삼매'(金剛三昧)로 해석하는 경우를 가리킨다. 즉, 앞 단어인 '금강'이 부사副詞로 사용된 것으로 파악하는 방식이다.

13 '금강[석金剛石]의 삼매/금강[석金剛石]에 의한 삼매/금강[석金剛石]으로써 [이해할 수 있는] 삼매/금강[석金剛石]을 [본연으로 하는] 삼매'(金剛三昧) 등으로 해석할 수 있는데, '금강'과 '삼매' 사이의 격格 관계를 인정함으로써 의미를 파악하는 방법이다.

II. 삼매[라는 명칭을] 해석함(釋三昧)

次第二釋三昧名者. 於中有二, 先釋後簡. 古師說言, "彼名三昧, 此云正思". 今述此說, 當文義故, 謂在定時, 於所緣境, 審正思察, 故名正思. 如『瑜伽』言, "三摩地者, 謂於所緣, 審正觀察, 心一境性故". 問. 定應是靜, 靜住一境, 云何乃言, 審正思察? 思察之用, 應是尋伺, 云何說定爲思察耶? 答. 若守一境, 卽爲定者, 惛沈住境, 應卽是定. 若正思察, 是尋伺者, 邪慧推求, 應非尋伺. 當知思察, 有其二種. 若通邪正, 意言分別, 名思察者, 卽是尋伺, 直是分別. 若唯審正明了緣境, 名正思察, 正是定用, 而非尋伺. 定通分別, 及無分別故, 以審正, 簡彼尋伺. 又住一境, 亦有二種. 若住一境, 惛迷闇昧, 不能審察, 卽是惛沈. 若住一境, 不沈不浮, 審正思察, 是名爲定, 故以思察, 別彼惛沈. 是故當知不以住移, 簡別定散差別之相. 何以故? 捷疾之辯, 雖速移轉, 而有定故, 遲鈍之念, 雖久住境, 而是散故. 今此金剛三昧, 名爲正思察者, 無正不正, 亡思非思, 但爲別於分別邪念, 又不同於虛空無思, 所以强號爲正思耳. 三昧之名, 略釋如是.

[H1, 606a22~b24; T34, 962a25~b16]

1. 해석(釋)

다음은 두 번째로 '삼매'라는 명칭을 해석한 것이다. 여기에는 두 가지가 있으니, 먼저는 해석(釋)이고 나중은 구분(簡)이다. 옛 논사는, "저 삼매라는 명칭을 여기서는 '제대로 생각하는 것'(正思)이라 한다"라고 말하였다. 지금 이 [정사正思라는] 말을 쓰는 것은 글의 뜻에 들어맞기 때문이니, 선정(定)에 들어 있을 때는 '대상이 되는 현상들'(所緣境)에 대해 자세히 보면서 제대로 생각하고 살피므로 '제대로 생각하는 것'(正思)이라고 부른 것이다. 이를테면 『유가사지론瑜伽師地論』에서 "삼마지三摩地[1]라는 것은, 대상(所緣)에 대해 자세히 보고 제대로 생각하고 살피면서 '마음이 한결같아진 상태'(心一境性)[2]인 것이다"[3]라고 말한 것과 같다.

묻는다. 선정(定)은 고요함[을 특징으로 하는 것]이고, 고요함은 [마음이] '한결같은 상태'(一境)에 머무르는 것인데, 어째서 [선정을] '자세히 보면서 제대로 생각하고 살핀다'(審正思察)고 말하는가? [그리고] 생각하고 살피는 작용(用)은 '사유 착수'(尋)와 '사유 심화'(伺)여야 하는데, 어째서 선정(定)을 '생각하고 살피는 것'(思察)이라고 말하는가?

답한다. 만약 [마음의] '한결같은 상태'(一境)를 지키는 것을 선정이라고 한다면 '[마음이] 흐릿하고 가라앉아 있는 [상태]'(惛沈)로 [그러한] 상태(境)에 머무르는 것도 선정(定)이어야 할 것이다. [또] 만약 '제대로 생각하고 살피는'(正思察) [작용이] '사유 착수'(尋)와 '사유 심화'(伺)라고 한다면, '삿된 지혜'(邪慧)로 '헤아리고 찾는 것'(推求)은 '사유 착수'(尋)와 '사유 심화'(伺)가

1 삼마지三摩地: 산스크리트 원어인 'samādhi'의 발음을 옮긴 것으로, 삼매三昧와 같은 말이다.

2 심일경성心一境性: '마음이 한결같아진 상태'(心一境性)는 초기불교 경전에서 사선四禪을 구성하는 주요 내용으로 등장한다. 사선에 관한 니까야/아함의 정형구문들에서는 심일경성이 등장하는 경우와 등장하지 않는 경우가 모두 목격된다. 심일경성은 아비달마 논서 이후 선정禪定의 특징을 설명하는 말 중에서 대표적인 술어로 간주된다. 더욱 상세한 역주는 곧이어 후술한다.

3 『유가사지론瑜伽師地論』 권11(T30, 329b1~2). "三摩地者, 謂於所緣, 審正觀察, 心一境性." 〈산스크리트본의 해당 내용: *Samāhitā Bhūmiḥ, Das Kapite über de meditative Versenkung im Grundteil der Yogācārabhūmi Teil 1.* Wien, p.130. samādhiḥ katamaḥ? samyag ālambanam upanidhyāyato yac cetasa aikāgryam.; 삼매란 무엇인가? [니룩따의 해석으로] 바르게(samyak) 하나의 인식대상(ālambana)을 관찰하고 있는 [수행자]에게(upanidhyāyatas) 일어난, 마음이 하나로 집중된 상태이다.〉

아니어야 할 것이다.

[따라서] '생각하고 살피는 것'(思察)에 두 가지가 있음을 알아야 한다. 만약 잘못됨(邪)과 올바름(正)에 모두 통하면서 생각과 언어로 분별하는 것을 '생각하고 살핀다'(思察)고 부르는 것이라면, 이것은 곧 '사유 착수'(尋)와 '사유 심화'(伺)이자 곧바로 분별인 것이다. [이에 비해] 만약 오로지 자세히 살피면서 '대상이 되는 것'(緣境)을 제대로 밝게 아는 것을 '제대로 생각하고 살핀다'(正思察)고 부른다면, [이때의] '제대로'(正)란 '선정의 작용'(定用)이지 [분별의] '사유 착수'(尋)와 '사유 심화'(伺)는 아닌 것이다. 선정(定)은 '[불변·독자의 본질/실체로 보는 생각으로] 분별함'(分別)과 '[불변·독자의 본질/실체로 보는 생각으로] 분별함이 없음'(無分別)에 다 통하므로 '자세히 보면서 제대로 [생각하고 살핀다]'(審正[思察])[라는 측면으]로써 저 [분별의] '사유 착수'(尋) 및 '사유 심화'(伺)와 구별하는 것이다.

또 [마음이] '한결같은 상태'(一境)에 머무르는 것에도 두 가지가 있다. 만약 '한결같은 상태'(一境)에 머물지만 [마음이] 흐릿하고 갈팡질팡하여 어둡고 어리석어 자세하게 살필 수 없다면, 이것은 바로 '[마음이] 흐릿하고 가라앉아 있는 [상태]'(惛沈)이다. [이에 비해] 만약 [마음이] '한결같은 상태'(一境)에 머무르면서 가라앉지도 들뜨지도 않아 '자세히 보면서 제대로 생각하고 살핀다'(審正思察)면 이를 선정(定)이라 부르니, 따라서 '생각하고 살핀다'(思察)[는 측면으]로써 저 '[마음이] 흐릿하고 가라앉아 있는 [상태]'(惛沈)와 구별한다. 그러므로 [한 상태에] 머무름(住)과 '옮겨 다님'(移)을 가지고 선정(定)과 산만함(散)의 차이를 구별할 수 없다는 것을 알아야 한다. 무엇 때문인가? 재빨리 하는 말(辯)은 비록 빠르게 이동하고 바뀌어 가지만 선정(定)을 지닐 수 있기 때문이고, 느리고 둔한 생각(念)은 비록 오랫동안 [한] 상태(境)에 머물러 있더라도 산만함(散)일 수 있기 때문이다.

지금 이 '금강[석金剛石과 같이 단단한] 삼매'(金剛三昧)를 '제대로 생각하고 살핌'(正思察)이라고 부른 것은, [금강삼매에서의 생각(思)과 살핌(察)에는] '제대로'(正)와 '제대로가 아님'(不正)[을 불변·독자의 본질로 보는 분별]도 없고 '생각'(思)과 '생각이 아닌 것'(非思)[을 불변 · 독자의 본질로 보는 분별]도 없지만, 단지 [금강삼매에서의 생각(思)과 살핌(察)을] '[불변 · 독자의 본질/실체로 보아] 분별하는 잘못된 생각'(分別邪念)과 구별하기 위하여, 또 허공에 [아무] '생각이 없음'(無思)과는 같지 않음을 [밝히고자], 억지로 '제대로 생각함'(正思)이라고 불러 본 것일 뿐이다. 삼매라는 명칭을 간략하게 해석하면 이와 같다.

2. 차이를 구분함(簡別)

次簡別者, 於中有二, 先別諸名, 後簡通局. 定名不同, 略有八種. 一名三摩呬多, 此云等引. 遠離惛沈掉擧之偏, 故名爲等, 引發神通等諸功德, 故名爲引. 又此等引, 無悔歡喜[4]安樂所引, 故名等引. 由此不同欲界定故. 二名三摩地, 此云等持. 等義同前, 能制持心, 令不馳散, 故名等持. 又定慧平等, 令不相離, 故名等持. 舊云三摩提, 亦卽等持. 三名三摩鉢提, 此云等至. 等持之中, 能至勝位, 故名等至. 四名馱演那, 此云靜慮, 寂靜思慮故, 又能靜散慮故. 舊云禪那, 或云持阿那, 方俗異語, 同謂靜慮也. 五名奢摩他, 此譯云止. 令心止境, 故名爲止. 六名心一境性, 令心專一於境之性, 故名心一境性. 舊云一心, 是略故也. 七名爲定, 審定所緣, 故名爲定. 八名正思, 義如前說.

[H1, 606b24~c19; T34, 962b16~c2]

다음으로 구별하는 것에는 두 가지가 있으니, 먼저 [삼매의] 갖가지 명칭을 구별하고, 다음에는 [삼매의 갖가지 명칭들이] '통하는 영역'(通)과 '제한되는 영역'(局)을 구별한다.

---

4 한불전에는 '선善'이라고 되어 있으나, 대정장의 『금강삼매경론』(T34, 962b20)에 의거하여 '희喜'로 교감하였다. 문맥을 고려해도 '희喜'로 보아야 한다.

1) [삼매의] 갖가지 명칭을 구별(別諸名)

삼매(定)의 명칭은 동일하지 않으니, 대략 [나누어 보면] 여덟 가지가 있다. 첫 번째 명칭은 삼마희다三摩呬多[5]인데, 이것은 '[마음이] 한결같고 [갖가지 수승한 능력을] 이끌어 냄'(等引)이라고 [번역]한다. '[마음이] 흐릿하고 가라앉아 있는 상태'(惛沈)와 '[마음이] 불안하고 들떠 있는 상태'(掉擧)로 치우쳐짐(偏)에서 멀리 벗어나 있기 때문에 '한결같음'(等)이라고 하며, 신통력 등 갖가지 '수승한 능력'(功德)[6]을 이끌어 내기 때문에 '이끌어 냄'(引)이라고 부른 것이다. 또 이 '[마음이] 한결같고 [갖가지 수승한 능력을] 이끌어 냄'(等引)은 '후회가 없는 환희'(無悔歡喜)와 안락함이 이끌어 낸 것이므로 '[마음이] 한결같고 [갖가지 수승한 능력을] 이끌어 냄'(等引)이라 부른다. 이 때문에 '감관욕망에 매인 세계[에서 얻어지는] 선정'(欲界定)과는 같지가 않다. 두 번째 명칭은 삼마지三摩地로서 '한결같은 상태를 지속시킴'(等持)이라고 [번역]한다. 한결같음(等)의 뜻은 앞[의 '등인等引'의 경우]와 동일하지만, [한결같은 상태

5 삼마희다三摩呬多: 팔리어 동사 'samādahati(모으다)'의 과거분사형인 'samāhita(모아진, 집중된)'의 발음을 옮긴 말이다. 이 말은 초기불교 경전, 특히 『숫타니파타』, 『담마파다』, 『테라가타』, 『테리가타』를 비롯한 니까야(Nikāya)의 전체에서 비교적 광범위하게 쓰이고 있음을 확인할 수 있다. 삼매(samādhi)와 동일한 어원에서 파생된 단어이지만, 명사인 삼매와는 별개로 선정禪定을 수행하는 과정 및 이를 통해 도달한 경지 등을 묘사할 때 흔히 쓰인다. 한역 경전에서는 『금강삼매경론』의 본문과 같이 '[마음을] 한결같은 [상태로] 이끌어 냄'(等引) 등으로 번역되었다.

6 공덕功德의 번역어: 본 번역에서 '功德'은 삼매와 관련될 때는 '수승한 능력', 기타의 경우는 '이로운 능력'으로 번역한다. 공덕의 범어는 'guṇa'인데, 산스크리트 사전(M. Monier Williams, *Sanskrit-English Dictionary*, Oxford University Press, 1988, p.357)에 따르면 수십여 가지의 용례가 제시될 만큼 매우 다의적인 말이다. 이 가운데 기본적인 뜻은 '한 가닥의 실(a single thread), 밧줄(rope), 화환(garland), 활줄(a bow-string), 악기의 줄(a string of musical instrument)'이고, 여기서부터 '종류, 속하는 것, 부속, 요소, 근본적인 원소, 특성, 이익, 축복' 등의 의미가 파생된 것으로 이해할 수 있다. 공덕이란 말은 아함경에서도 빈번하게 쓰이지만 공덕에 해당하는 팔리어로는 '재산'을 뜻하는 'atha'이다.

를] '유지해 가는 마음'(持心)을 [뜻대로] 제어하여 [바깥 대상으로] 달려 나가 흩어지지 않게 하므로 '한결같은 상태를 지속시킴'(等持)이라고 부르는 것이다. 또 선정(定)과 지혜(慧)를 평등하게 하여 서로 분리되지 않게 하므로 '한결같은 상태를 지속시킴'(等持)이라고 한다. 옛 [번역에서는] 삼마제三摩提라고 했는데 [이] 또한 '한결같은 상태를 지속시킴'(等持)[과 같은 뜻]이다. 세 번째 명칭은 삼마발제三摩鉢提[7]이니, 이는 '한결같은 상태로써 도달함'(等至)이라고 [번역]한다. '한결같은 상태를 지속시키는'(等持) 가운데 '수승한 지위'(勝位)에 도달할 수 있으니, 그러므로 '한결같은 상태로써 도달함'(等至)이라 부른다.

네 번째 명칭은 태연나馱演那[8]로 이것은 '[분별이] 그친 생각'(靜慮)이라고 [번역]하는데, '분별이 그친 채'(寂靜) 생각(思慮)하기 때문이며, 또한 [분별하는] '산만한 생각'(散慮)을 그치게(靜) 할 수 있기 때문이다. 옛 [번역에서는] 선나禪那 또는 지아나持阿那라고 옮겼는데, 지방의 토속어에 따라 [부르는] 말이 다르지만 [어떤 말로 부르던] 동일하게 '[분별이] 그친 생각'(靜慮)을 일컫는다. 다섯 번째 명칭은 사마타奢摩他[9]인데, 이를 번역하여 '그침'(止)이라고 한다. 마음으로 하여금 대상(境)[에 대한 분별]을 그치게 하기 때문에 '그침'(止)이라고 부른다. 여섯 번째 명칭은 '마음이 한결같아진 상태'(心一境性)[10]

---

7 삼마발제三摩鉢提: 팔리어 'samāpatti'를 음사한 말이다. 의역意譯으로는 '한결같은 상태로써 도달함'(等至) 또는 '제대로 아는 것'(正受) 등의 술어가 대표적이다.

8 태연나馱演那: 선禪의 원어는 팔리어로는 자나(jhāna)이고, 산스크리트어로는 디야나(dhyāna)이다. 따라서 '태연나'는 산스크리트 원어의 발음을 옮긴 말이거나 또는 이와 발음이 유사한 지역어에서 유래했을 것이다. '자나'의 동사형은 'jhāyati'인데, 리스 데이비즈의 팔리어 사전에 따르면, '명상하다, 깊이 사유하다, 태워 버리다, 없애 버리다' 등의 의미가 있다고 한다(T. W. Rhys Davids and William Stede, *Pali-English Dictionary*, p.287, ① to meditate, contemplate, think upon, brood over, ② to burn up, to be on fire, to be consumed, to waste away, to dry up).

9 사마타奢摩他: 팔리어 'samatha'의 발음을 옮긴 말이다. 사마타의 어원을 살펴보면 동사어근 'sam'의 의미가 '그치다, 멈추다'이므로 사마타를 '그침'(止)으로 옮긴 것은 적절한 번역으로 보인다.

이니, 마음으로 하여금 '대상이 되는 것'(境之性)[과의 관계]에서 '한결같게'(專一) 하기 때문에 '마음이 한결같아진 상태'(心一境性)라고 부른다. 옛 [번역에서는] '하나[처럼] 된 마음'(一心)이라고 했는데, 이는 [심일경성心一境性의 뜻을] 줄였기 때문이다. 일곱 번째 명칭은 '일정하게 유지됨'(定)이니, 대상(所緣)을 '자세히 보면서 [제대로 생각하고 살피는 것을]'(審[正思察]) 일정하게 유지하기 때문에 '일정하게 유지됨'(定)이라 부른다. 여덟 번째 명칭은 '제대로 생각함'(正思)인데, 뜻은 앞에서 설명한 것과 같다.

有師說言, 〈三昧之名, 及三摩提, 只是等持, 非是異名〉, 是說不然. 所以者何? 如『金鼓經』十種定中, 前三地中名三摩提, 後七地中名爲三昧, 如是二名, 若同等持, 何由改名, 前後異說? 又此二名, 何由不同? 若由方俗異故不同者, 不應一處, 俱說二名, 若由傳者前後故異者, 不應一本有此二名. 如三摩提及三摩地, 此由前後傳者不同, 故其是同, 灼然可見. 三昧之

---

10 심일경성心一境性: '마음이 한결같아진 상태'(心一境性)는 초기불교 경전에서 사선四禪을 구성하는 주요 내용으로 등장한다. 사선에 관한 니까야/아함의 정형구문들에서는 심일경성이 등장하는 경우와 등장하지 않는 경우가 모두 목격된다. 심일경성은 아비달마 논서 이후 선정禪定의 특징을 설명하는 말 중에서 대표적인 술어로 간주된다. 이 말의 팔리어 원어는 'cittekaggatā'인데, 어원에 따른 뜻은 '마음(citta)이 하나인(eka) 최상에(agga) [도달한] 상태(-tā)'로 파악할 수 있다. 산스크리트어로는 'cittaikgaratā'이다. 『청정도론』이 종합하고 있는 일련의 교학/수행 전통에서는 이 말의 의미를 '대상에 대한 고도의 집중상태'로 이해하는데, 이후의 불교전통에서는 이러한 『청정도론』류類의 관점이 큰 영향을 미친 것으로 보인다. 선정의 의미를 '마음이 하나의 대상에 몰입된 상태'로 이해하는 전통이 뿌리내린 것이다. 그러나 니까야/아함이 전하는 심일경성이라는 말에는 원래 '대상에 대한 집중'이라는 의미가 없다. 불교의 선禪 수행이나 선정을 '대상 집중'으로 파악하는 것은 불교내부 특정집단의 특정한 해석학적 선택으로 보아야 한다. 만약 붓다 자신이 '심일경성'이라는 말을 사용하였다면, 그 말의 의미와 내용은 달리 해석할 여지가 충분하다. 이것은 '붓다가 설한 선禪 수행 내지 선정이란 어떤 것인가?'라고 하는 근원적 문제이기도 한데, 통념처럼 뿌리내린 '대상 집중'이라는 선관禪觀은 원천에서부터 재음미할 필요가 있어 보인다.

名, 與三摩提, 同在一本, 何由不異? 是故當知如前說也.

[H1, 606c19~607a7; T34, 962c2~11]

어떤 논사는 〈삼매라는 명칭과 삼마제三摩提는 '한결같은 상태를 지속시킴'(等持)[을 가리키는 것]일 뿐 [서로] 다른 명칭이 아니다〉라고 말하는데, 이런 주장은 옳지 않다. 무엇 때문인가? 이를테면 『합부금광명경合部金光明經』에서는[11] 10가지 선정(定) 중에서 앞의 세 가지에서는 삼마제三摩提라 하였고, 뒤의 일곱 가지에서는 삼매三昧라고 불렀으니, 이와 같은 두 가지 명칭이 만약 동일한 '한결같은 상태를 지속시킴'(等持)[을 가리키는 것]이라면 무슨 이유로 명칭을 고쳐 앞뒤에서 다르게 말하겠는가?

또 이 두 가지 명칭은 무슨 이유에서 같지 않은가? 만약 지방의 토속어에 따라 다르기 때문에 같지 않은 것이라면 반드시 [경전의] 한 곳에서 두 가지 명칭을 다 말하지 않아야 하고, 만약 [경전이] 전해진 것이 [그 시기가] 전후[로 다르기] 때문에 [명칭이] 다른 것이라면 하나의 책에 이 두 가지 명칭이 있지 않아야 할 것이다. 삼마제三摩提와 삼마지三摩地 같은 경우, 이것은 전후로 [그 말이] 전해진 것이 같지 않으니, 그러므로 그 [두 가지 말의 뜻이] 같다는 것을 분명히 알 수 있다. [그러나] 삼매라는 명칭과 삼마제三摩提는 동일하게 한 책에 있으니 무슨 이유로 다르지 않겠는가? 그러므로 앞에서 말한 것과 같음을 알아야 한다.

---

11 『합부금광명경合部金光明經』 권3(T16, 375a12~26). "善男子! 菩薩摩訶薩, 初發心名妙寶起三摩提攝受得生. 第二發心可愛住三摩提攝受得生. 第三發心難動三摩提攝受得生. 第四發心不退轉三昧攝受得生. 第五發心寶華三昧攝受得生. 第六發心日圓光焰三昧攝受得生. 第七發心一切願如意成就三昧攝受得生. 第八發心現在佛現前證住三昧攝受得生. 第九發心智藏三昧攝受得生. 第十發心首楞嚴摩伽三昧攝受得生. 善男子! 是名諸菩薩摩訶薩十種發心. 善男子! 菩薩摩訶薩, 於此初地依功德力名陀羅尼得生." 〈현존하는 산스크리트본에서는 해당 내용과 일치하는 구문을 찾을 수 없다.〉

2) [삼매의 갖가지 명칭들이] '통하는 영역'(通)과 '제한되는 영역'(局)을 밝힘(明通局)

第二明通局者, 略作四例. 一者定與等持, 二名最寬, 通漏無漏, 亦通三界, 及通欲界散亂心中. 以六位心所, 別境五中, 有三摩地, 亦名定故. 二者心一境性, 及三昧名, 此二次寬, 雖通欲界, 不通一向散亂心中. 以般舟三昧, 或欲界繫九種心住心一境性, 亦通欲界方便心故. 三者三摩呬多, 及靜慮名, 此二是狹, 全不通於欲界心故, 唯取輕安所含潤故. 四者三摩跋提, 及奢摩他, 此二最狹, 於定地內有簡別故. 以奢摩他, 不通四種慧行之中, 心一境性, 三摩跋提, 不通於空無相無願三三摩地故. 八名寬狹, 粗述如是. 第三釋題名訖.

[H1, 607a7~23; T34, 962c11~23]

[다음은] 두 번째로 〈[삼매의 갖가지 명칭들이] '통하는 영역'(通)과 '제한되는 영역'(局)을 밝히는 것〉에는 간략하게 네 가지 예를 들겠다.

첫 번째로는 선정(定)과 '한결같은 상태를 지속시킴'(等持) 이 두 가지 명칭이 [적용되는 범위가] 가장 폭넓으니, '번뇌[가 있는 것]'([有]漏)과 '번뇌가 없는 것'(無漏)에 통하고, 또 '[욕망세계 · 유형세계 · 무형세계, 이] 세 가지 세계'(三界)에도 통하며, '욕망세계'(欲界)의 산란한 마음에서도 통하는 것이다. 왜냐하면 '여섯 가지 위상[으로 분류한] 마음현상'(六位心所)[12]에서의 '별개의 대상[에 따라 일어나는] 다섯 가지 [마음현상]'(別境五[心所]) 중에 삼마지三摩地가 있고 또한 삼매(定)라고 부르기 때문이다.

---

12 육위심소六位心所: 『구사론俱舍論』에서는 대지법大地法, 대선지법大善地法, 대번뇌지법大煩惱地法, 대불선지법大不善地法, 소번뇌지법小煩惱地法, 부정지법不定地法을 '여섯 가지 위상[으로 분류한] 마음현상'(六位心所)이라고 한다. 한편 『성유식론成唯識論』에서는 마음현상(心所)을 각각 변행徧行, 별경別境, 선善, 번뇌煩惱, 수번뇌隨煩惱, 부정不定의 여섯 가지 위상으로 구분하고 있는데, 여기서는 후자의 의미로 보인다.

두 번째로는 '마음이 한결같아진 상태'(心一境性)와 삼매三昧라는 명칭 이 두 가지는 그 다음으로 [적용되는 범위가] 넓으니, 비록 '욕망세계'(欲界)에는 통하지만 산란하기만 한 마음에서는 통하지 않는다. 반주삼매般舟三昧[13]나 '욕망세계'(欲界)의 '선정에 든 마음의 9가지 내용'(九種心住)[14]에 속하는 '마음이 한결같아진 상태'(心一境性)는 또한 '욕망세계'(欲界)의 '방편을 [쓰는] 마음'(方便心)에 통하기 때문이다.

---

13 반주삼매般舟三昧: 여기서 반주般舟는 산스크리트어 'pratyutpanna'의 발음을 옮긴 말이다. 산스크리트 사전(*Sanskrit-English Dictionary*, p.677)에서는 이 말의 어원을 'prati-ut-√pad'로 파악하고 있다. 곧, 방향을 의미하는 접두어 'prati(-쪽으로)'와 'ud'(위로)가 동사어근 √pad(가다)에 결합된 것이기 때문에 '현재의'라는 뜻을 지니고 있다는 설명이다. 『불광대사전』(p.4300)에서는 상행삼매常行三昧, 제불현전삼매諸佛現前三昧, 반야정般若定, 불립삼매佛立三昧 등으로 부른다고 하였다. 제불諸佛이 눈앞에 나타나기를 바라면서 일념一念으로 정진하는 것을 가리킨다. 『반주삼매경般舟三昧經』 권1의 제3 「사사품四事品」에는 이 삼매를 빨리 얻을 수 있는 네 종류의 네 가지 방법이 나오는데, 이 가운데 두 번째 네 가지 방법은 "復有四事, 疾得是三昧. 一者, 不得有世間思想, 如彈指頃三月. 二者, 不得睡眠三月, 如彈指頃. 三者, 經行不得休息三月, 除其飯食左右. 四者, 爲人說經, 不得望人供養, 是爲四"(T13, 899c11~15)라고 하는데, 3개월 동안 손가락을 한 번 튕기는 짧은 순간도 세속의 일을 생각하지 않고, 잠들지 않으며, 식사 이외의 시간에 쉼 없이 경행하고, 타인을 위해 경전의 뜻을 설하면서 공양을 기대하지 않는 것이라 한다.

14 구종심주九種心住: 원효의 『대승기신론소』(H1, 727b7~10)에 이에 대한 설명이 나온다. "어떤 것을 [사마타 영역인] '선정에 든 마음의 9가지 내용'(九種心住)이라고 하는가? 어떤 수행자가 마음을 '[대상에 이끌려 나가게 하지 않고] 안으로 자리 잡게 하는 것'(內住)과 '[안으로 자리 잡은 마음상태를] 고르게 유지해 가는 것'(等住)과 '[안으로 자리 잡은 마음상태를] 확고하게 유지해 가는 것'(安住)과 '[대상에 이끌려 나가게 하지 않는 마음을 챙기는 데] 익숙해지는 것'(近住)과 '[갖가지 대상에 이끌려 나가지 않는 것을] 순조롭게 하는 것'(調順)과 '[해로운 생각과 갖가지 번뇌에 이끌려 나가지 않아] 평온하게 하는 것'(寂靜)과 '[해로운 생각과 그에 따른 번뇌에 이끌리는 즉시 돌이켜] 평온하게 하는 것을 고도화시키는 것'(最極寂靜)과 '[힘을 더하여 삼매를] 흠결 없이 끊어지지 않게 유지해 가는 것'(專住一趣)과 '[더 이상 힘들이지 않고도 삼매를] 한결같이 유지해 가는 것'(等持) — 이러한 것들을 '선정에 든 마음의 9가지 내용'(九種心住)이라고 부른다"(云何名爲九種心住? 謂有苾芻令心內住, 等住, 安住, 近住, 調順, 寂靜, 最極寂靜, 專住一趣, 及與等持, 如是名爲九種心住).

세 번째로는 삼마희다三摩呬多와 '[분별이] 그친 생각'(靜慮)이라는 명칭이 두 가지는 [적용되는 범위가] 좁으니, '욕망세계'(欲界)[에 속하는] 마음과는 전혀 통하지 않기 때문이고, 오직 '[몸과 마음이] 가볍고 편안[한 상태]'(輕安)에 포함된 만족감(潤)만을 취하기 때문이다.

네 번째로는 삼마발제三摩跋提와 사마타奢摩他[라는 명칭] 이 두 가지는 [적용되는 범위가] 가장 좁으니, '선정의 경지'(定地) 안에서 [그 차이의] 구분이 있기 때문이다. 왜냐하면 사마타奢摩他는 '네 가지 지혜 수행'(四種慧行)[15] 중에서는 통하지 않으며 '마음이 한결같아진 상태'(心一境性)이기 때문이고, 삼마발제三摩跋提는 '불변·독자의 본질/실체가 없는 경지의 삼매'(空三昧), '[불변·독자의 본질/실체로서의] 양상이 없는 삼매'(無相三昧), '[불변·독자의 본질/실체적인 것들을] 바라는 것이 없는 경지의 삼매'(無願三昧) [이] '세 가지 삼매'(三三摩地)에는 통하지 않기 때문이다. 여덟 가지 명칭의 [적용되는 범위가] 넓고 좁은 것을 대강 서술하면 이와 같다. 세 번째인 '제목의 명칭을 해석함'(釋題名)을 마친다.

15 사종혜행四種慧行: 원효의 『대승기신론소』(H1, 727c14~17)에 이에 대한 설명이 나온다. "어떤 것을 네 가지 '[사실대로] 이해하는 수행'(毗鉢舍那, 觀)이라고 하는가? 어떤 수행자가 마음에 내면화된 '[빠져들지 않고] 그치는 수행'(奢摩他)에 의거하기 때문에 '모든 현상'(諸法)에서 '제대로 판단하고'(正思擇), '궁극적으로 판단하며'(最極思擇), '두루 사유하고'(周遍尋思), '[사유한 것에 대해] 두루 성찰'(周遍伺察)할 수 있는 것을 말하니, 이것을 네 가지 ['[사실대로] 이해하는 수행'(毗鉢舍那, 觀)]이라고 부른다"(云何四種毗鉢舍那? 謂有苾芻依止內心奢摩他故, 於諸法中, 能正思擇, 最極思擇, 周遍尋思, 周遍伺察, 是名四種).

제4편

경문의 뜻을 자세히 풀어냄

(消文義)

Ⅰ. 시작하는 부분(序品)

自下第四科文解釋, 文有三分. 一者, 序分. 二者, 第二品下, 六品餘文, 是正說分. 三者, 入摠持品, "爾時, 如來, 而告衆言"已下, 二紙許文, 是流通分.

[H1, 607a23~b3; T34, 962c24~27]

아래부터는 네 번째인 '[『금강삼매경』의] 본문을 [단락으로] 나누어 해석한 것'(科文解釋)인데, 글에 세 가지 부분이 있다. 첫째는 '시작하는 부분'(序分)이다. 둘째는 [『금강삼매경』의] '두 번째 단원'(第二品)[인 무상법품無相法品과 그] 이하인 [무생행품無生行品, 본각리품本覺利品, 입실제품入實際品, 진성공품眞性空品, 여래장품如來藏品] '여섯 단원'(六品)과 나머지 [제8총지품總持品 앞부분에 해당하는] 글이니, 이는 '[경의 내용을] 본격적으로 설한 부분'(正說分)이다. 셋째는 '[육품六品의 핵심을] 모두 지니게 하는 단원'(總持品)을 [통해] 들어가 "그때 여래께서 대중들에게 말씀하셨다"(爾時, 如來, 而告衆言) 이하의 두 장 정도의 글이니, 이는 '[세상에] 널리 퍼뜨리게 하는 부분'(流通分)이다.

序分之內, 有二種序, 謂通與別.

[H1, 607b4; T34, 962c27]

'시작하는 부분'(序分)에는 두 가지 서론(序)이 있으니, 이른바 '[모든 경전에] 공통적인 것'(通)과 '[이 경전에만 해당하는] 별도의 것'(別)이다.

1. [모든 경전에] 공통적인 서론(通序): 여섯 가지 일(六事)

『金剛三昧經』[1]

如是我聞. 一時佛在王舍大城耆闍崛山中, 與大比丘衆一萬人俱. 皆得阿羅漢道, 其名曰, 舍利弗, 大目犍連, 須菩提, 如是衆等阿羅漢. 復有菩薩摩訶薩二千人俱, 其名曰, 解脫菩薩, 心王菩薩, 無住菩薩, 如是等菩薩. 復有長者八萬人俱, 其名曰, 梵行長者, 大梵行長者, 樹提長者, 如是等長者. 復有天, 龍, 夜叉, 乾闥婆, 阿脩羅, 迦樓羅, 緊那羅, 摩睺羅伽, 人非人等, 六十萬億.

[H1, 607b5~16; T34, 내용 없음][2]

이렇게 나는 들었다. 어느 때 부처님께서는 왕사대성王舍大城의 기사굴산耆闍崛山에 머물면서 크나큰 비구들의 무리 1만 명과 함께 계셨다. [그들] 모두는 아라한阿羅漢의 경지(道)를 얻었으니, 그 이름이 사리불舍利弗, 대목건련大目犍連, 수보리須菩提 등인 아라한의 무리들이었다. 또 '위대한 보살'(菩薩摩訶薩)[의 경지에 이른] 2천 명과도 함께 있었으니, 그 이름이 해탈보살解脫菩薩, 심왕보살心王菩薩, 무주보살無住菩薩 등인 보살들이었다. 또 재력가(長者) 8만 명과도 함께 있었으니, 그 이름이 범행장자梵行長者, 대범행장자大梵行長者, 수리장자樹提長者 등인 재력가들이었다. 또 천신(天), 용龍, 야차夜叉, 건달바乾闥婆, 아수라阿脩羅, 가루라迦樓羅, 긴나라緊那羅, 마후라가摩睺羅伽 등 '인간과도 같고 인간 아닌 것과도 같은 무리'(人非人)[를 합하여 모두] 60조[3]였다.

---

1 『고려대장경』에서는 통서通序에 해당하는 부분의 경전 내용이 빠져 있다. 『신수대장경』 제9책의 『금강삼매경』 본문에서 해당하는 부분을 찾아 보충하였다. 이하에서는 『금강삼매경』이라는 말을 삭제하고 경문만 박스 안에 넣는다.

2 한불전(H1, 607c)의 주석에서 밝히고 있듯이, 이 부분은 『고려대장경』(권45, p.63 상단)과 대정장(T34, 962c)의 『금강삼매경론』에서 발견되지 않는다. 현행 한불전의 『금강삼매경론』에서는 이를 추가해 놓았다.

3 경전에 등장하는 숫자들을 한문으로 옮길 경우 본문처럼 십만억十萬億 등으로 열거

通序之中，卽有六事，前三明親承之傳，後三證大師之說．言前三者，一“如是”，二“我聞”，三“一時”．後三是何? 一教主，二住處，三徒衆．徒衆之內，序四類衆，一聲聞衆，二菩薩衆，三長者衆，四雜類衆，於中委悉，如常所說．

[H1, 607b16~22; T34, 962c27~963a3]

‘[모든 경전에] 공통적인 서론’(通序) 중에는 ‘여섯 가지 일’(六事)이 있으니, 앞의 셋은 [아난다가 부처님의 말씀을] 직접 받들어서 전하고 있다는 것을 밝힌 것이고, 뒤의 셋은 위대한 스승[인 부처님]의 말씀이라는 것을 증명한 것이다. ‘앞의 셋’이라는 것은, 첫 번째가 “이렇게”(如是)이고, 두 번째가 “나는 들었다”(我聞)이며, 세 번째는 “어느 때”(一時)이다. ‘뒤의 셋’이란 무엇인가? 첫 번째는 ‘가르치는 주인공’(教主)이고, 두 번째는 ‘머무르고 있는 장소’(住處)이며, 세 번째는 무리들(徒衆)이다. 무리들에서는 네 종류의 무리들을 순서대로 말했으니, 첫 번째는 ‘가르침을 들어서 [혼자] 깨달으려는 수행자’(聲聞) 무리들이고, 두 번째는 보살의 무리들이며, 세 번째는 재력가(長者)의 무리들이고, 네 번째는 ‘갖가지 종류’(雜類)의 무리들이니, 이에 대한 자세한 내용은 통상적으로 설해지고 있는 것과 같다.

2. [이 경전에만 해당하는] 별도의 서론(別序)

爾時,[4] 尊者,[5] 大衆[6]圍繞, 爲諸大衆, 說大乘經, 名一味・眞實・無相・

하지만, 인도식의 셈법에 따르면 열거된 단위는 곱하기로 계산한다. 즉, 육십만억은 ‘$6\times10\times10^4\times10^8$=60조’를 가리키는 것이다.

4 『고려대장경』과 『대정신수대장경』에 수록된 『금강삼매경론』에서는 “爾時”의 앞부분, 즉 경의 본문이 시작되는 지점을 나타내기 위하여 공통적으로 “經曰”이라고 쓰여 있지만 여기서는 생략하였다. 마찬가지로 원효의 논이 시작되는 지점에도 공통적으로 “論曰”이라고 표시되어 있지만, 반복되는 번거로움을 피하기 위해서 원문 수록 및 번역을 생략하였음을 밝혀 둔다.

5 한불전(H1, 607c)의 본문에 별도로 표기한 것에 따르면, ‘다른 판본’(一本)에서는 “존

無生・決定・實際・本覺利行. 若聞是經, 乃至受持一四句偈, 是人卽爲入佛智地, 能以方便, 敎化衆生, 爲一切生,[7] 作大知識.

[H1, 607b23~c4; T34, 963a4~7]

그때 '존경받는 분'(尊者)께서는 대중들에게 둘러싸여 모든 대중들을 위하여 대승 경전을 설하였으니, 이름하여 〈'한 맛[처럼 서로 통하는 것]'(一味)이며 '[사실 그대로인] 참됨'(眞實)이고 '[불변 · 독자의 본질/실체로 차별된] 차이가 없는 지평'(無相)이며 '[불변 · 독자의 본질/실체로서] 생겨난 것이 없음'(無生)이고 '본래부터 그러함'(決定)이며 '사실 그대로가 온전하게 드러나는 지평'(實際)이고 '깨달음의 본연[인 '사실 그대로 앎']이 지닌 이로움과 [그 이로움에 의거한] 수행'(本覺利行)〉이다. 만약 이 경[의 내용]을 듣거나 '네 가지 구절[로 이루어진] 게송'(四句偈)[8][들 중에서] 하나만이라도 '받아 지닌다면'(受持), 이 사람은 곧 '부처님 지혜의 경지'(佛智地)로 들어가게 되고 '수단과 방법'(方便)을 써서 중생들을 교화할 수 있어 모든 중생을 위해 '위대한 스승'(大知識)이 된다.

此下, 第二別序, 卽有四分. 一威儀分, 二說經分, 三入定分, 四重頌分. 威儀分者, 如經"爾時, 尊者, 大衆圍繞"故. 說經分者, 如經"爲諸大衆, 說大乘經"等故. 此經文勢, 似法華序, 如彼文言, "爾時, 世尊, 四衆圍繞, 說大乘經, 名無量義". 如彼論中, 判此經名, 卽爲法華經之異目, 彼意以爲,

---

자尊者"가 "세존世尊"으로 되어 있다고 한다.

6 한불전(H1, 607c)의 본문에 별도로 표기된 바에 따르면, "사중四衆"으로 되어 있다고 한다.

7 한불전(H1, 607c)의 본문에 별도로 표기된 바에 따르면, "중생衆生"으로 되어 있다고 한다.

8 사구게四句偈: 경전의 핵심내용을 네 구절로 이루어진 게송에 담은 것을 말한다. 게송의 형태로 기억해 두어 다른 이들에게 전해 주는 것이 효율적인 방법이라고 여겨, '네 가지 구절로 이루어진 게송'(四句偈)을 간직하여 다른 이들에게 그 뜻을 설명하는 일을 의미 있게 보는 경향이 불교 내부에서 점차 확산되었다.

在前說故, 名爲序分. 今看此經文勢, 皆是經家序辭, 以是准之, 應是別經, 在前廣說, 說已入定, 從定起已, 方說金剛三昧經也. 說經宗後, 乃說經名, 當知一味眞實等名, 是前所說廣經之目. 如是二經, 大意雖同, 文相卽異, 前所說者, 廣說法門, 爲益當時, 後所說者, 略攝法門, 爲利末世. 是故在前廣說, 以爲略經緣由. 此說經分, 文相有二, 先序經名, 後歎經德. "若聞"已下, 是第二分.

[H1, 607c5~608a2; T34, 963a8~22]

이 아래는 두 번째인 '[이 경전에만 해당하는] 별도의 서론'(別序)이니 곧 네 부분이 있다. 첫 번째는 '위엄을 갖춘 몸가짐[을 묘사한] 부분'(威儀分)이고, 두 번째는 '경전을 설하는 부분'(說經分)이며, 세 번째는 '선정에 들어 있는 부분'(入定分)이고, 네 번째는 '게송으로 [경의 내용을] 거듭 말한 부분'(重頌分)[9]이다. '위엄을 갖춘 몸가짐[을 묘사한] 부분'(威儀分)이라는 것은, 경에서 "그때 존경받는 분께서는 대중들에게 둘러싸여"(爾時, 尊者, 大衆圍繞)라[고 말하]는 것과 같다.

'경전을 설하는 부분'(說經分)이라는 것은, 경에서 "모든 대중들을 위하여 대승 경전을 설하였으니"(爲諸大衆, 說大乘經) 등[으로 말한 것]과 같다.

이 경전의 '문장 전개양상'(文勢)은 『법화경法華經』의 서문과 비슷하니, 『법화경』 문장에서 "그때 세존께서는 네 종류의 대중들에게 둘러싸여 대승 경전을 설하였으니, 그 이름을 '헤아릴 수 없는 뜻'(無量義)이라고 한다"[10]라고 말한 것이 그와 같은 것이다. 저 [『법화론』 같은] 논서에서는 이 경

9 중송重頌: 산문의 형식으로 서술된 경전의 내용을 다시 운문 형식으로써 거듭 제시하는 방식을 가리킨다. 팔리어로는 'geya'라고 하므로 이를 음역하여 기야祇夜라고 한다. 초기불교 경전을 분류하는 정통의 방식인 9분교 및 12분교에서도 하나의 요소를 이룬다.

10 여기에 해당하는 원문은 다음과 같다. 『묘법연화경妙法蓮華經』 권1(T9, 2b7~9). "爾時, 世尊, 四衆圍遶, 供養恭敬尊重讚歎, 爲諸菩薩說大乘經, 名無量義敎菩薩法佛所護念." 〈산스크리트본의 해당 내용: *Saddharmapuṇḍarīka*, p.5. tena khalu punaḥ samayena bhagavāṃś catasṛbhiḥ parṣadbhiḥ parivṛtaḥ puraskṛtaḥ satkṛto gurukṛto

의 [무량의無量義라는] 명칭을 '『법화경』의 다른 제목'이라 판단하고 있는데,[11] 저 [『법화론』의] 생각은 [무량의無量義라는 명칭이 『법화경』의 내용을] 설하기 이전에 있다고 생각하였기 때문에 '서론 부분'(序分)이라고 불렀던 것이다.

이제 이 『금강삼매경』의 '문장 전개양상'(文勢)을 보면 모두 '경전 편집자들'(經家)[이 편집한 경전들]의 '서론[에 해당하는] 서술'(序辭)이니, 이 점에 의거해 본다면 다른 경전들을 먼저 자세하게 설하고, 말씀을 마치고 나서 선정(定)에 들어 있다가 선정(定)으로부터 나와서야 비로소 『금강삼매경』을 설하는 것이어야 한다. 경의 핵심(宗)을 설한 뒤에 경의 명칭을 말하였으니, <'한 맛[처럼 서로 통하는 것]'(一味)이며 '[사실 그대로인] 참됨'(眞實)이고 …> 등의 명칭은 앞에서 말한 [일미一味 · 진실眞實 · 무상無相 · 무생無生 · 결정決定 · 실제實際 · 본각리행本覺利行 등을 설하는] '넓게 설하는 경전'(廣經)의 제목이라는 것을 알아야 한다.

이와 같은 [먼저 설한 '넓게 설하는 경전'(廣經)과 이후에 설한 『금강삼매경』] 두 경전은 비록 핵심내용(大意)은 같지만 글의 양상(相)은 다르니, 앞서 설한 것['넓게 설하는 경전'(廣經)]은 '진리로 들어가는 문'(法門)을 넓게 설하여 당시[의 중생들]을 이롭게 하려는 것이고, 뒤에서 설한 것(『금강삼매경』)은 '진리로 들어가는 문'(法門)을 간략하게 거두어 말세[의 중생들]을 이롭게 하려는 것이다. 그러므로 '넓게 설하는 것'을 앞에 두어 그것으로써 '간략히 설하는 경

---

mānitaḥ pūjito 'rcito 'pacāyito mahānirdeśaṃ nāma dharmaparyāyaṁ sūtrāntaṁ mahāvaipulyaṁ bodhisattvāvavādaṃ sarvabuddhaparigrahaṃ bhāṣitvā …; 그리고 그때 네 무리에 의해 둘러싸여 공경받고 존경받고 존중받고 경배받고 공양받고 찬탄받고 칭송받은 세존께서는 대방광大方廣이자 보살들을 위한 가르침(教授)이자 모든 붓다들이 지니셨던, "위대한 교설"이라고 하는 법문 즉, 경전을 말씀하시고서 ….>

11 은정희의 의견에 따르면 여기에 해당하는 원문은 다음 내용이 참고가 된다고 한다. 『묘법연화경우파제사妙法蓮華經憂波提舍』 권1(T26, 2c13~17). "此大乘修多羅有十七種名, 顯示甚深功德應知. 何等十七? 云何顯示? 一名無量義經者, 成就字義故, 以此法門說彼甚深法妙境界故, 彼甚深法妙境界者, 諸佛如來最勝境界故"(은정희 · 송진현, 『원효의 금강삼매경론』, 일지사, 2002, p.71).

전'(『금강삼매경』)의 연유로 삼았다.

여기서 설하는 '경전 부분'(經分)은 '글 내용'(文相)에 두 가지가 있으니, 먼저 [앞서 설한 경전의] 경전 명칭들을 차례대로 말하였고, 뒤에는 [그] 경전의 이로움(德)을 찬탄하였다. "만약 [이 경의 내용을] 듣거나"(若聞) 이하는 [그 경전의 이로움을 찬탄하는] 두 번째 부분이다.

佛說此經已, 結跏趺坐, 卽入金剛三昧, 身心不動.

[H1, 608a3~4; T34, 963a23~24]

부처님이 이 경을 설하고 나서, '[발바닥이 모두 위로 향하도록] 두 다리를 겹쳐 앉아'(結跏趺坐) 곧바로 '금강[석金剛石과 같이 단단한] 삼매'(金剛三昧)에 들어가서 몸과 마음이 흔들리지 않게 하셨다.

是第三入定分. 所以欲說經前, 先須入定者, 爲顯唯寂靜者, 於法能覺能說故. 又復爲顯賢聖默然, 賢聖說法, 隨時而用, 不相離故.

[H1, 608a5~8; T34, 963a24~27]

이는 [네 부분으로 구성된 '별도의 서론'(別序) 중에서] 세 번째인 '선정에 들어 있는 부분'(入定分)이다. 경[의 내용]을 말하기 전에 먼저 반드시 '선정에 드는'(入定) 이유는, 오직 '[해로운 생각과 갖가지 번뇌에 이끌려 나가지 않아] 평온'(寂靜)한 사람만이 진리(法)를 깨달을 수 있고 [진리를] 설할 수 있다는 것을 드러내기 위해서이다. 또 성자와 현자는 침묵하기도 하고 진리를 설하기도 하면서 상황(時)에 따라 [알맞게] 작용하여 [침묵과 설법이] 서로 분리되지 않는다는 것을 나타내기 위해서이다.

爾時, 衆中, 有一比丘, 名阿伽陁. 從座而起, 合掌胡跪, 欲宣此義, 而說偈言.

[H1, 608a9~10; T34, 963a28~29]

그때 대중들 가운데 한 수행자(比丘)가 있었는데 [그의] 이름은 아가타阿伽陁였다. 앉아 있던 자리에서 일어나 합장하고 '허리를 세우고 무릎 꿇은 자세'(胡跪)로 이런 뜻을 밝히고자 게송으로 말하였다.

是第四重頌分. 爲顯前說一味之經, 與後所說大意不殊, 故以略偈, 頌前廣經, 因此發起後略說經故. 文卽有二, 先序後頌. 是經家序, 以發後頌. 阿伽陀者, 此云無去, 或言滅去, 此是藥名. 能令諸病, 皆悉滅盡, 故名"無去". 此菩薩亦如是, 能治衆生諸煩惱病故, 以藥名爲其目也. 八行頌中, 卽有二分, 前七頌, 頌說經, 後一頌, 頌入定. 初中亦二, 三頌摠明, 四頌別顯.
[H1, 608a11~21; T34, 963a29~b8]

이는 네 번째인 '게송으로 [경의 내용을] 거듭 말한 부분'(重頌分)이다. 앞에서 말한 '한 맛[처럼 서로 통하는 것]'(一味)이라는 경전[의 이름]이 나중에 말하는 [경전의] '핵심내용'(大意)과 다르지 않음을 나타내려고 하기 때문에, '간략한 게송'(略偈)으로 앞서의 '넓게 설하는 경전'(廣經)[의 의미를] 읊고 이에 따라 뒤의 '간략히 설한 경전'(略說經)을 이끌어 낸 것이다. 글[의 내용]에는 두 가지가 있으니, 앞은 서론이고 뒤는 게송이다. 이는 '경전 편집자들'(經家)이 [세우는] 서론(序)으로써 뒤의 게송을 끌어내는 것이다.

아가타阿伽陀[12]라는 것은 [번역하여] '없애 버리다'(無去) 또는 '사라지게 하다'(滅去)라고 말하는데, 이는 약의 이름이다. 온갖 질병들을 모조리 사라지게 만들기 때문에 "없애 버리다"(無去)라고 부른 것이다. 이 보살 또한 마찬가지로 중생들의 온갖 번뇌라는 병을 치료할 수 있기 때문에 약 이름을 그의 이름으로 삼은 것이다.

여덟 게송 중에는 두 가지 부분이 있는데, 앞의 일곱 게송은 경[의 핵심내용]을 읊은 것이고, 뒤에 있는 한 게송은 '선정에 들어 있음'(入定)을 읊은

---

12 아가타阿伽陀: 산스크리트어 'agada'의 발음을 옮긴 말이다. 기본적인 의미는 '질병이 없는, 건강한'인데, 파생하여 약을 의미하는 말이 되었다.

것이다. 처음 [일곱 게송]에도 두 가지가 있으니, 세 게송은 [경의 내용을] 총괄적으로 밝힌 것이고, 네 게송은 [경의 내용을] 따로 드러낸 것이다.

"大慈滿足尊, 智慧通無碍. 廣度衆生故, 說於一諦義, 皆以一味道, 終不以小乘. 所說義味處, 皆悉離不實, 入諸佛智地, 決定眞實際, 聞者皆出世, 無有不解脫.

[H1, 608a22~b2; T34, 963b9~12]

"크나큰 자비로 가득 찬 세존께서는
지혜가 두루 통하여 막힘이 없네.
중생들을 널리 건져 내고자
'하나처럼 통하는 진리의 뜻'(一諦義)을 설하시되,
모두 '한 맛[처럼 서로 통하는] 길'(一味道)로 하시고
끝내 소승[의 가르침]으로 하지는 않았네.
말씀하신 '[하나처럼 통하는 진리의] 뜻'([一諦]義)과 '[한] 맛[처럼 서로 통하는 길]'([一]味[道])의 경지(處)는
모두 다 '참되지 않음'(不實)을 떠난 것이고,
모든 부처님 지혜의 경지(地)에 들어간 것이며,
'사실 그대로인 본래 지평'(決定眞實際)이니,
[이 뜻과 길을] 듣는 이들은 모두 세속[의 삶]에서 풀려나
해탈하지 못함이 없다네.

摠明三頌, 卽有四意. 一者二句, 歎能說德, 二者一頌, 歎能詮教, 三者一頌, 歎所詮義, 四者二句, 歎教勝利. 第二中言, "一諦義"者, 所謂一心. 依一心法, 有二種門, 二門所依, 唯是一實, 故名一諦. "一味道"者, 唯一乘故. 餘文可知.

[H1, 608b3~9; T34, 963b12~17]

총괄적으로 밝히고 있는 세 게송에는 네 가지 뜻이 있다. 첫 번째 [뜻]인

[앞의] 두 구절은 [진리를] 설하는 사람의 능력(德)을 찬탄한 것이고, 두 번째 [뜻]인 [다음] 한 게송은 설명한 가르침을 찬탄한 것이며, 세 번째 [뜻]인 [그 다음] 한 게송은 설명된 [가르침의] 뜻을 찬탄한 것이고, 네 번째 [뜻]인 [마지막] 두 구절은 가르침의 수승한 이로움을 찬탄한 것이다.

두 번째 [게송] 중에서 말한 "하나처럼 통하는 진리의 뜻"(一諦義)이라는 것은 이른바 '하나처럼 통하는 마음'(一心)이다. 〈'하나처럼 통하는 마음'이라는 도리〉(一心法)에 의거하여 '두 가지 국면'(二門)이 있으니, '두 가지 국면'(二門)이 의지하는 것은 오직 '하나처럼 통하는 진실'(一實)이기 때문에 '하나처럼 통하는 진리'(一諦)라고 부른 것이다. "한 맛[처럼 서로 통하는] 길"(一味道)이라는 것은 오직 '하나처럼 통하게 하는 가르침'(一乘)이기 때문이다. 나머지 글은 [살펴보면] 알 수 있을 것이다.

無量諸菩薩, 皆悉度衆生, 爲衆廣深問, 知法寂滅相, 入於決定處.

[H1, 608b10~11; T34, 963b18~19]

헤아릴 수 없이 많은 모든 보살들이
모두 다 중생들을 건지려고
중생들을 위하여 넓고 깊게 질문하여
현상(法)의 '불변·독자의 본질/실체가 없고 [불변·독자의 본질/실체로 보는 분별에 의한] 동요가 없는 면모'(寂滅相)를 알게 하고
'본래부터 그러함의 경지'(決定處)로 들어가게 하네.

此下四頌, 別歎問答. 此五句者, 歎問廣深, 令知寂滅, 入實際故.

[H1, 608b12~13; T34, 963b19~21]

이 아래의 네 게송은 [보살들의] 질문과 [부처님의] 대답을 특별히 찬탄한 것이다. 이 다섯 구절은 [보살들의] 질문이 넓고 깊어 [중생들로 하여금] '불변·독자의 본질/실체가 없고 [불변·독자의 본질/실체로 보는 분별에 의한] 동요가 없음'(寂滅)[13]을 알게 하여 '사실 그대로가 온전하게 드러나는 지평'(實

際)으로 들어가게 함을 찬탄한 것이다.

如來智方便, 當爲入實說, 隨順皆一乘, 無有諸雜味. 猶如一雨潤, 衆草皆悉榮, 隨其性各異, 一味之法潤, 普充於一切. 如彼一雨潤, 皆長菩提芽".

[H1, 608b14~17; T34, 963b22~25]

여래는 지혜의 '수단과 방법'(方便)으로

[중생들이 모두] '사실 그대로가 온전하게 드러나는 [지평]'(實[際])에 들어가게 하기 위해 말씀하시니,

[여래의 그 방편을] 따라가면 모든 것이 '하나처럼 통하는 가르침'(一乘)이지

[하나처럼 통하지 않는] 각각의 맛이라고는 일체 없네.

마치 한바탕 내린 비가 [대지를 골고루] 적시면

온갖 풀이 모두 다 무성하게 자라는 것과 같이,

그 [중생들]의 각기 다른 특성(性)에 따라

'한 맛[처럼 서로 통하는]'(一味) 가르침(法)으로 [그들을 골고루] 적시기를

---

13 원효는 '寂滅'을 '空寂'과 같은 의미로 해석하는 경우가 있다. 『금강삼매경』의 "情識空寂無生"이라는 구절을 "諸識寂滅無生"으로 바꾸어 해석하는 사례가 그것이다(H1, 630c22~631a18 참조). 그리고 '寂滅'을 '寂'과 동의어로 이해하기도 한다(H1, 627b13~23 참조). 또한 『금강삼매경』이나 원효의 『금강삼매경론』에서는 '寂滅'을 '[불변·독자의 본질/실체로 보는 분별의 동요가] 그쳐 고요함'이나 '아무것도 없음' 등의 의미로 사용하기도 한다. 본 번역에서는 원효의 관점을 반영하는 것을 원칙으로 하므로 '寂滅'을 '空寂'의 의미로 이해해도 되는 경우에는 양자 모두 〈불변·독자의 본질/실체가 없고 [불변·독자의 본질/실체로 보는 분별의] 동요가 없음〉이나 〈불변·독자의 본질/실체가 없고 [불변·독자의 본질/실체로 보는 분별에 의한] 동요가 없음〉 및 〈불변·독자의 본질/실체가 없음〉으로 번역하고, 문장의 맥락에 따라서는 '그쳐 고요함' '아무것도 없음' 등으로 번역한다. 그리고 『금강삼매경』·『금강삼매경론』에서 '空寂'은 '空'의 의미를 부연하는 표현일 경우와 '空'과 '寂'의 두 의미를 결합한 표현으로 사용되기도 한다. 따라서 전자의 경우 '空寂'은 '불변·독자의 본질/실체가 없음'으로, 후자의 경우는 〈불변·독자의 본질/실체가 없고 [불변·독자의 본질/실체로 보는 분별의] 동요가 없음〉으로 번역한다.

모두에게 두루 가득하게 한다네.
마치 저 한바탕 내린 비가 [대지를 골고루] 적셔 [모든 풀 자라게 하는 것]처럼
[여래의 말씀은] 깨달음의 싹을 모두 자라게 하네."

是第二歎佛答勝利. 於中有三, 謂法喩合. 如其次第, 四句, 二句, 五句應知.

[H1, 608b18~20; T34, 963b25~26]

이는 두 번째인 [보살들의 질문에 대한] 부처님 대답의 '수승한 이로움'(勝利)을 찬탄한 것이다. 여기에는 세 가지가 있으니, '도리(法)와 비유(喩)와 [비유와의] 합치(合)'(法喩合)가 그것이다. 차례대로 [도리(法)에 해당하는 것이] 네 구절, [비유(喩)에 해당하는 것이] 두 구절, [비유와의 합치(合)에 해당하는 것이] 다섯 구절임을 알아야 한다.

入於金剛味,[14] 證法眞實定. 決定斷疑悔, 一法之印成.

[H1, 608b21~22; T34, 963b27~28]

'금강[석金剛石같이 단단한] 삼매'에 들어가니,
[이 삼매는] 진리(法)를 증득하는 '참된 선정'(眞實定)이라네.
의혹(疑)과 후회(悔)를 기어코 끊으니,
'하나처럼 통하는 진리'(一法)에 대한 증명(印)이 이루어지네.

此第二頌入定. 上半正頌在前入定, 下半逆頌後起說法. 後所說敎, 有二勝能. 一決斷疑悔, 如金剛能破, 二印成一乘, 如金剛不壞. 下半二句, 顯

14 한불전 『금강삼매경론』에는 '味'로 기재하고 "'昧'자로 된 판본이 있다"(一本作昧)라고 하며 대정장 『금강삼매경론』에서도 '미味'자를 채택하고 있는데, '昧'자로 보는 것이 적절해 보여 '昧'로 교감한다.

此二義. 序分文竟.

[H1, 608b23~c3; T34, 963b28~c3]

이 두 번째는 [여래께서] '선정에 들어감'(入定)을 읊은 것이다. [게송들 중] 위쪽의 절반은 [경을 설하기] 이전에 '선정에 들어감'(入定)을 순서대로(正) 읊은 것이고, 아래쪽 절반은 [선정에서 나온] 후에 일으키는 '가르침을 설함'(說法)을 역순으로(逆) 읊은 것이다.

[선정에서 나온] 후에 설한 가르침에는 두 가지 '수승한 능력'(勝能)이 있다. 첫째는 의혹과 후회를 기어코 끊어 내는 것이니 마치 '금강[석金剛石같이 단단한 것]'(金剛)이 [모든 것을] 깨뜨릴 수 있음과 같고, 둘째는 '하나처럼 통하게 하는 가르침'(一乘)이 이루어짐을 증명하는 것이니 마치 '금강[석金剛石같이 단단한 것]'(金剛)은 [하나 아닌 여럿으로] 부수어지지 않는 것과도 같다. 아래쪽 절반의 두 구절은 이 두 가지 뜻을 드러낸 것이다. [이상으로] '서론 부분'(序分)의 글을 마친다.[15]

---

15 이상의 단락에 해당하는 원효의 전체 과문 차례는 다음과 같다.
제1편 전체의 취지를 기술(述大意)
제2편 경전의 핵심내용을 밝힘(辨經宗)
Ⅰ. 합치는 방식(合): 한 맛[처럼 서로 통하는 진리다운] 이해와 [그 이해에 의거한] 수행(一味觀行)
Ⅱ. 펼치는 방식(開): 열 가지 진리 전개방식(十重法門)
제3편 [『금강삼매경론』이라는] 명칭을 해석함(釋題目)
Ⅰ. 금강을 풀이함(釋金剛)
1. 해석(釋)
2. 차이를 구분함(簡別)
1) 선정과 지혜를 구분(簡定慧)
2) 다른 선정들과 구별함(別餘定)
Ⅱ. 삼매[라는 명칭을] 해석함(釋三昧)
1. 해석(釋)
2. 차이를 구분함(簡別)
1) [삼매의] 갖가지 명칭을 구별(別諸名)
2) [삼매의 갖가지 명칭들이] '통하는 영역'(通)과 '제한되는 영역'(局)을 밝힘(明通局)
제4편 경문의 뜻을 자세히 풀어냄(消文義)

Ⅰ. 시작하는 부분(序品)

1. [모든 경전에] 공통적인 서론(通序): 여섯 가지 일(六事)

   1) [육사六事 가운데] 앞의 셋: [아난다가 부처님의 말씀을] 직접 받들어서 전하고 있다는 것을 밝힌 것(明親承之傳)

   2) [육사六事 가운데] 뒤의 셋: 위대한 스승[인 부처님]의 말씀이라는 것을 증명한 것(證大師之說)

2. [이 경전에만 해당하는] 별도의 서론(別序)

   1) 위엄[을 갖춘] 몸가짐[을 묘사한] 부분(威儀分)

   2) 경전을 설하는 부분(說經分)

   3) 선정에 들어 있는 부분(入定分)

   4) 게송[을 읊어 경의 내용을] 거듭 말한 부분(重頌分)

      (1) 서론(序)

      (2) 게송(頌): 여덟 게송(八行頌)

         ① 앞의 일곱 게송(前七頌): 경[의 핵심내용]을 읊은 것(頌說經)

            가. 세 게송(三頌): [경의 내용을] 총괄적으로 밝힌 것(三頌摠明)

            나. 네 게송(四頌): [경의 내용을] 따로 드러낸 것(四頌別顯)

         ② 뒤의 한 게송(後一頌): 선정에 들어있음을 읊은 것(頌入定)

II. [경의 내용을] 본격적으로 설한 부분 (正說分)

正說之中, 大分爲二, 謂前六品, 別顯觀行, 摠持一品, 摠遣疑情. 別顯之中, 卽爲六分. 一無相法品, 明無相觀, 二無生行品, 顯無生行, 三本覺利品, 依本利物, 四入實際品, 從虛入實, 五眞性空品, 辨一切行, 出眞性空, 六如來藏品, 顯無量門, 入如來藏. 如是六門, 觀行周盡, 所以然者. 凡諸妄想, 無始流轉, 只由取相分別之患, 今欲反流歸源, 先須破遣諸相. 所以初明, 觀無相法. 雖遣諸相, 若存觀心, 觀心猶生, 不會本覺, 故泯生心, 所以第二顯無生行. 行旣無生, 方會本覺, 依此化物, 令得本利, 故第三明本覺利門. 若依本覺, 以利衆生, 衆生卽能從虛入實, 所以第四明入實際. 內行卽無相無生, 外化卽本利入實, 如是二利, 以具萬行, 同出眞性, 皆順眞空, 是故第五明眞性空. 依此眞性, 萬行斯備, 入如來藏, 一味之源, 所以第六顯如來藏. 旣歸心源, 卽無所爲, 無所爲故, 無所不爲, 故說六門, 以攝大乘.

[H1, 608c4~609a2; T34, 963c3~20]

'[경의 내용을] 본격적으로 설한 [부분]'(正說[分])의 내용을 크게 나누면 두 가지가 되니, 앞의 [「무상법품無相法品」, 「무생행품無生行品」, 「본각리품本覺利品」, 「입실제품入實際品」, 「진성공품眞性空品」, 「여래장품如來藏品」의] '여섯 단원'(六品)은 '[진리다운] 이해와 [이해에 의거한] 수행'(觀行)[1]을 하나씩 드러낸 것이고,

1 원효가 『금강삼매경』 수행론의 요점을 '일미관행一味觀行'이라는 말로 압축하고 있

'[육품六品의 핵심을] 모두 지니게 하는 하나의 단원'(摠持一品)은 의문(疑情)을 모조리 없애 버린 것이다. 하나씩 드러낸 내용은 곧 '여섯 부분'(六分)이 된다.

첫 번째는 「[불변 · 독자의 본질/실체로 차별된] 차이가 없다는 도리[를 주제로 하는] 단원(無相法品)」이니 '[불변 · 독자의 본질/실체로 차별된] 차이가 없음에 대한 이해'(無相觀)를 밝히는 것이고, 두 번째는 「[불변 · 독자의 본질/실체로서] 생겨난 것이 없다는 [이해에 의거한] 수행[을 주제로 하는] 단원(無生行品)」이니 '[불변 · 독자의 본질/실체로서] 생겨난 것이 없다는 [이해에 의거한] 수행'(無生行)을 나타낸 것이며, 세 번째는 「깨달음의 본연[인 '사실 그대로 앎']이 지닌 이로움[을 주제로 하는] 단원(本覺利品)」이니 본래적인 [사실 그대로에] 의거하여 '[온갖] 중생'(物)을 이롭게 하는 것이고, 네 번째는 「'사실 그대로가 온전하게 드러나는 지평'에 들어감[을 주제로 하는] 단원(入實際品)」이니 '[사실이 왜곡된] 허구'(虛)로부터 '[사실 그대로인] 참됨'(實)으로 들어가는 것이며, 다섯 번째는 「참된 면모[인 '사실 그대로']에는 불변 · 독자의 본질/실체가 없다는 것[을 주제로 하는] 단원(眞性空品)」이니 '모든 행위'(一切行)가 〈'참된 면모[인 '사실 그대로']에는 불변 · 독자의 본질/실체가 없음'(眞性空)[을 아는 경지]에서 나온 것〉임을 밝힌 것이고, 여섯 번째는 「여래의 면모가 간직된 창고[를 주제로 하는] 단원(如來藏品)」이니 '헤아릴 수 없이 많은 수행 방식들'(無量門)이 [모두] '여래의 면모가 간직된 창고'(如來藏)로 들어가는 것임을 나타낸 것이다.

이와 같은 '여섯 가지 방식'(六門)으로 '[진리다운] 이해와 [이해에 의거한] 수

는 것에서도 확인할 수 있듯이, '관행觀行'의 의미를 무엇으로 볼 것인가의 문제는 매우 중요하지만 간단하지 않다. '관행觀行'이라는 한문은 크게 세 가지로 번역할 수 있다. 첫 번째는 '관觀하는 행行'으로 보는 것이고, 두 번째는 '행行을 관觀하는 것'으로 보는 것이며, 세 번째는 '관觀과 행行'으로 보는 것이다. 본 번역에서는 '관觀'과 '행行'이라는 말과 관련된 『금강삼매경』과 『금강삼매경론』의 용례들을 종합적으로 감안하여 '[진리다운] 이해와 [이해에 의거한] 수행'이라고 번역한다.

행'(觀行)을 두루 다 펼치니, 그 이유는 [다음과 같다.] 무릇 모든 '[불변 · 독자의 본질/실체로 보아 분별하는] 잘못된 생각'(妄想)이 '시작을 알 수 없는 때'(無始)로부터 '흐르면서 바뀌어 가는 것'(流轉)은 단지 '[불변 · 독자의 본질/실체로 차별된] 차이를 취하여 분별하는 병'(取相分別之患) 때문이니, 이제 [분별망상分別妄想의] 흐름을 돌이켜 근원으로 돌아가려면 먼저 '모든 유형의 [불변 · 독자의 본질/실체로 차별된] 차이'(諸相)를 깨뜨려 없애야 한다. 그러므로 먼저 '[불변 · 독자의 본질/실체로 차별된] 차이가 없다는 도리'(無相法)를 이해(觀)하는 것을 밝힌 것이다.

[그런데] 비록 '모든 유형의 [불변 · 독자의 본질/실체로 차별된] 차이'(諸相)를 없애도 만약 ['[불변 · 독자의 본질/실체로 차별된] 차이가 없다는 도리'(無相法)를] '이해하는 마음'(觀心)을 [도리어 불변 · 독자의 본질/실체로서] 남겨 둔다면, [불변 · 독자의 본질/실체로 간주하는] '이해하는 마음'이 오히려 생겨나 '깨달음의 본연'(本覺)[인 '사실 그대로 앎']에 부합하지 못하니, 그러므로 [불변 · 독자의 본질/실체로 보는] 마음을 없애기 위하여 두 번째로 '[불변 · 독자의 본질/실체로서] 생겨난 것이 없다는 [이해에 의거하는] 수행'(無生行)을 드러낸 것이다.

수행이 이미 '[불변 · 독자의 본질/실체로 보는 생각을] 일으킴이 없음'(無生)[경지]가 되면 비로소 '깨달음의 본연'(本覺)[인 '사실 그대로 앎']에 부합하게 되고, 이에 의거하여 '중생을 교화'(化物)하여 '[깨달음의] 본연[인 '사실 그대로 앎']이 지닌 이로움'(本利)을 얻게 하니, 그러므로 세 번째로 '깨달음의 본연[인 '사실 그대로 앎']이 지닌 이로움의 측면'(本覺利門)을 밝힌 것이다.

만약 '깨달음의 본연'(本覺)[인 '사실 그대로 앎']에 의거하여 중생을 이롭게 하면 [그] 중생들이 곧바로 '[사실이 왜곡된] 허구'(虛)로부터 '[사실 그대로인] 참됨'(實)[의 지평]으로 들어갈 수 있으니, 그러므로 네 번째로 '사실 그대로가 온전하게 드러나는 지평으로 들어감'(入實際)을 밝힌 것이다.

'안으로의 수행'(內行)이 '[불변 · 독자의 본질/실체로 차별된] 차이가 없음'(無相)과 '[불변 · 독자의 본질/실체로서] 생겨난 것이 없음'(無生)에 이르고, '밖으로의 [중생] 교화'(外化)는 '[깨달음의] 본연[인 '사실 그대로 앎']이 지닌 이로움'(本利)

으로써 '사실 그대로[가 온전하게 드러나는 지평]에 들어가도록'(入實) 하면, 이와 같은 두 가지 이로움으로써 '모든 수행'(萬行)을 갖추어 ['모든 수행'(萬行)이] 똑같이 '참된 면모[인 '사실 그대로']'(眞性)로부터 나오고 ['모든 수행'(萬行)이] 다 '[사실 그대로인] 참된 [면모에는] 불변 · 독자의 본질/실체가 없다'(眞[性]空)[는 도리]를 따르니, 그러므로 다섯 번째로 '참된 면모[인 '사실 그대로']'에는 불변 · 독자의 본질/실체가 없다는 것(眞性空)을 밝힌 것이다.

이 '참된 면모[인 '사실 그대로']'(眞性)에 의지하여 '모든 수행'(萬行)이 갖추어지면 '여래의 면모가 간직된 창고'(如來藏)가 지닌 '한 맛[처럼 서로 통하는]'(一味) 근원으로 들어가니, 그러므로 여섯 번째로 '여래의 면모가 간직된 창고'(如來藏)를 드러낸 것이다.

이미 '[하나처럼 통하게 하는] 마음의 근원'(心源)으로 돌아가면 곧 '[불변 · 독자의 본질/실체/본질로 보고 분별하는 생각에 이끌려] 하는 것이 없고'(無所爲), '[분별하는 생각에 이끌려] 하는 것'(所爲)이 없기 때문에 [중생의 이로움을 위해] '하지 않는 것이 없으니'(無所不爲), 그러므로 [이러한] '여섯 측면'(六門)을 설함으로써 '대승[의 이치들]을 포괄'(攝大乘)한다.

又此六品, 亦有異意. 謂初品, 示所觀之法, 法謂一心如來藏體. 第二品, 明能觀之行, 行謂六行, 無分別觀. 第三本覺利品, 顯一心中之生滅門, 第四入實際品, 顯一心中之眞如門. 第五眞性空品, 雙遣眞俗, 不壞二諦. 第六如來藏品, 遍收諸門, 同示一味. 以此二重六門, 攝大乘義周盡.

[H1, 609a2~10; T34, 963c20~27]

또 이 '여섯 단원'(六品)[의 제목]에는 다른 뜻도 있다. '첫 번째 단원'(初品, 無相法品)은 '이해의 대상이 되는 도리'(所觀法)를 제시한 것이니, [여기서] 도리(法)란 〈'하나처럼 통하는 마음'(一心)인 '여래의 면모가 간직된 창고'(如來藏)의 본연(體)〉(一心如來藏體)을 말한다. '두 번째 단원'(第二品, 無生行品)은 '이해해 가는 수행'(能觀之行)을 밝혔으니, [여기서] 수행이란 '여섯 단계의 수행'(六行)[2]으로서 '[불변 · 독자의 본질/실체로 보는 생각으로] 분별하지 않는 [사실 그대로의] 이해'(無分別觀)[를 성취해 가는 것]을 말한다. 세 번째인 '깨달음의 본연[인 '사실 그대로' 앎]이 지닌 이로움[을 주제로 하는] 단원'(本覺利品)은 '하나처럼 통하는 마음'(一心)에서의 '생멸하는 측면'(生滅門)을 나타내고, 네 번째인 '사실 그대로가 온전하게 드러나는 지평에 들어감[을 주제로 하는] 단원'(入實際品)은 '하나처럼 통하는 마음'(一心)에서의 '참 그대로인 국면'(眞如門)을 나타낸다. 다섯 번째인 '참된 면모[인 '사실 그대로']에는 불변·독자의 본질/실체가 없다는 것[을 주제로 하는] 단원'(眞性空品)은 참됨(眞)[에 대한 실체관념]과 속됨(俗)[에 대한 실체관념]을 다 버리면서도 '['세속적 관점'(俗諦)과 '진리적 관점'(眞諦), 이] 두 가지 관점'(二諦)을 무너뜨리지 않는다. 여섯 번째인 '여래의 면모가 간직된 창고[를 주제로 하는] 단원'(如來藏品)은 '[앞의] 모든 해석방식'(諸門)을 두루 거두어 [그들이] 모두 '한 맛[처럼 서로 통하는 것]'(一味)임을 보여 준다. 이러한 [육품六品에 대한] 이중二重의 '여섯 가지 해석방식'(六門)으로써 '대승[의 이치를] 포괄하는 뜻'(攝大乘義)을 두루 다하였다.

又此六品, 合爲三門. 前二品, 攝觀行始終, 次二品者, 敎化本末, 其後二門, 攝因成果. 又前二品, 遣相歸本, 中間二品, 從本起行, 後二品者, 雙顯歸起. 以此二三, 攝大乘盡. 又此六品, 只是二門, 相生都泯, 是本覺利, 實際眞空, 是如來藏. 又前門者, 遣妄顯因, 其後門者, 顯眞成果, 如是二二之門, 亦攝大乘周盡. 又此六品, 唯是一味. 所以然者, 相生無性, 本覺無本, 實際離際, 眞性亦空, 何由得有如來藏性? 如下如來藏品中言, "是識常寂滅, 寂滅亦寂滅", 摠持品言, "七五不生, 八六寂滅, 九相空無". 如是無所得之一味, 正爲此經之宗之要, 但以無所得故, 無所不得. 所以諸門, 無所不開故, 作無量義之宗也. 雖是一味, 而開六門, 故依六分科文而釋.

[H1, 609a10~b4; T34, 963c27~964a12]

2 앞에서 설명한 것처럼, 여기서 '여섯 단계의 수행'(六行)은 '십신十信, 십해十解(진제역)/십주十住, 십행十行, 십회향十廻向, 십지十地, 등각等覺'을 가리킨다.

또 이 '여섯 단원'(六品)을 [둘씩] 합하면 '세 가지 해석방식'(三門)이 된다. 앞의 두 단원[인 제1무상법품無相法品과 제2무생행품無生行品]은 '[진리다운] 이해와 [이해에 의거한] 수행'(觀行)의 시작과 끝을 포괄하고, 다음 두 단원[인 제3본각리품本覺利品과 제4입실제품入實際品]은 [중생을] 교화하는 근본과 지말[을 포괄하며], 그 뒤의 두 단원[인 제5진성공품眞性空品과 제6여래장품如來藏品]은 원인을 포섭하고 결과를 이루는 것이다. 또 [달리 말하면] 앞의 두 단원은 '[불변·독자의 본질/실체로 차별된] 차이'(相)를 버리고 '[사실 그대로인] 본연'(本)으로 돌아가는 것이고, 중간의 두 단원은 '[사실 그대로인] 본연'(本)으로부터 행위(行)를 일으키는 것이며, 뒤의 두 품은 [원인으로] 돌아감(歸)과 [결과를] 일으킴(起)을 모두 나타내는 것이다. 이와 같이 두 [종류의] '세 가지 [해석방식]'(三門)으로 대승[의 이치]를 다 포괄한 것이다.

또 이 '여섯 단원'(六品)은 [셋씩 합하면] 단지 '두 가지 해석방식'(二門)이 될 뿐이니, [제1무상법품無相法品과 제2무생행품無生行品에서] '[불변·독자의 본질/실체로 차별된] 차이'(相)와 '[불변·독자의 본질/실체로서] 생겨난 것'(生)이 모두 없어진 것은 [제3본각리품本覺利品의] <'깨달음의 본연'(本覺)[인 '사실 그대로 앎']이 지닌 이로움>(本覺利)이요, [제4입실제품入實際品의] '사실 그대로가 온전하게 드러나는 지평'(實際)과 [제5진성공품眞性空品의] '참된 면모[인 '사실 그대로']에는 불변·독자의 본질/실체가 없음'(眞空)은 바로 [제6여래장품如來藏品의] '여래의 면모가 간직된 창고'(如來藏)이다. 또 [무상법품無相法品과 무생행품無生行品 및 본각리품本覺利品으로 이루어진] '앞의 해석방식'(前門)은 헛됨(妄)[인 '[불변·독자의 본질/실체로 차별된] 차이'(相)와 '[불변·독자의 본질/실체로서] 생겨난 것'(生)]을 버려 원인(因)[인 '깨달음의 본연'(本覺)[인 '사실 그대로 앎']이 지닌 이로움]을 드러낸 것이고, [입실제품入實際品과 진성공품眞性空品 및 여래장품如來藏品으로 이루어진] 그 '뒤의 해석방식'(後門)은 '[사실 그대로인] 참됨'(眞)[인 실제實際와 진공眞空]을 드러내어 결과(果)[인 여래장如來藏]을 이룬 것이니, 이와 같은 두 종류의 '두 가지 해석방식'(二門)도 역시 두루 대승[의 이치]를 다 포괄한 것이다.

또 이 '여섯 단원'(六品)은 오직 '한 맛[처럼 서로 통하는 것]'(一味)일 뿐이다. 그 이유는 [다음과 같다.] '[불변 · 독자의 본질/실체로 차별된] 차이'(相)와 '[불변 · 독자의 본질/실체로서] 생겨난 것'(生)에는 '[얻을 수 있는] 불변 · 독자의 본질'(性)이 없고, '깨달음의 본연'(本覺)[인 '사실 그대로 앎']에는 '불변 · 독자의 근본'(本)[3]이 없으며, '사실 그대로가 온전하게 드러나는 지평'(實際)은 '[불변 · 독자의 본질/실체로 제한하는] 지평'(際)에서 벗어난 것이고, '참된 면모[인 '사실 그대로']'(眞性)에도 '불변 · 독자의 본질/실체가 없는 것'(空)이니, 무엇에 의해 '여래의 면모가 간직된 창고의 면모'(如來藏性)가 [불변 · 독자의 본질/실체로서] 있겠는가? 아래에 나오는 '여래의 면모가 간직된 창고[를 주제로 하는] 단원'(如來藏品)에서 말한 것과 같이 "이 식識은 늘 고요하지만(寂滅) 고요함(寂滅) 또한 '[불변 · 독자의 본질/실체가 없어] 고요하고'(寂滅)"(是識常寂滅, 寂滅亦寂滅),[4] '[육품六品의 핵심을] 모두 지니게 하는 단원'(摠持品)에서 말한 것처럼 "'제7말나식과 [제6식 이하의] 다섯 가지 식이 [불변 · 독자의 본질/실체로서] 생겨나지 않고'(七五不生), '제8아뢰야식과 제6의식은 불변 · 독자의 본질/실체가 없고 [불변 · 독자의 본질/실체로 보는 분별의] 동요가 없으며'(八六寂滅), '제9식의 양상도 불변 · 독자의 본질/실체가 없다'(九相空無)"(七五不生, 八六寂滅, 九相空無).[5]

이와 같이 '[불변 · 독자의 본질/실체로서] 얻을 것이 없어'(無所得) '한 맛[처럼 서로 통하는 것]'(一味)이 바로 이 경의 근본(宗)의 핵심(要)이 되니, 〈단지 [불변 · 독자의 본질/실체로서] 얻을 것이 없기 때문에 얻지 못하는 현상도 없는 것〉(但以無所得故, 無所不得)이다. 그리하여 '모든 해석방식'(諸門)이 펼쳐지

---

3 '本'은 맥락에 따라 '근본' '본연' '불변 · 독자의 근본' 등으로 옮기고 있다. 한자어는 다의적이기 때문에 '특정 맥락에 따른 특정한 의미'를 한글번역어에 반영하기 위해서는 같은 용어라도 달리 번역해야 한다. 본 번역에서는 이러한 원칙을 일관되게 유지하고 있다. 따라서 동일한 한자용어라도 다수의 번역어를 채택하고 있는데, 그 사례들을 번역어 색인에서 종합하고 있다.

4 H1, 664c8.

5 H1, 670b6~7.

지 않는 것이 없기 때문에 '헤아릴 수 없는 뜻'(無量義)을 지어내는 근본(宗)이 되는 것이다. ['여섯 단원'(六品)이] 비록 '한 맛[처럼 서로 통하는 것]'(一味)이지만 '여섯 가지 해석방식'(六門)을 펼치니, 그러므로 [육품六品의 각각인] '여섯 부분'(六分)에 의거하여 '[『금강삼매경』의] 본문을 [단락으로] 나누어'(科文) 해석하였다.

1. [불변·독자의 본질/실체로 차별된] 차이가 없다는 도리[를 주제로 하는] 단원(無相法品)[6]

先釋品名. 言無相者, 謂無相觀, 破諸相故. 次言法者, 謂所觀法, 一心法故. 無相觀者, 先六分中, 第一分義, 所觀法者, 後六門內, 第一門法. 今此初品, 顯是二義, 以之故言, "無相法品".

[H1, 609b4~9; T34, 964a12~16]

먼저 단원(品)의 명칭을 해석한다. '[불변·독자의 본질/실체로 차별된] 차이가 없음'(無相)이라고 말한 것은 '[불변·독자의 본질/실체로 차별된] 차이가 없음에 대한 이해'(無相觀)를 가리키니, '모든 유형의 [불변·독자의 본질/실체로 차별된] 차이'(諸相)를 깨뜨리는 것이다. 다음으로 도리(法)라고 말한 것은 '이해의 대상이 되는 도리'(所觀法)를 가리키니, [바로] 〈'하나처럼 통하는 마음'이라는 도리〉(一心法)이다. '[불변·독자의 본질/실체로 차별된] 차이가 없음에 대한 이해'(無相觀)라는 것은 앞[에서 말한] [육품六品의 각각인] '여섯 부분'(六分) 중에서 [첫 번째인 무상법품無相法品에 해당하는] '첫 번째 부분'(第一分)[이 드러내는] 뜻[7]이고, '이해의 대상이 되는 도리'(所觀法)라는 것은 뒤[에서 말한]

6 현행 한불전의 『금강삼매경론』에는 바로 뒤에 나오는 『금강삼매경』 본문 앞에서 '제2 무상품'의 제목을 넣어 구분하고 있다. 그러나 내용적으로는 여기서부터 『금강삼매경론』 제2품의 내용을 논하고 있으므로 단원을 구분하였다.

7 〈"첫 번째는 「[불변·독자의 본질/실체로 차별된] 차이가 없다는 도리[를 주제로 하

'여섯 가지 해석방식'(六門) 가운데 '첫 번째 해석방식'(第一門)에서의 도리[8] 이다. 이제 이 '첫 번째 단원'(初品)에서는 이 두 가지 뜻을 나타내니, 그러므로 "[불변 · 독자의 본질/실체로 차별된] 차이가 없다는 도리[를 주제로 하는] 단원"(無相法品)이라고 말하였다.

爾時, 尊者,[9] 從三昧起, 而說是言.

[H1, 609b11; T34, 964a17]

그때 '존경받는 분'(尊者)께서는 삼매에서 나와 이렇게 말씀하셨다.

此一品文, 科分爲三分, 初出定分, 次起說分, 後得益分. 初後二分, 是經家序, 其第二分, 正是佛言. 初分中顯三種成就. 一說法時成就, 如經"爾時"故. 二說法主成就, 如經"尊者"故. 具五通達, 爲世所尊, 於甚深法, 如義說故. 三自在成就, 如經"從三昧起, 說是言"故. 如來入定, 無能驚寤, 於定住出, 得自在故.

[H1, 609b12~20; T34, 964a18~24]

이 '첫 번째 단원'(一品)의 본문(文)은 단락을 나누면 세 부분이 되는데, 처음은 '선정에서 나오는 부분'(出定分)이고, 다음은 '말을 일으키는 부분'(起說分)이며, 마지막은 '이로움을 얻는 부분'(得益分)이다. 처음과 마지막의

는] 단원'(無相法品)」이니 '[불변 · 독자의 본질/실체로 차별된] 차이가 없음에 대한 이해'(無相觀)를 밝히는 것이다"(一無相法品, 明無相觀)〉(『금강삼매경론』, H1, 608c6~7)를 지시하는 것으로 보인다.

8 〈"'첫 번째 단원'(初品, 無相法品)은 '이해의 대상이 되는 도리'(所觀法)를 제시한 것이니, [여기서] 도리(法)란 '하나처럼 통하는 마음'(一心)인 '여래의 면모가 간직된 창고'(如來藏)의 본연(體)을 말한다"(謂初品, 示所觀之法, 法謂一心如來藏體)〉(『금강삼매경론』, H1, 609a3~4)를 지시하는 것으로 보인다.

9 한불전(H1, 609b11)의 주석에 따르면, 다른 판본에는 "세존世尊"으로 되어 있다고 한다. 그러나 큰 차이는 아니므로 한불전과 대정장에 나오는 "존자尊者"를 그대로 실었다.

두 부분은 '경전 편집자들이 붙이는 글'(經家序)이고, 두 번째 부분이 바로 부처님의 말씀이다.

1) 선정에서 나오는 부분(出定分)

첫 번째 부분에서는 세 가지가 이루어짐을 드러낸다. 첫 번째는 '진리를 설하는 때가 이루어진 것'(說法時成就)이니, 경에서 "그때"(爾時)라고 한 것과 같다. 두 번째는 '진리를 설하는 주인공이 이루어진 것'(說法主成就)이니, 경에서 "존경받는 분께서는"(尊者)이라고 한 것과 같다. '다섯 가지 특별한 능력'(五通達)[10]을 갖추어 세상[사람들]에게 존경받는 이가 되었고, '깊고 깊은 진리'(甚深法)를 뜻 그대로 설하기 때문이다. 세 번째는 '자유자재함이 이루어진 것'(自在成就)이니, 경에서 "삼매에서 나와 이렇게 말씀하셨다"(從三昧起, 而說是言)라고 한 것과 같다. 여래께서 선정(定)에 들어 있으면 [무엇이라도] 놀라게 하거나 [선정에서] 나오게 할 수 없으며, [여래는] 선정(定)에 머물러 있거나 나오는 것에서 자유자재하기 때문이다.

2) 말을 일으키는 부분(起說分)

"諸佛智地, 入實法相, 決定性故,

[H1, 609b21; T34, 964a25]

"모든 부처님들의 '지혜 경지'(智地)는 〈현상의 '사실 그대로'〉(實法相)에

10 오통달五通達: 오통五通이라고도 한다. ① 신족통神足通, ② 천안통天眼通, ③ 천이통天耳通, ④ 타심통他心通, ⑤ 숙명통宿命通을 말한다. 여기에 ⑥ 누진통漏盡通을 더하여 육통六通이라고도 한다. 자세한 내용은 아래 '육신통六神通'에 관한 역주 참조. 『대지도론大智度論』 권5에서는 "經. 悉是五通. 論. ① 如意足, ② 天眼, ③ 天耳, ④ 他心智, ⑤ 自識宿命"(T25, 97c21~22. 번호는 역자 보충)이라고 하여 『마하반야바라밀경摩訶般若波羅蜜經』에서 오통이라고 말한 것에 대해 그 다섯 가지의 내용을 열거한다.

들어간 것이니 [〈현상의 '사실 그대로'〉(實法相)는] '본래 그러한 것'(決定性)[11] 이기 때문이고,

此下第二, 正發言說. 此中有二, 一者長行, 二者重頌. 初長行中, 亦有

11 결정성決定性: 본 번역에서는 '본래 그러한 것' 또는 '본래 그러한 지평' '본래 사실 그대로인 본연' 등으로 번역한다. 결정決定의 범어인 'niścaya'는 조사(inquiry), 확인(ascertainment), 확고한 의견(fixed opinion), 확신(conviction), 객관적인 확실성(certainty) 등의 뜻으로서(*Sanskrit-English Dictionary*, p.561 참조) 본문에서 '결정성'은 '모든 부처님 지혜의 경지'(諸佛智地)에서 〈현상의 '사실 그대로'〉(實法相)에 들어간 궁극적 사태를 가리키는 용어로 제시된다. 아래 주석에서 원효는 이 경문에 관해 '여래가 스스로 무상관에 들어간 것'(如來自入無相觀)이라고 규정하면서, "決定性者, 是實法相, 非佛所作, 有佛無佛性自爾故"라고 하여 실법상實法相인 결정성은 부처가 지어낸 것이 아니라 부처가 있든 없든 '본연이 스스로 그러한 것'(性自爾)이라고 설명한다. 「무상법품無相法品」에서 '결정성'의 보다 구체적인 내용에 관해 살펴볼 수 있는 경문은 아래 '왕복결제의난往復決諸疑難'의 '제삼문답第三問答'에서 "若有衆生, 見法生時, 令滅無見, 見法滅時, 令滅有見. 若滅是見, 得法眞無, 入決定性, 決定無生"(H1, 614a5~7)이라고 설명하는 곳이다. 이에 따르면 결정성에 들어간다는 것은 무견無見과 유견有見을 없애어 '무견과 유견에 해당하는 것이 모두 없음'(法眞無)을 증득하는 것을 말한다. 이 경문에 관해 원효는 "決定性義, 如前已說, 得眞空時, 觀心不生, 遠離一切有無心故"(H1, 614a22~23)라고 설명한다. 이에 따르면 '決定性'의 뜻은, '불변·독자의 본질/실체가 없는 참된 지평'(眞空)을 증득할 때는 '마음이 [불변·독자의 본질/실체로서] 생겨나지 않음'(心不生)을 이해하여 모든 '[불변·독자의 본질/실체로서] 있거나 [아무것도] 없는 마음'(有無心)에서 멀리 벗어난 것을 말한다. 그런데 『금강삼매경』과 원효의 주석에서 '決定性'이 '불변'을 의미하는 것으로 사용되는 경우도 있다. 예컨대 『금강삼매경』 「입실제품」(H1, 638b19~20)에서는 "'결정된 불변의 본질'(決定性)이 없기 때문에 있음(有)과 없음(無)에 머무르지 않는다"(無決定性, 不住有無)라고 하는데, 이에 대해 원효는 『금강삼매경론』(H1, 639a2~4)에서 "앞에서 나온 [『금강삼매경』의] 모든 글에서 매번 〈결정성決定性이기 때문이다〉(決定性故)라고 말하였는데, 어째서 여기서는 〈결정성決定性이 없다〉(無決定性)고 말하는가? 이것은 모순되는 것이 아니니, 왜냐하면 [지금 이 단원에서 말하는] '결정決定'의 뜻은 '바뀜이 없다'(無改定)[는 '불변'의 뜻]이기 때문이다"(上來諸文, 每言"決定性故", 何故此中乃言"無決定性"? 是不相違, 所以然者, '決定'義〈* 현존 판본에는 '無決定義'라고 되어 있지만 '無'가 없어야 의미가 통하기에 '決定義'로 교감하여 번역하였다〉, 無改定故)라고 주석하고 있다. 이 경우에는 '決定性'을 '결정된 불변의 본질'로 번역하였다.

二分, 一略標分, 二廣說分. 略標分中, 標二種義, 初標無相觀, 後標所觀法. 無相觀中, 有其二句, 先標如來自入無相觀, 後標令他入無相觀. 言'自入'者, 如經"諸佛智地, 入實法相, 決定性故". "諸佛智地"者, 謂如前所入金剛三昧相應之智, 住持一切功德法故. "入實法相"者, 謂此佛智破一切相, 通達諸法之實相故. "決定性"者, 是實法相, 非佛所作, 有佛無佛性自爾故. 次言"故"者, 以決定性, 釋成上句, 若不決定, 卽非實相故. 又攝上句, 而成下句. 如來自入實法相故, 故能令他得無相利也.

[H1, 609b22~c13; T34, 964a25~b9]

이 아래는 두 번째로 [경의 내용을 본격적으로] 설한 것을 곧바로 나타내었다. 여기에는 두 가지가 있는데, 하나는 '산문[의 형식을 띤 문장]'(長行)[12]이요, 둘은 '게송[의 형식]으로 거듭 읊는 것'(重頌)[13]이다. 첫 번째인 '산문[의 형식을 띤 문장]'(長行)에도 두 가지 부분이 있으니, 하나는 '간략하게 밝히는 부분'(略標分)이고, 둘은 '자세하게 설명한 부분'(廣說分)이다.

(1) 산문[의 형식을 띤 문장](長行)

① 간략하게 밝히는 부분(略標分)

'간략하게 밝히는 부분'(略標分)에서 두 가지 뜻을 나타냈는데, 처음은 '[불변·독자의 본질/실체로 차별된] 차이가 없음에 대한 이해'(無相觀)를 나타내었고, 나중은 '이해의 대상이 되는 도리'(所觀法)를 나타내었다. '[불변·독자

12 장행長行: 경론經論의 내용에서 산문으로 쓰여 있는 문장을 가리킨다. 게송의 형식으로 읊은 부분과 구분한 것이다. 산스크리트 원어는 'gadya'인데, 장행구長行句라고도 옮긴다.

13 중송重頌: 경론에서 산문의 형식으로 서술된 내용을 운문의 형식으로 거듭 설하는 것을 가리킨다. 내용과 형식에 따라 경전을 분류한 전통적 체계인 9분교分敎, 12분교에서도 모두 하나의 요소를 이루고 있다. 원어로는 'geya'(산스크리트) 및 'geyya'(팔리어)이므로 그 발음을 옮겨 기야祇夜로 부르기도 한다.

의 본질/실체로 차별된] 차이가 없음에 대한 이해'(無相觀)에는 두 구절이 있는데, 먼저는 〈여래가 스스로 '[불변 · 독자의 본질/실체로 차별된] 차이가 없음에 대한 이해'(無相觀)로 들어감을 나타낸 것〉이고, 나중은 〈다른 이들을 '[불변 · 독자의 본질/실체로 차별된] 차이가 없음에 대한 이해'(無相觀)에 들어가게 함을 나타낸 것〉이다.

'스스로 [무상관無相觀에] 들어감'(自入)이라고 말한 것은, 『금강삼매경』[의 본문]에서 말한 "모든 부처님들의 지혜 경지는 〈현상의 '사실 그대로'〉(實法相)에 들어간 것이니, [〈현상의 '사실 그대로'〉(實法相)는] '본래 그러한 것'(決定性)이기 때문이다"(諸佛智地, 入實法相, 決定性故)에 해당한다. "모든 부처님들의 지혜 경지"(諸佛智地)라는 것은, [부처님께서] 앞서 들어갔던 〈'금강[석金剛石과 같이 단단한] 삼매'(金剛三昧)와 서로 응하는 지혜〉가 〈모든 '이로운 능력들'(功德法)을 확고히 지니고 있는 것〉을 일컫는다. "〈현상의 '사실 그대로'〉에 들어간 것이다"(入實法相)라는 것은, [바로] 이 부처님의 지혜가 '[불변 · 독자의 본질/실체로 차별된] 모든 차이'(一切相)를 깨뜨려 '모든 현상'(諸法)의 '사실 그대로'(實相)에 통달했음을 일컫는다.

"본래 그러한 것"(決定性)이라는 것은, 이 〈현상의 '사실 그대로'〉(實法相)는 부처가 지어낸 것이 아니고, 부처가 있든 없든 본연(性)이 스스로 그러하기 때문이다. 다음으로 "때문이다"(故)라고 말한 것은 '본래 그러한 것'(決定性)[이라는 뜻]을 가지고 위의 구절[14]을 해석한 것이니, 만약 '본래 그러한 것'이 아니라면 곧 '사실 그대로'(實相)가 아니기 때문이다. 또 ['[불변 · 독자의 본질/실체로 차별된] 차이가 없음에 대한 이해'(無相觀)를 밝히는 두 구절에서는] 위 구절을 포괄하여 아래 구절을 이루고 있다. 여래가 스스로 〈현상의 '사실 그대로'에 들어간 것〉(入實法相)이기 때문에 다른 이들로 하여금 '[불변 · 독자의 본질/실체로 차별된] 차이가 없어서 생기는 이로움'(無相利)을 얻게 할

---

14 위 구절(上句): 바로 앞의 『금강삼매경』의 본문인 "모든 부처님들의 '지혜 경지'는 〈현상의 '사실 그대로'〉(實法相)에 들어간 것이니"(諸佛智地, 入實法相)를 가리킨다.

수 있는 것이다.

方便神通, 皆無相利.

[H1, 609c14; T34, 964b10]

[그러기에 부처님들이 갖춘] '수단과 방법'(方便) 및 '특별한 능력'(神通[力])은 모두 '[불변 · 독자의 본질/실체로 차별된] 차이가 없어서 생기는 이로움'(無相利)이다.

此第二句, 令他得入. 言"方便"者, 八相方便, 謂從兜率天退, 乃至入涅槃故. "神通"者, 六神通, 卽爲三輪, 化衆生故. "皆無相利"者, 如是八六方便神通, 皆從自入實相而起, 能令他得無相利故. 標無相觀, 竟在於前.

[H1, 609c15~20; T34, 964b10~15]

이 경문은 '두 번째 구절'(第二句)로서 다른 이들로 하여금 [〈현상의 '사실 그대로'〉(實法相)에] 들어가게 하는 것이다. "수단과 방법"(方便)이라고 말한 것은 '여덟 가지 모습'(八相)[15]의 '수단과 방법'(方便)이니, [머무르고 있던] 도솔

15 팔상八相: 석가모니 부처의 일생을 '여덟 가지 주요한 모습/장면'(八相)으로 설명한 것이다. 주로 그림으로 나타내기 때문에 팔상도八相圖, 또는 여덟 가지 중에서 가장 중요한 것은 도를 이루는 장면이라는 해석에서 팔상성도八相成道라고도 한다. 이 여덟 가지 모습을 간략히 설명하면 다음과 같다. ① 도솔내의상兜率來儀相: 석가모니가 인간으로 태어나기 이전(前生)에는 호명護明보살이란 이름으로 도솔천兜率天에 머무르고 있다가 마침내 어머니인 마야부인의 태胎 속으로 내려오는 모습이다. ② 비람강생상毘藍降生相: 마침내 석가모니가 인간 세상의 땅인 룸비니(毘藍)에서 아기로 태어나는(降生) 모습이다. ③ 사문유관상四門遊觀相: 싯다르타 태자 시절에 4대문을 통하여 성문 밖의 세상으로 나갔다가 인간의 늙음, 질병, 죽음 등을 차례로 목격하고 마지막으로 북쪽 성문 밖에서 출가한 수행자를 만나 대화를 나누는 장면이다. ④ 유성출가상逾城出家相: 아들 라홀라의 탄생을 계기로 드디어 출가를 결심한 싯다르타 태자가 모두가 잠든 틈을 타 남몰래 성을 넘어 출가하는 모습이다. ⑤ 설산수도상雪山修道相: 출가한 싯다르타 태자가 진리를 깨닫기 위해서 도를 닦는 모습이다. 여기서 설산雪山은 구체적인 지명이라기보다는 하나의 상징일 것이다. 6년간의 고행을 비롯하여 진리를 추구하던 전 과정을 포괄하려는 의도로 보인다. ⑥ 수하항마상樹下

천에서 떠난 것으로부터 '열반에 드는 것'(入涅槃)까지를 일컫는다. "특별한 능력"(神通[力])이라는 것은 '여섯 가지 특별한 능력'(六神通[力])[16]이니, 곧 [이 능력으로써] '[행위(身), 언어(口), 사유(意)를] 세 가지 수레바퀴'(三輪)[17]로 삼아 중생들을 교화하는 것이다. "모두 [불변·독자의 본질/실체로 차별된] 차이가 없어서 생기는 이로움이다"(皆無相利)라는 것은, 이와 같은 '여덟 가지

降魔相: 보리수 아래에서 악마들을 항복시키는 모습이다. '보리수 아래'(樹下)는 6년간의 고행을 접고 명상수행에 전념하던 곳으로 '보리'(Bodhi)란 깨달음을 가리키는 말이다. 여기서 악마(魔)는 인간들이 경험하는 온갖 번뇌를 상징하니, 마음속에 존재하는 모든 번뇌의 구속으로부터 떠났다는 뜻이다. 따라서 '악마들을 항복시킴'(降魔)이란 곧 '깨달음을 이룸'(成道)과 동의어가 된다. ⑦ 녹원전법상鹿苑轉法相: 깨달음을 완성한 석가모니 부처가 처음으로 설법하는 모습이다. 녹원이란 부처님이 자신이 깨달은 진리를 처음으로 설법한 곳이니, 당시 인도의 마가다(Magada)국에 있던 사슴동산을 가리킨다. 전법이란 '진리의 수레바퀴를 굴림'(轉法輪)의 줄임말로서 수레바퀴(輪)란 목적지로 가게 해 주는 '탈것'(輪/乘)이란 뜻이므로 '부처가 제시하는 목적지'(해탈/열반)로 가도록 만들어 주는 행위가 바로 설법이라는 의미가 된다. ⑧ 쌍림열반상雙林涅槃相: 죽음을 앞둔 부처님이 자신의 고향인 석가족의 땅으로 향하다가 꾸시나가라(Kusinagara)의 사라(sara) 나무가 쌍으로 서 있는 곳 아래에서 죽음(涅槃)을 맞이하는 모습이다.

16 육신통六神通: 부처님에게 갖추어진 '여섯 가지 특별한 능력'(六神通)이다. 여기서 통通으로 번역된 산스크리트 원어는 '뛰어난 앎[의 능력](abhijñā/abhijñāna)' 또는 '수승한 존재(prabhāva)'이다. 여섯 가지를 간략히 설명하면 다음과 같다. ① 신족통神足通: 어느 곳이든 원하는 대로 도달할 수 있는 능력이다. ② 천안통天眼通: 멀리 있든 가까이 있든 무엇이나 볼 수 있는 능력이다. ③ 천이통天耳通: 무엇이든 들을 수 있는 능력이다. ④ 타심통他心通: 다른 이들의 마음을 알 수 있는 능력이다. ⑤ 숙명통宿命通: 지나간 일을 자세하게 알 수 있는 능력이다. ⑥ 누진통漏盡通: 번뇌(漏)를 다 없애 버린(盡) 능력이다. 앞의 다섯 가지 능력을 별도로 오신통五神通이라 부르기도 하고, 천안통/숙명통/누진통 셋을 별도로 묶어 '세 가지 지혜'(三明)라고 부르기도 한다.

17 삼륜三輪: 앞의 '여덟 가지 주요한 모습/장면'(八相)의 ⑦에서 설명한 대로, 불교에서 수레바퀴(輪)는 특별한 의미가 담겨 있다. 이 수레바퀴(輪)에서 유추할 수 있는 또 하나의 의미는 [목적지로 가게 해 주는] 수단/방법이라고 할 수 있다. 부처님은 자신의 행위(身), 언어(口), 사유(意)라는 이 세 가지 수레바퀴를 자유자재로 굴려 중생들을 교화하는 적절한 수단/방법으로 활용한다는 뜻이다.

수단과 방법'(八[相]方便) 및 '여섯 가지 특별한 능력'(六神通[力])은 모두 [부처가] 스스로 '사실 그대로'(實相)에 따라 일으켜 다른 이들로 하여금 '[불변 · 독자의 본질/실체로 차별된] 차이가 없어서 생기는 이로움'(無相利)을 얻게 할 수 있기 때문이다. '[불변 · 독자의 본질/실체로 차별된] 차이가 없음에 대한 이해'(無相觀)에 대해 간략히 밝히는 것을 이상으로 마친다.

一覺了義, 難解難入, 非諸二乘之所知見, 唯佛菩薩乃能知之.

[H1, 609c21~22; T34, 964b16~17]

'하나처럼 통하게 하는 깨달음'(一覺)[18]의 '완전한 뜻'(了義)은 이해하기 어

---

18 일각一覺: '일각一覺'은, 이와 관련한 원효의 설명들을 종합해 볼 때, '불변 · 독자의 본질/실체'라는 허구에 대한 생각으로 인해 분리되고 상호 격리되었던 존재와 현상 및 세계가, '불변 · 독자의 본질/실체'에 대한 착각을 떨쳐 버림으로써 분리와 격리의 벽이 무너져 서로 열리고 만나는 온전한 지평을 드러내는 것이다. '一心'도 이런 의미 맥락을 담아내는 용어이다. 그런 점에서 '一覺'을, 본질/실체적 분리와 격리를 해체시켜 서로 통하게 하는 깨달음이라는 의미를 담아 '하나처럼 통하게 하는 깨달음'이라 번역한다. 그리고 '一心'은 '하나처럼 통하는 마음' 혹은 '하나처럼 통하게 하는 마음'으로 번역하고 있다. 지금 본문에서 일각은 '불변 · 독자의 본질/실체가 없다는 이해'(無相觀)의 '대상이 되는 도리'(所觀法)로서 제시된다. 아래 '광일각의廣一覺義' 문단에서 원효는 "始覺滿時, 能知不覺四相動念本來不生, 卽知本來無妄想故, 是顯始覺不異本覺也. 如『起信論』云, …"(H1, 619a6~9)이라고 하여 시각始覺의 수행이 온전해질 때 불각不覺의 사상동념四相動念이 본래부터 불생不生이고 무망상無妄想임을 알 수 있어 시각始覺이 본각本覺과 다르지 않은 것이 드러난다고 하면서 일각一覺의 출전이기도 한 『대승기신론』의 문장을 인용하는데, "以無念等故, 而實無有始覺之異, 以四相俱時而有, 皆無自立, 本來平等, 同一覺故"(H1, 619a12~14; T32, 576c2~4)라는 것이 그것이다. 시각의 수행이 온전해져서 무념無念의 경지와 같아지면 시각차별의 지평이 존재하지 않게 되어 불각의 사상四相이 동시에 있더라도 무자립無自立이고 본래평등本來平等이어서 일각과 같아진다는 내용이다. 시각 수행의 과정이 온전해지면 사상동념四相動念 · 사상구유四相俱有의 불각 지평과 무망상 · 무념의 본각 지평은 다르지 않음이 드러나고 이때 생사와 열반을 하나로 보는 깨달음인 일각이 성립한다는 것이다. 유사한 문맥으로서 아래 「본각리품本覺利品」에 "佛言. 諸佛如來, 常以一覺, 而轉諸識"(H1, 630c17)이라고 하여 제불여래諸佛如來는 언제나 일각으로써 모든 분별하는 식識인 중생들을 바꾸어 간다는 내용의 경문에 대해, 원효는 "〈諸佛如來, 常以

렵고 들어가기도 어려우니, 모든 '[성문聲聞, 연각緣覺] 두 부류의 수행자'(二乘)들이 '알 수 있는 것'(所知見)이 아니고 오직 부처님과 보살이라야 알 수 있는 것이다.

此下, 第二標所觀法, 亦有二句. 一者直標所觀法深, 二者爲他說是深法. "一覺了義"者, 一心本覺如來藏義, 過是永無餘深法故. "難解"者, 義甚深, 非諸二乘所知見故. "難入"者, 體甚深, 唯佛菩薩乃能入故. 卽以後句而釋前句, 欲明初門所標'佛智所入實法相'者, 直是一心本覺如來藏法. 如『楞伽經』言, "寂滅者, 名爲一心, 一心者, 名如來藏". 今此文言"實法相"者, 是寂滅義, "一覺了義"者, 卽是一心如來藏義. 『法華論』云, "諸佛如來, 能知彼法究竟實相, 言實相者, 謂如來藏, 法身之體, 不變義故". 今此經言"一覺"者, 一切諸法, 唯是一心, 一切衆生, 是一本覺, 由是義故, 名爲一覺. 至下演中, 當更分別.

[H1, 609c23~610a16; T34, 964b17~c1]

이 아래는 두 번째인 '이해의 대상이 되는 도리'(所觀法)를 간략히 나타낸 것인데, [여기에] 또한 두 구절이 있다. 첫째는 〈'이해의 대상이 되는 도리'(所觀法)가 심오하다는 것을 곧바로 나타낸 것〉이고, 둘째는 〈다른 사람들을 위하여 이 '심오한 도리'(深法)를 말하는 것〉이다.

"하나처럼 통하게 하는 깨달음의 완전한 뜻"(一覺了義)이라는 것은, '하나처럼 통하는 마음'(一心)과 '깨달음의 본연'(本覺)[인 '사실 그대로 앎'] 및 '여래의 면모가 간직된 창고'(如來藏)[라는 말]에 담긴 뜻이니, 이것 말고는 다른 심오한 도리가 끝내 없기 때문이다. "이해하기 어렵다"(難解)라는 것은, ['하나처럼 통하게 하는 깨달음'(一覺)의] 뜻이 깊고 깊어서 모든 '[성문聲聞, 연각緣

一覺〉者, 是標能化之本"(H1, 630c23~24)이라고 주석하여 일각은 '중생 교화의 주체'(能化)인 제불여래의 근본(本)이라고 규정한다. 지금 본문에서 일각은 이승二乘이 알 수 있는 것이 아니고 오직 부처님과 보살이라야 알 수 있는 것이라고 설명하는 문맥과 상통하는 것으로 보인다.

覺] 두 부류의 수행자'(二乘)들이 알 수 있는 것이 아니기 때문이다. "들어가기 어렵다"(難入)라는 것은, ['하나처럼 통하게 하는 깨달음'(一覺)의] 본연(體)이 깊고 깊어서 오직 부처님과 보살이라야 들어갈 수 있기 때문이다. 이것은 곧 뒤 구절로써 앞 구절을 해석한 것이니, [앞 구절인] '첫 부분'(初門)에서 간략하게 밝힌 〈부처님 지혜가 들어간 '현상의 사실 그대로'〉(佛智所入實法相)가 바로 [뒤 구절인] '하나처럼 통하는 마음'(一心)과 '깨달음의 본연'(本覺)[인 '사실 그대로 앎']과 '여래의 면모가 간직된 창고'(如來藏)의 도리(法)임을 밝히려는 것이다.

이것은 『능가경楞伽經』에서 "'불변·독자의 본질/실체가 없고 [불변·독자의 본질/실체로 보는 분별의] 동요가 없음'(寂滅)을 '하나처럼 통하는 마음'(一心)이라고 부르며, '하나처럼 통하는 마음'(一心)을 '여래의 면모가 간직된 창고'(如來藏)라고 부른다"[19]라고 말한 것과 같다. 지금 이 [『금강삼매경』의]

---

19 『입능가경入楞伽經』 권1(T16, 519a1~2). "寂滅者名爲一心, 一心者名爲如來藏." 〈산스크리트본의 해당 내용: *Laṅkāvatārasūtra*, p.21. ekāgrasyaitad adhivacanaṃ tathāgatagarbhasvapratyātmāryajñānagocarasyaitat praveśo yat samādhiḥ paramā jāyata iti.; [적멸은] 하나로 집중된 [상태]의 동의어이다: '최고의 삼매가 생겨난다'고 하는 이것은 '여래장'이라고 하는 성인들의 내적인 지혜의 경계(인식대상)에 들어가는 것이다.〉 원효는 『대승기신론』에 등장하는 '일심一心'의 경전적 근거로 『입능가경』의 이 구절을 거론한다. 일심一心을 경증經證하는 경우 이외에도 원효의 저술에서는 『입능가경』의 이 구절이 자주 활용되고 있다. 그런데 김성철의 지적처럼 보리류지가 '일심一心'으로 번역한 산스크리트 원 단어는 마음 그 자체가 아니라 '삼매'의 정의인 '심일경성心一境性(citta_eka_agratā)'을 지시하는 것이다(김성철, 「원효의 불성관」, 원효학토대연구소 『열반종요』 번역출간 기념학술대회, 2019). '심일경성心一境性'의 의미를 '대상에 대해 집중하고 있는 마음 상태'로 보아 선정 수행을 '대상에 대한 마음 집중'으로 이해하는 것이 일반적이지만, 니까야/아함이 전하는 '심일경성心一境性'이 과연 그런 의미인지에 대해서는 재고의 여지가 있다. 정학定學 내지 선정 수행의 핵심을 '대상 집중'으로 파악하는 시선에 대한 근원적 비판도 있다(박태원, 「이해와 마음」, 『대승기신론 소·별기』, 원효학토대연구소, 2019). 그러나 한역漢譯 『입능가경』의 일심에 해당하는 내용이 산스크리트본 『입능가경』의 해당내용과는 다른 것은 분명하다. 이 문제를 어떻게 보느냐에 따라 원효 일심철학에 대한 평가도 크게 엇갈리게 된다. 인도에서 찬술된 문헌만을 진경眞經으로 간주하려는 원전 지상주의에 입각

글에서 말하는 "현상의 '사실 그대로'"(實法相)라는 것은 [『능가경』에서 말하는] '불변 · 독자의 본질/실체가 없고 [불변 · 독자의 본질/실체로 보는 분별의] 동요가 없음'(寂滅)이라는 뜻이고, [『금강삼매경』에서 말하는] "하나처럼 통하게 하는 깨달음의 완전한 뜻"(一覺了義)이라는 것은 바로 [『능가경』에서 말하는] '하나처럼 통하는 마음'(一心)과 '여래의 면모가 간직된 창고'(如來藏)[라는 말에 담긴] 뜻이다.

『법화론法華論』에서 "모든 부처님 여래께서는 저 [모든] 현상(法)의 〈궁극적인 '사실 그대로'〉(究竟實相)를 알 수 있으니, '사실 그대로'(實相)라고 말한 것은 '여래의 면모가 간직된 창고'(如來藏)와 '진리 몸'(法身)의 본연(體)을 일컫는데, [무지와 번뇌에 의해] '변하지 않은 면모'(不變義)이기 때문이다"[20]라

한다면, 산스크리트 원문의 내용과는 다른 한역漢譯은 오역이거나 오해로 간주된다. 그리고 한역에서 목격되는 다양하고도 무수한 '번역에 의한 의미의 변이들', 그리고 그 변이된 의미에 의거한 사유와 이론의 전개들을, 모두 오역과 오해의 오류 현상으로 간주하여 평가 절하한다. 원전 지상주의자들의 이러한 태도는, '번역에 의한 의미의 변이'가 단순한 언어학적 오류가 아닌 해석학적 선택과 연루되어 있으며, 새로운 통찰과 이론의 발전은 이러한 '새로운 해석학적 선택'에 기대어 있다는 사실에 너무 인색하다. 인도에서 찬술된 문헌들 역시 붓다의 언어에 대한 새로운 해석학적 선택의 산물이었으며, 그것은 곧 기존 해석으로부터의 일탈이고 새로운 번역이다. 모든 번역은 일종의 해석학적 선택이고 그로 인한 의미의 변이는 새로운 통찰과 이론의 계기이다. 사유와 통찰의 발전과 풍요는 이런 과정에서 등장한다. 그런 점에서 '번역을 통한 해석학적 선택'을 단순한 오류 현상으로 치부하여 그 의미를 평가 절하하는 인도원전 지상주의자들은 일종의 해석학적 폐문閉門에 갇히는 우를 범할 수 있다. 인도 불전佛典의 한역漢譯 과정에서 발생한 해석학적 선택과, 언어의 치환에 수반하는 의미의 변이 및 해석학적 개방성은 인문학적 창발성과 발전 및 풍요의 강력한 계기가 된다. 원효의 일심一心철학은 그 대표적 사례이다. 원효가 만약 산스크리트를 익혀 원전으로 사유했다면, 원효 일심철학의 창발적 개성과 새로운 통찰은 제한되었을 것이다. 번역 및 번역어에서 비롯된 해석학적 개방성으로 인해 원효의 일심철학은, 번역 오류로 인한 무지나 오해가 아니라, 마음에 대한 새로운 통찰의 체계가 될 수 있었다. 그리고 흥미롭게도 이 새로운 마음 통찰은 붓다의 통찰을 새롭게 읽으며 붓다 언어의 의미에 접근하는 새롭고 유익한 길을 열고 있다. 원효의 사유와 대화할 때 놓치지 말아야 할 대목이다.

20 『묘법연화경우파제사妙法蓮華經憂波提舍』 권2(T26, 6a11~13). "諸佛如來, 能知彼法,

고 말한 [것도 같은 뜻이]다. 지금 이 『금강삼매경』에서 "하나처럼 통하게 하는 깨달음"(一覺)이라고 말한 것은, '모든 현상'(一切諸法)은 오직 '하나처럼 통하는 마음'(一心)[의 현상]이고, 모든 중생은 [본래] '하나처럼 통하게 하는 깨달음의 본연'(一本覺)[인 '사실 그대로']이니, 이러한 뜻에 의거하기 때문에 '하나처럼 통하게 하는 깨달음'(一覺)이라고 부른 것이다. 아래의 설명에서 다시 분석할 것이다.

可度衆生, 皆說一味".

[H1, 610a17; T34, 964c2]

[여래는] 구제할 수 있는 중생들 모두에게 ['하나처럼 통하게 하는 깨달음의 완전한 뜻'(一覺了義)을 깨닫게 하는] '한 맛'(一味)[처럼 통하게 하는 가르침]을 말하노라."

此明爲他皆說深法. "可度衆生"者, 如來所化一切衆生, 莫非一心之流轉故, "皆說一味"者, 如來所說一切教法, 無不令入一覺味故. 欲明一切衆生, 本來一覺, 但由無明, 隨夢流轉, 皆從如來一味之說, 無不終歸一心之源. 歸心源時, 皆無所得, 故言"一味", 卽是一乘. 初略標文, 竟在於前.

[H1, 610a18~b1; T34, 964c2~9]

이는 다른 사람들을 위하여 '심오한 진리'(深法)를 모두 말하고 있음을 밝힌 것이다. "구제할 수 있는 중생들"(可度衆生)이라는 것은 여래께서 교화하는 모든 중생들은 '하나처럼 통하는 마음'(一心)이 ['근본무지'(無明)에 매여] '[고통의 세계에] 빠져든 것'(流轉)이기 때문이고, "모두에게 ['하나처럼 통하게 하는 깨달음의 완전한 뜻'(一覺了義)을 깨닫게 하는] '한 맛'(一味)[처럼 통하게 하는 가르침]을 말하노라"(皆說一味)라는 것은, 여래께서 말씀하시는 모든 가르침(教法)은 [그 중생들을] '하나처럼 통하게 하는 깨달음의 맛'(一覺味)으로 들어

究竟實相故. 言實相者, 謂如來藏, 法身之體, 不變義故."

가게 하기 때문이다. [이것은] 모든 중생은 본래 '하나처럼 통하게 하는 깨달음'(一覺)[이 그 본연]이지만 단지 근본무지(無明) 때문에 [근본무지의] 꿈에 따라 '[고통의 세계에] 빠져든 것'(流轉)이므로 [그 중생들은] 모두 여래의 '한 맛[처럼 통하게 하는]가르침'(一味之說)을 따라 마침내 '하나처럼 통하는 마음의 근원'(一心之源)으로 돌아가지 못하는 것이 없음을 밝히려는 것이다. '[하나처럼 통하는] 마음의 근원'([一]心[之]源)으로 돌아갔을 때에는 [불변·독자의 본질/실체로서] 얻어지는 것이 하나도 없으므로 "'한 맛'(一味)[처럼 통하게 하는 가르침]"이라고 말했으니, 바로 이것이 '하나처럼 통하게 하는 가르침'(一乘)인 것이다. 첫 번째인 '간략하게 밝히는 글'(略標文)을 이상으로 마친다.

② 자세하게 설명한 부분(廣說分)

爾時, 解脫菩薩, 卽從座起, 合掌胡跪而白佛言.

[H1, 610b2~3; T34, 964c10~11]

그때 해탈보살이 곧바로 앉아 있던 자리에서 일어나 합장하고 '허리를 세우고 무릎 꿇은 자세'(胡跪)[21]로 부처님께 [다음과 같이] 아뢰었다.

此下, 第二廣說. 於中有二, 先請後說. 請中有二, 先序人儀, 後明發言.

---

21 호궤합장胡跪合掌: 불교에서 무릎을 꿇고 합장하는 방식 중의 하나이다. 이 방식은 인도에서 유래한 것이므로 중국의 역경승들이 호궤胡跪라고 옮겼다. 『석문귀경의釋門歸敬儀』 권2(T45, 863c15~17)에 "八明右膝著地者, 經中多明胡跪互跪長跪. 斯並天竺敬儀屈膝拄地之相也"라는 구절이 있으므로, 이에 의거하면 호궤는 경전에 따라 호궤 또는 장궤長跪라고도 하는데, 그 형태는 오른쪽 무릎을 땅에 대고 허리를 세운 채 합장하는 것임을 알 수 있다. 곧 『잡아함경雜阿含經』 권2 제58경(T2, 14b16~17) 등의 "右膝着地, 合掌白佛言"이라는 서술에도 나타나듯이 '오른쪽 무릎을 땅에 대고 [허리를 세운 채로] 합장하는 것'(右膝着地合掌)이 바로 호궤합장인 것이다. 『금광명경金光明經』 권2 등에서도 "俱從座起偏袒右肩, 右膝著地胡跪合掌, 白佛言"(T16, 340c18~19)과 같은 용례가 확인된다.

序有二句. 一依時表人, 解脫菩薩者, 令諸衆生, 同一解脫故, 寄能問人, 表所說法故. 二序禮儀, 如經"卽從座起"等故.

[H1, 610b4~9; T34, 964c11~15]

가. [설법을] 청함(請)

이 아래는 두 번째인 '자세하게 말한 것'(廣說)이다. 여기에는 두 가지가 있으니, 앞은 '[설법을] 청하는 것'(請)이고 뒤는 '설법하는 것'(說)이다. '[설법을] 청하는 것'에도 두 가지가 있으니, 먼저 '사람들이 [부처님에게] 예의를 갖추는 것'(人儀)을 차례대로 나타내었고, 뒤에는 발언[한 내용]을 밝혔다. [예의를 갖추는 것을] 차례대로 나타내는 것에도 두 구절이 있다. 첫째는 시간에 의거하여 사람을 나타낸 것이니, 해탈보살[을 거명한 것]은 [부처님의 설법이] 모든 중생을 한꺼번에 해탈하게 하기 때문에 '질문하는 사람'[의 이름]에 기대어 [부처님이] 설하는 진리를 나타낸 것이다. 둘째는 '예의를 갖추는 것'(禮儀)을 차례대로 나타낸 것이니, 『금강삼매경』[의 본문]에서 "곧바로 앉아 있던 자리에서 일어나"(卽從座起) 등이라고 한 것과 같다.

"尊者! 若佛滅後, 正法去世, 像法住世, 於末劫中, 五濁衆生, 多諸惡業, 輪迴三界, 無有出時.

[H1, 610b10~12; T34, 964c16~17]

"존경받는 분이시여! 만약 부처님이 세상을 떠난 뒤에 '올바른 진리'(正法)가 세상에서 사라지고, '[올바른 진리의] 모양만 남은 진리'(像法)가 세상에 머무르면 '[올바른 진리가 사라진] 마지막 단계의 긴 세월'(末劫)의 시대[22]에서 '다섯 가지로 오염된 중생들'(五濁衆生)[23]이 갖가지 수많은 '해로운

22 삼시三時: 정법正法, 상법像法, 말법末法 시대를 가리키는 개념이다. 부처님의 가르침이 오래도록 계승되기를 바라는 염원이 투영된 발상에서 나온 것으로 보인다. 부처

행위'(惡業)로 '[욕망세계 · 유형세계 · 무형세계, 이] 세 가지 세계'(三界)를 윤회하며 벗어날 때가 없을 것입니다.

此下, 第二發言而請. 於中有二, 先擧所爲時節, 後請爲彼宣說. 初中"像法住世, 末劫中"者, 先廣說經, 爲益正法之時, 今此經者, 爲化像法之節, 隨時厚薄, 設敎異故.

[H1, 610b13~17; T34, 964c18~21]

이 아래는 두 번째로, 발언하여 [부처님께 설법을] 청하는 것이다. 여기에는 두 가지가 있으니, 먼저는 [중생들을] 위하는 시절을 거론하였고, 나중은 그 [중생]들을 위하여 [진리를] 널리 설명해 주기를 청하였다.

[시절을 거론한] 첫 부분에서 "'[올바른 진리의] 모양만 남은 진리'(像法)가 세상에 머무르면 '[올바른 진리가 사라진] 마지막 단계의 긴 세월'(末劫)의 시대에서"(像法住世, 末劫中)라고 한 것은, 앞서 말한 [일미一味 · 진실眞實 · 무상無相 ·

님의 가르침인 '올바른 진리'(正法)가 가르침으로서 온전하게 계승되고, 그것을 닦아 익히려는 수행 또한 온전하게 계승되며 마지막으로 이를 증득한 깨달음의 셋이 모두 갖추어져 있는 시대를 정법이라 하고, 셋 중에서 깨달음이 사라지고 가르침과 수행만이 남아 있는 상황을 '[올바른 진리의] 모양만 남은 진리'(像法)의 시대라고 하며, 다시 수행이 사라지고 가르침만이 남아 있는 시대를 '[올바른 진리가 사라진] 마지막 단계'(末法)라고 한다. 일찍이 『구사론』에서 제기된 이 문제는 『묘법연화경』 등에서 구체화되어 나타난다. 각각의 시대에 대한 논의는 경론에 따라 다른데, 나카무라의 연구에 따르면(『불교어대사전佛教語大辭典』, p.702), ① 정법 5백 년, 상법 1천 년, ② 정법 1천 년, 상법 5백 년, ③ 정법 · 상법 각 5백 년, ④ 정법 · 상법 각 1천 년 등의 이설이 있다고 한다. 말법에 대해서는 정법 · 상법의 시대가 다한 이후 1만 년 동안이라고 하는데, 이에 대해서는 대부분 일치된 의견을 보인다고 한다.

23 오탁五濁: 말법 시대가 되면 나타나는 '다섯 가지 오염된 상태'가 발생하는 경우를 가리킨다. 『법원주림法苑珠林』에 따르면, '다섯 가지 오염된 상태'는 ① 겁탁劫濁: 굶주림, 질병, 전쟁 등으로 세상이 오염되는 것, ② 견탁見濁: 갖가지 삿된 견해와 사상이 난무하는 것, ③ 번뇌탁煩惱濁: 중생들의 마음이 온갖 번뇌에 의해 오염되는 것, ④ 중생탁衆生濁: 해로운 행위를 일삼는 악한 인간들이 넘쳐 세상이 오염되는 것, ⑤ 명탁命濁: 본래 8만 년인 인간들의 수명이 점차 줄어드는 것이라고 한다.

무생無生 · 결정決定 · 실제實際 · 본각리행本覺利行 등을 설하는] '넓게 설하는 경전'(廣說經)[24]은 '올바른 진리'(正法) 시대의 [중생들의] 이로움을 위한 것이고 지금의 이 『금강삼매경』은 '[올바른 진리의] 모양만 남은 진리'(像法) 시대[를 살고 있는 중생들의] 교화를 위한 것이니, 시대[마다 다른 중생들의 자질과 능력]의 두텁고 얇음에 따라 가르침을 베푸는 것이 다르기 때문이다.

願佛慈悲, 爲後衆生, 宣說一味, 決定眞實, 令彼衆生等同解脫".

[H1, 610b18~19; T34, 964c22~23]

바라옵나니, 부처님의 자비로써 후대의 중생들을 위해 '한 맛[처럼 통하게 하는 가르침]'(一味)을 널리 설하시어 '본래 그러한 참된 사실'(決定眞實)로써 저 중생들로 하여금 [모두] 동등하게 해탈하게 하소서."

此是第二, 正請宣說. "宣說一味"者, 請說一覺了義之味, "決定眞實"者, 請說入實法相之觀. "令彼衆生等同解脫"者, 令彼像法末世衆生, 等同一味究竟解脫. 由是言之, 教有四句. 一正化正法, 兼利後時, 謂前經等. 二正化像法, 兼利前時, 謂此經等. 三通化前後, 謂諸餘經等. 四不利前後, 除上爾所教.

[H1, 610b20~c4; T34, 964c23~965a1]

이것은 두 번째로, 널리 설명해 주기를 곧바로 청한 것이다. "'한 맛[처럼 통하게 하는 가르침]'(一味)을 널리 설하시어"(宣說一味)라는 것은 '하나처럼 통하게 하는 깨달음의 완전한 뜻으로 이끌어 주는 맛'(一覺了義之味)[을 지닌 가르침]을 설명해 주기를 청한 것이고, "본래 그러한 참된 사실로써"(決定眞實)라는 것은 〈현상의 '사실 그대로'에 들어가게 하는 이해〉(入實法相之觀)를

24 앞서 거론한 "說經宗後, 乃說經名, 當知一味眞實等名, 是前所說廣經之目. 如是二經, 大意雖同, 文相卽異, 前所說者, 廣說法門, 爲益當時, 後所說者, 略攝法門, 爲利末世. 是故在前廣說, 以爲略經緣由"(H1, 607c16~21)라는 내용의 연장선상에 있다.

설명해 주기를 청한 것이다.

"저 중생들로 하여금 [모두] 동등하게 해탈하게 하소서"(令彼衆生等同解脫)라는 것은, 저 '[올바른 진리의] 모양만 남은 진리'(像法)[가 통용되는 시대]와 '[올바른 진리가 사라진] 마지막 단계의 시대'(末世)에 사는 중생들로 하여금 [모두] 동등하게 '한 맛[처럼 통하게 하는 가르침]'(一味)으로써 궁극적으로 해탈하게 하는 것이다. 이에 따라 말하자면, [부처님] 가르침에는 '네 가지 구분'(四句)이 있다. 첫 번째는 '올바른 진리'(正法) [시대의 중생들]을 곧바로 교화하고, 아울러 후세 시대[의 중생들]도 이롭게 하는 것이니, 앞에 나온 [일미一味·진실眞實·무상無相·무생無生·결정決定·실제實際·본각리행本覺利行 등을 설하는 '넓게 설하는 경전'(廣經) 등의] 경전들이 그것이다. 두 번째는 '[올바른 진리의] 모양만 남은 진리'(像法)[가 통용되는 시대의 중생들]을 곧바로 교화하고, 아울러 이전 시대[의 중생들]도 이롭게 하는 것이니, 이 『금강삼매경』 등이 그것이다. 세 번째는 [상법像法의 시대] 이전과 이후[의 중생들]을 통틀어 교화하는 것이니, 나머지 모든 경전들이 그것이다. 네 번째는 [상법像法의 시대] 이전과 이후[의 중생들]을 [모두] 이롭게 하지 못하는 것이니, 위와 같은 가르침들을 제외한 것이다.

나. 설법함(說)

佛言, "善男子! 汝能問我, 出世之因, 欲化衆生, 令彼衆生, 獲得出世之果. 是一大事, 不可思議. 以大慈故, 以大悲故. 我若不說, 卽墮慳貪, 汝等一心諦聽. 爲汝宣說.

[H1, 610c5~9; T34, 965a2~5]

부처님이 말씀하셨다.

"훌륭한 이여! 그대는 나에게 '세속에서 풀려나는 원인'(出世之因)을 물어 [그 원인으로써] 중생들을 교화하여, 그 중생들로 하여금 '세속에서 풀려난 결과'(出世之果)를 얻게 하고자 하는구나. 이 '하나의 크나큰 일'(一

大事)은 '생각으로 헤아리기 어려운'(不可思議) 것이다. '크나큰 자애'(大慈)를 가지고 하는 일이고, '크나큰 연민'(大悲)을 가지고 하는 일이기 때문이다. 내가 만약 ['한 맛[처럼 통하게 하는]'(一味) 가르침을] 설하지 않는다면 곧 [나 자신이] '[자기 것을] 아끼고 탐냄'(慳貪)에 떨어지는 것이니, 그대들은 마음을 모아 잘 들어라. 그대들을 위하여 설하겠노라.

此下, 第二如來爲說. 於中有二, 一者讚問許說, 二者對請宣說. 讚問中言, "出世之因"者, 入實相觀故, "出世之果"者, 一味解脫故. "是一大事"者, 無上同義故, 不可思議者, 離言絶慮故. 如『法華經』言, "諸佛世尊, 唯以一大事因緣故, 出現於世". 論者釋言"一大事者, 依四種義. 何者爲四? 一者無上義, 唯除如來一切智, 智更無餘事. 如經〈欲開佛知見, 令衆生知得清淨故, 出現於世故.〉 佛知見者, 如來能證以如實智, 知彼義故. 二者同義, 以諸聲聞辟支佛佛法身平等. 如經〈欲示衆生佛知見故, 出現於世故.〉 法身平等者, 佛性法身, 無差別故. 三者不知義, 以諸聲聞辟支佛等, 不能知彼眞實處故. 不知眞實處者, 不知究竟唯一佛乘故, 如經〈欲令衆生悟佛知見故, 出現於世故.〉 四者令證不退轉地示現, 欲與無量智業故. 如經〈欲令衆生入佛知見故, 出現於世故.〉" 今此文中, 一大事者, 亦有四義. 一無上義, 如上文言, "諸佛智地, 入實法相"故. 二者同義, 如經"一覺了義, 難解難入"故. 三不知義, 非諸二乘所知見故. 四令證義, 可度衆生, 皆說一味故. 讚問已竟. 次許說中, 亦有二句, 初句反顯不說有過, 後句順明誡聽許說.

[H1, 610c10~611a14; T34, 965a5~28]

이 아래는 두 번째인 '여래가 [중생들을 위하여] 말한 것'(如來爲說)이다. 여기에는 두 가지가 있으니, 첫째는 '질문을 칭찬하며 설법[요청]을 받아들이는 것'(讚問許說)이고, 둘째는 '[설법을] 청하는 것에 응하여 설법한 것'(對請宣說)이다.

가) 질문을 칭찬하며 설법[요청]을 받아들임(讚問許說)

질문을 칭찬하면서 말한 "세속에서 풀려나는 원인"(出世之因)이라는 것은 '사실 그대로에 대한 이해'(實相觀)로 들어가는 것이고, "세속에서 풀려난 결과"(出世之果)라는 것은 '한 맛[처럼 서로 통하는] 해탈'(一味解脫)인 것이다. "이 하나의 크나큰 일"(是一大事)이라는 것은 '최고'(無上)와 동등한 뜻이고, "생각으로 헤아리기 어려운"(不可思議)이라는 것은 '언어적 규정에서 벗어나고 [불변 · 독자의 본질/실체로] 분별하는 생각을 끊어야'(離言絶慮) [알 수 있는 것]이기 때문이다. [이것은] 『법화경』에서 "모든 부처님과 세존께서는 오직 '하나의 크나큰 일이라는 인연'(一大事因緣) 때문에 세상에 나타나신다"[25]라고 말한 것과 같다. [이 『법화경』 구절의 의미를] 논한 이는 [다음과 같이] 해석하여 말한다.

"[『법화경』에서] '하나의 크나큰 일'(一大事)이라고 말한 것을 '네 가지 뜻'(四種義)에 의거하여 해석한다. 무엇이 네 가지인가?

첫 번째는 '최고라는 뜻'(無上義)이니, 오직 여래의 '모든 [것을 사실 그대로 만나게 하는] 지혜'(一切智)라는 지혜를 제외하고는 다시 [최고라고 할 만한] 다른 것은 없다[는 뜻이다.] [이것은] 『법화경』에서 〈'부처님의 앎과 봄'(佛知見)을 열어(開) 중생들로 하여금 온전함(淸淨)을 얻게 하려고 세상에 나타나셨다〉라고 한 것과 같다. '부처님의 앎과 봄'(佛知見)이라고 한 것은, 여래께서는 '사실 그대로 아는 지혜'(如實智)[26]로써 ['하나의 크나큰 일'(一大事)을] 증득

---

25 『묘법연화경妙法蓮華經』 권1(T9, 7a21~22). "諸佛世尊, 唯以一大事因緣, 故出現於世." 〈산스크리트본의 해당 내용: *Saddharmapuṇḍarīka*, pp.39~40. ekakṛtyena śāriputra ekakaraṇīyena tathāgato 'rhan samyaksaṃbuddho loka utpadyate mahākṛtyena mahākaraṇīyena.; 샤리뿌뜨라여! 아라한이자 정등각자인 여래는 유일한 임무이자 유일한 의무를 가지고, [다시 말하자면] 위대한 임무이자 위대한 의무를 가지고, 세상에 태어난다.〉

26 '如實'을 '사실 그대로'라고 번역해 보았는데, '實'은 '입실제품'에서 거론하는 '실제實際'나 진여眞如 및 여여如如 등과 기본적으로 동일한 의미범주에서 채택되는 용어로

하여 그 ['하나의 크나큰 일'(一大事)의] 뜻을 알 수 있기 때문이다.

두 번째는 '같다는 뜻'(同義)이니, 모든 '가르침을 들어서 [혼자] 깨달으려는 수행자'(聲聞)와 '연기의 이치로 [혼자] 깨달으려는 수행자'(辟支佛) 및 부처님(佛)들은 '진리의 몸'(法身)이 평등하다는 것이다. [이것은] 『법화경』에서 〈중생들에게 [그들이 지닌] '부처님의 앎과 봄'(佛知見)[의 경지]를 보여 주고자(示) 세상에 나타나신 것이다〉라고 말한 것과 같다. '[성문聲聞과 벽지불辟支佛과 부처님은] 진리의 몸이 평등하다'(法身平等)는 것은 '부처 면모'(佛性)인 '진리 몸'(法身)에는 [어떤] 차이도 없기 때문이다.

세 번째는 '알지 못한다는 뜻'(不知義)이니, 모든 '가르침을 들어서 [혼자] 깨달으려는 수행자'(聲聞)와 '연기의 이치로 [혼자] 깨달으려는 수행자'(辟支佛)들은 그 ['하나의 크나큰 일'(一大事)의] '참된 경지'(眞實處)를 알 수 없기 때문이다. '참된 경지를 알지 못한다'는 것은, 궁극적으로는 오직 '하나처럼 통하게 하는 부처님의 가르침'(一佛乘)을 모르는 것이니, [이것은] 『법화경』에서 〈중생들로 하여금 '부처님의 앎과 봄'(佛知見)[의 경지]를 깨닫게(悟) 하기

보인다. 전통교학에서는 '實'을 '실재實在'의 의미로 읽는 동시에, 실재를 '언어나 사유에 가려지지 않은 온전한 존재' '온전한 실재적 존재' '실재 그 자체' '순수실재' '궁극존재/존재상태'로 간주하는 경향이 있다. 진여眞如의 의미도 그렇게 읽곤 한다. 그러나 '實'이나 '깨달음 지평'에 이러한 존재론적 의미를 부여하는 것은 붓다 자신의 말에서는 전혀 목격되지 않는다. 붓다의 후학들에 의한 해석학적 선택일 뿐, 붓다의 의중과 부합하는 것이라고 보기는 어렵다. 궁극존재나 궁극실재를 직접 지각하라는 식의 법설은 니까야/아함에서 찾아볼 수 없다. 붓다의 법설들은 〈차이현상들(法)을 희론적 분별에 의한 굴절과 오염 없이 만나는 능력〉에 그 초점이 있는 것으로 보인다. 차이현상(法)들과의 관계능력 및 관계방식에 관한 새로운 길이라고 생각한다. '본각' '실제'와 같은 원효가 즐겨 채택하는 긍정형 용어들도 존재론적 독법으로 읽어서는 안 된다는 생각이다. 원효의 언어들을 존재론적 시선으로 이해하면 원효사상의 불교적 정체성마저 흔들릴 수 있다. 이러한 이해는 전통교학이나 불교학의 주류해석학들과는 다른 것인데, 지속적으로 정밀하게 다루어 볼 것이다. '如實'을 '사실 그대로'라고 번역한 것에는 이러한 관점이 반영되어 있다. 그러므로 '실實'에 대한 번역인 '사실'은 〈희론적 분별에 의해 왜곡되지 않은 차이현상(法)〉을, '如'에 대한 번역인 '그대로'는 〈희론분별 없이 차이들을 만나는 관계〉를 의미한다.

위하여 세상에 나타나신 것이다〉라고 한 것과 같다.

네 번째는 [중생들로 하여금] '한번 도달한 곳에서 다시 퇴보하지 않는 경지'(不退轉地)를 얻게 하고자 [세상에] 나타나신 것이니, '제한 없는 지혜의 행위'(無量智業)를 베풀려고 한 것이다. [이것은] 『법화경』에서 〈중생들로 하여금 '부처님의 앎과 봄'(佛知見)[의 경지]로 들어가게(入) 하려고 세상에 나타나셨다〉라고 한 것과 같다."[27]

지금 이 [『금강삼매경』의] 글에서의 '하나의 크나큰 일'(一大事)에도 네 가지 뜻이 있다. 첫 번째는 '최고라는 뜻'(無上義)이니, 위 글에서 "모든 부처님들의 지혜 경지는 〈현상의 '사실 그대로'〉에 들어간 것이다"(諸佛智地, 入實法相)[28]라고 말한 것과 같다. 두 번째는 '같다는 뜻'(同義)이니, 『금강삼매경』에서 "'하나처럼 통하게 하는 깨달음의 완전한 뜻'(一覺了義)은 이해하기 어렵고 들어가기도 어렵기 때문이다"(一覺了義, 難解難入)[29]라고 말한 것과 같다. 세 번째는 '알지 못한다는 뜻'(不知義)이니, 모든 '[성문聲聞, 연각緣覺] 두 부류의 수행자'(二乘)가 알고 보는 것이 아니기 때문이다. 네 번째는 '얻게 한다는 뜻'(令證義)이니, 구제할 수 있는 중생들 모두에게 '한 맛'(一味)[처럼 통하게 하는 가르침]을 설하기 때문이다.

---

27 『묘법연화경우파제사妙法蓮華經憂波提舍』 권2(T26, 7a20~b4). "一大事者, 依四種義, 應當善知. 何等爲四? 一者無上義, 唯除如來一切智, 知更無餘事. 如經欲開佛知見令衆生知得淸淨故出現於世故. 佛知見者, 如來能證以如實知彼深義故. 二者同義謂諸聲聞辟支佛佛法身平等. 如經欲示衆生佛知見故, 出現於世故. 法身平等者, 佛性法身無差別故. 三者不知義, 謂諸聲聞辟支佛等, 不能知彼眞實處故. 此言不知眞實處者, 不知究竟唯一佛乘故. 如經欲令衆生悟佛知見故出現於世故. 四者令證不退轉地, 示現欲與無量智業故. 如經欲令衆生入佛知見, 故出現於世故." 여기서 인용한 『법화경』의 원문은 다음의 경문을 옮긴 것이다. 『묘법연화경妙法蓮華經』 권1(T9, 7a22~28). "舍利弗! 云何名諸佛世尊, 唯以一大事因緣, 故出現於世? 諸佛世尊, 欲令衆生開佛知見使得淸淨故出現於世, 欲示衆生佛之知見故出現於世, 欲令衆生悟佛知見故出現於世, 欲令衆生入佛知見道故出現於世. 舍利弗! 是爲諸佛以一大事因緣故出現於世."

28 『금강삼매경론』(H1, 609c21).

29 『금강삼매경론』(H1, 609c21).

질문을 칭찬하는 것을 이상으로 마쳤다. 다음으로 설법을 허락하는 것에도 두 구절이 있으니, 처음 구절은 '설법하지 않으면 허물이 있게 된다는 것'으로써 [설법을 허락함을] 거꾸로 드러내었고, 뒤 구절은 '[마음을 모아] 듣게 하는 것'으로써 '설법을 허락함'을 순리대로 밝혔다.

나) [설법을] 청하는 것에 응하여 설법함(對請宣說)

善男子! 若化衆生, 無生於化, 不生無化, 其化大焉.

[H1, 611a15~16; T34, 965a29~b1]

훌륭한 이여! 만약 중생을 교화하려면 [중생 마음으로 하여금] '허망한 것'(化)을 일으키지 않게 해야 하는데, 〈'허망한 것을 없앤 것'마저도 [불변·독자의 본질/실체로 보는 생각을] 일으키지 않게 해야〉(不生無化) 그 교화가 위대한 것이다.

自此已下, 正爲宣說, 於中有二. 先明無相觀, 廣明無相利, 後顯一覺心, 廣前一覺義. 無相觀中, 亦有二分, 一者直說觀行之相, 二者往復決諸疑難. 初中亦二, 先方便觀, 後明正觀. 方便觀中, 有其四句, 初一句牒能化, 後一句嘆化大, 中間二句正明觀相. "無生於化"者, 初修觀時, 破諸有相, 於幻化相, 滅其生心故. "不生無化"者, 旣破化相, 次遣空相, 於無化空, 亦不生心故. 所以然者, 衆生本來迷心離相, 遍取諸相, 動念生心故, 先破諸相, 滅取相心. 雖復已破幻化有相, 而猶取其無化空性, 取空性故, 於空生心, 所以亦遣無化空性. 于時不生取空之心, 不得已會無二中道, 同佛所入諸法實相, 如是化故, 其化大焉.

[H1, 611a17~b10; T34, 965b1~15]

이 아래부터는 곧바로 [부처님이] 설법한 것인데, 여기에는 두 가지가 있다. 먼저는 '[불변·독자의 본질/실체로 차별된] 차이가 없음에 대한 이해'(無相觀)를 밝혀 '[불변·독자의 본질/실체로 차별된] 차이가 없어서 생기는 이로움'

(無相利)을 자세하게 밝히는 것이고, 나중은 '하나처럼 통하게 하는 깨달음을 성취한 마음'(一覺心)을 드러내서 앞에서 [나온] '하나처럼 통하게 하는 깨달음'(一覺)의 뜻을 자세하게 [나타내는] 것이다.

(가) [불변 · 독자의 본질/실체로 차별된] 차이가 없음에 대한 이해를 밝힘(明無相觀)

'[불변 · 독자의 본질/실체로 차별된] 차이가 없음에 대한 이해'(無相觀)에도 두 부분이 있으니, 첫 번째는 '[진리다운] 이해와 [이해에 의거한] 수행의 면모'(觀行之相)를 곧바로 말하는 것이고, 두 번째는 [문답을] 주고받으면서 갖가지 의문과 난점을 해결하는 것이다.

㉮ [진리다운] 이해와 [이해에 의거한] 수행의 면모를 곧바로 말함(直說觀行之相)

['[진리다운] 이해와 [이해에 의거한] 수행의 면모'(觀行之相)를 곧바로 말한] 첫 번째에도 두 가지가 있으니, 먼저는 '수단과 방법을 통한 이해'(方便觀)이고 나중은 '곧바로 사실대로 이해함'(正觀)[30]을 밝힌 것이다.

---

30 정관正觀: 앞서의 역주에서 밝혔듯이, 원효의 관점에 따르면, 보살수행의 52단계(52位)에서 십지十地 이전인 십신十信 · 십주十住 · 십행十行 · 십회향十廻向 단계에서의 관행은 모두 방편관에 속하고, 십지 초지初地부터의 관행은 정관에 해당한다. 그에 의하면, 자리행과 이타행이 하나로 결합되는 분기점은 십지의 초지이며, 십지부터는 자리행과 이타행이 근원에서 하나로 결합하는 경지가 펼쳐지게 되고, 등각等覺과 묘각妙覺에 이르러 그 완벽한 경지가 된다. 또 십지의 초지初地 이상의 지평을 여는 정관正觀의 핵심을 원효는 유식관唯識觀으로 본다. 정관이 작동하는 초지 이상의 경지에서 현상과 존재의 사실 그대로인 진여공성眞如空性에 직접 접속하게 되고, 그때 '['사실 그대로'를] 비로소 깨달은' 시각始覺을 증득하여 본각本覺[인 '사실 그대로 앎']과 상통하게 되어 '시각이 곧 본각'이라는 일각一覺의 지평에 올라선다. 이후의 과제는 본각과의 상통 정도를 확장해 가는 것이다. 초지에서 위로 올라갈수록 상통의 원만성이 확대되다가, 등각等覺 경지에서 성취하게 되는 금강삼매에 의거하여 마침내 묘각妙覺 지평이 열려 시각과 본각이 완전하게 하나가 된다. 이러한 위상을 지닌

'수단과 방법을 통한 이해'(方便觀)에는 네 구절이 있으니, 처음의 한 구절은 '교화하는 사람'(能化)을 나타내었고, 마지막 한 구절은 교화의 위대함을 찬탄한 것이며, 중간의 두 구절은 '이해의 면모'(觀相)를 곧바로 밝힌 것이다.

"[중생 마음으로 하여금] '허망한 것'(化)을 일으키지 않게 해야 한다"(無生於化)라는 것은, [중생이] 처음에 '[진리다운] 이해'(觀)를 닦을 때에 온갖 '[불변 · 독자의 본질/실체로 차별된] 차이를 두는 것'(有相)을 깨뜨려 '허깨비 같은 [불변 · 독자의 본질/실체로 차별된] 차이'(幻化相)에 대해 마음을 일으키는 것을 그치기 때문이다. "'허망한 것을 없앤 것'마저도 [불변 · 독자의 본질/실체로 보는 생각을] 일으키지 않게 해야 한다"(不生無化)라는 것은, '허깨비 같은 [불변 · 독자의 본질/실체로 차별된] 차이'(幻化相)를 깨뜨리고 나서, 다음으로 '불변 · 독자의 본질/실체가 없는 차이'(空相)[마저 붙들지 않고] 버려서, 〈허망한 것을 없앤 '불변 · 독자의 본질/실체가 없음'〉(無化空)[을 다시 불변 · 독자의 본질/실체로 보는 생각]에도 마음을 일으키지 않게 하는 것이다. 왜냐하면, 중생은 본래부터 '마음은 [불변 · 독자의 본질/실체로 차별된] 차이에서 벗어나 있음'(心離相)을 제대로 알지 못하여 '모든 유형의 [불변 · 독자의 본질/실체로 차별된] 차이'(諸相)를 두루 붙들어 '[분별하는] 생각'(念)을 발동시켜 [그에 의거하여] 마음을 일으키기 때문에, 먼저 '모든 유형의 [불변 · 독자의 본질/실체로 차별된] 차이'(諸相)를 깨뜨려 '[불변 · 독자의 본질/실체로 차별된] 차이를 붙드는 마음'(取相心)을 없앤다.

[그런데] 비록 '허깨비 같은 [불변 · 독자의 본질/실체로 차별된] 차이가 있다[는 생각]'(幻化有相)은 이미 깨뜨렸지만 여전히 〈허망한 것을 없앤 '불변 · 독자의 본질/실체가 없는 본연'〉(無化空性)을 [다시 불변 · 독자의 본질/실체로] 붙들어 '불변 · 독자의 본질/실체가 없는 본연'(空性)[이라는 생각]을 붙들기 때문

'正觀'을 본 번역에서는 '곧바로 사실대로 이해함'이라 번역한다. 또한 문장의 의미맥락에 따라서는 그저 '사실대로 이해함'으로 번역하기도 한다.

에 '불변 · 독자의 본질/실체가 없음'(空)에 대해 [다시 불변 · 독자의 본질/실체라고 집착하는] 마음을 일으키니, 그러므로 〈허망한 것을 없앤 '불변 · 독자의 본질/실체가 없는 본연'〉(無化空性)[이라는 생각]도 버리는 것이다. 이때에는 '불변 · 독자의 본질/실체가 없다[는 생각]을 붙드는 마음'(取空之心)도 일으키지 않아 '둘[로 나누어 분별함]이 없는 중도'(無二中道)를 깨닫게 되어 부처님이 들어간 〈모든 현상의 '사실 그대로'〉(諸法實相)와 같아지니, 이와 같이 교화하기 때문에 그 교화가 위대한 것이다.

問. 此方便觀, 爲在何位? 答. 若仰信修, 在於十信, 其相似觀, 在三十心, 論其純修, 在四善根, 將入初地近方便故. 問. 餘處說有三無性觀, 何故此中, 但說二無? 答. 無相無生, 合爲一邊, 所遣相生, 同是有故. 又此二觀, 皆有尋思, 遣無性時, 無尋思故. 或開或合, 皆有道理故. 已說方便, 次顯正觀.

[H1, 611b10~18; T34, 965b15~21]

묻는다. 이 '수단과 방법을 통한 이해'(方便觀)는 [보살의 수행 경지 중에서] 어느 단계(位)에 있는가?

답한다. 만약 [방편을 통해] 우러러 믿는 수행이라면 '믿음을 세우는 열 가지 단계'(十信)에 있고, 그 ['수단과 방법을 통한 이해'(方便觀)]가 ['곧바로 사실대로 이해함'(正觀)과] '비슷해진 이해'(相似觀)라면 '[십주十住 · 십행十行 · 십회향十回向의] 서른 가지 마음[수준]'(三十心)[31]에 있으며, 그 ['수단과 방법을 통한 이해'(方便觀)]만을 닦는 것을 논하자면 ['정관正觀의 이해를 밝히는 수행'(見道)에 들어가게

---

31 삼십심三十心: '[십신十信, 십주十住, 십회향十回向 단계인] 세 가지 보살의 경지'(三賢位)에 해당하는 서른 가지 마음 수준을 가리키는 말이다. 대승 보살수행의 52계위 중 견도見道 초지初地에 들어가기 이전까지의 수행인 제11~제40위에 해당하고, 이 단계에 속하는 보살을 뭉뚱그려 지전보살地前菩薩이라고도 부른다. 각 단계의 명칭은 출전에 따라 다소 차이가 있는데, 원효가 즐겨 인용하는 『보살영락본업경菩薩瓔珞本業經』(권2, T24, 1017a16~c18)에 의거하여 각 단계의 명칭을 표로 나타내면 다음과 같다. 표에는 30심 이전 단계인 십신十信도 포함했다.

하는] '네 가지 이로운 능력'(四善根)[32]에 있으니, [이 '네 가지 이로운 능력'(四善

	열 가지 명칭
십신	신심信心, 염심念心, 진심進心(精進心), 정심定心, 혜심慧心, 계심戒心, 회향심迴向心, 호법심護法心, 사심捨心, 원심願心
십주	발심주發心住, 치지주治地住, 수행주修行住, 생귀주生貴住, 방편구족주方便具足住, 정심주正心住, 불퇴주不退住, 동진주童眞住, 법왕자주法王子住, 관정주灌頂住
십행	환희행歡喜行, 요익행饒益行, 무진한행無瞋恨行, 무진행無盡行, 이치란행離癡亂行, 선현행善現行, 무착행無著行, 존중행尊重行, 선법행善法行, 진실행眞實行
십회향	구호일체중생리중생상회향救護一切衆生離衆生相迴向, 불괴회향不壞迴向, 등일체불회향等一切佛迴向, 지일체처회향至一切處迴向, 무진공덕장회향無盡功德藏迴向, 수순평등선근회향隨順平等善根迴向, 수순등관일체중생회향隨順等觀一切衆生迴向, 여상회향如相迴向, 무박해탈회향無縛解脫迴向, 법계무량회향法界無量迴向

32 사선근四善根: 견도見道에 도달하기 이전에 수행으로 성취하는 '네 가지 이로운 능력'(四善根)이다. 설일체유부說一切有部에서 제시한 개념으로, '[4제四諦에 관한 이해를] 착수하는 수행'(煖法), '[4제四諦에 관한 이해가] 탁월해진 수행'(頂法), '[4제四諦의 도리를] 감당해 내는 수행'(忍法), '[견도 이전의 단계에서] 가장 뛰어난 수준의 수행'(世第一法)을 가리킨다. 『대지도론』 권18(T25, 191a15~22)에서는 "是智慧有三種, 學無學非學非無學. 非學非無學智者, 如乾慧地不淨安那般那, 欲界繫四念處, 煖法頂法忍法世間第一法等. 學智者, 苦法智忍慧, 乃至向阿羅漢第九無礙道中金剛三昧慧. 無學智者, 阿羅漢第九解脫智, 從是已後, 一切無學智, 如盡智無生智等, 是爲無學智"라고 설명한다. 이에 따르면 먼저 비학비무학非學非無學은 부정관不淨觀·자비관慈悲觀·연기관緣起觀·계차별관界差別觀·수식관數息觀(안나반나安那般那)의 오정심관五停心觀 수행, 신身·수受·심心·법法의 사상四相에 대한 별상념주別相念住와 총상념주總相念住의 사념처四念處 수행, 그리고 난법煖法·정법頂法·인법忍法·세간제일법世間第一法의 사선근四善根 수행에 이르는 범부凡夫의 수행 과정을 말한다. 다음으로 학學은 견도見道의 16심十六心이라는 사성제四聖諦를 깨닫는 과정의 첫 단계인 고법지인혜苦法智忍慧(예류향豫流向, 수다원향須陀洹向)의 단계로부터 일래一來(사다함斯陀含)와 불환不還(아나함阿那含)을 거쳐 수도修道의 마지막 단계인 아라한향阿羅漢向의 금강삼매혜金剛三昧慧(금강유정金剛喩定)에 이르는 성인聖人의 수행 과정이고, 구경지究竟地인 무학無學은 진지盡智와 무생지無生智 등의 해탈지解脫智를 얻는 아라한

根)은] 앞으로 '['열 가지 본격적인 수행경지'(十地)의] 첫 번째 경지'(初地)에 들어가게 하는 '가까워지게 하는 수단과 방법'(近方便)이기 때문이다.

묻는다. 다른 곳(處)에서는 '[변계소집성遍計所執性 · 의타기성依他起性 · 원성실성圓成實性의] 세 가지 모두 불변 · 독자의 본질이 없다는 이해'(三無性觀)가 있다고 말하는데, 왜 여기서는 '['[불변 · 독자의 본질/실체로 차별된] 차이가 없음'(無相)과 '[불변 · 독자의 본질/실체로서] 생겨난 것이 없음'(無生)의] 두 가지가 없음'(二無)[에 대한 이해]만을 말하는가?

답한다. '[불변 · 독자의 본질/실체로 차별된] 차이가 없음'(無相)과 '[불변 · 독자의 본질/실체로서] 생겨난 것이 없음'(無生)은 합하여 '한 부류'(一邊)가 되니, 버려지는 '[불변 · 독자의 본질/실체로 차별된] 차이'(相)와 '[불변 · 독자의 본질/실체로서] 생겨남'(生)은 모두 '[불변 · 독자의 본질/실체의] 있음'(有)[을 전제로 하는 것]이기 때문이다. 또 ['[불변 · 독자의 본질/실체로 차별된] 차이가 없음'(無相)과 '[불변 · 독자의 본질/실체로서] 생겨난 것이 없음'(無生)에 대한] 이 두 가지 이해(觀)에는 모두 [그런 이해를 위한] '사유 착수'(尋)와 '사유 심화'(思)가[33] 있지만, '[변계소집성遍計所執性 · 의타기성依他起性 · 원성실성圓成實性 세 가지 모두 각자의] 본질이 없다'([三]無性)[는 이해마저]도 버릴 때에는 ['[불변 · 독자의 본질/실체로 차별된] 차이가 없음'(無相)과 '[불변 · 독자의 본질/실체로서] 생겨난 것이 없음'(無生), 이 '두 가지 없음'(二無)에 대한 이해를 수립하기 위한] '사유 착수'(尋)와 '사유 심화'(思)가 없기 때문이다. [삼무성관三無性觀과 무상관無相觀 · 무생관無生觀, 이 두 가지로] 펼치거나 [두 가지를] 합치거나 모두 [타당한] 도리가 있는 것이다. '수단과 방법[을 통한 이해]'(方便[觀])에 대해서는 다 설명하였으니, 다음으로는 '곧바로 사실대로 이해함'(正觀)을 밝힌다.

과阿羅漢果를 말한다. 여기서 난煖 · 정頂 · 인忍 · 세제일법世第一法의 사선근은 견도見道 성위聖位에 들어가기 위한 범부행凡夫行의 마지막 수행 단계로서 제시된다.

33 이때의 '사유 심화'(思)는 '伺'가 되어야 〈'사유 착수'(尋)와 '사유 심화'(伺)〉와 대응할 것이다. 여기서는 '思'를 '사유 심화'(伺)의 의미로 써서 통용한 것으로 보인다.

令彼衆生, 皆離心我, 一切心我, 本來空寂. 若得空心, 心不幻化, 無幻無化, 卽得無生, 無生之心, 在於無化".

[H1, 611b19~21; T34, 965b22~24]

저 중생들로 하여금 모두 [일체현상의 의지처인] 마음(心)과 [사람인] 자아[를 '불변 · 독자의 본질/실체인 차이'(相)들로 보는 생각]에서 벗어나게 하니, [일체현상의 의지처인] 마음(心)과 [사람인] 자아는 모두 본래부터 '불변 · 독자의 본질/실체가 없는 것'(空寂)이다. 만약 '불변 · 독자의 본질/실체가 없는 마음'(空心)을 얻으면 [이] 마음은 '허깨비 같은 환상'(幻化)을 짓지 않으니, '허깨비 같은 환상'(幻化)을 없애면 곧바로 '[불변 · 독자의 본질/실체로서] 생겨난 것이 없음'(無生)[의 경지]를 얻기에, '[불변 · 독자의 본질/실체로서] 생겨난 것이 없는 마음'(無生之心)은 '환상을 없앰'(無化)에 있다."

是明正觀無二之相, 以離所取能取二故. 離所取者, 以離一切人法相故. 此有二種, 一者遣離, 二者泯離. 遣離者, 先所取相, 今滅除故, 如經"令彼衆生, 皆離心我"故. 泯離者, 先所取相, 本來空故, 如經"一切心我, 本來空寂"故. 言"心我"者, 人名爲我, 法名爲心, 心是諸法所依主故. 達諸人法本來空時, 先所取相, 此時不起, 所以二離, 一時成就. 已說離所取. 云何離能取? 謂離一切能取分別, 此亦二種, 一者本離, 二者始離. 言本離者, 通達心我本來空時, 正得本覺空寂之心. 此空寂心, 本離能取, 離能取故, 本不幻化. 如經"若得空心, 心不幻化"故, "不幻化"者, 非虛妄故. 言始離者, 得此本覺空寂心時, 能取分別, 不復得生, 隨所得心, 無幻化故. 如經"無幻無化, 卽得無生"故. 如是始得無生之心, 會本空寂無化之理, 故言"無生之心, 在於無化". 假說心境故, 寄言在然. 始離能取, 是始覺義, 本離空心, 是本覺義. 義雖有二, 混成一覺, 同離能所, 離新舊故. 如論說言, "以始覺者, 卽同本覺". 當知此覺, 永離生滅始終等相, 始從初地, 乃至佛地, 但有分滿不同而已. 如『十地論』本分中說, "自體本來空, 有不二不盡", 乃至廣說. 又此一覺, 有本始義, 以有本覺顯成義故, 眞修之說, 亦有道理, 以有始覺修成義故, 新修之談, 亦有道理. 如其偏執, 卽有未盡. 且止乘論, 還釋本文. 廣無相觀, 竟在於前.

[H1, 611b22~612a7; T34, 965b24~c21]

이것은 '[불변 · 독자의 본질/실체로 차별되어] 둘로 나뉘지 않는 차이'(無二之相)를 '곧바로 사실대로 이해함'(正觀)을 밝힌 것이니, '취해진 것'(所取)과 '취하는 자'(能取)[를 불변 · 독자의 본질/실체로 보는] 두 가지 [분별]에서 벗어났기 때문이다. '취해진 것'(所取)에서 벗어났다는 것은 모든 '사람과 현상에 대한 [불변 · 독자의 본질/실체로 차별된] 차이'(人法相)에서 벗어났다[는 뜻이다.] 여기에는 두 가지가 있으니, 첫 번째는 '[비로소] 보내어 벗어나는 것'(遣離)이고 두 번째는 '[본래부터] 없어서 벗어나는 것'(泯離)이다. '[비로소] 보내어 벗어나는 것'(遣離)이라는 것은, 〈앞서 취한 '[불변 · 독자의 본질/실체로 차별된] 차이'〉(先所取相)를 지금 없애 버리는 것이니, 『금강삼매경』에서 "저 중생들로 하여금 모두 [일체현상의 의지처인] 마음(心)과 [사람인] 자아[를 '불변 · 독자의 본질/실체인 차이'(相)들로 보는 생각]에서 벗어나게 한다"(令彼衆生, 皆離心我)라고 말한 것과 같다. '[본래부터] 없어서 벗어나는 것'(泯離)이라는 것은, 〈앞서 취한 '[불변 · 독자의 본질/실체로 차별된] 차이'〉(先所取相)가 '본래부터 불변 · 독자의 본질/실체가 없는 것'(本來空)이니, 『금강삼매경』에서 "[일체현상의 의지처인] 마음(心)과 [사람인] 자아는 모두 본래부터 '불변 · 독자의 본질/실체가 없는 것'(空寂)이다"(一切心我, 本來空寂)라고 말한 것과 같다.

"[일체현상의 의지처인] 마음(心)과 [사람인] 자아"(心我)라고 말한 것은, 사람(人)을 자아(我)라 부르고 현상(法)을 마음(心)이라 부르니, 마음(心)은 모든 현상이 의거하는 주체(主)이기 때문이다. 모든 '사람과 현상들'(人法)이 본래부터 '불변 · 독자의 본질/실체가 없음'(空)을 깨달을 때, [그들에 대해] 〈앞서 취한 '[불변 · 독자의 본질/실체로 차별된] 차이'〉(先所取相)는 이때 일어나지 않으니, 따라서 ['보내서 벗어나는 것'(遣離)과 '없애서 벗어나는 것'(泯離)의] '두 가지 벗어남'(二離)을 한꺼번에 성취하는 것이다. '취한 것'(所取)[을 불변 · 독자의 본질/실체로 보는 생각]에서 벗어남에 대해서 다 설명하였다.

[그러면] '취하는 자'(能取)[를 불변 · 독자의 본질/실체로 보는 생각]에서 벗어남이란 무엇인가? 모든 〈'취하는 자'를 [불변 · 독자의 본질/실체라고] 분별함〉(能取分別)에서 벗어난다는 것은, 여기에도 두 가지가 있으니, 첫 번째는 '본래부터 벗어남'(本離)이요, 두 번째는 '비로소 벗어남'(始離)이다.

'본래부터 벗어남'(本離)이라는 것은, [일체현상의 의지처인] 마음(心)과 [사람인] 자아(我)가 본래부터 '불변 · 독자의 본질/실체가 없다'(空)는 것을 통달할 때 곧바로 〈'깨달음의 본연'[인 '사실 그대로 앎']을 일으키는 '불변 · 독자의 본질/실체가 없는 마음'〉(本覺空寂之心)을 성취한다. 이 '불변 · 독자의 본질/실체가 없는 마음'(空寂之心)은 본래부터 '취하는 자'(能取)[를 불변 · 독자의 본질/실체로 보는 생각]에서 벗어나 있으며, '취하는 자'(能取)[를 불변 · 독자의 본질/실체로 보는 생각]에서 벗어나 있기 때문에 본래부터 '허깨비 같은 환상'(幻化)이 없다. [이는] 『금강삼매경』에서 "만약 '불변 · 독자의 본질/실체가 없는 마음'(空心)을 얻으면, [이] 마음은 '허깨비 같은 환상'(幻化)을 짓지 않으니"(若得空心, 心不幻化)라고 한 것과 같으니, "[이 마음은] '허깨비 같은 환상'(幻化)을 짓지 않는다"라는 것은 [환상을 짓지 않는 그 마음이] 허망하지 않기 때문이다.

'비로소 벗어남'(始離)이라고 한 것은, 이 〈'깨달음의 본연'[인 '사실 그대로 앎']을 일으키는 '불변 · 독자의 본질/실체가 없는 마음'(本覺空寂心)〉을 성취할 때에는 〈'취하는 자'를 [불변 · 독자의 본질/실체라고] 분별함〉(能取分別)이 다시는 생겨나지 않으니, ['깨달음의 본연'(本覺)[인 '사실 그대로 앎']을] 성취하는 마음에 따라 '허깨비 같은 환상'(幻化)이 없는 것이다. [이는] 『금강삼매경』에서 "'허깨비 같은 환상'(幻化)을 없애면 곧바로 '[불변 · 독자의 본질/실체로서] 생겨난 것이 없음'(無生)[의 경지]를 얻는다"(無幻無化, 卽得無生)라고 한 것과 같다. 이와 같이 비로소 '[불변 · 독자의 본질/실체로서] 생겨난 것이 없는 마음'(無生之心)을 얻으면 '본래부터 불변 · 독자의 본질/실체가 없고 [불변 · 독자의 본질/실체로 보는 분별의] 동요가 없다고 보아 환상을 없애는 도리'(本空寂無化之理)와 하나가 되니, 그러므로 [『금강삼매경』에서] "'[불변 · 독자의 본질/실체로서] 생겨난 것이 없는 마음'(無生之心)은 '환상을 없앰'(無化)에 있다"(無生之心, 在於無化)라고 말한 것이다. ["환상을 없앰에 있다"(在於無化)에서 '있다'(在)는 표현을 쓴 것은] ['[불변 · 독자의 본질/실체로 차별된] 차이'(相)가 없어진] '마음의 세계'(心境)를 방편으로 설하는 것이기 때문에 [그 방편에] 의거하여 "있다"(在)라는 식으로 말한 것이다.

'취하는 자'(能取)[를 불변 · 독자의 본질/실체로 보는 생각]에서 '비로소 벗어남'(始離)은 '['사실 그대로'를] 비로소 깨달아 감'(始覺)의 측면(義)이고, '본래부터 벗어남'(本離)인 '불변 · 독자의 본질/실체가 없는 마음'(空心)은 '깨달음 본연'(本覺)[인 '사실 그대로 앎']의 측면(義)이다. 측면(義)에는 비록 두 가지가 있지만 [이 두 측면이] 서로 섞여 '하나처럼 통하게 하는 깨달음'(一覺)을 이루니, ['비로소 벗어남'(始離)과 '본래부터 벗어남'(本離)은] 모두가 주관(能)과 객관(所)[을 불변 · 독자의 본질/실체로 보는 생각]에서 벗어나고, ['['사실 그대로'를] 비로소 깨달아 감의 측면'(始覺義)과 '깨달음 본연[인 '사실 그대로 앎']의 측면'(本覺義)에서 각각] '새로운 [분별]'(新)과 '오래된 [분별]'(舊)에서 벗어나기 때문이다. [이것은] 『대승기신론』에서 "'['사실 그대로'를] 비로소 깨달아 감'(始覺)이란 것은 바로 '깨달음의 본연'(本覺)[인 '사실 그대로 앎']과 같다"(以始覺者, 卽同本覺)[34]라고 한 것과 같다. 이 [하나처럼 통하게 하는] 깨달음은 '생겨남과 사라짐'(生滅), '시작과 끝'(始終) 등 '[불변 · 독자의 본질/실체로 차별된] 차이'(相)에서 완전히 벗어난 것이며, [이 깨달음에 해당하는] 처음인 '[십지十地의] 첫 번째 경지'(初地)에서 [마지막인] '부처 경지'(佛地)에 이르기까지 단지 '부분적인 것'(分)과 '완전한 것'(滿)의 차이가 있을 뿐이라는 것을 알아야 한다. [이것은] 『십지경론十地經論』의 「본분품本分品」에서 "'그 본연'(自體)은 본래부터 불변 · 독자의 본질/실체가 없으니, [불변 · 독자의 본질/실체가 없기 때문에] '있는 것'(有)은 '[다른 것들과 불변 · 독자의 본질/실체로서] 다른 것이 아니고'(不二) '[차이가 완전히] 사라져 버리는 것도 아니다'(不盡)"[35] 등으로 자세하게 설명한 것과 같다.

---

34 『대승기신론』 권1(T32, 576b15).

또 이 '하나처럼 통하게 하는 깨달음'(一覺)에는 〈'깨달음 본연의 측면'과 '비로소 깨달아 감의 측면'〉(本始義)이 [모두] 있으니, 〈깨달음의 본연[인 '사실 그대로 앎']의 '[있는 그대로를] 드러내어 이루는 측면'〉(本覺顯成義)이 있기 때문에 '진리대로 닦는다는 설명'(眞修之說)에도 도리가 있고, 〈['사실 그대로'를] 비로소 깨달아 감의 '닦아서 이루는 측면'〉(始覺修成義)이 있기 때문에 '새로 닦는다는 주장'(新修之談)에도 도리가 있다. [따라서 본각本覺이나 시각始覺의 어느 한 측면에만] 치우쳐 집착하면 곧 '완전하지 못함'(未盡)이 있는 것이다. 이제 '부차적 논의'(乘論)는 그치고 다시 [『금강삼매경』의] 본문을 해석할 것이다. '[불변 · 독자의 본질/실체로 차별된] 차이가 없음에 대한 이해'(無相觀)를 자세히 설명하는 것은 이상으로 마친다.

㉯ [문답을] 주고받으면서 갖가지 의문과 난점을 해결함(往復決諸疑難)

ㄱ. 첫 번째 문답: [불변 · 독자의 본질/실체로 차별된] 차이를 두는 것을 깨뜨리는 측면을 총체적으로 밝힘(摠明破有相門)

解脫菩薩, 而白佛言, "尊者! 衆生之心, 性本空寂, 空寂之心, 體[36]無色相, 云何修習, 得本空心? 願佛慈悲, 爲我宣說".

[H1, 612a8~10; T34, 965c22~24]

해탈보살이 부처님께 [다음과 같이] 아뢰었다.

"존경받는 분이시여! 중생의 마음은 [그] 본연(性)이 본래 '불변 · 독자

35 원효가 인용한 『십지경론』의 내용을 이해하기 위해서 인용한 부분의 전후를 함께 제시한다. 이 가운데 밑줄 친 부분이 인용한 내용이다. 『십지경론十地經論』 권2(T26, 133a8). "此甚微智, 復有何相? 偈言. 自體本來空, 有不二不盡. 遠離於諸趣, 等同涅槃相, 非初非中後, 非言詞所說, 出過於三世, 其相如虛空."

36 대정장의 『금강삼매경론』(T34, 965c23)에는 '體'로 되어 있다. 번역에는 영향을 끼치지 않는 차이에 불과하므로 이하에서 동일한 사례가 나오더라도 일일이 언급하지 않는다.

의 본질/실체가 없고 [불변 · 독자의 본질/실체로 보는 분별의] 동요가 없는 것'(空寂)[37]이며, '불변 · 독자의 본질/실체가 없고 [불변 · 독자의 본질/실체로 보는 분별의] 동요가 없는 마음'(空寂之心)은 그 본연(體)에 '색깔이나 모양'(色)과 차이(相)들이 [불변 · 독자의 본질/실체로서] 없는 것이니, 어떻게 닦아 익혀야 '본래부터 불변 · 독자의 본질/실체가 없고 [불변 · 독자의 본질/실체로 보는 분별의] 동요가 없는 마음'(本空心)을 얻습니까? 원하오니 부처님께서는 자비로써 저희들을 위해 설해 주십시오."

此下, 第二往復決疑, 有四問答, 次第決疑. 第一問中, 問意有二. 一者, 衆生心性, 本來空寂, 而猶動念, 無始流轉, 云何方修, 而得本心. 二者, 空寂心體, 無色無相, 衆生本來, 恒取有相,[38] 云何習無, 而得空心. 故言"云何修習, 得本空心?" 問. 此中所說, 衆生之心, 應是六識等生滅心, 何以得知一心本覺? 答. 『起信論』云, "有法能起大乘信根, 謂衆生心, 依一心法, 有二種門", 乃至廣說. 又如經言, "寂滅者, 名爲一心". 今此文言, "空寂之心, 體無色相", 言有左右, 意致還同. 言無色者, 無顯形等色故, 無相者, 無生滅等相故, 此文卽顯心眞如門. 上言衆生之心, 且擧心生滅門, 擧生滅心, 顯眞如門. 以之故言, "性本空寂". 然此二門, 其體無二, 所以皆是一心法耳.

[H1, 612a11~b5; T34, 965c24~966a9]

이 아래는 [부처님 설법 가운데 '[불변 · 독자의 본질/실체로 차별된] 차이가 없음에 대한 이해'(無相觀)를 밝히는 두 부분 중의] 두 번째인 [문답을] 주고받으면서 '의

37 공적空寂에 대한 번역어: 『금강삼매경/금강삼매경론』에서 채택되는 '공적空寂'이라는 용어는 맥락에 따라 크게 두 가지 의미를 담고 있다. 하나는 '공空'과 같은 의미로 사용되는 경우이고, 다른 하나는 '분별의 동요가 그침'을 뜻하는 '적寂'의 의미를 공空의 의미에 부가시키고 있는 경우이다. 본 번역에서는 전자의 경우 '불변 · 독자의 본질/실체가 없음'으로, 후자의 경우는 '불변 · 독자의 본질/실체가 없고 [불변 · 독자의 본질/실체로 보는 분별의] 동요가 없음'으로 번역한다.

38 '有相'은 '有色相'이어야 앞뒤 말이 부합한다. '色'이 빠진 것으로 보인다.

문을 해결하는 것'(決疑)이니, 네 번의 문답을 설정하여 차례대로 의문을 해결한다.

첫 번째 질문에서 질문한 뜻에는 두 가지가 있다. 첫째는, 중생 마음의 본연은 본래 '불변 · 독자의 본질/실체가 없고 [불변 · 독자의 본질/실체로 보는 분별의] 동요가 없는 것'(空寂)이지만 [현실에서는] 오히려 '[분별에] 동요하는 생각'(動念)이 시작을 알 수 없는 때부터 '흐르면서 바뀌어 가니'(流轉) 어떻게 닦아야 '[불변 · 독자의 본질/실체가 없는] 본연의 마음'(本心)을 얻을 것인가 하는 것이다. 둘째는, '불변 · 독자의 본질/실체가 없고 [불변 · 독자의 본질/실체로 보는 분별의] 동요가 없는 마음의 본연'(空寂心體)에는 '색깔이나 모양'(色)이 [불변 · 독자의 본질/실체로서] 없고 차이(相)들도 [불변 · 독자의 본질/실체로서] 없는데 중생들은 본래부터 '색깔이나 모양'(色)과[39] 차이(相)들이 [불변 · 독자의 본질/실체로서] 있다고 집착하고 있으니, 어떻게 '[마음에는 '색깔이나 모양'(色)과 차이(相)들이 불변 · 독자의 본질/실체로서] 없다'[는 이해를] 익혀 '불변 · 독자의 본질/실체가 없는 마음'(空心)을 얻을 것인가 하는 것이다. 그러므로 "어떻게 닦아 익혀야 '본래부터 불변 · 독자의 본질/실체가 없고 [불변 · 독자의 본질/실체로 보는 분별의] 동요가 없는 마음'(本空心)을 얻습니까?"(云何修習, 得本空心)라고 말한 것이다.

묻는다. 여기서 말하는 중생의 마음은 응당 '[눈 · 귀 · 코 · 혀 · 몸 · 마음에서 발생하는] 여섯 가지 알음알이'(六識) 등 '[근본무지에 매여] 생멸하는 마음'(生滅心)일 터인데, 어떻게 '하나로 통하는 마음인 깨달음의 본연'(一心本覺)을 알 수 있는가?

답한다. 『대승기신론』에서는 "도리(法)가 있어 대승을 '믿는 능력'(信根)을 일으키게 할 수 있으니,[40] [현상(法)이라고 하는 것은] '중생의 마음'(衆生心)

---

39 '有相'는 '有色相'이어야 앞뒤 말이 부합한다. '色'을 넣어 번역한다.

40 『대승기신론』의 서두에 나오는 내용이다. 『대승기신론』(T32, 575b18). "有法能起摩訶衍信根."

을 말하는데,[41] 〈'하나처럼 통하는 마음'이라는 도리〉(一心法)에 의거하여 두 가지 측면이 있다[42]" 등으로 자세하게 설명하고 있다. 또 『입능가경入楞伽經』에서 "'불변·독자의 본질/실체가 없고 [불변·독자의 본질/실체로 보는 분별의] 동요가 없음'(寂滅)은 '하나처럼 통하는 마음'(一心)이라고 부른다"[43]라고 말한 것과 같다. 지금 이 [『금강삼매경』의] 본문에서는 "'불변·독자의 본질/실체가 없고 [불변·독자의 본질/실체로 보는 분별의] 동요가 없는 마음'(空寂之心)은 그 본연(體)에 '색깔이나 모양'(色)과 차이(相)들이 [불변·독자의 본질/실체로서] 없는 것이니"(空寂之心, 體無色相)라고 말하니, 말에는 다름이 있지만 뜻은 같은 것으로 돌아간다.

'색깔이나 모양이 [불변·독자의 본질/실체로서] 없다'(無色)는 것은 '드러나는 색깔'(顯色)과 '드러나는 모양'(形色)[44]이 [불변·독자의 본질/실체로서] 없는

---

41 '뜻을 펼치는 부분'(立義分)에 나온다. 『대승기신론』(T32, 575c21). "所言法者, 謂衆生心."

42 '해석하는 부분'(解釋分)의 서두에 나온다. 『대승기신론』(T32, 576a6). "依一心法, 有二種門."

43 『입능가경入楞伽經』 권1(T16, 519a1~2). "寂滅者, 名爲一心." 〈산스크리트본의 해당 내용: *Laṅkāvatārasūtra*, p.21. ekāgrasyaitad adhivacanaṃ tathāgatagarbhasvapratyātmāryajñānagocarasyaitat praveśo yat samādhiḥ paramā jāyata iti.; [적멸은] 하나로 집중된 [상태]의 동의어이다: '최고의 삼매가 생겨난다'고 하는 이것은 '여래장'이라고 하는 성인들의 내적인 지혜의 경계(인식대상)에 들어가는 것이다.〉

44 형색形色: 『아비달마구사론阿毘達磨俱舍論』에 따르면, '색깔이나 모양 있는 것들'(色)의 인지는 크게 두 종류로 가능하다고 구분한다. 즉, '[드러나는] 색깔'(顯色, varṇa-rūpa)로 아는 것과 '[드러나는] 형태'(形色, saṃsthāna-rūpa)로 아는 것의 둘이다. '[드러나는] 색깔'(顯色)은 청색(靑), 황색(黃), 적색(赤), 백색(白)의 4종을 근간으로 하고, 여기에 구름(雲), 연기(煙), 티끌(塵), 안개(霧), 그림자(影), 햇빛(光), 밝음(明), 어두움(暗)의 8가지를 추가하여 모두 12종으로 구분된다. '[드러나는] 형태'(形色, saṃsthāna-rūpa)에는 '긴 것'(長), '짧은 것'(短), '모난 것'(方), '둥근 것'(圓), '높은 것'(高), '낮은 것'(下), '평평한 것'(正), '평평하지 않은 것'(不正)의 8종을 들고 있다. 『유가사지론瑜伽師地論』에 따르면, '[드러나는] 색깔'(顯色)에 허공(空)이 추가되어 총 9종이 된다. 또 '[드러나는] 색깔'(顯色, varṇa-rūpa)과 '[드러나는] 형태'(形色, saṃsthāna-rūpa)의 둘에다가 다시 '[갖가지 신체동작으로] 드러난 형태'(表色)를 추가하여 세 가

것이고, '차이들이 [불변 · 독자의 본질/실체로서] 없다'(無相)는 것은 '생겨남과 사라짐'(生滅) 등의 '차이 양상'(相)들이 [불변 · 독자의 본질/실체로서] 없는 것이니, 이 글은 곧 '참 그대로인 마음국면'(心眞如門)을 드러낸 것이다. 위에서 '중생의 마음'(衆生之心)이라고 말한 것은 '[근본무지에 따른 분별을 조건으로] 생멸하는 마음국면'(心生滅門)을 말한 것이지만, '[무지에 따른 분별을 조건으로] 생멸하는 마음[지평]'(生滅心)에 의거하여 '참 그대로인 국면'(眞如門)을 나타내는 것이다. 그렇기 때문에 [『금강삼매경』의 본문에서] "[중생의 마음은 그] 본연(性)이 본래 불변 · 독자의 본질/실체가 없고 [불변 · 독자의 본질/실체로 보는 분별의] 동요가 없는 것이다"(性本空寂)라고 말한 것이다. 그러나 이 [심진여문心眞如門과 심생멸문心生滅門의] '두 국면'(二門)은 그 본연(體)이 둘로 분리되지 않으니, 따라서 ['두 국면'(二門)은] 모두 〈'하나처럼 통하는 마음'이라는 도리〉(一心法)[의 나타남]일 뿐이다.

佛言, "菩薩! 一切心相, 本來無本, 本無本處, 空寂無生. 若心無生, 卽入空寂, 空寂心地, 卽得心空. 善男子, 無相之心, 無心無我, 一切法相, 亦復如是".

[H1, 612b6~9; T34, 966a10~13]

지 종류의 '색깔이나 모양 있는 것들'(色)로 분석을 더하였다. '[갖가지 신체동작으로] 드러난 형태'(表色)에는 움직임(行), 머무름(住), 앉음(坐), 누움(臥), 가짐(取), 버림(捨), 굽힘(屈), 폄(伸)의 8종으로 제시되었다. 『아비달마구사론』 권1(T29, 2b24~29). "言色二者. 一顯二形. 顯色有四. 靑黃赤白. 餘顯是此四色差別. 形色有八. 謂長爲初不正爲後. 或二十者. 卽此色處復說二十. 謂靑黃赤白長短方圓高下正不正. 雲煙塵霧影光明闇. 有餘師說. 空一顯色第二十一"; 『유가사지론』 권1(T30, 279b4~15). "謂色有見有對. 此復多種, 略說有三. 謂顯色形色表色. 顯色者, 謂靑黃赤白, 光影明闇, 雲煙塵霧, 及空一顯色. 形色者, 謂長短方圓, 麤細正不正高下色. 表色者, 謂取捨屈伸, 行住坐臥, 如是等色. 又顯色者, 謂若色顯了眼識所行. 形色者, 謂若色積集長短等分別相. 表色者, 謂卽此積集色生滅相續, 由變異因於先生處不復重生轉於異處, 或無間或有間, 或近或遠差別生, 或卽於此處變異生, 是名表色. 又顯色者, 謂光明等差別. 形色者, 謂長短等積集差別. 表色者, 謂業用爲依轉動差別."

부처님께서 말씀하셨다.

"보살이여! '모든 마음의 양상'(一切心相)에는 〈본래부터 '[불변 · 독자의 본질/실체인] 근본'(本)이 없고〉(本來無本) 〈본래부터 '[불변 · 독자의] 근거'(本處)가 없으니〉(本無本處), '불변 · 독자의 본질/실체가 없고 [불변 · 독자의 본질/실체로 보는 분별의] 동요가 없어 [불변 · 독자의 본질/실체로서] 생겨난 것이 없다'(空寂無生). 만약 마음에 '[불변 · 독자의 본질/실체로서] 생겨난 것이 없다'(無生)면 곧 '불변 · 독자의 본질/실체가 없고 [불변 · 독자의 본질/실체로 보는 분별의] 동요가 없는'(空寂) [경지에] 들어가고, '불변 · 독자의 본질/실체가 없고 [불변 · 독자의 본질/실체로 보는 분별의] 동요가 없는 마음자리'(空寂心地)에서 곧바로 '마음에 불변 · 독자의 본질/실체가 없음'(心空)을 성취한다. 훌륭한 이여! '[불변 · 독자의 본질/실체로서의] 양상이 없는 마음'(無相之心)에는 '[일체현상의 의지처인] 마음'(心)이 [불변 · 독자의 본질/실체로서] 없고, '[사람인] 자아'(我)도 [불변 · 독자의 본질/실체로서] 없으니, '모든 현상의 양상'(一切法相)도 이와 같다."

此答有二, 正答決答. 言"菩薩"者, 是呼解脫菩薩之辭, 下文呼辭, 皆亦同也. "一切心相"者, 一切八識動念之心心所相應行相差別, 若行若相, 皆有四相故, 本來無本. "本無本處"者, 一切心相, 種子爲本, 求此本種, 永無所得. 所以然者, 爲在現時, 爲已過去. 若在現時, 卽與果俱, 無本末異, 如牛兩角. 若已過去, 卽無作因, 無體性故, 猶如兎角. 如是道理, 本來法爾, 以之故言, "本來無本". 又生滅心生, 必依本處, 本處旣無, 卽不得生.

[H1, 612b10~22; T34, 966a13~22]

이 대답에는 두 가지가 있으니, '곧바로 대답한 것'(正答)과 '결론지어 대답한 것'(決答)이다. "보살이여"(菩薩)라고 한 것은 해탈보살의 이름을 부른 것이니, 아래의 문장에서 [보살이라고] 부르는 말도 모두 같다. "모든 마음의 양상"(一切心相)이라는 것은, 모든 '여덟 가지 식'(八識)의 '동요하는 생각을 일으키는 마음'(動念之心)과 마음현상(心所)에 상응하는 다양한 작용(行)

과 양상(相)들이니, 작용(行)이거나 양상(相)이거나 모두 '[생기고(生) 머무르며(住) 변이되고(異) 사라지는(滅)] 네 가지 양상'(四相)이 있기 때문에 [그것들에는] 본래부터 '[불변 · 독자의] 본질'(本)이 없다.

"본래부터 '[불변 · 독자의] 근거'(本處)가 없다"(本無本處)라는 것은, '모든 마음의 양상'(一切心相)은 종자가 근본이 되는데 이 근본인 종자를 찾아보아도 끝내 얻을 수 없다. 왜냐하면 현재에 있을 때에 이미 과거가 되었기 때문이다. 만약 [원인인 종자가] 현재에 있다면 곧 [현재의 원인인 종자가] 결과[인 현재의 마음양상]과 함께하는 것이어서 [원인인] 근본과 [결과인] 지말의 차이가 없는 것이니, [이것은] 마치 소의 두 뿔[이 한자리에 있는 것]과도 같은 것이다. [또] 만약 [종자가] 이미 과거일 뿐이라면 곧 [결과를] '만드는 원인'(作因)이 없어 [종자의] 본연(體性)도 없는 것이니, [이것은] 마치 토끼의 뿔처럼 [종자가 원래 없는 것이] 된다. 이와 같은 도리는 '본래부터 그러한 것'(本來法爾)이니, 그렇기 때문에 [『금강삼매경』의 본문에서] "본래부터 '[불변 · 독자의 본질/실체인] 근본'(本)이 없다"(本來無本)라고 말한 것이다. 또한 '생멸하는 마음'(生滅心)이 생겨나는 것은 반드시 근거(本處)에 의지하는 것인데, 근거(本處)가 [불변 · 독자의 본질/실체로서] 이미 없다면 곧 [불변 · 독자의 본질/실체로서] 생겨나는 것이 있을 수가 없다.

言本處者, 謂俱有根. 其五色根, 旣是色法, 有方無方, 皆不可得, 餘三所依, 皆無色法, 有時無時, 並不可得. 是故亦言"本無本處", 謂從本來, 無其本處. 旣無本種, 亦無本處, 當知心相, 本來無生. 以之故言"空寂無生". 如是觀察不得生時, 其能觀心, 亦無所生, 是時卽入本來空寂. 所入空寂, 卽是一心, 一切所依, 名之爲"地", 故言"卽入空寂". 空寂心地, 雖諸衆生, 本來流轉, 恒取有相, 然依此門, 推求觀察, 卽能得本空心, 故言"卽得心空". 心空空心, 語有左右, 只是一心本覺之義. 正答所問 竟在於前. 此下, 結答. "無相之心"者, 擧一心體, "無心無我"者, 結前所說空寂無生, 無相心中, 離心我相. "一切法相, 亦[復]如是"者, 重結空寂, 非直離此心我二相, 其餘一切有爲無爲, 乃至有上無上等相, 無相心中, 無不離故.

[H1, 612b22~c17; T34, 966a22~b9]

'근거'(本處)라고 말한 것은 '[마음(心) 및 마음현상(心所)과] 함께 존재하면서 [마음 및 마음현상의 의지처가 되는] 능력'(俱有根)[45]을 말한다. 그 [능력 가운데] '[눈·귀·코·혀·몸의] 모양과 색깔이 있는 다섯 가지 감각능력'(五色根)은 이미 '모양과 색깔이 있는 것'(色法)이지만 [점유하고 있는] 공간(方)이 있거나 없거나 모두 [그 불변·독자의 본질/실체를] 얻을 수 없고, 나머지 [제6의식·제7말나식·제8아뢰야식, 이] 세 가지 의지처는 모두 '색깔이나 모양이 없는 현상'(無色法)이니 [작용하는] 시간이 있거나 없거나 다 [그 불변·독자의 본질/실체를] 얻을 수 없는 것이다. 그렇기 때문에 또한 "본래부터 '[불변·독자의] 근거'(本處)가 없다"(本無本處)라고도 하였으니, 본래부터 그 [불변·독자의] 근거[를 찾을 수] 없음을 말한 것이다. 이미 본래부터 [불변·독자의] 종자가 없고 [종자의] 근거 또한 [불변·독자의 본질/실체로서] 없으므로 '마음의 양상'(心相)은 '본래부터 [불변·독자의 본질/실체로서] 생겨난 것이 없음'(本來無生)을 알아야 한다. 그렇기 때문에 "불변·독자의 본질/실체가 없고 [불변·독자의 본질/실체로 보는 분별의] 동요가 없어 [불변·독자의 본질/실체로서] 생겨난 것이 없다"(空寂無生)라고 말하였다.

이와 같이 '[불변·독자의 본질/실체로서] 생겨날 수 없음'(不得生)을 이해(觀)할 때에 [본질/실체에 해당하는 것을] 보려 하는 마음 또한 생기지 않으니, 이때에 곧 '본래부터 불변·독자의 본질/실체가 없고 [불변·독자의 본질/실체로 보는 분별의] 동요가 없는 [경지]'(本來空寂)로 들어가는 것이다. 들어간 '불

---

45 『아비달마구사론阿毘達磨俱舍論』에서 구유근俱有根은 마음(心)과 마음현상(心所)이 작용함과 동시에 함께 존재하는 것, 즉 마음(心)과 마음현상(心所)이 의지하는 존재인 눈·귀·코·혀·몸의 '다섯 감각능력'(五根)을 말하지만, 『성유식론』에서는 '다섯 감각능력'(五根)과 더불어 제6의식, 제7말나식, 제8아뢰야식의 셋이 추가된다고 한다. 『성유식론成唯識論』 권4(T31, 20c12~13). "由此五識俱有所依定有四種. 謂五色根六七八識."

변 · 독자의 본질/실체가 없고 [불변 · 독자의 본질/실체로 보는 분별의] 동요가 없는 [경지]'(空寂)가 바로 '하나처럼 통하는 마음'(一心)이고, 모든 것이 의거하는 곳이라서 [그런 마음을] "자리"(地)라 부르니, 그 때문에 "곧 불변 · 독자의 본질/실체가 없고 [불변 · 독자의 본질/실체로 보는 분별의] 동요가 없는 [경지에] 들어간다"(卽入空寂)라고 말한 것이다.

'불변 · 독자의 본질/실체가 없고 [불변 · 독자의 본질/실체로 보는 분별의] 동요가 없는 마음자리'(空寂心地)라는 것은 [다음과 같은 의미이다.] 비록 모든 중생이 본래부터 '['근본무지'(無明)에 매여] [고통의 세계에] 표류'(流轉)하며 언제나 [마음에] '불변 · 독자의 본질/실체가 있다[는 생각]'(有相)을 붙들고 있지만, 이 [공적심지空寂心地의] 국면(門)에 의거하여 탐구하고 관찰하면 곧 '본래부터 불변 · 독자의 본질/실체가 없는 마음'(本空心)을 얻을 수 있으니, 그러므로 "곧바로 '마음에 불변 · 독자의 본질/실체가 없음'(心空)을 성취한다"(卽得心空)라고 말한 것이다. '마음에 불변 · 독자의 본질/실체가 없음'(心空)과 '불변 · 독자의 본질/실체가 없는 마음'(空心)은, 말에는 좌우[로 바뀐 차이]가 있으나 단지 '하나처럼 통하는 마음인 깨달음의 본연'(一心本覺)이라는 의미이다. 질문에 곧바로 대답한 [부분]을 이상으로 마친다.

이 아래는 결론지어 답한 것이다. "[불변 · 독자의 본질/실체로서의] 양상이 없는 마음"(無相之心)이라 한 것은 '하나처럼 통하는 마음의 본연'(一心體)을 거론한 것이고, "'[일체현상의 의지처인] 마음'(心)이 [불변 · 독자의 본질/실체로서] 없고, '[사람인] 자아'(我)도 [불변 · 독자의 본질/실체로서] 없다"(無心無我)라는 것은 앞에서 말한 '불변 · 독자의 본질/실체가 없고 [불변 · 독자의 본질/실체로 보는 분별의] 동요가 없어 [불변 · 독자의 본질/실체로서] 생겨난 것이 없다'(空寂無生)는 것을 결론지은 것이니, '[불변 · 독자의 본질/실체로서의] 양상이 없는 마음'(無相心)에서 〈'[일체현상의 의지처인] 마음'(心)과 '[사람인] 자아'(我)의 '[불변 · 독자의 본질/실체로 구별된] 차이'(相)〉(心我相)로부터 벗어나는 것이다. "'모든 현상의 양상'(一切法相)도 이와 같다"(一切法相, 亦[復]如是)라고 한 것은 '불변 · 독자의 본질/실체가 없고 [불변 · 독자의 본질/실체로 보는 분별의] 동요가 없음'(空寂)을 거듭 결론지은 것이니, 단지 이 〈'[일체현상의 의지처인] 마음'(心)과 '[사람인] 자아'(我)의 '[불변 · 독자의 본질/실체로 구별된] 두 가지 차이'(二相)〉(心我二相)에서 벗어날 뿐 아니라, 나머지 모든 '행위가 있음'(有爲)과 '행위가 없음'(無爲) 및 '더 높은 곳이 있는 [경지]'(有上)와 '더 이상 높은 곳이 없는 [최상의 경지]'(無上) 등의 차이(相)들로부터, '[불변 · 독자의 본질/실체로서의] 양상이 없는 마음'(無相心)에서는 벗어나지 못함이 없기 때문이다.

ㄴ. 두 번째 문답: 두 가지 결박에서 벗어나는 측면을 하나씩 드러냄(別顯離二縛門離二縛門)

解脫菩薩, 而白佛言, "尊者! 一切衆生, 若有我者, 若有心者, 以何法覺, 令彼衆生, 出離斯縛?"

[H1, 612c18~20; T34, 966b10~11]

해탈보살이 부처님께 [다음과 같이] 아뢰었다.

"존경받는 분이시여! 모든 중생에게 만약 자아(我)와 마음(心)[을 불변 · 독자의 본질/실체로 보는 생각]이 있다면 어떤 도리(法)로써 깨닫게 하여 저 중생들로 하여금 이 결박(縛)에서 벗어나게 합니까?"

自此已下, 第二問答. 前一問答, 摠明破有相門, 今此問答, 別顯離二縛門, 別擧二病, 以問其藥. 言"[若]有我"者, 人執之病, "若有心"者, 法執之病. 言"斯縛"者, 別而言之, 人執是麁重縛, 法執是相縛. 通而說之, 二執皆有, 麁重相縛. 又此二執, 皆有二縛, 謂相應縛及能緣縛, 二障章中, 其義已具. 答中有二, 先治人執, 後治法執. 治人執中, 先摠後別.

[H1, 612c21~613a6; T34, 966b12~19]

이 아래부터는 [네 번의 문답 중에서] 두 번째 문답이다. 앞서의 첫 번째 문답은 '[불변 · 독자의 본질/실체로 차별된] 차이를 두는 것을 깨뜨리는 측면'(破有相門)을 총체적으로 밝힌 것이고, 지금 이 [두 번째] 문답은 '두 가지 결박에서 벗어나는 측면'(離二縛門)을 하나씩 드러내는 것인데, 두 가지 질병을 하나씩 들어 그 [병을 치료하는] 약에 대해 질문한 것이다.

"[만약] 자아가 있다면"([若]有我)이라고 말한 것은 '자아에 대한 집착'(人執)이라는 질병이고, "만약 마음이 있다면"(若有心)이라는 것은 '현상에 대한 집착'(法執)이라는 질병이다. "이 결박"(斯縛)이라는 것은, [인집人執과 법집法執을] 하나씩 말하면, '자아에 대한 집착'(人執)은 '거칠고 무거운 [번뇌에 얽매이는] 결박'(麁重縛)이고 '현상에 대한 집착'(法執)은 '[불변 · 독자의 본질/실체로 차별된] 차이에 의해 얽매이는 결박'(相縛)이다. 통틀어 말하면 [인집人執과 법집法執, 이] 두 가지 집착에는 '거칠고 무거운 [번뇌에 얽매이는] 결박'(麁重縛)과 '[불변 · 독자의 본질/실체로 차별된] 차이에 의해 얽매이는 결박'(相縛)이 모두 있다.

또 이 [인집人執과 법집法執] 두 가지 집착에는 모두 두 가지 결박이 있으니, '[마음(心)과 '마음의 현상'(心所)이] 서로 응하면서 [번뇌에] 얽매이는 결박'(相應縛)과 '주관이 대상에 묶인 것'(能緣繫)을 말하는데 『이장의二障義』에 그 뜻이 이미 자세히 설명되어 있다.[46] 대답에는 두 가지가 있으니, 먼저는

46 관련되는 『이장의二障義』의 내용은 다음과 같다. "두 번째는 '[번뇌가 마음과 그 대상을] 묶는 것을 끊는 방법의 차이'(斷縛差別)를 밝힌 것이다. '[번뇌가] 묶는 것'(縛)에는 두 종류가 있으니, '[번뇌가 자기와] 서로 응하는 [주관인] 마음(心)과 마음현상(心所)을 묶는 것'(相應縛)과 '[번뇌가] 대상을 묶는 것'(所緣縛)을 말한다. 하나의 번뇌(惑)가 일어남에 따라 곧 두 가지의 '[번뇌가] 묶는 것'(縛)을 갖추니, 이 두 가지 '[번뇌가] 묶는 것'(縛)으로써 중생의 마음을 결박한다. 이 뜻은 무엇인가? 번뇌가 마음과 동시에 서로 응하여 이 마음을 결박하고 벗어날 수 없게 하기 때문에 '[번뇌가 자기와] 서로 응하는 [주관인] 마음(心)과 마음현상(心所)을 묶는 것'(相應縛)이라 하고, 바로 이 번뇌가 '반연하는 대상'(所緣境)에 집착하여 그 [주관인] 마음으로 하여금 '집착으로써 반연하고 있는 대상'(着所緣)을 따르게 하므로 '[번뇌가] 대상을 묶는 것'(所緣縛)이라고 한다. 마치 한 밧줄을 소와 서로 연결하여 [소의] 얼굴을 묶어 그 소를 도망가지 못하게 하고서, 곧 밧줄의 끝을 기둥에 연결하여 묶어 그 소로 하여금 그를 매고 있는 기둥을 따르게 하는 것과 같으니, [상응박相應縛과 소연박所緣縛 이] 두 가지 결박이 마음을 결박하는 것도 또한 이와 같다는 것을 알아야 한다"(H1, 807b20~c4. 二明斷縛差別者. 縛有二種, 謂相應縛及所緣縛. 隨起一惑, 卽具二縛, 以此二縛, 縛衆生心. 是義

'자아에 대한 집착'(人執)을 다스리는 것이고 나중은 '현상에 대한 집착'(法執)을 다스리는 것이다.

ㄱ) 자아에 대한 집착을 다스림(治人執)

'자아에 대한 집착'(人執)을 다스리는 것에서는, 먼저는 총괄[하여 다스린 것]이고 나중은 하나씩 [다스린 것]이다.

佛言, "善男子! 若有我者, 令觀十二因緣.

[H1, 613a7~8; T34, 966b20]

부처님께서 말씀하셨다.

"훌륭한 이여! 만약 자아(我)[를 불변·독자의 본질/실체로 보는 생각]이 있는 자라면 '열두 가지 조건들의 인과적 발생'(十二因緣)을 이해(觀)하게 하여라.

此是摠治. 觀十二支, 略有二門. 一觀無作緣生, 治作者執, 如說是事有

云何? 煩惱與心, 一時相應, 能縛此心, 令不得脫, 故名相應縛, 卽此煩惱, 執所緣境, 能令其心, 隨着所緣, 名所緣縛. 如以一繩, 與牛相應面縛, 其牛令不能脫, 卽以繩端, 緣縛於柱, 能令其牛, 隨着彼柱, 二縛縛心, 當知亦爾). 또 능연박과 관련하여서는 다음과 같은 내용이 있다. "첫 번째로 만약 '[피추중皮麤重·부추중膚麤重·육추중肉麤重이라는] 세 겹의 두 가지 장애'(三重二障)에 의거하여 '주관이 [대상에] 묶인 것'(能緣繫)을 끊는 뜻을 말하자면, 오직 '[수도위修道位인 제8부동지第八不動地·제9선혜지第九善慧地·제10법운지第十法雲地의] 세 가지 경지'(三地)에서만 '[번뇌장煩惱障과 소지장所知障의] 두 가지 장애'(二障)를 한꺼번에 끊고, 그 나머지 '아래의 경지'(下地)[인 견도 초지見道初地에서 제7원행지第七遠行地까지] 모두에서는 아직 [이장二障을] 끊지 못하고 단지 저 [이장二障을] 끊는 기초(資糧)를 닦아 익힐 수 있을 뿐이다. 이것은 [번뇌장煩惱障과 소지장所知障이 피추중皮麤重·부추중膚麤重·육추중肉麤重의 세 겹으로] '서로 이어져 있는 것을 떠나는 측면'(相續離繫門)이기 때문이다"(H1, 810b1~5. 一者, 若據三重二障, 說斷能緣繫義, 唯在三地頓斷二障, 其餘下地皆未能斷, 但能脩習彼斷資糧. 以是相續離繫門故).

故是事有. 二觀無常緣生, 治常住執, 如說是事生故是事生. 存我之來, 此二爲本, 本旣除故, 諸末隨滅也.

[H1, 613a9~13; T34, 966b21~25]

이것은 [자아를 불변 · 독자의 본질/실체로 보는 생각을] 총괄적으로 다스리는 것이다. '열두 가지 조건들'(十二支)[의 인과적 발생]을 이해(觀)하는 것에는 대략 '두 가지 방식'(二門)이 있다. 첫 번째는 '[불변 · 독자의 본질/실체인] 짓는 자가 없이 조건이 생겨난다'(無作緣生)는 것을 이해하여 '짓는 자'(作者)[가 불변 · 독자의 본질/실체로서 있다]는 집착을 다스리는 것이니, '이것이 있기 때문에 저것이 있다'[47]고 말하는 것과 같다. 두 번째는 '변하는 조건이 생겨난다'(無常緣生)는 것을 이해하여 '변하지 않고 머문다'(常住)는 집착을 다스리는 것이니, '이것이 생겨나기 때문에 저것이 생겨난다'[48]고 말하는 것과 같다. 자아(我)가 [불변 · 독자의 본질/실체로서] 존재한다는 [생각의] 유래는 이 두 가지 [집착]을 근본(本)으로 하니, ['열두 가지 조건들의 인과적 발생'(十二因緣)을 이해하면] 근본[적인 것](本)이 제거되어 버리기 때문에 모든 지말[적인 것](末)은 뒤따라 없어진다.

十二因緣, 本從因果, 因果所起, 興於心行, 心尙不有, 何況有身? 若有我者, 令滅有見, 若無我者, 令滅無見.

[H1, 613a14~17; T34, 966b26~28]

'열두 가지 조건들의 인과적 발생'(十二因緣)은 본래 '원인과 결과'(因果)에 따르는 것이고, [12인연의] '원인과 결과'(因果)가 생겨나는 것은 마음작용(心行)에서 발생하는 것이지만, 마음이란 것도 [불변 · 독자의 본질/실체로

47 시사유고시사유是事有故是事有: 이 문장의 팔리어 원문은 'imasmiṁ sati idaṁ hoti'이고 한역漢譯으로는 '차유고피유此有故彼有'이므로 앞과 뒤의 '시사是事'를 '이것'과 '저것'으로 번역한다.

48 시사생고시사생是事生故是事生: 이 문장의 팔리어 원문은 'imassuppādā idam uppajjati'이고 한역으로는 '차생고피생此生故彼生'이므로 이렇게 번역하였다.

서] 있지 않은데 하물며 어떻게 [자아라는] 몸이 [불변 · 독자의 본질/실체로서] 있겠는가? 만약 자아(我)[를 불변 · 독자의 본질/실체로 보는 생각]이 있는 자라면 '[불변 · 독자의 본질/실체가] 있다는 견해'(有見)를 없어지게 하고, 자아(我)[라는 것은 전혀] 없다[고 생각하는] 자라면 '[아무것도] 없다는 견해'(無見)를 없어지게 하여라.

此是別治. 別治有二, 一者況治, 二者逐治. 況治中言, "本從因果"者, 從摠出別. 摠而言之, 唯因與果, 從因出二三, 從果出五二. 又從因出十支, 從果說二支. 故所從本, 但是因果. "因果所起, 興於心行"者, 因果之起, 心行爲本, 心能作因, 心受果故. "心尙不有, 何況有身"者, 依上所說, 觀察道理, 心不可得, 況心所作色身是有乎? 身心尙無, 況有我耶? 又心不有故, 因果亦空, 因果尙空, 況有我乎? 又因果空故, 十二支空, 況有作者受者等耶? 如經言, "菩薩, 觀十二因緣, 如虛空不可盡", 此之謂也. 已說況破. 云何逐治? 謂"若有我者, 令滅有見"者, 牒前況破, 滅存我執, "若無我者, 令滅無見"者, 此正逐破無我之病. 所以然者, 先破我執, 離外道病, 而取無我, 墮二乘病故, 今逐破着無之見, 我本非有, 況有我無? 故摠別二觀. 破我執竟.

[H1, 613a17~b13; T34, 966b28~c15]

이 글은 [자아를 불변 · 독자의 본질/실체로 보는 생각을] 하나씩 다스리는 것이다. 하나씩 다스리는 것에 두 가지가 있으니, 첫 번째는 '["하물며" 하면서] 비교하여 다스리는 것'(況治)이고, 두 번째는 '뒤쫓아서 다스리는 것'(逐治)이다. '비교하여 다스리는 것'(況治)에서 "[12인연은] 본래 '원인과 결과'(因果)에 따르는 것이고"(本從因果)라는 것은, 총괄[적인 판단]으로부터 개별[적인 판단들]을 끌어내는 것이다.

총괄적으로 말하면 [12인연十二因緣의 구성요소는] 오직 원인과 결과뿐이니, 원인으로서는 [무명無明, 행行] 두 가지와 [애愛, 취取, 유有] 세 가지를 내고, 결과로서는 [식識, 명색名色, 육입六入, 촉觸, 수受] 다섯 가지와 [생生, 노사老

死] 두 가지를 낸다.[49] 또 [12연기의 인과관계를 해석하는 다른 방식으로 보면] 원인으로서는 [무명無明에서 유有까지의] 10가지를 내고, 결과로서는 [생生과 노사老死] 두 가지를 말한다. 따라서 [12가지 조건들이] 따르는 근본은 단지 '원인과 결과'이다. "[12인연의] 원인과 결과가 생겨나는 것은 마음작용에서 발생한다"(因果所起, 興於心行)라는 것은, [12인연의] 원인과 결과가 생겨나는 것은

49 '열두 가지 조건들의 인과적 발생'(十二因緣)을 태생적인 순서에 따른 것으로 이해하는 방식을 삼세양중인과설三世兩重因果說이라고 한다. 이에 따르면, '열두 가지 조건들의 인과적 발생'(十二因緣)의 구성 요소 중에서 '무명無明, 행行'이 과거의 '두 가지 원인'(二因)이고, '식識, 명색名色, 육입六入, 촉觸, 수受'가 현재의 '다섯 가지 결과'(五果)이며, '애愛, 취取, 유有'가 현재의 '세 가지 원인'(三因)이고, '생生, 노사老死'는 미래의 '두 가지 결과'(二果)가 된다. 즉, 과거, 현재, 미래의 삼세三世에 걸쳐 원인과 결과가 중첩되어 있으므로 삼세양중인과三世兩重因果가 되는 것이다. 여기서 과거와 현재의 연속성을 가능하게 하는 것은 의식(識)이 모태 속에 들어가 생명이 잉태된다는 발상인데, 이와 같은 생각은 초기경전에서 이미 나타나고 있다. 이를테면『맛지마-니까야』제38『마하땅하상카야(Mahātaṇhāsaṅkhaya)』경,『증일아함경增一阿含經』「삼보품三寶品」,『중아함경中阿含經』제201「차제경嗏帝經」등에서 그 연원을 찾아볼 수 있지만, 삼세양중인과설三世兩重因果說이 본격적으로 설명된 것은『아비달마구사론阿毘達磨俱舍論』에서다. 그러나『구사론』에는 '삼세양중인과'라는 용어가 쓰이지 않았다.『구사론색인-漢譯 Sanskrit語 대조』제2권(平川彰 外 共著, 大藏出版, 1977, p.161)에 정리된 한자어 색인 목록에서 삼세양중인과三世兩重因果 또는 삼세인과三世因果 항목이 빠져 있는 이유이다. MN. I. 38, p.266. Yato ca kho bhikkhave mātāpitaro ca sannipatitā honti, mātā ca utunī hoti, gandhabbo ca paccupaṭṭhito hoti, evaṁ tiṇṇaṁ sannipātā gabbhassāvakkanti hoti.;『증일아함경』권12「삼보품」(T2, 602c17~22). "有三因緣, 識來受胎. 云何爲三? 於是比丘, 母有欲意, 父母共集一處, 與共止宿, 然復外識未應來趣, 便不成胎. 若復欲識來趣, 父母不集, 則非成胎. 若復母人無欲, 父母共集一處, 爾時, 父欲意盛, 母不大慇懃, 則非成胎. 若復父母集在一處, 母欲熾盛, 父不大慇懃, 則非成胎. 若復父母集在一處, 父有風病, 母有冷病, 則不成胎. …";『중아함경』권54 제201「차제경」(T1, 769b23~26). "復次三事合, 會入於母胎. 父母聚集一處, 母滿精堪耐, 香陰已至. 此三事合, 會入於母胎, 或持九月十月更生";『아비달마구사론』권9(T29, 48a22~b2). "頌曰 如是諸緣起 十二支三際 前後際各二 中八據圓滿 論曰. 十二支者. 一無明二行三識四名色五 六處六觸七受八愛九取十有十一生十二老死. 言三際者. 一前際二後際三中際. 卽是過未及現三生. 云何十二支於三際建立. 謂前後際各立二支. 中際八支. 故成十二. 無明行在前際. 生老死在後際. 所餘八在中際."

마음작용(心行)이 근본이 된다는 것이니, 마음이 원인을 지어내고 마음이 결과를 받기 때문이다.

"마음이란 것도 [불변 · 독자의 본질/실체로서] 있지 않은데 하물며 어떻게 [자아라는] 몸이 [불변 · 독자의 본질/실체로서] 있겠는가?"(心尚不有, 何況有身)라는 것은, 위에서 설명한 것에 의거하여 도리를 이해해 볼진대 마음이란 것은 [불변 · 독자의 본질/실체로서] 얻을 수가 없는데 하물며 마음이 지어낸 몸인들 [불변 · 독자의 본질/실체로서] 있겠는가?[라는 뜻이다.] [그리고] 몸과 마음이 [불변 · 독자의 본질/실체로서] 없을진대, 하물며 자아(我)가 [불변 · 독자의 본질/실체로서] 있겠는가? 또 마음이 [불변 · 독자의 본질/실체로서] 있지 않기 때문에 [마음이 지어내는] 원인과 결과가 '불변 · 독자의 본질/실체가 없는 것'(空)이고, 원인과 결과가 '불변 · 독자의 본질/실체가 없는 것'(空)일진대 하물며 [원인과 결과로 만들어진] 자아(我)가 [불변 · 독자의 본질/실체로서] 있겠는가? 또 원인과 결과가 '불변 · 독자의 본질/실체가 없는 것'(空)이기 때문에 12가지 [원인과 결과를 이루는] 조건들도 '불변 · 독자의 본질/실체가 없는 것'(空)일진대, 하물며 [원인을] '짓는 자'(作者)나 [결과를] '받는 자'(受者)라는 것이 [불변 · 독자의 본질/실체로서] 있겠는가? 예컨대 경전에서 "보살이여, 12인연을 허공처럼 끝이 없다고 관찰하라"[50]라고 말한 것은 이 [뜻]을 일컫는 것이다. '["하물며" 하면서] 비교하여 [자아를 불변 · 독자의 본질/실체로 보는 생각을] 깨뜨리는 것'(況破)을 설명한 것은 여기까지이다.

---

50 『대반야바라밀다경』 권348(T6, 787b20~25). "善現當知! 諸菩薩摩訶薩處菩提座, <u>如實觀察十二緣起猶如虛空不可盡故</u>, 速能證得一切智智. 善現當知! 若菩薩摩訶薩以如虛空無盡行相, 行深般若波羅蜜多, 如實觀察十二緣起, 不墮聲聞及獨覺地, 當住無上正等菩提." 〈산스크리트본의 해당 내용: *Pañcaviṃśatisāhasrikā Prajñāpāramitā V*, p.80. bodhimaṇḍaniṣaṇṇasya yad evaṃ pratītyasamutpādaṃ vyavalokayaty, evaṃ vyavalokayan pratītyasamutpādaṃ sarvajñajñānaṃ pratilapsyate.; 보리좌에 앉은 [보살 마하살이] 앞서와 동일한 방식으로 [즉, 12연기 각각의 지분에 대해 '허공과 같이 다함이 없다'(°*ākāśākṣayatvena*)고] 연기를 관찰한다. 이와 같이 연기를 관찰할 때 '모든 것을 아는 자의 지혜'(一切智智)를 획득하게 될 것이다.〉

'뒤좇아서 다스리는 것'(逐治)이란 무엇인가? "만약 자아(我)[를 불변 · 독자의 본질/실체로 보는 생각]이 있는 자라면 '[불변 · 독자의 본질/실체가] 있다는 견해'(有見)를 없어지게 하고"(若有我者, 令滅有見)라는 것은, 앞서의 '["하물며" 하면서] 비교하여 [자아를 불변 · 독자의 본질/실체로 보는 생각을] 깨뜨리는 것'(況破)에 덧붙여 '자아에 대한 집착'을 두는 것을 없애는 것이다. "자아(我)[라는 것은 전혀] 없다[고 생각하는] 자라면 '[아무것도] 없다는 견해'(無見)를 없어지게 하여라"(若無我者, 令滅無見)라는 것은, 이것은 '자아가 없다'는 허물(病)을 곧바로 좇아가 깨뜨리는 것이다. 왜냐하면, 먼저 '자아에 대한 집착'(我執)을 깨뜨려 '[불교와는] 다른 가르침'(外道)들의 허물[인 자아에 대한 집착]을 떠나게 했지만, [다시] '자아가 없다'[는 생각]에 집착하여 '[성문聲聞, 연각緣覺] 두 부류 수행자'(二乘)의 [아무것도 없다고 생각하는] 허물에 떨어지기 때문에 이제 '아무것도 없다는 견해'에 집착하는 것을 좇아가 깨뜨리는 것이니, 자아(我)가 본래 [불변 · 독자의 본질/실체로서] 있는 것이 아니거늘 하물며 [불변 · 독자의 본질/실체로서 있는] 자아(我)의 없음(無)이 있겠는가? 그러므로 [12인연은] 총괄적인 것과 개별적인 것의 두 가지로써 이해해야 한다. '자아에 대한 집착'을 깨뜨리는 것[에 대한 설명]을 마친다.

ㄴ) 현상에 대한 집착을 다스림(治法執)

若心生者, 令滅滅性, 若心滅者, 令滅生性, 滅是見性, 卽入實際.[51]

[H1, 613b14~16; T34, 966c16~17]

만약 '마음이 생겨난다'(心生)[는 것을 불변 · 독자의 본질/실체로 보는 견해]라면 '[마음이] 사라지는 면모'(滅性)[가 불변 · 독자의 본질/실체로 있다고 보는 견해]를 없애야 하고, 만약 '마음이 사라진다'(心滅)[는 것을 불변 · 독자의 본질/실체로 보는 견해]라면 '[마음이] 생겨나는 면모'(生性)[가 불변 · 독자의 본질/실

51 한불전(H1, 613b15)의 주석에 따르면, 다른 판본에는 "若心生者, 令滅生性, 若心滅者, 令滅滅性"으로 되어 있다고 한다.

체로 있다고 보는 견해]를 없애야 하니, 이러한 '[마음이 생겨나거나 사라지는] 면모를 [불변 · 독자의 본질/실체로서] 봄'(見性)을 없애면 곧 '사실 그대로가 온전하게 드러나는 지평'(實際)에 들어간다.

此下, 第二治存心見. 於中有二, 正治重釋. 二乘人等, 法執存心, 計有生滅無常之心, 故破生滅, 滅存心見. 若存心生, 而成病者, 破前滅性, 要依彼滅, 存今生故. 若見後滅, 執有現心, 心設不滅, 如兎角故, 破如是見, 令滅生性, 無生有滅, 不應理故. "滅是見性, 卽入實際"者, 破見滅性, 必不取生, 破見生性, 必不取滅, 不取生滅, 必不存心故.

[H1, 613b17~c2; T34, 966c17~25]

이 아래는 두 번째인 '[생겨나거나 사라지는] 마음을 [불변 · 독자의 본질/실체로서] 남겨 두는 견해'(存心見)를 다스리는 것이다. 여기에 두 가지가 있으니, '곧바로 다스리는 것'(正治)과 '거듭 해석하는 것'(重釋)이다.

'[성문聲聞, 연각緣覺] 두 부류의 수행자'(二乘)들은 '현상에 대한 집착'(法執)을 마음에 두고서 '생겨나거나 사라지거나 변하는 마음'(生滅無常之心)이 있다고 헤아리니, 그러므로 '[마음이] 생겨나거나 사라지는 것'[이 불변 · 독자의 본질/실체로 있다는 생각]을 깨뜨려 '[생겨나거나 사라지는] 마음을 [불변 · 독자의 본질/실체로서] 남겨 두는 견해'(存心見)를 없앤다. 만약 '마음이 생겨난다'(心生)[는 것을 불변 · 독자의 본질/실체로 보는 견해]를 두어 허물을 이루는 경우라면 '이전[의 마음]이 사라진 면모'(前滅性)[가 불변 · 독자의 본질/실체로 있다고 보는 견해]를 깨뜨려야 하니, 그 '[이전의 마음이] 사라졌다'(滅)[는 견해]에 의거해야만 '[지금의 마음이] 생겨났다'(生)[는 견해]를 두기 때문이다. 만약 '나중에 사라지는 [마음]'(後滅)을 [불변 · 독자의 본질/실체로서] 보고 '현재의 마음'(現心)도 [불변 · 독자의 본질/실체로서] 있다고 집착한다면, [현재의] 마음이 [아직] 사라지지 않았다고 해도 [불변 · 독자의 본질/실체인 마음은 본래 없는] 토끼의 뿔과 같은 것이기 때문에 [현재의 마음을 불변 · 독자의 본질/실체로 보고 집착하는] 이와 같은 견해를 깨뜨려 '[마음이] 생겨나는 면모'(生性)[가 불변 · 독자의 본질/

실체로 있다고 보는 견해]를 없앨 것이니, '생겨남'이 [불변 · 독자의 본질/실체로서] 없는데 '사라짐'이 [불변 · 독자의 본질/실체로서] 있다는 것은 이치에 맞지 않기 때문이다.

"이러한 '[마음이 생겨나거나 사라지는] 면모를 [불변 · 독자의 본질/실체로서] 봄'(見性)을 없애면 곧 '사실 그대로가 온전하게 드러나는 지평'(實際)에 들어간다"(滅是見性, 卽入實際)라는 것은, '[마음이] 사라지는 면모'(滅性)를 [불변 · 독자의 본질/실체로서] 보는 것을 깨뜨리면 반드시 '[마음이] 생겨난다'는 것을 [불변 · 독자의 본질/실체로서] 붙들지 않을 것이고, '[마음이] 생겨나는 면모'(生性)를 [불변 · 독자의 본질/실체로서] 보는 것을 깨뜨리면 반드시 '[마음이] 사라진다'는 것을 [불변 · 독자의 본질/실체로서] 붙들지 않을 것이며, '[마음이] 생겨나거나 사라진다'는 것을 [불변 · 독자의 본질/실체로서] 붙들지 않으면 반드시 [생겨나거나 사라지는] 마음을 [불변 · 독자의 본질/실체로서] 두지 않기 때문이다.

何以故? 本生不滅, 不[52]滅不生. 不滅不生, 不生不滅, 一切法相, 亦復如是".

[H1, 613c3~4; T34, 966c26~27]

무엇 때문인가? 본래 [이전에] 생겨난 [마음은] [찾아도 얻을 수 없는 것이므로] 사라지는 것[이라 할 수] 없고, 사라지는 것[이라 할 수] 없는 [마음은] 생겨나는 것[이라 할 수도] 없다. 사라지는 것[이라 할 수] 없는 [마음은] 생겨나는 것[이라 할 수] 없고, 생겨나는 [것이라 할 수] 없는 [마음은] 사라지는 것[이라 할 수도] 없으니, '모든 현상의 양상'(一切法相)도 이와 같다."

此是重釋. 何以'見心生者, 令滅滅性, 見心滅者, 令滅生性', 故言"何以故". 次釋此問. "本生不滅"者, 求前生心, 永不可得, 不可得有何法而滅.

52 한불전(H1, 613c3)의 주석에 따르면, 다른 판본에는 '本'으로 되어 있다고 한다. 대정장의 『금강삼매경론』에는 '不滅不生'으로 되어 있다. '不滅不生'으로 번역한다.

如是不存前心滅性, 卽不得取今心之生, 故言“不滅不生”. 是釋令滅滅性之由. 次言“不滅不生”, 牒前不滅, 今不得生, 如是不得今心生性, 故言“不生不滅”. 是釋令滅生性之由. 如於心法, 無滅無生, 其餘諸法, 亦同是觀, 故言“一切法[相], 亦[復]如是”. 問. 若計心生, 眞破此生, 何須破彼前心之滅? 答. 今生是現, 破有不易, 前心已過, 解空不難. 故先破易, 而遣其難. 依此次第, 破今生性, 由是卽遣後滅之執, 是謂醫王善巧之術耶.

[H1, 613c5~20; T34, 966c27~967a11]

이것은 [‘생겨나거나 사라지는 마음을 불변 · 독자의 본질/실체로서 남겨 두는 견해’(存心見)를 다스리는 것을] ‘거듭 해석한 것’(重釋)이다. 어찌하여 〈‘마음이 생겨난다’(心生)는 것을 [불변 · 독자의 본질/실체로] 보는 자라면 ‘[마음이] 사라지는 면모’(滅性)[가 불변 · 독자의 본질/실체로 있다고 보는 견해]를 없애게 하고, ‘마음이 사라진다’(心滅)는 것을 [불변 · 독자의 본질/실체로] 보는 자라면 ‘[마음이] 생겨나는 면모’(生性)[가 불변 · 독자의 본질/실체로 있다고 보는 견해]를 없애게 하는가?〉[를 설명하기 위해] “무엇 때문인가?”(何以故)라고 말한 것이다.

다음은 [“무엇 때문인가?”라는] 이 질문을 해석한 것이다. “본래 [이전에] 생겨난 [마음은] [찾아도 얻을 수 없는 것이므로] 사라지는 것[이라 할 수] 없다”(本生不滅)라는 것은, ‘이전에 생겨난 마음은 찾아보아도 끝내 얻을 수 없으니 [생겨난 마음을] 얻을 수 없다면 사라지는 어떤 것이 있겠는가?’ [하는 뜻이다.] 이와 같이 ‘이전의 마음이 사라지는 면모’(前心滅性)[가 불변 · 독자의 본질/실체로 있다고 보는 견해]를 마음에 두지 않으면 ‘지금의 마음이 생겨난다’(今心之生)는 것을 [불변 · 독자의 본질/실체로서] 붙들지 않을 것이므로 “사라지는 것[이라 할 수] 없는 [마음은] 생겨나는 것[이라 할 수도] 없다”(不滅不生)라고 말하였다. 이것은 ‘[마음이] 사라지는 면모’(滅性)[가 불변 · 독자의 본질/실체로 있다고 보는 견해]를 없애게 하는 연유를 해석한 것이다.

다음으로 “사라지는 것[이라 할 수] 없는 [마음은] 생겨나는 것[이라 할 수도] 없다”(不滅不生)라고 말한 것은, ‘이전[의 마음]이 사라지는 것이 아니다’(前不滅)[라는 말]을 잇는다면 ‘지금[의 마음]이 생겨날 수 없으니’(今不得生), 이와 같이 지금 '마음이 생겨나는 면모'(心生性)를 [불변 · 독자의 본질/실체로서] 얻을 수 없기 때문에 "생겨나는 [것이라 할 수] 없는 [마음은] 사라지는 것[이라 할 수도] 없다"(不生不滅)라고 말하였다. 이것은 '[마음이] 생겨나는 면모'(生性)[가 불변 · 독자의 본질/실체로 있다고 보는 견해]를 없애게 하는 연유를 해석한 것이다. '마음현상'(心法)에서 [불변 · 독자의 본질/실체로서] 사라진다[고 할 것도] 없고 생겨난다[고 할 것도] 없다[고 이해하는] 것과 같이 나머지 모든 현상들도 똑같이 이렇게 이해(觀)해야 하니, 그러므로 "모든 현상[의 양상]도 이와 같다"(一切法[相], 亦[復]如是)라고 말하였다.

묻는다. 만약 '마음이 생겨난다'(心生)는 것을 [불변 · 독자의 본질/실체라고] 헤아린다면 참으로 이 '생겨난다'[는 것을 불변 · 독자의 본질/실체로 보는 것]을 깨뜨릴 것이지 왜 '이전[의 마음]이 사라지는 면모'(前心滅性)[가 불변 · 독자의 본질/실체로 있다고 보는 것]을 깨뜨려야 하는가?

답한다. '지금 생겨나는 것'(今生)은 [현재] 나타난 것이어서 '[불변 · 독자의 본질/실체가] 있다[는 견해]'(有[見])를 깨뜨리기가 쉽지 않지만, '이전의 마음'(前心)은 이미 지나간 것이어서 '불변 · 독자의 본질/실체가 없음'(空)을 이해하는 것이 어렵지 않다. 그러므로 먼저 쉬운 것을 깨뜨려서 [그것으로써] 어려운 것을 없애는 것이다. 이러한 순서에 의해 '지금 [마음이] 생겨나는 면모'(今生性)[가 불변 · 독자의 본질/실체로 있다고 보는 견해]를 [먼저] 깨뜨리고, 이로 인해 곧 '나중의 [마음이] 사라지는 것[이 불변 · 독자의 본질/실체로 있다는] 집착'(後滅之執)마저도 없애니, 이것이야말로 '의술의 왕'(醫王)[이 펼치는] '이롭고 절묘한 방법'(善巧之術)이 아니겠는가.

ㄷ. 세 번째 문답: [불변 · 독자의 본질/실체가 있다는 허물을] 없애 주는 견해의 약을 나타냄(顯能滅之見之藥)

解脫菩薩, 而白佛言, "尊者! 若有衆生, 見法生時, 令滅何見[53]?"

[H1, 613c21~22; T34, 967a12~13]

해탈보살이 부처님께 [다음과 같이] 아뢰었다.

"존경받는 분이시여! 만약 어떤 중생이 현상(法)이 생겨나는 것을 볼 때는 어떤 견해를 없애야 합니까?"

此下, 第三問答. 次前問答, 明所滅之見之病, 今此問答, 顯能滅之見之藥. 又前破生滅二際之見, 今破有無二邊之見. 今問意言, 若觀行者, 順佛教意, 觀法生時, 令滅何見. "滅何見"者, 問佛教意, 且擧一邊, 兼顯觀滅.

[H1, 613c23~614a4; T34, 967a13~18]

이 아래는 [불변·독자의 본질/실체가 있다는 생각을 다스리는] 세 번째 문답이다. 앞의 [두 번째] 문답에서는 〈없애지는 '[인집人執과 법집法執에 대한] 견해의 허물'〉(所滅之見之病)을 밝혔는데, 지금 이 문답에서는 〈[불변·독자의 본질/실체가 있다는 허물을] 없애 주는 견해의 약〉(能滅之見之藥)을 나타내었다. 또 앞[의 두 번째 문답]에서는 생겨나고 사라지는 [마음이 불변·독자의 본질/실체로 있다는] '두 가지 치우친 견해'(二際之見)를 깨뜨렸고, 지금은 '[불변·독자의 본질/실체가] 있음'(有)과 '[아무것도] 없음'(無)이라는 '두 가지 치우친 견해'(二邊之見)를 깨뜨리는 것이다.

지금 [해탈보살이 부처님께] 질문하는 뜻은, 만약 '[진리다운] 이해와 [이해에 의거한] 수행'(觀行)을 [닦는] 자가 부처님 가르침의 뜻에 맞추어 현상(法)이 생겨나는 것을 이해(觀)하는 때에는 어떤 견해를 없애야 하는가를 물은 것이다. "어떤 견해를 없애야 합니까?"(滅何見)라는 것은 부처님께서 가르친 뜻을 물은 것이니, 먼저 [현상이 생겨나는] '한 측면'(一邊)에 의거하여 [현상이] 사라지는 것에 대한 이해(觀)를 함께 나타낸 것이다.

佛言, "菩薩! 若有衆生, 見法生時, 令滅無見, 見法滅時, 令滅有見. 若

53 한불전(H1, 613c21)의 주석에 따르면 다른 판본에는 '見'자에 여덟 글자, 즉 "見法滅時, 令滅何見"이 추가되어 있다고 한다. 대정장의 『금강삼매경론』은 위의 본문과 동일하다.

滅是見, 得法眞無, 入決定性, 決定無生".

[H1, 614a5~7; T34, 967a19~21]

부처님께서 말씀하셨다.

"보살이여! 만약 어떤 중생이 현상(法)이 생겨나는 것을 볼 때는 '[아무것도] 없다는 견해'(無見)를 없애게 하고, 현상(法)이 사라지는 것을 볼 때는 '[불변·독자의 본질/실체가] 있다는 견해'(有見)를 없애게 하여라. 만약 이러한 견해들을 없애면, '현상의 사실 그대로인 [무견無見과 유견有見에 해당하는 것이 모두] 없음'(法眞無)[54]을 증득하여 '본래 그러한 지평'(決定性)에 들어가니, '본래 그러한 [지평]'(決定[性])에는 [현상이 불변·독자의 본질/실체로서] 생겨나는 것이 없다."

"見法生時"者, 正觀俗法因緣生時, 此時能離取空之見, 故言"令滅無見". "見法滅時"者, 正觀俗法本來滅時, 此時能離取有之見, 故言"令滅有見". 此中何故言"令滅"者, 佛教能令觀者滅故. 此意正明, 修觀行者, 觀法生時, 只離無見, 而不存生, 觀寂滅時, 唯離有見, 而不取滅. 所以然者, 若存生耶, 生本寂滅, 若取滅耶, 滅卽生起. 如下頌曰, "因緣所生義, 是義滅非生, 滅諸生滅義, 是義生非滅". 所以能離二邊而不着[55]中. 如其離無取有, 破有取空, 此爲妄空而非眞無. 今雖離有, 而不存空, 如是乃得諸法眞無, 故言"得法眞無". 決定性義, 如前已說. 得眞空時, 觀心不生, 遠離一切有無心故, 故言"決定無生".

[H1, 614a8~24; T34, 967a21~b5]

---

54 법진무法眞無: '법진무'는 현상을 보는 궁극적 관점이다. 세속적 관점은 현상(法)을 '불변·독자의 본질/실체로서 있음'(有)이나 '아무것도 없음'(無)으로 보는 데 비해, 현상을 사실 그대로 보는 궁극적 관점에는 '불변·독자의 본질/실체로서 있음'(有)이라는 견해도 버려서 없고(無) '아무것도 없음'(無)이라는 견해도 버려서 없다(無). 그런 의미에서 '법진무'를 이렇게 번역하였다.

55 대정장의 『금강삼매경론』(T34, 967b1)에는 '著'으로 되어 있다. 동일한 글자이므로 이하에서는 일일이 밝히지 않는다.

"현상이 생겨나는 것을 볼 때는"(見法生時)이라는 것은, '세상의 현상'(俗法)을 [지어내는] '원인과 조건'(因緣)이 생겨나는 것을 '사실대로 이해'(正觀)할 때이니 [바로] 이때에 '[아무것도] 없다는 견해'(空之見)를 붙드는 것에서 벗어날 수 있기 때문에 "[아무것도] 없다는 견해를 없애게 하고"(令滅無見)라고 말하였다. [또] "현상이 사라지는 것을 볼 때는"(見法滅時)이라는 것은, '세상의 현상'(俗法)은 본래부터 [불변 · 독자의 본질/실체가 없이] 사라진다는 것을 '사실대로 이해'(正觀)할 때이니 [바로] 이때에 '[불변 · 독자의 본질/실체가] 있다는 견해'(有之見)를 붙드는 것에서 벗어날 수 있기 때문에 "[불변 · 독자의 본질/실체가] 있다는 견해를 없애게 하라"(令滅有見)라고 말하였다.

여기서 무엇 때문에 "없애게 하라"라고 말했는가 하면, 부처님의 가르침은 '[진리다운] 이해[와 이해에 의거한] 수행'(觀[行])을 닦는 사람으로 하여금 [유견有見과 무견無見을] 없애게 하기 때문이다. 이 뜻은, '[진리다운] 이해와 [이해에 의거한] 수행'(觀行)을 닦는 사람이 현상(法)이 생겨나는 것을 '[진리답게] 이해'(觀)할 때에는 단지 '[아무것도] 없다는 견해'(無見)에서 벗어나지만 [또한] '[불변 · 독자의 본질/실체로서] 생겨났다[고 보는 견해]'(生)를 마음에 두지 않으며, [또 그가] '불변 · 독자의 본질/실체가 없고 [불변 · 독자의 본질/실체로 보는 분별에 의한] 동요가 없음'(寂滅)을 '[진리답게] 이해'(觀)할 때에는 오직 '[불변 · 독자의 본질/실체가] 있다는 견해'(有見)에서 벗어나지만 [또한] '[아무것도] 없다[는 견해]'(滅[見])를 붙들지 않는다는 것을 곧바로 밝히는 것이다. 왜냐하면, '[무엇인가] 생겨났다'(生)[는 견해]를 둔다 해도 [관행觀行의 수행자에게] 생겨남(生)이란 본래 '불변 · 독자의 본질/실체가 없고 [불변 · 독자의 본질/실체로 보는 분별에 의한] 동요가 없는 것'(寂滅)이고, '사라져 버리고 없다'(滅)[는 견해]를 취한다 해도 [관행觀行의 수행자에게는] '사라져 버리고 없음'(滅)이 곧 '[무엇인가] 생겨나는 것'(生起)이기 때문이다.

[이것은] 아래의 게송[56]에서 "'원인과 조건에 의해 생겨나는 측면'(因緣所生

---

56 여기서 말하는 게송이란 『금강삼매경론』 제5 「참된 면모[인 '사실 그대로']에는 불

義), 이 측면(義)[에서의 현상들]은 '소멸하는 것'(滅)이지 '[불변 · 독자의 본질/실체로서] 생겨나는 것'(生)이 아니며, '갖가지 생멸하는 것을 소멸시키는 측면'(滅諸生滅義), 이 측면(義)[에서의 현상들]은 '[원인과 조건에 의해] 생겨나는 것'(生)이지 '[아무것도 없이] 소멸하는 것'(滅)이 아니라네"(因緣所生義, 是義滅非生, 滅諸生滅義, 是義生非滅)라고 말한 것과 같다. 그러므로 [있음(有)과 없음(無)에 대한] '두 가지 치우친 견해'(二邊)에서 벗어나지만 [또한 두 가지 견해의] 중간에도 집착하지 않을 수 있는 것이다.

만약 그 [관행觀行의 수행자]가 '[아무것도] 없음'(無)에서 벗어나 '[불변 · 독자의 본질/실체로서] 있음'(有)을 붙들거나 '[불변 · 독자의 본질/실체로서] 있음'(有)을 깨뜨리고 '[아무것도] 없음'(空)을 붙든다면, 이것은 '잘못된 없음'(妄空)이 되지 '사실 그대로인 [무견無見과 유견有見에 해당하는 것이 모두] 없음'(眞無)이 아니다. 이제 [관행觀行을 수행하는 사람이] 비록 '[불변 · 독자의 본질/실체가] 있다[는 견해]'(有[見])에서 벗어나면서도 '[아무것도] 없다[는 견해]'(空[見])를 [마음에] 두지 않으니, 이와 같아야 '모든 현상의 사실 그대로인 [무견無見과 유견有見에 해당하는 것이 모두] 없음'(諸法眞無)을 증득하므로 "현상의 사실 그대로인 [무견無見과 유견有見에 해당하는 것이 모두] 없음을 증득한다"(得法眞無)라고 말하였다. '본래 그러한 지평'(決定性)의 뜻은 앞에서 이미 설명한 것과 같다.

'불변 · 독자의 본질/실체가 없는 참된 지평'(眞空)을 증득할 때는 '마음이 [불변 · 독자의 본질/실체로서] 생겨나지 않음'(心不生)을 이해(觀)하여 모든 '[불변 · 독자의 본질/실체로서] 있거나 [아무것도] 없는 마음'(有無心)[이라는 생각]에서 멀리 벗어나기 때문에 "'본래 그러한 [지평]'(決定[性])에는 [현상이 불변 · 독자의 본질/실체로서] 생겨나는 것이 없다"(決定無生)라고 말한 것이다.

변 · 독자의 본질/실체가 없다는 것[을 주제로 하는] 단원(眞性空品)」의 후반부에 나오는 사구게四句偈를 가리킨다. "舍利弗言. 云何一四句偈, 願爲說之, 是第三請. 於是尊者, 而說偈言, <u>因緣所生義, 是義滅非生, 滅諸生滅義, 是義生非滅</u>"(H1, 658c6~8).

ㄹ. 네 번째 문답: 망상분별로 헤아린 이해로 [불변·독자의 본질/실체로서] 생겨난다 [는 견해]에 머무르는 것에서 벗어나지 못함을 나타냄(顯妄解不離生住)

解脫菩薩, 而白佛言, "尊者! 令彼衆生, 住於無生, 是無生耶?"

[H1, 614b1~2; T34, 967b6~7]

해탈보살이 부처님께 아뢰었다.

"존경받는 분이시여! 저 중생으로 하여금 '생겨난 것이 없음'(無生)에 머무르게 한다면 이 [중생의 경지가 곧] '[불변·독자의 본질/실체로서] 생겨난 것이 없는 경지'(無生)입니까?

此下, 第四問答. 前明眞觀, 離二邊相, 今顯妄解, 不離生住. 謂有寡學修觀行者, 意言分別, 觀法無生, 能攝散亂, 住無生境, 作如是念, 謂是無生, 後出定時, 起增上慢意, 謂已得無生法忍. 爲破是病, 擧病問言, "住於無生, 是無生耶?"

[H1, 614b3~9; T34, 967b7~12]

이 아래는 네 번째 문답이다. 앞에서는 '참된 이해'(眞觀)로 ['불변·독자의 본질/실체로서 있음'(有)과 '아무것도 없음'(無)의] '두 가지 치우친 견해의 양상'(二邊相)에서 벗어남을 밝혔고, 지금은 '망상분별로 헤아린 이해'(妄解)로 '[불변·독자의 본질/실체로서] 생겨난다[는 견해]에 머무르는 것'(生住)에서 벗어나지 못함을 나타낸다.

['망상분별로 헤아린 이해'(妄解)로 '불변·독자의 본질/실체로서 생겨난다는 견해에 머무르는 것'(生住)에서 벗어나지 못한다는 것은 다음과 같은 뜻이다.] '[진리다운] 이해와 [이해에 의거한] 수행'(觀行)을 조금 배워 익힌 어떤 자가 '생각과 언어로 [불변·독자의 본질/실체를 설정하는] 분별'(意言分別)로 '현상에는 [불변·독자의 본질/실체로서] 생겨난 것이 없다'(法無生)고 이해(觀)하여 [그 이해로] 산만하고 어지러운 마음을 거두어 '생겨난 것이 없는 상태'(無生境)에 머무르면서 〈이것이 '[불변·독자의 본질/실체로서] 생겨난 것이 없는 경지'(無生)이다〉라

는 생각을 하다가, 선정에서 나온 후에는 '성취한 이상으로 우쭐거리는 마음'(增上慢意)을 일으켜 '[불변 · 독자의 본질/실체로서] 생겨난 것이 없다는 이해를 확고하게 간직하는 경지'(無生法忍)[57]를 이미 얻었다고 말한다. 이 병을 깨뜨리기 위해서 [그] 병에 의거하여 "'생겨난 것이 없음'(無生)에 머무르게 한다면 이 [중생의 경지가 곧] '[불변 · 독자의 본질/실체로서] 생겨난 것이 없는 경지'(無生)입니까?"(住於無生, 是無生耶?)라고 질문한 것이다.

佛言, "住於無生, 卽是生,[58] 何以故? 無住無生, 乃是無生.

[H1, 614b10~11; T34, 967b13~14]

부처님께서 말씀하셨다.

"'생겨난 것이 없음'(無生)에 머무르면 이는 곧 '[불변 · 독자의 본질/실체로서]

---

57 무생법인無生法忍: 무생법인이란 이 세상 모든 현상(法)이 단독으로 생겨나지 않는다는 이치를 받아들인다(忍)는 의미로 '불변 · 독자의 본질/실체가 없음'(空)이라는 속성(性)을 설명할 때 주로 사용되는 술어이다. 산스크리트 원어로는 'anutpattika-dharma-ksānti'이고, 줄여서 무생인無生忍이라고도 한다. 이 무생법인의 개념은 반야부 계열의 경전에서 가장 먼저 제시하였는데, 이후 『유마경』, 『법화경』을 비롯하여 『유가사지론』 등의 유식학 논서에도 나타나며, 후기 대승경론에 속하는 『입능가경』과 『무량수경』 등의 정토계 경전에서도 등장하고 있어서 대승불교 사상의 핵심을 담고 있는 개념어 중에서도 매우 폭넓게 사용된 술어로 이해할 수 있다. 관련 내용 중에서 무생법인의 의미를 설명하고 있는 것을 몇 가지 소개하면 다음과 같다. 『대반야경大般若經』 권327(T6, 672a20~25). "善現! 是菩薩摩訶薩, 以自相空觀一切法, 已入菩薩正性離生, 乃至不見少法可得不可得故, 無所造作. 無造作故, 畢竟不生. 畢竟不生故, 名無生法忍. 由得如是無生法忍故, 名不退轉菩薩摩訶薩"; 『대지도론大智度論』 권50(T25, 417c5~6). "無生法忍者, 於無生滅諸法實相中, 信受通達無礙不退, 是名無生忍"; 『십지경론十地經論』 권10(T26, 179b11~15). "入一切法, 本來無生 · 無成 · 無相 · 無出. 不失, 無盡, 不行, 非有有性, 初中後平等. 眞如無分別入一切智智, 是菩薩遠離一切心意識憶想分別, 無所貪著, 如虛空平等. 入一切法如虛空性, 是名得無生法忍"; 『입능가경入楞伽經』 권7(T16, 555b17~18). "菩薩摩訶薩, 遠離心意意識分別相故, 得無生法忍."

58 한불전(H1, 614b)에 따르면, '卽是生'이 아니라 '卽是有生'의 가능성을 제시하였다. 그러나 아무런 설명 없이 작은 글자로만 표시되어 있어서 확정을 내리기가 어렵다. 대정장의 『금강삼매경론』에는 위 경문과 동일하게 '卽是生'으로 되어 있다.

생겨남'(生)이니, 무엇 때문인가? '생겨난 것이 없음'(無生)에 머무르지 않아야 곧 '[불변 · 독자의 본질/실체로서] 생겨난 것이 없는 경지'(無生)[이기 때문]이다.

答中有二, 略答重詳. 此卽略答, 有其二句. 上句, 順明"是生", 住無生境, 卽是分別之心生故. 下句, 反釋無生, 若心無住於無生境, 離諸分別, 是無生忍. 故知有住非無生忍, 如是反釋. 略答文竟.

[H1, 614b12~17; T34, 967b14~18]

대답에는 두 가지가 있으니, 간략하게 대답한 것과 거듭 자세하게 설명한 것이다. 이 글은 간략하게 대답한 것인데 여기에는 두 구절이 있다. 위 구절은 "[불변 · 독자의 본질/실체로서] 생겨남이다"(是生)[라는 말의 의미]를 순서대로 [먼저] 밝혔으니, '생겨난 것이 없음'(無生)에 머무른다면 이것은 곧 '[불변 · 독자의 본질/실체로 보는 생각으로] 분별하는 마음'(分別心)이 생긴 것이기 때문이다. 아래 구절은 [이와는] 반대로 '[불변 · 독자의 본질/실체로서] 생겨난 것이 없는 경지'(無生)를 해석한 것이니, 만약 '생겨난 것이 없는 상태'(無生境)에도 마음이 머무르지 않는다면 모든 '[불변 · 독자의 본질/실체로 보는 생각으로] 분별함'(分別)에서 벗어난 것이며, 이것이 '[불변 · 독자의 본질/실체로서] 생겨난 것이 없다는 이해를 확고하게 간직하는 경지'(無生[法]忍)이다. 그러므로 〈머무름이 있으면 '[불변 · 독자의 본질/실체로서] 생겨난 것이 없다는 이해를 확고하게 간직하는 경지'(無生[法]忍)가 아니라는 것〉을 알게 되는 것이니, [이런 이유로] 이와 같이 반대로 해석한 것이다. [여기에서] 간략하게 대답하는 구절이 끝난다.

菩薩! 若生無生, 以生滅生. 生滅俱滅, 本生不生, 心常空寂, 空寂無住, 心無有住, 乃是無生".

[H1, 614b18~20; T34, 967b19~20]

보살이여! 만약 '생겨난 것이 없음'(無生)[에 머무르려는 생각]을 일으킨다면, '생겨난다'(生)[는 생각]을 대상으로 [그런 생각이] 생겨나는 것을 없애라. '생겨난다'(生)[는 생각]과 '사라진다'(滅)[는 생각]이 모두 없어지면 '본래 생겨난 것'(本生)은 '[불변 · 독자의 본질/실체로서] 생겨나지 않은 것'(不生)이 되어 마음이 늘 '불변 · 독자의 본질/실체가 없고 [불변 · 독자의 본질/실체로 보는 분별의] 동요가 없는 경지'(空寂)가 되며 [나아가] '불변 · 독자의 본질/실체가 없고 [불변 · 독자의 본질/실체로 보는 분별의] 동요가 없는 경지'(空寂)에도 머무름이 없어야 하니, 마음이 [그 무엇에도] 머무름이 없어야 바로 '[불변 · 독자의 본질/실체로서] 생겨난 것이 없는 경지'(無生)이다."

此是重詳. 於中有二, 先詳是生, 後詳無生. 若有住心, 生於無生之境, 卽是以生, 滅其境界之生, 故言"若生無生, 以生滅生". 雖滅境界之生, 而取其滅之無, 於滅無境, 能取心生, 生滅俱存, 豈曰無生耶? 如是二句, 詳前是生. 眞無生忍卽不如是, 外不存於所取之滅, 內不生其能取之生, 以之故言, "生滅俱滅". 然此俱滅, 非謂還無. 推求本生, 不得其生, 旣不得生, 何得還滅? 于時證會本來空寂, 故言"本生不生, 心常空寂". 如是空寂, 能所平等, 無能住心, 住於空境, 故言"空寂無住". 如是乃名無生法忍, 故言"乃是無生". 演無生觀, 竟在於前.

[H1, 614b21~c12; T34, 967b21~c4]

이는 거듭 자세하게 설명한 것이다. 여기에 두 가지가 있으니, 먼저는 이 ['생겨난 것이 없음'(無生)에 머무르는 생각이] '생겨남'(生)을 자세하게 설명하였고, 나중은 '[불변 · 독자의 본질/실체로서] 생겨난 것이 없는 경지'(無生)를 자세하게 설명하였다.

만약 '[어떤 것에] 머무르려는 마음'(住心)이 있어서 '생겨난 것이 없는 상태'(無生之境)[에 머무르려는 생각]을 일으킨다면 곧 '생겨난다'(生)[는 생각]을 대상으로 그런 생각이 일어나는 것을 없애야 하니, 그러므로 "만약 '생겨난 것이 없음'(無生)[에 머무르려는 생각]을 일으킨다면, '생겨난다'(生)[는 생각]을 대상으로 [그런 생각이] 생겨나는 것을 없애라"(若生無生, 以生滅生)라고 말하였다. 비록 '['생겨난 것이 없음'(無生)에 머무르려는] 상태'(境界)[에 대한 생각]의 생겨남을 없앨지라도 그 '[생겨난 생각이] 사라져 없어짐'(滅之無)을 [다시] 붙든다면, '사라져 없어진 상태'(滅無境)에 대해 [그것을 불변 · 독자의 본질/실체로서] 붙들려는 마음이 생겨나 [결국] '생겨남'(生)과 '사라짐'(滅)이 모두 [불변 · 독자의 본질/실체로서] 있게 되니, 어찌 '[불변 · 독자의 본질/실체로서] 생겨난 것이 없는 경지'(無生)라 부를 수 있겠는가? 이와 같은 두 구절은 앞에 나오는 ['생겨난 것이 없음'(無生)에 머무르려는 생각이] '생겨남'(生)을 자세하게 설명한 것이다.

'생겨나[고 사라지]는 것을 불변 · 독자의 본질/실체적 현상으로 보지 않음을 확고하게 간직하는 참된 경지'(眞無生[法]忍)라면 이와 같지 않으니, 밖으로는 '붙드는 대상이 사라진다'(所取之滅)[는 생각]을 [마음에] 남겨 두지 않고 안으로는 그 '붙드는 마음이 생겨난다'(能取之生)[는 생각]을 일으키지 않으므로 "'생겨난다'(生)[는 생각]과 '사라진다'(滅)[는 생각]이 모두 없어지면"(生滅俱滅)이라 말하였다. 그러나 이 ['생겨난다'는 생각과 '사라진다'는 생각이] '모두 없어짐'(俱滅)은 '[아무것도] 없음'(無)으로 돌아감을 말하는 것은 아니다. '본래 생겨난 것'(本生)[이 무엇인가를] 찾아보아도 그 '생겨난 것'(生)을 [불변 · 독자의 본질/실체로서] 얻을 수 없으니, 이미 '생겨난 것'(生)을 [불변 · 독자의 본질/실체로서] 얻을 수 없을진대 어떻게 '[불변 · 독자의 본질/실체로서] 없어짐'(滅)으로 돌아갈 수 있겠는가? 이렇게 알 때라야 '본래부터 불변 · 독자의 본질/실체가 없고 [불변 · 독자의 본질/실체로 보는 분별의] 동요가 없는 [경지]'(本來空寂)를 깨달아 증득하기 때문에 "'본래 생겨난 것'(本生)은 '[불변 · 독자의 본질/실체로서] 생겨나지 않은 것'(不生)이 되어 마음이 늘 '불변 · 독자의 본질/실체가 없고 [불변 · 독자의 본질/실체로 보는 분별의] 동요가 없는 경지'(空寂)가 된다"(本生不生, 心常空寂)라고 말한 것이다.

이와 같은 '불변 · 독자의 본질/실체가 없고 [불변 · 독자의 본질/실체로 보는 분별의] 동요가 없는 [경지]'(空寂)에서는 '주관과 객관대상이 [불변 · 독자의 본질/실체가 아니어서] 평등'(能所平等)하니, [주관인] '머무르는 마음'(能住心)이 [객관인] '불변 · 독자의 본질/실체가 없는 경지'(空境)에도 머무르는 일이 없어야 하므로 "'불변 · 독자의 본질/실체가 없고 [불변 · 독자의 본질/실체로 보는 분별의] 동요가 없는 경지'(空寂)에도 머무름이 없어야 한다"(空寂無住)라고 말하였다. 이와 같아야 '[불변 · 독자의 본질/실체로서] 생겨난 것이 없다는 이해를 확고하게 간직하는 경지'(無生法忍)라 부르는 것이므로, "바로 '[불변 · 독자의 본질/실체로서] 생겨난 것이 없는 경지'이다"(乃是無生)라고 하였다. '[불변 · 독자의 본질/실체로서] 생겨난 것이 없다는 이해'(無生觀)에 대해 설명하는 것을 이상으로 마친다.

(나) 하나처럼 통하게 하는 깨달음을 성취한 마음을 드러냄(顯一覺心)

解脫菩薩, 而白佛言, "尊者! 心無有住, 有何修學, 爲有學也,[59] 爲無學也?"

[H1, 614c13~14; T34, 967c5~6]

해탈보살이 부처님께 아뢰었다.

"존경받는 분이시여! 마음이 [그 무엇에도] 머무르지 않는다면 무엇을 익히고 배워서 '배워야 할 것이 남아 있는 경지'(有學[位])가 되고 [또] '배워야 할 것이 남아 있지 않는 경지'(無學[位])가 됩니까?"

此下, 廣一覺義, 於中有八問答. 科爲二分, 前二問答, 正廣一覺如來藏義, 後六問答, 因論生論, 遣諸疑難. 今此初問, 問心無住. 若有學者, 卽非無住, 若無學者, 卽非觀行. 又若有學者, 應有心生, 若無學者, 只是空理.

[H1, 614c15~21; T34, 967c6~11]

이 아래는 '하나처럼 통하게 하는 깨달음'(一覺)의 뜻을 자세하게 설명한 것인데, 여기에는 여덟 가지 질문과 대답이 있다. [이 8가지 문답을 그 내용에

59 한불전(H1, 614c14)에서는 '也'자 뒤에 '耶'가 있는 것으로 병기하였지만, '耶'가 없는 쪽이 나아 보인다. 대정장 『금강삼매경론』에도 위 본문과 동일하게 되어 있다.

따라] 분류하면 두 부분이 되는데, 앞의 두 가지 질문과 대답은 〈하나처럼 통하게 하는 깨달음인 '여래의 면모가 간직된 창고'〉(一覺如來藏)의 뜻을 곧바로 자세하게 설명한 것이고, 뒤의 여섯 가지 질문과 대답은 '[본론에 해당하는] 논의에 의거하여 [각론에 해당하는] 논의를 만들어'(因論生論) 갖가지 의문과 논란을 없애는 것이다.

㉮ 〈하나처럼 통하게 하는 깨달음인 '여래의 면모가 간직된 창고'〉(一覺如來藏)의 뜻을 곧바로 자세하게 설명함(正廣一覺如來藏義)

지금 이것은 첫 번째 질문으로, '마음이 [그 무엇에도] 머무르지 않는다'(心無住)는 것에 대해 질문한 것이니 [다음과 같이 물은 것이다.] 〈만약 '배워야 할 것이 남아 있는 경지'(有學)일 경우라면 곧 [배워야 할 것이 남아 있으므로] '머무름 없음'(無住)의 경지가 아니고, '배워야 할 것이 남아 있지 않는 경지'(無學)일 경우라면 곧 [머무름이 없으므로] '[진리다운] 이해와 [이해에 의거한] 수행'(觀行)[의 대상이 있는 것]이 아닌 것이다. 또 만약 '배워야 할 것이 남아 있는 경지'(有學)일 경우라면 [배워야 할 것이 있으므로] 반드시 마음이 생겨날 것이고, 만약 '배워야 할 것이 남아 있지 않은 경지'(無學)일 경우라면 [그 어느 것에도 머무름이 없으므로] 단지 '허무한 도리'(空理)[의 경지]일 뿐일 것이다.〉

佛言, "菩薩! 無生之心, 心無出入, 本如來藏, 性寂不動.

[H1, 614c22~23; T34, 967c12~13]

부처님께서 말씀하셨다.

"보살이여! '[불변·독자의 본질/실체로서] 생겨난 것이 없는 마음'(無生之心)은 마음이 [불변·독자의 본질/실체가 없다는 이해에서] 벗어나거나 [불변·독자의 본질/실체가 없다는 이해로] 들어감이 없어 〈깨달음의 본연[인 '사실 그대로 앎']으로서의 '여래 면모가 간직된 창고'〉(本[覺]如來藏)이니, [그] '본연은 [불변·독자의 본질/실체로 보는 분별에] 동요하지 않는다'(性寂不動).

此中, 先顯道理, 後正對問. 顯道理者, 得無住時, 無生之心, 心常寂滅, 無有出觀, 達本無起, 亦非始入. 以之故言"心無出入". 如是觀心, 旣無出入, 卽是本覺如來藏心. 是明始覺卽同本覺. 此無生心, 旣是本藏, 本來性寂, 不復起動, 云何得有入出起息? 此言重成無出入義.

[H1, 614c24~a7; T34, 967c13~19]

여기에서는 먼저 도리를 나타내고, 나중에 질문에 대해 곧바로 대답하였다. 도리를 나타낸다는 것은 [다음과 같다.] '[어떤 것에도] 머무르지 않음'(無住)을 얻을 때, '[불변 · 독자의 본질/실체로서] 생겨난 것이 없는 마음'(無生之心)은 [그] 마음이 항상 '불변 · 독자의 본질/실체가 없고 [불변 · 독자의 본질/실체로 보는 분별의] 동요가 없어'(寂滅) '[불변 · 독자의 본질/실체가 없다는] 이해에서 벗어남'(出觀)이 없고, '본래부터 [불변 · 독자의 본질/실체가] 일어남이 없음'(本無起)을 통달하여 또한 '[불변 · 독자의 본질/실체가 없다는 이해로] 비로소 들어가는 것'(始入)도 아니다. 그러므로 "마음이 [불변 · 독자의 본질/실체가 없다는 이해에서] 벗어나거나 [불변 · 독자의 본질/실체가 없다는 이해로] 들어감이 없다"(心無出入)라고 말하였다.

이와 같이 [불변 · 독자의 본질/실체가 없다는 이해에서 벗어나거나 그런 이해로 들어감이 없이 '생겨난 본질/실체가 없다'고] '이해하는 마음'(觀心)은 [불변 · 독자의 본질/실체가 없다는 이해에서] 벗어나거나 [그런 이해로] 들어간 적이 없으니, 이것이 바로 〈깨달음의 본연[인 '사실 그대로 앎']으로서의 '여래 면모가 간직된 마음'〉(本覺如來藏心)이다. 이것은 '['사실 그대로'를] 비로소 깨달아 감'(始覺)이 곧 '깨달음의 본연'(本覺)과 같다는 것을 밝힌 것이다.

이 '[불변 · 독자의 본질/실체로서] 생겨난 것이 없는 마음'(無生心)은 이미 '깨달음의 본연[인 '사실 그대로 앎']으로서의 여래 면모가 간직된 창고'(本[覺如來]藏)이니, '본래부터 [그] 본연은 [불변 · 독자의 본질/실체로 보는 분별의] 동요가 없어'(本來性寂) '다시 [분별의] 동요를 일으키지 않을 터인데'(不復起動), 어떻게 '[불변 · 독자의 본질/실체가 없다는 이해로] 들어가거나 [그런 이해에서] 벗어나며'(入出), '[불변 · 독자의 본질/실체가 없다는 이해를] 일으키거나 그침'(起息)이 있을 수 있겠는가? 이 말은 '[불변 · 독자의 본질/실체가 없다는 이해에서] 벗어나거나 [불변 · 독자의 본질/실체가 없다는 이해로] 들어감이 없다'(無出入)는 뜻을 거듭 세우는 것이다.

亦非有學, 亦非無學, 無有學不學, 是卽無學, 非無有學, 是爲所學".

[H1, 615a8~9; T34, 967c20~21]

또한 ['[불변 · 독자의 본질/실체로서] 생겨난 것이 없는 마음'(無生之心)은] '배워야 할 것이 남아 있는 경지'(有學)도 아니고 '배워야 할 것이 남아 있지 않는 경지'(無學)도 아니니, '배우는 것'(學)도 없고 '배우지 않는 것'(不學)도 없는 것이 바로 '배워야 할 것이 남아 있지 않는 경지'(無學)이고, '배워야 할 것이 남아 있지 않는 경지'(無學)도 아니고 '배워야 할 것이 남아 있는 경지'(有學)도 아닌 것이 배워야 하는 것이다."

此是正對問意. 於中有二, 先遮後許. 旣非始入, 故非有學, 亦無終出, 故非無學. 又無能住之心, 故非有學, 不無無住之心, 故非無學. 此是俱遮, 遮止句也. "無有學不學, 是卽無學"者, 以無別所學, 卽不是能學, 由是義故, 許是無學. 此依非有學義, 許是無學也. "非無有學, 是爲所學"者, 雖非有住之觀, 非無無住之行, 以是義故, 許是有學. 旣有學故, 下地所學, 此依非無學義, 許是有學也. 此是俱許, 自在答也.

[H1, 615a10~21; T34, 967c21~968a1]

이는 질문한 뜻에 대해 곧바로 대답한 것이다. 여기에는 두 가지가 있으니, 먼저는 차단하고 나중은 허용하는 것이다.

이미 ['[불변 · 독자의 본질/실체로서] 생겨난 것이 없는 마음'(無生之心)에] '비로소 들어간 것'(始入)이 아니므로 '배워야 할 것이 있는 것'(有學)이 아니고, 또한 ['[불변 · 독자의 본질/실체로서] 생겨난 것이 없는 마음'(無生之心)에서] '끝내 벗어나는 것'(終出)이 없으므로 '배워야 할 것이 없는 것'(無學)도 아니다. 또 ['[불변 · 독자의 본질/실체로서] 생겨난 것이 없는 마음'(無生之心)에] '머무르는 마음'(能

住之心)이 없기 때문에 '배워야 할 것이 있는 것'(有學)이 아니고, ['[불변 · 독자의 본질/실체로서] 생겨난 것이 없는 마음'(無生之心)에] '머무르지 않는 마음'(無住之心)이 없지도 않기 때문에 '배워야 할 것이 없는 것'(無學)도 아니다. 이는 바로 [유학有學과 무학無學] 둘 다 차단하는 것이니, 차단하여 멈추게 하는 구절인 것이다.

"배우는 것도 없고 배우지 않는 것도 없는 것이 바로 '배워야 할 것이 남아 있지 않는 경지'(無學)이다"(無有學不學, 是卽無學)라는 것은, 배워야 할 것이 [불변 · 독자의 본질/실체로서] 따로 없기 때문에 곧 배울 수 있는 것이 아니니, 이런 의미 때문에 '배워야 할 것이 없는 것'(無學)을 허용한다. 이것은 '배워야 할 것이 있는 것'(有學)이 아니라는 뜻에 의거하여 '배워야 할 것이 없는 것'(無學)을 허용한 것이다.

"'배워야 할 것이 남아 있지 않는 경지'(無學)도 아니고 '배워야 할 것이 남아 있는 경지'(有學)도 아닌 것이 배워야 하는 것이다"(非無有學, 是爲所學)라는 것은, 비록 '[불변 · 독자의 본질/실체가 있다는 생각에] 머무름이 있는 이해'(有住之觀)가 아니지만 '[불변 · 독자의 본질/실체가 있다는 생각에] 머무름이 없는 수행'(無住之行)이 없는 것도 아니니, 이런 의미 때문에 '배워야 할 것이 있는 것'(有學)을 허용한다.

이미 '배워야 할 것이 있는 것'(有學)이기 때문에 ['배워야 할 것이 남아 있지 않는 경지'(無學)보다] 아래 경지[의 사람들]이 배우는 것이니, 이것은 '배워야 할 것이 없는 것'(無學)이 아니라는 뜻에 의거하여 '배워야 할 것이 있는 것'(有學)을 허용한 것이다. 이것은 [유학有學과 무학無學] 둘 다 허용함이니, 자유자재로 대답한 것이다.

解脫菩薩, 而白佛言, "尊者! 云何如來藏, 性寂不動?"

[H1, 615a22~23; T34, 968a2~3]

해탈보살이 부처님께 아뢰었다.

"존경받는 분이시여! 〈'여래의 면모가 간직된 창고'(如來藏)는 [그] '본연이 [불변 · 독자의 본질/실체로 보는 분별에] 동요하지 않는다'(性寂不動)〉라는 것은 무엇을 말하는 것입니까?"

此下, 第二問答. 前明始覺不異本覺如來藏性, 今者正顯如來藏性隱藏不動. 此中略明如來藏義.

[H1, 615a24~b2; T34, 968a3~5]

이 아래는 ['하나처럼 통하게 하는 깨달음'(一覺)의 뜻을 자세하게 설명하기 위해 마련한 8가지 문답 중 앞의 두 가지 질문과 대답 가운데] 두 번째 질문과 대답이다. 앞에서는 '['사실 그대로'를] 비로소 깨달아 감'(始覺)이 〈깨달음의 본연[인 '사실 그대로 앎']으로서의 '여래 면모가 간직된 창고의 본연'〉(本覺如來藏性)과 다르지 않음을 밝혔고, 지금은 '여래의 면모가 간직된 창고의 본연'(如來藏性)이 '은밀하게 간직되어 동요하지 않는 것'(隱藏不動)임을 곧바로 드러낸다. 여기에서는 '여래의 면모가 간직된 창고'(如來藏)의 뜻을 간략하게 밝히고 있다.

如來藏門, 有二有三. 所言三者, 如『不增不減經』言, "衆生界中, 示[60]三種法, 皆眞實如, 不異不差. 何謂三法? 一者, 如來藏本際相應體及淸淨法. 此法如實不虛妄, 不離不脫智不思議法, 無始本際來, 有此淸淨相應法體. 二者, 如來藏本際不相應體及煩惱纒不淸淨法. 此本際離脫不相應煩惱纒不淸淨法, 唯有如來菩提智之所能斷. 三者, 如來藏未來際平等恒及有法, 卽是一切諸法根本, 備一切法, 具一切法, 於世法中, 不離不脫". 案云, 是顯三種如來藏門. 何等爲三? 一者, 能攝如來藏, 住自性時, 能攝果地如來功德, 能攝如來名如來藏故. 二者, 所攝如來藏, 謂煩惱纒不淸淨法, 一切

60 현재의 한불전(H1, 615b4) 및 대정장(T34, 968a6)의 『금강삼매경론』에는 모두 '示'로 되어 있다. 그러나 원효가 인용한 경전인 『부증불감경』의 원문에는 '亦'으로 나와 있고, 또 문맥상으로도 '示'보다는 '亦'이 적절하여 '亦'으로 교감한다.

皆在如來智內, 皆爲如來之所攝持, 如來所攝名如來藏. 三者, 隱覆如來藏, 謂法身如來, 煩惱所覆, 如來自隱名如來藏. 眞諦三藏, 作如是說.

[H1, 615b2~23; T34, 968a5~21]

'여래의 면모가 간직된 창고가 지니는 측면'(如來藏門)에는 두 가지 또는 세 가지가 있다. 세 가지라 말한 것은 『부증불감경不增不減經』에서 [다음과 같이 설한 내용에서 살펴볼 수 있다.] "중생의 세계에는 또 세 가지 현상(法)들이 있으니, 모두 '사실 그대로'(眞實)와 같아서 [진실眞實과] 다름도 차이도 없다. 무엇을 세 가지 현상(法)이라 하는가? 첫 번째는 '여래의 면모가 간직된 창고의 본래지평에 상응하는 모습과 온전한 현상들'(如來藏本際相應體及淸淨法)이다. 이 현상(法)은 '사실 그대로'(如實)여서 허망하지 않으며, '생각으로 헤아리기 어려운 지혜 현상'(智不思議法)에서 벗어나지도 떠나지도 않으니, 시작을 알 수 없는 본래지평(本際)에서부터 이 '온전함에 상응하는 진리의 몸'(淸淨相應法體)이 있다. 두 번째는 '여래의 면모가 간직된 창고의 본래지평에 상응하지 않는 모습과 번뇌에 얽매인 온전치 못한 현상들'(如來藏本際不相應體及煩惱纏不淸淨法)이다. 이것은 본래지평(本際)에서 벗어나 [본래지평에] 상응하지 않는 '번뇌에 얽매인 온전치 못한 현상들'(煩惱纏不淸淨法)이니, 오로지 여래가 성취한 깨달음의 지혜가 끊을 수 있는 것이다. 세 번째는 '여래의 면모가 간직된 창고의 미래에서도 평등하게 존재할 현상들'(如來藏未來際平等恒及有法)이니, 이것이 바로 모든 현상의 근본이고 모든 현상을 갖추고 모든 현상을 구족하고 있어 '세간의 현상들'(世法)에서는 [이것을] 떠나거나 벗어나지 않는다."[61]

생각건대 이 글은 '여래의 면모가 간직된 창고가 지니는 세 가지 측면'(三種如來藏門)을 드러낸다. 무엇이 세 가지인가? 첫 번째는 '[모든 이로운 능

61 『불설부증불감경佛說不增不減經』(T16, 467b20~26). "衆生界中, 亦三種法, 皆眞實如, 不異不差. 何謂三法? 一者, 如來藏本際相應體及淸淨法. 二者, 如來藏本際不相應體及煩惱纏不淸淨法. 三者, 如來藏未來際平等恒及有法. 舍利弗! 當知. 如來藏本際相應體及淸淨法者, 此法如實不虛妄不離不脫."

력을] 포섭하는 여래장'(能攝如來藏)이니, 본연(自性)에 머무를 때는 '[본연(自性)에 머문] 결과'(果地)인 '여래의 이로운 능력'(如來功德)을 포섭할 수 있는데 여래[의 이로운 능력]을 포섭할 수 있는 것을 '여래의 면모가 간직된 창고'(如來藏)라고 부르기 때문이다. 두 번째는 '[번뇌에 얽매여 오염된 현상들이] 포섭되어 있는 여래장'(所攝如來藏)이니, '번뇌에 얽매여 오염된 현상들'(煩惱纏不淸淨法)은 모두 '여래의 지혜'(如來智) 안에 있어 다 여래가 포섭하고 있는 것이 되는데 [이처럼] 여래에게 포섭된 것을 '여래의 면모가 간직된 창고'(如來藏)라 부르[기 때문이다.] 세 번째는 '가려져 덮여 있는 여래장'(隱覆如來藏)이니, '진리 몸으로서의 여래'(法身如來)는 번뇌에 덮여 있는데 [이처럼] 여래의 '자기 면모'(自)가 가려져 있는 것을 '여래의 면모가 간직된 창고'(如來藏)라 부르[기 때문이다.] 삼장법사인 진제[62]는 이렇게 설명하였다.[63]

---

62 진제眞諦(499~569): 6세기 중반 무렵 중국의 불교경전 번역에 크게 공헌한 서북 인도 출신의 역경승이다. 본명은 파라마르타(Paramārtha)이다. 중국의 위진남북조 시대인 546년에 불교경전을 가지고 남조인 양나라에 들어왔는데 나중에 무제武帝를 만나기도 하였다. 이후 우여곡절을 겪으면서도 경론 번역에 매진하게 되는데, 특히 『섭대승론』을 번역함으로써 중국 섭론종攝論宗이 성립하는 데 결정적인 영향을 끼치게 된다. 『대승기신론』을 비롯해서 모두 64부 278권을 번역했다고 전하지만 현존하는 것은 30부에 불과하다. 그러나 그가 번역한 불교 경론을 통해 유식불교를 비롯하여 중국인들이 대승불교를 심도 있게 이해하는 데 크게 기여했다고 평가할 수 있다. 삼장법사三藏法師란 경經, 율律, 논論에 모두 통달한 이를 높여 부르는 말이다.

63 삼종여래장三種如來藏: 본문에서 원효가 간결하게 설명한 삼종여래장三種如來藏은 진제眞諦 삼장三藏이 번역한 『불성론佛性論』의 제3장 '본연을 나타내는 부분'(顯體分)의 제3절인 '여래의 면모가 간직된 창고에 관한 단락'(如來藏品)에서 자세한 설명이 나온다. '세 가지 여래장'(三種如來藏)이란 '[번뇌에 얽매여 오염된 현상들이] 포섭되어 있는 여래장'(所攝如來藏), '가려져 덮여 있는 여래장'(隱覆如來藏), '[모든 이로운 능력을] 포섭하는 여래장'(能攝如來藏)의 셋이다. 원효는 이하의 『금강삼매경론』에서 '세 가지 여래장'(三種如來藏)에 대해 '[모든 이로운 능력을] 포섭하는 여래장'(能攝如來藏), '[번뇌에 얽매여 오염된 현상들이] 포섭되어 있는 여래장'(所攝如來藏), '가려져 덮여 있는 여래장'(隱覆如來藏)의 순서로 설명하고 있다. 다음은 『불성론』의 해당 내용이다. 『불성론』(T31, 795c23~796a28). "復次如來藏義有三種應知. 何者爲三? 一所攝藏, 二隱覆藏, 三能攝藏. 一所攝名藏者, 佛說約住自性如如, 一切衆生是如來藏. 言如者,

消其文者. 言"未來際平等恒及有[64]"者, 一心之體, 遍於三際, 然前二門中, 已顯本際故, 此門中, 明後際等. 又欲顯其如來之義, 謂"未來際平[65]等恒"者, 卽是如義, 言"及有"者, 是其來義. 如『佛性論』云. "此眞如者, 非如中有如, 無非如亦如. 二乘如者, 是非如中如, 無非如中非如. 云何如是? 二乘之人, 約虛妄觀, 無常等相以爲眞如, 此虛妄觀, 唯因中有, 果地則無. 是故此如, 或成或壞. 菩薩如者, 離虛妄約眞性以觀如故, 於因果二處無異, 唯成無壞". 乃至廣說. 故知"後際平等恒"者, 正顯大乘之如義也. 所言"及有", 明來義者, 對凡法去, 顯一心來. 如凡去時, 五取蘊法, 不至果[66]地, 去而不來, 此一心如, 果地猶有, 永無過去. 故言"及有", 卽顯來義. 如論說言, "從住自性來至至得",[67] 正謂此也. 如是一心, 通爲一切染淨諸法之所

有二義, 一如如智, 二如如境, 並不倒故名如如. 言來者, 約從自性來, 來至至得, 是名如來. 故如來性雖因名, 應得果名, 至得其體不二. 但由清濁有異, 在因時爲違二空. 故起無明, 而爲煩惱所雜, 故名染濁. 雖未卽顯, 必當可現, 故名應得. 若至果時, 與二空合, 無復惑累, 煩惱不染, 說名爲淸, 果已顯現, 故名至得. 譬如水性, 體非淸濁, 但由穢不穢故, 有淸濁名, 若泥滓濁亂故, 不澄淸, 雖不澄淸, 而水淸性不失. 若方便澄渟, 卽得淸淨, 故知淨不淨名. 由有穢無穢故得, 非關水性自有淨穢. 應得至是二種佛性, 亦復如是. 同一眞如, 無有異體, 但違空理, 故起惑著, 煩惱染亂, 故名爲濁. 若不違二空, 與如一相, 則不起無明, 煩惑不染, 所以假號爲淸. 所言藏者, 一切衆生悉在如來智內, 故名爲藏. 以如如智, 稱如如境故, 一切衆生決無有出. 如如境者, 並爲如來之所攝持, 故名所藏衆生爲如來藏. 復次藏有三種. 一顯正境無比, 離如如境, 無別一境出此境故. 二顯正行無比, 離此智外, 無別勝智過此智故. 三爲現正果無比, 無別一果過此果故. 故曰無比. 由此果, 能攝藏一切衆生故, 說衆生爲如來藏. 二隱覆爲藏者, 如來自隱不現, 故名爲藏. 言如來者, 有二義. 一者現如不顚倒義, 由妄想故, 名爲顚倒, 不妄想故, 名之爲如. 二者現常住義, 此如性從住自性性, 來至至得, 如體不變異, 故是常義. 如來性住道前時, 爲煩惱隱覆, 衆生不見, 故名爲藏. 三能攝爲藏者, 謂果地一切過恒沙數功德, 住如來應得性時, 攝之已盡故. 若至果時方言得性者, 此性便是無常. 何以故? 非始得故, 故知本有. 是故言常."

64 한불전 및 대정장의 『금강삼매경론』에는 모두 '有'로 되어 있는데, 앞에서 원효가 인용한 『부증불감경』에서는 '有'가 아니라 '有法'이었다. '法'자가 누락된 것으로 보인다.

65 한불전의 주석(H1, 615c24)에는 '下等'으로 되어 있는 다른 판본이 있다고 하는데, 뜻이 통하지 않으므로 '平等'으로 보는 것이 적절하다.

66 한불전의 주석(H1, 615c24)에는 '異地'로 되어 있는 다른 판본이 있다고 하는데, 이 역시 뜻이 통하지 않으므로 '果地' 그대로 두는 것이 적절하다.

依止故, 卽是諸法根本. 本來靜門, 恒沙功德, 無所不備, 故言"備一切法", 隨緣動門, 恒沙染法, 無所不具, 故言"具一切法". 然擧染法, 以望心體, 不能遍通, 所以離脫, 若擧心體, 望諸染法, 遍諸染法, 無所不通. 故言"於世法中, 不離不脫", 不離脫義, 是隱藏義. 此第三門, 摠明一心, 通於動靜, 爲染淨依, 第二[68]門者, 別顯動門, 染法所依, 第一門者, 別顯靜門, 淨法所依.

[H1, 615b23~616a6; T34, 968a21~b16]

그 [『부증불감경』] 글[의 뜻]을 풀면[다음과 같다.] "미래에서도 평등하게 존재할 [현상들]"(未來際平等恒及有[法])이라고 말한 것은, '하나처럼 통하는 마음의 본연'(一心之體)은 '[과거와 현재와 미래의] 세 시기'(三際)에 두루 통하지만 ['여래의 면모가 간직된 창고가 지니는 세 가지 측면' 가운데] 앞에서 말한 '두 가지 측면'(二門)에서 이미 본래지평(本際)을 밝혔기 때문에 이 [세 번째] 측면(門)에서는 미래(後際)의 것들을 밝힌 것이다. 또 그 ["미래에서도 평등하게 존재할"(未來際平等恒及有)이라는 말이 지닌] '여래如來'라는 의미를 나타내려는 것이니, "미래에서도 평등하게"(未來際平等恒)라는 것은 곧 ['여래如來'라는 말의] '그대로'(如)[에 해당하는] 뜻이고 "존재할"(及有)이라는 것은 그 ['여래如來'라는 말 가운데] '오다'(來)[에 해당하는] 뜻이다.

[이것은] 『불성론佛性論』에서 [다음과 같이] 말한 것과 같다. "이 '참 그대로임'(眞如)이라는 것은 '그대로가 아님'(非如)에서도 '그대로임'(如)이 있고, '그대로가 아님이 없음'(無非如)에서도 '그대로임'(如)이 [있]다. [그런데] '[성문聲聞, 연각緣覺] 두 부류의 수행자들[이 이해하는] 그대로임'(二乘如)은 '그대로가 아님'(非如)에서는 '그대로임'(如)이지만 '그대로가 아님이 없음'(無非如)에서는 '그대로임'(如)이 아니다. 어째서 이와 같은가? '[성문聲聞, 연각緣覺] 두 부류의 수행자'(二乘)들은 '허망하다고 보는 이해'(虛妄觀)에 의거하여

---

67 『불성론』 원문은 "約從自性來來至至得, 是名如來"이다.

68 한불전(H1, 616a5)에는 '一門'으로 되어 있다. 그러나 대정장의 『금강삼매경론』에 나와 있는 것처럼 '二門'으로 보아야 문맥이 통하기 때문에 '二門'으로 교감하였다.

‘영원하지 않음’(無常) 등의 특징(相)을 ‘참 그대로임’(眞如)으로 간주하는데, 이 ‘허망하다고 보는 이해’(虛妄觀)는 오직 [‘참 그대로임’(眞如)을 성취하는] 원인에서는 있지만 [‘참 그대로임’(眞如)을 성취한] 결과에서는 없는 것이다. 따라서 이 [이승二乘이 이해하는] ‘그대로임’(如)은 성립하기도 하고 무너지기도 한다. [이에 비해] ‘보살[이 이해하는] 그대로임’(菩薩如)이라는 것은, [사실이 왜곡된] 허망함을 떠나 ‘참된 면모[인 ‘사실 그대로’]’(眞性)에 의거하여 ‘그대로임’(如)을 이해하기 때문에 [‘참 그대로임’(眞如)을 성취하는] 원인과 [‘참 그대로임’(眞如)을 성취한] 결과 두 곳에서 차이가 없어 오직 성립만 하지 무너짐이 없다”[69] 등으로 자세하게 설명하였다. 그러므로 “미래에서도 평등하게”(後際平等恒)라는 것은 대승[이 이해하는] ‘그대로임’(如)의 뜻을 곧바로 드러낸 것임을 알 수 있다.

“존재하는”(及有)이라고 말한 것은 ‘오다’(來)라는 뜻을 밝힌 것이니, 〈‘범속凡俗한 현상들’(凡法)이 ‘간다’(去)〉는 것에 대비시켜 〈‘하나처럼 통하는 마음’(一心)이 ‘온다’(來)〉는 것을 밝히는 것이다. 마치 범속한 현상이 갈 때는 ‘자아를 이루고 있는 요소들의 다섯 가지 더미에 집착하는 현상’(五取蘊法)은 결과[인 ‘참 그대로임’(眞如)]에 이르지 못하여 ‘가지만 오지 못하는데’, 이 ‘하나처럼 통하는 마음’(一心)에서의 ‘그대로임’(如)은 결과[인 ‘참 그대로임’(眞如)]에서도 있는 것이어서 끝내 지나가 버리지 않는다. 그러므로 “존재하는”(及有)이라고 말한 것은 곧 ‘온다’(來)는 뜻을 드러낸다. 이를테면 『불성론佛性論』에서 “본연(自性)에 머무름으로부터 궁극적인 증득에 이른다”(從住自性來至至得)[70]라고 말한 것은 바로 이 [도리]를 일컬은 것이다.

---

69 『불성론佛性論』 권4(T31, 812b3~10). “此眞如者, 不如無常等, 世間對治故. 此眞如非如中有, 如無非如.亦如二乘如者, 是非如中如, 無非如中非如. 云何如此二乘之人? 約虛妄觀無常等相以爲眞如, 此虛妄觀唯因中有, 果地則無. 是故此如或成或壞, 因中則成, 果地則壞. 菩薩如者離於虛妄, 約眞性以觀眞故. 如此如於因果中二處無異故, 唯成不壞.”

70 『불성론』 권2(T31, 795c27~28). “言來者, 約從自性(來), 來至至得, 是名如來.” 원효가 인용한 밑줄 친 문장은 『불성론』에서 ‘여래장如來藏’이라는 용어 중 ‘내來’의 뜻을 설명하는 대목이다. 원효는 문장의 뜻을 분명히 전달하기 위해 괄호 친 곳에서는 ‘來’를

이와 같이 '하나처럼 통하는 마음'(一心)은 모든 '오염된 것과 온전한 것'(染淨)들이 다 의지依止하는 곳이 되므로 곧 '모든 현상들'(諸法)의 근본이다. ['하나처럼 통하는 마음'(一心)의] '본래부터 [근본무지에 따른 분별에] 동요하지 않는 측면'(本來靜門)에서는 '갠지스강의 모래알만큼 [수많은] 이로운 능력'(恒沙功德)이 갖추어지지 않는 바가 없기 때문에 [앞에서 인용한 『부증불감경』에서] "모든 현상을 갖추었다"(備一切法)라고 말하였고, ['하나처럼 통하는 마음'(一心)의] '조건에 따라 동요하는 측면'(隨緣動門)에서는 '갠지스강의 모래알만큼 [수많은] 오염된 현상들'(恒沙染法)이 구족되지 않은 것이 없기 때문에 [『부증불감경』에서] "모든 현상을 구족하고 있다"(具一切法)라고 말하였다. 그런데 '오염된 현상'(染法)에 의거하여 '마음의 본연'(心體)을 바라보면 두루 통할 수 없기 때문에 ['참 그대로임'(眞如)에서] 분리되고 벗어나지만, 만약 '마음의 본연'(心體)에 의거하여 온갖 '오염된 현상'(染法)을 바라보면 [그] 모든 '오염된 현상'(染法)들이 두루 통하지 않음이 없다. 그러므로 "'세간의 현상들'(世法)에서는 [이것을] 떠나거나 벗어나지 않는다"(於世法中, 不離不脫)라고 말했으니, '이탈하지 않는다'는 뜻은 '가려져 간직되어 있다'(隱藏)는 뜻이다.

이 ['하나처럼 통하는 마음'(一心)의] '세 번째 측면'(第三門)은 '하나처럼 통하는 마음'(一心)이 '동요와 평온'(動靜) [둘 다]에 통하여 '오염된 것과 온전한 것'(染淨) [모두]의 의지처가 된다는 것을 총괄적으로 밝혔고, ['하나처럼 통하는 마음'(一心)의 '조건에 따라 동요하는 측면'(隨緣動門)인] '두 번째 측면'(第二門)은 '동요하는 측면'(動門)만을 드러내었으니 '오염된 현상들'(染法)이 의지하는 것이며, ['하나처럼 통하는 마음'(一心)의 '본래부터 동요하지 않는 측면'(本來靜門)인] '첫 번째 측면'(第一門)은 '동요하지 않는 측면'(靜門)만을 드러내었으니 '온전한 현상들'(淨法)이 의지하는 것이다.

생략하기도 하고, "從自性"에서는 '從' 뒤에 '住'를 첨가하기도 한다.

第二中言, "本際不相應體"者, 諸煩惱法, 違反心體, 名不相應, 一心之體, 隨緣動門, 爲彼所依故, 是不相應法之體. 言"及煩惱纒不淸淨法"者, 彼能依法, 依心體轉, 纒自心體, 令隨染故, 合取能依所依之法, 以爲第二如來藏體. "唯有如來菩提智之所能斷"者, 唯解脫道能正斷故, 此義具如『二障章』說. 第一中, 言"本際相應體"者, 本來靜門, 備恒沙德, 與心相應故, 是相應功德之體. 言"及淸淨法"者, 能依功德, 性離染故, 合取能依所依之法, 以爲第一如來藏體. "此法如實不虛妄, 不離不脫智不思議法"者, 釋相應義, 是法身義, 與諸功德法相應故. 如上文言, "不離不脫, 不斷不異, 不思議佛法相應, 名爲法身".

[H1, 616a6~23; T34, 968b16~29]

'['여래의 면모가 간직된 창고'(如來藏)가 지니는 세 가지 측면 가운데] 두 번째 [측면]'(第二[門])에서 말한 "본래지평에 상응하지 않는 본연"(本際不相應體)이라는 것은, '온갖 번뇌 현상들'(諸煩惱法)이 '마음의 본연'(心體)을 어기고 거스르는 것을 '상응하지 않음'(不相應)이라고 부르니, '하나처럼 통하는 마음의 본연'(一心之體)은 '조건에 따라 동요하는 측면'(隨緣動門)에서 그 [번뇌 현상]들이 의지하는 곳이 되기 때문에 '[여래장如來藏의 본래지평과] 상응하지 않는 현상의 본연'(不相應法之體)인 것이다.

"… 및 번뇌에 얽매인 온전치 못한 현상들"(及煩惱纒不淸淨法)이라고 말한 것은, 저 '['하나처럼 통하는 마음의 본연'(一心之體)을] 의지하는 [번뇌] 현상'(能依法)이 '마음의 본연'(心體)에 의거하여 바뀌어 가면서 자신의 '마음의 본연'(心體)을 [번뇌에] 얽어매어 오염을 따르게 하므로 '['하나처럼 통하는 마음의 본연'(一心之體)을] 의지하는 [번뇌] 현상'(能依法)과 '[번뇌 현상이] 의거하는 곳[인 '하나처럼 통하는 마음의 본연'(一心之體)]'(所依法)을 합하여 ['여래의 면모가 간직된 창고'(如來藏)가 지니는 세 가지 측면 가운데] '두 번째 [측면]'(第二[門])인 [번뇌에 얽매여 오염된 현상들이 포섭되어 있는] '여래의 면모가 간직된 창고의 본연'([所攝]如來藏體)으로 삼은 것이다. "오로지 여래가 성취한 깨달음의 지혜가 끊을 수 있는 것이다"(唯有如來菩提智之所能斷)라는 것은 '[번뇌에서] 풀려나는 수행'(解脫道)만이 제대로 끊을 수 있기 때문이니, 이 뜻은 『이장의二障義』에서[71] 자세하게 설명한 것과 같다.

'['여래의 면모가 간직된 창고'(如來藏)가 지니는 세 가지 측면 가운데] 첫 번째 [측면]'(第一[門])에서 "본래지평에 상응하는 본연"(本際相應體)이라고 말한 것은, '본래부터 [근본무지에 따른 분별에] 동요하지 않는 측면'(本來靜門)에는 '갠지스강의 모래알만큼 많은 이로운 능력'(恒沙德)을 갖추어 마음과 상응하기 때문에 [본래지평에] 상응하는 '이로운 능력의 본연'(功德之體)인 것이다. "… 및 온전한 현상들"(及淸淨法)이라고 말한 것은, '주관으로 작용하는 것의 이로운 능력'(能依功德)은 [그] 본연(性)이 [번뇌의] 오염에서 떠나 있기 때문에 '주관으로 작용하는 것'(能依法)과 '[그 주관에] 의거하는 것[인 이로운 능력들]'(所依法)을 합하여 ['여래의 면모가 간직된 창고'(如來藏)가 지니는 세 가지 측면 가운데] '첫 번째 [측면]'(第一[門])인 '[모든 이로운 능력을 포섭하는] 여래의 면모가 간직된 창고의 본연'([能攝]如來藏體)으로 삼은 것이다.

"이 현상(法)은 '사실 그대로'(如實)여서 허망하지 않으며, '생각으로 헤아리기 어려운 지혜 현상'(智不思議法)에서 벗어나지도 떠나지도 않는다"(此法如實不虛妄, 不離不脫智不思議法)라는 것은 '상응한다'는 뜻을 풀어낸 것이니, 이 '진리 몸의 면모'(法身義)가 모든 이로움 및 능력들과 상응하기 때문이다. 앞의 [『부증불감경不增不減經』] 경전의 글에서 "떠나지도 않고 벗어나지도 않으며 끊어지지도 않고 달라지지도 않는, '생각으로 가늠하기 어려운 부처님 진리'와 상응하는 것을 '진리의 몸'이라고 한다"(不離不脫, 不斷不異, 不思議佛法相應, 名爲法身)[72]라고 말한 것과 같다.

---

71 『이장의二障義』(H1, 811a22~b5). "當知一切法及一切種門, 無障無有碍, 悉然悉不然. 佛會如是性, 不集亦不散, 由無得不得故, 有斷不斷. 離相而窮往故, 號爲善逝, 乘如而盡還故, 稱曰如來. 如經言. '諸佛還爲凡夫故不空無, 無故不有法. 非法故不二, 非二法故不一. 由是道理, 斷與不斷皆無障碍.'"

72 『부증불감경』(T16, 467a24~26). "如來所說法身之義亦復如是, 過於恒沙, 不離不脫, 不斷不異, 不思議佛法, 如來功德智慧"(밑줄은 인용문을 구성하는 부분을 가리킴). 본문에서 원효는 상응相應의 뜻을 설명하는 문맥에 맞도록 인용문을 적절히 가공하여 제

是義云何? 此一心體, 略有五相. 何等爲五? 一者, 遠離所取差別之相, 二者, 解脫能取分別之執, 三者, 遍三世際, 無所不等, 四者, 等虛空界, 無所不遍, 五者, 不墮有無一異等邊, 超心行處, 過言語道. 過恒沙等, 本有功德, 亦有五義, 與體相應. 一者, 一一功德, 離所取相故, 非法身所離, 與第一相相應, 如經言"不離"故. 二[73]者, 一一功德, 脫能取執故, 非法身所脫, 與第二相相應, 如經"不脫"故. 三者, 此一一德, 遍三世際, 縱無前後際斷, 與第三相相應, 故言"不斷". 四者, 此一一德, 等虛空界, 橫無彼此處異, 與第四相相應, 故言"不異". 五者, 一一功德, 皆離諸邊, 非思量境, 絶言語路, 與第五相相應, 如經言"不思議"故. 諸功德法, 有此五義, 與體無別, 融通一味. 由是道理, 名爲"相應", 非如王數別體相應. 今此中言, "不離不脫智不思議法"者, 諸功德中, 略擧覺義, 五相應中, 略說三義, 此是第一能攝藏也. 三種藏義, 略述如之.

[H1, 616a23~b22; T34, 968b29~c18]

이 뜻은 무엇인가? 이 '하나처럼 통하는 마음의 본연'(一心體)에는 대략 '다섯 가지 특징'(五相)이 있다. 무엇이 다섯 가지인가? 첫 번째는 〈'취하는 대상'(所取)을 [불변 · 독자의 본질/실체로 보는 생각으로] 차별하는 양상〉(所取差別之相)에서 멀리 벗어났고, 두 번째는 〈'취하는 주관'(能取)을 [불변 · 독자의 본질/실체로 보는 생각으로] 분별하는 집착〉(能取分別之執)에서 풀려났으며, 세 번째는 '과거 · 현재 · 미래의 모든 때'(三世際)에 두루 미치면서 한결같지 않음이 없고, 네 번째는 [그 범주가] '허공의 [모든] 세계'(虛空界)와 같아서 두루 미치지 않는 곳이 없으며, 다섯 번째는 '있음과 없음'(有無), '같음과 다름'(一異) 등[을 불변 · 독자의 본질/실체로 보는] '치우친 [견해]'(邊[見])에 떨어지지 않아 [치우친 견해에 의한] '마음의 작용범주'(心行處)를 뛰어넘고 [치우친 견해를

시한다.

73 한불전의 주석(H1, 616c24)에 따르면, '二' 대신에 '一'로 되어 있는 판본이 있다고 하지만 내용의 전개와 맞지 않으므로 '二'가 적절하다.

담아내는] '언어의 길'(言語道)을 넘어선다.

갠지스강의 모래알보다도 많은 '본래부터 갖추어져 있는 이로운 능력'(本有功德)에도 다섯 가지 면모(義)가 있어 ['하나처럼 통하는 마음'(一心)의] 본연(體)과 상응한다. 첫 번째로, 하나하나의 '이로운 능력'(功德)들은 '취해진 대상의 [불변 · 독자의 본질/실체로 차별된] 차이'(所取相)에서 벗어났기 때문에 '진리의 몸'(法身)과 분리되지 않아 ['하나처럼 통하는 마음의 본연'(一心體)의] '첫 번째 특징'(第一相)과 상응하니, 『부증불감경不增不減經』에서 "분리되지 않는다"(不離)라고 말한 것과 같다. 두 번째로, 하나하나의 '이로운 능력'(功德)들은 '취하는 주관에 대한 집착'(能取執)에서 벗어났기 때문에 '진리의 몸'(法身)에서 이탈하지 않아 ['하나처럼 통하는 마음의 본연'(一心體)의] '두 번째 특징'(第二相)과 상응하니, 『부증불감경』에서 "이탈하지 않는다"(不脫)라고 말한 것과 같다. 세 번째로, 이 하나하나의 '이로운 능력'(功德)들은 '과거 · 현재 · 미래의 모든 때'(三世際)에 두루 미쳐서 시간적(縱)으로 과거(前際)와 미래(後際)의 단절이 없어 ['하나처럼 통하는 마음의 본연'(一心體)의] '세 번째 특징'(第三相)과 상응하니, 그러므로 [『부증불감경』에서] "끊어지지 않는다"(不斷)라고 말한 것이다. 네 번째로, 이 하나하나의 '[이로운] 능력'([功]德)들은 [그 범주가] '허공의 [모든] 세계'(虛空界)와 같아서 공간적(橫)으로 이곳과 저곳의 차이가 없어 ['하나처럼 통하는 마음의 본연'(一心體)의] '네 번째 특징'(第四相)과 상응하니, 그러므로 [『부증불감경』에서] "차이 나지 않는다"(不異)라고 말한 것이다. 다섯 번째로, 이 하나하나의 '이로운 능력'(功德)들은 모두 온갖 '치우친 [견해]'(邊[見])에서 벗어나서 [치우친 견해로써] '생각하고 헤아리는 영역'(思量境)에서 벗어나고 [치우친 견해를 담아내는] '언어의 길'(言語路)을 끊어 ['하나처럼 통하는 마음의 본연'(一心體)의] '다섯 번째 특징'(第五相)과 상응하니, 『부증불감경』에서 "생각으로 가늠하기 어렵다"(不思議)라고 말한 것과 같다.

['여래의 면모가 간직된 창고'(如來藏)에 있는] 모든 [종류의] '이로운 능력'(功德)에는 이 다섯 가지 면모(義)가 있어 ['하나처럼 통하는 마음'(一心)의] 본연(體)과

다르지 않으니, '서로 녹아들어 한 맛으로 통한다'(融通一味). 이러한 이치 때문에 "서로 응한다"(相應)라고 말하는 것이니, '왕 노릇 하는 마음'([心]王)과 '마음작용'([心]數)이 '각자의 고유성'(別體)[74]과 상응하는 것[을 '서로 응한다'고 말하는 것]과는 같지 않다.

지금 이 『부증불감경』에서 "생각으로 헤아리기 어려운 지혜 현상에서 벗어나지도 떠나지도 않는다"(不離不脫智不思議法)라고 말한 것은, 모든 '이로운 능력'(功德)들 중에서 간략하게 '깨달음의 면모'(覺義)만을 들어 다섯 가지 상응하는 것[인 불리不離 · 불탈不脫 · 부단不斷 · 불이不異 · 불사의不思議] 가운데서 대략 [깨달음의] 세 가지 면모(義)[인 불리不離 · 불탈不脫 · 불사의不思議]를 설명한 것이니, 이것은 ['여래의 면모가 간직된 창고'(如來藏)가 지니는 세 가지 측면 가운데] '첫 번째 [측면]'(第一[門])인 '[모든 이로운 능력을] 포섭하는 여래장'(能攝[如來]藏)이다. '세 가지 여래장'(三種[如來]藏)의 뜻을 간략히 설명하면 이상과 같다.

---

74 심왕心王과 심수心數의 별체상응別體相應: 『대승백법명문론大乘百法明門論』에서는 모든 현상을 다섯 가지로 나누어 "一切法者, 略有五種. 一者心法, 二者心所有法, 三者色法, 四者心不相應行法, 五者無爲法"(T31, 855b16~18)이라고 제시하는데, 본문의 심왕이 첫 번째인 심법心法이고 심수가 두 번째인 심소유법心所有法이다. 같은 곳에서는 심법에 대해 "第一心法, 略有八種. 一眼識, 二耳識, 三鼻識, 四舌識, 五身識, 六意識, 七末那識, 八阿賴耶識"(T31, 855b20~22)이라고 하여 제1안식眼識부터 제8아뢰야식阿賴耶識까지 '여덟 가지 식'(八識)을 심법이라 규정하고, 심소법에 대해서는 "第二心所有法, 略有五十一種, 分爲六位. 一遍行有五, 二別境有五, 三善有十一, 四煩惱有六, 五隨煩惱有二十, 六不定有四. 一遍行五者, 一作意二觸三受四想五思, …"(T31, 855b23~26)라고 하여 변행遍行 · 별경別境 · 선善 · 번뇌煩惱 · 수번뇌隨煩惱 · 부정不定, 이 여섯 가지 범주로 나누어지는 작의作意 · 촉觸 · 수受 · 상想 · 사思 등 총 51가지 심소법을 나열한다. 여덟 가지 심왕과 51가지 심수는 다양한 조건에 따라 서로 상응하는데, 대체로 표층 의식인 전육식前六識은 현행現行하는 51가지 심수와 상응하고 심층 · 잠재의식인 제7말나식과 제8아뢰야식은 종자상속種子相續하는 51가지 심소와 상응한다고 나누어 볼 수 있다. 본문에서는 심왕과 심수의 상응 관계가 일심체一心體와 그 본유공덕本有功德 간의 상응 관계인 융통일미融通一味의 방식과 다르다고 설명하므로, 심왕과 심수의 별체상응은 불변 · 독자의 실체/본질로 오해된 심왕과 심수의 관계로서 융통일미를 장애하는 양상을 가리키는 것으로 보인다.

言二門者，如『夫人經』言，“空如來藏者，若離若脫若異一切煩惱藏，不空如來藏者，不離不脫不異不思議佛法”．案云，諸煩惱法，皆是虛妄，由境不實故虛，由體散亂故妄．妄故無眞，虛故無實．無眞實故，說名爲空，能覆如來，名如來藏，卽是空議，[75] 隱覆眞也．諸煩惱境，不實之相，法身所離，故曰“若離”，諸煩惱體，妄執之縛，法身所脫，故言“若脫”，言“若異”者，卽前虛妄差別分別，乖於法身平等性故．以此三義，不相應故，是無眞實，卽是空義也．言“不空”者，一切功德，與體相應，體非妄故眞，境非虛故實，由眞實故，說名“不空”，如來被覆，名“如來藏”．“不離不脫”等句，是釋不空之義，義如三種藏門已說．然此中不空如來藏體，卽前三中，第一之法，此中空義，是彼第二．而彼三種如來藏中，隱覆之義，合在第三，故前二中，別顯能攝所攝二義．今此二種如來藏門，欲顯空義隱覆眞實，故別能覆所覆二義．又此二經互顯別義，所以二三兩門異釋．且止乘論，還釋本文．

[H1, 616b22~c22; T34, 968c18~969a8]

‘[‘여래의 면모가 간직된 창고’(如來藏)가 지니는] 두 가지 측면’(二門)[76]이라고 말한 것은 『승만경』에서 “‘허망한 여래장’(空如來藏)이라는 것은 [‘진리의 몸’(法身)을] 떠나거나 벗어나거나 [‘진리 몸’(法身)의 평등한 면모가] 달라진 ‘온갖 번뇌들의 창고’(一切煩惱藏)이고, ‘허망하지 않은 여래장’(不空如來藏)이라는 것은 [진리의 몸인 ‘여래의 본연’에서] 떠나지도 않고 벗어나지도 않으며 달라지지도 않은 ‘생각으로 헤아리기 어려운 부처의 현상’(不思議佛法)이다”[77]라고

75 한불전에는 ‘議’로 되어 있지만, 대정장(T34, 968c24)에는 ‘義’로 나와 있다. 문맥을 고려하면 ‘義’가 적절하기에 ‘義’로 교감한다.

76 앞에서 “‘여래의 면모가 간직된 창고가 지니는 측면’(如來藏門)에는 두 가지 또는 세 가지가 있다”(如來藏門, 有二有三)라고 하면서(H1, 615b2) 먼저 ‘세 가지 측면’(三門)을 지금까지 설명하였다. 이제부터는 ‘두 가지 측면’(二門)으로 설명하는 방식에 대한 내용이다.

77 『승만사자후일승대방편방광경勝鬘獅子吼一乘大方便方廣經』 제9 「공의은부진실空義隱覆眞實」(T12, 221c16~18). “世尊! 有二種如來藏空智. 世尊! 空如來藏, 若離若脫若異, 一切煩惱藏. 世尊! 不空如來藏, 過於恒沙不離不脫不異不思議佛法.” 〈산스크리트본의 해당

말하는 것과 같다.

생각건대 '온갖 번뇌 현상들'(諸煩惱法)은 모두 허망虛妄한 것이니, [번뇌의] 상태(境)는 진실하지 않기 때문에 헛되고(虛), [번뇌의] 본연(體)은 어지럽기 때문에 가짜(妄)이다. 가짜(妄)이기 때문에 참됨(眞)이 없고, 헛되기(虛) 때문에 '사실 그대로'(實)가 없다. [이처럼] 진실함이 없기 때문에 '허망하다'(空)고 부르고, 여래[의 면모]를 덮어 버리기 때문에 '여래의 면모가 간직된 창고'(如來藏)라고 부르는 것이니, 곧 이 '허망한 면모'(空義)가 진리(眞)를 '가리어 덮고 있는'(隱覆) 것이다. '모든 번뇌상태'(諸煩惱境)는 '사실 그대로가 아닌 양상'(不實之相)이고 '진리 몸'(法身)에서 떠나 있으므로 "떠나거나"(若離)라고 하였고, '모든 번뇌의 본연'(諸煩惱體)은 허망한 집착에 묶여 있어 '진리 몸'(法身)에서 벗어나 있기 때문에 "벗어나거나"(若脫)라고 하였으며, "달라진"(若異)이라는 것은 곧 이전의 '[불변·독자의 본질/실체로 보는] 허망한 차별과 분별'(虛妄差別分別)이 '진리 몸의 평등한 면모'(法身平等性)와 어긋나기 때문이다. [모든 번뇌 현상의] 이 세 가지 면모(義) 때문에 ['진리의 몸'(法身)과] 상응하지 않으므로 진실함이 없는 것이니, 이것이 바로 '허망한 면모'(空義)이다.

"허망하지 않은"(不空)이라고 말한 것은 '모든 이로운 능력'(一切功德)이 ['진리 몸'(法身)의] 본연(體)과 상응하는 것이니, ['진리 몸'(法身)의] 본연(體)은 거짓(妄)이 아니기 때문에 참됨(眞)이고 ['진리 몸'(法身)의] 상태(境)는 헛되지 않으므로 '사실 그대로'(實)이니, [이처럼] 진실眞實하기 때문에 "허망하지 않다"(不空)라고 하고, ['진리 몸'(法身)인] 여래에 덮여 있어 "여래의 면모가

내용: *Ratnagotravibhāga Mahāyānottaratantraśāstra*, p.76. śūnyas tathāgatagarbho vinirbhāgair muktajñaiḥ sarvakleśakośaiḥ | aśūnyo gaṅgānadīvālikā vyativṛttair avinirbhāgair amuktajñair acintyair buddhadharmair iti ||; "여래장은 분리된, [여래의] 지혜와 떨어진 일체의 번뇌의 창고가 공하다(즉 없다). 그렇지만 [여래장에는], 갠지스강의 모래알의 수만큼 많은, 분리되지 않은, [여래의] 지혜와 떨어지지 않은, 사량할 수 없는 붓다의 공덕들이 공하지 않다(즉 존재한다)"(『보성론』, 안성두 번역, p.350. 일부 수정).〉

간직된 창고"(如來藏)라 부른다.

"[진리의 몸인 '여래의 본연'에서] 떠나지도 않고 벗어나지도 않으며"(不離不脫) 등의 구절은 [여래장如來藏의] '허망하지 않은 면모'(不空之義)를 해석한 것이니, [이] 면모(義)는 '여래의 면모가 간직된 창고가 지니는 세 가지 측면'(三種[如來]藏門)에서 이미 설명한 것과 같다. 그런데 여기서 [말하는] '허망하지 않은 여래장의 본연'(不空如來藏體)은 앞에서 [말한] 세 가지[78] 가운데 첫 번째 현상(法)[인 '여래의 면모가 간직된 창고의 본래지평에 상응하는 모습과 온전한 현상들'(如來藏本際相應體及淸淨法)]이고, 여기서 [말하는] '[여래장如來藏의] 허망한 면모'(空義)는 [앞에서 말한 세 가지 가운데] 저 두 번째[인 '여래의 면모가 간직된 창고의 본래지평에 상응하지 않는 모습과 번뇌에 얽매인 온전치 못한 현상들'(如來藏本際不相應體及煩惱纏不淸淨法)]이다.

그리고 저 '세 가지 여래장'(三種藏)에서 '가려져 덮여 있는 면모'(隱覆之義)는 세 번째[인 '가려져 덮여 있는 여래장'(隱覆如來藏)]에 합해지기 때문에, ['세 가지 여래장'(三種藏) 가운데] 앞의 두 가지에서 포섭함(能攝)과 포섭됨(所攝)의 두 가지 면모(義)를 [능섭여래장能攝如來藏과 소섭여래장所攝如來藏으로서] 따로 나타낸 것이다. 지금 이 [『승만경』에서 설하는] '여래의 면모가 간직된 창고의 두 가지 측면'(二種如來藏門)은 ['여래의 면모가 간직된 창고'(如來藏)의] '허망한 면모'(空義)가 진실眞實을 가리고 덮었음을 나타내려는 것이기 때문에 '덮는 것[인 공여래장空如來藏]'(能覆)과 '덮여 있는 것[인 불공여래장不空如來藏]'(所覆)의 '두 가지 면모'(二義)를 구별한 것이다. 또 이 [『부증불감경』과 『승만경』의] 두 경전은 서로 다른 뜻을 드러내므로 ['여래의 면모가 간직된 창고가 지니는 측면'(如來

---

78 여기서 세 가지는 앞에서 인용한 『부증불감경』에서 설명하는 세 가지 현상(法)을 가리킨다. 즉, 1) '여래의 면모가 간직된 창고의 본래지평에 상응하는 모습과 온전한 현상들'(如來藏本際相應體及淸淨法), 2) '여래의 면모가 간직된 창고의 본래지평에 상응하지 않는 모습과 번뇌에 얽매인 온전치 못한 현상들'(如來藏本際不相應體及煩惱纏不淸淨法), 3) '여래의 면모가 간직된 창고의 미래에서도 평등하게 존재할 현상들'(如來藏未來際平等恒及有法)의 셋이다.

藏門)에 대해] '두 가지 [측면]'(二[門])과 '세 가지 [측면]'(三[門])으로 다르게 해석한 것이다. '부연하는 논의'(乘論)는 그만두고 다시 본문을 해석하겠다.

佛言, "如來藏者, 生滅慮知相, 隱理不顯, 是如來藏, 性寂不動".

[H1, 616c23~617a1; T34, 969a9~10]

부처님께서 말씀하셨다.

"'여래의 면모가 간직된 창고'(如來藏)라는 것은, '[근본무지에 매여] 생멸하면서 [망상분별로] 헤아려 이해하는 양상'(生滅慮知相)이자 '진리를 가려 드러내지 않음'(隱理不顯)이 '여래의 면모가 간직된 창고'(如來藏)이니, [이 여래장如來藏의] 본연(性)은 평온(寂)하여 [불변 · 독자의 본질/실체로 보는 분별에] 동요하지 않는다(不動)."

"生滅慮知相"者, 卽是空如來藏, 但此文中, 顯能隱義, 而不名此爲如來藏. 言"隱理不顯, 是如來藏"者, 是不空如來藏, 約所隱義, 名如來藏. 言"性寂不動"者, 顯此藏性雖隱不改. 此性有五義, 如『無相論』說. 一種類義是性義. 如瓶衣等一切色法, 不離四大種類, 皆以四大爲性. 如是衆生不出一界, 皆用一界爲種類故. 『攝大乘論』, 名體類義, 『佛性論』中, 名自性義, 言有左右, 意無異也.

[H1, 617a2~12; T34, 969a10~18]

"[근본무지에 매여] 생멸하면서 [망상분별로] 헤아려 이해하는 양상"(生滅慮知相)이라는 것은 바로 '허망한 여래장'(空如來藏)인데, 다만 이 글에서는 ['진리 몸'(法身)을] '가리는 면모'(能隱義)를 나타내기에 이것을 '여래의 면모가 간직된 창고'(如來藏)라고 부르지는 않았다. "'진리를 가려 드러내지 않음'(隱理不顯)이 '여래의 면모가 간직된 창고'(如來藏)이니"(隱理不顯, 是如來藏)라는 것은 '허망하지 않은 여래장'(不空如來藏)이니, '가려지는 면모'(所隱義)에 의거하여 '여래의 면모가 간직된 창고'(如來藏)라고 부른 것이다.

"[이 여래장如來藏의] 본연은 평온하여 [불변 · 독자의 본질/실체로 보는 분별에]

동요하지 않는다"(性寂不動)라고 말한 것은, 이 '여래의 면모가 간직된 창고'(如來藏)의 본연(性)[인 '진리 몸'(法身)]이 비록 가려져 있어도 바뀌지 않음을 나타낸 것이다. 이 본연(性)에는 '다섯 가지 뜻'(五義)이 있으니, 『무상론無相論』[79]에서 설명하고 있는 것[80]과 같다.

첫 번째는 '[모든 것을 포괄하는] 근본유형'(種類)이라는 뜻이 본연(性)의 뜻이니, 병이나 옷 등 '모든 [유형의] 모양과 색깔이 있는 것들'(一切色法)은 '[지地·수水·화火·풍風, 이] 네 가지 물질적 속성'(四大)의 종류를 떠나지 않아 모두 '[지地·수水·화火·풍風, 이] 네 가지 물질적 속성'(四大)을 본연(性)으로 삼고 있는 것[81]과 같다. 이와 같이 중생들도 [그들이 살고 있는] '하나의 세계'(一界)를 벗어나지 않아 모두 '하나의 세계'(一界)를 근본유형으로 삼고 있는 것이다. 『섭대승론攝大乘論』에서는 '바탕유형의 뜻'(體類義)[82]이라 부르고, 『불성론佛性論』에서는 '본연의 뜻'(自性義)[83]이라고 부르는데, 언어로는 차이가 있으나 의미로는 차이가 없다.

---

79 『무상론無相論』은 『삼무성론三無性論』, 『현식론顯識論』, 『전식론轉識論』 등으로 이루어진 논이지만, 완본은 현존하지 않는다. 원효가 인용하고 있는 내용은 대정장의 『현식론』 권1(T31, 881c20~882a9)의 본연(自性)을 다섯 가지로 설명하는 곳에서 일부분이 나타나고 있다. 그러나 원효가 인용한 내용은 일부만 대응하고 있다.

80 이 내용은 원효의 다른 저술에서도 거론된다. 『대혜도경종요大慧度經宗要』 권1(T33, 69b24~26). "論云, 所言性者, 自有五義. 一自性種類義, 二因義, 三生義, 四不壞義, 五祕密義, 乃至廣說."

81 이 내용은 『현식론顯識論』에 나타난다. 『현식론』 권1(T31, 881c26~28). "所言性者, 自有五義. 一者自性種類義, 一切瓶衣等不離四大種類義, 同是四大性, 是自性義."

82 『섭대승론석攝大乘論釋』 권1(T31, 156c15~18). "此即此阿黎耶識界, 以解爲性. 此界有五義? 一體類義, 一切衆生不出此體類, 由此體類衆生不異."

83 '본래 면모'(自性) 개념은 『불성론佛性論』에 광범위하게 나타난다. 본문과 유사한 논지를 담은 내용은 다음과 같은 내용이 참고가 될 것이다. 『불성론』 권1(T31, 789a5~11). "復次爲破外道自性義應知. 難曰, 汝說諸法各有自性不空, 性定異者, 是義不然. 何以故? 自性決定不可得故. 決定者, 離此泰近泰遠八種不可見因外, 若物定有, 則應可見, 若物定無, 則不可見. 譬如兔角及蛇耳等. 以決定智, 依道理覓, 決不可得, 定永無故. 諸法自性, 亦復如是, 故知諸法無自性故空."

二者因義是性義, 如木中有火性, 與火作因, 故名爲性. 如是聖人諸無漏法, 以此爲因, 而得成故. 彼二論中, 同名因義也. 三者生義是性義. 如鍊眞金, 生莊嚴具. 莊嚴具生, 以金爲性. 此界亦爾, 能生果地五分法身, 法身之生, 此界爲性. 『攝大乘』中, 亦名生義. 『佛性論』中, 名至得義, 爲別因義, 是在果前. 故就已生, 名至得義. 四者不改義是性義, 猶如金剛寶性, 一劫等住, 無增無減. 如是此界, 三世等住, 世間不壞, 出世不盡. 彼二論中, 名眞實義, 眞實義者, 是不壞義, 所以言異而意同也. 五者密藏義是性義, 如黃石中, 有眞金性, 若不破鑛, 無所利益, 隨順鍊治, 卽有寶用. 是故彼性是隱藏義. 如來藏性, 當知亦爾, 不破其纏, 爲外爲染, 破纏相應, 成內成淨. 故知此性是密藏義. 『佛性論』中, 名"秘密義", 『攝大乘論』名爲"藏義", 義同言異, 灼然可見. 今此文中, 所言"性"者, 含此五義. "寂不動"者, 略顯後二, "寂"是密藏義, "不動"是不改義故. 上來正廣一覺義竟.

[H1, 617a12~b12; T34, 969a18~b8]

두 번째는 원인(因)이라는 뜻이 본연(性)의 뜻이니, 마치 나무 속에 불[이 생겨나는] 성질(性)이 있어서 불에게 [불이 붙게 하는] 원인이 되기 때문에 [불의] 본연(性)이라 부르는 것과 같다. 이와 같이 '고귀한 사람'(聖人)은 모두 '번뇌가 스며들지 않는 현상'(無漏法)[84]을 원인으로 삼아 ['고귀한 사람'(聖人)의 경지를] 이룰 수 있는 것이다. 저 [『현식론顯識論』과 『섭대승론석攝大乘論釋』의]

84 무루법無漏法: 누漏는 번뇌를 의미하는 용어로서 팔리어 'āsava' 및 산스크리트어 'āśrava'를 한역漢譯한 것이다. 팔리어-영어 사전(*Pali-English Dictionary*, pp.114~115)에 의하면 이 말의 어원은 방향을 지시하는 접두어 'ā'(~쪽으로)에 동사어근 '√sru'가 결합된 것으로 이해할 수 있다. 따라서 'āsava' 또는 'āśrava'가 '누漏'로 한역된 것은 적절하게 보인다. 팔리어-영어 사전의 설명에 따르면 '습기가 유입 또는 유출하는 상태'(that which flows outflow & influx)를 뜻하므로, 이 말이 가장 먼저 쓰인 초기불전에서부터 '마음에 번뇌가 스며들어 오염시키는 과정 및 상태'를 주로 가리키면서 번뇌의 별칭으로 기능하였음을 알 수 있다. 여기에 부정접두어 'an'을 추가한 팔리어 'anāsava'는 무루無漏로 한역되니, 곧 번뇌가 없어진 경지를 지시하는 용어가 되는 것이다.

두 논서論書에서는 모두 '원인이라는 뜻'(因義)이라고[85] 하였다.

세 번째는 '생겨나게 함'(生)의 뜻이 본연(性)의 뜻이니, 마치 진짜 금을 불에 달구어 '장식하는 도구'(莊嚴具)를 만들어 내는 것과 같다. '장식하는 도구'(莊嚴具)가 만들어지는 것은 금을 본연(性)으로 삼는 것이다. [여래장如來藏인] 이 세계도 그와 같아 '수행의 결과'(果地)인 '진리 몸의 다섯 부분'(五分法身)[86]을 생겨나게 할 수 있으니, '진리의 몸'(法身)이 생겨나는 것은 이 [여래장如來藏인] 세계를 본연(性)으로 삼는 것이다. 『섭대승론攝大乘論』에서도[87] '생겨나게 함'(生)의 뜻이라 불렀다. 『불성론佛性論』에서는[88] '증득에 이르게 하는 것'(至得)의 뜻이라 불러 원인(因)이라는 뜻과 구별하는데, 이

---

85 『현식론顯識論』 권1(T31, 881c28~882a1). "二者, 因性義, 一切四念處聖法, 所緣道理, 緣此道理, 能生聖法, 亦是因義"; 『섭대승론석攝大乘論釋』 권1(T31, 156c18~19). "二因義, 一切聖人法四念處等, 緣此界生故."

86 오분법신五分法身: '진리 몸의 다섯 부분'(五分法身)은 계율(戒), 선정(定), 지혜(慧), 해탈解脫, '해탈했다고 아는 것'(解脫知見)의 다섯 가지인데, 초기불전인 아함경에서부터 대승의 경론에 이르기까지 거의 모든 문헌에서 서술되고 있다. 비교적 자세한 설명을 담고 있는 주요 경론의 관련 내용은 다음과 같다. 『증일아함경增一阿含經』 권29(T2, 711b20~c2). "今迦葉比丘亦復快哉. 所以然者? 迦葉比丘己身是阿練若行, 復能歎說閑居之行, 身能乞食. 復能歎譽乞食之德, 身著補納衣. 復能歎說補納衣之德, 己身知足. 復能歎說知足之德, 己身處巖穴. 復歎說巖穴之德, 己身戒成就, 三昧成就, 智慧成就, 解脫成就, 解脫見慧成就. 復能敎人成此五分法身"; 『대반열반경大般涅槃經』 권33(T12, 580a12~14). "阿羅漢果者, 即是無學. 五分法身, 戒定慧解脫解脫知見, 因是五分, 得到彼岸, 是故名爲到於彼岸. 到彼岸故而自說言, 我生已盡, 梵行已立, 所作已辦, 更不受有"; 『보살영락본업경菩薩瓔珞本業經』 권1(T24, 1013c10~13). "佛子! 四求具足三寶故, 所謂五分法身. 戒除形非, 定無心亂, 慧悟想虛, 解脫無累, 無累知見一切衆生無縛, 爲知見解脫故, 諸法虛空無二故"; 『대승의장大乘義章』 권20(T44, 850b29~c3). "第一釋名. 五分法身諸經多說, 名字是何? 謂戒定慧解脫解脫知見, 是其五也. 此之五種義通因果, 經中多就無學說之, 無學之中統通大小. 今論佛德."

87 『섭대승론석攝大乘論釋』 권1(T31, 156c19~20). "三生義. 一切聖人所得法身, 由信樂此界法門故, 得成就."

88 『불성론佛性論』 권2(T31, 794a21~24). "三種佛性者, 應得因中, 具有三性, 一住自性性, 二引出性. 三至得性. 記曰, 住自性者, 謂道前凡夫位. 引出性者, 從發心以上, 窮有學聖位. 至得性者, 無學聖位."

['증득에 이르게 하는 것'(至得)]은 결과(果) 이전에 있는 것이다. 따라서 '이미 생겨난 것'(已生)에 의거하여 '증득에 이르게 하는 것'(至得)의 뜻이라 부른 것이다.

네 번째는 '바뀌지 않는다'(不改)는 뜻이 본연(性)의 뜻이니, 마치 금강[석金剛石과 같이 단단한] 보물의 본연(性)은 '긴 세월'(一劫) 동안 한결같이 머무르며 [그 본연이] 늘어남도 없고 줄어듦도 없는 것과 같다. 이처럼 이 세계도 '과거 · 현재 · 미래'(三世)에 걸쳐 한결같이 머무르니, '세속 세계'(世間)는 [과거 · 현재 · 미래에 걸쳐] 완전히 없어지지 않고 [따라서] '세속에서 풀려난 세계'(出世)도 다하지 않는다. 저 두 논서論書에서는[89] '진실眞實이라는 뜻'이라고 부르는데, '진실眞實이라는 뜻'은 '없어지지 않는다는 뜻'(不壞義)이기 때문에 [표현하는] 언어는 다르지만 뜻은 같은 것이다.

다섯 번째는 '은밀하게 간직되어 있다'(密藏)는 뜻이 본연(性)의 뜻이니, 마치 누런 광석 속에 진짜 금의 성분(性)이 있어서 만약 광석을 [잘게] 부수지 않으면 이로운 것[을 얻을 수] 없고 불에 달구어 다스릴 때라야 곧 보물로서의 쓰임새가 있게 되는 것과 같다. 그러므로 저 [진짜 금의] 성분(性)이 바로 '가려져 간직되어 있다는 뜻'(隱藏義)[에 해당하는] 것이다. '여래의 면모가 간직된 창고의 본연'(如來藏性) 역시 그러함을 알아야 하니, 저 [번뇌의]

---

89 『섭대승론석攝大乘論釋』 권1(T31, 156c20~21). "四眞實義在世間不破. 出世間亦不盡"; 『현식론顯識論』(T31, 882a6~7). "四不壞義, 此性在凡夫不染在聖不淨, 故名不壞"; 『불성론佛性論』 권2(T31, 796b7~26). "謂如來藏有五種, 何等爲五? 一如來藏, 自性是其藏義. 一切諸法不出如來自性, 無我爲相故. 故說一切諸法爲如來藏. 二者正法藏, 因是其藏義. 以一切聖人四念處等正法, 皆取此性作境, 未生得生, 已生得滿. 是故說名爲正法藏. 三者法身藏, 至得是其藏義. 此一切聖人信樂正性, 信樂願聞, 由此信樂心故, 令諸聖人得於四德, 及過恒沙數等一切如來功德. 故說此性名法身藏. 四者出世藏, 眞實是其藏義. 世有三失. 一者對治可滅盡, 故名爲世, 此法則無對治, 故名出世. 二不靜住, 故名爲世, 由虛妄心果報, 念念滅不住故, 此法不爾, 故名出世. 三由有倒見故, 心在世間, 則恒倒見. 如人在三界, 心中決不得見苦法忍等, 以其虛妄, 故名爲世, 此法能出世間, 故名眞實, 爲出世藏. 五者自性淸淨藏, 以祕密是其藏義. 若一切法隨順此性, 則名爲內, 是正非邪, 則爲淸淨. 若諸法違逆此理, 則名爲外, 是邪非正, 名爲染濁. 故言自性淸淨藏."

결박(纏)을 깨뜨리지 않으면 '['진리 몸'(法身)] 바깥[에 머무르는 상태]'(外)가 되어 오염되지만, [저 번뇌의] 결박(纏)과 상응하는 것들을 깨뜨리면 '['진리 몸'(法身)] 안[에 머무르는 상태]'(內)가 되어 온전해진다. 그러므로 이 본연(性)은 '은밀하게 간직되어 있다'(密藏)는 뜻임을 알 수 있다. 『불성론』에서는 '은밀하게 간직되어 있음'(密藏)의 뜻이라 부르고[90] 『섭대승론』은 '간직됨'(藏)의 뜻이라 부르니,[91] 뜻은 같으나 언어가 다름을 분명하게 알 수 있다.

지금 이 [『금강삼매경』의] 글에서 "본연"(性)이라고 말한 것은 이 '다섯 가지의 뜻'(五義)을 품고 있는 것이다. "[이 여래장如來藏의 본연(性)은] 평온하여 [불변·독자의 본질/실체로 보는 분별에] 동요하지 않는다"(寂不動)라는 것은 [다섯 가지 뜻 가운데] 뒤의 두 가지를 간략하게 드러낸 것이니, "평온"(寂)은 '은밀하게 간직되어 있음'(密藏)의 뜻에 해당하고, "동요하지 않는다"(不動)라는 것은 '바뀌지 않는다'(不改)는 뜻에 해당하기 때문이다. 이상으로 '하나처럼 통하게 하는 깨달음'(一覺)의 뜻[92]을 본격적으로 자세하게 설명함을 마친다.

㈏ 갖가지 의문과 논란을 없앰(遣諸疑難)

解脫菩薩, 而白佛言, "尊者, 云何生滅慮知相?"

[H1, 617b13~14; T34, 969b9~10]

---

90 『불성론佛性論』 권2(T31, 796b22~26). "五者自性淸淨藏, 以祕密是其藏義. 若一切法隨順此性, 則名爲內, 是正非邪, 則爲淸淨. 若諸法違逆此理, 則名爲外, 是邪非正, 名爲染濁. 故言自性淸淨藏."

91 『섭대승론석攝大乘論釋』 권1(T31, 156c21~23). "五藏義. 若應此法自性善故成內, 若外此法雖復相應, 則成縠故約此界."

92 앞서 언급한 '일각여래장一覺如來藏'의 뜻을 말한다. 일각의一覺義를 광설廣說하는 단락의 서두에서는 "此下廣一覺義, 於中有八問答. 科爲二分, 前二問答, 正廣一覺如來藏義"(H1, 614c15~16)라고 하여 이 단락에는 총 여덟 가지 문답이 있는데, 앞의 두 문답은 일각여래장一覺如來藏의 뜻을 곧바로 자세하게 설명한 것이라고 과문했다.

해탈보살이 부처님께 아뢰었다.

"존경받는 분이시여! 무엇을 '[근본무지에 매여] 생멸하면서 [망상분별로] 헤아려 이해하는 양상'(生滅慮知相)이라고 합니까?"

自此已下, 有六問答, 因論生論, 決諸疑難. 此一問答, 明其能隱慮知之相.

[H1, 617b15~17; T34, 969b10~11]

이 아래부터 여섯 가지 문답이 있으니, '[본론에 해당하는] 논의에 의거하여 [각론에 해당하는] 논의를 일으켜'(因論生論) 갖가지 의문과 난점을 해결하는 것이다. 이 한 문답은 저 ['진리 몸'(法身)을] 가리는 '[망상분별로] 헤아려 이해하는 양상'(慮知之相)을 밝힌 것이다.

佛言, "菩薩! 理無可不. 若有可不, 卽生諸念, 千思萬慮, 是生滅相.

[H1, 617b18~19; T34, 969b12~13]

부처님이 말씀하셨다.

"보살이여! 진리(理)에는 옳음이나 그름이 없다. 만약 옳음이나 그름이 [불변·독자의 본질/실체로] 있다[고 생각하]면 곧바로 '갖가지 [분별하는] 생각'(諸念)이 생겨나니, [분별하면서] 천 가지로 생각하고 만 가지로 헤아림이 바로 '[근본무지와 분별에 따라] 생겨나고 사라지는 양상'(生滅相)이다.

此答中, 有二重, 先略答, 後廣演. 略中二句. 先擧所迷, 所迷之理, 心行處滅, 故言"理無可不". "可"者是也, "不"者非也. 理絶四句, 離諸是非, 非分別心之所行處也. 次顯能迷. "若有可不, 卽生諸念"者, 以有無明, 不覺平等, 卽有分別可不之心, 由是具起六種染心故. "千思萬慮, 是生滅相"者, 六種染心, 雖有麁細, 皆違平等, 是生滅相故. 如『起信論』云. "復次分別生滅相者, 略有二種. 云何爲二? 一者麁, 與心相應故. 二者細, 與心不相應故. 又麁中之麁, 凡夫境界, 麁中之細, 細中之麁, 菩薩境界, 細中之細, 是佛境界. 此二種生滅, 依於無明熏習而有, 所謂依因依緣. 依因者, 不覺義故, 依緣者, 妄作境界義故. 若因滅, 卽緣滅, 因滅故, 不相應心滅, 緣滅故, 相應心滅".

[H1, 617b20~c14; T34, 969b13~28]

이 대답에는 두 가지가 있으니, 먼저는 간략한 대답이요 나중은 자세한 설명이다. 간략[한 대답]에도 두 가지 글이 있다. 먼저는 미혹하게 된 [진리(理)]를 거론하였으니, 미혹하게 된 진리(理)는 '[분별하는] 마음의 작용범주'(心行處)가 끊긴 것이기 때문에 "진리(理)에는 옳음이나 그름이 없다"(理無可不)라고 말하였다. "옳다"(可)라는 것은 맞다(是)[는 뜻]이고, "그르다"(不[可])라는 것은 '맞지 않다'(非)[는 뜻]이다. 진리(理)는 '[옳음과 그름에 관한] 네 가지 명제'(四句)[93]를 끊어 [불변 · 독자의 본질/실체로 보는 생각으로 대하는] 갖가지 '옳다[는 주장]과 틀렸다[는 주장]'(是非)들에서 벗어났으니, '[불변 · 독자의 본질/실체로 보는 생각으로] 분별하는 마음이 작용하는 범주'(分別心之所行處)[에 해당하지] 않는 것이다.

[간략한 대답의] 두 번째는 [진리(理)에] '미혹하는 주체'(能迷)를 나타낸 것이다. "만약 옳음이나 그름이 [불변 · 독자의 본질/실체로] 있다[고 생각하]면 곧바로 '갖가지 [분별하는] 생각'(諸念)이 생겨난다"(若有可不, 卽生諸念)라는 것은, 근본무지(無明)가 있기 때문에 '[현상들의] 평등[한 면모]'(平等[性])를 깨닫지 못하여 곧 '옳음과 그름을 [불변 · 독자의 본질/실체로 보아] 분별하는 마음'(分別可不之心)이 있게 되고 이에 따라 '오염된 여섯 가지 마음'(六種染心)[94]을 모두

93 사구四句: 존재에 대해 네 가지로 분류하여 고찰하는 방법으로 '사구분별四句分別'이라고도 한다. 즉, 존재에 대해 '① 있다, ② 없다, ③ 있기도 하고 없기도 하다, ④ 있는 것도 아니고 없는 것도 아니다'의 네 가지 판단을 적용하는 것이다. 여기서는 사구 판단 형식의 기본명제인 '있음(有)'과 '없음(無)'을 '옳음(是)'과 '그름(非)'으로 바꾸어 적용하는 것을 의미한다.

94 육종염심六種染心: 『대승기신론』(T32, 577c7~15)에서 자세한 설명이 나온다. "'오염된 마음'(染心)에는 여섯 가지가 있으니, 무엇이 여섯 가지인가? 첫 번째는 '집착에 서로 응하는 오염[된 마음]'(執相應染)이니, [이 오염된 마음은] '[가르침을] 들어서 [혼자] 부처가 되려는 수행자'(聲聞)와 '연기의 이치를 깨달아 [혼자] 부처가 되려는

일으키는 것이다. "[분별하면서] 천 가지로 생각하고 만 가지로 헤아림이 바로 [근본무지와 분별에 따라] '생겨나고 사라지는 양상'이다"(千思萬慮, 是生滅相)라는 것은, '오염된 여섯 가지 마음'(六種染心)은 비록 '뚜렷함과 미세함'(麁

수행자'(緣覺)의 해탈 및 [대승의] '[진리에 대한] 믿음과 서로 응하는 경지'(信相應地)에 의거하여 멀리 벗어나는 것이다. 두 번째는 '[집착이] 끊어지지 않는 것에 서로 응하는 오염[된 마음]'(不斷相應染)이니, '[진리에 대한] 믿음과 서로 응하는 경지'(信相應地)에 의거하여 '수행의 수단과 방법'(方便)을 익히고 배워서 [이 오염된 마음을] 점점 버려 나가다가 [대승보살의 '열 가지 본격적인 수행경지'(十地) 가운데 '첫 번째 경지'(初地, 歡喜地)인] '온전한 마음의 경지'(淨心地)를 성취하여 궁극적으로 벗어날 수 있는 것이다. 세 번째는 '[근본무지에 따라] 분별하는 이해에 서로 응하는 오염[된 마음]'(分別智相應染)이니, ['열 가지 본격적인 수행경지'(十地)의 '두 번째 경지'(第二地, 離垢地)인] '윤리적 행위능력을 두루 갖춘 경지'(具戒地)에 의거하여 [이 오염된 마음에서] 점점 벗어나다가 [십지의 '일곱 번째 경지'(第七地, 遠行地)인] '[불변 · 독자의 본질/실체로 차별된] 차이가 없이 방편을 쓸 수 있는 경지'(無相方便地)에 이르러 궁극적으로 벗어나는 것이다. 네 번째는 '[식識이] 나타낸 유형적인 대상에 [의식 차원에서는] 서로 응하지 않는 오염[된 마음]'(現色不相應染)이니, [십지의 '여덟 번째 경지'(第八地, 不動地)인] '유형적인 것으로부터 자유로운 경지'(色自在地)에 의거하여 [이 오염된 마음에서] 벗어날 수 있는 것이다. 다섯 번째는 '주관이 된 마음에 [의식 차원에서는] 서로 응하지 않는 오염[된 마음]'(能見心不相應染)이니, [십지의 '아홉 번째 경지'(第九地, 善彗地)인] '마음에서 자유로운 경지'(心自在地)에 의거하여 [이 오염된 마음에서] 벗어날 수 있는 것이다. 여섯 번째는 '[근본무지에 의한] 애초의 움직임에 [의식 차원에서는] 서로 응하지 않는 오염[된 마음]'(根本業不相應染)이니, [십지의 '열 번째 경지'(第十地, 法雲地)인] '보살의 수행단계를 모두 마친 경지'(菩薩盡地)에 의거하여 '여래의 경지'(如來地)에 들어가면 [이 오염된 마음에서] 벗어날 수 있는 것이다"(染心者有六種, 云何爲六? 一者, 執相應染, 依二乘解脫及信相應地遠離故. 二者, 不斷相應染. 依信相應地修學方便, 漸漸能捨, 得淨心地究竟離故. 三者, 分別智相應染. 依具戒地漸離, 乃至無相方便地究竟離故. 四者, 現色不相應染. 依色自在地能離故. 五者, 能見心不相應染. 依心自在地能離故. 六者, 根本業不相應染. 依菩薩盡地, 得入如來地能離故). 원효의 『대승기신론별기』(H1, 693c18~22)에서는 이 '오염된 여섯 가지 마음'(六種染心)을 '번뇌의 방해'(煩惱礙)라고 불렀는데, 당(唐)나라 규봉종밀의 저술인 『대방광원각수다라요의경약소大方廣圓覺修多羅了義經略疏』 권2에서도 '오염된 여섯 가지 마음'(六種染心)을 생사의 윤회를 반복하게 만드는 '현상적인 장애'(事障)로서 '번뇌의 방해'(煩惱礙)라고 규정하고 있다(T39, 552b22~25. 二者事障續諸生死, 六種染心也. 三細乃至起業受報, 是續生死義故. 故彼論云. 此淸淨心爲無明所染, 有其染心, 染心義者, 名煩惱礙等).

細)의 차이는 있지만 모두 '[현상들의] 평등[한 면모]'(平等[性])와 어긋나니, [근본무지와 분별에 따라] '생겨나고 사라지는 양상'(生滅相)이기 때문이다. [이것은]『대승기신론』에서 [다음과 같이] 말한 것과 같다.

"다시 '[근본무지에 따라] 생멸하는 양상'(生滅相)을 구별하는 것에 두 가지가 있다. 무엇이 두 가지인가? 첫 번째는 '뚜렷한 양상'(麤)이니 '[제6의식意識 차원의] 마음과 서로 응하는 것'(與心相應)이고, 두 번째는 '미세한 양상'(細)이니 '[제6의식意識 차원의] 마음과 서로 응하지 않는 것'(與心不相應)이다. 또 '뚜렷한 양상 가운데서도 뚜렷한 양상'(麤中之麤)[을 아는 수준]은 범부의 경지[95]이고, '뚜렷한 양상 가운데서 미세한 양상'(麤中之細) 및 '미세한 양상

---

95 범부凡夫: 범어인 'pṛthag-jana'는 낮은 계급의 사람(a man of lower caste)이라는 뜻이다. *Sanskrit-English Dictionary*, p.646 참조. 불교 수행의 단계(位)와 관련해서는 견도見道 이상의 성위聖位에 상대되는 단계로서 '범부위凡夫位'라는 용어가 즐겨 쓰인다. 『중변분별론』 권2에서는 "修對治三種. … 如次第, 凡夫位中, 有學聖位中, 無學聖位中"(T31, 459b12~16)이라고 하여 수행의 단계를 범부위凡夫位·유학성위有學聖位·무학성위無學聖位의 세 가지로 나누는데, 이 대목에 관해 주석하면서 원효는 『중변분별론소中邊分別論疏』 권3에서 보다 구체적인 설명을 제시한다. 여기서 범부위에 관해 원효는 "凡夫位, 若約二乘, 從停心觀, 至世第一法, 若就菩薩, 十信以上, 盡十廻向. 隨順見道故, 隨不倒, 未離見惑故, 言有倒"(H1, 832b14~17)라고 하여 이승二乘에 의거하면 ① 오정심관五停心觀부터 ② 별상념처別相念處·③ 총상념처總相念處·④ 난법煖法·⑤ 정법頂法·⑥ 인법忍法 및 ⑦ 세제일법世第一法까지의 칠방편도七方便道가, 대승大乘 보살菩薩에 의거하면 십신十信부터 십주十住·십행十行·십회향十廻向의 삼현위三賢位까지가 범부위에 속한다고 설명한다. 범부위는 견도를 지향하여 따르기 때문에 '뒤바뀌지 않음에 따르는'(隨不倒) 단계이지만 아직 견혹見惑에서 벗어나지는 못했기 때문에 '뒤바뀜이 있는'(有倒) 단계이기도 하다. 이하(H1, 832b17~23) 『중변분별론소』에서 원효가 제시하는 설명에 따라 범부위와 성위의 구체적 단계들과 특징에 관해 표로 나타내면 다음과 같다.

단계	이승	보살	부전도不顚倒	전도顚倒
범부위	오정심관五停心觀~세제일법世第一法	십신十信~십회향十廻向	견도를 지향하여 따름(隨順見道)	견혹에서 벗어나지 못함(未離見惑)
유학성위	견도 고법지인苦法智忍(預流向)~금강유정金剛喩定	견도 초지初地~등각等覺	무분별을 얻음(得無分別)	혹종이 없어지지 않음(惑種未盡)

가운데서 뚜렷한 양상'(細中之麤)[을 아는 수준]은 보살의 경지이며, '미세한 양상 가운데서도 미세한 양상'(細中之細)[을 아는 수준]은 부처의 경지이다.

이 두 종류의 생멸[하는 양상]은 '근본무지가 거듭 영향을 끼침'(無明熏習)에 의거하여 있게 되는 것이니, 이른바 원인(因)에 의거하고 조건(緣)에 의거하는 것이다. '원인에 의거한다'(依因)는 것은 ['사실 그대로'를] '깨닫지 못하는 면모'(不覺義)[에 의거하는 것]이고, '조건에 의거한다'(依緣)는 것은 '허구적으로 지어낸 대상세계의 면모'(妄作境界義)[에 의거하는 것]이다. 만약 원인(因)이 사라지면 곧 조건(緣)도 사라지니, 원인(因)이 사라지기 때문에 '[제6의식意識 차원과] 서로 응하지 않는 [오염된] 마음'(不相應心)이 사라지며, 조건(緣)이 사라지기 때문에 '[제6의식意識 차원과] 서로 응하는 [오염된] 마음'(相應心)이 사라진다."[96]

案云, 此中"麁, 與心相應"者, 謂三種相應染, "細, 與心不相應"者, 三種不相應染. "麁中之麁"者, 謂執相應染, 不斷相應染, 皆在六識故, 凡夫境界也. "麁中之細"者, 謂分別智相應染, 在第七識. "細中之麁"者, 謂現色不相應染, 能見心不相應染, "細中之細"者, 謂根本業不相應染, 此三皆在第八識位. 此中三種細生滅者, 無明風所動, 故言"因滅故, 不相應心滅". 於中三種麁生滅者, 境界風所動, 故言"緣滅故, 相應心滅". 於中委悉, 如彼論疏中說也. 今此經言"千思"者, 摠攝一切不相應染細分別故, "萬慮"者, 摠攝一切相應染心麁分別故. 此二皆是動念之相, 以之故言"是生滅相"也.

[H1, 617c14~618a6; T34, 969b28~c11]

생각건대 이 『대승기신론』에서 ['생멸하는 양상'(生滅相)의 두 가지 종류 가운데] "첫 번째는 '뚜렷한 양상'(麤)이니 '[제6의식意識 차원의] 마음과 서로 응하

무학성위	아라한阿羅漢	여래지如來地	견혹·수혹에서 벗어남(見惑已離, 修惑永盡)	없음

96 『대승기신론』(T32, 577c26~578a4).

는 것'(與心相應)이다"(麁, 與心相應)라는 것은 '서로 응하는 세 가지 오염[된 마음]'(三種相應染)[97]이고, ['생멸하는 양상'(生滅相)의 두 가지 종류 가운데] "[두 번째는] '미세한 양상'이니 '[제6의식意識 차원의] 마음과 서로 응하지 않는 것'이다"(細, 與心不相應)라는 것은 '서로 응하지 않는 세 가지 오염[된 마음]'(三種不相應染)[98]이다.

"뚜렷한 양상 가운데서도 뚜렷한 양상"(麁中之麁)이란 ['오염된 여섯 가지 마음'(六種染心)에서 첫 번째와 두 번째인] '집착에 서로 응하는 오염[된 마음]'(執相應染)과 '[집착이] 끊어지지 않는 것에 서로 응하는 오염[된 마음]'(不斷相應染)을 가리키니, [둘] 다 제6식第六識에 있기 때문에 '범부의 수준'(凡夫境界)이다. "뚜렷한 양상 가운데서 미세한 양상"(麁中之細)이란 ['오염된 여섯 가지 마음'(六種染心)에서 세 번째인] '[근본무지에 따라] 분별하는 이해에 서로 응하는 오염[된 마음]'(分別智相應染)이니, '[왜곡된 자아의식을 일어나게 만드는 심층의식인] 제7[말나]식'(第七識)에 있다.

"미세한 양상 가운데서 뚜렷한 양상"(細中之麁)이란 ['오염된 여섯 가지 마음'(六種染心)에서 네 번째와 다섯 번째인] '[식識이] 나타낸 유형적인 대상에 [의식 차원에서는] 서로 응하지 않는 오염[된 마음]'(現色不相應染)과 '주관이 된 마음에 [의식 차원에서는] 서로 응하지 않는 오염[된 마음]'(能見心不相應染)을 가리키고, "미세한 양상 가운데서도 미세한 양상"(細中之細)이란 ['오염된 여섯 가지

---

97 삼종상응염三種相應染: '오염된 여섯 가지 마음'(六種染心)에서 첫 번째, 두 번째, 세 번째에 해당한다. 즉, '집착에 서로 응하는 오염[된 마음]'(執相應染), '[집착이] 끊어지지 않는 것에 서로 응하는 오염[된 마음]'(不斷相應染), '[근본무지에 따라] 분별하는 이해에 서로 응하는 오염[된 마음]'(分別智相應染)의 셋이다.

98 삼종불상응염三種不相應染: '오염된 여섯 가지 마음'(六種染心) 중에서 네 번째, 다섯 번째, 여섯 번째에 해당한다. 즉, '[식識이] 나타낸 유형적인 대상에 [의식 차원에서는] 서로 응하지 않는 오염[된 마음]'(現色不相應染), '주관이 된 마음에 [의식 차원에서는] 서로 응하지 않는 오염[된 마음]'(能見心不相應染), '[근본무지에 의한] 애초의 움직임에 [의식 차원에서는] 서로 응하지 않는 오염[된 마음]'(根本業不相應染)의 셋을 가리킨다.

마음'(六種染心)에서 여섯 번째인] '[근본무지에 의한] 애초의 움직임에 [의식 차원에서는] 서로 응하지 않는 오염[된 마음]'(根本業不相應染)을 가리키니, 이 세 가지는 모두 '제8[아뢰야]식의 자리'(第八識位)에 있다.

이 가운데 '미세하게 생멸하는 세 가지'(三種細生滅)는 '근본무지의 바람'(無明風)에 의해 움직인 것이므로 "원인(因)이 사라지기 때문에 '[제6의식意識 차원과] 서로 응하지 않는 [오염된] 마음'(不相應心)이 사라진다"(因滅故, 不相應心滅)라고 말하였다. [또] '뚜렷하게 생멸하는 세 가지'(三種麁生滅)는 '대상의 바람'(境界風)에 의해 움직인 것이므로 "조건(緣)이 사라지기 때문에 '[제6의식意識 차원과] 서로 응하는 [오염된] 마음'(相應心)이 사라진다"(緣滅故, 相應心滅)라고 말하였다. 이에 대한 자세한 내용은 저 『대승기신론』에 대한 『소疏』에서[99] 설명한 것과 같다.

지금 이 『금강삼매경』[의 본문]에서 말한 "천 가지로 생각함"(千思)이라는 것은 '[제6의식意識 차원과] 상응하지 않는 모든 오염[된 마음]'(一切不相應染[心])들의 '미세한 분별'(細分別)을 '모두 포괄'(摠攝)하는 것이고, "만 가지로 헤아림"(萬慮)이라는 것은 '[제6의식意識 차원과] 상응하는 모든 오염된 마음'(一切相應染心)들의 '뚜렷한 분별'(麁分別)을 '모두 포괄'(摠攝)하는 것이다. 이 두 가지는 모두 '[근본무지와 분별에 따라] 동요하는 생각의 양상'(動念之相)이니, 따라서 "[근본무지와 분별에 따라] '생겨나고 사라지는 양상'이다"(是生滅相)라고 말했다.

菩薩! 觀本性相, 理自滿足, 千思萬慮, 不益道理, 徒爲動亂, 失本心王.
[H1, 618a7~8; T34, 969c12~13]

보살이여! '[깨달음의] 본연과 특성'(本[覺]性相)을 이해하면 진리(理)에 ['이로운 능력'(功德)이] 저절로 완전하게 갖추어지지만, [분별하면서] 천 가지로 생각하고 만 가지로 헤아리면 도리道理를 더하지 못하고 헛되이 동

99 『대승기신론소』(H1, 718b5~c11); 『회본』(H1, 765b5~c22) 참조.

요하고 어지러워져서 '본연의 왕 노릇 하는 마음'(本心王)을 잃어버리게 되느니라.

此下, 廣演, 於中有三. 一者, 對生滅相, 顯理滿足, 二者, 對理滿足, 明染闕失, 三辨順理, 滅染去動, 趣寂之利. 初中言"菩薩"者, 是呼解脫菩薩之辭. "觀本性相"者, 佛觀本覺如來藏性故. "理自滿足"者, 所觀本覺如來藏理, 具足無量性功德故. 如『起信論』云, "復次眞如自體相者, 從本已來, 性自滿足一切功德, 所謂自體有大智慧光明義故, 徧照法界義故, 眞實識知義故, 自性淸淨心義故, 常樂我淨義故, 淸凉不變自在義故. 具足如是過於恒沙不離不斷不異不思議佛法, 乃至滿足無有所少義故, 名爲如來藏, 亦名如來法身"故. 今此經言"理自滿足", 摠顯如是功德滿足也. 初段文竟.

[H1, 618a9~24; T34, 969c13~26]

이 아래는 자세한 설명인데, 여기에는 세 가지가 있다. 첫 번째는 '[근본무지와 분별에 따라] 생겨나고 사라지는 양상'(生滅相)에 대비시켜 진리(理)에 ['이로운 능력'(功德)이] 완전하게 갖추어져 있음을 드러내는 것이고, 두 번째는 진리(理)에 ['이로운 능력'(功德)이] 완전하게 갖추어져 있음에 대비시켜 '[근본무지와 분별에 따른] 오염'(染)의 허물을 밝히는 것이며, 세 번째는 진리에 따라 오염(染)을 없애고 동요(動)를 제거하여 [번뇌로 인한 동요가 그친] 평온(寂)의 이로움으로 나아감을 밝힌 것이다.

처음에 "보살이여!"(菩薩)라고 말한 것은 해탈보살을 부르는 말이다. "[깨달음의] 본연과 특성을 이해하면"(觀本[覺]性相)이라는 것은, 부처님은 '깨달음의 본연[인 '사실 그대로 앎']으로서의 여래 면모가 간직된 창고의 본연'(本覺如來藏性)을 이해하기 때문이다. "진리(理)에 ['이로운 능력'(功德)이] 저절로 완전하게 갖추어진다"(理自滿足)라는 것은, 이해한 '깨달음의 본연[인 '사실 그대로 앎']으로서의 여래 면모가 간직된 창고'(本覺如來藏)의 진리가 '한량없는 본연의 이로운 능력'(無量性功德)을 두루 갖추었기 때문이다. [이 뜻은] 『대승기신론』에서 [다음과 같이] 말한 것과 같다.

"또한 〈'참 그대로' 자신의 본연과 능력〉(眞如自體相)이라는 것은 [다음과 같은 것이다.] …[100] ['능력의 위대함'(相大)은] 본래부터 ['참 그대로'(眞如)의] 본연(性)이 스스로 모든 '이로운 능력'(功德)을 가득 채우고 있으니, 이른바 ['참 그대로'(眞如)] '자신의 본연'(自體)에는 '환한 빛과도 같은 위대한 지혜의 면모'(大智慧光明義)가 있기 때문이고, '모든 현상을 ['항상 있음'(有)과 '아무것도 없음'(無)이라는 치우침 없이] 두루 비추어 내는 면모'(偏照法界義)가 있기 때문이며, '사실 그대로 아는 면모'(眞實識知義)가 있기 때문이고, '본연이 온전한 마음의 면모'(自性淸淨心義)가 있기 때문이며, 〈[무상無常·고苦·무아無我·염染에서 벗어난] '늘 [본연에] 머무름'(常)·'[참된] 행복'(樂)·'[참된] 자기'(我)·온전함(淨)의 면모〉(常樂我淨義)가 있기 때문이고, '[번뇌의 열기가 그쳐] 맑고 시원하며 [번뇌에 이끌리지 않아] 동요하지 않고 [번뇌에 속박되지 않아] 자유로운 면모'(淸凉不變自在義)가 있기 때문이다. 갠지스강의 모래알[의 수]보다 많은, 이와 같은 '떠나지도 않고 끊어지지도 않으며 달라지지도 않고 생각으로는 이루 헤아릴 수도 없는'(不離不斷不異不思議) '깨달음의 진리'(佛法)를 남김없이 갖추고 가득 채워 '부족한 것이 없는 면모'(無有所少義)이기 때문에, '여래의 면모가 간직된 창고'(如來藏)라 부르고 '여래의 진리 몸'(如來法身)이라고도 부른다."[101]

지금 이 『금강삼매경』에서 "진리에 ['이로운 능력'(功德)이] 저절로 완전하게 갖추어진다"(理自滿足)라고 말한 것은, [『대승기신론』에서 설한] 이와 같은

---

100 원효가 인용한 『대승기신론』 원문에서 빠져 있는 부분이다. 의도적으로 생략한 것인지, 필사 과정에서 누락되었는지는 분명하지 않다. 빠져 있는 원문과 해석은 다음과 같다. "['본연의 위대함'(體大)은] 모든 범부凡夫이든 '[가르침을] 들어서 [혼자] 부처가 되려는 수행자'(聲聞)이든 '연기의 이치를 깨달아 [혼자] 부처가 되려는 수행자'(緣覺)이든 [대승의] 보살이든 모든 부처들이든 간에 [그 본연(體)이] '늘어남이나 줄어듦이 없고'(無有增減) '과거에 생겨난 것도 아니고'(非前際生) '미래에 사라지는 것도 아니며'(非後際滅) 궁극적으로 '언제나 그러한'(常恒) 것이다"(T32, 579a12~14; H1, 771b10~12. 一切凡夫聲聞緣覺菩薩諸佛無有增減, 非前際生, 非後際滅, 畢竟常恒).

101 『대승기신론』(T32, 579a12~20); 『회본』(H1, 771b10~18).

'이로운 능력'(功德)이 완전하게 갖추어지는 것을 총괄적으로 나타낸 것이다. 첫 번째 단락의 글을 마친다.

次明生滅動念之過, 於中摠明無益有損. 如彼論中, 廣釋此義云, "問曰. 上說眞如其體平等, 離一切相, 云何復說體有如是種種功德? 答曰. 雖實有此諸功德義, 而無差別之相, 等同一味, 唯一眞如. 此義云何? 以無分別, 離分別相, 是故無二. 復以何義得說差別? 以依業識生滅相示. 此云何示? 以一切法本來唯心, 實無相[102]念, 而有妄心, 不覺起念, 見諸境界, 故說無明. 心性不起, 卽是大智慧光明義故. 若心起見, 則有不見之相, 心性離見, 卽是徧照法界義故. 若心有動, 非眞識知, 無有自性, 非常非樂非我非淨, 乃至具足[103]過恒沙等妄染之義. 對此義故, 心性無動, 則有過恒沙等諸淨功德相義示現. 若心有起, 更見前法可念者, 則有所少, 如是淨法無量功德, 卽是一心, 更無所念. 是故滿足, 名爲法身如來之藏". 今此經言"徒爲動亂"者, 以心有動, 非眞識知無有自性, 非常樂我淨等, 故言"動"也, 以心起見, 卽有不見之相等, 故言"亂"也. "失本心王"者, 無量功德, 卽是一心, 一心爲主, 故名"心王", 生滅動亂, 違此心王, 不得還歸, 故言"失"也.

[H1, 618a24~c2; T34, 969c26~970a18]

다음은 '[근본무지와 분별에 따라] 생멸하고 동요하는 마음의 허물'(生滅動念之過)을 밝힌 것인데, 여기에는 이로움은 없고 손해만 있음을 총괄적으로 밝혔다. [이것은] 저 『대승기신론』에서 이 뜻을 널리 자세하게 해석하여 [다음과 같이] 말한 것과 같다.

---

102 『대승기신론』 원문은 '實無於念'(T32, 579a27; H1, 771c3)인데, 원효가 인용한 부분에는 '實無相念'(T34, 970a4~5; H1, 618b9)으로 되어 있다. 필사본의 문제인지, 원효가 잘못 옮긴 것인지 분명하지 않다.

103 대정장과 한불전의 『금강삼매경론』의 원문은 모두 '具足'이지만, 원효가 인용한 『대승기신론』의 해당 원문에는 대정장과 한불전 모두 '具有'(T32, 579b3; H1, 771c9)로 되어 있다. 착오가 있는 것으로 보인다.

"묻는다. 앞에서 '참 그대로'(眞如)는 그 본연(體)이 평등하여 '모든 [차별적] 양상에서 떠났다'(離一切相)고 말했는데, 어찌하여 다시 '['참 그대로'(眞如)의] 본연(體)'에 이와 같은 온갖 '이로운 능력'(功德)이 있다고 말하는가?

답한다. 비록 실제로 이러한 '온갖 이로운 능력[을 지닌] 면모'(諸功德義)가 있지만 '[불변 · 독자의 실체나 본질이 있다는 생각에 의거한] 차별의 양상'(差別之相)이 없으니, '똑같이 한 맛처럼 같으며'(等同一味) [모든 '이로운 능력'(功德)의 양상(相)들은] '[불변 · 독자의 실체나 본질이 있다는 생각에 의해 둘로 나뉘지 않고] 오로지 하나처럼 통하는 참 그대로'(唯一眞如)이다. 이 뜻은 어떤 것인가? ['참 그대로'(眞如)의 지평에서는] '[불변 · 독자의 실체나 본질이 있다는 생각으로] 나누어 구분함이 없기'(無分別) 때문에 '[불변 · 독자의 실체나 본질이 있다는 생각으로] 나누어 구분하는 양상'(分別相)에서 벗어나니, 그러므로 ['참 그대로'(眞如)가 지닌 온갖 이로운 능력들의 차이들은] '[불변 · 독자의 실체나 본질에 의해] 둘[로 나뉨]이 없다'(無二). [그러면] 다시 어떤 뜻을 가지고 '[불변 · 독자의 실체나 본질에 의한] 차별'(差別)을 말할 수 있는가? '[근본무지에 따라 처음] 움직이는 식'(業識)에 의거하여 '생멸하는 [차별] 양상'(生滅相)이 나타나는 것이다. 이 ['생멸하는 [차별] 양상'(生滅相)]은 어떻게 나타나는가? 모든 현상은 본래 '오로지 마음[에 의한 구성]일 뿐'(唯心)이어서 실제로는 '[분별하는] 생각'(念)이 [별개의 실체나 본질로] 없지만, '[사실 그대로를] 잘못 분별하는 마음'(妄心)이 있게 되어 ['[불변 · 독자의 실체나 본질에 의해 둘로 나뉘지 않고] 오로지 하나처럼 통하는 참 그대로'(唯一眞如)임을] 깨닫지 못하여 '[분별하는] 생각'(念)을 일으켜 모든 대상세계(境界)를 [불변 · 독자의 실체로서 있는 것이라고] 보기 때문에 근본무지(無明)[에 의해 나타나는 '생멸하는 [차별] 양상'(生滅相)]을 말하게 되지만, '마음의 온전한 본연'(心性)은 [근본무지로 인한 분별을] 일으키지 않으니 이것이 바로 '환한 빛과도 같은 위대한 지혜의 면모'(大智慧光明義)이다.

[또] 만약 마음이 [불변 · 독자의 실체로 간주하는 대상세계(境界)를] '본다는 생각'(見)을 일으키면 곧 [아무것도] '보지 못한다는 생각'(不見)의 양상이 [짝지어] 있게 되지만, '마음의 온전한 본연'(心性)은 [대상세계를 불변 · 독자의 실체로

간주하는] 견해에서 벗어나니 이것이 바로 '모든 현상을 ['항상 있음'(有)과 '아무것도 없음'(無)이라는 치우침 없이] 두루 비추어 내는 면모'(偏照法界義)이다.

[또] 만약 마음에 [근본무지에 의한] 동요가 있으면 '사실 그대로 앎'(眞[實]識知)이 아니어서 [마음] '자신의 온전한 본연'(自性)이 없어지며, [그리하여] [그 마음 상태는] '늘 [본연에] 머무름이 아니고'(非常) '[참된] 행복이 아니며'(非樂) '[참된] 자기가 아니고'(非我) '온전함이 아니어서'(非淨) …[104] 이윽고 갠지스강의 모래알들보다 많은 '분별망상에 오염된 면모'(妄染義)를 갖추게 된다. 이러한 면모에 대비되기 때문에, '마음의 온전한 본연'(心性)에 [근본무지에 의한] 동요가 없으면 곧 갠지스강의 모래알들보다 많은 '온갖 온전한 이로운 능력을 펼치는 양상의 면모'(諸淨功德相義)가 있음이 드러난다.

[또] 만약 마음에 [대상세계(境界)를 불변 · 독자의 실체로 간주하면서 '보았다는 생각'(見)이] 일어남이 있게 되면 또한 '[불변 · 독자의 실체로서] 분별되어지는 이전의 것들'(前法可念)을 보는 것에 부족한 것이 있게 되지만, 이와 같은 '온전한 현상이 지닌 무량한 이로운 능력'(淨法無量功德)은 바로 '하나처럼 통하는 마음'(一心)[의 양상들]이어서 다시 '[불변 · 독자의 실체로서] 분별하는 것이 없기'(無所念) 때문에 ['이로운 능력'(功德)들이] [부족한 것이 없이] 가득 차게 되니, [이것을] '진리 몸인 여래의 면모가 간직된 창고'(法身如來之藏)라고 부른다."[105]

지금 이 『금강삼매경』에서 "헛되이 동요하고 어지러워져서"(徒爲動亂)라고 말한 것은, 마음에 [근본무지에 의한] 동요가 있으면 온전한 앎이 아니어서 [그] 본연(自性)이 없어지며 [그 마음은] '늘 제자리를 지킴'(常)과 '[온전한] 행복'(樂)과 '[참된] 자기'(我)와 '온전함'(淨) 등이 아니기 때문에 "동요한다"(動)라고 말하였고, [또] 마음이 [불변 · 독자의 실체인 대상을] '본다'[는 생각]을

104 『대승기신론』 원문을 인용하면서 누락된 부분이다. 빠져 있는 『대승기신론』의 원문과 해석은 다음과 같다. "불타는 고뇌에 묶인 채 쇠퇴하면서 변하여 자유롭지 못하며"(T32, 579b2~3; H1, 771c8. 熱惱衰變則不自在).

105 『대승기신론』(T32, 579a21~b8); 『회본』(H1, 771b19~c14).

일으키면 곧 [그 대상을] '보지 못한다'[는 생각]의 양상 따위가 있게 되기 때문에 "어지럽다"(亂)라고 말한 것이다.

"본연의 왕 노릇 하는 마음을 잃어버린다"(失本心王)라는 것은 [다음과 같은 뜻이다.] 헤아릴 수 없는 '이로운 능력'(功德)이 곧 '하나처럼 통하는 마음'(一心)이고 [이] '하나처럼 통하는 마음'(一心)이 [모든 것의] 주인이기 때문에 "왕 노릇 하는 마음"(心王)이라고 불렀으며, [근본무지와 분별에 따라] 생멸하고 동요하고 어지러우면 이 '왕 노릇 하는 마음'(心王)을 등져 다시 ['하나처럼 통하는 마음'(一心)으로] 돌아갈 수 없기 때문에 "잃어버린다"(失)라고 말하였다.

若無思慮, 卽無生滅, 如實不起, 諸識安寂, 流注不生, 得五法淨, 是謂大乘.

[H1, 618c3~4; T34, 970a19~20]

만약 [근본무지와 분별에 매인] 생각과 헤아림이 없으면 곧 [근본무지와 분별에 따른] 생겨남과 사라짐이 없으니, [식識 작용이] '사실 그대로와 같아져'(如實) [분별망상이] 일어나지 않고 모든 [종류의] 식識[106]이 '편안하고 평온'(安寂)하며 [분별하는 오염된 식識으로] 흘러감이 생겨나지 않아 '다섯 가지 현상'(五法)[107]이 온전해지는 것을 대승大乘이라 한다.

---

106 원효의 설명에 따르면, 전5식前五識, 제6의식, 제7말나식, 제8아뢰야식의 여덟 가지 의식들을 가리킨다. 또 '여섯 가지 오염'(六染)을 일으키는 의식意識, '움직이는 식'(業識), '주관으로 바뀌어 가는 식'(轉識), '객관대상을 허깨비처럼 나타내는 식'(現識), '분별하는 식'(智識), '시로 이어 가는 식'(相續識)을 의미하기도 한다.

107 오법五法: 오법은 불교경론에서 다양하게 나타나는데, 첫 번째 경우는 초기불전인 『장아함경』에 나오는 뜻이다. 아함경 전체에서는 주로 수행의 방법으로서 매우 빈번하게 나오고 있지만, '자아를 이루고 있는 요소들의 다섯 가지 더미'(五蘊)를 의미하는 용례가 『장아함경』에서 발견된다. 이 해석은 『구사론』 등의 아비달마 문헌에서도 확인된다. 두 번째 경우는 『대승입능가경』의 설명이다. 이에 따르면, 다섯 가지는 명名, 상相, 망상妄想, 정지正智, 여여如如이다. 세 번째 경우는 『유가사지론』에 나오는 오법인데, 여기서 다섯 가지는 '[감관대상과의] 접촉'(觸, phusana), '마음을 냄'(作意,

此下, 第三順理滅染, 去動就寂. 於中有二, 正顯重成, 此卽正顯去動就寂. "若無思慮"者, 始從初地, 乃至佛地, 漸順一心平等法界, 永無一切思慮分別故. "卽無生滅"者, 由前思慮有生滅相, 今無思慮, 永無分別, 二種生滅, 究竟離故. 從此已去, 順理不動, 窮未來際, 不復還動, 故言"如實不起". 二種生滅究竟息時, 八種識動, 皆得歸靜, 六染流注, 永滅不起, 故言"諸識安寂, 流注不生". 流注不生故, 法界圓顯, 諸識安寂故, 四智滿成, 故言"得五法淨". 運載之功, 莫過於此故, 摠結言"是謂大乘". 正明去動就寂文竟.

[H1, 618c5~19; T34, 970a20~b3]

이 아래는 [간략한 대답 뒤에 이어지는 자세한 설명 중의] 세 번째인 '진리에 따라 오염(染)을 없애고 동요(動)를 제거하여 [번뇌로 인한 동요가 그친] 평온(寂)[의 이로움]으로 나아감'(順理滅染, 去動就寂)[을 밝힌 것]이다. 여기에 두 가지가 있으니 '곧바로 드러냄'(正顯)과 '거듭 설명함'(重成)인데, 이 구절은 '동요(動)를 제거하여 [번뇌로 인한 동요가 그친] 평온(寂)[의 이로움]으로 나아감'(去動就寂)을 곧바로 드러낸 것이다.

"만약 [근본무지와 분별에 매인] 생각과 헤아림이 없으면"(若無思慮)이라는 것은, '['열 가지 본격적인 수행경지'(十地)의] 첫 번째 경지'(初地)에서 시작하여

---

manasikāra), '느낌'(受, vedana), '개념적 지각'(想, saññā), '의도'(思, cetanā)를 가리킨다고 한다. 『장아함경長阿含經』 권8(T1, 51b8~9). "復有五法, 謂五受陰. 色受陰, 受想行識受陰"; 『아비달마구사론阿毘達磨俱舍論』 권1(T29, 2a10~11). "論曰. 色等五蘊謂初色蘊乃至識蘊. 如是五法具攝有爲. 衆緣聚集共所作故"; 『대승입능가경大乘入楞伽經』 권5(T16, 620a22~28). "佛言: 諦聽! 當爲汝說. 大慧! 五法自性諸識無我, 所謂名, 相, 分別, 正智, 如如. 若修行者觀察此法, 入於如來自證境界, 遠離常斷有無等見, 得現法樂甚深三昧. 大慧! 凡愚不了五法自性諸識無我, 於心所現見有外物而起分別, 非諸聖人"; 『유가사지론瑜伽師地論』 권51(T30, 580b1~3). "云何建立相應轉相? 謂阿賴耶識, 與五遍行心相應所恒共相應, 謂作意觸受想思, 如是五法, 亦唯異熟所攝最極微細. 世聰慧者亦難了故, 亦常一類緣境而轉." 원효는 '현상세계가 온전하게 드러나며'(法界圓顯), '대원경지大圓鏡智, 평등성지平等性智, 묘관찰지妙觀察智, 성소작지成所作智의 네 가지 지혜가 완전하게 이루어지는 것'(四智滿成)을 오법으로 설명하고 있다.

'부처 경지'(佛地)에 이르기까지 '하나처럼 통하는 마음에서 드러나는 평등한 현상세계'(一心平等法界)를 점차적으로 따르다가 [마침내] 모든 '[근본무지에 따른] 헤아림과 분별'(思慮分別)을 완전히 없애는 것이다.

"곧 [근본무지와 분별에 따른] 생겨남과 사라짐이 없으니"(卽無生滅)라는 것은, 이전의 헤아림(思慮)에는 '[근본무지와 분별에 따라] 생겨나고 사라지는 양상'(生滅相)이 있었지만 지금은 [그런] 헤아림(思慮)이 사라지고 완전히 '[불변·독자의 본질/실체로 보는 생각으로] 분별함이 없어져'(無分別) '두 종류의 생멸[하는 양상]'(二種生滅)[108]에서 궁극적으로 벗어나기 때문이다. 이로부터는 이미 [근본무지와 분별에 따라 생멸하는 양상이] 제거되었으므로 진리(理)에 따르면서 동요하지 않고 미래가 다하도록 다시는 동요(動)하지 않으니, 그러므로 "사실 그대로와 같아져 [분별망상이] 일어나지 않는다"(如實不起)라고 말하였다.

[또] '두 종류의 생멸[하는 양상]'(二種生滅)이 완전하게(究竟) 그칠 때에는 '여덟 가지 식'(八種識)의 동요(動)는 모두 평온(靜)으로 돌아가고 ['집착에 서로 응하는 오염[된 마음]'(執相應染), '[집착이] 끊어지지 않는 것과 서로 응하는 오염[된 마음]'(不斷相應染), '분별하는 인식과 서로 응하는 오염[된 마음]'(分別智相應染), '[식이] 나타낸 유형적인 대상과 서로 응하지 않는 오염[된 마음]'

---

108 이종생멸二種生滅: 『대승기신론』 본문에서 설명한 것처럼, 여기서 두 가지는 마음과 서로 응하는지의 여부에 따라 '뚜렷한 양상'(麁)과 '미세한 양상'(細)으로 나뉜 것을 가리킨다. 『대승기신론』의 관련 내용은 다음과 같다. "다시 '[근본무지에 따라] 생멸하는 양상'(生滅相)을 구별하는 것에 두 가지가 있다. 무엇이 두 가지인가? 첫 번째는 '뚜렷한 양상'(麤)이니 '[제6의식意識 차원의] 마음과 서로 응하는 것'(與心相應)이고, 두 번째는 '미세한 양상'(細)이니 '[제6의식意識 차원의] 마음과 서로 응하지 않는 것'(與心不相應)이다. 또 '뚜렷한 양상 가운데서도 뚜렷한 양상'(麤中之麤)[을 아는 수준]은 범부의 경지이고, '뚜렷한 양상 가운데서 미세한 양상'(麤中之細) 및 '미세한 양상 가운데서 뚜렷한 양상'(細中之麤)[을 아는 수준]은 보살의 경지이며, '미세한 양상 가운데서도 미세한 양상'(細中之細)[을 아는 수준]은 부처의 경지이다"(T32, 577c26~29. 復次分別生滅相者有二種. 云何爲二? 一者麁, 與心相應故. 二者細, 與心不相應故. 又麁中之麁, 凡夫境界, 麁中之細, 及細中之麁, 菩薩境界, 細中之細, 是佛境界).

(現色不相應染), '주관인 마음과 서로 응하지 않는 오염[된 마음]'(能見心不相應染), '[근본무지에 의한] 애초의 움직임과 서로 응하지 않는 오염[된 마음]'(根本業不相應染), 이] '여섯 가지 오염'(六染)으로 흘러감(流注)이 완전하게 사라져 [다시는] 생겨나지 않으니, 그러므로 "모든 [종류의] 식識이 편안하고 평온하며 [분별하는 오염된 식識으로] 흘러감이 생겨나지 않는다"(諸識安寂, 流注不生)라고 말하였다. [그리고] [분별하는 오염된 식識으로] 흘러감이 생겨나지 않기 때문에 현상세계(法界)가 온전하게 드러나며, 모든 [종류의] 식識이 편안하고 평온하므로 '['거울로 비추는 것처럼 [현상세계를] 온전하게 드러내는 지혜'(大圓鏡智) · '[불변 · 독자의 본질/실체라는 생각으로 비교하지 않아] 평등하게 보는 지혜'(平等性智) · '사실 그대로 이해하는 지혜'(妙觀察智) · '[중생들이 열반에 이르도록 성숙시키는] 일을 이루어 가는 지혜'(成所作智), 이] 네 가지 지혜'(四智)가 완전하게 이루어지니, 그러므로 "다섯 가지 현상이 온전해진다"(得五法淨)라고 말하였다. [또] [온갖 중생을] 실어 나르는 능력(功)으로는 이를 넘어서는 것이 없으므로 [이런 내용을] 총괄하여 "대승이라 한다"(是謂大乘)라고 마무리하였다. '동요(動)를 제거하여 [번뇌로 인한 동요가 그친] 평온(寂)[의 이로움]으로 나아감'(去動就寂)을 곧바로 밝히는 글은 [여기서] 끝난다.

菩薩! 入五法淨, 心卽無妄, 若無有妄, 卽入如來自覺聖智之地. 入智地者, 善知一切從本不生, 知本不生, 卽無妄想".

[H1, 618c20~23; T34, 970b4~6]

보살이여! '다섯 가지 현상이 온전[해진 경지]'(五法淨)에 들어가면 마음에 곧 망념이 없어지고, 망념이 없어진다면 곧바로 '여래가 스스로 깨달은 고귀한 지혜의 경지'(如來自覺聖智之地)에 들어간다. [이] 지혜의 경지에 들어간 사람은 모든 것이 '본래부터 [불변 · 독자의 본질/실체로서] 생겨나지 않은 것'(本不生)[109]임을 잘 알게 되고, '본래부터 [불변 · 독자의 본질/실체로

109 '불생不生'이라는 말은 『금강삼매경』과 『금강삼매경론』의 핵심개념군群에 속하는데,

서] 생겨나지 않은 것'(本不生)임을 알게 되면 곧바로 '[불변 · 독자의 본질/실체로 보아 분별하는] 잘못된 생각'(妄想)이 없어지는 것이다."

此是重顯, 卽有三句. 初言"入五法淨, 心卽無妄"者, 歸心源時, 卽無妄念之不覺故. 第二言"若無有妄, 卽入如來自覺聖智之地"者, 不覺盡時, 卽入始覺圓智之地故, 是對不覺, 顯始覺滿也. 第三"入智地者, 善知一切從本不生, 知本不生, 卽無妄想"者, 始覺滿時, 能知不覺四相動念本來不生, 卽知本來無妄想故, 是顯始覺不異本覺也. 如『起信論』云, "一切衆生不名爲覺, 以從本來念念相續, 未曾離念故說無始無明. 若得無念者, 卽[110]知心相生住異滅. 以無念等故, 而實無有始覺之異, 以四相俱時而有, 皆無自立, 本來平等, 同一覺故". 案云, 此中言"若得無念, 卽知心相生住異滅"者, 卽顯經中"善知一切"也. "而實無有始覺之異者", 卽顯經中"善知從本不生"也. "以四相俱時而有, 皆無自立, 本來平等, 同一覺故"者, 卽顯經中"知本不生, 卽無妄想"也. 夢中渡河之喩, 此中應廣說也.

[H1, 618c24~619a21; T34, 970b6~24]

이것은 '거듭 드러낸 것'(重顯)으로 [여기에는] 세 구절이 있다. 첫 구절에서 "'다섯 가지 현상이 온전[해진 경지]'에 들어가면 마음에 곧 망념이 없어진다"(入五法淨, 心卽無妄)라고 말한 것은, '[하나처럼 통하게 하는] 마음의 근원'(心源)으로 돌아갈 때는 곧 '[근본무지에 따라] 잘못 분별하는 생각인 ['사실 그

원효는 이 말을 두 가지 의미맥락에서 접근하고 있다. 하나는 '불변/독자의 실체나 본질'의 근거 없음을 통찰하는 중관中觀적 의미맥락이고, 다른 하나는 '불변/독자의 실체나 본질이 있다는 생각'을 수립하여 증식해 가는 인식/마음의 분별망상적 희론 과정을 통찰하는 유식/기신론적 의미맥락이다. 본 번역에서는, '불생不生'이라는 말이 전자의 의미맥락에서 사용될 때는 '[불변 · 독자의 본질/실체로서] 생겨나지 않음'으로, 후자의 의미맥락에서 사용될 때에는 '[분별망상이] 생겨나지 않음'으로 구별하여 번역한다. '불생不生'에 대한 원효의 이와 같은 두 가지 접근법은 중관적 통찰과 유식적 통찰을 통섭시키려는 그의 일관된 문제의식을 증언하는 한 사례라 할 수 있다.

110 대정장의『대승기신론』원문에는 '則'자로 되어 있다(T32, 576c2; H1, 752b14).

대로'를] 깨닫지 못함'(妄念之不覺)이 없어지기 때문이다.

두 번째 구절에서 "망념이 없어진다면 곧바로 여래가 스스로 깨달은 고귀한 지혜의 경지에 들어간다"(若無有妄, 卽入如來自覺聖智之地)라고 말한 것은, '['사실 그대로'를] 깨닫지 못함'(不覺)이 다 사라질 때에 곧 '['사실 그대로'를] 비로소 깨달아 감의 온전한 지혜의 경지'(始覺圓智之地)로 들어가기 때문이니, 이것은 '['사실 그대로'를] 깨닫지 못함'(不覺)에 대비시켜 '['사실 그대로'를] 비로소 깨달아 감이 완전해짐'(始覺滿)을 나타낸 것이다.

세 번째 구절인 "[이] 지혜의 경지에 들어간 사람은 모든 것이 본래부터 [불변 · 독자의 본질/실체로서] 생겨나지 않은 것임을 잘 알게 되고, 본래부터 [불변 · 독자의 본질/실체로서] 생겨나지 않은 것임을 알게 되면 곧바로 '[불변 · 독자의 본질/실체로 보아 분별하는] 잘못된 생각'이 없어지는 것이다"(入智地者, 善知一切從本不生, 知本不生, 卽無妄想)라는 것은, '['사실 그대로'를] 비로소 깨달아 감'(始覺)이 온전해질 때는 '['사실 그대로'를] 깨닫지 못함'(不覺)의 '[생기고(生) 머무르며(住) 변이되고(異) 사라지는(滅)] 네 가지 양상으로 동요하는 마음'(四相動念)이 본래부터 '[불변 · 독자의 본질/실체로서] 생겨나지 않는 것'(不生)임을 알 수 있어 곧 본래부터 '[불변 · 독자의 본질/실체로 보아 분별하는] 잘못된 생각'(妄想)이 없음을 알게 되기 때문이니, 이것은 '['사실 그대로'를] 비로소 깨달아 감'(始覺)이 '깨달음의 본연'(本覺)[인 '사실 그대로 앎']과 다르지 않음을 드러낸 것이다.

[이 뜻은]『대승기신론大乘起信論』에서 [다음과 같이] 말한 것과 같다. "[이런 까닭에] 모든 중생을 '깨달았다'(覺)고 부르지 못하니, 본래부터 '[근본무지에 따라 분별하는] 생각'(念)들이 서로 꼬리를 물고 이어져 아직 그 생각에서 떠난 적이 없기 때문에 '시작을 말할 수 없는 근본무지'(無始無明)라 말한다. 만일 '분별하는 생각이 없어짐'(無念)을 체득한 자라면 곧 '[근본무지에 따라 분별하는] 마음양상'(心相)의 '생겨나고 머무르며 달라지고 사라짐'(生住異滅)을 안다. '분별하는 생각이 없는 경지'(無念)와 같아졌기 때문에 [이럴 때] 실제로는 '비로소 깨달아 감'(始覺)의 [내용들에] 차이가 없으니, '[분별망상의] 네

가지 양상'(四相)이 동시에 있어도 모두 스스로 존립할 수 없으며 본래 평등하고 동일한 깨달음(覺)이기 때문이다."[111]

생각건대, 이 『기신론』에서 "만일 '분별하는 생각이 없어짐'(無念)을 체득한 자라면 곧 '[근본무지에 따라 분별하는] 마음양상'(心相)의 '생겨나고 머무르며 달라지고 사라짐'(生住異滅)을 안다"(若得無念, 卽知心相生住異滅)라고 말한 것은, 『금강삼매경』에서 "모든 것을 잘 알게 되고"(善知一切)[라고 설한 뜻]을 나타낸 것이다. [또 『기신론』에서] "[이럴 때] 실제로는 '['사실 그대로'를] 비로소 깨달아 감'의 [내용들에] 차이가 없으니"(而實無有始覺之異)라고 한 것은, 『금강삼매경』에서 "[모든 것이] 본래부터 '[불변 · 독자의 본질/실체로서] 생겨나지 않은 것'(不生)임을 잘 알게 되고"(善知從本不生)[라고 설한 뜻]을 드러낸 것이다. [또 『기신론』에서] "[분별망상의] 네 가지 양상이 동시에 있어도 모두 스스로 존립할 수 없으며 본래 평등하고 동일한 깨달음이기 때문이다"(以四相俱時而有, 皆無自立, 本來平等, 同一覺故)라고 한 것은, 『금강삼매경』에서 "'본래부터 [불변 · 독자의 본질/실체로서] 생겨나지 않은 것'(本不生)임을 알게 되면 곧바로 '[불변 · 독자의 본질/실체로 보아 분별하는] 잘못된 생각'(妄想)이 없어지는 것이다"(知本不生, 卽無妄想)[라고 설한 뜻]을 드러낸 것이다. 꿈속에서 강을 건넌 비유[112]는 이 대목에서 자세하게 설하여야 하는 것이다.

---

111 『대승기신론』(T32, 576b29~c4).

112 이 비유는 『금광명최승왕경金光明最勝王經』과 『합부금광명경合部金光明經』에 등장한다. 어떤 사람이 꿈속에서 큰 강물에 몸이 빠져 손발을 부지런하게 움직여 강물을 건너 저쪽 언덕에 도달하는데, 그의 몸과 마음이 게으르지 않았기 때문이다. 꿈을 깨고 나니 강물이나 이쪽 언덕 및 저쪽 언덕을 모두 볼 수 없지만, 꿈을 꾸거나 깨어나는 마음마저 없는 것은 아니다. 그와 마찬가지로 생사와 망상을 다 없애어도 깨달음마저 없는 것은 아니라는 것을 말하는 비유이다. 『금광명최승왕경』 권2(T16, 410a29~b6). "譬如有人於睡夢中, 見大河水漂泛其身, 運手動足, 截流而渡, 得至彼岸, 由彼身心不懈退故. 從夢覺已, 不見有水彼此岸別, 非謂無心. 生死妄想既滅盡已, 是覺清淨, 非謂無覺. 如是法界一切妄想不復生故, 說爲清淨, 非是諸佛無其實體"; 『합부금광명경』 권1(T16, 364c1~6). "譬如有人, 於臥寐中, 夢見大水流泛其身, 運手動足, 逆流而上, 以其心力不懈退故, 從於此岸, 得至彼岸. 夢既覺已, 不見有水彼此之岸. 生死妄想既滅盡已, 是覺清

解脫菩薩, 而白佛言, "尊者, 無妄想者, 應無止息".

[H1, 619a22~23; T34, 970b25~26]

해탈보살이 부처님께 아뢰었다. "존경받는 분이시여! '[불변 · 독자의 본질/실체로 보아 분별하는] 잘못된 생각'(妄想)이 없다면, 응당 '멈추어 쉰다'(止息)는 것도 없을 것입니다."

此下, 第二問答, 明無止息. 問意言〈本無妄想, 卽無所止, 所止無故, 能止亦無, 無能止故, 應無始覺〉. 如是難也.

[H1, 619a24~b3; T34, 970b26~28]

이 아래는 두 번째 문답으로 '멈추어 쉰다'(止息)는 것도 없음을 밝혔다. 질문한 뜻은 [다음과 같이] 묻는 것이다. 〈'본래 [불변 · 독자의 본질/실체로 보아 분별하는] 잘못된 생각이 없다'(本無妄想)면 곧 '그쳐지는 것'(所止)이 없는 것이고, '그쳐지는 것'이 없기 때문에 '그치게 함'(能止)도 없으며, '그치게 함'이 없으므로 마땅히 '['사실 그대로'를] 비로소 깨달아 감'(始覺)도 없어야 한다.〉 이와 같이 질문한 것이다.

佛言, "菩薩, 妄本不生, 無妄可息, 知心無心, 無心可止, 無分無別, 現識不生. 無生可止, 是卽無止, 亦非無止. 何以故? 止無止故."

[H1, 619b4~7; T34, 970b29~c2]

부처님께서 말씀하셨다.

"보살이여! '[분별하는] 잘못된 생각은 본래 [불변 · 독자의 본질/실체로서] 생겨나지 않은 것'(妄本不生)이어서 쉬게 할 수 있는 망상(妄)도 [본래] [불변 · 독자의 본질/실체로서] 없는 것이니, 마음에 '[불변 · 독자의 본질/실체로서의] 마음이 [본래] 없다'(無心)는 것을 알면 그칠 수 있는 마음이 없고 [마음

淨, 不爲無覺. 如是法界一切妄想不復更生, 故說淸淨, 不爲無體, 說於淸淨."〈현존 산스크리트본에는 해당하는 품 전체가 없다.〉

이 불변 · 독자의 본질/실체로] 나뉨(分)도 갈라짐(別)도 없어 '현재 [분별하는] 식'(現識)이 생겨나지 않는다. 그칠 수 있는 [마음이] [불변 · 독자의 본질/실체로서] 생겨난 것이 없는 것이 바로 '그침이 없음'(無止)인데, [이것은] 또한 '그침이 없는 것도 아니다'(非無止). 무엇 때문인가? '그칠 것이 없음을 그치는 것'(止無止)이기 때문이다."

答意有二, 先許無止, 後遮無止. 許者, 始覺不異本覺故, 遮者, 始覺非唯是本覺故. 許中息與止何異者? 妄起動故可息, 心馳散故可止. 而本無起無馳故, 無可息可止耳. "無分"者, 無相分於見故, "無別"者, 無見別於相故. 相見旣無分別, 現識本來不生, 去來不生, 愚智共知, 故約現在明本不生. 旣無所止不覺之生, 卽無能止始覺之異, 依不異門, 如是許也. "亦非無止"者, 非無不異之始覺故. "止無止故"者, 能止無生之妄心故, 雖生不可得, 而非徒無生故. 非徒無生故, 不無所止, 所以非無能止之覺, 如是答也.

[H1, 619b8~22; T34, 970c2~14]

[부처님] 대답의 뜻에는 두 가지가 있으니, 먼저는 '그침이 없음'(無止)을 허용(許)하는 것이고, 나중은 '그침이 없음'(無止)을 차단(遮)하는 것이다. 허용하는 것은 '['사실 그대로'를] 비로소 깨달아 감'(始覺)이 '깨달음의 본연'(本覺)[인 '사실 그대로 앎']과 다르지 않기 때문이고, 차단하는 것은 '['사실 그대로'를] 비로소 깨달아 감'(始覺)이 오로지 '깨달음의 본연'(本覺)[인 '사실 그대로 앎']인 것만은 아니기 때문이다.

허용하는 [뜻] 가운데서 쉼(息)과 그침(止)은 어떻게 다른가? [분별하는] 망상(妄)이 동요를 일으키기 때문에 '쉬게 할 수 있으며'(可息), 마음이 [분별망상을 좇아] 달려 나가 흩어지기 때문에 '그칠 수 있다'(可止). 그러나 본래 [망상의] 일어남(起)도 [불변 · 독자의 본질/실체로서] 없고 [마음이 분별망상을 좇아] '달려 나감'(馳)도 [불변 · 독자의 본질/실체로서] 없기 때문에, '쉬게 할 수 있는 것도 없고 그칠 수 있는 것도 없다'(無可息可止). "나뉨이 없다"(無分)라는 것은 주관(見)에서 대상(相)으로 나누어짐(分)이 [불변 · 독자의 본질/실체로서] 없기 때문이고, "갈라짐이 없다"(無別)라는 것은 대상(相)에서 주관(見)이 [불변 · 독자의 본질/실체로서] 갈라지지(別) 않기 때문이다. 대상(相)과 주관(見)이 이미 [불변 · 독자의 본질/실체로서] 나뉘거나(分) 갈라짐(別)이 없기에 '현재 [분별하는] 식'(現識)이 '본래 [불변 · 독자의 본질/실체로서] 생겨나지 않고'(本來不生) '과거와 미래'(去來)[의 분별하는 식識]도 [불변 · 독자의 본질/실체로서] '생겨나지 않으며'(不生) 어리석음과 지혜는 [불변 · 독자의 본질/실체로서 다른 것이 아니기에] 함께 아는 것이니, 그러므로 현재에 의거하여 '본래 [불변 · 독자의 본질/실체로서] 생겨나지 않은 것'(本來不生)임을 밝힌 것이다. 〈그쳐지는 '['사실 그대로'를] 깨닫지 못함'(不覺)〉의 생겨남이 이미 [불변 · 독자의 본질/실체로서] 없다면 곧 〈[분별망상을] 그치게 하는 '['사실 그대로'를] 비로소 깨달아 감'(始覺)〉[과 '깨닫지 못함'(不覺)과]의 다름도 [불변 · 독자의 본질/실체로서는] 없는 것이니, [이러한] '다르지 않은 측면'(不異門)에 따라 이와 같이 ['그침이 없음'(無止)을] 허용(許)한 것이다.

"또한 그침이 없는 것도 아니다"(亦非無止)라는 것은, [불변 · 독자의 본질/실체가 없다는 점에서는] ['깨닫지 못함'(不覺)과] 다르지 않은 '['사실 그대로'를] 비로소 깨달아 감'(始覺)이 [현상적으로] 없는 것이 아니기 때문이다. "그칠 것이 없음을 그치는 것이기 때문이다"(止無止故)라는 것은, 〈[아무것도] 생겨난 것이 없다는 '[사실 그대로를] 잘못 분별하는 마음'〉(無生之妄心)을 그칠 수 있기 때문이니, 비록 [분별망상의] 생겨남을 [불변 · 독자의 본질/실체로서] 얻을 수 없지만 오로지 '[아무것도] 생겨난 것이 없음'(無生)만은 아니기 때문이다. 오로지 '[아무것도] 생겨난 것이 없음'(無生)만은 아니기 때문에 그치는 것이 없는 것은 아니니, 그러므로 [분별망상을] 그치게 하는 깨달음[인 '['사실 그대로'를] 비로소 깨달아 감'(始覺)]이 없지 않기에 이와 같이 대답한 것이다.

解脫菩薩, 而白佛言, "尊者, 若止無止, 止卽是生, 何謂無生?"

[H1, 619b23~24; T34, 970c15~16]

해탈보살이 부처님께 아뢰었다.

"존경받는 분이시여! 만약 '그칠 것이 없음을 그치는 것'(止無止)이라면 [그] 그침은 곧 생겨남이니 어떻게 '생겨난 것이 없음'(無生)이라고 하겠습니까?"

此下, 第三問答, 顯無生觀. 難意云, 〈若有能止之覺, 則生能止之觀, 雖遣不覺之起, 還存始覺之生, 何謂能證無生觀耶?〉

[H1, 619c1~4; T34, 970c16~19]

이 아래는 세 번째 문답으로 '[불변 · 독자의 본질/실체로서] 생겨난 것이 없다는 이해'(無生觀)[의 의미]를 드러낸 것이다. 질문하는 뜻은 [다음과 같이] 말하는 것이다. 〈만약 '그치게 하는 깨달음'[인 '['사실 그대로'를] 비로소 깨달아 감'(始覺)]이 있다고 한다면 곧 '[분별망상을] 그치게 하는 이해'(能止之觀)를 일으킨 것이며, [그렇다면] 비록 '['사실 그대로'를] 깨닫지 못함'(不覺)의 일어남을 버렸지만 도리어 '['사실 그대로'를] 비로소 깨달아 감'(始覺)의 생겨남을 두는 것이니, 어떻게 '[불변 · 독자의 본질/실체로서] 생겨난 것이 없다는 이해'(無生觀)를 증득했다고 말할 수 있겠는가?〉

佛言, "菩薩! 當止是生, 止已無止, 亦不住於無止, 亦不住於無住, 云何是生?"

[H1, 619c5~6; T34, 970c20~21]

부처님께서 말씀하셨다.

"보살이여! '그치는 것'(止)에 해당하는 것은 '생겨남'(生)이지만, 그치고 나면 '그치는 것'(止)이 없으며 '그치는 것이 없다'[는 생각]에도 머물지 않고 '머무는 것이 없다'(無住)[는 생각]에도 머물지 않으니, 무엇을 '생겨남'(生)이라 하겠는가?"

答意有二, 先與後奪. 與者, 許生在方便觀, 能止心生故. 且如世第一法之時, 雖止識生, 不取於識, 而能止心, 取無而生, 當此止時, 卽許是生. 以之故言, “當止是生”. 過此一念, 卽不取無, 不取無故, 取心不生. 以之故言, “止已無止”. 此時遠離一切分別故, 不住於無止之無, 亦不取其自無住心, 能所永絶, 平等平等, 云何是時可得是生? 如是答也.

[H1, 619c7~16; T34, 970c21~29]

대답한 뜻에는 두 가지가 있으니, 먼저는 ‘주는 것’(與)이고 나중은 ‘빼앗는 것’(奪)이다. ‘주는 것’(與)이라는 것은 ‘수단과 방법으로서의 이해’(方便觀)가 생겨남을 허용하는 것이니, ‘[분별망상을] 그치게 하는 마음’(能止心)이 생겨나기 때문이다. 만약 ‘[견도見道 이전의 단계에서] 가장 뛰어난 수준의 수행’(世第一法)[113]일 때에는 비록 [분별망상의] 식識이 생기는 것을 그쳐 [그] 식識을 붙들고 있지는 않지만, ‘[분별망상을] 그치게 하는 마음’(能止心)이 [분별망상의 식識을] ‘없애는 [생각]’(無)을 붙들면서 생겨나니, 이러한 ‘그치는 것’(止)에 해당할 때에는 곧 ‘생겨남’(生)을 허용한다. 이런 까닭에 “‘그치는 것’에 해당하는 것은 ‘생겨남’이다”(當止是生)라고 말하였다.

이 [세제일법世第一法에 해당하는] 한 생각을 넘어서면 곧 [분별망상의 식識을] ‘없애는 [생각]’(無)을 붙들지 않으며, [분별망상의 식識을] ‘없애는 [생각]’(無)을 붙들지 않기 때문에 ‘붙드는 마음’(取心)이 생겨나지 않는다. 이런 까닭에 “그치고 나면 ‘그치는 것’이 없다”(止已無止)라고 말하였다. 이때에는 모든 ‘[불변 · 독자의 본질/실체로 보는 생각으로] 분별함’(分別)에서 멀리 벗어나기 때

113 세제일법世第一法: ‘네 가지 이로운 능력’(四善根)인 난煖, 정頂, 인忍, 세제일법世第一法 가운데 가장 수준이 높은 능력이다. 사선근四善根은 견도見道 성위聖位에 들어가기 위한 범부행凡夫行의 마지막 수행 단계이고 이 사선근 중에서도 가장 수준이 높은 능력을 갖는 수행 과정이 세제일법이므로 본문에서는 범부행(방편관)의 정점인 세제일법을 예로 들어 그 능력과 한계를 논의함으로써 견도 정관正觀의 뜻을 드러내려는 것으로 보인다. 『아비달마구사론』 권23에서는 “此有漏故, 名爲世間, 是最勝故, 名爲第一. 此有漏法世間中勝. 是故名爲世第一法”(T29, 119c14~16)이라고 설명하고 있다. 유루有漏이기 때문에 세간世間이고 가장 탁월한 것이기 때문에 제일第一이니, 결국 세간世間의 유루법有漏法 중에 가장 탁월하기 때문에 세제일법世第一法이라 한다는 것이다.

문에 〈'그치는 것이 없다'고 하는 '없음'〉(無止之無)에도 머물지 않으며, 또 그 〈'자신은 머무르지 않는다'는 마음〉(自無住心)도 붙들지 않아, '주관과 객관'(能所)[을 불변 · 독자의 본질/실체라고 분별함]이 완전하게 끊어져 [주관과 객관이] 평등하고 또 평등하니, 이러한 때에 어떻게 생겨남(生)을 얻을 수 있겠는가? 이와 같이 답한 것이다.

解脫菩薩, 而白佛言, "尊者! 無生之心, 有何取捨, 住何法相?" 佛言, "無生之心, 不取不捨, 住於不心, 住於不法".

[H1, 619c17~19; T34, 971a1~3]

해탈보살이 부처님께 아뢰었다.

"존경받는 분이시여! '[불변 · 독자의 본질/실체로서] 생겨난 것이 없는 마음'(無生之心)에는 어떤 '붙드는 것'(取)과 '버리는 것'(捨)이 있으며, 어떤 '현상의 양상'(法相)에 머무릅니까?"

부처님께서 말씀하셨다.

"'[불변 · 독자의 본질/실체로서] 생겨난 것이 없는 마음'(無生之心)은 [그 무엇도] 붙들지 않고 버리지 않아서, '[불변 · 독자의 본질/실체로서의] 마음이 아닌 것'(不心)에 머무르고, '[불변 · 독자의 본질/실체로서의] 현상이 아닌 것'(不法)에 머무른다."

此是第四問答, 遣增減見, 謂諸學者, 猶作是念. 〈入觀之心, 取無相理, 捨諸相事.〉 爲遣此增益見故, 言"不取不捨". 或作是念. 〈入觀之時, 都無所住法, 亦無能住心.〉 如是不異於畢竟無, 爲除此損減見故, 言"住於不心, 住於不法". 雖非有住, 而非無住, 非無住故, 得言"住"也.

[H1, 619c20~620a3; T34, 971a3~9]

이것은 네 번째 문답인데, '있다는 견해와 없다는 견해'(增減見)를 버리게 하는 것이니 [그 뜻은 다음과 같다.] 배울 것이 남아 있는 많은 사람들은 오히려 이렇게 생각한다. 〈[[불변 · 독자의 본질/실체로서] 생겨난 것이 없다는] 이해로 들어간 마음은 '[불변 · 독자의 본질/실체로 차별된] 차이가 없다는 도리'(無相理)는 붙들고, '모든 유형의 [불변 · 독자의 본질/실체로 차별된] 차이들'(諸相事)은 버린다〉[라고.] [붙드는 것을 인정하는] 이러한 '있다는 견해'(增益見)를 버리게 하기 위하여 "[그 무엇도] 붙들지 않고 버리지 않는다"(不取不捨)라고 말하였다.

[또] 어떤 이는 이러한 생각을 짓기도 한다. 〈[[불변 · 독자의 본질/실체로서] 생겨난 것이 없다는] 이해로 들어갔을 때에는 '머무르게 되는 곳인 현상'(所住法)이 전혀 없고, '머무르는 [주관인] 마음'(能住心)도 없다〉[라고.] 이와 같은 [생각은] '궁극적으로는 아무것도 없다'(畢竟無)는 [견해]와 다르지 않으니, [아무것도 인정하지 않는] 이러한 '없다는 견해'(損減見)를 제거하기 위하여 "[불변 · 독자의 본질/실체로서의] 마음이 아닌 것에 머무르고, [불변 · 독자의 본질/실체로서의] 현상이 아닌 것에 머무른다"(住於不心, 住於不法)라고 말하였다. 비록 [불변 · 독자의 본질/실체로서의 어떤 것에] 머무름이 있는 것은 아니지만 머무름이 없는 것은 아니니, 머무름이 없는 것은 아니기 때문에 "머무른다"(住)라고 말할 수 있다.

解脫菩薩, 而白佛言, "尊者! 云何住於不心, 住於不法?" 佛言, "不生於心, 是住不心, 不生於法, 是住不法.

[H1, 620a4~6; T34, 971a10~12]

해탈보살이 부처님께 아뢰었다.

"존경받는 분이시여! 어떻게 해야 '[불변 · 독자의 본질/실체로서의] 마음이 아닌 것'(不心)에 머무르고 '[불변 · 독자의 본질/실체로서의] 현상이 아닌 것'(不法)에 머무릅니까?"

부처님께서 말씀하셨다.

"마음에 대해 [불변 · 독자의 본질/실체라는 생각을] 일으키지 않는 것이 '마음이 아닌 것'(不心)에 머무르는 것이고, 현상(法)에 대해 [불변 · 독자의 본질/실체라는 생각을] 일으키지 않는 것이 '현상이 아닌 것'(不法)에 머무르는 것이다.

此下, 第五問答, 重遣疑情. 疑情之言, 〈既言住者, 卽應是心是法, 若不心法, 卽應言是不住. 此言甚深, 云何信解?〉 如是疑也. 佛答意言, 〈不存能證觀心, 不存所證理法, 故言"不生於心, 不生於法", 生猶存也. 既恒不存心法, 非或失念而存, 故言"是住不心, 是住不法". 住猶恒也. 恒不退失, 故名爲"住". 住義如是, 彌順不心, 何容相違於其間哉?〉 如是正答. 下卽重顯.

[H1, 620a7~16; T34, 971a12~20]

이 아래는 다섯 번째 문답인데, 의심(疑情)을 거듭 제거하는 것이다. 의심하는 말은 [다음과 같다.] 〈이미 '머무른다'고 말했다면 이것은 곧 [머무르는] 마음(心)이나 [머무르게 되는] 현상(法)이어야 하고, 만약 마음(心)도 아니고 현상(法)도 아니라면 곧 '머무르지 않는다'(不住)고 말해야 한다. [따라서] 이러한 말은 매우 심오한 것이니 어떻게 믿고 이해해야 하는가?〉 이와 같이 의심하는 것이다.

부처님이 대답한 뜻은 [다음과 같이] 말한 것이다. 〈증득하는 주관인 '[[불변·독자의 본질/실체로서] 생겨난 것이 없다고] 이해하는 마음'(觀心)을 [불변·독자의 본질/실체로서] 두지 않고 증득되는 '도리대로의 현상'(理法)을 [불변·독자의 본질/실체로서] 두지 않기 때문에, "마음에 대해 [불변·독자의 본질/실체라는 생각을] 일으키지 않고, 현상에 대해 [불변·독자의 본질/실체라는 생각을] 일으키지 않는다"(不生於心, 不生於法)라고 말하였으니, '일으킨다'(生)는 것은 '둔다'(存)는 것과 같다. 이미 언제나 마음과 현상을 [불변·독자의 본질/실체로서] 두지 않아, 혹 [마음과 현상을 불변·독자의 본질/실체로서 두지 않는] 생각을 놓쳐 [다시금 마음과 현상을 불변·독자의 본질/실체로서] 두는 것이 아니니, 그러므로 "'마음이 아닌 것'에 머무르는 것이고, '현상이 아닌 것'에 머무르는 것이다"(是住不心, 是住不法)라고 말한 것이다. '머무른다'(住)는 것은 '항상 그렇다'(恒)는 것과 같다. 항상 그러하여 잃어버리고 물러나지 않기 때문에 "머무른다"(住)라고 말하는 것이다. '머무른다는 뜻'(住義)이 이와 같으면 더욱더 '마음이 아닌 것'(不心)[에 머무름]을 이어 가게 되니, 어찌 그 사이에서 서로 어긋남을 허용하겠는가?〉 이상과 같이 곧바로 대답하신 것이다. 아래에서는 ['분별망상이 생겨나지 않음'(不生)의 뜻에 대해] 거듭 밝힌다.

善男子! 不生心法, 卽無依止, 不住諸行, 心常空寂, 無有異相. 譬彼虛空, 無有動住, 無起無作, 無彼無此. 得空心眼, 得法空身,[114] 五陰六入, 悉皆空寂.

[H1, 620a17~20; T34, 971a21~24]

훌륭한 이여! '마음과 현상'(心法)을 [불변·독자의 본질/실체로서] '생겨나게 하지 않으면'(不生) 곧 [그 무엇에도] 의지함이 없어지고 '갖가지 마음작용'(諸行)에 머무르지 않아, 마음이 늘 '불변·독자의 본질/실체가 없고 [불변·독자의 본질/실체로 보는 분별의] 동요가 없는 경지'(空寂)여서 '[불변·독자의 본질/실체로 차별된] [서로] 다른 차이'(異相)가 존재하지 않는다. 비유하면, 저 허공에는 움직임(動)이나 머무름(住)이 없고 [어떤 것을] '일어나게 함'(起)도 없고 [어떤 것을] 지어냄(作)도 없어서 저것(彼)[이라 할 것]도 없고 이것(此)[이라 할 것]도 없[는 것과 같]다. '[주관인] 마음에 불변·독자의 본질/실체가 없다는 안목'(空心眼)을 얻고 '[객관인] 현상에 불변·독자의 본질/실체가 없다는 [진리의] 몸'(法空身)을 얻으면, '자아를 이루고 있는 요소들인 [색色·수受·상想·행行·식識의] 다섯 가지 더미'(五陰)와 '[눈(眼)·귀(耳)·코(鼻)·혀(舌)·몸(身)·의식(意)의] 여섯 감관능력'(六入)이 모두 다 '불변·독자의 본질/실체가 없고 [불변·독자의 본질/실체로 보는 분별의] 동요가 없다'(空寂).

此下, 第二重顯, 於中有二. 先顯遠離諸相, 周遍三世, 後顯隨順法界, 具修六度. 初中三句, 謂法喩合. "不生心法"者, 牒前正答句, "卽無依止"者, 橫無能依所依之異, "不住諸行"者, 縱無曾當今現之行. 無曾當故, "心常空

114 한불전의 주석(H1, 620a20)에는 '身' 대신 '心'자로 되어 있는 판본이 있다고 했으나, 원효의 설명에 의거하면 '身'으로 보는 것이 적절하다. 대정장(T34, 971a23)의 『금강삼매경론』에도 '身'으로 되어 있다.

寂", 無能所故, "無有異相". 譬彼已下, 第二引喩. "無有動住"者, 如世虛空, 無爲常住, 無有前滅後生之動, 喩於"不住諸行". 亦無能依所依之住, 比於"卽無依止". "無起無作", 卽同"心常空寂", "無彼無此", 不異"無有異相", 故擧虛空, 喩不生觀也. 合中言"得空心眼"者, 由不生能觀心, 得無所不觀故. "得法空身"者, 由不生所觀法, 得平等法身故. "五陰皆空"者, 以得空心眼, 達於三世五陰空故, 合前虛空無起作也. "六入悉空"者, 以得法空身, 遍於內外六入空故, 合前虛空無彼此也.

[H1, 620a21~b15; T34, 971a24~b10]

이 아래는 두 번째인 '거듭 밝히는 것'(重顯)으로 여기에는 두 가지가 있다. 먼저 〈'모든 유형의 [불변 · 독자의 본질/실체로 차별된] 차이에서 멀리 벗어나'(遠離諸相) '과거 · 현재 · 미래의 [모든] 때'(三世)에 [[불변 · 독자의 본질/실체로서] 생겨난 것이 없는 마음'(無生之心)이] 두루 있음〉을 밝혔고, 나중에는 〈'현상세계'(法界)에 따르면서 '여섯 가지 보살수행'(六度)을 갖추어 수행함〉을 밝혔다. [본문의] 처음에 세 구절이 있는데, '도리'(法)와 '비유'(喩)와 '[비유와의] 합치'(合)가 그것이다.

"마음과 현상을 [불변 · 독자의 본질/실체로서] 생겨나게 하지 않는다"(不生心法)라는 것은 앞의 '곧바로 대답한 구절'(正答句)을 끌어들인 것이고, "곧 [그 무엇에도] 의지함이 없어진다"(卽無依止)라는 것은 주관(能依)과 객관(所依)의 차이가 [불변 · 독자의 본질/실체로서] 없다는 것을 수평적으로 [한꺼번에] 말한 것이며, "갖가지 마음작용에 머무르지 않는다"(不住諸行)라는 것은 '과거 · 미래 · 현재에 나타나는 마음작용'(曾當今現之行)[에 머무름]이 없다는 것을 시간적으로 [한꺼번에] 말한 것이다. 과거와 미래[의 마음에 머무름]이 없기 때문에 "마음은 늘 '불변 · 독자의 본질/실체가 없고 [불변 · 독자의 본질/실체로 보는 분별의] 동요가 없는 경지'(空寂)이다"(心常空寂)[라고 말한 것]이고, [현재의 마음에] 주관(能)과 객관(所)이 [불변 · 독자의 본질/실체로서] 없기 때문에 "'[불변 · 독자의 본질/실체로 차별된] [서로] 다른 차이'(異相)가 존재하지 않는다"(無有異相)[라고 하였다.]

“비유하면 저 [허공에는] …”(譬彼) 이하는 두 번째인 비유(喩)를 끌어온 것이다. “움직임이나 머무름이 없다”(無有動住)라는 것은, 세상의 허공이 ‘행위가 없이 늘 그대로 머무르기에’(無爲常住) 앞에서 사라졌다가 뒤에 생겨나는 움직임(動)이 없는 것과 같다는 것이니, [이것은] “갖가지 마음작용에 머무르지 않음”(不住諸行)을 비유한 것이다. 또한 [허공에] ‘의지하는 것’(能依)과 ‘의지되는 것’(所依)의 머무름이 없는 것은 “곧 [그 무엇에도] 의지함이 없음”(卽無依止)에 비유된다. “[어떤 것을] 일어나게 함도 없고 [어떤 것을] 지어냄도 없다”(無起無作)라는 것은 곧 “마음이 늘 ‘불변 · 독자의 본질/실체가 없고 [불변 · 독자의 본질/실체로 보는 분별의] 동요가 없는 경지’이다”(心常空寂)[라고 앞에서 말한 것]과 같고, “저것[이라 할 것]도 없고 이것[이라 할 것]도 없[는 것과 같]다”(無彼無此)라는 것은 “‘[불변 · 독자의 본질/실체로 차별된] [서로] 다른 차이’(異相)가 존재하지 않는다”(無有異相)[라고 앞에서 말한 것]과 다르지 않으니, 그러므로 허공을 [예로] 들어 ‘[분별망상이] 생겨나지 않음에 대한 이해’(不生觀)에 비유한 것이다.

‘[비유와의] 합치’(合) 중에서 “‘[주관인] 마음에 불변 · 독자의 본질/실체가 없다는 안목’(空心眼)을 얻는다”(得空心眼)라는 것은 ‘[주관인] 이해하는 마음’(能觀心)[을 불변 · 독자의 본질/실체로 보는 생각]을 일으키지 않기 때문에 ‘[사실 그대로] 이해하지 못하는 것이 없는 [경지]’(無所不觀)를 얻는 것이고, “[객관인] 현상에 불변 · 독자의 본질/실체가 없다는 [진리의] 몸을 얻는다”(得法空身)라는 것은 ‘이해의 대상인 현상’(所觀法)[을 불변 · 독자의 본질/실체로 보는 생각]을 일으키지 않기 때문에 ‘[사실 그대로] 평등해진 진리 몸’(平等法身)을 얻는 것이다. ‘자아를 이루고 있는 요소들인 [색色 · 수受 · 상想 · 행行 · 식識의] 다섯 가지 더미가 모두 불변 · 독자의 본질/실체가 없다’(五陰皆空)라는 것은, ‘[주관인] 마음에 불변 · 독자의 본질/실체가 없다는 안목’(空心眼)을 얻음으로써 ‘과거 · 현재 · 미래 [모든 때]’(三世)의 ‘자아를 이루고 있는 요소들인 다섯 가지 더미’(五陰)가 ‘불변 · 독자의 본질/실체가 없다’(空)는 것을 통달하는 것이니, 앞에서 [말한] ‘허공에는 [어떤 것이] 일어남(起)도 없고 [어떤 것을]

지어냄(作)도 없다'는 [비유와] 합치한다.

'[눈(眼)·귀(耳)·코(鼻)·혀(舌)·몸(身)·의식(意)의] 여섯 감관능력이 다 불변·독자의 본질/실체가 없다'(六入悉空)라는 것은, '[객관인] 현상에 불변·독자의 본질/실체가 없다는 [진리의] 몸'(法空身)을 얻었기 때문에 '내부의 여섯 감관능력'(內六入)[인 눈(眼)·귀(耳)·코(鼻)·혀(舌)·몸(身)·의식(意)]과 '외부의 여섯 감관대상'(外六入)[인 사물(色)·소리(聲)·냄새(香)·맛(味)·감촉(觸)·개념(法)]에 '불변·독자의 본질/실체가 없음'(空)을 두루 통달하는 것이니, 앞에서 [말한] '허공에는 저것(彼)[이라 할 것]도 없고 이것(此)[이라 할 것]도 없다'는 [비유와] 합치한다.

善男子! 修空法者, 不依三界, 不住戒相, 淸淨無念, 無攝無放, 性等金剛, 不壞三寶, 空心不動, 具六波羅蜜".

[H1, 620b16~18; T34, 971b11~13]

훌륭한 이여! '불변·독자의 본질/실체가 없다는 도리'(空法)를 닦는 자는 '[욕망세계·유형세계·무형세계, 이] 세 가지 세계'(三界)에 의존하지 않고, '계율의 특정한 내용에 머무르지 않으며'(不住戒相), '온전하여 [불변·독자의 본질/실체라고] 분별하는 생각이 없고'(淸淨無念), '껴안은 것'(攝)도 없고 '놓아 버린 것'(放)도 없으며, 본연(性)은 금강석[의 단단함]과 같아 '[부처(佛)·진리(法)·수행공동체(僧), 이] 세 가지 보배'(三寶)[에 대한 믿음]을 무너뜨리지 않으니, '불변·독자의 본질/실체가 없는 마음'(空心)이 움직이지 않으면서 '[보시布施·지계持戒·인욕忍辱·정진精進·선정禪定·지혜智慧의] 여섯 가지 보살수행'(六波羅蜜)을 모두 갖춘다."

是第二顯具修六度. "修空法者"者, 牒前空寂之心, 下別顯具六度. "不依三界"故, 具施度, "不住戒相"故, 具戒度, "淸淨無念"故, 具忍度, "無攝無放"故, 具精進, "性等金剛"故, 具禪定, "不壞三寶"故, 具般若. 何以故? 唯一觀心, 遍照可軌, 絶諸諍論, 故備三寶, 三寶義成, 故言"不壞". 唯一空心,無別動作, 而具六度, 故言"空心不動, 具六波羅密".

[H1, 620b19~c4; T34, 971b13~20]

이것은 두 번째인 '여섯 가지 보살수행'(六度)을 갖추어 닦음을 밝힌 것이다. "불변 · 독자의 본질/실체가 없다는 도리를 닦는 자"(修空法者)라는 것은 앞[에서 말한] '불변 · 독자의 본질/실체가 없고 [불변 · 독자의 본질/실체로 보는 분별의] 동요가 없는 마음'(空寂之心)을 이은(牒) 것인데, [그] 아래에서는 '여섯 가지 보살수행'(六度)을 갖추어 [닦음을] '하나씩 드러내었다'(別顯).

"[욕망세계 · 유형세계 · 무형세계, 이] 세 가지 세계에 의존하지 않기"(不依三界) 때문에 '널리 베푸는 [대승 보살의] 수행'(施度)을 갖추고, "계율의 특정한 내용에 머무르지 않기"(不住戒相) 때문에 '계율을 지키는 [대승 보살의] 수행'(戒度)을 갖추며, "온전하여 [불변 · 독자의 본질/실체라고] 분별하는 생각이 없기"(淸淨無念) 때문에 '모욕을 참아 내는 [대승 보살의] 수행'(忍度)을 갖추고, "껴안은 것도 없고 놓아 버린 것도 없기"(無攝無放) 때문에 '열심히 노력하는 [대승 보살의] 수행'(精進[度])을 갖추며, "본연(性)은 금강석[의 단단함]과 같기"(性等金剛) 때문에 '선정에 드는 [대승 보살의] 수행'(禪定[度])을 갖추고, "[부처(佛) · 진리(法) · 수행공동체(僧), 이] 세 가지 보배(三寶)[에 대한 믿음]을 무너뜨리지 않기"(不壞三寶) 때문에 '지혜가 밝아지는 [대승 보살의] 수행'(般若[度])을 갖추는 것이다.

어째서인가? '오직 하나처럼 통하는 것으로 이해하는 마음'(唯一觀心; 佛)이 '본보기로 삼을 수 있는 것'(可軌; 法)들을 치우침 없이 이해하여 온갖 〈'배타적 말다툼'(諍論)들을 끊어 버리기〉(絶諸諍論; 僧) 때문에 '[부처(佛) · 진리(法) · 수행공동체(僧), 이] 세 가지 보배'(三寶)를 갖추게 되니, '세 가지 보배의 뜻'(三寶義)이 이루어지기 때문에 "무너뜨리지 않는다"(不壞)라고 말하였다. [또] 〈오직 하나처럼 통하는 '불변 · 독자의 본질/실체가 없는 마음'〉(唯一空心)에는 [불변 · 독자의 본질/실체로서의] 개별적 동작이 없이 '여섯 가지 보살수행'(六度)을 갖추니, 그러므로 "'불변 · 독자의 본질/실체가 없는 마음'이 움직이지 않으면서 '[보시布施 · 지계持戒 · 인욕忍辱 · 정진精進 · 선정禪定 · 지혜智慧의] 여섯 가지 보살수행'을 모두 갖춘다"(空心不動, 具六波羅密)라고 말한 것이다.

解脫菩薩, 而白佛言, "尊者! 六波羅密者, 皆是有相, 有相之法, 能出世耶?" 佛言, "善男子! 我所說六波羅密者, 無相無爲.

[H1, 620c5~8; T34, 971b21~23]

해탈보살이 부처님께 아뢰었다.

"존경받는 분이시여! [세간世間에서 행해지는] '[보시布施 · 지계持戒 · 인욕忍辱 · 정진精進 · 선정禪定 · 지혜智慧, 이] 여섯 가지 보살수행'(六波羅蜜)이란 것은 모두 '차이를 두는 것'(有相)인데, '차이를 두는 도리'(有相之法)로써 세속에서 풀려날 수 있겠습니까?"

부처님이 말씀하셨다.

"훌륭한 이여! 내가 설한 '여섯 가지 보살수행'(六波羅蜜)이라는 것은 '[불변 · 독자의 본질/실체로 차별된] 차이를 두지 않으며'(無相) '[불변 · 독자의 본질/실체로 차별된 차이에 의거하는] 행위를 하지 않는다'(無爲).

此下, 第六問答, 重顯出世六度之義. 問者乘疑而爲決之故, 擧世間六度事相, 以疑出世心中具六. 答中有二, 一者略標, 二者廣釋, 此卽略標. 言"無相"者, 離施受等三輪相故, 言"無爲"者, 離生住等三有爲故. "我前所說一心具六"者, 一一皆是無相無爲故, 此六度是出世間, 不同世間有相有爲.

[H1, 620c9~16; T34, 971b23~c1]

이 아래는 여섯 번째 문답으로서 '세속에서 풀려나게 하는 여섯 가지 보살수행'(出世六度)의 뜻을 거듭 드러낸 것이다. 질문한 이는 [여섯 가지 보살수행의 뜻에 대한] 의심이 들어 그것을 해결하기 위하여 '세간[에서 행해지는] 여섯 가지 보살수행의 현상적 모습'(世間六度事相)을 거론하면서 '세간에서 풀려나는 마음'(出世心) 안에도 '여섯 가지 [보살수행]'(六[度])이 갖추어지는지를 의심하고 있는 것이다. 대답에 두 가지가 있으니, 첫 번째는 '[핵심을] 간략히 드러내는 것'(略標)이고, 두 번째는 '자세하게 해석한 것'(廣釋)인데, 이 구절은 바로 '[핵심을] 간략히 드러내는 것'(略標)이다.

"[불변 · 독자의 본질/실체로 차별된] 차이를 두지 않는다"(無相)라고 말한 것은 '베푸는 자'(施), '받는 자'(受), [베푼 것] 등 '[불변 · 독자의 본질/실체로 차별된] [보시의] 세 가지 차이'(三輪相)에서 벗어났기 때문이고, "[불변 · 독자의 본질/실체로 차별된 차이에 의거하는] 행위를 하지 않는다"(無爲)라는 것은 일으킴(生), 머무름(住), ['그침'(滅)] 등 '[불변 · 독자의 본질/실체로 차별된 차이에 의거하는] 세 가지 행위'(三有爲)에서 벗어났기 때문이다.

"내가 앞에서 설한 '하나처럼 통하는 마음지평'에 [보살수행의] 여섯 가지가 모두 갖추어져 있다"(我前所說一心具六)[115]라는 것은 [다음과 같은 뜻이다.] [여섯 가지 보살수행] 하나하나가 모두 '[불변 · 독자의 본질/실체로 차별된] 차이를 두지 않고'(無相) '[불변 · 독자의 본질/실체로 차별된 차이에 의거하는] 행위를 하지 않기'(無爲) 때문에, 이러한 [일심一心에서 갖추어지는] '여섯 가지 보살수행'(六度)은 세간에서 풀려난 것이며, 세간 [사람들]이 '[불변 · 독자의 본질/실체로 차별된] 차이를 두는 것'(有相)이나 '[불변 · 독자의 본질/실체로 차별된 차이에 의거하는] 행위를 하는 것'(有爲)과는 같지 않다.

何以故? 善入離欲, 心常清淨, 實語方便, 本利利人, 是檀波羅密.

[H1, 620c17~18; T34, 971c2~3]

어째서인가? '탐욕에서 벗어나는 경지'(離欲)에 잘 들어가면 '마음이 언제나 온전해져'(心常淸淨) '참된 말'(實語)을 '수단과 방법'(方便)으로 삼아 '[깨달음의] 본연[인 '사실 그대로 앎']이 지닌 이로움'(本利)으로써 사람들을 이롭게 하니, 이것이 [대승 보살의] '널리 베푸는 수행'(檀波羅密)[116]이다.

115 『금강삼매경』 원문은 "我所說六波羅密者"인데, 이것을 원효는 "我前所說一心具六"이라 바꾸어 인용함으로써 육바라밀 수행을 일심一心의 지평에서 이해하고 있다. 앞에서 설한 것에 해당하는 문장은 직전의 경문으로서 제5문답 말미에서 설해진 "空心不動, 具六波羅蜜"이다.

此下，廣釋．於中有二，先別釋，後摠明．“何以故”者，因問發起〈既有六數，何故無相也?〉轉依眞如，名爲“離欲”，離三有欲之所顯故，觀心軆解，故言“善入”．更無出入故，曰“心常”，離三輪垢故，曰“淸淨”，卽是上言“不依三界”．如理而說故，言“實語”，巧便引導故，曰“方便”．雖無功用，應機發語，猶如天鼓，此之謂也．一切衆生，唯一本覺，令諸衆生，同歸一覺，以之故言“本利利人”．是名“出世檀波羅密”．

[H1, 620c19~621a5; T34, 971c3~12]

이 아래는 '자세하게 해석한 것'(廣釋)이다. 여기에는 두 가지가 있으니, 먼저는 '하나씩 해석한 것'(別釋)이고, 나중은 '총괄적으로 밝힌 것'(摠明)이다. "어째서인가?"(何以故)라는 것은, ['여섯 가지 보살수행'(六波羅密)에 대한] 질문에 근거하여 〈이미 '여섯 가지' [보살수행이라는] 숫자가 있는데 어째서 '차이가 없는 것'(無相)인가?〉라는 [물음을] 제기한 것이다. '참 그대로에 의거하여 바뀌어 가는 것'(轉依眞如)을 "탐욕에서 벗어나는 경지"(離欲)라고 부르니, [욕망세계 · 유형세계 · 무형세계, 이] '세 가지 세계에 대한 탐욕'(三有欲)이 드러난 것에서 벗어나기 때문이고, '이해하는 마음'(觀心)으로 '본연을 이해'(體解)하기 때문에 "잘 들어간다"(善入)라고 말했다.

다시는 들락날락하지 않기 때문에 "마음이 언제나"(心常)라고 말했고, '[보시의] 세 가지 요소에 대한 번뇌의 더러움'(三輪垢)에서 벗어났기 때문에 "온전하다"(淸淨)라고 말했으니, 이는 곧 앞[의 『금강삼매경』의 본문]에서[117] 말한 "'[욕망세계 · 유형세계 · 무형세계, 이] 세 가지 세계'(三界)에 의존하지 않는다"(不依三界)[라는 말의 의미]이다.

116 단바라밀檀波羅蜜: '널리 베푸는 [대승 보살의] 수행'(布施波羅蜜)의 다른 명칭이다. 여기서 보시布施를 단檀이라고 한 것은 보시의 산스크리트 원어 '다나(dāna)'의 발음을 따랐기 때문이다.

117 『금강삼매경론』(H1, 620b16~18). "善男子! 脩空法者，不依三界，不住戒相，淸淨無念，無攝無放，性等金剛，不壞三寶，空心不動，具六波羅蜜"에 나오는 "不依三界"를 가리킨다.

진리에 맞게 말하기 때문에 "참된 말"(實語)이라 하였고, 적절한 방편으로 이끌어 주기 때문에 "수단과 방법"(方便)이라고 말하였다. 비록 애쓰지 않아도 '[중생들의] 근기'(機)에 맞게 말을 하는 것이 마치 '[저절로 울리는] 천상의 북'(天鼓)[118]과 같으니, 바로 이러한 [방편을] 말한 것이다.

모든 중생은 오직 '하나처럼 통하게 하는 깨달음의 본연[인 '사실 그대로 앎']'(一本覺)[을 갖추고 있는 것]이어서 모든 중생들로 하여금 '하나처럼 통하게 하는 깨달음'(一覺)으로 똑같이 돌아가게 할 수 있으니, 그런 까닭에 "[깨달음의] 본연[인 '사실 그대로 앎']이 지닌 이로움으로써 사람들을 이롭게 한다"(本利利人)라고 말하였다. 이것을 〈세속에서 풀려나게 하는 '널리 베푸는 [대승 보살의] 수행'〉(出世檀波羅密)이라 부른다.

至念堅固, 心常無住, 淸淨無染, 不着三界, 是尸波羅密.

[H1, 621a6~7; T34, 971c13~14]

'[중생을 걱정하는] 지극한 생각'(至念)이 견고하여 마음은 늘 '머무름이 없으며'(無住), '청정하여 오염이 없어'(淸淨無染) '[욕망세계 · 유형세계 · 무형세계, 이] 세 가지 세계'(三界)에 집착하지 않으니, 이것이 '계율을 지키는 [대승 보살의] 수행'(尸波羅密)[119]이다.

愍念衆生, 如視一子, 故曰"至念堅固", 恒在世間, 不住涅槃, 故曰"心常無住", 是防二乘之非. 觀心明徹, 不雜諸漏, 故言"淸淨無染", 遍涉六道, 達皆空寂, 故言"不着三界", 是止凡夫之惡. 是明不住凡聖戒相, 卽是上言

118 천고天鼓: 『대승기신론소』(H1, 722a24~b1)에 나왔던 개념이다. 원효는 진여의 작용을 설명하기 위해 『섭대승론』의 구절을 인용하고 있다. "비유하자면 '[저절로 비추어 내는] 보배구슬'(摩尼)이나 '[저절로 울리는] 천상의 북'(天鼓)이 꾀하지 않고도 제 일을 이루는 것과 같다." 『섭대승론』 권3(T31, 128c2~3). "譬摩尼天鼓, 無思成自事, 如此不分別, 種種佛事成."

119 시바라밀尸波羅密: '계율을 지키는 [대승 보살의] 수행'(持戒波羅密)의 별칭이다. 시尸는 계戒의 산스크리트 원어가 '시라(sīla)'이므로 그 발음을 옮겨 줄여 쓴 말이다.

"不住戒相", 是名出世尸波羅密.

[H1, 621a8~14; T34, 971c14~19]

'중생을 걱정하는 마음'(慜念衆生)이 하나뿐인 자식을 보는 것과 같으므로 "[중생을 걱정하는] 지극한 생각이 견고하다"(至念堅固)라고 하였고, 언제나 세상에 있으면서 '열반에 머무르지 않기'(不住涅槃) 때문에 "마음은 늘 머무름이 없다"(心常無住)라고 말하였으니, 이는 '[성문聲聞, 연각緣覺] 두 부류의 수행자'(二乘)의 잘못(非)을 막아 주는 것이다.

'[[불변·독자의 본질/실체로서] 생겨난 것이 없다고] 이해하는 마음'(觀心)이 밝고 투철하여 '온갖 번뇌'(諸漏)에 섞이지 않기 때문에 "청정하여 오염이 없다"(淸淨無染)라고 하였고, '여섯 가지 미혹의 세계'(六道)를 두루 돌아다니면서도 모든 것이 '불변·독자의 본질/실체가 없고 [불변·독자의 본질/실체로 보는 분별의] 동요가 없음'(空寂)을 깨닫기 때문에 "[욕망세계·유형세계·무형세계, 이] 세 가지 세계에 집착하지 않는다"(不着三界)라고 말하였으니, 이는 범부의 '해로운 행위'(惡)를 그치게 하는 것이다.

이것은 '범부와 성인[이 지키는] 계율의 특정한 내용'(凡聖戒相)에 머물지 않음을 밝힌 것으로, 이는 곧 위에서 말한 "계율의 특정한 내용에 머무르지 않는다"(不住戒相)라는 것[의 의미]이니, 이를 〈세속에서 풀려나게 하는 '계율을 지키는 [대승 보살의] 수행'〉(出世尸波羅密)이라 부른다.

修空斷結, 不依諸有, 寂靜三業, 不住身心, 是羼提波羅密.

[H1, 621a15~16; T34, 971c20~21]

'불변·독자의 본질/실체가 없다'(空)[는 이해]를 익혀 '[번뇌의] 결박'(結)을 끊어 '모든 [유형의] 존재[양상]'(諸有)에 의존하지 않고, '[신체(身)·언어(口)·생각(意)으로 이루어지는] 세 가지 행위'(三業)를 [해로운 생각과 갖가지 번뇌에 이끌려 나가게 하지 않아] 평온(寂靜)하게 하여 몸과 마음[의 어떤 상태]에도 머무르지 않으니, 이것이 '모욕을 참아 내는 [대승 보살의] 수행'(羼提波羅密)[120]이다.

上二句者, 安空理離有結, 下二句者, 靜三業泯身心. 皆是無生法忍之義, 卽是上言"淸淨無念".

[H1, 621a17~19; T34, 971c21~23]

위의 두 구절은 '불변 · 독자의 본질/실체가 없다는 도리'(空理)를 확고하게 지녀 '존재[에 대한 번뇌의] 결박'(有結)에서 벗어남[에 대해 말한 것]이고, 아래의 두 구절은 '[신체(身) · 언어(口) · 생각(意)으로 이루어지는] 세 가지 행위'(三業)를 [번뇌로부터 떠나] 평온하게 하여 몸과 마음[에 대한 집착]을 없애는 것[에 대해 말한 것]이다. 이는 모두 '[불변 · 독자의 본질/실체로서] 생겨난 것이 없다는 이해를 확고하게 간직하는 경지'(無生法忍)의 뜻이니, 곧 위에서[121] 말한 "온전하여 [불변 · 독자의 본질/실체라고] 분별하는 생각이 없다"(淸淨無念)라는 것[의 의미]이다.

遠離名數, 斷空有見, 深入陰空, 是毗梨耶波羅密.

[H1, 621a20~21; T34, 971c24~25]

'모든 현상들'(名數)[122][에 대한 집착]에서 멀리 벗어나 '[아무것도] 없다는 견해와 [불변 · 독자의 본질/실체가] 있다는 견해'(空有見)를 끊으며, '[자아를 이루고 있는 요소들의 다섯 가지] 더미에 불변 · 독자의 본질/실체가 없음[을 체득하는 경지]'([五]陰空)로 깊이 들어가니, 이는 '열심히 노력하는 [대승 보살의] 수행'(毗梨耶波羅密)[123]이다.

---

120 찬제바라밀羼提波羅密: '모욕을 참아 내는 [대승 보살의] 수행'(忍辱波羅密)의 별칭이다. 인욕의 산스크리트어가 '크샨티(kṣānti)'이니, 찬제羼提는 이 말의 발음을 옮긴 것이다. 또는 팔리어인 '칸티(khanti)'의 발음을 옮겨 만들었을 가능성도 있다.

121 『금강삼매경론』(H1, 620b16~18). "善男子! 脩空法者, 不依三界, 不住戒相, 淸淨無念, 無攝無放, 性等金剛, 不壞三寶, 空心不動, 具六波羅蜜"에 나오는 "淸淨無念"을 가리킨다.

122 명수名數: '명수'는 모든 현상들을 분류하는 명칭과 숫자이므로 '모든 현상들'이라고 번역하였다.

123 비리야바라밀毗梨耶波羅密: '열심히 노력하는 [대승 보살의] 수행'(精進波羅蜜)의 별칭

上二句者, 離麁精義, 入空者, 是進義, 卽是上言"無攝無放". 此是出世精進度也.

[H1, 621a22~24; T34, 971c25~27]

위의 두 구절은 '거친 번뇌에서 벗어나려고 노력하는 면모'(離麁精義)[를 말하는 것]이고, [그 다음 구절에 나오는] '불변 · 독자의 본질/실체가 없는 경지로 들어간다'(入空)는 것은 '더 나아가는 면모'(進義)[를 말하는 것]이니, 이는 곧 위에서[124] 말한 "껴안은 것도 없고 놓아 버린 것도 없다"(無攝無放)라는 것[의 의미]이다. 이것은 〈세속에서 풀려나게 하는 '열심히 노력하는 [대승 보살의] 수행'〉(出世精進度)이다.

具離空寂, 不住諸空, 心處無在大空,[125] 是禪波羅密.

[H1, 621b1~2; T34, 971c28~29]

〈'불변 · 독자의 본질/실체가 없고 [불변 · 독자의 본질/실체로 보는 분별의] 동요가 없는 경지'도 [이것을 붙들지 않고] 모두 벗어나〉(具離空寂) 온갖 [종류의] '불변 · 독자의 본질/실체가 없다'(諸空)[는 생각]에도 머무르지 않고, 마음이 '[욕망세계(欲界) · 유형세계(色界) · 무형세계(無色界)의 모든 존재에 불변 · 독자의 본질/실체가] 없음[을 이해하는 경지]에 머물러'(處無) '[시방세계의] 모든 것에 불변 · 독자의 본질/실체가 없는 경지'(大空)에 있으니, 이것이 '선정에 드는 [대승 보살의] 수행'(禪波羅密)이다.

"具離空寂"者, 應化受生, 遍三有故, "不住諸空"者, 不滯五空, 恒化十方

이다. 비리야毗梨耶는 정진精進의 산스크리트어인 '비르야(vīrya)'의 발음을 옮긴 말이다.

124 『금강삼매경론』(H1, 620b16~18). "善男子! 脩空法者, 不依三界, 不住戒相, 清淨無念, 無攝無放, 性等金剛, 不壞三寶, 空心不動, 具六波羅蜜"에 나오는 "無攝無放"을 가리킨다.

125 한불전(H1, 621b2)의 주석에 따르면, 이 구절이 다른 판본에는 "心處無住, 不住大空"으로 되어 있다고 한다. 대정장의 『금강삼매경론』에는 "心處無在大空"으로 나온다.

故, 此明教化衆生禪也. "心處無"者, 雖身涉於三有, 心常處於理無, 理無者, 理絶三有之相也. "在大空"者, 雖恒化於十方, 而心在於大空, "大空"者, 十方大相之空也. 此顯成就佛法禪也. 身雖起作, 心寂不動, 卽是上言"性等金剛". 然大空義, 略有五種. 一者, 人法二空名爲大空. 如『雜阿含』「大空經」說, 『瑜伽論』中, 亦同是說. 二者, 般若波羅密空名爲"大空", 如『大涅槃經』說, 『楞伽經』中, 亦同是說. 三者, 器世界空名爲大空, 如『解深密經』說, 『中邊論』中, 亦同是說. 四者, 阿梨耶識空名爲大空, 如『十地論』說. 五者, 十方相空名爲大空, 如『智度論』說. 今此經文, 在於第五, 且隨意便作是說耳.

[H1, 621b3~21; T34, 971c29~972a14]

"'불변 · 독자의 본질/실체가 없고 [불변 · 독자의 본질/실체로 보는 분별의] 동요가 없는 경지'도 [이것을 붙들지 않고] 모두 벗어난다"(具離空寂)라는 것은 '[중생의 처지에] 응하여 [몸을] 변화시켜 세상에 태어나'(應化受生) '[욕망세계 · 유형세계 · 무형세계, 이] 세 가지 세계'(三有)를 두루 다니기 때문이고, "온갖 [종류의] '불변 · 독자의 본질/실체가 없다'(諸空)[는 생각]에도 머무르지 않는다"(不住諸空)라는 것은 '다섯 가지에 불변 · 독자의 본질/실체가 없다'(五空)[126][는 것으로 보는 것]에 빠지지 않고 항상 '모든 곳'(十方)[의 중생]을 교화하기 때문이니, 이것은 '중생을 교화하는 선'(敎化衆生禪)을 밝힌 것이다.

"마음이 '[욕망세계(欲界) · 유형세계(色界) · 무형세계(無色界)의 모든 존재에 불변 · 독자의 본질/실체가] 없음[을 이해하는 경지]에 머무른다"(心處無)라는 것은, 몸은 비록 '[욕망세계 · 유형세계 · 무형세계, 이] 세 가지 세계'(三有)를 돌아다니

126 오공五空: '다섯 가지에 불변 · 독자의 본질/실체가 없음'(五空)은 『금강삼매경』(H1, 639a21~23)에 등장한다. 이에 따르면, '[욕망세계(欲界) · 유형세계(色界) · 무형세계(無色界), 이] 세 가지 세계는 불변 · 독자의 본질/실체가 없음'(三有是空), '여섯 가지 미혹한 세계에서의 그림자와 같은 과보는 불변 · 독자의 본질/실체가 없음'(六道影是空), '현상세계의 양상은 불변 · 독자의 본질/실체가 없는 것임'(法相是空), '언어가 나타내는 차이는 불변 · 독자의 본질/실체가 없는 것임'(名相是空), '마음과 의식의 면모는 불변 · 독자의 본질/실체가 없음'(心識義是空)이다.

지만 마음은 언제나 '[욕망세계 · 유형세계 · 무형세계의 모든 존재에 불변 · 독자의 본질/실체가] 없음을 이해함'(理無)에 머무르는 것이니, '없음을 이해함'(理無)이라는 것은 '[욕망세계 · 유형세계 · 무형세계, 이] 세 가지 세계의 [불변 · 독자의 본질/실체로서의] 양상'(三有之相)을 끊는 것을 이해(理)하는 것이다.

"'[시방세계의] 모든 것에 불변 · 독자의 본질/실체가 없는 경지'에 있다"(在大空)라는 것은 비록 [몸은] 언제나 '모든 곳'(十方)에서 [중생을] 교화하지만 마음은 '[시방세계의] 모든 것에 불변 · 독자의 본질/실체가 없는 경지'(大空)에 있는 것이니, "[시방세계의] 모든 것에 불변 · 독자의 본질/실체가 없는 경지"(大空)라는 것은 '모든 곳의 전체'(十方大相)에 '불변 · 독자의 본질/실체가 없는 경지'(空)이다. 이것은 '부처님의 진리를 성취하는 선'(成就佛法禪)을 드러낸 것이다. 몸은 비록 움직여도 마음은 평온하여(寂) 동요하지(動) 않으니, 이것이 바로 앞에서 말한 "본연(性)은 금강석[의 단단함]과 같다"(性等金剛)라는 것[의 의미]이다.

그런데 '[시방세계의] 모든 것에 불변 · 독자의 본질/실체가 없는 경지'(大空)의 뜻에는 대략 다섯 가지가 있다. 첫 번째는 '자아와 현상 두 가지 모두에 불변 · 독자의 본질/실체가 없음'(人法二空)[을 아는 것]을 '[시방세계의] 모든 것에 불변 · 독자의 본질/실체가 없는 경지'(大空)라고 부른다. 『잡아함경雜阿含經』의 「대공경大空經」에서[127] 말한 것과 같고 『유가사지론』에도[128]

---

127 『잡아함경』의 제297경의 제목이 「대공법경大空法經」이므로 원효가 인용한 경전으로 보아야겠지만, 이 경전의 내용은 12연기에서 무아無我의 이치를 밝히는 것으로 구성되어 있다. 오히려 제232경인 「공경空經」의 내용이 인용한 뜻에 부합한다. 해당하는 「공경」의 내용은 다음과 같다. 『잡아함경雜阿含經』 권9(T2, 제232 「공경」, 56b24~29). "佛告三彌離提! 眼空, 常恒不變易法空, 我所空. 所以者何? 此性自爾, 若色眼識眼觸眼觸因緣生受, 若苦若樂不苦不樂, 彼亦空, 常恒不變易法空, 我所空. 所以者何? 此性自爾, 耳鼻舌身意亦復如是, 是名空世間"; 『잡아함경』 권12(T2, 제297 「대공법경」, 84c15~85a9).

128 『유가사지론瑜伽師地論』 권93(T30, 833b15~20). "復次一切無我無有差別, 總名爲空, 謂補特伽羅無我, 及法無我. 補特伽羅無我者, 謂離一切緣生行, 外別有實我不可得故. 法無我者, 謂卽一切緣生諸行性, 非實我, 是無常故. 如是二種, 略攝爲一. 彼處說此名爲大空."

이와 같은 설명이 있다. 두 번째는 〈피안으로 건너게 하는 '불변 · 독자의 본질/실체가 없다고 아는 지혜'〉(般若波羅密空)를 '[시방세계의] 모든 것에 불변 · 독자의 본질/실체가 없는 경지'(大空)라 부르니, 『대반열반경大般涅槃經』에서[129] 말한 것과 같고, 『능가경楞伽經』에도[130] 이와 같은 설명이 있다. 세 번째는 '중생이 몸담은 환경에 불변 · 독자의 본질/실체가 없음'(器世界空)[을 아는 것]을 '[시방세계의] 모든 것에 불변 · 독자의 본질/실체가 없는 경지'(大空)라 부르니, 『해심밀경解深密經』에서[131] 말한 것과 같고, 『중변분별론中邊分別論』에도[132] 이와 같은 설명이 있다. 네 번째는 '아리야식[133]에 불

129 『대반열반경大般涅槃經』 권15(T12, 704a28~b1). "善男子! 云何菩薩摩訶薩觀於大空? 善男子, 言大空者, 謂般若波羅蜜, 是名大空."

130 『입능가경入楞伽經』 권3(T16, 529a8~10). "大慧! 何者第一義聖智大空? 謂自身內證聖智法空, 離諸邪見熏習之過. 大慧! 是名第一義聖智大空"; 『대승입능가경大乘入楞伽經』(T16, 599a6~8). "云何第一義聖智大空? 謂得自證聖智時, 一切諸見過習悉離, 是名第一義聖智大空." 〈산스크리트본의 해당 내용: *Laṅkāvatārasūtra*, p.75. paramārthāryajñānamahāśūnyatā punar mahāmate katamā? yad uta svapratyātmāryajñānādhigamaḥ sarvadṛṣṭidoṣavāsanābhiḥ śūnyaḥ |; 성인들이 지니는 궁극적인 실재(第一義)에 대한 지혜의 대공(mahāśūnyatā)이란 무엇인가? 즉 성인들이 지니는 자증지(svapratyātmajñāna)의 증득에는 모든 잘못된 견해와 과실과 습기가 공하다는 [의미]이다.〉

131 인용한 뜻과 일치하는 내용은 나오지 않지만, 관련되는 내용을 살펴보면 다음과 같다. 『해심밀경解深密經』 권3(T16, 701a5~6). "建立義者, 謂器世界於中可得建立一切諸有情界"; 『해심밀경』(T16, 701a19~20). "六者了知建立義故有無量相. 此由大空能正除遣."

132 『중변분별론中邊分別論』 권1(T31, 452c15~453a21)에서는 16가지 공空이 설해지고 있는데, 이 중에서 대공大空은 네 번째 항목으로 나온다. 『중변분별론』 제1 「상품相品」(T31, 452c25~26). "大空者, 世器遍滿故故說名大. 此空說大空." 〈산스크리트본의 해당 내용: *Madhyāntavibhāgabhāṣya*, p.25. pratiṣṭhāvastu bhājanalokaḥ | tasya vistīrṇatvāc chūnyatā mahāśūnyatety ucyate |; 기세간器世間은 토대로서의 사물(사태)이다. 이 [사물]이 확산되기 때문에 공성을 대공성이라고 말한다.〉

133 아리야식阿梨耶識: 유식학의 제8식인 'ālaya vijñāna'는 '아뢰야식阿賴耶識', '아리야식阿梨耶識', '아려야식阿黎耶識'으로 번역되어 사용되는데, 현장의 법상유식학에서는 '아뢰야식阿賴耶識'을, 『대승기신론』에서는 '아리야식阿梨耶識'을 채택한다. 그리고 법상유식에서는 '아뢰야식阿賴耶識'을 망식妄識으로 간주하는 데 비해, 『대승기신론』에서는 '아리야식阿梨耶識'을 진망화합식眞妄和合識으로 본다. 원효가 이 두 경우를 식별하여, 『대승기신론』 사상의 맥락에서는 '아리야식阿梨耶識', 현장 신유식학을 거

변 · 독자의 본질/실체가 없음'(阿梨耶識空)[을 아는 것]을 '[시방세계의] 모든 것에 불변 · 독자의 본질/실체가 없는 경지'(大空)라 부르니, 『십지경론十地經論』에서[134] 말한 것과 같다. 다섯 번째는 '모든 방향의 양상에 불변 · 독자의 본질/실체가 없음'(十方相空)[을 아는 것]을 '[시방세계의] 모든 것에 불변 · 독자의 본질/실체가 없는 경지'(大空)라 부르니, 『대지도론大智度論』에서[135] 말한 것과 같다. 지금 이 『금강삼매경金剛三昧經』의 본문은 [대공大空의 다섯 가지 뜻 중에서] 다섯 번째에 해당하는데, 뜻을 편의에 따라 이렇게 설명했을 뿐이다.

心無心相, 不取虛空, 諸行不生, 不證寂滅, 心無出入, 性常平等, 諸法實際, 皆決定性, 不依諸地, 不住智慧, 是般若波羅密.

[H1, 621b22~c1; T34, 972a15~17]

마음에 '[불변 · 독자의 본질/실체로서의] 마음 양상'(心相)이 없지만 '불

론할 때는 '아뢰야식阿賴耶識'을 각각 구별하여 사용하고 있는 것인지는 관련 구문을 종합하여 판단할 필요가 있다.

134 『십지경론十地經論』에서는 공삼매空三昧의 의미를 설명하기 위해 네 가지 차이점(관觀, 불방일不放逸, 득증상得增上, 인사因事)을 거론한다. 이 중에서 첫 번째인 관觀은 다시 다섯 가지로 설명되고 있는데, 대공大空은 네 번째에 해당한다. 『십지경론』 권8(T26, 172b16~17). "四依彼阿黎耶識觀, 如經大空三昧故."

135 『대지도론』 권31(T25, 288a15~22). "十方相空, 是爲大空. 問曰. 十方空, 何以名爲大空? 答曰. 東方無邊, 故名爲大. 亦一切處有, 故名爲大, 遍一切色, 故名爲大, 常有, 故名爲大, 益世間, 故名爲大, 令衆生不迷悶, 故名爲大. 如是大方能破, 故名爲大空. 餘空破因緣生法, 作法麤法易破, 故不名爲大. 是方非因緣生法, 非作法微細法難破, 故名爲大空." 〈산스크리트본의 해당 내용: Youngjin Lee. 2017. *Critical Edition of the First Abhisamaya of the Commentary on the Prajñāpāramitā Sūtra in 25,000 Lines by Ārya-Vimuktiṣeṇa, based on Two Sanskrit Manuscripts preserved in Nepal and Tibet*. Napoli: Università degli studi di Napoli L'Orientale, 118. daśānāṃ diśāṃ digbhiḥ śūnyatvena mahāśūnyatayā |; 열 방향은 [열] 방향들이 공하기 때문에 대공성이다.〉 ※ Abhisamayālaṅkāraśāstra의 『이만오천송반야경』 인용. 현존 『이만오천송반야경』 산스크리트본에는 정확히 일치하는 것이 아니라 좀 더 상세한 내용과 다른 이유가 추가되어 있다.

변 · 독자의 본질/실체가 없음'(虛空)도 [불변 · 독자의 본질/실체로서] 붙들지 않고, '의도에 따른 모든 현상'(諸行)[136]이 [불변 · 독자의 본질/실체로서] 생겨나지 않지만 '[불변 · 독자의 본질/실체로 보는 분별의] 동요가 없는 경지'(寂滅)도 [불변 · 독자의 본질/실체로서] 증득하지 않으며, '마음에 [분별의 동요가 없는 고요함으로] 들어오거나 [중생 교화를 위해 움직여] 나가는 일이 [별개의 것으로] 없어'(心無出入) [마음은] '본연(性)에서 언제나 평등'(性常平等)하고, <모든 현상의 '사실 그대로의 지평'>(諸法實際)은 모두 '본래 그러한 것'(決定性)이며, '갖가지 [수행] 경지'(諸地)에 의존하지 않고 지혜에도 머무르지 않으니, 이것이 '지혜가 밝아지는 [대승 보살의] 수행'(般若波羅密)이다.

---

136 제행諸行: 행行은 산스크리트어 'saṃskāra'(팔리어 saṅkhāra)의 뜻을 옮긴 말이다. 산스크리트어 사전(*Sanskrit-English Dictionary*, p.1120 참조)에 따르면, 이 말의 어원은 '함께'를 뜻하는 접두어 'saṃ-'에 동사어근 '√kṛ(하다, 만들다)'가 결합한 것에서 비롯된다고 한다. 따라서 상카라의 언어적 의미는 '합쳐서'(putting together), '잘 형성된'(forming well), '완전하게 만들어진'(making perfect), '완수'(accomplishment), '장식'(embellishment), '꾸밈'(adornment), '정화'(purification), '깨끗한'(cleansing), '준비'(making ready), '대비'(preparation), '입힘'(dressing), '제련'(refining), '연마'(polishing), '양육'(rearing) 등으로 이해되고 있다. 니까야/아함에서 구사되는 용례들의 의미맥락들을 종합해 볼 때, 행行은 '의도가 어떤 조건들을 함께 묶어 일정한 개념적 차이를 형성하는 현상'을 지시하는 것으로 보인다. 인간은 언어라는 부호에다가 유사한 차이들을 담아 개념으로 처리할 수 있는 언어능력을 지닌 존재인데, '유사한 차이들을 함께 묶어 현상들에 언어/개념적 질서를 부여하는 작용의 출발'이 의도라고 볼 수 있다. 그리고 인긴의 의도는 흔히 언어라는 그릇에 담긴 유사한 차이들에 '동일성 · 독자성 · 불변성'이라는 환각적 속성을 부여하는데, 이 경우 '근본무지에 매인 의도'가 된다. 그런데 의도는 근본무지에 매이는 경우와 그렇지 않은 경우의 두 가지 가능성을 모두 지니고 있다. 인간 생명에는 근원적이고 창발적인 선택의 자유지대가 있다고 보기 때문이다. 이 자유지대로 인해 진화의 선택적 변화가 가능했을 것이다. 이러한 이해를 반영하여 본 번역에서는, 의도가 근본무지(無明)에 매여 있을 때는 '근본무지를 조건으로 발생하는 현상'이므로 이 경우 '제행諸行'을 '[근본무지를 조건으로 생겨난] 모든 것'이라 번역하고, 의도가 근본무지에 매이지 않은 경우 및 두 가지 가능성을 모두 포함하고 있는 경우는 '제행諸行'을 '의도에 따른 모든 현상'이라 번역한다. 그 밖에도 '행行'은 이 용어가 채택되는 문장의 의미맥락에 따라 '수행, 행함, 작용' 등으로 번역하기도 한다.

"心無心相"者, 不存自內觀心相故, "不取虛空"者, 不取心虛之空性故, 此是證道慧也. "諸行不生"者, 達一切行本來不生故, "不證寂滅"者, 不着無生而, 恒外化故, 此是教道慧也. "心無出入, 性常平等"者, 前之二道, 恒不相離, 動而常寂, 寂而恒動, 故"無出入", 動寂恒並不滯一邊, 故"性常平等". "諸法實際, 皆決定性"者, 演證道之常寂之相, 相同眞際, 等法性故. "不依諸地, 不住智慧"者, 演教道之恒動之由, 不依着於十重法界, 不住滯於寂照慧故. 此中卽具覺照可軌絶諍之義, 卽是上言"不壞三寶", 是名"出世般若波羅密"也. 上來別釋六度文竟.

[H1, 621c2~16; T34, 972a17~29]

"마음에 '[불변 · 독자의 본질/실체로서의] 마음 양상'(心相)이 없다"(心無心相)라는 것은 〈자기 안에서 '[불변 · 독자의 본질/실체로서의] 마음 양상'(心相)을 보는 것〉(自內觀心相)을 두지 않기 때문이고, "'불변 · 독자의 본질/실체가 없음'(虛空)도 [불변 · 독자의 본질/실체로서] 붙들지 않는다"(不取虛空)라는 것은 〈마음의 '불변 · 독자의 본질/실체가 없는 면모'〉(心虛之空性)도 [불변 · 독자의 본질/실체로서] 붙들지 않기 때문이니, 이것은 '진리를 증득하는 지혜'(證道慧)이다.

"'의도에 따른 모든 현상'이 [불변 · 독자의 본질/실체로서] 생겨나지 않는다"(諸行不生)라는 것은 '의도에 따른 모든 현상'(一切行)이 본래 [불변 · 독자의 본질/실체로서] 생겨나지 않았음을 깨달았기 때문이고, "'[불변 · 독자의 본질/실체로 보는 분별의] 동요가 없는 경지'도 [불변 · 독자의 본질/실체로서] 증득하지 않는다"(不證寂滅)라는 것은 '[불변 · 독자의 본질/실체로서] 생겨나지 않았다'(不生)[는 생각]에도 집착하지 않고 항상 밖[의 중생]을 교화하기 때문이니 이것은 '진리를 가르치는 지혜'(教道慧)이다.

"마음에 [분별의 동요가 없는 고요함으로] 들어오거나 [중생 교화를 위해 움직여] 나가는 일이 [별개의 것으로] 없어 [마음은] 본연(性)에서 언제나 평등하다"(心無出入, 性常平等)라는 것은, 앞[에서 말한 '진리를 증득하는 지혜'(證道慧)와 '진리를 가르치는 지혜'(教道慧)]의 두 가지 진리가 언제나 서로 분리되지 않아 [진리를 가르치기 위해] 움직이면서도 늘 [진리를 증득하기 위해] 고요하고 [진리를 증득하기 위해] 고요하면서도 늘 [진리를 가르치기 위해] 움직이니 그러므로 "[분별의 동요가 없는 고요함으로] 들어오거나 [중생 교화를 위해 움직여] 나가는 일이 [별개의 것으로] 없으며"(無出入), [진리를 가르치기 위해] 움직임(動)과 [진리를 증득하기 위해] 고요함(寂)은 언제나 함께하여 어느 한쪽에 빠지지 않으니 그러므로 "본연에서 언제나 평등하다"(性常平等).

"모든 현상의 '사실 그대로의 지평'은 모두 본래 그러한 것이다"(諸法實際, 皆決定性)라는 것은 '증득한 진리의 늘 [불변·독자의 본질/실체로 보는 분별의] 동요가 없는 면모'(證道之常寂之相)를 설명한 것이니, [그] 면모는 '사실 그대로인 지평'(眞際)과 같고 '현상의 본연'(法性)과 동등한 것이다. "갖가지 [수행] 경지에 의존하지 않고 지혜에도 머무르지 않는다"(不依諸地, 不住智慧)라는 것은 '진리를 가르치는 것'(敎道)이 언제나 움직이는 것인 이유를 설명한 것이니, '열 겹으로 얽힌 현상세계[에 관한 진리]'(十重法界)[137]에 매여 집

137 십중법계十重法界: 이 용어는 『금강삼매경론』의 뒷부분(H1, 647a6~12)에서 다음과 같은 내용으로 나온다. "'言一不一地'者, 初地之異名. 所以然者, 初地卽是十地, 一時頓入十重法界故. 十地卽是初地, 直以遍滿爲初門入故. 良由十地卽初地, 故名一初地卽十地, 故'不一', 是故名爲'一不一地.'" 초지와 십지 전체의 불일불이不一不異 관계를 설명하는 인용문 중에서 "初地卽是十地, 一時頓入十重法界故"라고 하여 초지는 곧바로 십지이므로 초지에서 일시에 십중법계에 들어간다고 설명하는 문장에서 보듯이, 십중법계는 십지 수행의 각 단계에서 펼쳐지는 열 가지 현상세계를 가리키는 것으로 보인다. 원효의 서술 중에서 십중법계의 용례가 나오는 또 다른 곳은 『본업경소』 권2인데, 다음과 같다. "若對十重法界, 伏除十種鄣等, 卽須漸除, 其智漸增"(H1, 510b23~c1; X39, 249c18~19). 십중법계에 대해 십종장十種鄣을 억제해 없애 지혜가 점차 증가한다고 하는데, 여기서는 십종장과의 관계에서 십중법계가 제시되어 있다. 『성유식론』 권9에서는 "雖十地行有無量門, 而皆攝在十到彼岸. 十重障者, 一異生性障. …"(T31, 52b 19~20)이라고 하여 무량한 십지행十地行은 십바라밀十波羅蜜(十到彼岸)에 포섭되고 이 십지의 십바라밀에 의해 끊어지는 것이 십중장十重障이라고 하면서 이하(T31, 52b 20~53c26)에서 자세히 설명한다. 초지에서 끊어지는 ① 이생성장異生性障을 위시하여 ② 사행장邪行障, ③ 암둔장闇鈍障, ④ 미세번뇌현행장微細煩惱現行障, ⑤ 어하승반열반장於下乘般涅槃障, ⑥ 추상현행장麁相現行障, ⑦ 미상현행장細相現行障, ⑧ 무상중작가행장無相中作加行障, ⑨ 이타중불욕행장利他中不欲行障, ⑩ 어제법중

착하지 않으며 '[분별의 동요를] 그쳐 [사실 그대로] 이해하게 하는 지혜'(寂照慧)에도 머무르거나 걸려 있지 않기 때문이다.

여기에서 곧 '['오직 하나처럼 통하는 것으로 이해하는 마음'(唯一觀心)으로] 깨달아 비춤'(覺照; 佛) · '본보기로 삼을 만함'(可軌; 法) · '배타적 말다툼을 끊어버림'(絶諍; 僧)의 뜻이 모두 갖추어지니, 이것이 바로 앞에서 말한 "[부처(佛) · 진리(法) · 수행공동체(僧), 이] 세 가지 보배(三寶)[에 대한 믿음을] 무너뜨리지 않음"(不壞三寶)이고, 이것을 〈세속에서 풀려나게 하는 '지혜가 밝아지는 [대승 보살의] 수행'〉(出世般若波羅密)이라고 부른다. 이상으로 '여섯 가지 보살수행'(六度)을 '하나씩 해석'(別釋)하는 글을 마친다.

善男子! 是六波羅密者, 皆獲本利, 入決定性, 超然出世, 無礙解脫.

[H1, 621c17~18; T34, 972b1~2]

훌륭한 이여! 이 '[보시布施 · 지계持戒 · 인욕忍辱 · 정진精進 · 선정禪定 · 지혜智慧의] 여섯 가지 보살수행'(六波羅密)이라는 것은 모두가 '[깨달음의] 본연[인 '사실 그대로 앎']이 지닌 이로움'(本利)을 얻어 '본래 그러한 지평'(決定性)으로 들어가며, 초연하게 세속에서 풀려나 걸림 없는 해탈이다.

此下, 第二摠[138]明. 於中有二, 先明六度同一解脫, 後顯解脫卽是涅槃.

미득자재장於諸法中未得自在障이 그것인데, 모두 십지의 각 단계마다 끊어지는 장애들의 명칭이다. 그러므로 『본업경소』에서 제시된 십중법계 역시 십지의 각 단계에서 각종 장애를 끊음으로써 펼쳐지는 세계를 말하는 것으로 보인다. 본문에서는 이 십중법계에도 의착依著하지 않는 반야바라밀般若波羅蜜의 면모를 서술하고 있는데, 법장法藏의 『화엄경탐현기華嚴經探玄記』 권10에서도 "地智所證十重法界, 如空中所畫之處"(T35, 295b23~24)라고 하여 '십지 수행의 지혜'(地智)로 증득한 십중법계는 '공중에 그림이 그려진 상태'(空中所畫之處)와 같아 거기에 집착해서는 안 된다고 설명하는 문맥이 보인다.

138 대정장의 『금강삼매경론』(H1, 972b2)에는 '總'자로 되어 있다. 이하에서 동일한 사례가 나올 경우 일일이 언급하지 않는다.

初中言, “皆獲本利, 入決定性”者, 六度始修, 皆同本覺, 本覺顯, 成本利行故, 入如來藏, 性本寂靜, 無始無終, 無改轉故. 如是六度, 得本利故, 遠離妄念流轉之相, 故曰“超然出世”. 入法性故, 周遍法界, 無相無爲, 無縛無脫, 故曰“無礙解脫”.

[H1, 621c19~622a3; T34, 972b2~9]

이 아래는 두 번째인 '총괄적으로 밝힌 것'(摠明)이다. 여기에 두 가지가 있으니, 먼저 '[보시布施 · 지계持戒 · 인욕忍辱 · 정진精進 · 선정禪定 · 지혜智慧의] 여섯 가지 보살수행'(六度) 모두가 해탈과 동등하다는 것을 밝혔고, 나중에는 '해탈이 바로 열반이다'는 것을 드러내었다.

[육도六度 모두가 해탈과 동등하다는 것을 밝히는] 첫 번째에서 말한 “모두가 '[깨달음의] 본연[인 '사실 그대로 앎']이 지닌 이로움'(本利)을 얻어 '본래 그러한 지평'(決定性)으로 들어간다”(皆獲本利, 入決定性)라는 것은 [다음과 같은 뜻이다.] '여섯 가지 보살수행'(六度)을 '비로소 닦아 가면'(始修) [여섯 가지 수행이] 모두 '깨달음의 본연'(本覺)[인 '사실 그대로 앎']과 같아지고, '깨달음의 본연'(本覺)[인 '사실 그대로 앎']이 드러나면 '[깨달음의] 본연[인 '사실 그대로 앎']이 지닌 이로움에 의거한 실천'(本利行)을 이루기 때문에 '여래의 면모가 간직된 창고'(如來藏)로 들어가니, [여래장의] '본연은 본래 [분별망상의 동요가 없어] 평온'(性本寂靜)하여 [분별망상에 의한] 시작(始)도 없고 끝(終)도 없으며 달라짐(改)도 없고 바뀜(轉)도 없기 때문이다.

이와 같이 '여섯 가지 보살수행'(六度)은 '[깨달음의] 본연[인 '사실 그대로 앎']이 지닌 이로움'(本利)을 얻기 때문에 '[근본무지에 따라] 분별하는 생각'(妄念)으로 '[고통의 세계에] 표류하는 양상'(流轉之相)에서 멀리 벗어나니, 그런 까닭에 “초연하게 세속에서 풀려난다”(超然出世)라고 말하였다. [그리하여] '현상의 본연'(法性)[인 '사실 그대로']에 들어가기 때문에 '['사실 그대로'의 양상이] 모든 현상세계에 두루 펼쳐져서'(周遍法界) '[불변 · 독자의 본질/실체로 차별된] 차이도 없고 [불변 · 독자의 본질/실체로 차별된 차이에 의거하는] 행위도 없으며'(無相無爲) [번뇌에] 묶임(縛)도 없고 [번뇌에서] 풀려남(脫)도 없으니, 그러므로

"걸림 없는 해탈이다"(無礙解脫)라고 말하였다.

善男子! 如是解脫法相, 皆無相行, 亦無解不解, 是名解脫. 何以故? 解脫之相, 無相無行, 無動無亂, 寂靜涅槃, 亦不取涅槃相".

[H1, 622a4~7; T34, 972b10~12]

훌륭한 이여! 이와 같은 [육바라밀六波羅密 수행이 지닌] '해탈하는 도리의 특징'(解脫法相)은 [육바라밀六波羅密 수행] 모두가 '[불변 · 독자의 본질/실체로 차별된] 차이와 [불변 · 독자의 본질/실체로 차별된 차이에 의거한] 행함'(相行)이 없으며 또한 [번뇌에서] '풀려나거나 풀려나지 못한 [별개의 불변 · 독자의 본질/실체에 해당하는] 것'(解不解)이 없는 것이니, 이것을 '풀려남'(解脫)이라고 부른다. 어째서인가? '해탈의 특징'(解脫之相)은 '[불변 · 독자의 본질/실체로 차별된] 차이도 없고 [불변 · 독자의 본질/실체로 차별된 차이에 의거하는] 행함도 없어'(無相無行) '[불변 · 독자의 본질/실체로 보는 분별에 의한] 동요가 없고 흐트러짐도 없으니'(無動無亂), '[불변 · 독자의 본질/실체로 보는 분별을] 그쳐 고요한 열반'(寂靜涅槃)[의 경지]이면서도 '열반의 특징'(涅槃相)마저 [불변 · 독자의 본질/실체로서] 붙들지 않는 것[이기 때문]이다."

是第二明解脫卽是涅槃. 於中有二, 先明解脫, 後卽涅槃. 初中言, "皆無相行"者, 六度之行, 皆同本覺, 本覺之相, 離相離性, 故曰"無相". 六度之行, 離修離行, 故曰"無行". 行相俱絶, 故言"皆無相行". 解脫法相, 旣其如是, 何有離縛之解, 何有不解之縛? 故言"亦無解不解". "何以故"者, 何故六度之行, 而言"無相行"耶? 答此意言, 〈如是六度, 非但卽是解脫, 亦乃卽是涅槃, 是故說言"無相行"也.〉 "解脫之相, 無相無行"者, 牒前解脫. "無動無亂, 寂靜涅槃"者, 明卽涅槃, 欲明如前所說六度之行, 皆無起動, 亦無散亂, 卽是本來寂靜涅槃. 旣卽是涅槃, 何有相行耶? 離動亂相故, 曰"寂靜", 亦離寂靜性故, "亦不取涅槃相"也. 此中六度解脫涅槃, 始從初地乃至佛地. 言"涅槃"者, 四種之中, 卽是本來淸淨涅槃, 正是不可思議解脫, 依其自在無障礙義，是故說名"無礙解脫"．問．解脫之義，乃有衆多，有雙道中解脫，有三點中解脫，五分法身之中解脫，十種解脫門中解脫．是諸門內，爲在何門？答．是三事中解脫，解脫卽是涅槃故．欲顯六度之行，三事之德，尅[139]實而言，初地已得，乃至妙覺位，究竟圓滿，如經中說，"若有菩薩，住大涅槃，能建大義"，乃至廣說故．

[H1, 622a8~b12; T34, 972b12~c6]

이는 ['총괄적으로 밝힌 것'(摠明)의] 두 번째인 '해탈이 바로 열반이다'(解脫卽是涅槃)라는 것을 밝힌 것이다. 여기에 두 가지가 있으니, 먼저는 해탈을 밝힌 것이고 나중은 '[해탈이] 바로 열반'(卽涅槃)임을 밝힌 것이다.

[해탈을 밝히는] 첫 구절에서 "[육바라밀六波羅密 수행] 모두가 '[불변 · 독자의 본질/실체로 차별된] 차이와 [불변 · 독자의 본질/실체로 차별된 차이에 의거한] 행함'(相行)이 없다"(皆無相行)라고 말한 것은 [다음과 같은 뜻이다.] '여섯 가지 보살수행'(六度之行)은 모두 '깨달음의 본연'(本覺)[인 '사실 그대로 앎']과 같아지는 것이고, '깨달음의 본연[인 '사실 그대로 앎']의 특징'(本覺相)은 '[불변 · 독자의 본질/실체로 차별된] 차이'(相)에서 벗어나고 '[불변 · 독자의 본질/실체로 차별된] 속성'(性)에서 벗어난 것이니, 따라서 "[불변 · 독자의 본질/실체로 차별된] 차이가 없다"(無相)라고 말한다. [또한] '여섯 가지 보살수행'(六度之行)은 '닦는다'(修)[는 것을 불변 · 독자의 본질/실체로 보는 생각]에서도 벗어나고 '행한다'(行)[는 것을 불변 · 독자의 본질/실체로 보는 생각]에서도 벗어나는 것이니, 따라서 "[불변 · 독자의 본질/실체로 차별된 차이에 의거한] 행함이 없다"(無行)라고 말한다. [이처럼] 〈'[불변 · 독자의 본질/실체로 차별된 차이에 의거한] 행함'(行)과 '[불변 · 독자의 본질/실체로 차별된] 차이'(相)가 모두 끊어졌기〉(行相俱絶) 때문에 "[육바라밀六波羅密 수행] 모두가 '[불변 · 독자의 본질/실체로 차별된] 차이와 [불변 · 독자의 본질/실체로 차별된 차이에 의거한] 행함'(相行)이 없다"(皆無相行)라고 말한 것이다.

'해탈하는 도리의 특징'(解脫法相)이 이미 이와 같으니 어찌 '결박에서 벗

139 대정장의 『금강삼매경론』(H1, 972c4)에는 '尅'자로 나온다.

어난 풀려남'(離縛之解)이 [불변 · 독자의 본질/실체로서] 있고, [또한] 어찌 '풀려나지 못한 결박'(不解之縛)이 [불변 · 독자의 본질/실체로서] 있겠는가? 그러므로 "또한 [번뇌에서] '풀려나거나 풀려나지 못한 [별개의 불변 · 독자의 본질/실체에 해당하는] 것'이 없다"(亦無解不解)라고 말한 것이다. "어째서인가?"(何以故)라는 것은, 〈어찌하여 '여섯 가지 보살수행의 실천'(六度之行)이면서도 "'[불변 · 독자의 본질/실체로 차별된] 차이와 [불변 · 독자의 본질/실체로 차별된 차이에 의거한] 행함'(相行)이 없다"(無相行)라고 말하는가?〉[를 물은 것이다.] 이 [질문의] 뜻에 답하여 [다음과 같이] 말하였다. 〈이와 같은 '여섯 가지 보살수행'(六度之行)은 단지 바로 해탈일 뿐만 아니라 또한 곧 열반이니, 그러므로 "'[불변 · 독자의 본질/실체로 차별된] 차이와 [불변 · 독자의 본질/실체로 차별된 차이에 의거한] 행함'(相行)이 없다"(無相行)라고 말하였다〉[라고.]

"'해탈의 특징'(解脫之相)은 [불변 · 독자의 본질/실체로 차별된] 차이도 없고 [불변 · 독자의 본질/실체로 차별된 차이에 의거하는] 행위도 없다"(解脫之相, 無相無行)라는 것은 앞에 나온 해탈[에 대한 설명]을 '끌어온 것'(牒)이다. [그리고] "'[불변 · 독자의 본질/실체로 보는 분별에 의한] 동요가 없고 흐트러짐도 없으니'(無動無亂), '[불변 · 독자의 본질/실체로 보는 분별을] 그쳐 고요한 열반'(寂靜涅槃)[의 경지]이다"(無動無亂, 寂靜涅槃)라는 것은 [육바라밀六波羅密 수행이 지닌 해탈의 특징이] 곧 열반임을 밝힌 것이니, 앞에서 말한 것과 같은 '여섯 가지 보살수행의 실천'(六度之行)에는 [여섯 가지에] 모두 '[불변 · 독자의 본질/실체로 보는 분별에 의한] 동요를 일으킴'(起動)이 없고 또 '[불변 · 독자의 본질/실체로 보는 분별에 의한] 어지러워 흐트러짐'(散亂)도 없어 바로 '본래부터 [불변 · 독자의 본질/실체로 보는 분별의 동요가] 그쳐 고요한 열반'(本來寂靜涅槃)[의 경지]라는 것을 밝히려고 한 것이다. 이미 [육바라밀六波羅密 수행이 지닌 해탈의 특징이] 바로 열반이니, 어찌 [육바라밀 수행에] '[불변 · 독자의 본질/실체로 차별된] 차이와 [불변 · 독자의 본질/실체로 차별된 차이에 의거한] 행함'(相行)이 있겠는가?

'[불변 · 독자의 본질/실체로 보는 분별에 의한] 동요와 흐트러짐이라는 차이'(動亂相)에서 벗어났기 때문에 "[불변 · 독자의 본질/실체로 보는 분별을] 그쳐 고요하다"(寂靜)라고 하였고, 또한 '그쳐 고요한 속성'(寂靜性)[을 불변의 본질로 보는 생각]에서도 벗어났기 때문에 "'열반의 특징'(涅槃相)마저 [불변·독자의 본질/실체로서] 붙들지 않는다"(亦不取涅槃相)[라고 말한 것]이다. 여기에서 [설명한] '여섯 가지 보살수행'(六度之行)의 해탈과 열반이라야 비로소 ['열 가지 본격적인 수행경지'(十地)의] '첫 번째 경지'(初地)에서부터 '부처 경지'(佛地)에까지 이르게 된다. "열반涅槃"이라고 말한 것은 [열반의 뜻] 네 가지[140] 중에서 곧 '본래부터 온전한 열반'(本來清淨涅槃)이고, [이것은] 바로 '생각으로 헤아리기 어려운 해탈'(不可思議解脫)이니, 그 [열반의] '자유자재하고 막힘이 없고 걸림이 없는 면모'(自在無障礙義)에 의거하기 때문에 '걸림 없는 해탈'(無礙解脫)이라고도 부른다.

묻는다. 해탈의 뜻에는 여러 가지가 있으니 '[한] 쌍[으로 이루어진] 수행길'(雙道)[141][인 무애도無礙道와 해탈도解脫道] 중[에 나오는] 해탈이 있고, '[실담悉

---

140 네 가지 열반: 『성유식론』에서 제시하고 있는 개념이다. 여기서 네 가지란 ① 본래자성청정열반本來自性清淨涅槃, ② 유여의열반有餘依涅槃, ③ 무여의열반無餘依涅槃, ④ 무주처열반無住處涅槃을 가리킨다. 『성유식론成唯識論』 권10(T30, 55b7~20). "涅槃義別略有四種. 一本來自性清淨涅槃. 謂一切法相眞如理. 雖有客染而本性淨. 具無數量微妙功德. 無生無滅湛若虛空. 一切有情平等共有. 與一切法不一不異. 離一切相一切分別. 尋思路絶名言道斷. 唯眞聖者自內所證. 其性本寂故名涅槃. 二有餘依涅槃. 謂卽眞如出煩惱障. 雖有微苦所依未滅. 而障永寂故名涅槃. 三無餘依涅槃. 謂卽眞如出生死苦. 煩惱既盡餘依亦滅. 衆苦永寂故名涅槃. 四無住處涅槃. 謂卽眞如出所知障. 大悲般若常所輔翼. 由斯不住生死涅槃利樂有情窮未來際用而常寂故名涅槃. 一切有情皆有初一. 二乘無學容有前三. 唯我世尊可言具四."

141 쌍도雙道: 『아비담심론』에 따르면 '유형의 세계'(色界)와 '무형의 세계'(無色界) 각각에서 '아홉 가지 번뇌'(九煩惱)를 소멸시키는 '번뇌가 남아 있는 수행 길'(有垢道)과 '번뇌가 남아 있지 않는 수행 길'(無垢道) 또는 '무애도無礙道와 해탈도解脫道'의 둘을 가리키는 개념이다. 『잡아비담심론』에서도 동일한 취지의 글이 보인다. 『아비담심론阿毘曇心論』 권2(T28, 819b12~22). "如是九煩惱, 若在上八地, 彼雙道所滅, 世尊之所說. 如是九煩惱, 若在上八地者, 如欲界九種煩惱煖煖至上, 上上界亦如是, 八地中, 梵世, 光曜, 遍淨, 果實無量空處, 無量識處, 無所有處, 非想非非想處. 彼雙道所滅, 世尊之所說者, 此一切煩惱, 欲界及色無色界雙道所滅, 以無礙道滅, 解脫道得證. 問. 此道爲世俗, 爲無漏? 答. 有垢無垢道, 俱能離八地住中說身證, 謂獲滅盡定"; 『잡아비담심론雜阿毘曇心論』 권5

曇 문자인 '이伊'자의] 세 가지 점'(三點)[142][인 해탈과 법신과 반야] 중[에 나오는] 해탈이 있으며, '[계戒 · 정定 · 혜慧 · 해탈解脫 · 해탈지견解脫知見, 이] 다섯 가지 진리 몸'(五分法身) 중[에 나오는] 해탈이 있고, '열 가지 해탈의 종류'(十種解脫門)[143] 중[에 나오는] 해탈이 있다. 이 갖가지 [해탈의] 종류 중에서 [『금강삼매경』

(T28, 913b2~b11). "謂彼雙道滅, 世尊之所說者, 此三界煩惱, 當知無礙解脫道滅, 無礙道能斷煩惱, 得解脫道得解脫證, 無礙道斷煩惱, 解脫道不失所作, 故說雙道滅. 若言解脫道斷煩惱者, 云何爲起耶, 未起耶? 若起者, 彼初盡智生時, 應有煩惱, 此則非究竟. 若未起者, 不應未來道斷煩惱耶? 問. 爲何道斷煩惱耶? 答. 有垢無垢道, 俱能離八地, 住彼說身證, 謂得滅正受." 한편 『심밀해탈경』과 『현양성교론』 등의 경론에서 지관止觀을 쌍도雙道라고 부르는 경우도 나타난다. 『심밀해탈경深密解脫經』 권3(T16, 676a19~21). "彌勒! 若菩薩一向於奢摩他道, 一向毘婆舍那道, 雙道觀彼二法, 煩惱不染於心, 自然思惟, 自然隨順彼法修行, 是名奢摩他捨相"; 『현양성교론顯揚聖敎論』 권2(T31, 489c11~16). "七正念, 謂於修道中乃至思惟諸諦故. 或依奢摩他道, 或依毘鉢舍那道. 或依雙道, 於所修習擇法正勤喜安等持捨遍覺支中, 念及正念隨念諸念不忘念心明了性, 及不忘失極不忘失極不忘失諸法性."

142 삼점三點: 산스크리트어의 모음인 '이इ (i, 伊)'자에서 기원한 개념이다. 4세기경부터 중앙아시아, 동아시아 등지에서 불교의 수용과 경론 번역이 이루어지게 되면서, 산스크리트어의 자모 형태와 거기에 담긴 의미에 대한 이해가 축적되기에 이른다. 특히 중국에서는 당시에 유통되던 범자梵字를 '완성(Siddham)'을 뜻하는 '실담悉曇' 문자로 명명하면서 다라니의 적극 수용 및 실담 문자를 활용한 교학적 의미 부여에도 주목하게 된다. 산스크리트어의 모음인 '이इ (i, 伊)'자는 실담 문자에서는 '∵' 또는 '∴'의 형태로 변모되었는데, 세 점이 서로 균형을 이루고 있는 형태에 착안하여 '[세 가지가 서로] 같지도 않고 다르지도 않음'(不一不異)의 이치를 설명하는 데 적극 활용된다. 특히 이자삼점伊字三點의 이해는 『대승열반경』에서 두드러지게 나타난다. 여기서 삼점三點에 해당하는 세 가지는 '해탈'과 '법신'과 '반야'이다. 해탈에 대한 원효의 설명도 이에 근거한 것으로 볼 수 있다. 관련 경문은 다음과 같다. 『대반열반경大般涅槃經』 권2(T12, 616b8~17). "我今當令一切衆生, 及以我子四部之衆, 悉皆安住祕密藏中, 我亦復當安住是中, 入於涅槃. 何等名爲祕密之藏? 猶如伊字三點, 若並則不成伊, 縱亦不成; 如摩醯首羅面上三目, 乃得成伊三點, 若別亦不得成. 我亦如是, 解脫之法亦非涅槃, 如來之身亦非涅槃, 摩訶般若亦非涅槃, 三法各異亦非涅槃. 我今安住如是三法, 爲衆生故, 名入涅槃, 如世伊字."

143 십종해탈문十種解脫門: 80권본 『화엄경』에서 제시하고 있는 '열 가지 해탈의 측면'(十種解脫門)이다. 『대방광불화엄경大方廣佛華嚴經』 권54(T10, 286a12~19). "佛子! 菩薩摩訶薩有十種解脫門. 何等爲十? 所謂一身周遍一切世界解脫門, 於一切世界示現無量

의 본문에서 말하는 해탈은] 어떤 종류[의 해탈]에 속하는가?

답한다. 이 [『금강삼매경』의 본문에서 말하는] 해탈은 ['해탈'과 '법신'과 '반야'] 세 가지(三事)[144] 가운데의 해탈이니, 해탈이 바로 열반이기 때문이다. '여섯 가지 보살수행'(六度之行)과 ['해탈'과 '법신'과 '반야'의] '세 가지 능력'(三事德)은, [수행의] 현실에 입각하여 말하면, '[열 가지 본격적인 수행경지(十地)의] 첫 번째 경지'(初地)에서 이미 얻고 '[차이들을] 사실대로 함께 만날 수 있는 깨달음의 경지'(妙覺位)에 이르러서 '궁극적으로 완전하게 된다'(究竟圓滿)는 것을 나타내고자 한 것이니, [이는] 경(『대반열반경大般涅槃經』)에서 "만약 어떤 보살이 위대한 열반에 머무르면 위대한 뜻을 세울 수 있다"[145]라면서 자세하게 설명한 것과 같다.

(2) 게송[의 형식]으로 거듭 읊음(重頌)

解脫菩薩, 聞是語已, 心大欣懌, 得未曾有, 欲宣義意, 而說偈言, "大覺滿足尊, 爲衆敷演法, 皆說於一乘, 無有二乘道. 一味無相利, 猶如大虛空, 無有不容受, 隨其性各異, 皆得於本處.

[H1, 622b13~17; T34, 972c7~10]

種種色相解脫門, 以一切世界入一佛刹解脫門, 普加持一切衆生界解脫門, 以一切佛莊嚴身充滿一切世界解脫門, 於自身中見一切世界解脫門, 一念中往一切世界解脫門, 於一世界示現一切如來出世解脫門, 一身充滿一切法界解脫門, 一念中示現一切佛遊戲神通解脫門. 是爲十."

144 삼사三事: 여기서 말하는 '세 가지'(三事)는 '삼점三點 가운데의 해탈'(三點中解脫)에서 삼점三點에 해당하는 '해탈'과 '법신'과 '반야'를 가리키는 것으로 보인다. 이들 세 가지의 서로 '같지도 않고 다르지도 않은'(不一不異) 관계 가운데 '다르지 않음'(不異)을 '해탈이 바로 열반'(解脫卽是涅槃)이라는 관점의 근거로 삼고 있는 것으로 보인다.

145 원효가 인용한 이 구절은 『대반열반경』에 나오는데 경문의 내용을 그대로 옮긴 것이 아니라 경문의 내용에서 핵심 요지를 다시 작성한 것이다. 『대반열반경大般涅槃經』 권4(T12, 388a17~19). "善男子! 是大涅槃能建大義, 汝等今當至心諦聽. 廣爲人說莫生驚疑, 若有菩薩摩訶薩, 住大涅槃須彌山王."

해탈보살이 이 말씀을 듣고 나서 마음이 크게 기쁘고 즐거워지고 아직 경험해 본 적이 없는 것을 얻었기에 이 뜻(義)과 의미(意)를 펼치고자 게송으로 말하였다.

"위대한 깨달음으로 가득한 세존께서
중생들을 위하여 가르침(法)을 펼치시니,
모두 [대승의] '하나처럼 통하게 하는 가르침'(一乘)을 설하셨지
'[성문聲聞, 연각緣覺] 두 가지 진리'(二乘道)를 두지는 않으셨네.
[일승一乘의] '한 맛[처럼 통하게 하는 가르침]'(一味)의 '[불변 · 독자의 본질/실체로 차별된] 차이가 없어서 생기는 이로움'(無相利)은 마치 크나큰 허공처럼 받아들이지 못하는 것이 없으니,
[중생] 특성(性) 각각의 차이에 따라 모두가 '본연의 자리'(本處)를 얻게 하네.

此下, 第二重頌, 於中在先, 經家序發. 正頌之中, 有七行頌, 於中有二, 前六別頌, 後一摠頌. 初中亦二, 一者二頌一句, 頌前略標, 二者三頌三句, 頌後廣釋. 略標中言"諸佛智地, 入實法相, 決定性故, 方便神通, 皆無相利", 今此頌中, 初一頌頌. 又言"一覺了義, 難解難入, 乃至可度衆生, 皆說一味", 今此頌中, 以三義頌, 謂前一句, 是法說頌, 次二句, 引喩頌, 後二句, 合喩頌.

[H1, 622b18~c4; T34, 972c11~19]

이 아래는 두 번째인 '거듭하여 읊는 게송'(重頌)이니, 여기에는 먼저 '경전 편집자들이 붙이는 서문의 글'(經家序發)이 있다. '게송 본문'(正頌)에는 일곱 게송이 있는데, 여기에도 두 가지가 있으니 앞의 여섯은 '하나씩 읊은 것'(別頌)이고, 뒤의 하나는 '총괄하여 읊은 것'(摠頌)이다.

처음[의 '하나씩 읊은 것'(別頌)]에도 두 가지가 있으니, 첫 번째는 '두 게송과 하나의 구절'[146]이니 앞부분의 '간략하게 [핵심을] 밝히는 것'(略標)을 게송으로 읊은 것이고, 두 번째는 '세 게송과 세 구절'[147]이니 뒷부분의 '자세하

게 해석하는 것'(廣釋)을 게송으로 읊은 것이다.

'간략하게 [핵심을] 밝히는 것'(略標)에서는 〈모든 부처님 지혜의 경지는 '현상의 사실 그대로'(實法相)에 들어간 것이니 ['현상의 사실 그대로'(實法相)는] '본래 그러한 것'(決定性)이기 때문이고, [그렇기 때문에 부처님이 갖춘] '수단과 방법'(方便)과 '특별한 능력'(神通力)은 모두 '[불변 · 독자의 본질/실체로 차별된] 차이가 없어서 생기는 이로움'(無相利)이다〉(諸佛智地, 入實法相, 決定性故, 方便神通, 皆無相利)[라는 경전 구절]에 대해 말하는 것인데, 지금 이 게송 중에서는 [이 뜻을] 처음의 한 게송으로 읊은 것이다. ['간략하게 핵심을 밝히는 것'(略標)에서는] 또한 〈'하나처럼 통하게 하는 깨달음의 완전한 뜻'(一覺了義)은 이해하기 어렵고 들어가기 어려운데 … 구제할 수 있는 중생들에게 모두 '한 맛[처럼 통하게 하는 가르침]'(一味)을 설하였다〉라는 것을 말하는데, 이 게송 중에서는 [이 뜻을] 세 가지 뜻으로 읊었으니, 앞의 한 구절은 이 도리(法)를 말한 게송이고, 다음 두 구절은 '비유를 끌어낸 게송'(引喩頌)이고, 뒤의 두 구절은 '비유와 합치하는 게송'(合喩頌)이다.

如彼離心我, 一法之所成. 諸有同異行, 皆[148]獲於本利, 滅絶二相見.

[H1, 622c5~6; T34, 972c20~21]

그와 같이 마음(心)과 자아(我)[를 불변 · 독자의 본질/실체로 보는 생각]에서 벗어나는 것은

'하나처럼 통하는 진리'(一法)에 의해 이루어진 것이네.

같거나 다른 온갖 수행이

---

146 2송 1구에 해당하는 경문은 "大覺滿足尊, 爲衆敷演法, 皆說於一乘, 無有二乘道. 一味無相利, 猶如大虛空, 無有不容受, 隨其性各異, 皆得於本處"이다.

147 3송 3구에 해당하는 경문은 "如彼離心我, 一法之所成. 諸有同異行, 皆獲於本利, 滅絶二相見. 寂靜之涅槃, 亦不住取證, 入於決定處, 無相無有行. 空心寂滅地, 寂滅心無生, 同彼金剛性, 不壞於三寶, 具六波羅密, 度諸一切生"이다.

148 한불전(H1, 622c6)에서는 '皆'자가 '悉'자로 되어 있는 판본이 있다고 했지만, 대정장의 『금강삼매경론』에도 '皆'자로 되어 있다.

모두 '[깨달음의] 본연[인 '사실 그대로 앎']이 지닌 이로움'(本利)을 얻어 [마음과 자아를] '[불변·독자의 본질/실체로 차별된] 두 가지 차이로 보는 견해'(二相見)를 사라지게 하네.

此下, 頌廣釋文. 於中有二, 先五句頌, 廣無相觀, 後二頌半頌, 廣一覺義. 廣無相中, 正廣重顯, 今初二句, 頌正廣文. 前正廣中, 亦有二分, 先方便觀, 後明正觀. 今此頌中, 頌正觀文, 彼言"令彼衆生, 皆離心我", 乃至廣說, 遠離能所, 今此二句, 正頌此文. 言"一法"者, 離有無邊, 一中道觀, 以此能離心我執故. 重顯文中, 有四問答, 今此二句, 頌前二番問答. 所言"諸有同異行"者, 彼初番答中言"一切心相, 本來無本", 如是等文, 卽是同行摠相觀故. 第二番答中言"若有我者, 令觀十二因緣", 又言"若有我者, 令滅有見, 若無我者, 令滅無見, 若心生者, 令滅滅性, 若心滅者, 令滅生性". 如是等文, 卽是異行別相觀故. 此同異行, 所入無異, 故言"皆獲於本利", 如前末言"滅是見性, 卽入實際"故. 又此頌言"滅絶二相見"者, 頌後二番問答. 彼第三答中言"見法生時, 令滅無見, 見法滅時, 令滅有見", 今正頌此, 故言"滅二見"也. 第四答言"生滅俱滅, 本生不生, 心常空寂, 空寂無住", 今正頌此, 故言"絶二相"也.

[H1, 622c7~623a7; T34, 972c21~973a12]

이 아래는 '자세하게 해석하는 글'(廣釋文)을 게송으로 읊은 것이다. 여기에 두 가지가 있으니, 앞의 '다섯 구절의 게송'[149]은 '[불변·독자의 본질/실체로 차별된] 차이가 없음에 대한 이해'(無相觀)를 자세하게 설명한 것이고, 뒤의 '두 구절의 게송과 절반의 게송'[150]은 '하나처럼 통하게 하는 깨달음의 뜻'(一覺義)을 자세하게 해석한 것이다. '[불변·독자의 본질/실체로 차별된]

149 5구에 해당하는 경문은 "如彼離心我, 一法之所成. 諸有同異行, 皆獲於本利, 滅絶二相見"이다.

150 2송 반半에 해당하는 경문은 "寂靜之涅槃, 亦不住取證, 入於決定處, 無相無有行. 空心寂滅地, 寂滅心無生, 同彼金剛性, 不壞於三寶, 具六波羅密, 度諸一切生"이다.

차이가 없음[에 대한 이해]'(無相[觀])를 자세하게 해석한 것 중에는 '곧바로 자세하게 해석하는 것'(正廣)과 '거듭 밝히는 것'(重顯)이 있는데, 지금 '첫 두 구절'[151]은 '곧바로 자세하게 해석하는 글'(正廣文)을 게송으로 읊은 것이다.

앞의 '곧바로 자세하게 해석하는 것'(正廣)에서도 두 부분이 있으니, 먼저는 '수단과 방법으로서의 이해'(方便觀)이고, 나중은 '곧바로 사실대로 이해함'(正觀)을 밝힌 것이다. 지금 이 게송 가운데 '곧바로 사실대로 이해함'(正觀)을 게송으로 읊은 문장이 있으니, 저 [앞에서는] "저 중생들로 하여금 모두 [일체현상의 의지처인] 마음(心)과 [사람인] 자아[를 '불변 · 독자의 본질/실체인 차이'(相)들로 보는 생각]에서 벗어나게 한다"(令彼衆生, 皆離心我)[152]라고 말하는 등 자세하게 설하여 '주관과 객관'(能所)[을 불변 · 독자의 본질/실체라고 분별하는 것]에서 멀리 벗어나게 하였는데, 지금의 이 두 구절은 이러한 글[의 뜻]을 곧바로 게송으로 읊은 것이다. '하나처럼 통하는 진리'(一法)라고 말한 것은 '[불변 · 독자의 본질/실체로서] 있음'(有)과 '[아무것도] 없음'(無)이라는 치우친 견해'(有無邊)에서 벗어난 '하나가 되는 중도에 대한 이해'(一中道觀)이니, 이것으로써 마음(心)과 자아(我)[를 '불변 · 독자의 본질/실체인 차이'(相)들로 보는 생각]에 대한 집착에서 벗어날 수 있기 때문이다.

---

151 초2구에 해당하는 경문은 "如彼離心我, 一法之所成"이다.

152 이는 앞에 나왔던 「[불변 · 독자의 본질/실체로 차별된] 차이가 없다는 도리[를 주제로 하는] 단원(無相法品)」의 『금강삼매경』 본문인데, '[불변 · 독자의 본질/실체로 차별되어] 둘로 나뉘지 않는 차이'(無二之相)를 '곧바로 사실대로 이해함'(正觀)을 밝히는 부분이다. 전체 내용은 다음과 같다(H1, 611b19~21). "저 중생들로 하여금 모두 [일체현상의 의지처인] 마음(心)과 [사람인] 자아[를 '불변 · 독자의 본질/실체인 차이'(相)들로 보는 생각]에서 벗어나게 하니, [일체현상의 의지처인] 마음(心)과 [사람인] 자아는 모두 본래부터 '불변 · 독자의 본질/실체가 없는 것'(空寂)이다. 만약 '불변 · 독자의 본질/실체가 없는 마음'(空心)을 얻으면 [이] 마음은 '허깨비 같은 환상'(幻化)을 짓지 않으니, '허깨비 같은 환상'(幻化)을 없애면 곧바로 '[불변 · 독자의 본질/실체로서] 생겨난 것이 없음'(無生)[의 경지]를 얻기에, '[불변 · 독자의 본질/실체로서] 생겨난 것이 없는 마음'(無生之心)은 '환상을 없앰'(無化)에 있다"(令彼衆生, 皆離心我, 一切心我, 本來空寂. 若得空心, 心不幻化, 無幻無化, 卽得無生, 無生之心, 在於無化).

'거듭 밝히는 글'(重顯文)에는 [중생들이 어떻게 해야 '본래부터 불변 · 독자의 본질/실체가 없는 마음'(本空心)을 얻을 수 있는지에 대한 의문을 해결하기 위해 설정한] 네 가지 문답이 있는데, 지금의 이 두 구절[153]은 앞[에 나온] 두 가지 문답을 게송으로 읊은 것이다.

"같거나 다른 온갖 수행이"(諸有同異行)라는 말[의 뜻은 다음과 같다.] 저 첫 번째 대답 가운데서 "모든 마음의 양상에는 본래부터 '[불변 · 독자의 본질/실체인] 근본'이 없다"(一切心相, 本來無本)[154]라고 말했는데, 이와 같은 글은 바로 '동일한 수행의 총괄적 특징에 대한 이해'(同行摠相觀)인 것이다.

두 번째 대답 중에서는 "만약 자아[를 불변 · 독자의 본질/실체로 보는 생각]이 있는 자라면 '열두 가지 조건들의 인과적 발생'(十二因緣)을 이해하게 하여라"(若有我者, 令觀十二因緣)[155]라고 말하고, 또한 "만약 자아(我)[를 불변 · 독자의 본질/실체로 보는 생각]이 있는 자라면 '[불변 · 독자의 본질/실체가] 있다는 견해'(有見)를 없어지게 하고 자아(我)[라는 것은 전혀] 없다[고 생각하는] 자라면 '[아무것도] 없다는 견해'(無見)를 없어지게 하라. 만약 '마음이 생겨난다'(心生)[는 것을 불변 · 독자의 본질/실체로 보는 견해]라면 '[마음이] 사라지는 면모'(滅性)[가 불변 · 독자의 본질/실체로 있다고 보는 견해]를 없애야 하고, 만약 '마음이 사라진다'(心滅)[는 것을 불변 · 독자의 본질/실체로 보는 견해]라면 '[마음이] 생겨나는 면모'(生性)[가 불변 · 독자의 본질/실체로 있다고 보는 견해]를 없애야 한다"(若有我者, 令滅有見. 若無我者, 令滅無見. 若心生者, 令滅滅性, 若心滅者, 令滅生性)[156]라고 말하였으니, 이와 같은 글은 바로 '[서로] 다른 수행의 개별적 특징에 대한 이해'(異行別相觀)인 것이다.

이 [서로] 같거나 다른 수행은 들어가는 곳에 차이가 없기 때문에 "모두 '[깨달음의] 본연[인 '사실 그대로 앎']이 지닌 이로움'(本利)을 얻는다"(皆獲於本利)

---

153 해당하는 2구는 "諸有同異行, 皆獲於本利"이다.

154 H1, 612b6.

155 H1, 613a7~8.

156 H1, 613a15~b16.

라고 말한 것이니, 앞에 나온 [자아를 불변 · 독자의 본질/실체로 보는 생각을 다루는 두 번째 문답의] 끝부분에서 "이러한 '[마음이 생겨나거나 사라지는] 면모를 [불변 · 독자의 본질/실체로서] 봄'(見性)을 없애면 곧 '사실 그대로가 온전하게 드러나는 지평'(實際)에 들어간다"(滅是見性, 卽入實際)[157]라고 말한 것과 같다. 또 이 게송에서 "'[불변 · 독자의 본질/실체로 차별된] 두 가지 차이로 보는 견해'(二相見)를 사라지게 하네"(滅絶二相見)라고 말한 것은, 뒤에 [나오는] 두 가지 문답[158]을 게송으로 읊은 것이다.

저 [앞에 나온] [자아를 불변 · 독자의 본질/실체로 보는 생각을 다루는] 세 번째의 대답 중에서는 "현상(法)이 생겨나는 것을 볼 때는 '[아무것도] 없다는 견해'(無見)를 없애게 하고, 현상(法)이 사라지는 것을 볼 때는 '[불변 · 독자의 본질/실체가] 있다는 견해'(有見)를 없애게 하여라"(見法生時, 令滅無見, 見法滅時, 令滅有見)[159]라고 말하였는데, 지금 이 말을 곧바로 게송으로 읊은 것이기 때문에 "'[불변 · 독자의 본질/실체로 차별된] 두 가지 [차이]로 보는 견해'(二相見)를 사라지게 한다"(滅[絶]二[相]見)라고 말한 것이다.

[앞에 나온] [자아를 불변 · 독자의 본질/실체로 보는 생각을 다루는] 네 번째의 대답에서는 "'생겨난다'(生)[는 생각]과 '사라진다'(滅)[는 생각]이 모두 없어지면 '본래 생겨난 것'(本生)은 '[불변 · 독자의 본질/실체로서] 생겨나지 않은 것'(不生)이 되어 마음이 늘 '불변 · 독자의 본질/실체가 없고 [불변 · 독자의 본질/실체로 보는 분별의] 동요가 없는 경지'(空寂)가 되며 [나아가] '불변 · 독자의 본질/실체가 없고 [불변 · 독자의 본질/실체로 보는 분별의] 동요가 없는 경지'(空寂)에

---

157 H1, 613b15~16.

158 '뒤에 나오는 두 가지 문답'(後二番問答)에 해당하는 앞 제3문답과 제4문답의 경문을 인용하면 다음과 같다. 제3문답: "解脫菩薩, 而白佛言. 尊者! 若有衆生, 見法生時, 令滅何見? 佛言. 菩薩! 若有衆生, 見法生時, 令滅無見, 見法滅時, 令滅有見. 若滅是見, 得法眞無, 入決定性, 決定無生." 제4문답: "解脫菩薩, 而白佛言. 尊者! 令彼衆生, 住於無生, 是無生耶? 佛言. 住於無生, 卽是生, 何以故? 無住無生, 乃是無生. 菩薩! 若生無生, 以生滅生. 生滅俱滅, 本生不生, 心常空寂, 空寂無住, 心無有住, 乃是無生."

159 H1, 614a5~6.

도 머무름이 없어야 한다"(生滅俱滅, 本生不生, 心常空寂, 空寂無住)[160]라고 말하였는데, 지금 바로 이 말을 게송으로 읊은 것이기 때문에 "[불변 · 독자의 본질/실체로 차별된] 두 가지 차이[로 보는 견해]를 사라지게 한다"([滅]絶二相[見])라고 말한 것이다.

寂靜之涅槃, 亦不住取證, 入於決定處, 無相無有行.

[H1, 623a8~9; T34, 973a13~14]

'[분별망상이] 그쳐 고요한 열반'(寂靜之涅槃)도 '증득했다[는 생각]에 머물러 붙들지 않고'(不住取證),
'본래부터 그러함의 경지'(決定處)로 들어가니,
'[불변 · 독자의 본질/실체로 차별된] 차이도 없고 [불변 · 독자의 본질/실체로 차별된 차이에 의거하는] 행위도 있지 않다네'(無相無有行).

此下二頌半, 頌廣一覺. 廣一覺中, 正廣重顯, 今[161]此頌中, 唯頌重顯. 重顯文中, 有六問答, 此中有二. 前之一頌, 頌第六答, 次一頌半, 頌第五答, 前四問答, 略而不頌. 第六答中言, "入決定性, 超然出世, 無礙解脫. 解脫之相, 無相無行, 無動無亂, 寂靜涅槃, 亦不取涅槃相", 今此頌中逆次頌也.

[H1, 623a10~18; T34, 973a14~20]

이 아래 두 게송과 절반[의 게송은][162] '하나처럼 통하게 하는 깨달음'(一覺)을 자세하게 밝히는 것을 [게송으로] 읊은 것이다. '하나처럼 통하게 하는 깨달음'(一覺)을 자세하게 밝히는 것 가운데는 '곧바로 자세하게 설명한

160 H1, 614b18~19 참조.

161 한불전(H1, 623b16)의 주석에 따르면, '今'자가 '令'자로 되어 있는 판본이 있다고 하였으나 대정장의 『금강삼매경론』에도 '今'자로 되어 있으므로 그대로 둔다.

162 『금강삼매경』(H1, 623a8~9; 623a19~20). "寂靜之涅槃, 亦不住取證, 入於決定處, 無相無有行"; "空心寂滅地, 寂滅心無生, 同彼金剛性, 不壞於三寶, 具六波羅密, 度諸一切生."

것'(正廣)과 '거듭 밝히는 것'(重顯)이 있는데, 지금 이 게송에서는 '거듭 밝히는 것'(重顯)만을 읊은 것이다. '거듭 밝히는 글'(重顯文) 중에는 여섯 가지 문답이 있는데 여기에서는 [그 가운데] 두 가지가 있다. [두 게송과 절반의 게송 중에서] 앞의 한 게송[163]은 [앞에 나온] [자아를 불변 · 독자의 본질/실체로 보는 생각을 다루는] 여섯 번째 대답을 읊은 것이고, 다음의 한 게송과 절반[164]은 [그] 다섯 번째의 대답을 읊은 것이며, 앞의 [첫 번째부터] 네 번째 문답에 대해서는 생략하여 읊지 않았다.

[자아를 불변 · 독자의 본질/실체로 보는 생각을 다루는] 여섯 번째 대답 중에서 "'본래 그러한 지평'(決定性)으로 들어가며, 초연하게 세속에서 풀려나 걸림 없는 해탈이다. '해탈의 특징'(解脫之相)은 '[불변 · 독자의 본질/실체로 차별된] 차이도 없고 [불변 · 독자의 본질/실체로 차별된 차이에 의거하는] 행함도 없어'(無相無行) '[불변 · 독자의 본질/실체로 보는 분별에 의한] 동요가 없고 흐트러짐도 없으니'(無動無亂), '[불변 · 독자의 본질/실체로 보는 분별을] 그쳐 고요한 열반'(寂靜涅槃)[의 경지]이면서도 '열반의 특징'(涅槃相)마저 [불변 · 독자의 본질/실체로서] 붙들지 않는 것[이기 때문]이다"(入決定性, 超然出世, 無礙解脫. 解脫之相, 無相無行, 無動無亂, 寂靜涅槃, 亦不取涅槃相)[165]라고 말하였는데, 지금의 이 게송에

163 『금강삼매경』(H1, 623a8~9). "寂靜之涅槃, 亦不住取證, 入於決定處, 無相無有行."

164 『금강삼매경』(H1, 623a19~20). "空心寂滅地, 寂滅心無生, 同彼金剛性, 不壞於三寶, 具六波羅密, 度諸一切生."

165 이 인용문은 『금강삼매경』의 본문의 두 단락에서 원효가 핵심내용을 각각 뽑아 연결한 내용이다. 전체 경문을 제시하면 다음과 같은데, 여기서 밑줄 친 부분이 다시 인용한 경문이다. "훌륭한 이여! 이 '[보시布施 · 지계持戒 · 인욕忍辱 · 정진精進 · 선정禪定 · 지혜智慧의] 여섯 가지 보살수행'(六波羅密)이라는 것은 모두가 '[깨달음의] 본연[인 '사실 그대로 앎']이 지닌 이로움'(本利)을 얻어 <u>'본래 그러한 지평'(決定性)으로 들어가며, 초연하게 세속에서 풀려나 걸림 없는 해탈이다</u>"(H1, 621c17~18). "훌륭한 이여! 이와 같은 [육바라밀六波羅密 수행이 지닌] '해탈하는 도리의 특징'(解脫法相)은 [육바라밀六波羅密 수행] 모두가 '[불변 · 독자의 본질/실체로 차별된] 차이와 [불변 · 독자의 본질/실체로 차별된 차이에 의거한] 행함'(相行)이 없으며 또한 [번뇌에서] '풀려나거나 풀려나지 못한 [별개의 불변 · 독자의 본질/실체에 해당하는] 것'(解不解)이

서는 순서를 바꾸어 읊었다.

空心寂滅地, 寂滅心無生, 同彼金剛性, 不壞於三寶, 具六波羅密, 度諸一切生.

[H1, 623a19~20; T34, 973a21~22]

〈불변 · 독자의 본질/실체가 없는 마음의 '불변 · 독자의 본질/실체가 없고 [불변 · 독자의 본질/실체로 보는 분별의] 동요가 없는 경지'〉(空心寂滅地)에서는

'불변 · 독자의 본질/실체가 없고 [불변 · 독자의 본질/실체로 보는 분별의] 동요가 없는 마음'(寂滅心)[이라는 생각]도 [불변 · 독자의 본질/실체로서] '생겨나지 않으니'(無生),

저 '금강[석金剛石의] 면모'(金剛性)와 같아

'[부처(佛) · 진리(法) · 수행공동체(僧), 이] 세 가지 보배[에 대한 믿음]을 무너뜨리지 않고'(不壞於三寶),

'여섯 가지 보살수행'(六波羅密)을 갖추어

모든 중생을 제도하네.

此是頌第五答. 彼文言"不生心法, 卽無依止, 不住諸行, 心常空寂, 無有異相. 乃至性等金剛, 不壞三寶, 空心不動, 具六波羅密", 今此頌中順次頌也.

[H1, 623a21~b1; T34, 973a22~26]

없는 것이니, 이것을 '풀려남'(解脫)이라고 부른다. 어째서인가? '해탈의 특징'(解脫之相)은 '[불변 · 독자의 본질/실체로 차별된] 차이도 없고 [불변 · 독자의 본질/실체로 차별된 차이에 의거하는] 행함도 없어'(無相無行) '[불변 · 독자의 본질/실체로 보는 분별에 의한] 동요가 없고 흐트러짐도 없으니'(無動無亂), '[불변 · 독자의 본질/실체로 보는 분별을] 그쳐 고요한 열반'(寂靜涅槃)[의 경지]이면서도 '열반의 특징'(涅槃相) 마저 [불변 · 독자의 본질/실체로서] 붙들지 않는 것[이기 때문]이다"(H1, 622a4~7).

이는 다섯 번째의 대답에 대해 읊은 것이다. 그 글에서 "'마음과 현상'(心法)을 [불변 · 독자의 본질/실체로서] '생겨나게 하지 않으면'(不生) 곧 [그 무엇에도] 의지함이 없어지고 '갖가지 마음작용'(諸行)에 머무르지 않아, 마음이 늘 '불변 · 독자의 본질/실체가 없고 [불변 · 독자의 본질/실체로 보는 분별의] 동요가 없는 경지'(空寂)여서 '[불변 · 독자의 본질/실체로 차별된] [서로] 다른 차이'(異相)가 존재하지 않는다.[166] … 본연(性)은 '금강석[의 단단함]과 같아 '[부처(佛) · 진리(法) · 수행공동체(僧), 이] 세 가지 보배'(三寶)[에 대한 믿음]을 무너뜨리지 않으니, '불변 · 독자의 본질/실체가 없는 마음'(空心)이 움직이지 않으면서 '[보시布施 · 지계持戒 · 인욕忍辱 · 정진精進 · 선정禪定 · 지혜智慧의] 여섯 가지 보살수행'(六波羅蜜)을 모두 갖춘다"(不生心法, 卽無依止, 不住諸行, 心常空寂, 無有異相. 乃至性等金剛, 不壞三寶, 空心不動, 具六波羅密)[167]라고 말했으니, 지금 이 게송에서는 순서에 따라서 읊은 것이다.

超然出三界, 皆不以小乘, 一味之法印, 一乘之所成".

[H1, 623b2~3; T34, 973a27~28]

'[욕망세계 · 유형세계 · 무형세계, 이] 세 가지 세계'(三界)에서 훌쩍 벗어나게 하지만,
모두 소승[의 가르침]으로써 [벗어난 것이] 아니라,
'한 맛[처럼 서로 통하는] 진리'(一味之法)로 확인한 것이고,
'하나처럼 통하게 하는 가르침'(一乘)으로 이룬 것이라네."

此一頌者, 摠頌前來一品大意. 消文大意, 已如前說.

[H1, 623b4~5; T34, 973a28~29]

---

166 『금강삼매경』(H1, 620a17~18). "不生心法, 卽無依止, 不住諸行, 心常空寂, 無有異相."

167 원문에서 '乃至' 뒤에 있는 이 내용은 『금강삼매경론』의 편집에 따르면 그 다음에 제시하고 있는 경의 본문 중에서 후반부를 인용한 것이다. "乃至性等金剛, 不壞三寶, 空心不動, 具六波羅密"(H1, 620b16~18).

이 하나의 게송은 앞에 나온 한 단원(「무상법품無相法品」)의 핵심내용(大意)을 총괄하여 읊은 것이다. 원문의 핵심내용을 풀이한 것은 이미 앞에서 말한 바와 같다.

3) 이로움을 얻는 부분(得益分)

爾時, 大衆, 聞說是義, 心大欣懌. 得離心我, 入空無相, 恢廓曠蕩, 皆得決定, 斷結盡漏.

[H1, 623b6~8; T34, 973b1~2]

그때 대중들은 이러한 뜻을 설하는 것을 듣고서 마음이 크게 기쁘고 즐거워졌으며, 마음(心)과 자아(我)[를 불변 · 독자의 본질/실체로 보는 생각]에서 벗어나서 〈'불변 · 독자의 본질/실체'가 없고 '[불변 · 독자의 본질/실체로 차별된] 차이가 없는 지평'〉(空無相)으로 들어가 넓고도 넓게 트이니, 모두가 '본래 그러함[의 경지]'(決定[處])를 얻어 얽매임(結)이 끊어지고 번뇌(漏)가 사라졌다.

一品之內, 有三分中, 前之二分, 竟在於前, 此是大文, 第三時衆得益. "得離心我"者, 證二空眞如故, "斷結盡漏"者, 斷見修二惑故, 欲顯得入初地. 見道正斷見惑, 兼斷修惑, 義如『彌勒所問論』說. 於中委悉, 在『二障章』也.

[H1, 623b9~14; T34, 973b3~7]

하나의 단원(「무상법품無相法品」) 안에 있는 세 단락 중에서 앞의 두 단락은 위에서 마쳤고, 이것은 [또 하나의] 큰 단락으로서 세 번째로 중생들이 이로움을 얻은 것이다.

"마음(心)과 자아(我)[를 불변 · 독자의 본질/실체로 보는 생각]에서 벗어났다"(得離心我)라는 것은 '[자아(我)와 현상(法), 이] 두 가지에 불변 · 독자의 본질/실체가 없는 참 그대로'(二空眞如)를 증득하였기 때문이고, "얽매임이 끊어지고 번뇌가 사라졌다"(斷結盡漏)라는 것은 〈'[진리다운] 이해를 밝히는 수행'(見道)[168]과 '[선정을 토대로 이해를] 거듭 익혀 가는 수행'(修道)[169]으로 끊는 두 가지 번뇌〉(見修二惑)[170]를 끊었기 때문이니, '['열 가지 본격적인 수행경지'(十

---

168 견도見道: 견도(darśana-mārga)는 견제도見諦道, 견제見諦라고도 한다. 수도修道 및 무학도無學道를 합하여 삼도三道라고 부른다. '네 가지 진리'(四諦)에 비추어 '사실 그대로'에 대한 이해를 향상시켜 가는 수행 단계이다. 이런 의미를 반영하여 '[진리다운] 이해를 밝히는 수행'으로 번역하였다. 성문聲聞의 4향4과에서는 수다원향須陀洹向 즉 예류향預流向에 해당하고, 대승불교 유식유가행파의 5위五位의 수행계위에서는 제3위인 통달위通達位에 해당하며, 대승불교 일반의 52위五十二位 보살 수행계위에서는 초지初地인 환희지歡喜地에 해당하는 것으로 간주되는 것이 일반적이다.

169 수도修道: 견도는 지적 이해를 토대로 삼는 수행단계이므로 견도의 수행으로 성취한 내용도 관점·견해·이해의 범주라 할 수 있다. 그런데 지적 능력에 의해 성취한 이해는 선정 수행으로 성취한 마음 범주의 향상과 결합해야 해탈의 체득으로 나아갈 수 있다. 〈『대승기신론 소·별기』 번역(세창출판사, 2019)에 게재된 박태원의 「이해와 마음」에 상세한 논의가 있다.〉 수도(bhāvanā-mārga)는 이러한 요청을 반영하여 설정된 수행단계로 보인다. 이런 의미를 반영하여 '[선정을 토대로 이해를] 거듭 익혀 가는 수행'이라 번역하였다.

170 견수이혹見修二惑: 견수이혹은 견도와 수도에서 끊어지는 번뇌이다. 견혹은 견도소단번뇌見道所斷煩惱·미리혹迷理惑이라고도 한다. 『아비달마구사론』 권19에 따르면 번뇌는 탐貪·진瞋·만慢·무명無明(치癡)·의疑·견見의 육수면六隨眠 또는 육수면 중에서 견見의 작용이 다섯 가지로 달라진 것인 유신견有身見·변집견邊執見·사견邪見·견취見取·계금취戒禁取를 합한 십수면十隨眠으로 나눌 수 있다. 이 중 진瞋과 의疑 및 견見의 다섯 가지 작용인 유신견·변집견·사견·견취·계금취의 일곱 가지가 견도見道에서 완전히 끊어지는 번뇌이다(색계와 무색계 기준). 다만 진瞋은 욕계에서만 있고, 색계나 무색계에서는 원래 진瞋이 없으므로 끊을 필요가 없다. 따라서 욕계만을 기준으로 삼으면 진瞋은 수혹修惑으로 수소단번뇌修所斷煩惱가 되지만, 색계나 무색계를 기준으로 삼으면 본래 진瞋이 없으므로 견도소단번뇌見道所斷煩惱에 속하게 된다. 수혹修惑은 수소단번뇌로서 『아비달마구사론』에서는 탐貪·진瞋·만慢·무명無明의 네 가지(욕계 기준)를 꼽는 반면 『유가사지론』에서는 이 네 가지 번뇌에 유신견有身見·변집견邊執見을 추가하는데, 이 점과 관련하여 『성유식론成唯識論』 권6의 번뇌에 관련된 다음과 같은 대목이 주목된다. "十煩惱中, 六通俱生及分別起, 任運思察俱得生故. 疑後三見唯分別起, 要由惡友或邪教力, 自審思察方得生故"(T31, 32a5~7). 이에 따르면 탐貪·진瞋·만慢·무명無明·유신견有身見·변집견邊執見의 여섯 가지 번뇌는 구생기俱生起와 분별기分別起 번뇌에 모두 통하지만, 의疑·사견邪見·견취見取·계금취戒禁取의 네 가지 번뇌는 오직 분별기 번뇌이다. 여섯 가지 번뇌는 구생기와 분별기 번뇌에 모두 통하기 때문에 『유가사지론』에서는

地)의] 첫 번째 경지'(初地)로 들어갔음을 나타내려는 것이다. '이해를 밝혀 가는 수행'(見道)에서 '이해를 밝히는 수행에서 끊는 번뇌'(見惑)를 곧바로 끊고, 아울러 '[선정을 토대로 이해를] 거듭 익혀 가는 수행[의 단계]에서 끊어지는 번뇌'(修惑)도 끊으니, [그] 뜻은 『미륵소문론彌勒所問論』에서[171] 말한 것과 같다. 이에 대한 자세한 내용은 『이장의二障義』에[172] 있다.[173]

이 여섯 가지 번뇌를 견혹見惑과 수혹修惑에 모두 포함시키고, 네 가지 번뇌는 오직 분별기 번뇌이기 때문에 견혹見惑에만 포함시키는 것으로 볼 수 있겠다. 견도見道에서는 분별기 번뇌에만 속하는 의疑·사견邪見·견취見取·계금취戒禁取의 네 가지 번뇌가 모두 끊기고, 수도修道에서는 구생기 번뇌에도 통하는 탐貪·진瞋·만慢·무명無明·유신견有身見·변집견邊執見이 끊어지게 되는 셈이다.

171 『미륵보살소문경론彌勒菩薩所問經論』 권2(T26, 238b22~24). "身見貪等一切煩惱, 以見道力, 悉遠離故. 又身見等一切煩惱, 無始世來隨無智生, 不能遠離, 取我樂等因, 離方便般若."

172 이 내용은 『이장의二障義』의 '다스려 끊음을 밝힘'(明治斷)의 장에서 자세한 설명을 살펴볼 수 있다. H1, 802b20~805a2 참조.

173 이상의 단락에 해당하는 원효의 전체 과문 차례는 다음과 같다.

Ⅱ. [경의 내용을] 본격적으로 설한 부분(正說分)

1. [불변·독자의 본질/실체로 차별된] 차이가 없다는 도리[를 주제로 하는] 단원(無相法品)

1) 선정에서 나오는 부분(出定分)

2) 말을 일으키는 부분(起說分)

(1) 산문[의 형식을 띤 문장](長行)

① 간략하게 밝히는 부분(略標分)

가. [불변·독자의 본질/실체로 차별된] 차이가 없음에 대한 이해를 나타냄(標無相觀)

가) 여래가 스스로 [불변·독자의 본질/실체로 차별된] 차이가 없음에 대한 이해로 들어감을 나타냄(標如來自入無相觀)

나) 다른 이들을 [불변·독자의 본질/실체로 차별된] 차이가 없음에 대한 이해로 들어가게 함을 나타냄(標令他入無相觀)

나. 이해의 대상이 되는 도리를 나타냄(標所觀法)

가) 이해의 대상이 되는 도리가 심오하다는 것을 곧바로 나타냄(直標所觀法深)

나) 다른 사람들을 위하여 이 심오한 진리를 말함(爲他說是深法)

② 자세하게 설명한 부분(廣說分)

가. [설법을] 청함(請)

가) 사람들이 [부처님에게] 예의를 갖추는 것을 차례대로 나타냄(序人儀)

(가) 시간에 의거하여 사람을 나타냄(依時表人)

(나) 예의를 갖추는 것을 차례대로 나타냄(序禮儀)

나) 발언하여 [부처님께 설법을] 청함(發言而請)

(가) [중생들을] 위하는 시절을 거론(擧所爲時節)

(나) 그 [중생]들을 위하여 [진리를] 널리 설명해 주기를 청함(請爲彼宣說)

나. 설법함(說)

가) 질문을 칭찬하며 설법[요청]을 받아들임(讚問許說)

나) [설법을] 청하는 것에 응하여 설법함(對請宣說)

(가) [불변 · 독자의 본질/실체로 차별된] 차이가 없음에 대한 이해를 밝힘(明無相觀)

㉮ [진리다운] 이해와 [이해에 의거한] 수행의 면모를 곧바로 말함(直說觀行之相)

ㄱ. 수단과 방법을 통한 이해(方便觀)

ㄴ. 곧바로 사실대로 이해함을 밝힘(明正觀)

㉯ [문답을] 주고받으면서 갖가지 의문과 난점을 해결함(往復決諸疑難)

ㄱ. 첫 번째 문답: [불변 · 독자의 본질/실체로 차별된] 차이를 두는 것을 깨뜨리는 측면을 총체적으로 밝힘(摠明破有相門)

ㄴ. 두 번째 문답: 두 가지 결박에서 벗어나는 측면을 하나씩 드러냄(別顯離二縛門)

ㄱ) 자아에 대한 집착을 다스림(治人執)

(ㄱ) [자아를 불변 · 독자의 본질/실체로 보는 생각을] 총괄적으로 다스림(摠治)

(ㄴ) [자아를 불변 · 독자의 본질/실체로 보는 생각을] 하나씩 다스림(別治)

㉠ ["하물며" 하면서] 비교하여 다스림(況治)

㉡ 뒤좇아서 다스림(逐治)

ㄴ) 현상에 대한 집착을 다스림(治法執)

(ㄱ) 곧바로 다스림(正治)

(ㄴ) 거듭 해석함(重釋)

ㄷ. 세 번째 문답: [불변 · 독자의 본질/실체가 있다는 허물을] 없애 주는 견해의 약을 나타냄(顯能滅之見之藥)

ㄹ. 네 번째 문답: 망상분별로 헤아린 이해로 [불변 · 독자의 본질/실체로서] 생겨난다[는 견해]에 머무르는 것에서 벗어나지 못함을 나타냄(顯妄解不離生住)

ㄱ) 생겨난 것이 없음(無生)에 대해 질문함

ㄴ) 생겨난 것이 없음(無生)에 대해 대답함

(ㄱ) 간략하게 대답(略答)

(ㄴ) 거듭 자세하게 설명(重詳)

(나) 하나처럼 통하게 하는 깨달음을 성취한 마음을 드러냄(顯一覺心)

㉮ 〈하나처럼 통하게 하는 깨달음인 '여래의 면모가 간직된 창고'〉(一覺如來藏)의 뜻을 곧바로 자세하게 설명함(正廣一覺如來藏義)

ㄱ. 첫 번째 문답: ['사실 그대로'를] 비로소 깨달아 감이 깨달음의 본연[인 '사실 그대로 앎']으로서의 '여래 면모가 간직된 창고의 본연'과 다르지 않음을 밝힘(明始覺不異本覺如來藏性)

ㄴ. 두 번째 문답: '여래의 면모가 간직된 창고의 본연'이 '은밀하게 간직되어 동요하지 않는 것'임을 곧바로 드러냄(正顯如來藏性隱藏不動)

㉯ 갖가지 의문과 논란을 없앰(遣諸疑難)

ㄱ. 첫 번째 문답: 저 ['진리 몸'을] 가리는 '[망상분별로] 헤아려 이해하는 양상'을 밝힘(明其能隱慮知之相)

ㄴ. 두 번째 문답: 멈추어 쉰다는 것도 없음을 밝힘(明無止息)

ㄷ. 세 번째 문답: [불변·독자의 본질/실체로서] 생겨난 것이 없다는 이해[의 의미]를 드러냄(顯無生觀)

ㄹ. 네 번째 문답: 있다는 견해와 없다는 견해를 버리게 함(遣增減見)

ㅁ. 다섯 번째 문답: 의심을 거듭 제거함(重遣疑情)

ㄱ) 곧바로 대답(正答)

ㄴ) 거듭 밝힘(重顯)

(ㄱ) 모든 유형의 [불변·독자의 본질/실체로 차별된] 차이에서 멀리 벗어나 과거·현재·미래의 [모든] 때에 [[불변·독자의 본질/실체로서] 생겨난 것이 없는 마음'(無生之心)이] 두루 있음을 밝힘(顯遠離諸相, 周遍三世)

(ㄴ) 현상 세계에 따르면서 여섯 가지 보살수행을 갖추어 수행함을 밝힘(顯隨順法界, 具修六度)

ㅂ. 여섯 번째 문답: 세속에서 풀려나게 하는 여섯 가지 보살수행의 뜻을 거듭 드러냄(重顯出世六度之義)

ㄱ) [핵심을] 간략히 드러냄(略標)

ㄴ) 자세하게 해석함(廣釋)

(ㄱ) 하나씩 해석함(別釋)

(ㄴ) 총괄적으로 밝힘(摠明)

㉠ 여섯 가지 보살수행 모두가 해탈과 동등하다는 것을 밝힘(明六度

2. [불변 · 독자의 본질/실체로서] 생겨난 것이 없다는 [이해에 의거한] 수행[을 주제로 하는] 단원(無生行品)

菩薩觀行成就之時, 知自觀心, 順理修行, 非有生心, 非無生心, 亦非有行, 亦非無行. 但爲離增益邊故, 假說爲無生, 不於有生生心, 不於無生生心故. 爲離損減邊, 亦假說爲行, 雖非有有行之行, 而非無無行之行故. 是故立名無生行品.

[H1, 623c6~12; T34, 973b14~19]

보살이 '[진리다운] 이해와 [이해에 의거한] 수행'(觀行)을 이룰 때에는 스스로 마음을 이해하여 이치에 따라서 수행하는 것을 아니, [이때는] '[불변 · 독자의 본질/실체로서] 생겨난 마음'(有生心)이 아니고 '[아무것도] 생겨난 것이 없는 마음'(無生心)도 아니며, '[불변 · 독자의 본질/실체로서] 행함이 있는 것'(有行)도 아니고 '[아무것도] 행함이 없는 것'(無行)도 아니다. 다만 '있다는 치우친 견해'(增益邊)에서 벗어나게 하기 위해 임시방편(假)으로 '생겨난 것이 없다'(無生)고 말하니, '[불변 · 독자의 본질/실체로서] 생겨난 것이 있다고 보아 생겨난 마음'(於有生生心)이 아니며 [또] '[아무것도] 생겨난 것이 없다고 보아 생

同一解脫)
㉡ 해탈이 바로 열반임을 드러낸 것(顯解脫卽是涅槃)
a. 해탈을 밝힘(明解脫)
b. [해탈이] 바로 열반임을 밝히는 것(卽涅槃)
(2) 게송[의 형식]으로 거듭 읊음(重頌)
① 하나씩 읊은 것(別頌)
가. 앞의 간략하게 [핵심을] 밝힘을 게송으로 읊은 것(頌前略標)
나. 뒷부분의 자세하게 해석함을 게송으로 읊은 것(頌後廣釋)
가) [불변 · 독자의 본질/실체로 차별된] 차이가 없음에 대한 이해를 자세하게 설명한 것(廣無相觀)
나) 하나처럼 통하게 하는 깨달음의 뜻을 자세하게 해석한 것(廣一覺義)
② 총괄하여 읊은 것(摠頌)
3) 이로움을 얻는 부분(得益分)

겨난 마음'(於無生生心)도 아니기 때문이다. [또] '없다는 치우친 견해'(損減邊)에서 벗어나게 하기 위해 또한 임시방편(假)으로 '행한다'(行)고 말하니, 비록 '[불변 · 독자의 본질/실체로서] 행함이 있는 행함'(有行之行)이 있는 것이 아니지만 '[불변 · 독자의 본질/실체로서] 행함이 없는 행함'(無行之行)이 없는 것도 아니기 때문이다. 이런 까닭에 '[불변 · 독자의 본질/실체로서] 생겨난 것이 없다는 [이해에 의거한] 수행[을 주제로 하는] 단원'(無生行品)이라는 명칭을 세운 것이다.

爾時, 心王菩薩, 聞佛說法出三界外, 不可思議, 從座而起, 叉手合掌, 以偈問曰.

[H1, 623c13~15; T34, 973b20~21]

그때 심왕心王보살은, 부처님이 설하는 진리는 '[욕망세계 · 유형세계 · 무형세계, 이] 세 가지 세계'(三界)에서 벗어나게 한다는 것을 듣고 '생각으로 이루 헤아리기 어려워'(不可思議) 자리에서 일어나 두 손을 모아 [부처님께] 합장하고 게송으로 여쭈었다.

別顯觀行, 有六分中, 第一遣諸境相, 顯無相觀, 竟在於前. 此下, 第二泯其生心, 明無生行. 就文有三, 一者正說, 二者讚說, 其第三明聞說得益. 初正說中, 有其四分, 一者往復問答, 二者反徵問答, 三者菩薩領解, 四者如來述成. 初中有六, 一問二答三難, 四拒五請六釋. 初中有二, 先經家序. "心王菩薩"者, 從體立名. 然心王之義, 略有二種, 一者八識之心, 御諸心數, 故名心王, 二者一心之法, 摠御衆德, 故名心王. 今此菩薩, 入無生行, 證一心王故, 從所軆[174]以立名也. 今此品中, 明無生行, 所以心王菩薩發問. "出三界外, 不可思議"者, 是出所聞之法, 以爲發問之本, 其所聞者, 謂

174 대정장본 『금강삼매경론』(T34, 973c3)에는 '體'로 되어 있다. 이하의 같은 내용은 일일이 지적하지 않는다.

前品說. 今且擧後, 以攝其前, 謂最後頌言, "超然出三界, 乃至所成"故.

[H1, 623c16~624a10; T34, 973b21~c7]

'[진리다운] 이해와 [이해에 의거한] 수행'(觀行)을 '하나씩 드러낸 것'(別顯)에는 여섯 부분이 있는데[175] 그 가운데 첫 번째는 '모든 [불변 · 독자의 본질/실체로 차별된] 대상의 차이'(諸境相)를 없애는 것으로서 '[불변 · 독자의 본질/실체로 차별된] 차이가 없음에 대한 이해'(無相觀)를 드러낸 것이니 [이에 대한 논의는] 앞 [단원인 「무상법품無相法品」]에서 마쳤다.

이 아래는 두 번째인 저 '[불변 · 독자의 본질/실체로서] 생겨난 마음'(生心)[이 있다는 생각]을 없애고 '[불변 · 독자의 본질/실체로서] 생겨난 것이 없다는 [이해에 의거하는] 수행'(無生行)을 밝힌 것이다. 글에는 세 가지가 있으니, 첫 번째는 '[가르침의 내용을] 본격적으로 설한 것'(正說)이고, 두 번째는 '설한 것을 찬탄하는 것'(讚說)이며, 그 세 번째는 설법을 듣고 이로움(益)을 얻음을 밝힌 것이다.

1) [가르침의 내용을] 본격적으로 설함(正說)

처음의 '[가르침의 내용을] 본격적으로 설한 것'(正說) 중에는 네 부분이 있으니, 첫 번째는 문답을 주고받은 것이고, 두 번째는 되물어서 문답하는

175 여기서 여섯이란 『금강삼매경』의 본문 중에서 관행觀行의 핵심내용을 설명하고 있는 여섯 단원인 「무상법품無相法品」, 「무생행품無生行品」, 「본각리품本覺利品」, 「입실제품入實際品」, 「진성공품眞性空品」, 「여래장품如來藏品」을 가리킨다. 『금강삼매경』 본문의 전체 구성에 대해서는 서품序品에 나왔던 다음의 구절이 참고가 될 것이다. "'[경의 내용을] 본격적으로 설한 [부분]'(正說[分])의 내용을 크게 나누면 두 가지가 되니, 앞의 [무상법품無相法品, 무생행품無生行品, 본각리품本覺利品, 입실제품入實際品, 진성공품眞性空品, 여래장품如來藏品의] '여섯 단원'(六品)은 '[진리다운] 이해와 [이해에 의거한] 수행'(觀行)을 하나씩 드러낸 것이고, '[육품六品의 핵심을] 모두 지니게 하는 하나의 단원'(摠持一品)은 의문(疑情)을 모조리 없애 버린 것이다. 하나씩 드러낸 내용은 곧 '여섯 부분'(六分)이 된다"(H1, 608c4~6. 正說之中, 大分爲二, 謂前六品, 別顯觀行, 摠持一品, 摠遣疑情. 別顯之中, 卽爲六分).

것이며, 세 번째는 보살이 '핵심을 이해하는 것'(領解)이고, 네 번째는 '여래의 설명이 마무리된 것'(如來述成)이다. 처음[의 문답을 주고받은 것]에는 여섯 가지가 있으니, 첫 번째는 질문(問)이고, 두 번째는 대답(答)이며, 세 번째는 문제제기(難)이고, 네 번째는 부정(拒)이며, 다섯 번째는 요청(請)이고, 여섯 번째는 풀이(釋)이다.

(1) 문답을 주고받음(往復問答)

첫 번째 [질문]에는 두 가지가 있으니, 먼저는 '경전 편집자들이 붙이는 글'(經家序)이다. "심왕보살心王菩薩"[176]이라는 것은 '본연에 따라 명칭을 세운 것'(從體立名)이다. 그런데 심왕心王의 뜻에는 대략 두 가지가 있으니, 첫째는 '[여덟 가지 식 중에서] 제8아뢰야식인 마음'(八識之心)이 '온갖 마음작용과 마음현상'(諸心數)을 거느리기 때문에 '왕 노릇 하는 마음'(心王)이라고 부른 것이고, 둘째는 '하나처럼 통하는 마음의 현상'(一心之法)이 온갖 [이로운] 능력을 거느리기 때문에 '왕 노릇 하는 마음'(心王)이라고 부르는 것이다. 이제 이 보살이 '[불변 · 독자의 본질/실체로서] 생겨난 것이 없다는 [이해에 의거하는] 수행'(無生行)에 들어가서 '하나처럼 통하는 마음의 왕 노릇 하는 자리'(一心王)를 증득하기 때문에 '[심왕보살의] 본연이 되는 것'(所體)에 따라 명칭을 세운 것이다. 지금 이 단원에서는 '[불변 · 독자의 본질/실체로서] 생겨난 것이 없다는 [이해에 의거하는] 수행'(無生行)을 밝히고 있으니, 따라서 [무생행無生行으로 증득하는 심왕의 경지를 상징하는] 심왕보살이 질문을 한 것이다.

---

176 심왕보살心王菩薩: '심왕心王'은 글자 그대로 왕 노릇 하는 마음이라는 뜻이니 '인식 주관'을 가리키는 개념이다. 지금 이 '[불변 · 독자의 본질/실체로서] 생겨난 것이 없다는 [이해에 의거한] 수행[을 주제로 하는] 단원'(無生行品)에서 심왕보살心王菩薩을 부처님께 질문하는 주인공으로 등장시킨 것은, '마음/주관이 불변 · 독자의 본질/실체들을 생겨나게 한다'는 생각을 깨는 것이 이 단원의 핵심이라는 의미를 반영한 것으로 보인다(박태원, 『원효의 《금강삼매경론》 읽기』, 세창미디어, 2014, p.50 참조).

"'[욕망세계 · 유형세계 · 무형세계, 이] 세 가지 세계'에서 벗어나게 한다[는 것을 듣고] 생각으로 이루 헤아리기 어려워"(出三界外, 不可思議)라는 것은 '들었던 가르침'(所聞之法)을 근거로 삼아 질문의 근본으로 삼은 것이니, 그가 들었던 가르침이라는 것은 '앞[의 무상법품無相法品의] 단원'(前品)에서 설명[한 내용]을 가리킨다. 지금은 [무상법품無相法品의] 뒷부분을 거론하여 그 [무상법품無相法品의] 앞부분을 총괄하였으니, [무상법품無相法品의] 제일 마지막에 읊은 게송에서 "'[욕망세계 · 유형세계 · 무형세계, 이] 세 가지 세계'(三界)에서 훌쩍 벗어나게 하지만 … ['하나처럼 통하게 하는 가르침'(一乘)으로] 이룬 것이라네"(超然出三界, 乃至所成)라고 말한 것이 그것이다.

"如來所說義, 出世無有相. 可有一切生, 皆得盡有漏, 斷結空心我, 是卽無有生. 云何無有生, 而有無生忍?"

[H1, 624a11~13; T34, 973c8~10]

"여래께서 말씀하신 뜻은

〈세속[의 분별]에서 풀려나게 하는 '[불변 · 독자의 본질/실체로 차별된] 차이를 두지 않음'〉(出世無有相)입니다.

[이로써] 존재하는 모든 중생이

다 '번뇌가 스며드는 것'(有漏)을 남김없이 없애어,

[번뇌의] 얽매임(結)을 끊고 마음과 자아에 불변 · 독자의 본질/실체가 없음을 깨닫게 하니,

이것이 바로 '[불변 · 독자의 본질/실체로서] 생겨난 것을 두지 않음'(無有生)입니다.

[그런데] '[불변 · 독자의 본질/실체로서] 생겨난 것을 두지 않음'(無有生)이면서도

어떻게 '[불변 · 독자의 본질/실체로서] 생겨난 것이 없다는 이해를 확고하게 간직하는 경지'(無生[法]忍)가 있을 수 있습니까?"

此二頌, 是問辭. 於中初頌, 領前所說, 上半, 領前"一味法印", 下半, 領次"一乘所成". 後一頌, 正發問, 於中上半, 牒無生義, 下半, 問無生忍, 既無有生, 應無忍心故.

[H1, 624a14~18; T34, 973c10~13]

이 두 게송은 질문하는 말이다. 이 중에서 첫 번째 게송[177]은 앞[의 무상법품無相法品의 마지막 게송]에서 말한 내용을 이해한 것이니, 위의 절반[178]은 [무상법품無相法品의 마지막 게송의] "한 맛[처럼 서로 통하는] 진리로 확인한 것이고"(一味法印)를 이해한 것이고, 아래의 절반[179]은 다음의 "하나처럼 통하게 하는 가르침으로 이룬 것이라네"(一乘所成)를 이해한 것이다.

뒤의 한 게송[180]은 곧바로 질문한 것이니, 그중에서 위의 절반[181]은 '[불변·독자의 본질/실체로서] 생겨난 것이 없음의 뜻'(無生義)을 제시한 것(牒)이고, 아래의 절반[182]은 '[불변·독자의 본질/실체로서] 생겨난 것이 없다는 이해를 확고하게 간직하는 경지'(無生[法]忍)를 [관련시켜] 질문한 것이니, 이미 '[불변·독자의 본질/실체로서] 생겨난 것을 두지 않음'(無有生)이면 '[불변·독자의 본질/실체로서 생겨난 것이 없다는 이해를] 확고하게 간직하는 경지'([無生法]忍心)도 없어야 하기 때문이다.

爾時, 佛告心王菩薩言, "善男子! 無生法忍, 法本無生. 諸行無生, 非無生行, 得無生忍, 卽爲虛妄".

[H1, 624a19~21; T34, 973c14~16]

그때 부처님께서 심왕보살에게 말씀하셨다.

---

177 『금강삼매경』(H1, 624a11~12). "如來所說義, 出世無有相, 可有一切生, 皆得盡有漏,"
178 『금강삼매경』(H1, 624a11). "如來所說義, 出世無有相,"
179 『금강삼매경』(H1, 624a11~12). "可有一切生, 皆得盡有漏,"
180 『금강삼매경』(H1, 624a12~13). "斷結空心我, 是卽無有生. 云何無有生, 而有無生忍?"
181 『금강삼매경』(H1, 624a12). "斷結空心我, 是卽無有生."
182 『금강삼매경』(H1, 624a13). "云何無有生, 而有無生忍?"

"훌륭한 이여! '[불변 · 독자의 본질/실체로서] 생겨난 것이 없다는 이해를 확고하게 간직하는 경지'(無生法忍)는, 현상(法)에는 본래부터 '[불변 · 독자의 본질/실체로서] 생겨난 것이 없다'(無生)는 [이해를 간직하는] 것이다. [그렇다면] '모든 수행'(諸行)도 '[불변 · 독자의 본질/실체로서] 생겨난 것이 없는 것'(無生)이어서 '[불변 · 독자의 본질/실체로서] 생겨난 것이 없다는 [이해에 의거하는] 수행'(無生行)[을 불변 · 독자의 본질/실체라 할 수 있는 것]이 아니니, [따라서] '[불변 · 독자의 본질/실체로서] 생겨난 것이 없다는 이해를 확고하게 간직하는 경지'(無生[法]忍)를 얻었다고 [말]한다면 [그것은] 곧 참되지 않은 것이 된다."

是第二答. 答意有二. 先示無生忍相, 後顯有得過失. "無生法忍"者, 達法本無生. 是則定慧諸行, 亦無有生, 非於無生, 有能忍行, 故言"非無生行". 於中有得能忍之行, 則乖眞忍無住無行, 故言"卽爲虛妄".

[H1, 624a22~b3; T34, 973c16~20]

이것은 두 번째인 대답인데, 대답한 뜻에는 두 가지가 있다. 먼저는 '[불변 · 독자의 본질/실체로서] 생겨난 것이 없다는 이해를 확고하게 간직하는 경지의 특징'(無生忍相)을 제시한 것이고, 나중은 '[무생인無生忍을] 얻었다[고 생각하]는 허물'(有得過失)에 대해 밝힌 것이다.

"[불변 · 독자의 본질/실체로서] 생겨난 것이 없다는 이해를 확고하게 간직하는 경지"(無生法忍)라는 것은 '현상에는 본래부터 [불변 · 독자의 본질/실체로서] 생겨난 것이 없음'(法本無生)을 통달하는 것이다. 그렇다면 선정(定)과 지혜(慧)[와 같은] 온갖 수행 또한 '[불변 · 독자의 본질/실체로서] 생겨난 것을 두지 않음'(無有生)이어서 '[불변 · 독자의 본질/실체로서] 생겨난 것이 없음'(無生)[의 경지]에서는 '[불변 · 독자의 본질/실체로서 생겨난 것이 없다는 이해를] 확고하게 간직하는 수행'([無生]忍行)을 행하는 것이 [불변 · 독자의 본질/실체로서 있는 것]이 아니니, 그러므로 "'[불변 · 독자의 본질/실체로서] 생겨난 것이 없다는 [이해에 의거하는] 수행'(無生行)[을 불변 · 독자의 본질/실체라 할 수 있는 것]이 아니다"(非

無生行)라고 말하였다. [이런 뜻에 의거한다면] 여기에서 '[불변 · 독자의 본질/실체로서 생겨난 것이 없다는 이해를] 확고하게 간직하는 수행'([無生]忍之行)을 할 수 있다고 [말]한다면 곧 '어떤 것에도 머무름이 없고 어떤 것도 행함이 없음을 참되게 간직하는 경지'(眞忍無住無行)와 어긋나니, 그러므로 "곧 참되지 않은 것이 된다"(卽爲虛妄)라고 말하였다.

心王菩薩言, "尊者! 得無生忍, 卽爲虛妄, 無得無忍, 應非虛妄".

[H1, 624b4~5; T34, 973c21~22]

심왕보살이 말하였다.

"훌륭하신 분이시여! '[불변 · 독자의 본질/실체로서] 생겨난 것이 없다는 이해를 확고하게 간직하는 경지를 얻음'(得無生忍)이 곧 참되지 않은 것이 된다고 하시니, [그렇다면] 얻음(得)도 없고 '[불변 · 독자의 본질/실체로서 생겨난 것이 없다는 이해를] 확고하게 간직하는 경지'(忍)도 없으면 허망한 것이 아니어야 할 것입니다."

是第三難, 難意而言, 〈若謂有得有忍, 是虛妄者, 則謂無得無忍, 應非虛妄, 反虛妄故.〉 諸學大乘無所得者, 作如是計, 自謂非妄, 爲顯彼妄, 故作是難.

[H1, 624b6~10; T34, 973c22~25]

이는 [주고받은 문답의 여섯 부분 중에서] 세 번째인 '문제 제기'(難)이니, 문제를 제기한 뜻은 [다음과 같이] 말하는 것이다. 만약 〈'얻음이 있고 확고하게 간직하는 경지가 있다'(有得有忍)면 허망한 것이라 말한다면, 곧 얻음도 없고 '확고하게 간직하는 경지'(忍)도 없으면 허망한 것이 아니라고 해야 하니, [이렇게 말해야] 허망[하다고 하는] 것과 반대이기 때문이다〉[라고.] 대승의 '얻은 것이 없는 경지'(無所得)를 배우는 이들이 이와 같이 생각하면서 스스로 허망하지 않은 것이라고 말하니, 그들의 잘못[된 생각]을 밝히기 위하여 이러한 문제제기를 하는 것이다.

佛言, "不也. 何以故? 無得無忍, 是則有得, 有得有住,[183] 是則有生. 有生於得, 有所得法, 幷爲虛妄".

[H1, 624b11~13; T34, 973c26~27]

부처님께서 말씀하셨다.

"그렇지 않다. 어째서인가? '얻음도 없고 확고하게 간직하는 경지도 없다'(無得無忍)[고 생각한다]면 이것이 바로 '얻은 것이 있음'(有得)이니, '얻은 것이 있고 [그것에] 머무름이 있다'(有得有住)면 이것은 곧 '[불변 · 독자의 본질/실체로서] 생겨난 것이 있는 것'(有生)이다. '얻었다는 것'(得)에 대해 '[불변 · 독자의 본질/실체로서] 생겨난 것이 있는 것'이니, '얻은 것'(所得法)이 [불변 · 독자의 본질/실체로서] 있다면 [이것들은] 모두가 허망한 것이 된다."

是第四拒. 於中有二, "不"者直拒, "何以故"下, 第二釋拒. 拒意而言, 〈若彼意, 謂無得無忍, 則雖不得有得有忍之有, 而猶得其無得無忍之無. 旣得於無者, 則心住於無, 心旣有住, 卽是有生. 謂有心生於有所得故, 亦違於無生無得.〉 是故說言幷爲虛妄.

[H1, 624b14~20; T34, 973c28~974a4]

이는 [주고받은 문답 내용의 여섯 부분 중에서] 네 번째인 부정(拒)이다. 여기에는 두 가지가 있으니, "그렇지 않다"(不[也])라는 것은 곧바로 부정한 것이고 "어째서인가"(何以故) 이하는 두 번째로 부정한 [뜻을] 풀이한 것이다.

부정한 뜻은 [다음과 같이] 말하는 것이다. 〈만약 그들의 생각처럼 '얻음도 없고 확고하게 간직하는 경지도 없다'(無得無忍)고 말한다면, 비록 '얻음이 있고 확고하게 간직하는 경지가 있는 있음'(有得有忍之有)을 얻지 않아도 '얻음도 없고 확고하게 간직하는 경지도 없는 없음'(無得無忍之無)을 얻은 것과 같게 된다. [이러한] 없음(無)에서 ['얻음도 없고 확고하게 간직하는 경지도 없

183 한불전의 주석에는 '忍'자로 되어 있는 다른 판본이 있다고 했는데, '住'자가 내용의 전개에 적절하다고 생각된다. 대정장 『금강삼매경론』에도 '住'자로 나온다.

다'(無得無忍)는 것을] 얻었다면 마음이 [그러한] 없음(無)에 머물게 되고, 마음이 머물게 되면 이것이 바로 '[불변 · 독자의 본질/실체로서] 생겨난 것이 있는 것'(有生)이다. [이것은] '[불변 · 독자의 본질/실체로서] 얻은 것이 있음'(有所得)에 대해 마음을 일으킴이 있는 것이기 때문에 또한 '[불변 · 독자의 본질/실체로서] 생겨난 것이 없고 [불변 · 독자의 본질/실체로서] 얻은 것도 없다'(無生無得)는 것과는 어긋나게 된다〉[라고.] 그렇기 때문에 "[이것들은] 모두가 허망한 것이 된다"(幷爲虛妄)라고 말한 것이다.

心王菩薩言, "尊者! 云何無忍無生心, 而非虛妄?"

[H1, 624b21~22; T34, 974a5~6]

심왕보살이 말하였다.

"존경받는 분이시여! 어떻게 '[불변 · 독자의 본질/실체로서 생겨난 것이 없다는 이해를] 확고하게 간직하는 경지도 없고 [불변 · 독자의 본질/실체로서] 생겨난 것도 없는 마음'(無忍無生心)이면서도 허망하지 않을 수 있습니까?"

是第五請. 追難路窮, 意不能詣, 故須仰諮, 請爲將導.

[H1, 624b23~24; T34, 974a6~7]

이는 [주고받은 문답 내용의 여섯 부분 중에서] 다섯 번째인 요청(請)이다. [심왕보살이] 문제를 제기할 길이 끊겨서 더 이상 생각을 펼칠 수 없기 때문에 우러러 여쭈어 이끌어 주시기를 청하는 것이다.

佛言, "無忍無生心者, 心無形段. 猶如火性, 雖處木中, 其在無所, 決定性故. 但名但字, 性不可得, 欲詮其理, 假說爲名, 名不可得. 心相亦爾, 不見處所, 知心如是 則無生心.

[H1, 624c1~5; T34, 974a8~11]

부처님이 말씀하셨다.

"'[불변 · 독자의 본질/실체로서 생겨난 것이 없다는 이해를] 확고하게 간직하는 경지도 없고 [불변 · 독자의 본질/실체로서] 생겨난 것도 없는 마음'(無忍無生心)이라는 것은 마음에 [불변 · 독자의 본질/실체로서의] 모양(形)이나 구분(段)이 없다는 것이다. 마치 '불에 타는 성질'(火性)이 비록 나무 안에 있지만 그 ['불에 타는 성질'(火性)이] 있는 곳은 [불변 · 독자의 본질/실체인] 장소가 없는 것과 같으니, [마음에 [불변 · 독자의 본질/실체로서의] 모양(形)이나 구분(段)이 없는 것은] '본래 그러한 것'(決定性)이다. [이와 마찬가지로 '불에 타는 성질'(火性)이라는 것은] 단지 명칭과 글자[로 지시하는 것]일 뿐, [언어에 해당하는] '불변 · 독자의 본질'(性)은 얻을 수 없으니, 그 [무인무생심無忍無生心의] 이치를 설명하려고 임시방편으로 명칭을 지어냈지만 [그] 명칭도 [불변 · 독자의 본질/실체로서] 얻을 수가 없는 것이다. '마음의 양상'(心相) 또한 그러하여 '머무르는 곳'(處所)을 볼 수 없으니, 마음이 이와 같음을 안다면 '[불변 · 독자의 본질/실체로서] 생겨난 것이 없는 마음'(無生心)이다.

此下, 第六爲釋. 於中有四, 先開無得道理, 次示無生道理, 三者擧非, 四者明是. 初中有三, 謂法喩合. 初言"無忍無生心"者, 是牒正在法忍之心. 言"心無形段"者, 顯心無所得, 形之言體, 段之言分. 就諸緣中, 求心軆分, 若卽若離, 皆無所得, 由是道理, 故無形段, 非謂無色形段相也. 喩中"火性雖處木中"者, 喩於忍心, 雖處理中, "其在無所"者, 就此木中, 有諸極微, 於中都無火性所在. 如是理中有恒沙法門, 於中求心, 永無所在, 如是火性無處道理. 有佛無佛, 法性常爾, 故言"決定性故". 火性名下, 義不可得, 如是火性雖不可得, 而其木中, 非無火性. 欲詮此理, 說火性名, 推析此名, 但有諸字, 轉求諸字, 皆無所得. 忍心名相, 當知亦爾, 故次合言"心相亦爾". 得忍菩薩, 知心如是, 何得於中能取心生? 以之故言"則無生心".

[H1, 624c6~625a2; T34, 974a11~27]

이 아래는 [주고받은 문답 내용의 여섯 부분 중에서] 여섯 번째인 풀이(釋)이다. 이 가운데 네 부분이 있는데, 먼저는 '[불변 · 독자의 본질/실체로서] 얻는 것이 없다는 도리'(無得道理)를 '펼치는 것'(開)이고, 다음은 '[불변 · 독자의 본질/실체로서] 생겨난 것이 없다는 도리'(無生道理)를 '제시한 것'(示)이며, 세 번째는 '그릇됨을 거론하는 것'(擧非)이고, 네 번째는 '올바름을 밝히는 것'(明是)이다. 처음[인 '[불변 · 독자의 본질/실체로서] 얻은 것이 없다는 도리'(無得道理)를 펼치는 것]에 세 가지가 있으니, 이른바 도리(法)와 비유(喩)와 '[비유와의] 합치'(合)이다.

처음에 "[불변 · 독자의 본질/실체로서 생겨난 것이 없다는 이해를] 확고하게 간직하는 경지도 없고 [불변 · 독자의 본질/실체로서] 생겨난 것도 없는 마음"(無忍無生心)이라고 말한 것은 '[불변 · 독자의 본질/실체로서 생겨난 것이 없다는 이해를] 확고하게 간직하는 경지의 마음'([無生]法忍之心)에 올바로 자리 잡음을 '밝힌 것'(牒)이다. "마음에 [불변 · 독자의 본질/실체로서의] 모양(形)이나 구분(段)이 없다는 것이다"(心無形段)라는 것은 마음에 '[불변 · 독자의 본질/실체로서] 얻는 것이 없음'(無所得)을 드러낸 것이니, 모양(形)은 전체(體)를 말하고 구분(段)은 부분(分)을 말한다. '[마음을 구성하는] 온갖 조건들'(諸緣) 속으로 들어가 마음의 전체(體)나 부분(分)을 찾아보아도 붙어 있거나(卽) 떨어져 있건(離) 간에 모두 '[불변 · 독자의 본질/실체로서] 얻을 것이 없으니'(無所得), 이런 도리 때문에 [마음에 불변 · 독자의 본질/실체로서의] 모양(形)이나 구분(段)이 없다는 것이지 색깔(色)이나 '구분되는 모습'(形段)의 특징이 없다[는 뜻은] 아니다.

비유(喩) 중에서 "불에 타는 성질이 비록 나무 안에 있지만"(火性雖處木中)이라고 한 것은 〈'[불변 · 독자의 본질/실체로서 생겨난 것이 없다는 이해를] 확고하게 간직하는 경지의 마음'(忍心)이 비록 이치(理) 안에 있는 것이지만〉이라는 것을 비유한 것이고, "그 ['불에 타는 성질'(火性)이] 있는 곳은 [불변 · 독자의 본질/실체인] 장소가 없다"(其在無所)라는 것은 이 나무 안에 갖가지 '최소단위의 입자들'(極微)[184]이 있지만 그 가운데서 '불에 타는 성질'(火性)이 있는

184 극미極微: 극미(paramāṇu)는 또한 극미진極微塵 · 극세진極細塵이라고 하며, 구역은 인허鄰虛이다. 색법인 물질을 나누고 쪼개어 더 이상 나눌 수 없는 단위를 극미極微

곳은 어디에도 없다는 것이다. 이와 같이 이치(理) 가운데는 '갠지스강의 모래알만큼의 진리로 들어가는 문'(恒沙法門)이 있지만 그 속에서 마음을 찾아도 끝내 [마음이] 있는 곳은 없으니, 이 '불에 타는 성질'(火性)이 있는 곳이 [어디에도] 없는 도리와 같다. [그리고] 부처가 [세상에] 있거나 없거나 '현상의 본연'(法性)은 '늘 제자리를 지키고 있으니'(常爾), 따라서 "본래 그러한 것이다"(決定性故)라고 말하였다. '불에 타는 성질'(火性)이라는 명칭 안에서 [그] 뜻[에 해당하는 불변 · 독자의 내용]을 얻을 수는 없으니, 이와 같이 '불에 타는 성질'(火性)을 비록 [불변 · 독자의 본질/실체로서] 얻을 수 없지만 그 나무 안에 '불에 타는 성질'(火性)이 없는 것은 아니다. 이러한 이치를 드러내고자 '불에 타는 성질'(火性)이라는 명칭을 말한 것이지만, 이 명칭을 쪼개 보아도 단지 갖가지 글자만 있을 뿐이고 모든 글자에서 두루 찾아보아도 [그에 해당하는 불변 · 독자의 내용은] 모두 얻어지는 것이 없다.

'[불변 · 독자의 본질/실체로서 생겨난 것이 없다는 이해를] 확고하게 간직하는 경지의 마음'(忍心)이라는 '명칭으로 나타내는 특징'(名相)도 그와 같다는 것을 알아야 하니, 그러므로 다음의 '[비유와의] 합치'(合)에서 "마음의 양상 또한 그러하다"(心相亦爾)라고 말한 것이다. '[불변 · 독자의 본질/실체로서 생겨난 것이 없다는 이해를] 확고하게 간직하는 경지[의 마음]'([無生]忍[心])을 얻은 보살이 마음이 이와 같다는 것을 안다면 어찌 그 [인심忍心] 가운데서 '[인심忍心을] 취하는 마음'(能取心)을 일으킬 수 있겠는가? 그러므로 "'[불변 · 독자의 본질/실체로서] 생겨난 것이 없는 마음'(無生心)이다"(則無生心)라고 말하였다.

善男子! 是心性相, 又如阿摩勒菓, 本不自生, 不從他生, 不共生, 不因生無[185]生, 何以故? 緣代謝故, 緣起非生, 緣謝非滅. 隱顯無相, 根理寂

라고 부른다. 하나의 극미를 중심으로 하여 상하上下와 사방四方 등의 여섯 방위에 다른 극미가 모여 붙어서 총 일곱 개의 극미가 합해진 것을 하나의 미微 또는 미진微塵이라고도 부른다.

185 한불전의 주석에 따르면, 어떤 판본에는 '無'자 앞에 '不'자가 있다고 한다. 즉, '無生'

滅, 在無有處, 不見所住, 決定性故.

[H1, 625a3~7; T34, 974a28~b2]

훌륭한 이여! 이 '마음의 본연과 양상'(心性相)은 또 아마륵 열매[186]와 같아서 본래 '스스로 생겨난 것'(自生)이 아니고, '다른 것으로부터 생겨난 것'(他生)도 아니며, '[스스로와 다른 것이] 함께하여 생겨난 것'(共生)도 아니고, 원인(因)이 생기지 않으면 '[결과도] 생겨남이 없으니'(無生), 어째서인가? ['마음의 본연과 양상'(心性相)이 생겨나는] '조건이 일어나거나 없어지기'(緣代謝) 때문이니, [특정한] 조건(緣)이 일어나도 [불변 · 독자의 본질/실체로서] 생겨나는 것이 아니고, [특정한] 조건(緣)이 없어져도 [불변 · 독자의 본질/실체가] 사라지는 것이 아니다. [조건(緣)이] 숨어 있거나 드러나는 것에 '[불변 · 독자의 본질/실체로 차별된] 차이'(相)가 없고 [아마륵 나무] 뿌리의 성질도 '불변 · 독자의 본질/실체가 없는 것'(寂滅)이기에, 존재하여도 [불변 · 독자의] 처소가 없어 [그] 머물러 있는 곳을 볼 수 없으니, '본래 그러한 것'(決定性)이기 때문이다.

이 아니라 '不無生'이라는 것이다. 그러나 의미로 볼 때는 '無生'으로 보는 것이 타당하다.

186 아마륵과阿摩勒菓: 인도, 말레이시아 등지에서 자라는 열대 식물인 아마륵 나무의 열매이다. 아마륵은 콩과에 속하는 식물로서 가지와 잎은 자귀나무와 비슷하다고 한다. 아마륵이란 명칭은 산스크리트어인 아마라카(āmalaka, 無垢)의 발음을 옮긴 데서 연유한다. 아마륵 열매는 약간의 쓴맛 또는 신맛이 나고 호두와 비슷한 형태를 띠고 있으며 식용뿐만 아니라 약재로도 애용된다. 『대반열반경大般涅槃經』 권17(T12, 466a13~15)에서는 "云何了了見? 如眼見色. 善男子! 如人眼根清淨不壞, 自觀掌中阿摩勒果. 菩薩摩訶薩了了見道 · 菩提 · 涅槃, 亦復如是"라는 구절에서 드러나듯이 손바닥에 올려놓고 스스로 또렷하게 살펴볼 수 있는 것을 말하는 데 아마륵과를 제시하고 있다. 이것은 아마도 아마륵 나무 열매의 생김새가 특이하여 눈에 잘 띄는 데서 유래한 것으로 보인다. 유사한 사례가 『능가아발다라보경』 등에도 다음과 같이 나타난다. 『능가아발다라보경楞伽阿跋多羅寶經』 권4(T16, 510c1~4). "大慧! 此如來藏識藏, 一切聲聞 · 緣覺心想所見, 雖自性淨, 客塵所覆故, 猶見不淨, 非諸如來. 大慧! 如來者, 現前境界, 猶如掌中視阿摩勒果."

此下, 第二明無生理. 於中有二, 先喩次合. 喩中有二, 先明四不, 後顯八不. 言'四不'者, 待緣故不自生, 自種故不他生, 無作故不共生, 有用故不無生. 又復未生時無自故, 不從自生, 已生時已有故, 不須自生. 自旣不成, 待誰有他, 自他旣無, 何得有共? 有因而生, 旣不可得, 何況得有無因而生? 如是求生, 皆無所得. 言"不因生無生"者, 明不無因而生, 謂不能生因無而果得生也. "何以故"下, 次釋伏疑. 疑者意曰, 〈三不可爾, 第三云何? 意謂菓生, 種子爲親因, 地水爲疎緣, 此二共合故有菓生, 云何而言"不共生"耶?〉 是故問言"何以故"也. "緣代謝故"者, 明彼二緣, 先代後謝, 不得暫停. 停時旣無, 則無功用, 功用無故, 俱不生果. 如偈說言, "諸行皆刹那, 住尙無況用". 故又求代謝, 無生無滅, 所以然者, 旣無暫住, 則無有生, 生無有故, 則無有滅. 故言"緣起非生, 緣謝非滅". 如是推求, 隱顯皆無. 隱者, 種子在土下故, 顯者, 芽莖出地上故. "根理寂滅"者, 推其樹根及樹幹理, 求生菓因, 畢竟無起. 故言"寂滅, 在無有處, 不見所住", 所以然者, 決定性故. 決定性義, 如前所說.

[H1, 625a8~b10; T34, 974b2~23]

이 아래는 두 번째인 '[불변 · 독자의 본질/실체나 본질로서] 생겨난 것이 없다는 도리'(無生[道]理)를 밝힌 것이다. 여기에는 두 가지가 있으니, 먼저는 비유(喩)이고, 다음은 '[비유와의] 합치'(合)이다. 비유(喩)에도 두 가지가 있으니, 먼저는 '네 가지의 부정'(四不)을 밝혔고, 나중은 '여덟 가지의 부정'(八不)을 드러낸 것이다.

'네 가지의 부정'(四不)이라고 말한 것은 [다음과 같다.] 조건(緣)들에 의지해야 하기 때문에 '스스로 생겨난 것이 아니고'(不自生), 종자로부터 [생겨나기] 때문에 '다른 것으로부터 생겨난 것이 아니며'(不他生), '[불변 · 독자의 본질/실체인] 짓는 자가 없기'(無作) 때문에 '[스스로와 다른 것이] 함께하여 생겨난 것도 아니고'(不共生), 작용이 있기 때문에 '[결과가] 생겨남이 없는 것도 아니다'(不無生). 또 아직 생기지 않았을 때에는 자신(自)이 없는 것이기 때문에 자기(自)로부터 생겨난 것이 아니며, 이미 생겨났을 때에는 이미 존재하기 때문에 스스로 생겨난 것이 아니어야 한다. 자기(自)가 이미 [불변 · 독자의 본질/실체로서] 성립하지 않는데 누구에게 기대어서 타자(他)가 [불변 · 독자의 본질/실체로서] 있겠으며, 자신과 타자가 이미 [불변 · 독자의 본질/실체로서] 없다면 어떻게 [자신과 타자가] 함께하는 것이 [불변 · 독자의 본질/실체로서] 있겠는가? 원인(因)이 있어서 생겨난 것도 이미 [불변 · 독자의 본질/실체로서] 얻을 수가 없는데, 하물며 원인(因)도 없이 생겨난 것을 어찌 [불변 · 독자의 본질/실체로서] 얻을 수 있겠는가? 이와 같이 [불변 · 독자의 본질/실체로서] 생겨남[이 성립하는 경우를 아무리] 찾아보아도 모두 얻을 수 없는 것이다.

"원인이 생기지 않으면 [결과도] 생겨남이 없다"(不因生無生)라고 말한 것은 원인(因) 없이 생기지 않음을 밝힌 것이니, 생기게 하는 원인이 없으면서도 결과가 생길 수는 없다는 것이다. "어째서인가?"(何以故) 이하는, 다음으로 '숨어 있는 의심'을 풀이한 것이다. 의심하는 자의 생각은 [다음과 같이] 말하는 것이다. 〈[네 가지 부정 중에서] 세 번째는 그렇다고 할 수 없으니, 세 번째[를 옳지 않다고 말하는 것은] 무엇 때문인가? 생각하건대, 열매가 생긴다는 것은 씨앗이 '직접적인 원인'(親因)이 되고 땅과 물은 '간접적인 조건'(疎緣)이 되어 이 두 가지가 함께 합하기 때문에 열매가 생기는 것인데, 어찌하여 '[스스로와 다른 것이] 함께하여 생겨난 것도 아니다'(不共生)라고 말하는가?〉 그러므로 "어째서인가?"(何以故)라고 질문한 것이다.

"조건이 일어나거나 없어지기 때문이다"(緣代謝故)라는 것은, 저 '['직접적인 원인'(親因)과 '간접적인 조건'(疎緣)의] 두 가지 조건'(二緣)이 앞서는 일어났다가 뒤에는 사라지면서 잠시도 머물러 있지 않음을 밝히는 것이다. 머물러 있을 때가 이미 없다면 [불변 · 독자의 본질/실체로서] 작용함(功用)이 없는 것이고, [불변 · 독자의 본질/실체로서] 작용함이 없기 때문에 [두 조건(緣)들] 모두 [불변 · 독자의 본질/실체로서의] 결과를 생겨나게 하지 않는다. [이는] 게송에서 "'모든 현상의 작용'(諸行)은 다 잠깐(刹那)일 뿐이니, 머무름도 없는데 하물며 작용이 있겠는가"[187]라고 말한 것과 같다. 그러므로 다시 '[조건들이] 일어나거나 사라지는 것'(代謝)을 찾아보아도 '[불변 · 독자의 본질/실체로서] 생겨남도 없고 [불변 · 독자의 본질/실체가] 사라짐도 없으니'(無生無滅), 그 이유는, 이미 잠시도 머무름이 없다면 [불변 · 독자의 본질/실체로서] 생겨남이 없는 것이고 [불변 · 독자의 본질/실체로서] 생겨남이 없으므로 [불변 · 독자의 본질/실체가] 사라짐도 없는 것이다. 그래서 [『금강삼매경』의 본문에서는] "[특정한] 조건(緣)이 일어나도 [불변 · 독자의 본질/실체로서] 생겨나는 것이 아니고, [특정한] 조건(緣)이 없어져도 [불변 · 독자의 본질/실체가] 사라지는 것이 아니다"(緣起非生, 緣謝非滅)라고 하였다. 이와 같이 [성찰하여] 따져 본다면 [조건(緣)이] 숨어 있거나 드러나거나 간에 모두 [불변 · 독자의 본질/실체가] 없는 것이다. 숨어 있다는 것은 종자가 흙 아래에 있는 것이고, 드러남이라는 것은 싹과 줄기가 흙 위로 나오는 것이다.

"[아마륵 나무] 뿌리의 성질도 '불변 · 독자의 본질/실체가 없는 것'이다"(根理寂滅)라는 것은, 그 나무뿌리와 나무줄기의 성질을 헤아려 열매를 생겨나게 하는 원인을 찾아보아도 끝내 [불변 · 독자의 본질/실체인 원인에서] 일어남(起)이 없는 것이다. 그러므로 "불변 · 독자의 본질/실체가 없는 것'(寂滅)이기에, 존재하여도 [불변 · 독자의] 처소가 없어 [그] 머물러 있는 곳을 볼 수 없다"(寂滅, 在無有處, 不見所住)라고 말했으니, 그 이유는 '본래 그러한 것'(決定性)이기 때문이다. '본래 그러한 것'(決定性)의 뜻은 앞에서 설명한 것과 같다.

是決定性, 亦不一不異, 不斷不常, 不入不出, 不生不滅, 離諸四謗, 言語道斷. 無生心性, 亦復如是, 云何說生不生, 有忍無忍?

[H1, 625b11~14; T34, 974b24~26]

이 '본래 그러한 것'(決定性)은 '같은 것도 아니고 다른 것도 아니며'(不一不異), '단절되는 것도 아니고 영속적인 것도 아니며'(不斷不常), '들어오는 것도 아니고 나가는 것도 아니며'(不入不出), '생겨나는 것도 아니고

187 『유가사지론』 권16(T30, 363a25). "諸行皆刹那, 住尚無況用."

사라지는 것도 아니니'(不生不滅), 모든 [유형의] '네 가지 [상반되는 판단의] 훼방'(四謗)에서 벗어나, '언어로 단정하는 방식이 적용되지 않는다'(言語道斷). '[불변·독자의 본질/실체로서] 생겨남이 없는 마음의 면모'(無生心性)도 이와 같으니, [이러한 마음 면모에 대해] 어찌 생겨남(生)과 '생겨나지 않음'(不生), '[불변·독자의 본질/실체로서 생겨난 것이 없다는 이해를] 확고하게 간직하는 경지가 있음'(有忍)과 '[불변·독자의 본질/실체로서 생겨난 것이 없다는 이해를] 확고하게 간직하는 경지가 없음'(無忍)을 말하겠는가?

次明八不, 非直法爾, 唯前四不, 亦乃具絶一異等八. 所以然者. 菓種不一, 其相不同故, 而亦不異, 離種無菓故. 又種菓不斷, 菓續種生故. 而亦不常, 菓生種滅故. 種不入菓, 菓時無種故, 菓不出種, 種時無菓故. 不入不出故不生, 不常不斷故不滅. 不滅故不可說無, 不生故不可說有, 遠離二邊故, 不可說爲亦有亦無, 不當一中故, 不可說非有非無. 故言"離諸四謗, 言語道斷". 阿摩勒菓, 如是絶言. 法忍之心, 亦不異此, 故言"無生心性, 亦如是"等也.

[H1, 625b15~c3; T34, 974b26~c7]

다음은 '여덟 가지의 부정'(八不)을 밝힌 것이니, '현상의 있는 그대로'(法爾)는 단지 앞서 말한 '네 가지 부정'(四不)뿐 아니라, 같음(一)과 다름(異) 등 여덟 가지 [상반된 판단들]도 모두 끊어 버리는 것이다. 그 까닭은 [다음과 같다.]

열매와 종자는 '같은 것이 아니니'(不一) 그 모습이 동일하지 않기 때문이고, 그렇지만 [열매와 종자가] '다른 것도 아니니'(不異) 종자를 떠나서는 열매도 없기 때문이다. 또 종자와 열매는 [서로] '단절되는 것이 아니니'(不斷), 열매는 종자를 이어서 생기기 때문이다. 그렇다고 [열매와 종자가] '영속적인 것도 아니니'(不常), 열매가 생기면 종자는 사라져 버렸기 때문이다. 종자가 열매로 '들어가는 것도 아니니'(不入) 열매일 때에는 종자가 없기 때문이고, [또] 열매가 종자에서 '나오는 것도 아니니'(不出) 종자일 때에는 열매가 없기 때문이다. [이처럼] '들어가는 것이 아니고 나오는 것도 아니기'(不入不出) 때문에 '생겨나지 않는 것'(不生)이고, '영속적인 것이 아니고 단절되는 것도 아니기'(不常不斷) 때문에 '사라지지 않는 것'(不滅)이다.

'사라지지 않는 것'(不滅)이기 때문에 없다(無)고 말할 수 없고, '생겨나지 않는 것'(不生)이기 때문에 있다(有)고도 말할 수 없으며, '두 가지 치우친 견해'(二邊)에서 멀리 벗어났기 때문에 '있기도 하고 없기도 하다'(亦有亦無)라고 말할 수 없고, [있음과 없음의] 한 중간에 해당하지 않기 때문에 '있는 것도 아니고 없는 것도 아니다'(非有非無)라고 말할 수 없는 것이다. 그러므로 "모든 [유형의] 네 가지 [상반되는 판단의] 훼방에서 벗어나, 언어로 단정하는 방식이 적용되지 않는다"(離諸四謗, 言語道斷)라고 말한 것이다.

아마륵 [나무]의 열매[에 대한 설명]은 이와 같이 '언어적 단정이 적용되지 않는다'(絶言). '[불변 · 독자의 본질/실체로서] 생겨난 것이 없다는 이해를 확고하게 간직하는 경지의 마음'(法忍之心) 또한 이와 다르지 않으니, 그러므로 "[불변 · 독자의 본질/실체로서] 생겨남이 없는 마음의 면모도 이와 같으니 …"(無生心性, 亦如是) 등으로 말하였다.

若有說心有得有住及以見者, 卽爲不得阿耨多羅三藐三菩提般若,[188] 是爲長夜.

[H1, 625c4~6; T34, 974c8~9]

만약 마음에 [어떤 경지를] 얻은 것이 있고 머무르는 것이 있다거나 본 것이 있다고 말하는 자가 있다면 [그는] '최고의 깨달음'(阿耨多羅三藐三菩提)이나 지혜(般若)를 얻을 수 없게 되니, 이것은 '긴 밤 [내내 잠 못 드는 괴로움]'(長夜)[189]이 되는 것이다.

---

188 한불전(H1, 625c5)의 주석에 따르면, '般若' 두 글자가 없는 판본이 있다고 한다. 대정장의 『금강삼매경론』에는 반야가 있고, 또 원효의 주석에서도 반야가 분명히 언급되고 있으므로 여기서는 반야를 그대로 두고 번역하였다.

189 장야長夜: 여기서 '긴 밤'(長夜)의 의미를 '긴 밤 [내내 잠 못 드는 괴로움]'으로 풀이한 것은 『담마파다(法句經)』의 게송 제60에서 "잠 못 드는 자에게 밤은 길고 … 참된 가르침을 모르는 자에게 윤회는 길다"라고 한 데서 연유한다. 따라서 '긴 밤 내내 편안하고 즐겁다'(長夜安樂)는 표현이 『아함경』의 곳곳에서 등장하는 것은 이와 같은 의

此是第三擧非，謂有說言無生忍心，心體可得，住於無生，及與能見無生理者，不了心性，直是妄執，能障菩提及其般若．是明不得性淨菩提能證般若．又“菩提”者，始起菩提，言“般若”者，菩提之因．不得覺因故爲長夜，無始妄想是大夢故．

[H1, 625c7~13; T34, 974c10~15]

이는 [주고받은 문답 내용의 여섯 번째인 풀이(釋)의 네 부분 중에서] 세 번째인 '그릇됨을 거론하는 것'(擧非)이니, 〈'[불변 · 독자의 본질/실체로서] 생겨난 것이 없다는 이해를 확고하게 간직하는 경지의 마음'(無生忍心)은 [그] '마음의 본연'(心體)을 얻어 '[불변 · 독자의 본질/실체로 보는 마음을] 일으킴이 없는 경지'(無生)에 머무르며 '[불변 · 독자의 본질/실체나 본질로서] 생겨남이 없다는 도리'(無生[道]理)를 볼 수 있다〉고 말한다면 [그것은] '마음의 [온전한] 면모'(心性)를 완전하게 알지 못하는 것이고 단지 '잘못된 집착'(妄執)이어서 깨달음(菩提)과 그 지혜(般若)를 막아 버린다는 것이다. 이것은 '본연을 온전하게 하는 깨달음'(性淨菩提)과 '[깨달음을] 증득하게 하는 지혜'(能證般若)를 얻지 못함을 밝힌 것이다. 또 "깨달음"(菩提)이라는 것은 '비로소 일으킨 깨달음'(始起菩提)이고, "지혜"(般若)라고 말한 것은 '깨달음[을 이루는] 원인'(菩提之因)[을 가리킨 것]이다. 깨달음의 원인을 얻지 못하기 때문에 '긴 밤[내내 잠 못 드는 괴로움]'(長夜)이 되니, '시작을 알 수 없는 때부터의 [불변 · 독자의 본질/실체로 보아 분별하는] 잘못된 생각'(無始妄想)이 바로 '커다란 꿈'(大夢)이기 때문이다.

了別心性者，知心性如，是性亦如，是無生行”．

[H1, 625c14~15; T34, 974c16~17]

미가 계승된 것으로 보인다. 이 개념은 대승의 경론에서도 쉽게 찾아볼 수 있는데, 『대반야경』, 『묘법연화경』, 『대방광불화엄경』, 『대보적경』, 『십지경』 등에서 빈번하게 나타난다.

'마음 [본연의] 면모'(心性)를 '완전하게 깨닫는'(了別) 자는 '마음 [본연의] 면모는 [모든 현상과] 같아지는 지평'(心性如)[190]이라는 것을 아나니, 이 [아는] 면모(性) 또한 [모든 현상과] '같아지는 것'(如)이고, [이렇게 이해하는 것이] '[불변 · 독자의 본질/실체로서] 생겨난 것이 없다는 [이해에 의거하는] 수행'(無生行)이다."

此是第四顯是. 言"了別心性"者, 卽以自心, 了自心性, 如經言"若能以其能取作意, 還能通達能取作意, 如是方乃能緣所緣平等平等, 無漏智生, 通達聖諦"故. "知心性如"者, 知自觀心體性平等故, "是性亦如"者, 是能知用, 用性平等故. 如是觀心體用平等, 無生無滅, 無始無終, 以之故言"是無生行". 上明四不之無生者, 顯無生理, 理通凡聖. 今明知如之無生者, 明無生行, 行別在聖. 在聖之行, 與理一味, 遍通之理, 與智平等, 平等一味故, 聖人所不能異也. 有通有別故, 聖人所不能同也. 不能同者, 卽同而異也, 不能異者, 卽異而同也. 同者, 辨同於異, 異者, 明異於同. 明異於同者, 非分同爲異也, 辨同於異者, 非銷異爲同也. 良由同非銷異故, 不可說是同, 異非分同故, 不可說是異. 但以不可說異故, 可得說是同, 不可說同故, 可得說是異耳. 說與不說, 無二無別矣.

[H1, 625c16~626a13; T34, 974c17~975a5]

---

190 '如'를 '같아지는 것'이라고 번역한 것은 '분별희론'에 대한 불교의 존재론적/인식론적 통찰을 종합적으로 반영한 것이다. 분별과 희론은 지각된 현상을 인위적/자의적 이익기준과 방식으로 처리하는 인지과정의 국면과 관련된 것인데, 그 일관된 특징은 '차이 간극의 인위적 심화', 즉 '다른 것으로 만들어 진실을 비틀고 배타적으로 이익 취하기'이다. 불교의 깨달음은 이 분별희론의 지각처리 방식에서 갇히지 않는 지평을 열어 가는 것과 관련이 있다. 그리고 이 분별희론의 틀에서 빠져나온 지평은 '모든 차이들과 만나면서도 특정한 차이에 갇히지 않는 자리'로 보인다. '여如'는 바로 이 지평과 자리에 관한 언표로 보인다. 이 '여如'의 '같아지는 지평'은 '다르면서도 같고, 같으면서도 다르다'는 식으로도 설명되곤 한다. '如如'는 이 말의 강조이다. 이 문제를 충분히 거론하자면 많은 불교철학적 논의가 필요한데, 여기서는 번역어 선택의 기본 취지를 밝히는 정도에 그친다.

이는 [주고받은 문답 내용의 여섯 번째인 풀이(釋)의 네 부분 중에서] 네 번째인 '올바름을 밝히는 것'(顯是)이다. "마음 [본연의] 면모를 완전하게 깨닫는다"(了別心性)라고 말한 것은 곧 자신의 마음으로써 '자기 마음 [본연의] 면모'(自心性)를 깨달아 아는 것이니, 이를테면 경[론](『유가사지론瑜伽師地論』)에서 "만약 '대상을 포착하려는 생각'(能取作意)으로써 도리어 [그] '대상을 포착하려는 생각'(能取作意)을 제대로 알 수 있다면, 이와 같아야 비로소 주관(能緣)과 대상(所緣)이 평등해지고 평등해져서 '번뇌가 스며들지 않는 지혜'(無漏智)가 생겨나 '고귀한 진리'(聖諦)에 통달한다"[191]라고 말한 것과 같다.

"'마음 [본연의] 면모는 [모든 현상과] 같아지는 지평'이라는 것을 안다"(知心性如)라고 한 것은 '스스로 이해하는 마음'(自觀心)의 '본연의 특성'(體性)이 [모든 현상과] 평등해지는 것임을 알기 때문이고, "이 [아는] 면모 또한 [모든 현상과] 같아지는 것이다"(是性亦如)라는 것은 이 '아는 작용'(能知用)은 [그] '작용의 특성'(用性)이 [모든 현상과] 평등해지는 것이기 때문이다. 이와 같이 '이해하는 마음의 본연과 작용'(觀心體用)이 [모든 현상과] 평등해지는 것이면 '[불변·독자의 본질/실체로서] 생겨남도 없고 [불변·독자의 본질/실체가] 사라짐도 없으며'(無生無滅) '[불변·독자의 본질/실체가] 시작됨도 없고 [불변·독자의 본질/실체가] 끝남도 없으니'(無始無終), 그렇기 때문에 "[이렇게 이해하는 것이] '[불변·독자의 본질/실체로서] 생겨난 것이 없다는 [이해에 의거하는] 수행'(無生行)이다"(是無生行)라고 말한 것이다.

위에서 '네 가지 부정'(四不)으로 '[불변·독자의 본질/실체로서] 생겨난 것이 없음'(無生)을 밝힌 것은 '[불변·독자의 본질/실체로서] 생겨난 것이 없다는 도

191 이 인용문과 정확히 일치하지는 않지만, 전체 대의와 문장의 대부분이 거의 일치하는 문구가 『유가사지론』에 나온다. 밑줄 친 부분은 원효가 제시한 인용문과 일치하는 내용이다. 『유가사지론瑜伽師地論』 권95 「섭사분攝事分」(T30, 844c20~22). "通達聖諦轉難於彼. 所以者何? 由即以其能取作意, 還即通達能取作意. 如是方有能緣所緣平等平等, 無漏智生, 通達諦理."

리'(無生理)를 나타냄이니, [이] 이치는 범부와 성인 [둘 다]에게 통한다. [그런데] 지금 '[모든 것과] 같아지는 것을 아는 것'(知如)으로 '[불변 · 독자의 본질/실체로서] 생겨난 것이 없음'(無生)을 밝힌 것은 '[불변 · 독자의 본질/실체로서] 생겨난 것이 없다는 [이해에 의거하는] 수행'(無生行)을 밝히는 것이니, [이] 수행은 성인에게만 있다. 성인에게 있는 [이 무생행無生行의] 수행은 [무생無生의] 도리와 '한 맛'(一味)[처럼 통하는 것]이고, [이렇게] 두루 통하는 도리는 [무생행無生行을 행하는 성인의] 지혜와 평등하니, [이처럼 무생리無生理와 무생행無生行은] 평등하고 한 맛[으로 통하는 것]이기 때문에 [무생리無生理는] 성인이 행하는 [무생행無生行]과 다를 수가 없다. [그러나 무생리無生理와 무생행無生行은 서로] 통하는 측면도 있고 구별되는 측면도 있기 때문에 [무생리無生理는] 성인이 행하는 [무생행無生行]과 같을 수도 없다.

[무생리無生理는 성인이 행하는 무생행無生行과] '같을 수가 없다'는 것은 〈'[서로 통하여] 같음'(同)에 입각하면서도 다르다〉(卽同而異)는 것이고, [무생리無生理는 성인이 행하는 무생행無生行과] '다를 수가 없다'는 것은 〈'[서로 구별되어] 다름'(異)에 입각하면서도 같다〉(卽異而同)는 것이다. [그러므로] 같음(同)은 '다름에서 같음을 변별해 내는 것'(辨同於異)이고, 다름(異)은 '같음에서 다름을 밝히는 것'(明異於同)이다. '같음에서 다름을 밝힌다'는 것은 같은 것을 나누어 [그 나눈 것을] 다른 것으로 삼는다는 것이 아니며, '다름에서 같음을 변별해 낸다'는 것은 [서로] 다른 것을 녹여 [그 녹인 것을] 같은 것으로 삼는다는 것이 아니다. 실로 같음(同)은 '다른 것'(異)을 [같은 것으로] 녹인 것이 아니기 때문에 같다(同)고 말할 수 없고, 다름(異)은 '같은 것'(同)을 [다른 것으로] 나눈 것이 아니기 때문에 다르다(異)고 말할 수 없다. 단지 다르다고만 말할 수 없기 때문에 '같다'(同)고 말할 수 있는 것이고, 같다고만 말할 수 없기 때문에 '다르다'(異)고 말할 수 있는 것이다. [그러므로] '말할 수 있음'과 '말할 수 없음'은 [완전히 분리된] 둘도 아니고 [완전히 서로] 다른 것도 아니다.

(2) 되물어서 문답함(反徵問答)

心王菩薩言, "尊者! 心若本如, 無生於行, 諸行無生, 生行不生, 不生無行, 卽無生行也".

[H1, 626a14~16; T34, 975a6~7]

심왕보살이 말하였다.

"존경받는 분이시여! 마음이 만약 [그] 본연(本)은 [모든 현상과] '같아지는 것'(如)이어서 '행함에서 [불변 · 독자의 본질/실체로서] 생겨나는 것이 없다면'(無生於行) '모든 행함은 [불변 · 독자의 본질/실체로서] 생겨난 것이 없어'(諸行無生) '행함을 일으킴이 [불변 · 독자의 본질/실체로서] 생겨나지 않으니'(生行不生), '[행함을 일으킴이 불변 · 독자의 본질/실체로서] 생겨나지 않아 행함이 없으면'(不生無行) [그것이] 바로 '[불변 · 독자의 본질/실체로서] 생겨난 것이 없다는 [이해에 의거하는] 수행'(無生行)이겠습니다."

此下, 第二反詰問答. 於中有八, 一擧行難理, 二反詰有證, 三仰報無證, 四反詰有得, 五仰報無得, 六述無證得, 七更陳所疑, 八決其所疑. 此卽第一擧行難理. 言"心若本如, 無生於行"者, 擧前所說行無生義, 謂卽前言"知心性如, 是性亦如, 是無生行", 謂無生於生滅之行, 卽是正擧無生行相. 言"諸行無生"者, 擧理無生, 謂諸衆生五陰諸行, 本來無生. "生行不生"者, 明理無生異行無生, 謂生起行, 卽空不生, 非由證理, 滅心不生. 言"不生無行"者, 顯理不生類行無生, 謂不生門, 亦無心行, 如無生忍, 無分別行故, 應卽是無生行耶? 若如是者, 一切凡夫, 莫不證得無生忍矣.

[H1, 626a17~b8; T34, 975a8~20]

이 아래는 두 번째로 '따져 보면서 문답하는 것'(反詰問答)[192]이다. 여기에

192 이 품의 서두에서 원효는 내용을 구분하면서 「정설분正說分」의 두 번째를 '되물어서 문답함'(反徵問答)이라고 했는데, 지금 여기서는 표현을 조금 달리하여 '따져 보면서

여덟 가지가 있으니, 첫째는 '수행을 거론하여 도리를 비판하는 것'(擧行難理)이고, 둘째는 '증득한 것이 있는지를 따져 보는 것'(反詰有證)이며, 셋째는 '증득한 것이 없어야 함을 [부처님께] 우러러 아뢰는 것'(仰報無證)이고, 넷째는 '얻은 것이 있는지를 따져 보는 것'(反詰有得)이며, 다섯째는 '얻은 것이 없어야 함을 [부처님께] 우러러 아뢰는 것'(仰報無得)이고, 여섯째는 '증득한 것과 얻은 것이 없음을 말하는 것'(述無證得)이며, 일곱째는 '의심되는 것을 다시 개진하는 것'(更陳所疑)이고, 여덟째는 '의심되는 것을 해결하는 것'(決其所疑)이다. [지금의] 이 [경전 구절]은 바로 ['따져 보면서 문답하는 것'(反詰問答)의 여덟 부분 중에서] 첫 번째인 '수행을 거론하여 도리를 비판하는 것'(擧行難理)이다.

"마음이 만약 [그] 본연(本)은 [모든 현상과] '같아지는 것'(如)이어서 '행함에서 [불변·독자의 본질/실체로서] 생겨나는 것이 없다면'"(心若本如, 無生於行)이라고 말한 것은 앞에서 말한 '행함은 [불변·독자의 본질/실체로서] 생겨난 것이 없다는 뜻'(行無生義)을 거론한 것인데, [이것은] 바로 앞에서 말한 "'마음 [본연의] 면모는 [모든 것과] 같아지는 지평'(心性如)이라는 것을 아나니, 이 [아는] 면모(性) 또한 [모든 것과] '같아지는 것'(如)이고, [이렇게 이해하는 것이] '[불변·독자의 본질/실체로서] 생겨난 것이 없다는 [이해에 의거하는] 수행'(無生行)이다"(知心性如, 是性亦如, 是無生行)를 일컫는 것이고, [또한] '생겨나거나 사라지는 것에서 [불변·독자의 본질/실체로서] 생겨나는 것이 없다[고 이해하]는 수행'(無生於生滅之行)을 일컫는 것이니, 바로 '[불변·독자의 본질/실체로서] 생겨난 것이 없다는 [이해에 의거하는] 수행의 면모'(無生行相)를 곧바로 거론한 것이다.

"모든 행함은 [불변·독자의 본질/실체로서] 생겨난 것이 없다"(諸行無生)라고 말한 것은 '이치[의 측면]에서 [불변·독자의 본질/실체로서] 생겨난 것이 없음'(理無生)을 거론한 것이니, 모든 중생의 '자아를 이루고 있는 요소들인 [색

문답하는 것'(反詰問答)이라고 말하고 있다.

色 · 수受 · 상想 · 행行 · 식識의] 다섯 가지 더미'(五陰)의 온갖 작용(行)에는 '본래부터 [불변 · 독자의 본질/실체로서] 생겨난 것이 없음'(本來無生)을 말한 것이다.

"행함을 일으킴이 [불변 · 독자의 본질/실체로서] 생겨나지 않는다"(生行不生)라는 것은, '이치[의 측면]에서 [불변 · 독자의 본질/실체로서] 생겨난 것이 없음'(理無生)은 '행함[의 측면]에서 [불변 · 독자의 본질/실체로서] 생겨난 것이 없음'(行無生)과 다르다는 것을 밝힌 것이니, 〈'일으킨 행함'(生起行)이 곧 '불변 · 독자의 본질/실체가 없어서'(空) '일어나지 않았다'(不生)[고 말하]는 것이지, 이치를 증득하기 때문에 마음을 없애어 '일어나지 않았다'(不生)[고 말하]는 것은 아니다〉는 것을 일컫는 것이다.

"[행함을 일으킴이 불변 · 독자의 본질/실체로서] 생겨나지 않아 행함이 없다"(不生無行)라고 말한 것은, '이치[의 측면]에서 [불변 · 독자의 본질/실체로서] 생겨난 것이 없음'(理無生)이 '행함[의 측면]에서 [불변 · 독자의 본질/실체로서] 생겨난 것이 없음'(行無生)과 같다는 것을 밝힌 것이니, 〈'[불변 · 독자의 본질/실체로서] 생겨나지 않는다는 측면'(不生門)에서는 '마음의 행함'(心行)도 없으니, '[불변 · 독자의 본질/실체로서] 생겨난 것이 없다는 이해를 확고하게 간직하는 경지'(無生忍)처럼 '[불변 · 독자의 본질/실체로 보는 생각으로] 분별하는 행함'(分別行)이 없기 때문에 마땅히 '[불변 · 독자의 본질/실체로서] 생겨난 것이 없다는 [이해에 의거하는] 수행'(無生行)이라고 해야 하지 않는가?〉를 말한 것이다. 만약 이와 같다면, 모든 범부도 '[불변 · 독자의 본질/실체로서] 생겨난 것이 없다는 이해를 확고하게 간직하는 경지'(無生忍)를 증득하지 못하는 경우가 없을 것이다.

佛言, "善男子! 汝以無生, 而證無生行耶?"

[H1, 626b9; T34, 975a21]

부처님께서 말씀하셨다.
"훌륭한 이여! 그대는 '[불변 · 독자의 본질/실체로서] 생겨난 것이 없다'(無

生)[는 이치]로써 '[불변 · 독자의 본질/실체로서] 생겨난 것이 없다는 [이해에 의거하는] 수행'(無生行)을 증득하였는가?"

此是第二反詰有證. 詰意而言, 〈汝於入觀無生忍時, 以依諸行無生之理, 而得無生行耶?〉 所以如是反詰問者, 彼以理無生, 別異行無生, 而難理無生, 亦是行無生故, 今詰言, 〈汝入觀時, 理行別異, 有能所耶?〉

[H1, 626b10~15; T34, 975a22~26]

이는 ['따져 보면서 문답한 것'(反詰問答)의 여덟 가지 중에서] 두 번째인 '증득함이 있는지를 따져 묻는 것'(反詰有證)이다. [심왕보살의] 의중을 따져 보고자 [다음과 같이] 말한 것이다. 〈그대가 '[불변 · 독자의 본질/실체로서] 생겨난 것이 없다는 이해를 확고하게 간직하는 경지에 대한 이해로 들어갈'(入觀無生忍) 때에 '모든 행함은 [불변 · 독자의 본질/실체로서] 생겨난 것이 없다는 이치'(諸行無生之理)에 의거해서 '[불변 · 독자의 본질/실체로서] 생겨난 것이 없다는 [이해에 의거하는] 수행'(無生行)을 얻은 것인가?〉[라고.]

이와 같이 따져 되묻는 까닭은 [다음과 같다.] 그가 '이치[의 측면]에서 [불변 · 독자의 본질/실체로서] 생겨난 것이 없음'(理無生)이 '행함[의 측면]에서 [불변 · 독자의 본질/실체로서] 생겨난 것이 없음'(行無生)과 [서로] 별개의 다른 것이라고 여기면서 〈'이치[의 측면]에서 [불변 · 독자의 본질/실체로서] 생겨난 것이 없음'(理無生)이 또한 '행함[의 측면]에서 [불변 · 독자의 본질/실체로서] 생겨난 것이 없음'(行無生)이기도 하다〉는 것을 비판하고 있기 때문에, 지금 〈그대가 ['[불변 · 독자의 본질/실체로서] 생겨난 것이 없다는 이해를 확고하게 간직하는 경지'(無生忍)에 대한] 이해(觀)로 들어갈 때, 이치(理)와 행함(行)이 [서로] 별개의 다른 것이어서 [이치를 행하는] 주체(能)와 [알아야 할 이치인] 대상(所)이 [나뉘어] 있는가?〉를 따져 물은 것이다.

心王菩薩言, "不也.[193] 何以故? 如無生行, 性相空寂, 無見無聞, 無得無失, 無言無說, 無知無相, 無取無捨, 云何取證? 若取證者, 卽爲諍論,無諍無論, 乃無生行".

[H1, 626b16~20; T34, 975a27~b1]

심왕보살이 말하였다.

"아닙니다. 왜냐하면, 만약 '[불변 · 독자의 본질/실체로서] 생겨난 것이 없다는 [이해에 의거하는] 수행'(無生行)이라면, '본연과 양상이 [모두] 불변 · 독자의 본질/실체가 없고 [불변 · 독자의 본질/실체로 보는 분별의] 동요가 없어'(性相空寂) 봄도 없고 들음도 없고, 얻음도 없고 잃음도 없으며, 말도 없고 설명도 없고, '[주관인] 앎'(知)도 없고 [객관인] '차이 양상'(相)도 없으며, 취함도 없고 버림도 없는데, 어찌 증득함을 취하겠습니까? 만약 증득함을 [불변 · 독자의 본질/실체로서] 취한다면 곧 [증득함과 증득 못 함을 별개의 것으로 나누는] '배타적 말다툼과 이론'(諍論)이 되니, '배타적 말다툼'(諍)이 없고 '배타적 이론'(論)이 없어야 바로 '[불변 · 독자의 본질/실체로서] 생겨난 것이 없다는 [이해에 의거하는] 수행'(無生行)입니다."

此是第三奉答無證. 於中有三, 初明無證, 二者擧非, 三者顯是. 初中亦二, 前標後釋. "如無生行, 性相空寂"者, 是摠標句. 言"性空寂", 謂觀心體性, 離生滅相, 卽前所說"知心性如"也. "相空寂"者, 觀心知用, 用相亦如, 卽前"是性亦如"之謂也. 下以十無, 釋此摠句. "無見無聞"者, 心性希夷, 夷故絶色, 非像所表, 希故絶聲, 非敎所詮也. "無得無失"者, 顯空而無所得, 遣生而無所失故. 如是四無, 釋"性空寂"也. "無言無說"者, 心行旣寂, 不起言說故. "無知無相"者, 心行寂滅, 遠離二分故. "無取無捨"者, 旣無分別, 無性可取, 無相可捨故. 如是六無, 釋"相空寂"也. 無生行中, 如是空寂, 云何於中, 而有取證? 作是答時, 自知前難不成難也. 擧非顯是, 攻卽可知.

[H1, 626b21~c15; T34, 975b1~15]

이는 ['따져 보면서 문답한 것'(反詰問答)의 여덟 가지 중에서] 세 번째인 '증득한

---

193 대정장의 『금강삼매경론』(T34, 975b3)에는 '也'자가 없다.

것이 없다[는 뜻을] 아뢰어 대답한 것'(奉答無證)이다. 여기에는 세 가지가 있으니, 첫 번째는 '증득한 것이 없음을 밝히는 것'(明無證)이고, 두 번째는 '그릇됨을 거론하는 것'(擧非)이며, 세 번째는 '올바름을 밝히는 것'(顯是)이다. 첫 번째[인 '증득한 것이 없음을 밝히는 것'(明無證)]에도 두 가지가 있으니, 앞은 [명제의] 제시(標)요, 뒤는 [그에 대한] 해석(釋)이다.

"만약 '[불변 · 독자의 본질/실체로서] 생겨난 것이 없다는 [이해에 의거하는] 수행'(無生行)이라면, '본연과 양상이 [모두] 불변 · 독자의 본질/실체가 없고 [불변 · 독자의 본질/실체로 보는 분별의] 동요가 없다"(如無生行, 性相空寂)라고 한 것은 '총괄적으로 [명제를] 제시하는 구절'(摠標句)이다. "본연이 [모두] 불변 · 독자의 본질/실체가 없고 [불변 · 독자의 본질/실체로 보는 분별의] 동요가 없다"(性空寂)라고 말하는 것은 '이해하는 마음의 본연'(觀心體性)이 '[불변 · 독자의 본질/실체로서] 생겨나고 사라지는 양상에서 벗어나 있음'(離生滅相)을 일컫는 것이니, 앞에서 말한 "마음 [본연의] 면모는 '[모든 현상과] 같아지는 지평'이라는 것을 안다"(知心性如)에 해당한다. "양상이 불변 · 독자의 본질/실체가 없고 [불변 · 독자의 본질/실체로 보는 분별의] 동요가 없다"(相空寂)라는 것은, '이해하는 마음의 아는 작용'(觀心知用)에서 [그] '작용의 양상'(用相) 역시 [불변 · 독자의 본질/실체가 아니라] [모든 것과] '같아지는 것'(如)이라는 것이니, 앞서 말한 "이 [아는] 면모(性) 또한 [모든 현상과] '같아지는 것'(如)이다"(是性亦如)를 일컫는다. 이하는 '열 가지 없음'(十無)으로써 이 '총괄적으로 [명제를 제시하는] 구절'(摠[標]句)을 해석하는 것이다.

"봄도 없고 들음도 없다"(無見無聞)라는 것은, '마음 [본연의] 면모'(心性)는 '[미세하여] 들리지 않고 [무한하게 넓고 평평하여] 보이지 않는 것'(希夷)[194]이니,

---

194 희이希夷: 원효의 주석에 따르면 이 개념은 '들리지 않음'(希)과 '보이지 않음'(夷)의 의미로 구분되고 있다. 그러나 불교경론에서 이와 같이 희이希夷를 구분하여 설명하는 사례는 나타나지 않는다. 즉, 희이 개념은 『설무구칭경說無垢稱經』, 『대지도론大智度論』, 『대승장엄경론大乘莊嚴經論』, 『성유식론술기成唯識論述記』, 『대승기신론의기大乘起信論義記』 등의 경론에서 쓰이고 있지만, '들리지 않음'(希)과 '보이지 않음'

[보려고 해도] 보이지 않는 것이므로 모양(色)이 끊어져 모양으로 나타내지 못하고, [들으려 해도] 들리지 않기 때문에 소리(聲)가 끊어져 가르침으로 드러내지 못한다. "얻음도 없고 잃음도 없다"(無得無失)라는 것은, '불변 · 독자의 본질/실체가 없음'(空)을 드러내어 '[불변 · 독자의 본질/실체로서] 얻은 것'(所得)이 없고, '[불변 · 독자의 본질/실체로서] 생겨난 것'(生)[이 있다는 생각을] 없애서 '[불변 · 독자의 본질/실체로서] 잃는 것'(所失)이 없기 때문이다. 이와 같은 '네 가지 없음'(四無)은 "본연이 불변 · 독자의 본질/실체가 없고 [불변 · 독자의 본질/실체로 보는 분별의] 동요가 없다"(性空寂)라는 것을 해석한 것이다.

"말도 없고 설명도 없다"(無言無說)라는 것은, '마음의 작용'(心行)이 이미 [불변 · 독자의 본질/실체로 보는 생각이 없어] 평온하여 [불변 · 독자의 본질/실체로 보는 생각에 입각한] 말과 설명을 일으키지 않기 때문이다. "'[주관인] 앎'(知)도 없고 [객관인] '차이 양상'(相)도 없다"(無知無相)라는 것은 마음작용(心行)이 '불변 · 독자의 본질/실체가 없고 [불변 · 독자의 본질/실체로 보는 분별의] 동요가 없어'(寂滅) [주관과 객관을 불변 · 독자의 본질/실체로 보는] 두 구분에서 멀리 떠나기 때문이다. "취함도 없고 버림도 없다"(無取無捨)라는 것은, 이미 [불변 · 독자의 본질/실체로 보는] 분별이 없어 [불변 · 독자의 본질/실체로서] 취할 수 있는 본연(性)도 없고 [불변 · 독자의 본질/실체로서] 버릴 수 있는 양상(相)도 없기 때문이다. 이와 같은 '여섯 가지 없음'(六無)은 "양상이 불변 · 독자의 본질/실체가 없고 [불변 · 독자의 본질/실체로 보는 분별의] 동요가 없다"(相空寂)라는 것을 해석한 것이다.

'[불변 · 독자의 본질/실체로서] 생겨난 것이 없다는 [이해에 의거하는] 수행'(無

(夷)의 의미로 구분할 만한 예는 찾아지지 않는다. 은정희가 기존의 번역에서 지적한 대로 원효가 채택한 희이希夷의 의미는 『노자도덕경老子道德經』 제14장에서 연원을 찾을 수 있겠다. 즉, 희이는 "보아도 보이지 않는 것을 이름하여 이夷라 한다. 들어도 들리지 않는 것을 이름하여 희希라 한다. 잡아도 잡히지 않는 것을 이름하여 미微라 한다. …"라는 구절에서 등장하는데, 노자가 제시한 도道는 자취가 없어 구체적으로 형용할 수 없는 것이라는 지점에서 희이 개념이 쓰이고 있기 때문이다.

生行)에서는 이와 같이 '[모든 것에] 불변 · 독자의 본질/실체가 없고 [불변 · 독자의 본질/실체로 보는 분별의] 동요가 없으니'(空寂), 어찌 이 [무생행無生行] 가운데 있으면서 '증득을 [불변 · 독자의 본질/실체로서] 취함'(取證)이 있겠는가? 이러한 대답을 할 때 [심왕보살은] 이전의 의심이 [더 이상] 의심이 되지 않음을 스스로 안 것이다. [그 다음에 나오는] '그릇됨을 거론하여 올바름을 밝히는 것'(擧非顯是)[의 뜻]은 따져 보면 알 수 있을 것이다.

佛言, "汝得阿耨多羅三藐三菩提耶?"

[H1, 626c16; T34, 975b16]

부처님께서 말씀하셨다.
"그대는 '최고의 깨달음'(阿耨多羅三藐三菩提)을 얻었는가?"

此是第四反詰有得. 問曰. 〈菩薩未得阿耨菩提, 如來何故問'汝得耶?'〉 解云. 〈此雖未得究竟菩提, 而已證得初地菩提. 如『法華論』曰. "八生乃至一生, 得阿耨多羅三藐三菩提者, 謂證初地菩提故, 以離三界中分段生死, 隨分能見眞如佛性, 名得菩提, 非謂究竟滿足如來方便涅槃故". 案云, 是約眞如佛性, 說名菩提, 能證見故, 名得菩提. 如經言"諸法性空, 卽是菩提", 此之謂也.〉

[H1, 626c17~627a3; T34, 975b17~25]

이는 ['따져 보면서 문답한 것'(反詰問答)의 여덟 가지 중에서] 네 번째인 '얻은 것이 있는지를 따져 묻는 것'(反詰有得)이다.

질문해 본다. 〈[심왕心王]보살이 아직 '최고의 깨달음'(阿耨[多羅三藐三]菩提)을 얻지 못했거늘 여래께서는 무슨 이유로 '너는 얻었는가?'라고 묻고 있는가?〉

[이 질문에 대해] 대답하면 [다음과 같다.] 〈이 [심왕보살]이 비록 아직 '궁극적인 깨달음'(究竟菩提)을 얻지는 못했지만 이미 '['열 가지 본격적인 수행경지'(十地)의] 첫 번째 경지의 깨달음'(初地菩提)은 얻었다. 마치 『묘법연화경론우

파제사妙法蓮華經論優波提舍』에서 [다음과 같이] 말하는 것과 같다. "여덟 번의 [삶과 죽음을 윤회하는] 삶 및 한 번의 [삶과 죽음을 윤회하는] 삶에서 '최고의 깨달음'(阿耨多羅三藐三菩提)을 얻는다는 것은 '['열 가지 본격적인 수행경지'(十地)의] 첫 번째 경지의 깨달음'(初地菩提)을 증득했기 때문임을 일컫는 것이니 …, '[욕망세계 · 유형세계 · 무형세계, 이] 세 가지 세계'(三界)에서의 '일정한 수명과 형상을 가지고 다양한 세계에 태어나고 죽는 윤회'(分段生死)[195]에서 벗어나 [자신의] 분수껏 '참 그대로인 부처 면모'(眞如佛性)를 볼 수 있기 때문에 깨달음(菩提)이라 부른 것이지, '여래의 수단과 방법'(如來方便)을 궁극적으로 만족시키는 열반을 말하는 것은 아니다."[196]

생각건대 이 [구절]은 [초지보살初地菩薩이 깨달은] '참 그대로인 부처 면모'(眞如佛性)에 의거하여 '깨달음'(菩提)이라 말하고, [초지보살이 깨달은 '참 그대로인 부처 면모'(眞如佛性)를] 증득하여 볼 수 있기 때문에 '깨달음을 얻는다'(得菩提)고 말하는 것이다. 이를테면 경전에서 "모든 현상의 본연은 불변 · 독자의 본질/실체가 없는 것이니, 바로 이것이 깨달음이다"(諸法性空, 卽是菩提)[197]라고 말한 것은 이를 가리키는 것이다.〉

心王菩薩言, "尊者! 我無得阿耨多羅三藐三菩提. 何以故, 菩提性中,

---

195 『이장의二障義』의 서두에서 제목의 의미를 풀이하는 부분에서 나온 개념이다(H1, 790a3).

196 원효가 인용한 『법화론法華論』이란 『묘법연화경론우파제사妙法蓮華經論優波提舍』인데, 전문을 그대로 인용한 것이 아니라 발췌하여 옮겼다. 밑줄 친 부분이 원효가 인용한 것이다. 『묘법연화경론우파제사』 권1(T26, 19a27~b4). "八生乃至一生得阿耨多羅三藐三菩提者, 謂證初地菩提故. 八生乃至一生者, 謂諸凡夫決定能證初地. 隨力隨分, 八生乃至一生證初地故. 言阿耨多羅三藐三菩提者, 以離三界中分段生死. 隨分能見眞如佛性, 名得菩提, 非謂究竟滿足, 如來方便涅槃故."

197 원효가 인용한 이 경문에 꼭 들어맞는 전거를 발견하기 어렵다. 『열반종요涅槃宗要』에서 유사한 경문이 인용된 적이 있는데 참고가 될 수 있을 것이다. 『열반종요』(H1, 528a3~4). "『大品經』云, 諸法性空, 卽是涅槃"; 『마하반야바라밀경』 권26(T8, 416a8~9). "有佛無佛, 諸法性常空, 性空卽是涅槃."

無得無失, 無覺無知, 無分別相. 無分別中, 卽淸淨性, 性無間雜, 無有言說, 非有非無, 非知非不知, 諸可法行, 亦復如是. 何以故, 一切法行, 不見處所, 決定性故. 本無有得不得, 云何得阿耨多羅三藐三菩提?"

[H1, 627a4~11; T34, 975b26~c2]

심왕보살이 말하였다.

"존경받는 분이시여! 저는 '최고의 깨달음'(阿耨多羅三藐三菩提)을 얻은 것이 없습니다. 왜냐하면, '깨달음의 면모'(菩提性)는 '[불변 · 독자의 본질/실체로서] 얻음도 없고 잃음도 없으며'(無得無失), '[헤아려서 얻는] 깨달음도 없고 [대상을 좇아서 얻는] 앎도 없는'(無覺無知) '[불변 · 독자의 본질/실체로 보는 생각으로] 분별함이 없는 면모'(無分別相)이기 때문입니다. '[불변 · 독자의 본질/실체로 보는 생각으로] 분별함'(分別)이 없다면 바로 '청정한 본연'(淸淨性)이니, [그] 본연에는 [생멸生滅의] 틈새와 [주관과 객관의] 섞임이 없고, '언어적 설명'(言說)[으로 확정할 수 있는 것]이 없으며, '있는 것도 아니고 없는 것도 아니며'(非有非無), '아는 것도 아니고 알지 못하는 것도 아니니'(非知非不知), 모든 '본보기로 삼을 수 있는 수행들'(可法行)도 마찬가지입니다. 왜냐하면, '모든 본보기로 삼는 수행'(一切法行)은 '머무르는 곳'(處所)을 [불변 · 독자의 본질/실체로서] 볼 수 없으니, '본래 그러한 것'(決定性)이기 때문입니다. [이처럼] 얻음(得)과 '얻지 못함'(不得)이 본래 없거늘, 어떻게 '최고의 깨달음'(阿耨多羅三藐三菩提)을 얻겠습니까?"

此是第五仰報無得. 於中有三, 謂標釋結. 釋中有二, 先明所得菩提, 無所得性, 後顯能得諸行, 無能得相. 初中言"菩提性"者, 謂眞如性, 虛通無礙, 性離闇弊, 故名菩提. 於中本無眞性可存, 亦乃本無妄想可亡, 故言"無得無失". 如是本覺, 遠離思搆之覺, 亦亡率爾之知, 故言"無覺無知". 旣無分別之見, 亦離所行之相, 故言"無分別相". 由如是故, 非惑相濁, 本性離染, 故言"卽淸淨性". 縱非生滅所間, 橫非能所所雜, 故言"性無閒雜". "無有言說"者, 能言所言, 無不絶故, "非有非無"者, 雖非有如, 而非無如故.

"非知非不知"者, 雖非本覺, 而非不覺故. 菩提性然, 無可得義. "諸可法行"已下, 次顯無能得行. 如前品說, 六度之行無非實軌, 故言"可法". "亦如是"者, 同前無得故. "一切法行"者, 六度等行, "不見處所"者, 不見得失覺知, 乃至有無知不知等, 所可行處故, 與菩提平等平等, 所以本無有能得不能得也. 云何已下, 摠結無得.

[H1, 627a12~b10; T34, 975c3~21]

이는 [‘따져 보면서 문답하는 것’(反詰問答)의 여덟 가지 중에서] 다섯 번째인 ‘얻는 것이 없어야 함을 [부처님께] 우러러 아뢰는 것’(仰報無得)이다. 여기에는 세 가지가 있으니, [명제의] 제시(標)와 [그에 대한] 해석(釋)과 결론(結)이다. 해석에도 두 가지가 있으니, 먼저는 ‘얻은 깨달음에는 얻은 [불변 · 독자의] 본질이 없음’(所得菩提, 無所得性)을 밝힌 것이고, 나중은 [깨달음을] ‘얻을 수 있는 모든 수행’(能得諸行)에는 ‘얻을 수 있는 [불변 · 독자의 본질/실체인] 양상이 없음’(無能得相)을 밝혔다.

[해석(釋)의 두 가지 중] 처음에 "깨달음의 면모"(菩提性)라고 말한 것은 ‘참 그대로의 면모’(眞如性)를 일컫는 것이니, ‘불변 · 독자의 본질/실체가 없기에 통하여 막힘이 없고’(虛通無礙) [그] 면모(性)는 어둠(闇)과 가림(弊)에서 벗어나 있기 때문에 깨달음(菩提)이라고 부른다. [그리고] 그 속에는 존재할 수 있는 ‘[불변 · 독자의 본질/실체인] 참된 면모’(眞性)란 것은 본래 없으며, 또 사라질 수 있는 ‘[분별하는] 잘못된 생각’(妄想)도 본래 없으니, 그러므로 "[불변 · 독자의 본질/실체로서] 얻음도 없고 잃음도 없다"(無得無失)라고 말하였다.

[또] 이와 같은 ‘깨달음의 본연’(本覺)[인 ‘사실 그대로 앎’]은 ‘생각으로 헤아려 이끌어 낸 깨달음’(思搆之覺)에서 멀리 벗어나 있고, 또한 ‘[대상을] 좇아서 얻는 앎’(率爾之知)도 없어졌으니, 그러므로 "[헤아려서 얻는] 깨달음도 없고 [대상을 좇아서 얻는] 앎도 없다"(無覺無知)라고 말하였다. [또한] 이미 [깨달음을 불변 · 독자의 본질/실체라고 헤아리는] ‘분별하는 주관’(分別之見[分])이 없고 [앎이] ‘따라가는 [불변 · 독자의 본질/실체인] 대상’(所行之相[分])에서 벗어났으니, 그러므로 "[불변 · 독자의 본질/실체로 보는 생각으로] 분별함이 없는 면모"

(無分別相)라고 말하였다. 이와 같기 때문에 '번뇌의 양상'(惑相)에 흐려지지 않아 본연(本性)이 오염(染)에서 벗어나 있으니, 그러므로 "바로 청정한 본연이다"(卽淸淨性)라고 말한 것이다. 시간적(縱)으로는 '[불변 · 독자의 본질/실체로서] 생겨남과 사라짐'(生滅)에 의해 생기는 틈새(所間)가 없고, 공간적(橫)으로는 '[불변 · 독자의 본질/실체인] 주관과 객관'(能所)에 의해 '섞이는 것'(所雜)이 없으니, 그러므로 "본연에는 [생멸生滅의] 틈새와 [주관과 객관의] 섞임이 없다"(性無閒雜)라고 말하였다.

"'언어적 설명'[으로 확정할 수 있는 것]이 없다"(無有言說)라는 것은 '설명하는 것'(能言)과 '설명되는 것'(所言)에는 [불변 · 독자의 본질/실체가] 끊어지지 않음이 없기 때문이고, "있는 것도 아니고 없는 것도 아니다"(非有非無)라는 것은 비록 '[불변 · 독자의 본질/실체로서] 있게 되는 것'(有如)이 아니지만 '[아무것도] 없어지는 것'(無如)도 아니기 때문이다. "아는 것도 아니고 알지 못하는 것도 아니다"(非知非不知)라는 것은 비록 '깨달음의 본연'(本覺)[인 '사실 그대로 앎']은 아니지만 '['사실 그대로'를] 깨닫지 못함'(不覺)도 아니기 때문이다. [이와 같이] '깨달음 면모의 본연'(菩提性然)은 '[불변 · 독자의 본질/실체로서] 얻을 수 있는 것'(可得)이 없는 면모(義)이다.

"모든 '본보기로 삼을 수 있는 수행들'"(諸可法行) 이하는 다음으로 '얻을 수 있게 하는 수행'(能得行)이 [불변 · 독자의 본질/실체로서] 없다는 것을 밝혔다. 앞의 「[불변 · 독자의 본질/실체로 차별된] 차이가 없다는 도리[를 주제로 하는] 단원(無相法品)」에서 말한 것처럼 '여섯 가지 보살수행'(六度之行)은 참된 본보기가 아닌 것이 없으니, 그러므로 "본보기로 삼을 수 있는"(可法)이라 말하였다. "마찬가지입니다"(亦[復]如是)라는 것은 앞서의 '[불변 · 독자의 본질/실체로서] 얻는 것이 없음'(無得)과 같기 때문이다. "모든 본보기로 삼는 수행"(一切法行)이라는 것은 '여섯 가지 보살수행'(六度)과 같은 수행들이고, "머무르는 곳을 [불변 · 독자의 본질/실체로서] 볼 수 없다"(不見處所)라는 것은 '얻음과 잃음'(得失), '깨달음과 앎'(覺知) 및 '있음과 없음'(有無), '앎과 알지 못함'(知不知) 등 '수행하여 머무를 수 있는 곳'(所可行處)을 [불변 · 독자의 본질

/실체로서] 볼 수 없어 깨달음(菩提)과 '평등하고 평등하니'(平等平等), 그러므로 '얻을 수 있음'(能得)과 '얻을 수 없음'(不能得)이 본래 [불변 · 독자의 본질/실체로서] 없는 것이다. "어떻게"(云何) 이하는 '[불변 · 독자의 본질/실체로서] 얻을 수 없음'(無得)에 대한 '총괄적인 결론'(摠結)이다.

佛言, "如是如是. 如汝所言, 一切心行, 不過無相, 體寂無生.

[H1, 627b11~12; T34, 975c22~23]

부처님께서 말씀하셨다.

"그렇다, 그렇다. 그대가 말한 것처럼, '모든 마음의 작용'(一切心行)이 '[불변 · 독자의 본질/실체로 차별된] 차이가 없음'(無相)을 놓치지 않으니, '불변 · 독자의 본질/실체가 없고 [불변 · 독자의 본질/실체로 보는 분별의] 동요가 없음'(寂[滅])을 체득하면 '[불변 · 독자의 본질/실체로서] 생겨난 것이 없다'(無生).

此下, 第六如來述成. 於中有三, 一者正述, 二者擧非, 三者顯是. 初中亦三, 摠述別述, 後還結成. 初言"如是如是"者, 述前無證, 及後無得. "一切"已下, 第二別述, 先述無生, 後述寂滅. 言'無生'者, 是無生行, 述無能證能得, 言'寂滅'者, 是寂滅理, 述無所證所得. 初言"一切心行"者, 所有出世無分別智相應心行, 不取諸相, 證會無相, 故言"不過無相". 體於空寂, 冥然無生, 故言"體寂無生".

[H1, 627b13~23; T34, 975c23~976a2]

이 아래는 ['따져 보면서 문답하는 것'(反詰問答)의 여덟 가지 중에서] 여섯 번째인 '여래의 설명이 마무리된 것'(如來述成)[198]이다. 여기에는 세 가지가 있으

198 앞의 과문에서 '증득한 것과 얻은 것이 없음을 말하는 것'(述無證得)이라고 제목을 붙인 것이 여기 해당하는 문단에 와서는 [무증득無證得에 관한] '여래의 설명이 마무리된 것'(如來述成)으로 달리 표현되어 있다.

니, 첫째는 '[가르침의 내용을] 곧바로 말한 것'(正述)이고, 둘째는 '그릇됨을 거론하는 것'(擧非)이며, 셋째는 '올바름을 밝히는 것'(顯是)이다. 처음[인 '[가르침의 내용을] 곧바로 말한 것'(正述)]에도 세 가지가 있으니, '총괄적인 설명'(摠述), '개별적인 설명'(別述), '뒤에서 다시 결론을 맺음'(後還結成)[이 그것]이다. 처음에 "그렇다, 그렇다"(如是如是)라고 말한 것은, 앞서의 '증득한 것이 없다'(無證)는 것과 뒤에 [나온] '얻은 것이 없다'(無得)에 대해 말한 것이다.

"모든 [마음의 작용이] …"(一切) 이하는 ['[가르침의 내용을] 곧바로 말한 것'(正述)의] 두 번째인 '개별적인 설명'(別述)이니, 먼저 '[불변·독자의 본질/실체로서] 생겨난 것이 없음'(無生)에 대해 말하고 나중에 '불변·독자의 본질/실체가 없고 [불변·독자의 본질/실체로 보는 분별의] 동요가 없음'(寂滅)에 대해 말하였다. '[불변·독자의 본질/실체로서] 생겨난 것이 없음'(無生)이라고 말한 것은 '[불변·독자의 본질/실체로서] 생겨난 것이 없다는 [이해에 의거하는] 수행'(無生行)이니 〈[깨달음을] '증득하는 주체'도 '얻는 주체'도 [불변·독자의 본질/실체로서] 없음〉(無能證能得)을 가리킨 것이고, '불변·독자의 본질/실체가 없고 [불변·독자의 본질/실체로 보는 분별의] 동요가 없음'(寂滅)이라고 말한 것은 '불변·독자의 본질/실체가 없고 [불변·독자의 본질/실체로 보는 분별의] 동요가 없다는 도리'(寂滅理)이니 〈'증득하는 것'도 '얻는 것'도 [불변·독자의 본질/실체로서] 없음〉(無所證所得)에 대해 설명한 것이다.

처음에 "모든 마음의 작용이"(一切心行)라고 말한 것은, 지니고 있는 〈세속에서 풀려나게 하는 '[불변·독자의 본질/실체로 보는 생각으로] 분별하지 않는 지혜'와 서로 응하는 마음의 작용〉(出世無分別智相應心行)이 '모든 유형의 [불변·독자의 본질/실체로 차별된] 차이'(諸相)를 붙들지 않아 '[불변·독자의 본질/실체로 차별된] 차이가 없음'(無相)을 '체득적으로 이해'(證會)하니, 그러므로 "[불변·독자의 본질/실체로 차별된] 차이가 없음을 놓치지 않는다"(不過無相)라고 말하였다. [또] '불변·독자의 본질/실체가 없고 [불변·독자의 본질/실체로 보는 분별의] 동요가 없음'(空寂)을 체득하면 고요히 '[불변·독자의 본질/실체로서] 생겨난 것이 없으니'(無生), 그러므로 "'[불변·독자의 본질/실체로 보는 분별의] 동요가 없음'(寂)을 체득하면 '[불변 · 독자의 본질/실체로서] 생겨난 것이 없다'(無生)"(體寂無生)라고 말하였다.

可有識識,[199] 亦復如是, 何以故? 眼眼觸悉皆空寂, 識亦空寂, 無有動不動相, 內無三受, 三受寂滅. 耳鼻舌身心意意識, 及以末那阿梨耶, 亦復如是, 皆亦不生, 寂滅心及無生心.

[H1, 627b24~c4; T34, 976a3~6]

있을 수 있는 모든 식識들도 이와 같으니, 어째서인가? 눈과 '눈[과 시각대상]의 접촉'(眼觸)이 모두 '불변 · 독자의 본질/실체가 없고 [불변 · 독자의 본질/실체로 보는 분별의] 동요가 없는 것'(空寂)이고, ['눈'과 '눈의 대상접촉'에 의거하여 발생하는] 식識 또한 '불변 · 독자의 본질/실체가 없고 [불변 · 독자의 본질/실체로 보는 분별의] 동요가 없는 것'(空寂)이어서, 움직이거나 움직이지 않는 양상(相)이 [불변 · 독자의 본질/실체로서] 없고, 안으로는 '['괴로운 느낌'(苦受) · '즐거운 느낌'(樂受) · '괴롭지도 즐겁지도 않은 느낌'(不苦不樂受), 이] 세 가지 느낌'(三受)이 없[다고 할 수 있]으니 '세 가지 느낌'(三受)도 '불변 · 독자의 본질/실체가 없고 [불변 · 독자의 본질/실체로 보는 분별에 의한] 동요가 없는 것'(寂滅)이[기 때문이]다. 귀 · 코 · 혀 · 몸[에 의거하여 발생하는 네 가지 식識과] '[제6식識인] [앞으로 생겨날] 마음과 [이미 생겨난] 정신과 [지금 눈앞에 나타난] 의식'(心意意識) 및 '[제7]말나식'(末那)과 '[제8]아리야식'(阿梨耶[識])도 이와 같아서 모두 '[불변 · 독자의 본질/실체로서] 생겨나는 것이 아니니'(不生), [이러한 식識들은 모두] '불변 · 독자의 본질/실체가 없고 [불변 · 독자의 본질/실체로 보는 분별의] 동요가 없는 마음'(寂滅心)이고 '[불변 · 독자의 본질/실체로서] 생겨난 것이 없는 마음'(無生心)이다.

199 한불전의 주석(H1, 627b24)에 따르면, 어떤 판본에는 '可有識識' 대신에 '所有諸識'으로 되어 있다고 한다.

此是第二述寂滅義, 謂諸世間八識空寂. 於中有二,[200] 一者例前, 二者廣釋. 初言"可有識識", 摠攝所有世間八識, 如言處處, 攝一切處故. "亦如是"者, 空寂之理, 同前出世心之無生故. "何以故"下, 第二廣釋. "眼"者, 眠根. "眼觸", 卽是遍行中觸, 依三和生, 令三和合. 欲明散空故, 偏擧之. "識亦空"者, 眼觸旣空, 眼識不生故. 無有相續遷動, 亦無刹那不遷故, 言"無有動不動相". 言"內無三受"者, 三受生起, 本來寂滅故. 諸心數中, 觸受相近, 有大勝能故, 擧此二, 通遣餘法也. "耳鼻舌身"者, 謂耳耳觸耳識等也. "心意意識"者, 是第六識, 未來名心, 過去名意, 現名意識. 依隨轉門, 擧此三名, 爲顯三世皆空寂故. 末那梨耶, 第七第八, 皆同眼識故, 亦不生也. 廣釋文竟. 次言"寂滅心"者, 近結八識空寂之文, 及"無生心"者, 遠結體寂無生之文.

[H1, 627c5~628a2; T34, 976a6~22]

이는 [두 부분으로 이루어진 '개별적인 설명'(別述) 중에서] 두 번째인 '불변 · 독자의 본질/실체가 없고 [불변 · 독자의 본질/실체로 보는 분별의] 동요가 없다는 뜻에 대해 설명하는 것'(述寂滅義)이니, '[중생] 세상의 여덟 가지 식'(世間八識)들이 모두 '불변 · 독자의 본질/실체가 없고 [불변 · 독자의 본질/실체로 보는 분별의] 동요가 없다'(空寂)는 것이다. 여기에는 두 가지가 있으니, 첫 번째는 '예를 먼저 드는 것'(例前)이고 두 번째는 '자세하게 해석하는 것'(廣釋)이다.

['예를 먼저 드는 것'(例前)인] 처음에 "있을 수 있는 모든 식들"(可有識識)이라고 한 것은 [중생] 세상에 존재하는 '여덟 가지 식'(八識)을 모두 포괄하는 것이니, 마치 '곳곳마다'(處處)라고 말하는 것이 '모든 곳'(一切處)을 포괄하는 것과 같은 것이다. "이와 같으니"(亦[復]如是)라는 것은 '불변 · 독자의 본질/실체가 없고 [불변 · 독자의 본질/실체로 보는 분별의] 동요가 없는 도리'(空寂理)

200 한불전의 교감에 따르면, 어떤 판본에는 '一'로 되어 있다고 하지만 문맥에 맞아 원문대로 '二'로 본다.

가 이전의 〈'세간에서 풀려나는 마음'(出世心)의 '[불변 · 독자의 본질/실체로서] 생겨남이 없는 것'(無生)〉과 같기 때문이다. "어째서인가?"(何以故) 이하는 두 번째로 '자세하게 해석한 것'(廣釋)이다.

"눈"(眼)이라는 것은 시각능력(眼根)이다. "눈[과 시각대상]의 접촉"(眼觸[者]) 이라는 것은 바로 '[촉觸 · 작의作意 · 수受 · 상想 · 사思의 다섯 가지] 보편적으로 작용[하는 마음현상]'([五]遍行[心所])[201] 중의 [하나인] 접촉(觸)[을 가리키]니, [감각능력(根) · 감각대상(境) · 의식능력(意), 이] '세 가지의 결합'(三和)에 의거하여 생겨나고 [또 이] 세 가지를 결합하게 해 준다. '[존재의 구성요소들을 하나씩] 분석하면 불변 · 독자의 본질/실체가 없음'(散空)[202]을 밝히기 위하여 그 [안眼

201 변행심소遍行心所: 유식唯識에서는 '[심왕법心王法 · 심소유법心所有法 · 색법色法 · 불상응행법不相應行法 · 무위법無爲法의] 다섯 가지 범주[와 여기에 속하는] 100가지 요소'(五位百法)로써 존재와 마음현상을 설명하는 체계를 제시한다. 『유가사지론瑜伽師地論』, 『성유식론成唯識論』, 『유식삼십송唯識三十頌』 등의 유식학 관련 논저에서는 '보편적으로 작용하는 마음현상'(遍行心所)에 해당하는 것을 다섯 가지로 규정하고 있는데, 다섯 가지란 '[감각기관과 감관대상의] 접촉'(觸, sparśa), '[의도로써] 지어내는 생각'(作意, manaskāra), '느낌'(受, vedanā), '느낌 · 특징/차이에 대한 지각'(想, saṃjñā), '의도'(思, cetanā)를 가리킨다. 이 다섯 가지 변행심소遍行心所가 등장하는 출전은 매우 많지만 비교적 간략하게 서술된 『유가사지론』의 내용을 소개하면 다음과 같다. 『유가사지론』 권55(T30, 601c10~11). "問諸識生時. 與幾遍行心法俱起. 答五. 一作意. 二觸. 三受. 四想. 五思."

202 산공散空: 존재를 구성하고 있는 요소들을 하나하나 분해해서 살펴보면 그 요소들 중에는 그 어떤 것도 불변 · 독자의 본질/실체로 삼을 만한 것이 없다는 사실을 이해함으로써 '불변 · 독자의 본질/실체가 없음'(空)의 지혜를 터득한다는 뜻이다. 『대반야바라밀다경』에서 강조하고 있는 '불변 · 독자의 본질/실체가 없음의 18가지'(十八空) 중의 하나이다. 이것은 초기불전에서 붓다가 제시한 '자아를 이루고 있는 요소들인 [색色 · 수受 · 상想 · 행行 · 식識의] 다섯 가지 더미'(五蘊)에 관한 가르침으로써 '자아'를 불변 · 독자의 본질/실체로 보는 생각에서 벗어나게 하는 것을 계승하여 공(空)의 체계로써 재정립한 것으로 이해할 수 있을 것이다. 『대반야바라밀다경大般若波羅蜜多經』 권3(T5, 13b22~26). "復次. 舍利子! 若菩薩摩訶薩欲通達內空, 外空, 內外空, 空空, 大空, 勝義空, 有爲空, 無爲空, 畢竟空, 無際空, 散空, 無變異空, 本性空, 自相空, 共相空, 一切法空, 不可得空, 無性空, 自性空, 無性自性空, 應學般若波羅蜜多"; 『대지도론大智度論』 권48(T25, 404b27~c8). "四分即是四大. 屠者觀牛四分, 更無別牛, 亦非是牛. 行

과 안촉眼觸]을 부분적으로 거론하였다. "['눈'과 '눈의 대상접촉'에 의거하여 발생하는] 식識 또한 '불변 · 독자의 본질/실체가 없고 [불변 · 독자의 본질/실체로 보는 분별의] 동요가 없는 것'(空寂)이다"(識亦空[寂])라는 것은, '눈과 [시각대상]의 접촉'(眼觸)이 이미 '불변 · 독자의 본질/실체가 없는 것'(空)이어서 '시각능력에 상응하여 일어나는 인식'(眼識)도 '[불변 · 독자의 본질/실체로서] 생겨나지 않기'(不生) 때문이다. 서로 이어지거나 이동하는 [불변 · 독자의 본질/실체가] 없고 또한 찰나라도 움직이지 않는 [불변 · 독자의 본질/실체도] 없기 때문에 "움직이거나 움직이지 않는 양상이 [불변 · 독자의 본질/실체로서] 없다"(無有動不動相)라고 말하였다.

"안으로는 세 가지 느낌이 없[다고 할 수 있]다"(內無三受)라고 말한 것은, '['괴로운 느낌'(苦受) · '즐거운 느낌'(樂受) · '괴롭지도 즐겁지도 않은 느낌'(不苦不樂受), 이] 세 가지 느낌'(三受)의 일어남이 본래 '불변 · 독자의 본질/실체가 없고 [불변 · 독자의 본질/실체로 보는 분별에 의한] 동요가 없는 것'(寂滅)이기 때문이다. 모든 '마음작용'(心數) 중에서 접촉(觸)과 느낌(受)은 서로 [관계가] 가깝고[203] '강력한 작용력'(大勝能)을 지니고 있기 때문에 이 [접촉(觸)과 느낌(受)] 두 가지를 들어 '나머지 마음현상들'(餘法)[을 불변 · 독자의 본질/실체로 보는 생각]을 모두 버리게 한 것이다.

"귀 · 코 · 혀 · 몸"(耳鼻舌身)이라는 것은, [귀의 경우] 청각능력(耳[根]) · '청각능력[과 청각대상의] 접촉'(耳觸) · '청각[에 상응하여 일어나는] 인식'(耳識) 등이 그것이다. "[앞으로 생겨날] 마음과 [이미 생겨난] 정신과 [지금 눈앞에 나타난] 의식"(心意意識)이라는 것은 '[눈 · 귀 · 코 · 혀 · 몸 · 마음에서 발생하는] 제6식'(第六

者觀身四大亦如是, 是四大不名爲身. 所以者何? 此四身一故. 又四大是總相, 身是別相. 若外四大, 不名爲身, 入身中, 假名爲身. 我不在四大中, 四大不在我中, 我去四大遠, 但以顚倒妄計爲身. 用是散空智慧, 分別四大及造色, 然後入三念處, 得入道. 又此身從足至髮, 從髮至足, 周匝薄皮, 反覆思惟, 無一淨處. 髮毛等乃至腦膜, 略說則三十六, 廣說則衆多. …"

203 접촉(觸)과 느낌(受)은 모두 다섯 가지 변행심소遍行心所에 속하며, 12연기에서는 '촉觸을 조건으로 수受가 있다'고 말한다.

識)이니, '아직 생겨나지 않은 것'(未來)은 마음(心)이라 부르고, '이미 생겨난 것'(過去)은 정신(意)이라 하며, '[지금 눈앞에] 나타난 것'(現)은 의식意識이라 부른다.

[과거 · 현재 · 미래가 서로] '따르면서 바뀌어 가는 측면'(隨轉門)[204]에 의거하여 이 세 가지 이름을 들었으니, '과거 · 현재 · 미래'(三世)가 다 '불변 · 독자의 본질/실체가 없고 [불변 · 독자의 본질/실체로 보는 분별의] 동요가 없는 것'(空寂)임을 드러내려고 하였기 때문이다. 말나末那와 아리야(梨耶)는 제7식과 제8식으로서 모두 '시각[에 상응하여 일어나는] 인식'(眼識)과 마찬가지[로 불변 · 독자의 본질/실체가 없는 것]이기 때문에 역시 '[불변 · 독자의 본질/실체로서] 생겨나지 않는 것'(不生)이다. [이상으로] '자세하게 해석하는 글'(廣釋文)이 끝난다.

다음으로 "불변 · 독자의 본질/실체가 없고 [불변 · 독자의 본질/실체로 보는 분별의] 동요가 없는 마음"(寂滅心)이라고 말한 것은 〈여덟 가지 식이 [모두] 불변 · 독자의 본질/실체가 없고 [불변 · 독자의 본질/실체로 보는 분별의] 동요가 없다〉(八識空寂)는 [뜻을 나타내는] 문장을 '가까운 데서 마무리한 것'(近結)이고, 또 "[불변 · 독자의 본질/실체로서] 생겨난 것이 없는 마음"(無生心)이라는 것은 〈'[불변 · 독자의 본질/실체로 보는 분별의] 동요가 없음'(寂)을 체득하면 '[불변 · 독자의 본질/실체로서] 생겨난 것이 없다'〉(體寂無生)는 [뜻을 나타내는] 문장을 '멀리서 마무리한 것'(遠結)이다.

若生寂滅心, 若生無生心, 是有生行, 非無生行, 內生三受三行三戒.

[H1, 628a3~4; T34, 976a23~24]

만약 '불변 · 독자의 본질/실체가 없고 [불변 · 독자의 본질/실체로 보는 분

204 수전문隨轉門: 유식학에서 말하는 수전리문隨轉理門과 진실리문眞實理門의 개념과는 다른 용어로 보인다. 문맥으로 볼 때, '과거와 현재와 미래의 의식현상이 서로 따르면서 바뀌어 가는 측면'을 의미하는 것으로 보인다.

별의] 동요가 없는 마음'(寂滅心)을 [불변 · 독자의 본질/실체로 보는 생각을] 일으키거나, '[불변 · 독자의 본질/실체로서] 생겨난 것이 없는 마음'(無生心)을 [불변 · 독자의 본질/실체로 보는 생각을] 일으킨다면, 이는 '[불변 · 독자의 본질/실체로서] 생겨난 것이 있는 수행'(有生行)이지 '[불변 · 독자의 본질/실체로서] 생겨난 것이 없는 수행'(無生行)이 아니니, 안으로 '['괴로운 느낌'(苦受) · '즐거운 느낌'(樂受) · '괴롭지도 즐겁지도 않은 느낌'(不苦不樂受), 이] 세 가지 느낌'(三受)과 '[신체(身), 언어(口), 생각(意)으로 이루어지는] 세 가지 행위'(三行)와 '[신체(身), 언어(口), 생각(意)으로 지키는] 세 가지 계율'(三戒)[이 불변 · 독자의 본질/실체로서 있다는 생각]을 일으킨 것이다.

此是第二擧非, 謂有所得. 大乘學者, 不空八識, 違其寂滅, 故言"生寂滅心". 不知出世心之無生, 謂有心生證無相理, 故言"生無生心". 直是世間流轉之行, 而乖出世無生忍行, 故言"是有生行"等也. 言"三行"者, 身口意作, 通善不善. 言"三戒"者, 身口意止, 唯取其善. 生此三行三戒爲因, 而生三有, 具受三受, 如是流轉, 不得解脫.

[H1, 628a5~13; T34, 976a24~b2]

이는 ['증득한 것과 얻은 것이 없음을 말하는 것'(述無證得)의 세 부분 중에서] 두 번째인 '그릇됨을 거론하는 것'(擧非)이니, '[불변 · 독자의 본질/실체로서] 얻은 것이 있다'(有所得)[는 생각의 그릇됨]을 일컫는 것이다. 대승大乘을 배우는 사람이 '여덟 가지 식'(八識)을 '불변 · 독자의 본질/실체가 없는 것으로서 [이해]하지 못하여'(不空) 그 '[팔식八識이 본래] 불변 · 독자의 본질/실체가 없고 [불변 · 독자의 본질/실체로 보는 분별의] 동요가 없다'(寂滅)[는 도리]와 어긋나기 때문에 "'불변 · 독자의 본질/실체가 없고 [불변 · 독자의 본질/실체로 보는 분별의] 동요가 없는 마음'을 [불변 · 독자의 본질/실체로 보는 생각을] 일으킨다"(生寂滅心)라고 말하였다. [또 그들이] '세간에서 풀려나는 마음이 [불변 · 독자의 본질/실체로서] 생겨난 것이 없음'(出世心之無生)을 알지 못하여 〈마음이 [불변 · 독자의 본질/실체로서] 생겨나 '[불변 · 독자의 본질/실체로 차별된] 차이가 없다는 도리'를 증득함이 있다〉(有心生證無相理)고 말하기 때문에 "'[불변 · 독자의 본질/실체로서] 생겨난 것이 없는 마음'을 [불변 · 독자의 본질/실체로 보는 생각을] 일으킨다"(生無生心)라고 말하였다. 이는 곧 세간의 '[근본무지(無明)의 분별에 매여 고통의 세계에] 표류하는 수행'(流轉之行)이지 〈세속에서 풀려나게 하는 '[불변 · 독자의 본질/실체로서] 생겨난 것이 없다는 이해를 확고하게 간직하는 수행'〉(出世無生忍行)과는 어긋나는 것이니, 따라서 "이는 '[불변 · 독자의 본질/실체로서] 생겨난 것이 있는 수행'이다"(是有生行) 등으로 말한 것이다.

"세 가지 행위"(三行)라고 한 것은 신체(身)와 언어(口)와 생각(意)으로 지어내는 것으로서 '이로운 것'(善)과 '해로운 것'(不善) [모두]에 통하고, "세 가지 계율"(三戒)이라고 한 것은 신체(身)와 언어(口)와 생각(意)[의 허물]을 그치는 것이니 오로지 그 [신체와 언어와 생각의] '이로운 것'(善)만을 취하는 것이다. 이 '세 가지 행위'(三行)와 '세 가지 계율'(三戒)을 일으키는 것이 원인(因)이 되어 '[욕망세계(欲界) · 유형세계(色界) · 무형세계(無色界), 이] 세 가지 세계'(三有)에 태어나 '['괴로운 느낌'(苦受) · '즐거운 느낌'(樂受) · '괴롭지도 즐겁지도 않은 느낌'(不苦不樂受), 이] 세 가지 느낌'(三受)[에 대한 속박]을 모두 겪으니, 이와 같이 '[삼계三界에] 표류하면서'(流轉) 해탈을 얻지 못한다.

若寂滅生心則[205]不生, 心常寂滅, 無功無用, 不證寂滅相, 亦不住於無證. 可處無住, 總持無相, 卽無三受三受[206]等三,[207] 悉皆寂滅. 淸淨無住, 不入三昧, 不住坐禪, 無生無行".

[H1, 628a14~18; T34, 976b3~6]

---

205 대정장의 『금강삼매경론』(T34, 976b3)에는 '則'자가 빠져 있다. '則'이 없어야 의미가 잘 통하므로 '則'을 삭제하고 번역한다.

206 대정장의 『금강삼매경론』(T34, 976b5)에는 '三受'가 한 번만 나온다. 대정장에 따라 뒤에 나오는 '三受'는 삭제하고 번역한다.

207 한불전의 교감(H1, 628c24)에서는 '三'이 '二'로 되어 있는 판본이 있다고 하는데, 원효의 주석에는 '三'으로 되어 있기 때문에 '三'을 채택한다.

만약 〈'불변 · 독자의 본질/실체가 없고 [불변 · 독자의 본질/실체로 보는 분별의] 동요가 없음'(寂滅)에 대해 [불변 · 독자의 본질/실체로 보는 생각을] 일으키는 마음〉(寂滅生心)을 '생겨나지 않게 하면'(不生) 마음은 늘 '불변 · 독자의 본질/실체가 없고 [불변 · 독자의 본질/실체로 보는 분별의] 동요가 없는 경지'(寂滅)여서 [불변 · 독자의 본질/실체가 지닌] 능력(功)도 없고 [불변 · 독자의 본질/실체가 펼치는] 작용(用)도 없으며, '불변 · 독자의 본질/실체가 없고 [불변 · 독자의 본질/실체로 보는 분별의] 동요가 없는 면모'(寂滅相)를 [불변 · 독자의 본질/실체로서] 증득하지 않고, 또한 '[아무것도] 증득한 것이 없다'(無證)[는 생각]에도 머무르지 않는다. [그리하여] '머무름이 없는 곳에 자리 잡을 수 있어'(可處無住) '[불변 · 독자의 본질/실체로 차별된] 차이가 없는 지평'(無相)을 '모두 지니니'(總持), 곧 '세 가지 느낌'(三受)[· '세 가지 행위'(三行) · '세 가지 계율'(三戒)] 등 세 가지[를 불변 · 독자의 본질/실체로 보는 생각]이 없어져 [세 가지가] 모두 '불변 · 독자의 본질/실체가 없고 [불변 · 독자의 본질/실체로 보는 분별에 의한] 동요가 없는 것'(寂滅)이 된다. [또] '[불변 · 독자의 본질/실체로서] 생겨난 것이 없는 마음'(無生心)은] '청정에도 [불변 · 독자의 본질/실체로서] 머무름이 없고'(清淨無住) '삼매三昧에도 [불변 · 독자의 본질/실체로서] 들어가지 않으며'(不入三昧), '좌선坐禪에도 [불변 · 독자의 본질/실체로서] 머물러 있지 않으니'(不住坐禪), [이것이] '[불변 · 독자의 본질/실체로서] 생겨난 것도 없고 [불변 · 독자의 본질/실체로서] 행함도 없는 경지'(無生無行)이다."

此是第三顯是. 言"若寂滅生心不生"者, 反前"若生寂滅心"句, 遣諸生心, 不取生故. "心常寂滅, 無功無用"者, 反前"若生無生心"[208]句, 離諸生滅起

208 한불전에는 '若生無生'(H1, 628a22)으로 나오는데, 이는 원문의 '無生心'에서 '心'자를 누락시킨 것이다. 여기서는 대정장의 『금강삼매경론』(T34, 976b9)에 의거하여 '心'자를 넣어 교감하였다.

動之相, 亦無作意分別功用故. "不證寂滅相"者, 雖遣生起之心, 不存寂滅相故. "亦不住於無證"者, 雖無取寂滅相, 不墮無證過故. "可處無住"者, 摠明離住着過, 諸可住處, 皆無所住故. "可住處"[209]者, 若遣生起, 則可住寂滅, 若遣有證, 則可住無證, 如是可處, 皆無住故. "總持無相"者, 摠顯具功德, 謂無生心, 持諸行德, 而同一味, 無差別相故. "則無三受等三"者, 反前"內生三受等"句, 遠離流轉因果相故. "悉皆寂滅"者, 達三受等, 本來空故, "淸淨無住"者, 能達之心, 無住空故. "不入三昧"者, 能亡世間入定心故, "不住坐禪"者, 亦遣世間住禪靜故. 若能如是, 則無生起之心, 亦無分別之行, 故言"無生無行"也.

[H1, 628a19~b15; T34, 976b6~22]

이는 ['증득한 것과 얻은 것이 없음을 말함'(述無證得)의 세 부분 중에서] 세 번째인 '올바름을 밝히는 것'(顯示)이다. "만약 〈'불변 · 독자의 본질/실체가 없고 [불변 · 독자의 본질/실체로 보는 분별의] 동요가 없음'에 대해 [불변 · 독자의 본질/실체로 보는 생각을] 일으키는 마음〉(寂滅生心)을 생겨나지 않게 하면"(若寂滅生心不生)이라는 것은, [경전의] 앞 [단락]에서 "만약 '불변 · 독자의 본질/실체가 없고 [불변 · 독자의 본질/실체로 보는 분별의] 동요가 없는 마음'(寂滅心)을 [불변 · 독자의 본질/실체로 보는 생각을] 일으키거나"(若生寂滅心)[라고 한] 구절과는 반대로, 모든 '[불변 · 독자의 본질/실체로 보는 생각을] 일으키는 마음'(生心)을 버려 [불변 · 독자의 본질/실체로 보는 생각의] '생겨남을 붙들지 않는 것'(不取生)이다.

"마음은 늘 '불변 · 독자의 본질/실체가 없고 [불변 · 독자의 본질/실체로 보는 분별의] 동요가 없는 경지'(寂滅)여서 [불변 · 독자의 본질/실체가 지닌] 능력(功)도 없고 [불변 · 독자의 본질/실체가 펼치는] 작용(用)도 없다"(心常寂滅, 無功無用)라는 것은, [경전의] 앞 [단락]에서 "만약 '[불변 · 독자의 본질/실체로서] 생겨난 것이 없는 마음'(無生心)을 [불변 · 독자의 본질/실체로 보는 생각을] 일으킨다면"

209 경전 원문은 '可處'이다.

(若生無生[心])[이라고 한] 구절과는 반대로, '[불변 · 독자의 본질/실체가] 생멸[한다고 보는 생각]이 동요를 일으키는 모든 양상'(諸生滅起動之相)에서 벗어나며 또 '[불변 · 독자의 본질/실체로 보는] 생각을 지어 분별하는 작용'(作意分別功用)이 없는 것이다.

"'불변 · 독자의 본질/실체가 없고 [불변 · 독자의 본질/실체로 보는 분별의] 동요가 없는 면모'(寂滅相)를 [불변 · 독자의 본질/실체로서] 증득하지 않는다"(不證寂滅相)라는 것은, 비록 '[불변 · 독자의 본질/실체로 보는 생각을] 일으키는 마음'(生起之心)을 버렸지만 '불변 · 독자의 본질/실체가 없고 [불변 · 독자의 본질/실체로 보는 분별의] 동요가 없는 면모'(寂滅相)를 [얻었다는 생각도] [불변 · 독자의 본질/실체로서] 두지 않는 것이다. "또한 '[아무것도] 증득한 것이 없다'[는 생각]에도 머무르지 않는다"(亦不住於無證)라는 것은, 비록 '불변 · 독자의 본질/실체가 없고 [불변 · 독자의 본질/실체로 보는 분별의] 동요가 없는 면모'(寂滅相)[를 얻었다는 생각]을 [불변 · 독자의 본질/실체로서] '취함이 없지만'(無取) '증득한 것이 [아무것도] 없다는 허물'(無證過)에도 떨어지지 않는 것이다.

"머무름이 없는 곳에 자리 잡을 수 있다"(可處無住)라는 것은, '머무르는 집착의 허물'(住着過)에서 벗어나는 것을 총괄적으로 밝힌 것이니, '자리 잡을 수 있는 모든 곳'(諸可住處)이 다 '머무는 바가 없는 곳'(無所住)이기 때문이다. "'자리 잡을 수 있다"(可處)라는 것은, 만약 '[불변 · 독자의 본질/실체로 보는 생각을] 일으키는 마음'(生起[心])을 버리게 되면 곧 '불변 · 독자의 본질/실체가 없고 [불변 · 독자의 본질/실체로 보는 분별의] 동요가 없음'(寂滅)에 머무를 수 있고, [또] 만약 '[불변 · 독자의 본질/실체로서] 증득한 것이 있음'(有證)을 버리게 되면 곧 '[불변 · 독자의 본질/실체로서] 증득한 것이 없음'(無證)에 머무를 수 있는데, [『금강삼매경』에서 말하는] 이와 같은 '자리 잡을 수 있음'(可處)은 어느 것에도 '머무름이 없음'(無住)이다.

"'[불변 · 독자의 본질/실체로 차별된] 차이가 없는 지평'(無相)을 모두 지닌다"(摠持無相)라는 것은 '이로운 능력을 모두 갖춤'(具功德)을 '총괄적으로 드러낸 것'(摠顯)이니, '[불변 · 독자의 본질/실체로서] 생겨난 것이 없는 마음'(無生心)

은 모든 '작용과 이로운 능력'(行德)을 지니면서도 '한 맛[처럼 통하는 것]'(一味)과 같아 '[불변 · 독자의 본질/실체로 보아] 차별된 차이가 없다'(無差別相)는 것을 말하는 것이다.

"곧 '세 가지 느낌'(三受)[· '세 가지 행위'(三行) · '세 가지 계율'(三戒)] 등 세 가지[를 불변 · 독자의 본질/실체로 보는 생각]이 없어진다"(則無三受等三)라는 것은, [경전의] 앞 [단락]에서 "안으로 '['괴로운 느낌'(苦受) · '즐거운 느낌'(樂受) · '괴롭지도 즐겁지도 않은 느낌'(不苦不樂受), 이] 세 가지 느낌'(三受)[· '세 가지 행위'(三行) · '세 가지 계율'(三戒)] 등[이 불변 · 독자의 본질/실체로서 있다는 생각]을 일으킨 것이다"(內生三受等)[라고 한] 구절과는 반대로, '[근본무지(無明)의 분별에 매여 고통의 세계에] 표류하는 원인과 결과의 양상'(流轉因果相)에서 '멀리 벗어나는'(遠離) 것이다.

"모두 '불변 · 독자의 본질/실체가 없고 [불변 · 독자의 본질/실체로 보는 분별에 의한] 동요가 없는 것'(寂滅)이 된다"(悉皆寂滅)라는 것은 '세 가지 느낌'(三受) 등이 '본래부터 불변 · 독자의 본질/실체가 없음'(本來空)을 통달한 것이고, "청정에도 [불변 · 독자의 본질/실체로서] 머무름이 없다"(清淨無住)라는 것은, [본래부터 불변 · 독자의 본질/실체가 없다는 것을] 통달한 마음은 '불변 · 독자의 본질/실체가 없다는 것에도 [불변 · 독자의 본질/실체로서] 머무름이 없기'(無住空) 때문이다.

"삼매에도 [불변 · 독자의 본질/실체로서] 들어가지 않는다"(不入三昧)라는 것은 '[불변 · 독자의 본질/실체가 있다는 생각에 의거하는] 세간 [사람들]이 선정에 들어간 마음'(世間入定心)을 없앨 수 있기 때문이고, "좌선에도 [불변 · 독자의 본질/실체로서] 머물러 있지 않는다"(不住坐禪)라는 것도 또한 '[불변 · 독자의 본질/실체나 본질이 있다는 생각으로] 세간 [사람들]이 선정의 고요함에 머무르는 것'(世間住禪靜)을 버리기 때문이다.

만약 이와 같을 수 있다면 곧 '[불변 · 독자의 본질/실체로 보는 생각을] 일으키는 마음'(生起之心)이 없고, 또한 '[불변 · 독자의 본질/실체로 보는 생각으로] 분별하는 작용'(分別之行)도 없으니, 그러므로 "[불변 · 독자의 본질/실체로서] 생겨난 것도 없고 [불변 · 독자의 본질/실체로서] 행함도 없는 경지”(無生無行)라고 말하였다.

心王菩薩言, “禪能攝動, 定諸幻亂, 云何不禪?”

[H1, 628b16~17; T34, 976b23~24]

심왕보살이 말하였다.

“선禪은 동요를 다스리고, 갖가지 ‘허깨비 같은 어지러움’(幻亂)을 안정시키는데 어찌하여 ‘선禪에도 [머물러] 있지 않는다’(不[住]禪)고 하십니까?”

此是第七陳疑, 疑意而言, 〈凡諸禪定, 能攝掉動之念, 令定散亂之心, 云何出世無生行心, 亦不入住於禪定耶? 如其不禪, 則應是動.〉 有如是疑, 故乘彼問也.

[H1, 628b18~22; T34, 976b24~27]

이는 [‘되물어서 문답함’(反徵問答)의 여덟 갈래 중에서][210] 일곱 번째인 ‘의심[되는 것]을 [다시] 개진하는 것’([更]陳[所]疑)이니, 의심하는 뜻은 [다음과 같이] 말하는 것이다. 〈무릇 모든 선정禪定은 ‘흔들리고 동요하는 생각’(掉動之念)을 다스리고 ‘흩어져 어지러운 마음’(散亂之心)을 안정시켜 주는데, 어째서 세속에서 풀려나게 하는 ‘[불변 · 독자의 본질/실체로서] 생겨난 것이 없다는 [이해로] 수행하는 마음’(無生行心)은 선정禪定에도 들어가 머무르지 않는가? 만약 그처럼 선정에 들어가 [머무르지] 않는다면, 곧 이것은 동요일 수밖에 없다.〉 이와 같은 의심이 있기 때문에 저 질문을 한 것이다.

佛言, “菩薩! 禪卽是動, 不動不禪, 是無生禪. 禪性無生, 離生禪相, 禪性無住, 離住禪動. 若[211]知禪性無有動靜, 卽得無生. 無生般若, 亦不依

210 ‘되물어서 문답함’(反徵問答)은 ‘[경의 내용을] 본격적으로 설한 부분’(正說分)의 네 부분 중에서 두 번째에 해당한다.

住, 心亦不動, 以是智故, 故得無生般若波羅密.[212]"

[H1, 628b23~c3; T34, 976b28~c2]

부처님께서 말씀하셨다.

"보살이여! 선禪[에 들어가 머무르려는 것]은 곧 동요이니, 동요(動)하지도 않고 선禪[에 들어가 머무르려고] 하지도 않는 것이 '[불변 · 독자의 본질/실체로서] 생겨난 것이 없는 선'(無生禪)이다. '선의 본연'(禪性)은 '[불변 · 독자의 본질/실체로서] 생겨난 것이 없음'(無生)이니 '[불변 · 독자의 본질/실체로서] 생겨난 것이 있는 선의 양상'(生禪相)에서 벗어난 것이며, [또] '선의 본연'(禪性)은 '[어떤 것에도] 머무름이 없음'(無住)이니 '선정에 머무르려는 동요'(住禪動)에서 벗어난 것이다. 만약 '선의 본연'(禪性)에는 '동요와 평온'(動靜)이 [모두] [불변 · 독자의 본질/실체로서] 없음을 알면 곧 '[불변 · 독자의 본질/실체로서] 생겨난 것이 없는 경지를 얻은 것'(得無生)이다. ['[불변 · 독자의 본질/실체로서] 생겨난 것이 없는 선'(無生禪)과 마찬가지로] '[불변 · 독자의 본질/실체로서] 생겨난 것이 없다고 아는 지혜'(無生般若) 또한 '[어떤 것에도] 머무르는 것에 의존하지 않지만'(不依住) 마음도 동요하지 않으니, 이러한 지혜(智) 때문에 '[불변 · 독자의 본질/실체로서] 생겨난 것이 없다고 아는 지혜가 밝아지는 [대승 보살의] 수행'(無生般若波羅密)을 성취하는 것이다."

此是第八決疑. 言"禪卽是動"者, 謂世間禪, 雖非散亂, 而取境相, 取相心生, 生起動故. 能離如是生動之禪, 乃能得入理定, 故言"是無生禪". 如是理定性無生動, 故言"禪性無生", 非直無生亦無住寂, 故言"禪性無住". 若有生則是相, 有住着則是動, 今卽反此, 故言"離生禪相"·"離住禪動". 上來諸句, 明理定相, "知禪性"下, 顯理智相, 唯就一體, 義分爲二. "知禪性無有動"者, 知禪性無生故, "無有靜"者, 知禪性無住故. "卽得無生"者,

---

211 대정장의 『금강삼매경론』(T34, 976b29)에는 '若'자가 누락되어 있다.

212 대정장의 『금강삼매경론』(T34, 976c2)에는 '蜜'자로 나온다.

得理無生故, "無生般若"者, 得行無生故. "亦不依住"者, 謂無生智, 不依理住, 離能所故. "心亦不動"者, 雖不依理住, 而非生心動故. 由如是智, 能到彼岸, 故言"般若波羅密[213]"也. 上來八分, 合爲第二反詰問答.

[H1, 628c4~21; T34, 976c3~16]

이는 ['되물어서 문답함'(反徵問答)의 여덟 갈래 중에서] 여덟 번째인 '의심[되는 것]을 해결함'(決[其所]疑)이다. "선禪[에 들어가 머무르려는 것]은 곧 동요이다"(禪卽是動)라는 것은 '세속의 선'(世間禪)을 가리키니, 비록 '흩어져 어지럽지는'(散亂) 않더라도 '[불변 · 독자의 본질/실체로 차별된] 대상의 차이'(境相)를 붙들어 '[불변 · 독자의 본질/실체로 차별된] 차이를 붙드는 마음'(取相心)이 생겨나 '동요를 일으키기'(生起動) 때문이다. 이와 같은 '[불변 · 독자의 본질/실체로 보는 분별의] 동요를 일으키는 선'(生動之禪)에서 벗어날 수 있어야 곧 '진리다운 선정'(理定)으로 들어갈 수 있기 때문에 "[불변 · 독자의 본질/실체로서] 생겨난 것이 없는 선이다"(是無生禪)라고 말한 것이다.

이와 같은 '진리다운 선정의 본연'(理定性)은 '[불변 · 독자의 본질/실체로 보는 분별의] 동요를 일으킴이 없기'(無生動) 때문에 "선의 본연은 '[불변 · 독자의 본질/실체로서] 생겨난 것이 없음'이다"(禪性無生)라고 말하였으며, 단지 '[불변 · 독자의 본질/실체로서] 생겨난 것이 없음'(無生)일 뿐만 아니라 '[불변 · 독자의 본질/실체로 보는 분별의] 동요가 없음에 머무르는 것'(住寂) 또한 없기 때문에 "선의 본연은 [어떤 것에도] 머무름이 없다"(禪性無住)라고 말한 것이다. 만약 '[불변 · 독자의 본질/실체로서] 생겨난 것이 있으면'(有生) 곧 '[불변 · 독자의 본질/실체로 차별된] 차이'(相)이고, [그것에] '머물러 집착함이 있으면'(有住着) 곧 동요(動)이니, 지금은 이와 반대가 되기 때문에 "[불변 · 독자의 본질/실체로서] 생겨난 것이 있는 선의 양상에서 벗어남"(離生禪相) · "선정에 머무르려는 동요에서 벗어남"(離住禪動)이라고 말하였다.

여기까지의 구절들은 '진리다운 선정의 특징'(理定相)을 밝힌 것이고,

---

213 대정장의 『금강삼매경론』(T34, 976c16)에는 '蜜'자로 나온다.

"선의 본연에는 … 알면"(知禪性) 이하는 '진리다운 지혜의 특징'(理智相)을 드러낸 것이니, 오직 하나의 본연(體)에 의거하면서 뜻을 나누어 두 가지로 한 것일 뿐이다. "'선의 본연'에는 동요가 [불변 · 독자의 본질/실체로서] 없음을 안다"(知禪性無有動)라는 것은 〈'선의 본연'에는 '[불변 · 독자의 본질/실체로서] 생겨난 것이 없음'〉(禪性無生)을 아는 것이고, "['선의 본연'에는] 평온도 [불변 · 독자의 본질/실체로서] 없다"(無有靜)라는 것은 '선의 본연은 [어떤 것에도] 머무름이 없다'(禪性無住)는 것을 아는 것이다.

"곧 '[불변 · 독자의 본질/실체로서] 생겨난 것이 없는 경지'를 얻은 것이다"(卽得無生)라는 것은 '이치[의 측면]에서 [불변 · 독자의 본질/실체로서] 생겨난 것이 없음'(理無生)을 얻은 것이고, "[불변 · 독자의 본질/실체로서] 생겨난 것이 없다고 아는 지혜"(無生般若)라는 것은 '실천[의 측면]에서 [불변 · 독자의 본질/실체로서] 생겨난 것이 없음'(行無生)을 얻은 것이다.

"또한 [어떤 것에도] 머무르는 것에 의존하지 않는다"(亦不依住)라는 것은, '[불변 · 독자의 본질/실체로서] 생겨난 것이 없다고 아는 지혜'(無生智)가 '이치에 머무르는 것에도 의존하지 않는 것'(不依理住)이니, ['[불변 · 독자의 본질/실체로서] 생겨난 것이 없다고 아는 지혜'인] 주관(能)과 [알게 된 이치(理)인] 대상(所)[을 불변 · 독자의 본질/실체로 보는 생각]에서 [모두] 벗어났기 때문이다. "마음도 동요하지 않는다"(心亦不動)라는 것은, 비록 '이치에 머무르는 것에 의존하지 않지만'(不依理住) '마음의 동요를 일으키는 것도 아니기'(非生心動) 때문이다. 이와 같은 지혜로 말미암아 '[해탈/열반의 경지인] 저쪽 언덕'(彼岸)에 도달할 수 있기 때문에 '지혜가 밝아지는 [대승 보살의] 수행'(般若波羅密)이라고 말하였다.

이상의 ['되물어서 문답함'(反徵問答)의] 여덟 부분을 합하여 ['경의 내용을 본격적으로 설한 부분'(正說分)의 네 부분 중에서] 두 번째인 '되물어서 문답함'(反詰問答)이 된다.

(3) 보살이 핵심을 이해함(領解)

心王菩薩言, "尊者! 無生般若, 於一切處無住, 於一切處無離, 心無住處, 無處住心. 無住無心, 心無生住, 如此住心, 卽無生住. 尊者! 心無生行, 不可思議, 不思議中, 可不可說".

[H1, 628c22~629a3; T34, 976c17~20]

심왕보살이 말하였다.

"존경받는 분이시여! '[불변 · 독자의 본질/실체로서] 생겨난 것이 없다고 아는 지혜'(無生般若)는 '모든 곳에 머무름이 없고'(一切處無住) '모든 곳에서 떠남도 없으니'(一切處無離), [그리하여] 마음은 [그 어디에도] '머무르는 곳'(住處)이 없고 '머무르고자 하는 마음'(處住心)도 없습니다. '머무름이 없고 [머무르는] 마음도 없으면'(無住無心) 마음은 '[불변 · 독자의 본질/실체로서] 생겨난 것이 없는 경지에 머무니'(無生住), 이와 같이 머무르는 마음이어야 곧 '[불변 · 독자의 본질/실체로서] 생겨난 것이 없는 경지에 머무르는 것'(無生住)입니다. 존경받는 분이시여! 〈'마음에는 [불변 · 독자의 본질/실체로서] 생겨난 것이 없다'는 [이해에 의거하는] 수행〉(心無生行)은 '생각으로 헤아리기 어려운'(不可思議) 것이지만, '생각으로 헤아리기 어려운'(不思議) 가운데서도 '[말로써] 설명할 수 있기도 하고 설명할 수 없기도 합니다'(可不可說)."

此是第三領解. "一切處"者, 一切眞俗動寂等處, 言"無住"者, 於此一切, 無所得故. 言"無離"者, 於此一切, 無所不得故, 所以然者, 彼一切處, 悉皆非然非不然故. "心無住處"者, 無所住處故, "無處住心"者, 無能住心故. "無住無心"者, 合前二句, 以無有處有住之心故. "心無生住"者, 不無無生無住之心故. "如此住心"者, 結前"於一切處無住, 乃至無離", 無離之義, 假說[214]住故. "卽無生住"者, 結前"心無住處, 乃至心無生住". 住卽無住, 無住卽住故. "心無生行, 不可思議"者, 離言絶慮故, "不思議中, 可不可說"者,以離言亦離離言故. 以離言故, 言不可說, 離離言故, 亦可得說. 言"可說"者, 非不然故, 不可說者, 非是然故. 故摠說言"可不可說". 如說言說有可不可, 當知其思亦有可不可, 但擧一邊, 影顯之耳.

[H1, 629a4~22; T34, 976c20~977a7]

이는 ['경의 내용을 본격적으로 설한 부분'(正說分)의] 세 번째인 '[보살이] 핵심을 이해하는 것'(領解)이다. "모든 곳"(一切處)이라는 것은 '진리와 세속'(眞俗) '동요와 평온'(動寂) 등[의 현상이 있는] 모든 곳이며, "머무름이 없다"(無住)라고 말한 것은 이 모든 것에서 '[불변 · 독자의 본질/실체로서] 얻은 것이 없기'(無所得) 때문이다. [또] "떠남이 없다"(無離)라는 것은 이 모든 것에서 '[현상으로서] 얻지 못하는 것도 없기'(無所不得) 때문이니, 왜냐하면 그 '모든 곳'(一切處)들은 다 '[불변 · 독자의 본질/실체로서] 그러한 것도 아니고 [현상으로서] 그러하지 않은 것도 아니기'(非然非不然) 때문이다.

"마음은 [그 어디에도] 머무르는 곳이 없다"(心無住處)라는 것은 [대상인] '머무르는 곳'(所住處)이 [불변 · 독자의 본질/실체로서] 없는 것이고, "머무르고자 하는 마음도 없다"(無處住心)라는 것은 [주관인] '머무르는 마음'(能住心)이 [불변 · 독자의 본질/실체로서] 없는 것이다. "머무름이 없고 [머무르는] 마음도 없다"(無住無心)라는 것은 앞의 두 구절을 합친 것이니, [머무르는] 곳과 머무르는 마음이 [불변 · 독자의 본질/실체로서] 없기 때문이다. [그리고] "마음은 '[불변 · 독자의 본질/실체로서] 생겨난 것이 없는 경지에 머문다"(心無生住)라는 것은 '[불변 · 독자의 본질/실체로서] 생겨난 것이 없고 머무름도 없는 마음'(無生無住之心)이 없는 것은 아니기 때문이다.

"이와 같이 머무르는 마음이어야"(如此住心)라는 것은, 앞 [구절]의 "모든 곳에 머무름이 없고, … 떠남도 없으니"(於一切處無住, 乃至無離)를 '마무리한 것'(結)으로, '떠남이 없다는 뜻'(無離之義)을 '머무른다'(住)고 '방편으로 말한

214 한불전에는 '設'자로 하고 '說'자로 된 판본이 있다고 교감하였으나, 문맥으로 볼 때는 '說'자가 적절하다. 대정장(T34, 976c28)에도 '說'자로 되어 있다.

것'(假說)이다. "곧 '[불변 · 독자의 본질/실체로서] 생겨난 것이 없는 경지에 머무르는 것'이다"(卽無生住)라는 것은, 앞 [구절]의 "마음은 [그 어디에도] 머무르는 곳이 없고 … 마음은 '[불변 · 독자의 본질/실체로서] 생겨난 것이 없는 경지'에 머무니"(心無住處, 乃至心無生住)를 '마무리한 것'(結)으로, '머무르는 것이 바로 [그 어디에도] 머무름이 없는 것'(住卽無住)이고 '[그 어디에도] 머무름이 없음이 바로 머무르는 것'(無住卽住)이기 때문이다.

"〈'마음에는 [불변 · 독자의 본질/실체로서] 생겨난 것이 없다'는 [이해에 의거하는] 수행〉은 생각으로 헤아리기 어려운 것이다"(心無生行, 不可思議)라는 것은 '언어적 규정에서 벗어나고 [불변 · 독자의 본질/실체로] 분별하는 생각이 끊어졌기'(離言絶慮) 때문이고, "생각으로 헤아리기 어려운 가운데서도 '[말로써] 설명할 수 있기도 하고 설명할 수 없기도 하다'"(不思議中, 可不可說)라는 것은 '언어적 규정을 벗어난 것'(離言)이면서 '또한 언어적 규정을 벗어난 것에서도 벗어난 것'(亦離離言)이기 때문이다. '언어적 규정을 벗어난 것'(離言)이기 때문에 말로 설명할 수가 없고, '언어적 규정을 벗어난 것에서도 벗어난 것'(離離言)이기 때문에 말로 설명할 수도 있는 것이다.

"[말로써] 설명할 수 있다"(可說)라는 것은 '[현상으로서] 그러하지 않은 것도 아니기'(非不然) 때문이고, "설명할 수 없다"(不可說)라는 것은 '[불변 · 독자의 본질/실체로서] 그러한 것이 아니기'(非是然) 때문이다. 그러므로 총괄하여 "[말로써] 설명할 수 있기도 하고 설명할 수 없기도 하다"(可不可說)라고 말하였다. '말로써 설명을 할 수 있기도 하고 할 수 없기도 하다'고 말한 것처럼, 그 '생각으로 헤아리는 것'(思)에도 가능한 것과 불가능한 것이 있음을 알아야 하니, [이 경문에서는] 다만 [말로써 설명할 수 있는] '한쪽 측면'(一邊)에 의거하여 그 [생각으로 헤아릴 수 있는] 것을 비추어 드러내었을 뿐이다.

(4) 여래의 설명이 마무리됨(如來述成)

> 佛言, "如是. 如是".
>
> [H1, 629a23; T34, 977a8]

부처님께서 말씀하셨다.
"그렇다. 그렇다."

此是第四述成. 如前領解, 非直契當道理, 亦乃仰稱佛說, 所以重言"如是. 如是". 長行正說, 竟在於前.

[H1, 629a24~b2; T34, 977a8~10]

이는 [네 부분으로 이루어진 '경의 내용을 본격적으로 설한 부분'(正說分)의] 네 번째인 '[여래의] 설명이 마무리됨'([如來]述成)이다. 앞에서 '[보살이] 핵심을 이해한 것'(領解)이 도리에 들어맞을 뿐만 아니라 '우러러 부처님의 말씀을 찬탄한 것'(仰稱佛說)이기도 하기에 거듭하여 "그렇다. 그렇다"라고 말하였다. '산문[의 형식을 띤 문장]으로 경의 내용을 본격적으로 설한 부분'(長行正說)은 여기에서 끝난다.

2) 게송으로써 [부처님이] 설한 것을 찬탄함(以偈讚說)

心王菩薩, 聞如是言, 歎未曾有, 而說偈言.

[H1, 629b3~4; T34, 977a11]

심왕보살이 이와 같은 [부처님의] 말씀을 듣고, '아직 들어 본 적이 없는'(未曾有) [말씀]이라고 찬탄하면서 게송으로 말하였다.

此下, 第二以偈讚說. 於中有二, 先序後頌. "聞如是言"者, 聞此一品之內佛言也.

[H1, 629b5~7; T34, 977a12~13]

이 아래는 [무생행품無生行品의] 두 번째인 '게송으로써 [부처님이] 설한 것을 찬탄하는'(以偈讚說) 부분이다. 여기에는 두 가지가 있으니, 먼저는 서문이고 나중은 게송이다. "이와 같은 [부처님의] 말씀을 듣고"(聞如是言)라는 것은 이 [무생행품無生行品] 한 단원 안에 있는 부처님의 말씀을 들었다는 것이다.

"滿足大智尊, 廣說無生法, 聞所未曾聞, 未說而今說.

[H1, 629b8~9; T34, 977a14~15]

"크나큰 지혜를 완전하게 갖춘 존경받는 분께서

'[불변 · 독자의 본질/실체로서] 생겨난 것이 없다는 도리'(無生法)를 자세히 설하시니,

아직 들어 본 적 없는 가르침을 [제가] 들으며

아직 설하지 않았던 것을 [세존께서] 지금 설하시나이다.

此下三頌, 非別頌文, 但是摠歎. 於中有四, 法喩合結, 此是第一法, 說讚歎. "未說而今說"者, 雖前廣說, 而今此經, 言略義豊, 文省理詳, 若斯之妙, 未先說故.

[H1, 629b10~14; T34, 977a15~18]

이 아래[에 나오는] 게송 셋은 [각각] 별개의 글이 아니고 단지 '총괄적으로 찬탄한 것'(摠歎)이다. 여기에는 네 가지가 있으니, 도리(法)와 비유(喩)와 '[비유와의] 합치'(合)와 맺음(結)인데, 이 게송은 첫 번째인 도리(法)로서 '[부처님의 무생법無生法을] 찬탄함'(讚歎)을 말한 것이다. "아직 설하지 않았던 것을 [세존께서] 지금 설하시나이다"(未說而今說)라는 것은, 비록 이전에도 '자세한 설명'(廣說)은 있지만, 지금 이 경은 말은 간략하지만 뜻은 풍부하고 글은 간단하지만 이치는 자세하니, 이와 같이 오묘한 것은 아직 이전에는 설해지지 않았기 때문이다.

猶如淨甘露, 時時乃一出, 難遇難思議, 聞者亦復難. 無上良福田, 最上勝妙藥, 爲度衆生故, 而今爲宣說".

[H1, 629b15~17; T34, 977a19~21]

마치 청정한 감로수가

때때로 한 번 나오는 것처럼,

[부처님의 가르침은] 만나기도 어렵고 생각하기도 어려우며
듣는 것 또한 어렵다네.
최고의 훌륭한 '복[이 자라는] 밭'(福田)[인 중생]에게
최상의 뛰어난 '오묘한 약'(妙藥)을
중생들을 구제하기 위하여
지금 널리 설하시네."

此下二句, 是第二喩. 言"甘露"者, 不死之藥, 以喩此經能出生死. 次有四句, 是第三合, "無上良福田"者, 歎能聞者, "最上勝妙藥"者, 合所聞法. 下之二句, 第四結也.

[H1, 629b18~22; T34, 977a21~25]

이 아래[의 게송] 두 구절은 두 번째인 비유(喩)이다. "감로수"(甘露)라는 것은 죽지 않게 하는 약이니, 이 경전(『금강삼매경』)이 [중생들이 겪는] 생사의 고통을 벗어나게 할 수 있음을 비유한 것이다. 다음의 네 구절은 세 번째인 '[비유와의] 합치'(合)이니, "최고의 훌륭한 복[이 자라는] 밭"(無上良福田)이라는 것은 '듣는 사람들'(能聞者)을 찬탄한 것이고, "최상의 뛰어난 오묘한 약"(最上勝妙藥)이라는 것은 '듣는 가르침'(所聞法)에 해당한다. 아래의 두 구절은 네 번째인 맺음(結)이다.

3) 설법을 듣고 이로움을 얻음을 밝힘(明聞說得益)

爾時, 衆中, 聞說此已, 皆得無生, 無生般若.

[H1, 629b23~24; T34, 977a26]

그때 대중들은 이 [가르침]을 설하는 것을 듣고 나서 모두 '[불변·독자의 본질/실체로서] 생겨난 것이 없음'(無生)[에 대한 이해]를 얻었으니, [이는 곧] '[불변·독자의 본질/실체로서] 생겨난 것이 없다고 아는 지혜'(無生般若)이다.

此是第三, 時衆得益, 地前凡夫, 聞說此品, 能得初地無生忍故.

[H1, 629c1~2; T34, 977a27~28]

이는 [무생행품無生行品의] 세 번째인 '당시의 대중들이 이익을 얻음'(時衆得益)[215]이니, '[열 가지] 본격적인 수행경지 이전의 범부'(地前凡夫)가 이 단원(「무생행품無生行品」)을 설함을 듣고 '[십지十地의] 첫 번째 경지'(初地)의 '[불변·독자의 본질/실체로서] 생겨난 것이 없다는 이해를 확고하게 간직하는 경지'(無生忍)를 얻은 것이다.[216]

---

215 앞의 분류에 따르면 이 표현은 「무생행품無生行品」의 세 번째에 해당하는 '설법을 듣고 이로움을 얻음을 밝힘'(明聞說得)이다.

216 이상의 단락에 해당하는 원효의 전체 과문 차례는 다음과 같다.

2. [불변·독자의 본질/실체로서] 생겨난 것이 없다는 [이해에 의거한] 수행[을 주제로 하는] 단원(無生行品)
 1) [가르침의 내용을] 본격적으로 설함(正說)
  (1) 문답을 주고받음(往復問答)
   ① 질문(問)
   ② 대답(答)
   ③ 문제제기(難)
   ④ 부정(拒)
   ⑤ 요청(請)
   ⑥ 풀이(釋)
    가. [불변·독자의 본질/실체나 본질로서] 얻음이 없는 도리를 펼침(開無得道理)
    나. [불변·독자의 본질/실체나 본질로서] 생겨난 것이 없다는 도리를 제시함(示無生道理)
    다. 그릇됨을 거론함(擧非)
    라. 올바름을 밝힘(明是)
  (2) 되물어서 문답함(反徵問答)
   ① 수행을 거론하여 도리를 비판함(擧行難理)
   ② 증득한 것이 있는지를 따져봄(反詰有證)
   ③ 증득한 것이 없어야 함을 [부처님께] 우러러 아룀(仰報無證)
   ④ 얻은 것이 있는지를 따져봄(反詰有得)
   ⑤ 얻은 것이 없어야 함을 [부처님께] 우러러 아룀(仰報無得)
   ⑥ 증득한 것과 얻은 것이 없음을 말함(述無證得)
    가. [가르침의] 내용을 말함(正術)

3. 깨달음의 본연[인 '사실 그대로 앎']이 지닌 이로움[을 주제로 하는] 단원(本覺利品)

一切有情, 無始已來, 入無明長夜, 作妄想大夢, 菩薩修觀, 獲無生時, 通達衆生本來寂靜, 直是本覺, 臥一如床, 以是本利, 利益衆生. 此品顯是道理, 故名"本覺利品".

[H1, 629c4~8; T34, 977a29~b4]

모든 중생들이 시작을 알 수 없는 때부터 '근본무지의 [어두운] 길고 긴 밤'(無明長夜)에 들어 '[불변·독자의 본질/실체로 보아 분별하는] 잘못된 생각이 일으킨 크나큰 꿈'(妄想大夢)을 꾸지만, 보살이 '[진리다운] 이해'(觀)를 닦아 '[불변·독자의 본질/실체로서] 생겨난 것이 없는 경지'(無生)를 얻을 때에는 〈중생들[의 망상대몽妄想大夢]이 '본래부터 [불변·독자의 본질/실체로 보는 분별의 동요가] 그쳐 평온한 것'(本來寂靜)이고 단지 '깨달음의 본연'(本覺)[인 '사실 그대로 앎']〉이라는 것을 통달하여, '[온전함과] 하나처럼 통하여 같아지는 자

가) 총괄적인 설명(摠述)
나) 개별적인 설명(別述)
(가) [불변·독자의 본질/실체로서] 생겨남이 없음에 대해 설명함(述無生)
(나) 불변·독자의 본질/실체가 없고 [불변·독자의 본질/실체로 보는 분별의] 동요가 없다는 뜻에 대해 설명함(述寂滅)
㉮ 예를 먼저 듦(例前)
㉯ 자세하게 해석함(廣釋)
(다) 뒤에서 다시 결론을 맺음(後還結成)
나. 그릇됨을 거론함(擧非)
다. 올바름을 밝힘(顯示)
⑦ 의심되는 것을 다시 개진함(更陳所疑)
⑧ 의심되는 것을 해결함(決其所疑)
(3) 보살이 핵심을 이해함(領解)
(4) 여래의 설명이 마무리됨(如來述成)
2) 게송으로써 [부처님이] 설한 것을 찬탄함(以偈讚說)
3) 설법을 듣고 이로움을 얻음을 밝힘(明聞說得益)

리'(一如床)에 누워 이 '[깨달음의] 본연[인 '사실 그대로 앎']이 지닌 이로움'(本利)으로써 중생들을 이롭게 한다. 이 단원(品)은 이러한 이치를 드러내고 있기 때문에 "깨달음의 본연[인 '사실 그대로 앎']이 지닌 이로움[을 주제로 하는] 단원"(本覺利品)이라고 부른다.

爾時, 無住菩薩, 聞佛所說一味眞實不可思議, 從遠近來, 親如來座, 專念諦聽, 入淸白處, 身心不動.

[H1, 629c9~11; T34, 977b5~7]

그때 무주보살無住菩薩이 부처님께서 설하신 '한 맛(一味)[처럼 통하게 하는 것]이고 참되며 생각으로 헤아리기 어려운 [가르침]'(一味眞實不可思議)을 듣고서, 먼 곳으로부터 다가와 여래[께서 앉아 계신] 자리로 가까이 가서 '마음을 다하여 가르침을 듣고서'(專念諦聽) '온전하고 밝은 경지'(淸白處)에 들어 몸과 마음이 동요하지 않았다.

別明觀行六分之中, 此下, 第三明本覺利. 依無生行, 能會本覺, 方得普化饒益一切, 由是義故, 次演說之. 就文有三, 一者廣明本覺利益, 二者以偈讃頌, 三者時衆得益. 初中有二, 一者, 因動明靜, 略標本利之宗, 二者, 從微至著, 廣說本利之義. 初中有三. 一者, 寄身移動, 以標本利, 二者, 因言往復, 以標本利, 三者, 放光讃頌本利. 初中言"無住菩薩"者, 此人雖達本覺本無起動, 而不住寂靜, 恒起普化, 依德立號, 名曰無住. 無住之德, 契合本利, 故因此人, 以表其宗. 言"一味眞實不可思議"者, 則前品說心無生[217]不可思議等也. "從遠近來, 親如來座"者, 其先座處, 去佛座遠, 聞前品已, 遷至近處, 表其先時, 未聞深法, 位在凡愚, 去佛果遠, 今聞佛說, 得本覺利, 自知當得佛果在近也. "專念諦聽, 入淸白處, 身心不動"者, 已近

217 한불전에는 '無生'으로 나오지만, 내용상 '無生行'으로 교감한다. 대정장『금강삼매경론』(T34, 977b18)에도 '無生行'으로 되어 있다.

佛座時, 專念於諦聽, 入本清淨明白之處, 隨本覺靜, 身心不動, 因此卽表〈入本覺時, 達本無動, 得無所得〉也.

[H1, 629c12~630a13; T34, 977b7~25]

'[진리다운] 이해와 [이해에 의거한] 수행'(觀行)을 하나씩 밝힌 여섯 부분[218] 중에서, 이 아래의 내용은 [그] 세 번째인 '깨달음의 본연[인 '사실 그대로 앎']이 지닌 이로움'(本覺利)을 밝힌 것이다. '[불변·독자의 본질/실체로서] 생겨난 것이 없다는 [이해에 의거하는] 수행'(無生行)에 의거하여 '깨달음의 본연'(本覺)[인 '사실 그대로 앎']과 만날 수 있어야 모든 [중생들을] 널리 교화하여 이롭게 할 수 있으니, 이러한 뜻 때문에 다음으로는 그것을 설명하는 것이다.

1) 깨달음의 본연[인 '사실 그대로 앎']이 지닌 이로움을 자세하게 밝힘(廣明本覺利益)

본문에는 세 부분이 있으니, 첫 번째는 '깨달음의 본연[인 '사실 그대로 앎']이 지닌 이로움'(本覺利益)을 자세하게 밝힌 것이고, 두 번째는 '게송으로써 [부처님이] 읊은 것을 찬탄한 것'(以偈讚頌)이며, 세 번째는 '당시의 대중들이 이로움을 얻은 것'(時衆得益)이다. 처음[인 '깨달음의 본연[인 '사실 그대로 앎']이 지닌 이로움을 자세하게 밝힌 것'(廣明本覺利益)]에는 두 가지가 있으니, 첫째는 〈'움직임에 의거하여 고요함을 밝혀'(因動明靜) '[깨달음의] 본연[인 '사실 그대로 앎']이 지닌 이로움의 핵심'(本利之宗)을 간략히 나타낸 것〉이고, 둘째는 〈'미세한 것'(微)에서 '뚜렷한 것'(著)까지 '[깨달음의] 본연[인 '사실 그대로 앎']이 지닌 이로움의 면모'(本利之義)를 자세하게 설명한 것〉이다. 처음[인 '움직임에 의거하여 고요함을 밝혀 [깨달음의] 본연[인 '사실 그대로 앎']이 지닌 이로움의 핵심

---

218 여섯 부분(六分): 여기서 '여섯'이란 이 『금강삼매경』의 본문을 구성하고 있는 '「무상법품無相法品」, 「무생행품無生行品」, 「본각리품本覺利品」, 「입실제품入實際品」, 「진성공품眞性空品」, 「여래장품如來藏品」'의 '여섯 단원'(六品)을 가리킨다.

을 간략히 나타낸 것']에도 세 가지가 있다. 첫째는 몸을 움직여서 '[깨달음의] 본연[인 '사실 그대로 앎']이 지닌 이로움'(本利)을 나타낸 것이고, 둘째는 말로써 [문답을] 주고받아 '[깨달음의] 본연[인 '사실 그대로 앎']이 지닌 이로움'(本利)을 나타낸 것이며, 셋째는 빛을 발하여 '[깨달음의] 본연[인 '사실 그대로 앎']이 지닌 이로움'(本利)을 찬탄한 것이다.

(1) 움직임에 의거하여 고요함을 밝혀 '[깨달음의] 본연[인 '사실 그대로 앎']이 지닌 이로움의 핵심'을 간략히 나타냄(因動明靜, 略標本利之宗)

처음에 "무주보살無住菩薩"이라고 말한 것은, 이 사람이 비록 '깨달음의 본연'(本覺)[인 '사실 그대로 앎']에는 '본래부터 [분별에 의한] 동요를 일으킴이 없음'(本無起動)을 깨달았지만 '[불변 · 독자의 본질/실체로 보는 분별의 동요가] 그쳐 평온함'(寂靜)에 머무르지 않고 언제나 널리 중생을 교화[하려는 마음]을 일으키니, [이] 능력에 의거해 명칭을 수립하여 "머무르지 않는 [보살]"(無住[菩薩])이라고 부른 것이다. '머무르지 않는 능력'(無住之德)은 '[깨달음의] 본연[인 '사실 그대로 앎']이 지닌 이로움'(本利)에 들어맞는 것이니, 그러므로 이 사람에 의거하여 그 [본각本覺의] 핵심을 드러낸 것이다. "한 맛[처럼 통하게 하는 것]이고 참되며 생각으로 헤아리기 어려운 [가르침]"(一味眞實不可思議)이라는 것은 곧 앞의 「무생행품無生行品」에서 설명한 〈'마음에는 [불변 · 독자의 본질/실체로서] 생겨난 것이 없다'는 [이해에 의거하는] 수행은 생각으로 헤아리기 어렵다〉(心無生行不可思議)[219]는 등[의 말이 지닌 뜻과 같은 것]이다.

"먼 곳으로부터 다가와 여래[께서 앉아 계신] 자리로 가까이 가서"(從遠近來, 親如來座)라는 것은, 그가 이전에 앉았던 자리는 부처님[이 앉아 계신] 자리와 멀었지만 앞 단원[「무생행품無生行品」]을 듣고 나서 가까운 곳으로 옮겨 온 것이니, 그가 이전에는 아직 '심오한 가르침'(深法)을 듣지 못하여 범

219 H1, 629a3.

부의 어리석음에 놓여 '부처 경지'(佛果)와 [거리가] 멀었지만 이제 부처님의 말씀을 듣고 '깨달음의 본연[인 '사실 그대로 앎']이 지닌 이로움'(本覺利)을 얻어 '부처 경지'(佛果)를 얻는 것이 가까워졌다는 것을 스스로 아는 것을 나타낸 것이다.

"마음을 다하여 가르침을 듣고서 '온전하고 밝은 경지'에 들어 몸과 마음이 동요하지 않았다"(專念諦聽, 入淸白處, 身心不動)라는 것은, 부처님[이 앉아 계신] 자리에 가까이 다가갔을 때 마음을 다하여 가르침을 듣고 '본래부터의 온전함이 명백해진 경지'(本淸淨明白之處)에 들어가 '깨달음의 본연[인 '사실 그대로 앎']의 고요함'(本覺靜)에 따라 몸과 마음이 동요하지 않으니, 이에 의거하여 〈'깨달음의 본연'(本覺)[인 '사실 그대로 앎']에 들어갈 때는 '본래부터 동요가 없음'(本無動)을 깨달아 '[새롭게] 얻은 것이 없는 경지'(無所得)를 증득함〉을 나타낸 것이다.

爾時, 佛告無住菩薩言, "汝從何來, 今至何所?" 無住菩薩言, "尊者! 我從無本來, 今至無本所".

[H1, 630a14~16; T34, 977b26~27]

그때 부처님께서 무주보살에게 말씀하셨다.
"그대는 어디로부터 와서, 지금 어느 곳에 이르렀는가?"
무주보살이 말하였다.
"존경받는 분이시여! 저는 '근본이 없음'(無本)으로부터 와서 이제 '근본이 없는 지평'(無本所)에 이르렀습니다."

此下, 第二因言往復. 於中有三, 問·答·述成. 第二答意, 明從凡位來至聖位. 至聖位時, 顧尋古今, 古在凡位, 始發趣時, 自信己心本無起動, 起動之本不可得故. 今至聖位, 得無生時, 證知自心本來無生, 生起之本無所得故. 故知始從無本處來, 今所至處, 亦無本所. 旣擧無本, 當知無末. 無末無本者, 無來無至矣, 但仰順佛問之辭, 假寄"來至"之言. 雖復不有來至, 而非都無來至故. 故因來至, 顯無來至, 至所來處, 同無本故.

[H1, 630a17~b4; T34, 977b28~c8]

이 아래는 ['움직임에 의거하여 고요함을 밝혀 [깨달음의] 본연[인 '사실 그대로 앎'] 이 지닌 이로움의 핵심을 간략히 나타낸 것' 세 가지 중의] 두 번째인 '말로써 [문답을] 주고받음'(因言往復)이다. 여기에는 세 가지가 있으니, 질문(問)과 대답(答) 및 '[여래의] 설명이 마무리된 것'([如來]述成)이다.

두 번째인 '대답'(答)의 뜻은 '범부의 경지'(凡位)로부터 '고귀한 경지'(聖位)에 이르렀음을 밝힌 것이다. '고귀한 경지'(聖位)에 이르렀을 때 예전과 지금을 살펴보면, 예전에는 '범부의 경지'(凡位)에 있으면서 처음 [깨달음의 길에] 나아갈 때 자기의 마음이 '본래부터 [분별에 의한] 동요를 일으킴이 없음'(本無起動)을 스스로 믿었으니, '동요를 일으키는 근본'(起動之本)을 [불변·독자의 본질/실체로서] 얻을 수가 없기 때문이다. [그런데] 지금 '고귀한 경지'(聖位)에 이르러 '[불변·독자의 본질/실체로서] 생겨난 것이 없는 경지'(無生)를 증득할 때에는 자기의 마음이 '본래부터 [불변·독자의 본질/실체로서] 생겨난 것이 없음'(本來無生)을 체득하여 아는 것이니, '[동요를] 일으키는 근본'(生起之本)을 '[불변·독자의 본질/실체로서] 얻을 수 없기'(無所得) 때문이다. 그러므로 처음에도 '근본이 없는 지평'(無本處)으로부터 왔으며, 지금 도달하는 경지도 '근본이 없는 지평'(無本所)임을 알 수 있다. 이미 '근본이 없음'(無本)에 의거한다면 '지말支末도 없음'(無末)을 알아야 한다. '지말도 없고 근본도 없는 것'(無末無本)이라면 '도래함도 없고 도달함도 없을 것'(無來無至)이지만, 단지 부처님께서 질문하신 말씀을 받들어 "왔다"(來)와 "이르렀다"(至)라는 말을 방편으로 빌린 것이다. 비록 '도래함이나 도달함'(來至)이 [불변·독자의 본질/실체로서] 있는 것은 아니지만 [현상으로서의] '도래함이나 도달함'(來至)이 전혀 없는 것도 아니기 때문이다. 그러므로 '와서 도달함'(來至)에 의거하여 '와서 도달함이 없음'(無來至)을 나타내었으니, 도달한 곳과 도래한 곳이 모두 [불변·독자의 본질/실체로서의] 근본(本)이 없기 때문이다.

佛言, "汝本不從來, 今亦不至所. 汝得本利, 不可思議, 是大菩薩摩訶薩".

[H1, 630b5~6; T34, 977c9~10]

부처님께서 말씀하셨다.

"그대는 본래 어디로부터 온 것도 아니고, 지금도 [특정한] 곳에 도달한 것이 아니다. 그대가 얻은 '[깨달음의] 본연[인 '사실 그대로 앎']이 지닌 이로움'(本利)은 생각으로 헤아리기 어려우니, 이것이 [바로] '위대한 보살'[의 경지]이다."

此是述成. 述成意言, 來處至處, 旣同無本, 無本處同, 則無來至. 所以然者, 來處不異於至處故, 本無從來至處, 旣同於來處故, 今無所至. 又復來處, 旣無本故, 無來不來. 今所至處, 亦無本故, 無至不至. 旣無來無至, 本來寂靜, 故言"汝得本利, 不可思議", 旣得本利, 自利利他, 故言"是大菩薩摩訶薩也".

[H1, 630b7~15; T34, 977c10~17]

이는 '[여래의] 설명이 마무리된 것'(述成)이다. '[여래의] 설명이 마무리된 것'(述成)의 의미를 말하면 [다음과 같다.] 도래한 곳과 도달한 곳이 이미 똑같이 [불변 · 독자의 본질/실체로서의] '근본이 없으니'(無本), '근본이 없는 지평'(無本處)이 같다면 '도래[한 곳]'과 '도달[한 곳]'이 없다. 왜냐하면 도래한 곳이 도달한 곳과 [불변 · 독자의 본질/실체로서] 다르지 않기 때문에 본래 어디로부터 와서 도달한 곳이 [불변 · 독자의 본질/실체로서] 없고, 이미 [도달한 곳이] 도래한 곳과 [불변 · 독자의 본질/실체가 없다는 점에서] 같기 때문에 지금 도달한 곳도 [불변 · 독자의 본질/실체로서] 없는 것이다. 또한 도래한 곳이 이미 [불변 · 독자의 본질/실체로서의] '근본이 없기'(無本) 때문에 '왔다'거나 '오지 않았다'는 것도 [불변 · 독자의 본질/실체로서] 없다. 지금 도달한 곳 역시 [불변 · 독자의 본질/실체로서의] '근본이 없기'(無本) 때문에 '이르렀다'거나 '이르지 않았다'는 것도 [불변 · 독자의 본질/실체로서] 없는 것이다. 이미 도래한 곳도 [불변 · 독자의 본질/실체로서] 없고 도달한 곳도 [불변 · 독자의 본질/실체로서] 없어 '본래부터 [불변 · 독자의 본질/실체로 보는 분별의 동요가] 그쳐 평온한 것'(本來寂靜)이니, 따라서 "그대가 얻은 '[깨달음의] 본연[인 '사실 그대로 앎']이 지닌 이로움'(本利)은 생각으로 헤아리기 어렵다"(汝得本利, 不可思議)라고 말하였고, 이미 '[깨달음의] 본연[인 '사실 그대로 앎']이 지닌 이로움'(本利)을 얻어 자신을 이롭게 하고 다른 이도 이롭게 하기 때문에 "이것이 [바로] '위대한 보살'[의 경지]이다"(是大菩薩摩訶薩也)라고 말하였다.

卽放大光, 遍照大千界, 而說偈言. "大哉, 菩薩! 智慧滿足, 常以本利, 利益衆生. 於四威儀, 常住本利, 導諸羣[220]庶, 不來去去[221]".

[H1, 630b16~19; T34, 977c18~20]

곧이어 크나큰 빛을 발하여 '우주의 모든 세계'(大千界)를 널리 비추면서 게송으로 말씀하셨다.

"위대하구나, 보살이여! 지혜가 가득하여 언제나 '[깨달음의] 본연[인 '사실 그대로 앎']이 지닌 이로움'(本利)으로써 중생들을 이롭게 하는구나. '[걷고(行) 머물고(住) 앉고(坐) 눕는(臥)] 네 가지 동작'(四威儀) 가운데 늘 '[깨달음의] 본연[인 '사실 그대로 앎']이 지닌 이로움'(本利)에 머물면서 모든 중생들을 이끌어 [세속적인 삶으로] 돌아오지 않고 가고 또 가게 하는구나."

此下, 第三如來放光, 表讚菩薩. 於中有二, 先經家序. 所以"放大光明, 照大千界"者, 爲表得大智慧光明, 照世間闇, 令得光明故, 證成如來前所讚故. "大哉菩薩"者, 別讚無住菩薩, "智慧滿足"者, 以無所知, 無所不知

220 동일한 한자이지만 대정장(T34, 977c20)에는 '群'자로 되어 있다.

221 한불전에서는 경문의 '去去'에 대해 '不去'라고 각주를 붙여 '不來去去'가 '不來不去'일 수도 있음을 지적한다. 원효의 주석에 따르면 '不來去去'로 보는 것이 적절하므로 그대로 두었다. 대정장의 『금강삼매경론』에도 이 경문은 '不來去去'(T34, 977c20)로 되어 있다.

故. "於四威儀, 常住本利"者, 如前所序, 從遠近來親如來座, 因此示現本覺利故. "不來去去"者, 寂而恒化故. 言"不來"者, 隨所導化, 令得出世不退還故, 言"去去"者, 隨得不退, 展轉出離而善逝故.

[H1, 630b20~c6; T34, 977c20~29]

이 아래는 ['움직임에 의거하여 고요함을 밝혀 [깨달음의] 본연[인 '사실 그대로 앎']이 지닌 이로움의 핵심을 간략히 나타낸 것' 세 가지 중의] 세 번째인 '여래께서 빛을 발하여 보살을 찬탄[하는 뜻]을 드러낸 것'이다. 여기에는 두 가지가 있으니, 먼저는 '경전 편집자들이 붙이는 글'(經家序)이다.

"크나큰 빛을 발하여 우주의 모든 세계를 널리 비춘다"(放大光明, 照大千界)라는 것은, 크나큰 지혜의 빛을 얻어서 세상의 어둠을 비추어 [중생들로 하여금 지혜의] 밝은 빛을 얻게 하는 것을 나타내려는 것이니, 여래께서 앞에서 [무주보살을] 찬탄한 [것의] 증명이 이루어진 것이다.

"위대하구나, 보살이여!"(大哉, 菩薩)라는 것은 무주보살을 따로 찬탄함이고, "지혜가 가득하다"(智慧滿足)라는 것은 '아는 것이 [불변·독자의 본질/실체로서] 없기'(無所知) 때문에 '알지 못하는 현상이 없는'(無所不知) 것이다. "[걷고(行) 머물고(住) 앉고(坐) 눕는(臥)] 네 가지 동작 가운데 늘 '[깨달음의] 본연[인 '사실 그대로 앎']이 지닌 이로움'에 머문다"(於四威儀常住本利)라는 것은, 앞서의 서문에서 말한 '먼 곳에서부터 가까이 와서 여래[께서 앉아 계신] 자리로 다가가는' [행위를] 통해 '깨달음의 본연[인 '사실 그대로 앎']이 지닌 이로움'(本覺利)을 나타내 보인 것이다.

"[세속적인 삶으로] 돌아오지 않고 가고 또 가게 한다"(不來去去)라는 것은, '[불변·독자의 본질/실체로 보는 분별의] 동요가 없어 평온'(寂)하면서도 언제나 [중생을] 교화하는 것이다. "돌아오지 않게 한다"(不來)라고 말한 것은 [중생을] 이끌어 교화하면서 세속에서 풀려나게 하여 [다시] 물러나 [세속적인 삶으로] 돌아가게 하지 않는 것이고, "가고 또 가게 한다"(去去)라는 것은 '물러나지 않는 경지'(不退)를 얻음에 따라 계속해서 [세속적인 삶을] 벗어나 '잘 가게 하기'(善逝) 때문이다.

(2) [깨달음의] 본연[인 '사실 그대로 앎']이 지닌 이로움의 면모를 자세하게 설명함(廣演本利之義)

爾時, 無住菩薩, 而白佛言, "尊者! 以何利轉, 而轉衆生一切情識, 入唵摩羅".

[H1, 630c7~8; T34, 978a1~2]

그때 무주보살이 부처님께 아뢰었다.

"존경받는 분이시여! 어떤 이로움을 펼쳐서 중생들의 '분별하는 [여덟 가지의] 모든 식'(一切情識)들을 바꾸어 '[근본무지에 따른 분별에서 풀려난] 온전한 마음지평'(唵摩羅[識])[222]으로 들어가게 합니까?"

① 곧바로 자세히 설명함(直廣)

此下, 第二廣演本利之義. 於中有二, 一者直廣, 二者重演. 初直廣中, 先問後答. "以何利轉"者, 是問能化轉利義, 問前導諸之句. "而轉衆生等"者, 是問所化轉諸識義, 問前"去去"之句. "一切情識", 卽是八識, "唵摩羅"者, 是第九識. 眞諦三藏九識之義, 依是文起, 如彼章說.

[H1, 630c9~16; T34, 978a2~8]

이 아래는 ['깨달음의 본연[인 '사실 그대로 앎']이 지닌 이로움'(本覺利益)을 자세하게 밝힌 두 가지 중의] 두 번째인 〈'[깨달음의] 본연[인 '사실 그대로 앎']이 지닌 이

---

222 암마라식唵摩羅識(amala-vijñāna): 암마라는 산스크리트어 'amala'의 발음을 옮긴 말인데 아마라阿摩羅, 아말라阿末羅, 암마라菴摩羅 등으로 부르기도 한다. 'amala'의 어원은 '먼지(mala)가 없다(a-)'에서 비롯하기 때문에 뜻으로 옮기면 무구식無垢識, 청정식淸淨識이 된다. 유식불교에서 제시하는 제8알라야식이 '실체생각이 완전하게 없어짐'(究極空)의 경지로 들어간 것을 가리키는 개념이다. 진제眞諦의 섭론종攝論宗에서는 암마라식이 제8식보다 상위에 있다고 여겨 제9식이라 부른다. 그러나 현장의 법상종法相宗에서는 제8알라야식의 청정한 부분으로 간주해도 충분하다고 여겨 제9식을 인정하지 않는다.

로움'의 면모를 자세하게 설명한 것'(廣演本利之義)이다. 여기에 두 가지가 있으니, 첫 번째는 '곧바로 자세히 설명한 것'(直廣)이고 두 번째는 '거듭 설명한 것'(重演)이다. 처음 '곧바로 자세히 설명한 것'(直廣)에서는 먼저 묻고 나중에 대답하였다.

"어떤 이로움을 펼쳐서"(以何利轉)라는 것은 교화하는 사람이 이로움을 펼치는 면모(義)를 물은 것이니 앞에서 "모든 중생들을 이끌어 …"(導諸)[223] 라고 한 구절[의 뜻]을 물은 것이다. "중생들의 '분별하는 [여덟 가지의] 모든 식'들을 바꾸어"(而轉衆生等)라는 것은 교화되는 자들이 [분별하는] 모든 식을 바꾸어 가는 면모(義)를 물은 것이니, 앞에서 "가고 또 가게 하는구나"(去去)라고 한 구절[의 뜻]을 물은 것이다.

"분별하는 [여덟 가지의] 모든 식"(一切情識)은 곧 '여덟 가지 식'(八識)[을 가리킨 것]이고, "[근본무지에 따른 분별에서 풀려난] 온전한 마음/마음지평"(唵摩羅)이라는 것은 제9식이다. 진제眞諦 삼장三藏이 [말한] 제9식의 뜻은 이 문장에 의거하여 나온 것이니 그 장(『구식의장九識義章』)[224]에서 설명하는 것과 같다.

佛言, "諸佛如來, 常以一覺, 而轉諸識, 入唵摩羅. 何以故? 一切衆生本覺, 常以一覺, 覺諸衆生, 令彼衆生, 皆得本覺, 覺諸情識空寂無生. 何以故? 決定本性, 本無有動".

[H1, 630c17~21; T34, 978a9~12]

---

223 바로 앞에 나왔던 경문인 "모든 중생들을 이끌어 [세속적인 삶으로] 돌아오지 않고 가고 또 가게 하는구나"(導諸羣庶, 不來去去)를 가리킨다.

224 이를 『구식의장九識義章』으로 본 것은 진제 삼장의 제자인 지개智愷가 쓴 『대승기신론』의 서문에 근거하였다(T32, 575a22~b3). "… 而至未旬, 便值侯景侵擾, 法師秀採擁流含珠未吐, 慧日暫停而欲還反, 遂囑值京邑英賢慧顯・智韶・智愷・曇振・慧旻, 與假黃鉞大將軍太保蕭公勃, 以大梁承聖三年歲次癸酉九月十日, 於衡州始興郡建興寺, 敬請法師敷演大乘, 闡揚祕典示導迷徒, 遂翻譯斯論一卷以明論旨, 玄文二十卷, 『大品』玄文四卷, 『十二因緣經』兩卷, 『九識義章』兩卷. 傳語人天竺國月支首那等, 執筆人智愷等, 首尾二年方訖, 馬鳴沖旨更曜於時, 邪見之流伏從正化 …."

부처님께서 말씀하셨다.

“모든 부처님과 여래께서는 언제나 ‘하나처럼 통하게 하는 깨달음’(一覺)으로써 ‘모든 분별하는 식’(諸識, 一切情識)들을 바꾸어 ‘[근본무지에 따른 분별에서 풀려난] 온전한 마음지평’(唵摩羅[識])으로 들어가게 하는 것이다. 어째서인가? 모든 중생들은 [본래부터] ‘깨달음의 본연’(本覺)[인 ‘사실 그대로 앎’에 접하고 있는 것]이니, [그러므로 모든 부처와 여래는] 언제나 ‘하나처럼 통하게 하는 깨달음’(一覺)으로써 모든 중생들을 깨닫게 하여 그 중생들로 하여금 모두 ‘깨달음의 본연’(本覺)[인 ‘사실 그대로 앎’]을 얻게 하고 모든 ‘분별하는 식’(情識)이 ‘불변 · 독자의 본질/실체가 없고 [불변 · 독자의 본질/실체로 보는 분별의] 동요가 없어 [불변 · 독자의 본질/실체로서] 생겨난 것이 없음’(空寂無生)을 깨닫게 하는 것이다. 어째서인가? ‘본래 그러한 지평’(決定本性)에는 본래부터 [분별로 인한] 동요(動)가 없기 때문이다.”

是答, 正廣本利之義. 於中有二, 先標後釋. “諸佛如來, 常以一覺”者, 是標能化之本, “而轉諸識, 入唵摩羅”者, 是標所化之轉. 釋中有二, 正釋轉釋. 正釋中言, “一切衆生本覺”者, 釋前能化之本一覺, 一切衆生同一本覺, 故言“一覺”. 諸佛體此, 乃能普化, 故言“常以”, 以此本覺, 令他覺故, 故言“常以一覺, 覺諸衆生”. “令彼衆生, 皆得本覺”者, 是釋所化轉入之句, 本覺正是唵摩羅識. “得本覺”者, 是釋入義, 入本覺時, 覺諸八識本來寂滅. 覺究竟故, 諸識不生, 故言“諸識寂滅無生”.[225] 是句正釋“轉諸識”句. 此文具顯本始二覺, 謂“一切衆生本覺”等者, 是本覺義, “覺諸情識寂滅[226]無生”者, 是始覺義. 是顯始覺卽同本覺也. “何以故”下, 第二轉釋, 釋前始覺所覺寂滅. 雖諸八識隨緣動轉, 而求定性, 皆無所得, 故言“決定本性, 本無有動”.

---

225 『금강삼매경』 원문은 “情識空寂無生”이다.

226 ‘寂滅’은 『금강삼매경』 원문에서는 ‘空寂’이다. 원효는 ‘寂滅’과 ‘空寂’을 같은 의미로 사용하고 있음을 알 수 있다.

本無動故, 本寂滅也.

[H1, 630c22~631a18; T34, 978a12~28]

이것은 대답이니 '[깨달음의] 본연[인 '사실 그대로 앎']이 지닌 이로움'(本利)의 면모(義)를 '곧바로 자세히 설명한 것'(正廣)이다. 여기에는 두 가지가 있으니, 먼저는 [명제의] 제시이고 나중은 [그에 대한] 해석이다.

"모든 부처님과 여래께서는 언제나 '하나처럼 통하게 하는 깨달음'으로써"(諸佛如來, 常以一覺)라는 것은 '교화하는 이가 의거하고 있는 근본'(能化之本)을 나타낸 것이고, "'모든 분별하는 식'들을 바꾸어 '[근본무지에 따른 분별에서 풀려난] 온전한 마음/마음지평'으로 들어가게 하는 것이다"(而轉諸識, 入唵摩羅)라는 것은 '교화되는 중생의 [식識이] 바뀌어 감'(所化之轉)을 나타낸 것이다. 해석에는 두 가지가 있으니, '곧바로 해석한 것'(正釋)과 '부연하여 해석한 것'(轉釋)이다.

'곧바로 해석한 것'(正釋) 가운데 "모든 중생들은 [본래부터] '깨달음의 본연'(本覺)[인 '사실 그대로 앎'에 접하고 있는 것]이다"(一切衆生本覺)라고 말한 것은 앞에서 말한 '교화하는 이가 근본으로 삼고 있는 하나처럼 통하게 하는 깨달음'(能化之本一覺)을 해석한 것이니, 모든 중생들은 '깨달음의 본연'(本覺)[인 '사실 그대로 앎']에 [본래부터] 똑같이 [접하고 있기] 때문에 "하나처럼 통하게 하는 깨달음"(一覺)이라고 말한 것이다. 모든 부처님은 이 [이치]를 체득하여 널리 교화할 수 있기 때문에 "언제나 ['하나처럼 통하게 하는 깨달음'(一覺)]으로써"(常以)라고 말하였고, 이 '깨달음의 본연'(本覺)[인 '사실 그대로 앎']으로써 저 중생들을 깨닫게 하기 때문에 "언제나 '하나처럼 통하게 하는 깨달음'으로써 모든 중생들을 깨닫게 한다"(常以一覺, 覺諸衆生)라고 말하였다.

"그 중생들로 하여금 모두 깨달음의 본연[인 '사실 그대로 앎']을 얻게 한다"(令彼衆生, 皆得本覺)라는 것은 '교화되는 중생들의 [식識이] 바뀌어 ['근본무지에 따른 분별에서 풀려난 온전한 마음지평'(唵摩羅識)으로] 들어간다'(所化轉入)는 [뜻을 말하는] 구절을 해석한 것이니, '깨달음의 본연'(本覺)[인 '사실 그대로 앎']이 바로 '[근본무지에 따른 분별에서 풀려난] 온전한 마음지평'(唵摩羅識)이다.

"깨달음의 본연[인 '사실 그대로 앎']을 얻게 한다"(得本覺)라는 것은 ['근본무지에 따른 분별에서 풀려난 온전한 마음지평'(庵摩羅識)으로] '들어가게 한다'(入)는 뜻을 해석한 것이니, '깨달음의 본연'(本覺)[인 '사실 그대로 앎']으로 들어갈 때에는 여덟 가지의 모든 [분별]식識이 '본래부터 불변 · 독자의 본질/실체가 없고 [불변 · 독자의 본질/실체로 보는 분별의] 동요가 없음'(本來寂滅)[227]을 깨닫는다. 깨달음이 완전해졌기 때문에 모든 [분별하는] 식識이 생겨나지 않으니, 그러므로 "모든 '분별하는 식'이 불변 · 독자의 본질/실체가 없고 [불변 · 독자의 본질/실체로 보는 분별의] 동요가 없어 [불변 · 독자의 본질/실체로서] 생겨난 것이 없다"(諸識寂滅無生)라고 말하였다. 이 구절은 "모든 분별하는 식들을 바꾸어"(轉諸識)라고 한 [앞] 구절을 '곧바로 해석한 것'(正釋)이다.

이 경문은 '깨달음의 본연'(本覺)[인 '사실 그대로 앎']과 '['사실 그대로'를] 비로소 깨달아 감'(始覺)의 두 가지 깨달음을 모두 나타낸 것이니, "모든 중생들은 [본래부터] '깨달음의 본연'(本覺)[인 '사실 그대로 앎'에 접하고 있는 것]이다"(一切衆生本覺等) 등은 '깨달음의 본연'(本覺)[인 '사실 그대로 앎']의 면모(義)이고, "모든 '분별하는 식'(情識)이 '불변 · 독자의 본질/실체가 없고 [불변 · 독자의 본질/실체로 보는 분별의] 동요가 없어 [불변 · 독자의 본질/실체로서] 생겨난 것이 없음'(空寂無生)을 깨닫게 하는 것이다"(覺諸情識寂滅無生)라는 것은 '['사실 그대로'를] 비로소 깨달아 감'(始覺)의 뜻이다. 이것은 '['사실 그대로'를] 비로소 깨달아 감'(始覺)이 바로 '깨달음의 본연'(本覺)[인 '사실 그대로 앎']과 같음을 나타낸 것이다.

"어째서인가?"(何以故) 이하는 ['[깨달음의] 본연[인 '사실 그대로 앎']이 지닌 이로움의 면모'(本利之義)에 대한 두 가지 해석 중에서] 두 번째인 '부연하여 해석한 것'(轉釋)이니, 앞의 '['사실 그대로'를] 비로소 깨달아 감'(始覺)이 깨달은 내용

---

227 원효는 '寂滅'과 '空寂'을 같은 의미로 사용하고 있기 때문에 '寂滅'을 '불변 · 독자의 본질/실체가 없고 [불변 · 독자의 본질/실체로 보는 분별의] 동요가 없음'으로 번역하였다. 또 문맥에 따라서는 단지 '불변 · 독자의 본질/실체가 없음', '[불변 · 독자의 본질/실체로 보는 분별의 동요가] 그쳐 고요함', '고요함' 등으로 번역하기도 한다.

이 '불변 · 독자의 본질/실체가 없고 [불변 · 독자의 본질/실체로 보는 분별의] 동요가 없음'(寂滅)임을 해석한 것이다. 비록 여덟 가지의 모든 식識이 '조건에 따라 움직이며 바뀌어 가지만'(隨緣動轉) [그 식識이 움직여 가는 것에서] '정해진 본질'(定性)을 구하여도 모두 얻을 수가 없으니, 그러므로 "'본래 그러한 지평'에는 본래부터 [분별로 인한] 동요가 없기 때문이다"(決定本性, 本無有動)라고 말하였다. 본래부터 [분별로 인한] 동요가 없기 때문에 '본래부터 [불변 · 독자의 본질/실체로 보는 분별의 동요가] 그쳐 고요한 것이다'(本寂滅).

② 거듭 설명함(重演)

無住菩薩言, "可一八[228]識, 皆緣境起, 如何不動?"

[H1, 631a19~20; T34, 978a29~b1]

무주보살이 말하였다.

"모든 여덟 가지 식은 다 대상(境)을 조건(緣)으로 하여 발생하는 것인데 어떻게 동요하지 않는 것입니까?"

가. ['사실 그대로'를] 비로소 깨달아 감을 설명함(演始覺)

此下, 第二重演. 於中有二, 先演始覺, 後演本覺. 初中亦二, 一演諸識空寂, 二演諸識無生. 前是始覺之所覺, 後是能覺之始覺. 初中卽有六番問答, 於中有三. 一者, 前二問答, 正明空寂, 二者, 第三問答, 明不同相, 三者, 後三問答, 明不異相. 此初問答, 明無起動. 言"可一"者, 一切之謂, 謂一切衆生所有八識. "皆緣境起"者, 四緣之中, 且擧緣緣, 以難不動.

[H1, 631a21~b6; T34, 978b1~8]

---

228 한불전에서는 '八'자 아래에 작은 글씨로 '切'자를 추가하여 '八'이 '切'일 수도 있음을 지적하는데, 원효의 주석처럼 '可一'만으로도 '一切'의 의미를 나타내므로 '切'를 추가할 필요는 없다.

이 아래는 ['깨달음의 본연[인 '사실 그대로 앎']이 지닌 이로움의 면모를 자세하게 설명한 것'(廣演本利之義) 두 가지 중에서] 두 번째인 '거듭 설명한 것'(重演)이다. 여기에는 두 가지가 있으니, 먼저 '['사실 그대로'를] 비로소 깨달아 감'(始覺)을 설명하였고 나중에 '깨달음의 본연'(本覺)[인 '사실 그대로 앎']을 설명하였다. 처음[인 '['사실 그대로'를] 비로소 깨달아 감'(始覺)을 설명한 것]에도 두 가지가 있으니, 첫째는 '모든 식이 불변 · 독자의 본질/실체가 없고 [불변 · 독자의 본질/실체로 보는 분별의] 동요가 없음'(諸識空寂)을 설명한 것이고 둘째는 '모든 식이 [불변 · 독자의 본질/실체로서] 생겨난 것이 없음'(諸識無生)을 설명한 것이다.

앞의 것은 '['사실 그대로'를] 비로소 깨달아 감이 깨달아야 할 것'(始覺之所覺)[인 '모든 식이 불변 · 독자의 본질/실체가 없고 [불변 · 독자의 본질/실체로 보는 분별의] 동요가 없음'(諸識空寂)]이고, 뒤의 것은 '깨닫는 주체가 비로소 깨닫는 것'(能覺之始覺)[인 '모든 식이 [불변 · 독자의 본질/실체로서] 생겨난 것이 없음'(諸識無生)]이다. 처음[인 '모든 식이 불변 · 독자의 본질/실체가 없고 [불변 · 독자의 본질/실체로 보는 분별의] 동요가 없음'(諸識空寂)을 설명한 것]에는 여섯 번의 문답이 있는데, 여기에는 세 가지가 있다. 첫째는 앞의 두 가지 문답인데 '불변 · 독자의 본질/실체가 없고 [불변 · 독자의 본질/실체로 보는 분별의] 동요가 없음'(空寂)을 곧바로 밝힌 것이고, 둘째는 [여섯 가지 문답 중에서] 세 번째 문답인데 ['['사실 그대로'를] 비로소 깨달아 감'(始覺)과 '['사실 그대로'를] 깨닫지 못함'(不覺)의] '같지 않은 면모'(不同相)를 밝힌 것이며, 셋째는 뒤의 세 가지 문답인데 ['['사실 그대로'를] 비로소 깨달아 감'(始覺)과 '['사실 그대로'를] 깨닫지 못함'(不覺)의] '다르지 않은 면모'(不異相)를 밝힌 것이다. 이 [경의 본문은] [여섯 가지 문답 중에서] 처음의 문답이니 '[마음에] 동요를 일으킴이 없음'(無起動)을 밝힌 것이다.

"모든"(可一)이라고 말한 것은 '일체一切'라는 말이니, 모든 중생들이 지닌 '여덟 가지 식'(八識)을 일컫는다. "다 대상을 조건으로 하여 발생하는 것이다"(皆緣境起)라는 것은 '[인연因緣 · 등무간연等無間緣 · 소연연所緣緣 · 증상연增上緣의] 4가지 조건'(四緣)[229] 가운데 '['마음작용'(心所)이] 반연하는 대상'(緣緣)을 거론하여 '[마음이] 동요하지 않는다'[는 말]에 '의문을 제기한 것'(難)이다.

佛言, "一切境本空, 一切識本空. 空無緣性, 如何緣起?"

[H1, 631b7~8; T34, 978b9~10]

부처님께서 말씀하셨다.

"'모든 대상은 본래부터 불변·독자의 본질/실체가 없는 것'(一切境本空)이기에, '모든 식도 본래부터 불변·독자의 본질/실체가 없는 것'(一切識本空)이다. '불변·독자의 본질/실체가 없는 지평'(空)에는 '본질로서

229 사연四緣: 유부 아비달마에서는 '모든 존재들'(諸法)을 분류하는 갖가지 설명체계를 정립하는데, 이 중에서 원인, 조건, 결과를 기준으로 정립한 이론체계가 '여섯 가지 원인'(六因), '네 가지 조건'(四緣), '다섯 가지 결과'(五果)이다. 여기서 '네 가지 조건'(四緣)이란 모든 '[조건들에 의존하여] 만들어진 존재'(有爲法)들의 관계를 설명하기 위해 조건(緣)의 유형을 파악한 것이다. ① '원인이 되는 조건'(因緣, hetu-pratyaya)이란 모든 '[조건들에 의존하여] 만들어진 존재'(有爲法)들이 만들어지는 직접적인 원인을 가리킨다. ② '끊어지는 순간 없이 앞의 마음이 뒤의 마음을 발생시키는 조건'(等無間緣, samanantara-pratyaya)이란 앞 순간의 마음이 다른 것의 개입이 없이 뒤 순간의 마음을 발생시키는 조건이 되는 것을 가리킨다. ③ '관계 맺는 대상이 되는 조건'(所緣緣, ālambana-pratyaya)이란 '마음이 생겨나는 데 조건이 되는 대상'을 의미한다. ④ '증폭시키는 조건들'(增上緣, adhipati-pratyaya)이란 앞의 세 가지 조건 이외의 모든 간접적인 원인을 가리킨다. 이 개념은 초기 아비달마 논서에서 이미 나타나지만, 『대비바사론』에서 자세하게 논의되고 있다. 『아비달마식신족론阿毘達磨識身足論』 권3(T26, 547b22~c4). "有六識身, 謂眼識耳鼻舌身意識. 眼識有四緣, 一因緣, 二等無間緣, 三所緣緣, 四增上緣. 何等因緣? 謂此俱有相應法等. 何等等無間緣? 謂若從彼諸心心法平等無間, 如是眼識已生正生. 何等所緣緣? 謂一切色. 何等增上緣? 謂除自性餘一切法. 是名眼識所有四緣, 謂因緣等無間緣所緣緣增上緣. 如是眼識是誰因緣, 謂此俱有相應法等. 是誰等無間緣, 謂從眼識平等無間, 已生正生. 諸心心法. 是誰所緣緣, 謂能緣此諸心心法. 是誰增上緣, 謂除自性餘一切法. 如眼識耳鼻舌身意識亦爾"; 『대비바사론大毘婆沙論』 권3(T27, 11a5~16). "問世第一法爲幾緣? 答爲四緣, 謂因等無間所緣增上緣. 爲因緣者, 謂與彼相應俱有同類等法爲因緣. 爲等無間緣者, 謂與苦法智忍爲等無間緣. 爲所緣緣者, 謂與能緣此心心所法爲所緣緣. 爲增上緣者, 謂除自性與餘一切有爲法爲增上緣. 問世第一法有幾緣? 答有四緣. 有因緣者, 謂此相應俱有同類等法. 有等無間緣者, 謂已生增上忍. 有所緣緣者, 謂欲界五蘊. 有增上緣者, 謂除自性餘一切法."

의 발생조건'(緣性)이 없는데 어떻게 조건(緣)에 따라 [동요하는 분별심이] 일어나겠는가?"

且遣境緣, 顯識無起.

[H1, 631b9; T34, 978b10]

먼저 '[분별의] 대상이 되는 조건'(境緣)을 없애어 '[분별하는] 식이 일어남이 없음'(識無起)을 나타내었다.

無住菩薩言, "一切境空, 如何見?"[230] 佛言, "見卽爲妄, 何以故? 一切萬有, 無生無相, 本不自名, 悉皆空寂. 一切法相, 亦復如是, 一切衆生身, 亦如是. 身尙不有, 云何見?"

[H1, 631b10~14; T34, 978b11~14]

무주보살이 말하였다.

"모든 대상이 불변 · 독자의 본질/실체가 없는 것'(一切境空)이라면 어떻게 '보는 작용'(見)이 있겠습니까?"

부처님께서 말씀하셨다.

"'[불변 · 독자의 본질/실체를] 본다는 것은 허망한 생각이니'(見卽爲妄), 어째서인가? '존재하는 모든 것'(一切萬有)은 '[불변 · 독자의 본질/실체로서] 생겨난 것이 없고'(無生) '[불변 · 독자의 본질/실체로 차별된] 차이가 없는 것'(無相)이어서 본래 '자기[만의 본질이나 실체라고] 이름 붙일 수 없으니'(不自名), 모두 다 '불변 · 독자의 본질/실체가 없다'(空寂). '모든 현상의 양상'(一切法相)도 또한 이와 같고, 모든 중생들의 몸도 이와 같다. 몸도 오히려 [불변 · 독자의 본질/실체로서] 있는 것이 아닌데, 어떻게 [불변 · 독자의 본질/실체

230 한불전에는 '如何有見'으로 된 판본이 있고, '如何言見'으로 쓰인 또 다른 판본도 있다고 교감주에서 밝히고 있다. 대정장의 『금강삼매경론』에는 '如何見'으로 되어 있는데, 원효의 주석에 따르면 '如何有見'으로 교감하여 번역한다.

를] '보는 작용'(見)이 있다고 하겠는가?"

此下, 第二問答. 明見是妄, 妄故眞空, 謂境空故, 見有境卽是妄, 見亦空故, 計有見亦是妄. 釋中有二, 摠明別顯. 摠明者, 陰界等有, 本不自名我爲色等, 但由妄心, 名爲色等, 是故一切悉皆空寂也. 別顯中言, "一切法相, 亦如是"者, 謂外山河等六塵法相, "一切衆生身, 亦如是"者, 內色受等五陰之身, 身體尙無, 何有見用故.

[H1, 631b15~23; T34, 978b14~21]

이 아래는 ['모든 식이 불변 · 독자의 본질/실체가 없고 [불변 · 독자의 본질/실체로 보는 분별의] 동요가 없음'(諸識空寂)을 설명한 여섯 번의 문답 가운데] 두 번째 문답이다. '[불변 · 독자의 본질/실체를] 본다는 것은 허망한 생각'(見是妄)이고 허망(妄)하기 때문에 '진실로 불변 · 독자의 본질/실체가 없음'(眞空)임을 밝혔으니, '대상은 불변 · 독자의 본질/실체가 없는 것'(境空)이므로 '[불변 · 독자의 본질/실체인] 대상이 있다고 보는 것'(見有境)이면 곧 '허망'(妄)[한 생각]이고, '본다'(見)[는 작용] 또한 '불변 · 독자의 본질/실체가 없는 것'(空)이므로 '[불변 · 독자의 본질/실체인] 보는 작용이 있다고 여기는 것'(計有見)도 '허망'(妄)[한 생각]이라는 것을 말하는 것이다.

해석에는 두 가지가 있으니 '총괄적으로 밝힌 것'(摠明)과 '하나씩 드러낸 것'(別顯)이다. '총괄적으로 밝힌 것'(摠明)이란, '[자아를 이루고 있는 요소들의 다섯 가지] 더미'([五]陰)와 '[6가지 감관능력과 6가지 감관대상, 그리고 이 둘의 결합으로 생겨난 6가지 경험현상을 모두 합한 18가지] 경험세계'([十八]界) 등의 '존재하는 것'(有)들은 본래 스스로 자기를 '모양과 색깔이 있는 것'(色) 등의 명칭으로 부를 수가 없고 단지 '[사실 그대로를] 잘못 분별하는 마음'(妄心)에 의해 '모양과 색깔이 있는 것'(色) 등의 명칭으로 부르는 것이니, 그렇기 때문에 모든 것은 다 '불변 · 독자의 본질/실체가 없고 [불변 · 독자의 본질/실체로 보는 분별의] 동요가 없는 것'(空寂)이다.

'하나씩 드러낸 것'(別顯)에서 말한 "모든 현상의 양상도 또한 이와 같다"(一切法相, 亦如是)라는 것은 외부의 산과 강 등 '여섯 가지 감관대상으로 나타나는 현상의 양상'(六塵法相)을 일컫는 것이고, "모든 중생들의 몸도 이와 같다"(一切衆生身, 亦如是)라는 것은 내부의 '모양과 색깔이 있는 것'(色), 느낌(受) 등 '자아를 이루고 있는 요소들의 다섯 가지 더미'(五陰)[로 이루어진] 신체를 일컫는 것이니, [이] 신체가 오히려 [불변 · 독자의 본질/실체가] 없는데 어떻게 '보는 작용'(見用)이 [불변 · 독자의 본질/실체로서] 있겠는가라는 것이다.

無住菩薩言, "一切境空, 一切身空, 一切識空, 覺亦應空". 佛言, "可一覺者, 不毁不壞決定性,[231] 非空非不空, 無空不空".

[H1, 631b24~c3; T34, 978b22~24]

무주보살이 말하였다.

"'모든 대상은 불변 · 독자의 본질/실체가 없는 것'(一切境空)이고 '모든 신체도 불변 · 독자의 본질/실체가 없는 것'(一切身空)이며 '모든 식도 불변 · 독자의 본질/실체가 없는 것'(一切識空)이니, 깨달음도 마땅히 '불변 · 독자의 본질/실체가 없는 것'(空)이어야 하겠습니다."

부처님께서 말씀하셨다.

"모든 깨달음은 '본래 사실 그대로인 본연'(決定性)을 훼손하지도 않고 파괴하지도 않는 것이니, '불변 · 독자의 본질/실체가 없음도 아니고'(非空) '불변 · 독자의 본질/실체가 없음이 아닌 것도 아니어서'(非不空) '불변 · 독자의 본질/실체 없음'(空)과 '불변 · 독자의 본질/실체 없음이 아님'(不空)이 [모두] 없다."

---

231 한불전(H1, 631c2)에는 '故'자를 첨가하여 '決定性故'로 교감하였는데, 원효의 해설을 따른다면 '不毁不壞決定性'으로 '決定性'은 '不毁不壞'의 목적어이므로 '故'는 불필요하다. 대정장의 『금강삼매경론』(T34, 978b23)에는 '決定性'으로 되어 있다.

此下, 第三番, 明覺不覺之不同相. 問意, 言"覺亦應空"者, 從緣生識既空, 從緣起覺亦空, 識既空故, 其見是妄, 覺亦空故, 其覺亦妄也. 佛答意, 言"一切覺"[232]者, 不壞道理, 故非可空, 不存自性, 亦非不空. 是故覺中, 無空不空. 諸識不爾, 妄取諸法, 違反眞理, 可空可遣. 如是不同, 何得相類也? "決定性"者, 謂眞如性, 不可破壞, 性自爾故. 言"不毁"者, 不取有相, 以傷空故, 言"不壞"者, 不計無性, 以損眞故, 謂"不毁壞於決定性"也.

[H1, 631c4~15; T34, 978b24~c4]

이 아래는 [여섯 가지 문답 중에서] 세 번째로 '['사실 그대로'를] 깨달음'(覺)과 '['사실 그대로'를] 깨닫지 못함'(不覺)의 [서로] '같지 않은 면모'(不同相)를 밝힌 것이다. 질문한 뜻은 [다음과 같다.] [무주보살이] "깨달음도 마땅히 '불변 · 독자의 본질/실체가 없는 것'(空)이어야 하겠습니다"(覺亦應空)라고 말한 것은 〈조건(緣)에 따라 발생하는 식識이 이미 '불변 · 독자의 본질/실체가 없는 것'(空)이라면 조건(緣)에 따라 일어나는 깨달음도 '불변 · 독자의 본질/실체가 없는 것'(空)이니, 식識이 이미 '불변 · 독자의 본질/실체가 없는 것'(空)이기 때문에 그 '본다는 것이 허망하고'(見是妄), 깨달음도 '불변 · 독자의 본질/실체가 없는 것'(空)이므로 그 '깨닫는다는 것도 허망하다'(覺是妄)〉라는 [생각을 드러낸] 것이다.

부처님께서 대답하신 뜻은 [다음과 같다.] [부처님이] "모든 깨달음"(一切覺) [등으로] 말한 것은 〈[모든 깨달음은] 도리를 파괴하지 않으므로 [굳이] '불변 · 독자의 본질/실체가 없음'(空)이라고 말할 수 있는 것도 아니고, [모든 깨달음은] '불변의 본질'(自性)을 지니는 것이 아니므로 '불변 · 독자의 본질/실체가 없음이 아닌 것도 아니다'(非不空). 그러므로 깨달음에는 '불변 · 독자의 본질/실체가 없음'(空)과 '불변 · 독자의 본질/실체가 없음이 아님'(不空)이 [모두] 없다. [그러나] 모든 식識은 그렇지 않아 '[불변 · 독자의 본질/실체로 보아 분별하는] 망상으로 모든 것을 붙들어'(妄取諸法) 진리를 위반하니, '불

232 『금강삼매경』 원문에는 '可一覺'으로 되어 있다.

변·독자의 본질/실체가 없다'(空)고 할 수 있고 '없앤다'(遣)고 할 수가 있다. 이와 같이 ['['사실 그대로'를] 깨달음'(覺)과 '['사실 그대로'를] 깨닫지 못함'(不覺)이] 같지 않은데 어떻게 서로 비슷하다고 할 수 있겠는가?〉라는 [뜻을 설한] 것이다.

"본래 사실 그대로인 본연"(決定性)이라는 것은 '참 그대로의 면모'(眞如性)를 일컬으며 파괴할 수 없는 것이니, '본연이 [본래] 스스로 그러한 것'(性自爾)이기 때문이다. "훼손하지 않는다"(不毁)라고 한 것은 '[불변·독자의 본질/실체로 차별된] 차이를 두는 것'(有相)을 붙들어 '불변·독자의 본질/실체가 없음'(空)[의 진리]를 손상하지 않기 때문이고, "파괴하지 않는다"(不壞)라고 한 것은 '[아무것도] 없다'(無性)고 생각하여 참됨(眞)을 훼손하지 않기 때문이니, [그리하여] "[모든 깨달음은] '본래 사실 그대로인 본연'을 훼손하지도 않고 파괴하지도 않는다"(不毁壞於決定性)라고 말한 것이다.

無住菩薩言, "諸境亦然, 非空相, 非無空相". 佛言, "如是. 彼可境者, 性本決定, 決定性根, 無有處所". 無住菩薩言. "覺亦如是, 無有處所". 佛言. "如是. 覺無處故淸淨, 淸淨無覺. 物無處[233]故淸淨, 淸淨無色".

[H1, 631c16~21; T34, 978c5~9]

무주보살이 말하였다.

"모든 대상(境)도 그러하여, '불변·독자의 본질/실체가 없는 면모'(空相)도 아니고 〈'불변·독자의 본질/실체가 없는 면모'가 없는 것〉(無空相)도 아니겠습니다."

부처님께서 말씀하셨다.

"그렇다. 저 대상(境)이라고 하는 것은 [그] 본연이 '본래 사실 그대로

233 한불전에서는 '處'에 대해 '所'라고 각주를 붙여 '處'가 '所'일 수도 있음을 지적하는데, 직전의 문답에서 '無有處所'라는 표현이 이미 나왔기 때문에 여기서는 그대로 둔다. 대정장(T34, 978c8)에도 '處'로 되어 있다.

인 것'(本決定)이니, '본래 사실 그대로인 본연'(決定性)의 뿌리(根)는 머무르는 곳이 없다."

무주보살이 말하였다.

"깨달음도 이와 같아서 머무르는 곳이 없겠습니다."

부처님께서 말씀하셨다.

"그렇다. 깨달음은 머무르는 곳이 없기 때문에 온전(淸淨)하고, 온전하면 깨달음[을 불변 · 독자의 본질/실체로 보는 생각]도 없다. 대상(物)도 머무르는 곳이 없기 때문에 온전(淸淨)하고, 온전하면 [불변 · 독자의 본질/실체인] '모양과 색깔이 있는 것'(色)이 없다."

此下, 三番, 明不異相. 於中前二番明覺與境同相, 後一問答, 顯覺與識同相. 初中前番, 明境同覺, 謂諸妄境本來不有, 旣無其有, 何有空相, 旣非有空, 何得無空? 故言"非空相, 非無空相". 以此而言, 則不異覺. 答中言"性本決定"者, 明本不有故非空相, "無有處所"者, 明非有空故非無空也. 後番問答, 明覺同境. "覺亦如是"者, 覺亦緣生, 本性空故. 答中言"淸淨無覺"者, 覺空之理, 離一切相, 故曰淸淨, 覺性旣空, 空中無覺, 如色空中, 無色相故. 前明境同覺者, 以境非空非不空義, 同於前覺非空非不空義. 今明覺同境者, 以覺性空無相之理, 同於境空無相之義. 二文不同, 應如是知.

[H1, 631c22~632a14; T34, 978c9~22]

이 아래는 ['모든 분별하는 식이 불변 · 독자의 본질/실체가 없고 [불변 · 독자의 본질/실체로 보는 분별의] 동요가 없음'(諸識空寂)을 설명한 여섯 가지 문답 중에서] 세 번째로 ['['사실 그대로'를] 깨달음'(覺)과 '['사실 그대로'를] 깨닫지 못함'(不覺)의] '다르지 않은 면모'(不異相)를 밝힌 것이다. 이 중에서 [네 번째, 다섯 번째 문답인] 앞의 두 가지는 깨달음(覺)과 대상(境)의 '같은 면모'(同相)를 차례로 밝힌 것이고, [여섯 번째인] 뒤의 한 가지 문답은 깨달음(覺)과 식識의 '같은 면모'(同相)를 나타낸 것이다.

처음[인 네 번째 문답과 다섯 번째 문답]에서 앞의 [네 번째] 것은 '대상(境)이 깨달음(覺)과 같다'(境同覺)는 것을 밝힌 것이니, 〈'[불변 · 독자의 본질/실체가 없기에] 허망한 모든 대상'(諸妄境)은 본래부터 있는 것이 아니니, 이미 그것이 있지 않다면 어찌 '불변 · 독자의 본질/실체가 없는 면모'(空相)가 있겠으며, 이미 '불변 · 독자의 본질/실체가 없음'(空)이 있지 않은데 어찌 '불변 · 독자의 본질/실체가 없음이 없음'(無空)을 얻을 수 있겠는가?〉라는 것이다. 그러므로 "'불변 · 독자의 본질/실체가 없는 면모'도 아니고 〈'불변 · 독자의 본질/실체가 없는 면모'가 없는 것〉도 아니겠습니다"(非空相, 非無空相)라고 말했던 것이다. 이에 의거해서 말한다면 [대상은] 깨달음과 다르지 않다.

대답에서 "[그] 본연이 '본래 사실 그대로인 것'이다"(性本決定)라고 말한 것은 〈본래부터 [불변 · 독자의 본질/실체를] 갖지 않기 때문에 '불변 · 독자의 본질/실체가 없는 면모'(空相)가 아니라는 것〉(本不有故非空相)을 밝힌 것이고, "머무르는 곳이 없다"(無有處所)라는 것은 〈'불변 · 독자의 본질/실체가 없음'이 있는 것이 아니기 때문에 '불변 · 독자의 본질/실체가 없음'이 없는 것도 아님〉(非有空故非無空)을 밝힌 것이다.

[다섯 번째인] 뒤의 문답은 깨달음(覺)이 대상(境)과 같다는 것을 밝힌 것이다. "깨달음도 이와 같다"(覺亦如是)라고 한 것은 깨달음도 '조건에 따라 생겨난다'(緣生)는 것이니, [깨달음의] 본연(本性)은 '불변 · 독자의 본질/실체가 없는 것'(空)이기 때문이다. 대답 가운데서 "온전하면 깨달음[을 불변 · 독자의 본질/실체로 보는 생각]도 없다"(淸淨無覺)라고 말한 것은, '불변 · 독자의 본질/실체가 없다는 이치'(空之理)를 깨달아 '모든 [불변 · 독자의 본질/실체로 차별된] 차이'(一切相)에서 벗어나므로 "온전하다"(淸淨)라고 하였고, '깨달음의 본연'(覺性)이 이미 '불변 · 독자의 본질/실체가 없는 것'(空)이라서 [이] '불변 · 독자의 본질/실체가 없는 지평'(空)에서는 깨달음[을 불변 · 독자의 본질/실체로 보는 생각]도 없으니, 마치 〈모양과 색깔이 있는 것의 '불변 · 독자의 본질/실체가 없는 지평'〉(色空)에서는 '모양과 색깔이라는 [불변 · 독자의 본질/실체로 차별된] 차이'(色相)가 없는 것과 같다.

앞에서 밝힌 '대상이 깨달음과 같다'(境同覺)는 것은, 〈대상은 '불변 · 독자의 본질/실체가 없음'(空)도 아니고 '불변 · 독자의 본질/실체가 없음이 아닌 것'(不空)도 아니라는 뜻〉(境非空非不空義)이 앞에서 [말한] 〈깨달음은 '불변 · 독자의 본질/실체가 없음'(空)도 아니고 '불변 · 독자의 본질/실체가 없음이 아닌 것'(不空)도 아니라는 뜻〉(覺非空非不空義)과 같기 때문이다. [그리고] 지금 밝힌 '깨달음이 대상과 같다'(覺同境)는 것은, 〈'깨달음의 본연'(覺性)이 '불변 · 독자의 본질/실체가 없어'(空) '[불변 · 독자의 본질/실체로 차별된] 차이가 없다'(無相)는 이치〉(覺性空無相之理)가 〈대상(境)이 '불변 · 독자의 본질/실체가 없어'(空) '[불변 · 독자의 본질/실체로 차별된] 차이가 없다'(無相)는 뜻〉(境空無相之義)과 같기 때문이다. ['대상이 깨달음과 같다'(境同覺)는 것과 '깨달음이 대상과 같다'(覺同境)는 것, 이] 두 문장이 같지 않음을 이와 같이 알아야 한다.

無住菩薩言, "心眼識亦復如是, 不可思議". 佛言, "心眼識亦復如是, 不可思議, 何以故? 色無處所, 淸淨無名, 不入於內, 眼無處所, 淸淨無見, 不出於外. 心無處所, 淸淨無上, 無有起處, 識無處所, 淸淨無動, 無有緣別, 性皆空寂.

[H1, 632a15~21; T34, 978c23~27]

무주보살이 말하였다.

"마음(心)과 '시각능력에 상응하여 일어나는 인식'(眼識)도 이와 같아서 생각으로 헤아리기 어렵습니다."

부처님께서 말씀하셨다.

"마음(心)과 '시각능력에 상응하여 일어나는 인식'(眼識)도 이와 같아서 생각으로 헤아리기 어려우니, 어째서인가? '모양과 색깔이 있는 것'(色)은 머무르는 곳이 없어 '명칭[에 해당하는 불변 · 독자의 본질/실체가] 없는 온전함'(淸淨無名)[234]이기에 [눈(眼)] 안으로 들어가지 않고, 눈(眼)도 머무르는 곳이 없어 '봄이 [불변 · 독자의 본질/실체로서] 없는 온전함'(淸淨無見)이기에 [불변 · 독자의 본질/실체인 봄이 대상을 향해] 밖으로 나가지 않는다. [또] 마음(心)은 머무르는 곳이 없어 '더 이상 높은 곳이 없는 온전함'(清淨無上)이기에 [더 이상] 일어나는 곳이 없고, 식識도 머무르는 곳이 없어 '동요가 없는 온전함'(清淨無動)이기에 '[식識의 대상인] 조건들에 대한 분별'(緣別)이 없으니, '[색色, 안眼, 심心, 식識의] 본연은 모두 불변 · 독자의 본질/실체가 없고 [불변 · 독자의 본질/실체로 보는 분별의] 동요가 없는 것'(性皆空寂)이다.

此第三番明識同覺. "心眼識"者, 謂眼識種子積集之心, 及此種子所起眼識, 略擧此二, 標其性空. 下就四緣, 明眼識空. "色無處所"者, 色性自空故. "清淨無名"者, 空中無色故. "不入於內"者, 不與眼根作境界故, 是明所緣緣空也. "眼無處所, 清淨無見"者, 眼性空中, 無眼根故, "不出於外"者, 無能行於色境界故, 是明增上緣空也. "心無處所, 清淨無上"者, 種子空中, 無種子故, 四緣之內, 爲上首故. "無有起處"者, 無親起識之處所故, 是明因緣空也. "識無處所, 清淨無動"者, 旣無三緣, 眼識不起故. "無有緣別"者, 以無緣色了別識故, 是明等無間緣及眼識空. "緣"者, 前滅之緣, "別"者, 後生了別, 此二皆空, 故言"無有". 如是四緣及識皆空故, 摠結言"性皆空寂". 如說眼識四緣皆空, 乃至意識應如是說. 謂法無處所, 清淨無名, 不入於內, 意無處所, 清淨無見, 不出於外, 心無處所, 清淨無上, 無有起處, 識無處所, 清淨無動, 無有緣別, 性皆空寂. 此中'意'者, 是第七識, 此中

234 '清淨無名'을 직역하자면 '청정하여 이름이 없다' 정도가 된다. 그런데 '清淨'이라는 말은 '오염'과 대비되는 윤리적 개념으로 받아들이기 쉽다. 원효 저술이나 불교 문헌에서 '청정'이 윤리적 수준을 지시하는 용어로 쓰이는 경우가 없는 것은 아니지만, '무지나 분별에 의한 왜곡과 굴절이 사라진 온전한 상태나 국면'이나 혹은 그러한 지평을 지시하는 경우가 더 많다. 이런 점을 번역에 반영하기 위해 철학적 의미에서의 '청정'은 주로 '온전함'으로 옮기고 있다. 그런데 이 문장에서 '清淨'을 단어 배열순서대로 먼저 해석하면 전체 문장의 의미전달이 부자연스럽게 된다. 그리하여 여기서는 '清淨'과 '無名'의 순서를 바꾸어 의미를 결합하는 방식으로 번역하였다. 이하에 등장하는 '清淨無見' '清淨無上' '清淨無動'도 같은 방식으로 번역하였다.

"心"者, 是第八識. 是明八識皆悉空寂, 所以同於一切覺空也.

[H1, 632a22~b23; T34, 978c27~979a19]

이것은 [모든 분별하는 식이 불변·독자의 본질/실체가 없고 [불변·독자의 본질/실체로 보는 분별의] 동요가 없음'(諸識空寂)을 설명한 여섯 가지 문답에서 '['사실 그대로'를] 깨달음'(覺)과 '['사실 그대로'를] 깨닫지 못함'(不覺)의 '다르지 않은 면모'(不異相)를 밝힌 네 번째·다섯 번째·여섯 번째의 세 가지 가운데] 세 번째로 '식識이 깨달음과 같다'(識同覺)는 것을 밝힌 것이다.

"마음과 시각능력에 상응하여 일어나는 인식"(心眼識)이라는 것은, '시각능력에 상응하여 일어나는 인식을 만들어 내는 종자들을 축적한 마음'(眼識種子積集之心)과 이 종자에서 발생된 '시각능력에 상응하여 일어나는 인식'(眼識)을 가리키니, 간략하게 이 두 가지만 들어 그 '본연에는 불변·독자의 본질/실체가 없음'(性空)을 나타낸 것이다. [그리고 그] 아래는 '[인연因緣·등무간연等無間緣·소연연所緣緣·증상연增上緣의] 4가지 조건'(四緣)[235]에 의거하여 '시각능력에 상응하여 일어나는 인식이 불변·독자의 본질/실체가 없는 것임'(眼識空)을 밝힌 것이다.

"모양과 색깔이 있는 것은 머무르는 곳이 없다"(色無處所)라는 것은 '모양과 색깔이 있는 것의 본연은 [그] 자체가 불변·독자의 본질/실체가 없는 것'(色性自空)이기 때문이다. "명칭[에 해당하는 불변·독자의 본질/실체가] 없는 온전함"(淸淨無名)이라는 것은, '불변·독자의 본질/실체가 없는 지평에서는 모양과 색깔이 [불변·독자의 본질/실체로서] 없기'(空中無色) 때문이다. "[눈(眼)] 안으로 들어가지 않는다"(不入於內)라는 것은 '시각능력'(眼根)과 더불어 대상(境界)을 지어내지 않기 때문이니, 이는 '관계 맺는 대상이 되는 조건[236][인 색色]은 불변·독자의 본질/실체가 없는 것임'(所緣緣空)을 밝힌

---

235 '네 가지 조건'(四緣)에 대한 자세한 설명은 앞의 역주에 있다.

236 '관계 맺는 대상이 되는 조건'(所緣緣, ālambana-pratyaya): 마음이 생겨나는 데 조건이 되는 대상을 의미한다. 유부有部 아비달마에서 제시한 '네 가지 조건'(四緣)의 세 번째에 해당한다.

것이다. "눈(眼)도 머무르는 곳이 없어 '봄이 [불변 · 독자의 본질/실체로서] 없는 온전함'(清淨無見)이다"(眼無處所, 清淨無見)라는 것은 '눈의 본연에 불변 · 독자의 본질/실체가 없는 지평'(眼性空)에서는 '시각능력'(眼根)이 [불변 · 독자의 본질/실체로서] 없기 때문이고, "[불변 · 독자의 본질/실체인 봄이 대상을 향해] 밖으로 나가지 않는다"(不出於外)라는 것은 '색깔이나 모양 있는 대상세계'(色境界)로 [보려고] 나아가는 것이 [불변 · 독자의 본질/실체로서] 없기 때문이니, 이는 '증폭시키는 조건[237][인 안근眼根]이 불변 · 독자의 본질/실체가 없는 것임'(增上緣空)을 밝힌 것이다.

"마음은 머무르는 곳이 없어 '더 이상 높은 곳이 없는 온전함'(清淨無上)이다"(心無處所, 清淨無上)라는 것은, '종자에 불변 · 독자의 본질/실체가 없는 지평'(種子空)에서는 종자가 [불변 · 독자의 본질/실체로서] 없기 때문이고 [또] [종자가] '네 가지 조건'(四緣) 중에서 [첫 번째인 '원인이 되는 조건'(因緣)으로] '가장 높은 위치'(上首)이기 때문이다. "[더 이상] 일어나는 곳이 없다"(無有起處)라는 것은 [분별하는] 식識을 직접 일으키는 곳이 [더 이상] 없기 때문이니, 이는 '원인이 되는 조건[인 마음(心)]이 불변 · 독자의 본질/실체가 없는 것임'(因緣空)을 밝힌 것이다. "식識도 머무르는 곳이 없어 '동요가 없는 온전함'(清淨無動)이다"(識無處所, 清淨無動)라는 것은 이미 '['관계 맺는 대상이 되는 조건'(所緣緣) · '증식시키는 조건들'(增上緣) · '원인이 되는 조건'(因緣), 이] 세 가지 조건'(三緣)이 [불변 · 독자의 본질/실체로서] 없기에 '시각능력에 상응하여 일어나는 인식'(眼識)도 [불변 · 독자의 본질/실체로서] 일어나지 않기 때문이다.

"'[식識의 대상인] 조건들에 대한 분별'(緣別)이 없다"(無有緣別)라는 것은 '모양과 색깔이 있는 것을 조건으로 삼아 분별하는 식'(緣色了別識)이 없기 때문이니, 이는 [네 가지 인연 가운데] '틈새 없이 앞의 마음이 뒤의 마음을 발생

---

237 '증식시키는 조건'(增上緣, adhipati-pratyaya): '네 가지 조건'(四緣)에서 ① '원인이 되는 조건'(因緣, hetu-pratyaya), ② '틈새 없이 앞의 마음이 뒤의 마음을 발생시키는 것'(等無間緣, samanantara-pratyaya), ③ '관계 맺는 대상이 되는 조건'(所緣緣, ālambana-pratyaya) 이 세 가지 조건 이외의 모든 간접적인 원인을 가리킨다.

시키는 것'(等無間緣)[인 식識]과 '시각능력에 상응하여 일어나는 인식'(眼識)이 '불변 · 독자의 본질/실체가 없는 것임'(空)을 밝힌 것이다. "조건"(緣)이라는 것은 앞에서 소멸한 조건(緣)이고 "분별"(別)이라는 것은 뒤에 생겨나는 분별함(了別)이니, 이 두 가지가 모두 '불변 · 독자의 본질/실체가 없는 것'(空)이기 때문에 "없다"(無有)라고 말한 것이다. 이와 같이 '네 가지 조건'(四緣)과 식識이 모두 '불변 · 독자의 본질/실체가 없는 것'(空)이기 때문에 총괄하여 "[색色, 안眼, 심心, 식識의] 본연은 모두 불변 · 독자의 본질/실체가 없고 [불변 · 독자의 본질/실체로 보는 분별의] 동요가 없는 것이다"(性皆空寂)라고 말을 맺었다.

'시각능력에 상응하여 일어나는 인식의 네 가지 조건이 모두 불변 · 독자의 본질/실체가 없는 것이다'(眼識四緣皆空)라고 말한 것처럼, [귀에 상응하는 인식, 코에 상응하는 인식, 혀에 상응하는 인식, 몸에 상응하는 인식 및] '의식능력에 상응하는 인식'(意識)까지도 마땅히 이렇게 말해야 한다. [즉] 〈[의식능력(意根)의 대상인] '개념적 현상'(法)은 머무르는 곳이 없어 '명칭[에 해당하는 불변 · 독자의 본질/실체가] 없는 온전함'(清淨無名)이기에 [의식능력(意根)] 안으로 들어가지 않고, 의식[능력](意[根])도 머무르는 곳 없어 '봄이 [불변 · 독자의 본질/실체로서] 없는 온전함'(清淨無見)이기에 [불변 · 독자의 본질/실체인 봄이 개념적 현상을 향해] 밖으로 나가지 않으며, [제8식인] 마음(心)은 머무르는 곳이 없어 '더 이상 높은 곳이 없는 온전함'(清淨無上)이기에 [더 이상] 일어나는 곳이 없고, [제6식인] 식識도 머무르는 곳이 없어 '동요가 없는 온전함'(清淨無動)이기에 '[제6식의 대상인] 조건들에 대한 분별'(緣別)이 없으니, [이들 여덟 가지 식識의] 본연은 '모두 불변 · 독자의 본질/실체가 없고 [불변 · 독자의 본질/실체로 보는 분별의] 동요가 없는 것이다'(性皆空寂)〉라고. 여기서 '의식[능력]'(意[根])이라는 것은 제7[말나]식이고, '마음'(心)이라는 것은 제8[아뢰야]식이다. 이는 '여덟 가지 식'(八識)이 모두 '불변 · 독자의 본질/실체가 없고 [불변 · 독자의 본질/실체로 보는 분별의] 동요가 없는 것임'(空寂)을 밝힌 것이니, 따라서 [『금강삼매경』 본문에서 말하는] '모든 깨달음은 불변 · 독자의 본질/실체가 없는 것이다'(一切覺空)[라는 이치]와 같은 것이다.

性無有覺, 覺則爲覺. 善男子! 覺知無覺, 諸識則入, 何以故? 金剛智地, 解脫道斷, 斷已入無住地, 無有出入, 心處無在, 決定性地. 其地淸淨, 如淨琉璃, 性常平等, 如彼大地, 覺妙觀察, 如慧日光, 利成得本, 如大法雨. 入是智者, 是入佛智地, 入智地者, 諸識不生".

[H1, 632b24~c6; T34, 979a20~25]

본연(性)에는 깨달음이 [불변·독자의 본질/실체로서] 있는 것이 아니니, [이 사실을] 깨달으면 깨달음을 이룬다. 훌륭한 이여! 깨달음이 [불변·독자의 본질/실체로서] 없다는 것을 깨달아 알면 모든 식識이 바로 ['하나처럼 통하는 마음'(一心)의 본원에] 들어가니, 어째서인가? '금강[석과 같은] 지혜의 경지'(金剛智地)에서 '[번뇌에서] 풀려나는 수행'(解脫道)으로 [불변·독자의 본질/실체로 보는 생각을] 끊는데, 끊고 나면 '머무름이 없는 경지'(無住地)에 들어가 [더 이상] 나가거나 들어옴이 없어 마음이 [어디에도] 자리 잡지 않는 경지에 있으니, '본래 사실 그대로인 본연의 경지'(決定性地)인 것이다. 그 경지는 청정하니 맑은 유리와 같고, '본연은 언제나 평등'(性常平等)하니 저 대지와 같으며, 깨달음은 '사실대로 이해하니'(妙觀察) '햇빛처럼 빛나는 지혜'(慧日光)와 같고, 이로움이 이루어져 본연을 얻으니 '위대한 진리의 비'(大法雨)[를 맞은 것]과 같도다. 이 [금강석과 같은] 지혜로 들어가는 것은 '부처님 지혜의 경지에 들어가는 것'(入佛智地)이니, '[부처님] 지혜의 경지에 들어간 사람'(入智地者)에게는 모든 식識이 [불변·독자의 본질/실체로서] 생겨나지 않는다."

是第二明諸識不生, 欲明本隨無明, 諸識生起, 今隨始覺, 還歸心源, 歸心源時, 諸識不起, 識不起故, 始覺圓滿. 於中有二, 略標廣釋. 標中亦二, 初言"性無有覺, 覺卽爲覺"者, 是標始覺圓滿章, "覺知無覺, 諸識則入"者, 是標諸識不生章. 言"性無有覺"者, 謂空性中, 非但無識, 亦無始覺. 覺知無覺之理, 則爲始覺之智, 故言"覺則爲覺". 言"覺知無覺"者, 牒前始覺. 始覺圓時, 八識不起, 隨覺無覺, 無諸識故, 隨覺究竟, 歸心源故, 故言"諸識則入".

[H1, 632c7~19; T34, 979a25~b6]

이것은 [['사실 그대로'를] 비로소 깨달아 감'(始覺)을 설명한 두 가지 중에서] 두 번째인 '모든 식識이 [불변 · 독자의 본질/실체로서] 생겨나지 않음'(諸識不生)을 밝힌 것이다. 〈본래 '근본무지'(無明)를 따라서 온갖 식識이 [불변 · 독자의 본질/실체로서] 생겨나다가 이제 '['사실 그대로'를] 비로소 깨달아 감'(始覺)을 따라서 '[하나처럼 통하게 하는] 마음의 근원으로 되돌아오니'(還歸心源), [하나처럼 통하게 하는] 마음의 근원으로 돌아갈 때 온갖 식識이 [불변 · 독자의 본질/실체로서] 일어나지 않으며, 식識이 [불변 · 독자의 본질/실체로서] 일어나지 않기 때문에 '['사실 그대로'를] 비로소 깨달아 감이 완전하게 된다'(始覺圓滿)〉는 것을 밝히려는 것이다.

여기에는 두 가지가 있으니, '간략하게 [핵심을] 밝히는 것'(略標)과 '자세하게 해석하는 것'(廣釋)이다. '[간략하게 핵심을] 밝히는 것'([略]標)에도 두 가지가 있으니, 처음에 "본연에는 깨달음이 [불변 · 독자의 본질/실체로서] 있는 것이 아니니, [이 사실을] 깨달으면 깨달음을 이룬다"(性無有覺, 覺卽爲覺)라고 말한 것은 '['사실 그대로'를] 비로소 깨달아 감이 완전하게 되는 것에 대한 대목'(始覺圓滿章)을 밝힌 것이고, "깨달음이 [불변 · 독자의 본질/실체로서] 없다는 것을 깨달아 알면 모든 식識이 바로 ['하나처럼 통하는 마음'(一心)의 근원에] 들어간다"(覺知無覺, 諸識則入)라는 것은 '모든 식이 [불변 · 독자의 본질/실체로서] 생겨나지 않음에 대한 대목'(諸識不生章)을 밝힌 것이다.

"본연에는 깨달음이 [불변 · 독자의 본질/실체로서] 있는 것이 아니다"(性無有覺)라고 말한 것은, '불변 · 독자의 본질/실체가 없는 본연'(空性)[의 지평]에서는 단지 식識이 [불변 · 독자의 본질/실체로서] 없을 뿐만 아니라 '['사실 그대로'를] 비로소 깨달아 감'(始覺)도 [불변 · 독자의 본질/실체로서] 없다는 것이다. '깨달음이 [불변 · 독자의 본질/실체로서] 없다는 도리'(無覺之理)를 '깨달아 아는 것'(覺知)이 바로 '['사실 그대로'를] 비로소 깨달아 감의 지혜'(始覺之智)가 되는 것이니, 그러므로 "[이 사실을] 깨달으면 깨달음을 이룬다"(覺則爲覺)라고 말하였다.

"깨달음이 [불변 · 독자의 본질/실체로서] 없다는 것을 깨달아 안다"(覺知無覺)라고 말한 것은 앞에서의 '['사실 그대로'를] 비로소 깨달아 감'(始覺)을 이어받은 것이다. '['사실 그대로'를] 비로소 깨달아 감'(始覺)이 완전해질(圓) 때는 '여덟 가지 식'(八識)이 [불변 · 독자의 본질/실체로서] 일어나지 않으니, '깨달음이 [불변 · 독자의 본질/실체로서] 없음'(無覺)을 깨달음에 따라 [불변 · 독자의 본질/실체로 보는] 온갖 식識이 없어지기 때문이고, '궁극적 경지'(究竟)를 깨달음에 따라 '[하나처럼 통하게 하는] 마음의 근원으로 되돌아가기'(還歸心源) 때문이니, 그러므로 "모든 식識이 바로 ['하나처럼 통하는 마음'(一心)의 본원에] 들어간다"(諸識則入)라고 말하였다.

"何以故"下釋中有二, 先明因滿, 後顯果圓. "金剛智地"者, 謂等覺位, 始覺因滿金剛喩定, 義如前說. 今約覺因, 名金剛智. "解脫道斷"者, 不生因滿. 然此中斷有其二義. 若對生得無明住地, 卽金剛心爲無間道, 妙覺初心爲解脫道, 無間道時, 與無明俱, 解脫道起, 方能正斷. 若對諸識戱論種子, 則其前心爲無間道, 與彼種子俱起俱滅, 最後一念金剛喩定是解脫道, 正斷種子. 今約斷其種子義門, 故言"金剛解脫道斷". 此時現有異熟識者, 由其前念種子所生, 生起因果不同時故. 此後異熟不更生者, 此時已斷一切種故. 故知此言"解脫道斷", 正是諸識不生之因.

[H1, 632c19~633a11; T34, 979b6~18]

"어째서인가?"(何以故) 이하의 해석(釋)에는 두 가지가 있으니, 먼저 ['모든 식이 [불변 · 독자의 본질/실체로서] 생겨난 것이 없는 경지'(諸識無生)의] '원인이 완전해짐'(因滿)을 밝혔고, 나중에 ['모든 식이 [불변 · 독자의 본질/실체로서] 생겨난 것이 없는 경지'(諸識無生)의] '결과가 완전해짐'(果圓)을 나타내었다. "금강[석과 같은] 지혜의 경지"(金剛智地)라는 것은 '[차이들을] 평등하게 볼 수 있는 깨달음의 경지'(等覺位)를 일컫는데, '['사실 그대로'를] 비로소 깨달아 감의 원인이 완전해진'(始覺因滿) '금강[석金剛石과 같은 단단한] 선정'(金剛喩定)은 [그] 뜻이 앞에서 설명한 것과 같다. 지금은 '깨달음의 원인'(覺因)[인 금강삼매]에 의거하여 '금강[석과 같은] 지혜'(金剛智)라고 부른 것이다.

"'[번뇌에서] 풀려나는 수행'(解脫道)으로 [불변 · 독자의 본질/실체로 보는 생각을] 끊는다"(解脫道斷)라는 것은 [불변 · 독자의 본질/실체로 보는 생각을] '생겨나지 않게 하는 원인이 완전해진 것'(不生因滿)이다. 그런데 여기에서 [말한] "끊음"(斷)에는 두 가지 측면(義)이 있다. [첫 번째는] 만약 '선천적으로 근본무지가 자리 잡은 단계'(生得無明住地)에 대해 ['끊음'을 말하는 것이라면] '[금강삼매에서의] 금강[석과 같은] 마음'(金剛心)은 '[번뇌가] 끼어들지 못하게 하는 수행'(無間道)이 되고 '[차이들을] 사실대로 함께 만날 수 있는 깨달음에서 일으키는 첫 마음'(妙覺初心)은 '[번뇌에서] 풀려나는 수행'(解脫道)이 되니, '[번뇌가] 끼어들지 못하게 하는 수행'(無間道)[의 단계]일 때에는 근본무지(無明)와 함께 있고 '[번뇌에서] 풀려나는 수행'(解脫道)이 일어나야 [불변 · 독자의 본질/실체로 보는 생각을] '온전하게 끊을 수 있다'(正斷). [두 번째는] 만약 온갖 식識의 '번뇌를 일으키는 종자'(戱論種子)에 대해 ['끊음'을 말하는 것이라면] ['금강석 같은 마음'(金剛心)] 이전의 마음이 '[번뇌가] 끼어들지 못하게 하는 수행'(無間道)이 되어 그 [번뇌] 종자들과 함께 일어나고 함께 사라지며, ['금강석 같은 마음'(金剛心) 이전 마음의] 마지막 한 생각인 '금강[석金剛石과 같은 단단한] 선정'(金剛喩定)이 '[번뇌에서] 풀려나는 수행'(解脫道)이어서 [번뇌를 일으키는] 종자를 '온전하게 끊는다'(正斷).

지금은 그 '종자를 끊는 측면'(斷種子義門)에 의거하기 때문에 "'금강[석과 같은 지혜의 경지]'에서 '[번뇌에서] 풀려나는 수행'으로 [불변 · 독자의 본질/실체로 보는 생각을] 끊는다"(金剛[智地], 解脫道斷)라고 말하였다. [번뇌 종자를 끊는] 이 때 '다르게 무르익어 가는 식'(異熟識)[238]이 나타나 있는 것은 이전의 '[분별하

238 이숙식異熟識: 알라야식의 다른 이름이다. '이숙異熟'이란 과보가 원인과 다른 종류로

는] 생각의 종자'(念種子)로부터 생겨난 것이니, ['다르게 무르익어 가는 식'(異熟識)을] 생겨나게 하는 원인[인 종자]와 결과[인 '다르게 무르익어 가는 식'(異熟識)]은 시간을 같이하는 것이 아니기 때문이다. 이후에 '다르게 무르익어 가는 [식]'(異熟[識])이 다시는 생겨나지 않는 것은 ['금강석과 같은 지혜의 경지'에서 '번뇌에서 풀려나는 수행'으로 불변 · 독자의 본질/실체로 보는 생각을 끊는] 이때에 이미 모든 종자를 끊어 버렸기 때문이다. 그러므로 여기(『금강삼매경』의 본문)에서 말한 "'[번뇌에서] 풀려나는 수행'으로 [불변 · 독자의 본질/실체로 보는 생각을] 끊는다"(解脫道斷)라는 것이 바로 '모든 식識이 [불변 · 독자의 본질/실체로서] 생겨나지 않는 원인'(諸識不生之因)임을 알 수 있다.

次顯其果. 於中有二, 先明覺圓滿, 後顯識不生. 初中言"斷已入無住地"者, 金剛解脫, 斷種子已, 卽入妙覺無住之地. 二諦之外, 獨在無二, 故言"無住". 無住之心, 雙泯二諦故, 無出俗入眞之異. 旣無出入, 不在空有, 故言"心處無在". 無在之處, 唯是一心, 一心之體, 本來寂靜, 故言"決定性地". 一心顯時, 八識皆轉, 故於是時, 四智圓滿. 所以然者, 卽此一心, 離闇成明, 明白淸淨, 無影不照, 故言"其地淸淨, 如淨瑠璃". 是顯大圓鏡智之義. 卽此一心, 遠離二邊, 通達自他平等無二, 故言"性常平等, 如彼大地". 是顯平等性智之義. 如是一心無所觀故, 於諸法門, 無不觀察, 故言"覺妙觀察, 如慧日光". 是明妙觀察智之義. 如是一心, 無所作故, 於利他事, 無所不作, 故言"利成得本, 如大法雨". 雨潤萬物, 令成菓實, 此智亦爾, 利他事成, 令得本覺, 是明成所作智之義. 四智旣圓, 是始覺滿也. "入是智

이어진다는 뜻인데, 여기서 다른 종류란 선업善業이 낙과樂果를, 악업惡業이 고과苦果를 초래할 때 원인인 선업과 악업에 비교하여 과보인 낙과와 고과는 선도 아니고 악도 아닌 무기無記의 성질이므로 원인과 과보가 서로 이어지긴 하지만 다른 종류로 바뀐다는 것이다. 알라야식을 이숙식이라 부를 때는 이 끊임없는 변화의 성격을 강조하는 맥락이고, 그리하여 알라야식을 '한결같이 생멸하기만 한다'(一向生滅)고 규정하는 것으로 보인다.

者"已下, 次顯諸識不生. 得是四智, 正是妙覺之位, 故言"是入佛智地", 是時旣歸一心之源, 八識諸浪不更起動, 故[239]"入智地者, 諸識不生"也. 上來二分, 演始覺竟.

[H1, 633a11~b13; T34, 979b18~c10]

다음으로 ['모든 식이 [불변 · 독자의 본질/실체로서] 생겨난 것이 없는 경지'(諸識無生)의] 결과를 나타내었다. 여기에는 두 가지가 있으니, 먼저 '깨달음이 완전해짐'(覺圓滿)을 밝혔고 나중에 '식識이 [불변 · 독자의 본질/실체로서] 생겨나지 않음'(識不生)을 나타내었다. 처음에 말한 "끊고 나면 머무름이 없는 경지에 들어간다"(斷已入無住地)라는 것은 '금강[석과 같은] 지혜로 [번뇌에서] 풀려난 것'(金剛解脫)인데, [번뇌의] 종자를 끊고 나서 곧바로 〈'[차이들을] 사실대로 함께 만날 수 있는 깨달음'의 머무름이 없는 경지〉(妙覺無住之地)로 들어가는 것이다. '['세속적 관점'(俗諦)과 '진리적 관점'(眞諦), 이] 두 가지 관점'(二諦)에서 벗어나 오직 '둘[로 나누어 분별함]이 없는 경지'(無二)에 있으니, 그러므로 "머무름이 없다"(無住)라고 말한 것이다. [이] '머무름이 없는 마음'(無住之心)은 '['세속적 관점'(俗諦)과 '진리적 관점'(眞諦), 이] 두 가지 관점'(二諦)을 [불변 · 독자의 본질/실체로 보는 생각을] 다 없앴기 때문에 '세속에서 벗어남'(出俗)과 '진리[세계]로 들어감'(入眞)의 차이가 [불변 · 독자의 본질/실체로서] 없다. 이미 '[세속에서] 벗어남'(出)과 '[진리세계로] 들어감'(入)이 [불변 · 독자의 본질/실체로서] 없고, 없음(空)과 있음(有)도 [불변 · 독자의 본질/실체로서] 두지 않으니, 그러므로 "마음이 [어디에도] 자리 잡지 않는 경지에 있다"(心處無在)라고 말하였다. '[어디에도] 자리 잡지 않는 경지'(無在之處)는 오직 '하나처럼 통하는 마음'(一心)이니, '하나처럼 통하는 마음의 본연'(一心之體)은 '본래부터 [불변 · 독자의 본질/실체로 보는 분별의 동요가] 그쳐 평온한 것'(本來寂靜)이기 때문에 "본래 사실 그대로인 본연의 경지"(決定性地)라고 말하였다.

'하나처럼 통하는 마음'(一心)이 나타날 때에는 '여덟 가지 식'(八識)이 모

---

239 '故'는 '故言'의 오기로 보인다.

두 바뀌어 가니, 그러므로 이때에 '['거울로 비추는 것처럼 [현상세계를] 온전하게 드러내는 지혜'(大圓鏡智) · '[불변 · 독자의 본질/실체라는 생각으로 비교하지 않아] 평등하게 보는 지혜'(平等性智) · '사실 그대로 이해하는 지혜'(妙觀察智) · '[중생들이 열반에 이르도록 성숙시키는] 일을 이루어 가는 지혜'(成所作智), 이] 네 가지 지혜'(四智)가 완전(圓滿)해진다. 왜냐하면 이 '하나처럼 통하는 마음'(一心)이어야 [근본무지의] 암흑에서 벗어나 [지혜의] 밝음을 이루고 [그 지혜가] 명백하고 온전해져서(淸淨) [제대로] 비추어 내지 못하는 모습이 없기 때문이니, 그러므로 "그 경지는 청정하니 맑은 유리와 같다"(其地淸淨, 如淨瑠璃)라고 말하였다. 이것은 '거울로 비추는 것처럼 [현상세계를] 온전하게 드러내는 지혜의 면모'(大圓鏡智之義)를 드러낸 것이다.

[또한] 이 '하나처럼 통하는 마음'(一心)이어야 '['항상 있다는 견해'(常見)와 '완전히 없어진다는 견해'(斷見) 이] 두 가지 치우친 견해'(二邊)에서 멀리 벗어나 '나와 남이 평등하여 둘이 아닌 [경지]'(自他平等無二)를 통달하니, 그러므로 "본연은 언제나 평등하니 저 대지와 같다"(性常平等, 如彼大地)라고 말하였다. 이것은 '[불변 · 독자의 본질/실체라는 생각으로 비교하지 않아] 평등하게 보는 지혜의 면모'(平等性智之義)를 나타낸 것이다.

이와 같은 '하나처럼 통하는 마음'(一心)[지평]에서는 '[불변 · 독자의 본질/실체가 있다는 생각으로 분별하여] 본 것'(所觀)이 없기 때문에 '모든 현상세계'(諸法門)를 [사실대로] 이해하지 못하는 경우가 없으니, 그러므로 "깨달음은 '사실대로 이해하니', 햇빛처럼 빛나는 지혜와 같다"(覺妙觀察, 如慧日光)라고 말하였다. 이것은 '사실 그대로 이해하는 지혜의 면모'(妙觀察智之義)를 밝힌 것이다.

[또] 이와 같은 '하나처럼 통하는 마음'(一心)[지평]에서는 [분별로] '지어내는 것'(所作)이 없기 때문에 다른 사람을 이롭게 하는 일을 지어내지 않음이 없으니, 그러므로 "이로움이 이루어져 본연을 얻으니, 위대한 진리의 비[를 맞은 것]과 같도다"(利成得本, 如大法雨)라고 말하였다. 비는 만물을 적셔 열매를 맺게 하는데, 이 지혜도 그와 같아 다른 사람을 이롭게 하는 일

을 이루어 [그들로 하여금] '깨달음의 본연'(本覺)[인 '사실 그대로 앎']을 얻게 하니, 이것은 '[중생들이 열반에 이르도록 성숙시키는] 일을 이루어 가는 지혜의 면모'(成所作智之義)를 밝힌 것이다. [이렇게 이] 네 가지 지혜'(四智)가 완전해지면, 이것이 '['사실 그대로'를] 비로소 깨달아 감이 완전해진 것'(始覺滿)이다.

"이 [금강석과 같은] 지혜로 들어가는 것은"(入是智者) 이하는, 다음으로 '모든 식이 [불변 · 독자의 본질/실체로서] 생겨나지 않음'(諸識不生)을 나타낸 것이다. 이 '네 가지 지혜'(四智)를 얻은 것이 바로 '[차이들을] 사실대로 함께 만날 수 있는 깨달음의 경지'(妙覺之位)이므로 "부처님 지혜의 경지에 들어가는 것이다"(是入佛智地)라고 말하였고, 이때에 '하나처럼 통하는 마음의 본원'(一心之源)으로 돌아가서 '여덟 가지 식'(八識)의 온갖 [분별의] 파도가 다시는 '일어나 동요하지'(起動) 않기 때문에 "[부처님] 지혜의 경지에 들어간 사람에게는 모든 식識이 [불변 · 독자의 본질/실체로서] 생겨나지 않는다"(入智地者, 諸識不生)라고 한 것이다. 이상의 [제식공적諸識空寂과 제식무생諸識無生] 두 부분으로 '['사실 그대로'를] 비로소 깨달아 감'(始覺)을 설명하는 것이 끝난다.

나. 깨달음의 본연[인 '사실 그대로 앎']이 지닌 면모를 설명함(演本覺義)

無住菩薩言, "如來所說一覺聖力四弘智地, 卽一切[240]生本根覺利. 何以故, 一切衆生, 卽此身中, 本來滿足".

[H1, 633b14~16; T34, 979c11~13]

무주보살이 말하였다.

"여래께서 말씀하신 '하나처럼 통하게 하는 깨달음의 성스러운 힘'(一覺聖力)과 '[대원경지大圓鏡智 · 평등성지平等性智 · 묘관찰지妙觀察智 · 성소작지成

240 한불전과 대정장의 『금강삼매경론』에는 모두 '一切生'으로 되어 있는데 아무런 교감을 하지 않았다. 그러나 원문인 『금강삼매경』(T9, 368c14)에는 '一切衆生'으로 되어 있다. 이것은 현행의 『금강삼매경론』에 수록된 『금강삼매경』의 본문에 오탈자가 있을 수 있다는 사실을 보여 준다. 원효의 주석에 의거해도 '一切衆生'으로 보는 것이 타당하기 때문에 '一切衆生'으로 교감한다.

所作智, 이] 네 가지 넓디넓은 지혜의 경지'(四弘智地)[241]는 곧 모든 중생의 〈근본이 되는 '깨달음의 본연[인 '사실 그대로 앎']이 지닌 이로움'〉(本根覺利)입니다. 왜냐하면 모든 중생은 바로 이 몸 안에 [그 이로움을] '본래부터 완전하게 갖추고 있기'(本來滿足) 때문입니다."

此下, 第二演本覺義. 於中有二, 一者正明, 二者遣著. 初中亦二, 先明本覺無二之理, 後示除障入證之門. 初中亦二, 先問後答. 問中言"一覺聖力四弘智地"者, 領次前說四智之義. 始覺圓滿, 卽同本覺, 本始無二, 故名"一覺", 無所不爲, 故言"聖力", 一覺之內, 俱[242]四大智, 持諸功德, 故言"智地". 如是四智, 同一心量, 皆無不周, 故名"弘智". 如是一覺卽是法身, 法身卽是衆生本覺, 故言"卽一切衆[243]生本根覺利". 本來具有無量性德, 熏衆生心, 作二種業, 故名"本利",[244] 由是本覺無二義故, 無一衆生出法身外, 故言"卽此身中. 本來滿足".

[H1, 633b17~c7; T34, 979c13~25]

이 아래는 ['거듭 설명한 것'(重演) 두 가지 중에서] 두 번째인 '깨달음의 본연[인 '사실 그대로 앎']이 지닌 면모'(本覺義)를 설명한 것이다. 여기에 두 가지가 있으니, 첫째는 '곧바로 밝힌 것'(正明)이고 둘째는 '집착을 없애는 것'(遣著)

---

241 사홍지지四弘智地: '[대원경지大圓鏡智 · 평등성지平等性智 · 묘관찰지妙觀察智 · 성소작지成所作智, 이] 네 가지 지혜'(四智)의 위상을 높이려는 의도에서 만들어진 용어로 보인다. 'CBETA' 프로그램으로 검색해 보면, 이 표현은 『금강삼매경』, 『금강삼매경론』과 『금강삼매경주해金剛三昧經注解』(X35, 231c12), 『금강삼매경종통기金剛三昧經宗通記』(X35, 291a13) 등의 네 곳에서만 나타난다. 사홍지지四弘智地는 『금강삼매경』 계열의 문헌에서만 나타나는 독특한 용어임을 알 수 있다.

242 한불전에서는 갑본甲本에 '具'자로 되어 있다고 하였다. 대정장에는 아무런 언급도 없이 '俱'자로 되어 있다.

243 한불전에서는 갑본에 '衆'자가 없다고 지적하면서, '衆'자를 넣어 교감하였다. 대정장 『금강삼매경론』에서는 '衆'자를 뺀 '一切生'으로 교감하면서, 주석에서 갑본에는 '衆'자가 있음을 밝혀 놓고 있다. '一切衆生'으로 교감한다.

244 『금강삼매경』 원문은 '本根覺利'이다.

이다. 처음에도 두 가지가 있으니, 먼저 '깨달음의 본연[인 '사실 그대로 앎']이 ['진리의 몸'(法身)과] 다르지 않은 이치'(本覺無二之理)를 밝혔고, 나중에 '장애를 없애고 증득에 들어가는 방법'(除障入證之門)을 제시하였다. 처음[인 〈'깨달음의 본연'(本覺)[인 '사실 그대로 앎']이 '진리의 몸'(法身)과 다르지 않은 이치'〉(本覺無二之理)를 밝히는 것]에도 두 가지가 있으니, 먼저는 질문이고 뒤는 대답이다.

질문 가운데에서 "하나처럼 통하게 하는 깨달음의 성스러운 힘과 네 가지 넓디넓은 지혜의 경지"(一覺聖力四弘智地)라고 말한 것은, 앞에서 말한 '['거울로 비추는 것처럼 [현상세계를] 온전하게 드러내는 지혜'(大圓鏡智) · '[불변 · 독자의 본질/실체라는 생각으로 비교하지 않아] 평등하게 보는 지혜'(平等性智) · '사실 그대로 이해하는 지혜'(妙觀察智) · '[중생들이 열반에 이르도록 성숙시키는] 일을 이루어 가는 지혜'(成所作智), 이] 네 가지 지혜의 뜻'(四智之義)을 이은 것이다.

'['사실 그대로'를] 비로소 깨달아 감이 완전해지면'(始覺圓滿) 곧 '깨달음의 본연'(本覺)[인 '사실 그대로 앎']과 같아져서 '깨달음의 본연'(本覺)[인 '사실 그대로 앎']과 '['사실 그대로'를] 비로소 깨달아 감'(始覺)이 '다르지 않기'(無二) 때문에 "하나처럼 통하게 하는 깨달음"(一覺)이라 불렀고, '하지 못하는 것이 없기'(無所不爲) 때문에 '성스러운 힘'(聖力)이라고 하였으며, '하나처럼 통하게 하는 깨달음'(一覺) 안에는 '네 가지 큰 지혜'(四大智)가 갖추어져 '모든 이로운 능력'(諸功德)을 지니게 되기 때문에 "지혜의 경지"(智地)라고 말하였다. [그리고] 이와 같은 '네 가지 지혜'(四智)는 [그 작용범주가] '하나처럼 통하는 마음의 양'(一心量)과 같아 모두 두루 이르지 않는 데가 없기 때문에 "넓디넓은 지혜"(弘智)라고 부른 것이다.

이와 같은 '하나처럼 통하게 하는 깨달음'(一覺)은 곧 '진리의 몸'(法身)이고 '진리의 몸'(法身)은 곧 중생이 지닌 '깨달음의 본연'(本覺)[인 '사실 그대로 앎']이니, 그러므로 "곧 모든 중생의 〈근본이 되는 '깨달음의 본연[인 '사실 그대로 앎']이 지닌 이로움'〉입니다"(卽一切衆生本根覺利)라고 말하였다. ['하나처럼 통하게 하는 깨달음'(一覺)은] 본래부터 '한량없는 본연의 이로운 능력'(無

量性德)을 두루 갖추어 중생의 마음에 거듭 영향을 주면서 '두 가지 행위'(二種業)[245]를 짓기 때문에 "근본[이 되는 깨달음의] 본연[인 '사실 그대로 앎']이 지닌 이로움"(本[根覺]利)이라고 불렀고, 이 '깨달음의 본연[인 '사실 그대로 앎']이 ['진리의 몸'(法身)과] 다르지 않은 면모'(本覺無二義)로 말미암아 한 명의 중생도 '진리의 몸'(法身) 밖으로 벗어나지 않으므로 "바로 이 몸 안에 [그 이로움을] 본래부터 완전하게 갖추고 있다"(卽此身中, 本來滿足)라고 말하였다.

佛言, "如是. 何以故? 一切衆生, 本來無漏, 諸善利本, 今有欲刺,[246] 爲未降伏".

[H1, 633c8~9; T34, 979c26~27]

---

245 이종업二種業: 여기서 말하는 두 가지 행위가 무엇을 가리키는지 확정하기가 어렵다. 업業은 하나의 행위가 특정한 결과를 불러일으키는 것을 뜻하는데, 행위(業)에는 매우 다양한 종류를 거론할 수 있고 두 가지에 해당하는 용례도 다양한 유형으로 나타나고 있기 때문이다. 첫째, '[신체(身), 언어(口), 생각(意)으로 이루어지는] 세 가지 행위'(三業) 중에서 '신체로 이루어지는 행위'(身業)와 '언어로 이루어지는 행위'(口業) 둘을 '두 가지 행위'(二種業)라고 말하는 경우가 보인다. 이는 『대반열반경大般涅槃經』 권38(T12, 590a28)과 『불지경론佛地經論』 권6(T26, 320b22)의 용례에서 확인할 수 있다. 둘째, 범부업凡夫業과 성인업聖人業이 이종업二種業으로 나타나는 경우이다. 여기서 성인은 예류과預流果에서 불과佛果의 지위에 있는 이들을 가리키고 있다(『대지도론大智度論』 권96, T25, 730b6~8). 셋째, 생업生業/작업作業과 수업受業/수생업受生業으로 분류하고 있는 경우이다. 『대반열반경』 권36(T12, 578b20~22). "欲色衆生有二種業, 一者作業, 二者受生業. 中涅槃者, 唯有作業, 無受生業, 是故於中而般涅槃"; 『대반열반경』 권37(T12, 585b1~8). "善男子! 身口二業名爲外業,意業名內. 是三種業共煩惱行故, 作二種業, 一者生業, 二者受業. 善男子! 正業者卽意業也, 期業者謂身口業. 先發故名意業, 從意業生, 名身口業, 是故意業得名爲正. 智者觀業已, 次觀業因, 業因者卽無明觸, 因無明觸衆生求有, 求有因緣卽是愛也, 愛因緣故造作三種身口意業." 넷째, '지혜[를 얻게 하는] 행위'(慧業)와 '이로운 능력[을 얻게 하는] 행위'(功德業) 둘을 가리키는 경우이다. 원효가 주석하고 있는 글의 전후 맥락을 살펴보면, 가능성이 높은 용례라고 할 수 있다. 『보살영락본업경菩薩瓔珞本業經』 권1(T24, 1016c22~25). "佛子! 聖位中二種業. 一慧業, 無相無生智, 心心緣法性而生無照, 是名慧業. 二功德業, 實智出有諦中, 有爲無漏集百萬阿僧祇功德, 故名爲功德業."

246 한불전 교감주에는 갑본甲本에 '刾'자로 되어 있다고 한다.

부처님께서 말씀하셨다.

"그렇다. 어째서인가? 모든 중생[의 본연]은 본래부터 '번뇌가 스며들지 않는 것'(無漏)이어서 '모든 좋은 이로움의 근본'(諸善利本)이지만, 지금은 '탐욕의 가시덤불'(欲刺)이 있어 아직 [그것을] 제압하지 못하고 있다."

是答述許所問, 明本覺中無量性德, 不爲三漏之所染動, 故言"本來無漏". 以此爲本, 生諸善利, 故言"諸善利本". 雖有本覺, 而由客塵欲剌[247]所覆故, 今未得自本覺耳.

[H1, 633c10~14; T34, 979c27~980a2]

이 대답의 설명은 질문한 내용을 인정한 것인데, '깨달음의 본연'(本覺)[인 '사실 그대로 앎'] 안에 [갖추어져 있는] '한량없는 본연의 이로운 능력'(無量性德)은 '[탐욕(欲)·'존재에 대한 결박'(有)·근본무지(無明), 이] 세 가지 번뇌'(三漏)[248]에 오염되어 동요(動)되지 않는다는 것을 밝히는 것이므로 "본래부터 번뇌가 스며들지 않는 것이다"(本來無漏)라고 말하였다. [그리고] 이 ['깨달음의 본연'(本覺)[인 '사실 그대로 앎']이 지닌 '한량없는 본연의 이로운 능력'(無量性德)]을 근본으로 삼아 '모든 좋은 이로움'(諸善利)을 생겨나게 하기 때문에 "모든 좋은 이로움의 근본이다"(諸善利本)라고 말하였다. 비록 [이러한] '깨달음의 본연'(本覺)[인 '사실 그대로 앎']이 있지만 번뇌(客塵)인 '탐욕의 가시덤불'(欲刺)에 덮여 있기 때문에 지금 아직 '스스로의 깨달음의 본연'(自本覺)[인 '사실 그대로 앎']을 증득하지 못하고 있을 뿐이다.

無住菩薩言, "若有衆生, 未得本利, 猶有採集, 云何降伏難伏?" 佛言, "若集若獨行, 分別及與染, 廻神住空窟, 降伏難調伏, 解脫魔所縛, 超然

247 대정장 『금강삼매경론』(T34, 980a1)에는 '刺'자로 되어 있다.

248 삼루三漏: 세 가지 번뇌(漏)인 감각적 욕망(kāma), 존재[에 대한 결박](bhava), 근본무지(avidya)를 가리킨다. 여기서 누漏(팔리어 āsava; 산스크리트어 āśrava)는 번뇌가 마음에 스며드는 상태를 의미한다.

露地坐, 識陰般涅槃".

[H1, 633c15~19; T34, 980a3~6]

무주보살이 말하였다.

"만약 어떤 중생이 아직 '[깨달음의] 본연[인 '사실 그대로 앎']이 지닌 이로움'(本利)을 얻지 못하여 여전히 [윤회하는 생사生死의 과보들을] 취하고 [마음에 번뇌들을] 찾아 모은다면, 어떻게 [이] 제압하기 어려운 것을 항복시키겠습니까?"

부처님께서 말씀하셨다.

"만약 [어떤 때는 마음에 번뇌를] 모으거나 [어떤 때는 번뇌에서 풀려난 마음이] 홀로 작용하거나 간에 [이 모두가] '[불변·독자의 본질/실체로 보는 생각으로] 분별함'(分別)이거나 혹은 '오염(染)과 함께함'이니, 마음(神)을 돌이켜 '불변·독자의 본질/실체로 보는 생각이 없는 곳'(空窟)에 자리 잡으면 제압하기 어려운 것을 제압하고 '[수행의] 방해물'(魔)에 묶인 것에서 풀려나 '우뚝하게 드러난 [진리의] 자리'(超然露地)에 앉아 '갖가지 식'(識陰)이 '완전한 열반'(般涅槃)에 들게 된다."

此下, 第二示其除障入證之門. 於中有二, 先問後答. 問中言"採集"者, 明三有欲, 取生死果, 故言"採", 此諸煩惱, 與心相應, 故言"集". 從無始來, 現行不絶, 故言"難伏". 治道方生, 其力微劣, 云何能伏? 如是疑也. 答中有三, 先出所伏, 次明能伏, 後顯降伏所得勝利. "若集若獨行"者, 衆生心行, 麁細不定, 或時煩惱相應故集, 或時離惑心行故獨. 離煩惱時, 猶有法執分別, 煩惱俱時, 卽爲煩惱所染, 故言"分別及與染"也. 次明能伏. 謂依佛經, 廻其心神, 遣人法相, 住二空理, 故言"廻神住空窟". 此心方起而順道理, 故有勝能, 彼惑無始而逆道理, 故不能敵, 故言"降伏難調伏". 是明地前伏除二障. 由是伏道, 入斷道位, 漸拔種子, 乃至永盡, 永盡之時, 遠離四魔, 故言"解脫魔所縛". 次明降伏所得勝利. 勝利有二, 謂菩提果及與果果. 菩提果者, 超出有漏五陰聚落, 坐於道場, 得無上覺, 故言"超然露地坐". 言果果者, 以無上覺證大涅槃, 覺知無覺, 諸識皆入, 故言"識陰般涅槃"也.

[H1, 633c20~634a21; T34, 980a6~25]

이 아래는 ['깨달음의 본연[인 '사실 그대로 앎']이 지닌 면모'(本覺義)를 '곧바로 밝힌 것'(正明) 두 가지 중의] 두 번째인 '장애를 없애고 증득에 들어가는 방법'(除障入證之門)을 제시한 것이다. 여기에는 두 가지가 있으니, 앞은 질문이고 뒤는 대답이다. 질문 가운데 "[윤회하는 생사生死의 과보들을] 찾아 [마음에 번뇌들을] 모은다"(採集)라고 말한 것은 '[욕망세계(欲界) · 유형세계(色界) · 무형세계(無色界), 이] 세 가지 세계의 욕망'(三有欲)을 밝힌 것이니, '[근본무지에 매여] 태어나고 죽는 [윤회하는] 삶의 결과'(生死果)를 찾기 때문에 "찾는다"(採)라고 하였고, 이 모든 번뇌가 마음과 상응하기 때문에 "모은다"(集)라고 하였다. [그리고] 시작을 알 수 없는 때부터 '현재 작용하는 [번뇌]'(現行)가 끊어지지 않기 때문에 "제압하기 어렵다"(難伏)라고 말한 것이다. 〈'[번뇌를] 다스리는 수행'(治道)이 시작될지라도 그 [수행의] 힘이 작고 열세이니 어떻게 항복시킬 수 있겠습니까?〉 [무주보살은] 이와 같이 의심한 것이다.

대답에는 세 가지가 있으니, 먼저 '제압할 대상'(所伏)을 나타내고 다음은 '제압하는 주체'(能伏)를 밝혔으며 마지막으로 '항복시켜 얻는 수승한 이로움'(降伏所得勝利)을 드러내었다. "만약 [어떤 때는 마음에 번뇌를] 모으거나 [어떤 때는 번뇌에서 풀려난 마음이] 홀로 작용하거나 간에"(若集若獨行)라는 것은, 중생의 '마음작용'(心行)이 [번뇌의] '뚜렷함과 미세함'(麁細)이 일정하지 않아 어떤 때는 [마음이] 번뇌와 상응하기 때문에 [번뇌를] '모으고'(集), 어떤 때는 미혹에서 벗어난 마음이 작용하기 때문에 '[번뇌와 떨어져] 홀로 작용하는'(獨) 것이다. [그런데] 번뇌에서 벗어날 때에도 여전히 '모든 현상에 불변 · 독자의 본질/실체가 있다고 집착하는 분별'(法執分別)이 있고 번뇌와 함께할 때에는 곧 번뇌에 오염되니, 그러므로 "'[불변 · 독자의 본질/실체로 보는 생각으로] 분별함'(分別)이거나 혹은 '오염과 함께함'이다"(分別及與染)라고 말하였다.

다음은 제압하는 주체를 밝힌 것이다. 불교경전[의 가르침]에 의거하여 그 '마음작용'(心神)을 돌이켜서 '사람과 현상에 대한 [불변 · 독자의 본질/실체로 차별된] 차이'(人法相)를 없애고 '[자아(我)와 현상(法), 이] 두 가지에 불변 · 독자의 본질/실체가 없다는 도리'(二空理)에 자리 잡으니, 그러므로 "정신을 돌이켜 '불변 · 독자의 본질/실체로 보는 생각이 없는 곳'에 자리 잡는다"(廻神住空窟)라고 말하였다. 이러한 마음이 바야흐로 일어나 [이공二空의] 도리를 따르기 때문에 '수승한 능력'(勝能)이 있게 되지만, 저 번뇌(惑)가 시작을 알 수 없는 때부터 도리를 거슬러 왔으므로 대적하기 어려우니, 그러므로 "제압하기 어려운 것을 항복시킨다"(降伏難調伏)라고 말하였다. 이것은 '[열 가지 본격적인] 수행경지'([十]地) 이전 단계에서 '['번뇌로 인한 장애'(煩惱障)와 '이해로 인한 장애'(所知障), 이] 두 가지 장애'(二障)를 억제하여 없애는 것을 밝힌 것이다. 이 '억누르는 수행'(伏道)에 의거하여 '끊는 수행의 단계'(斷道位)에 들어가 차츰 종자를 뽑아내어 [마침내] 완전히 없애 버리니, 완전히 없애 버릴 때 '[수행의] 네 가지 방해물'(四魔)[249]에서 멀리 벗어나기 때문에 "'[수행의] 방해물'에 묶인 것에서 풀려난다"(解脫魔所縛)라고 말하였다.

다음으로는 '항복시켜 얻는 수승한 이로움'(降伏所得勝利)을 밝혔다. '수승한 이로움'(勝利)에는 두 가지가 있으니, '깨달음이라는 결실'(菩提果)[의 이

249 사마四魔: 마魔는 신적 존재로서 사람들의 마음을 괴롭혀 수행을 방해하는 세력을 가리키는 말로 쓰인다. 흔히 '악마의 군대'(魔軍)로 표현된다. 사마四魔에서 네 가지란 ① 번뇌마煩惱魔(몸과 마음을 괴롭히는 탐욕 등의 번뇌), ② 음마陰魔(갖가지 괴로움을 발생시키는 원인이 되는 오온五蘊), ③ 사마死魔(죽음), ④ 천마天魔(하늘세계의 신적 존재들 중에서 자재천마自在天魔) 등의 네 가지를 가리킨다. 이상의 내용은 나카무라의 『불교어대사전』(532a)의 설명에 토대한 것인데 그에 따르면 『구사론』에 근거한 설명이라고 하였다. 그런데, 출전으로 제시한 『구사론』 권3에서는 용어만 나오고 있어서 구체적인 의미를 알기가 어렵다. 오히려 『유가사지론』에서 자세한 설명을 읽어 볼 수 있다. 관련 내용을 소개하면 다음과 같다. 『유가사지론瑜伽師地論』 권29(T30, 447c17~23). "云何四魔? 一蘊魔, 二煩惱魔, 三死魔, 四天魔. 蘊魔者, 謂五取蘊. 煩惱魔者, 謂三界中一切煩惱. 死魔者, 謂彼彼有情從彼彼有情衆殀喪殞歿. 天魔者, 謂於勤修勝善品者求欲超越蘊煩惱死三種魔時, 有生欲界最上天子得大自在, 爲作障礙發起種種擾亂事業, 是名天魔."

로움]과 '[깨달음이라는] 결실로 생기는 결실'(果果)[의 이로움]이 그것이다. '깨달음이라는 결실'(菩提果)[의 이로움]이라는 것은 〈'번뇌가 스며든'(有漏) '자아를 이루고 있는 요소들의 다섯 가지 더미들의 마을'(五陰聚落)〉에서 벗어나 '진리의 자리'(道場)에 앉아 '가장 높은 깨달음'(無上覺)을 얻는 것이니, 그러므로 "우뚝하게 드러난 [진리의] 자리에 앉는다"(超然露地坐)라고 말하였다. '[깨달음이라는] 결실로 생기는 결실'(果果)[의 이로움]이라는 것은 '가장 높은 깨달음'(無上覺)으로써 '위대한 열반'(大涅槃)을 증득하는 것이니, '깨달음이 [불변 · 독자의 본질/실체로서] 없다는 것을 깨달아'(覺知無覺) 모든 식識이 다 ['위대한 열반'(大涅槃)에] 들어가기 때문에 "갖가지 식이 '완전한 열반'에 들게 된다"(識陰般涅槃)라고 말하였다.

無住菩薩言, "心得涅槃, 獨一無伴, 常住涅槃, 應當解脫".

[H1, 634a22~23; T34, 980a26~27]

무주보살이 말하였다.

"마음이 열반을 얻으면 ['여덟 가지 식'이 바뀌어] '오직 하나로 [통하는 깨달음이] 되어'(獨一) ['자아에 대한 집착'(我執) 및 '현상에 대한 집착'(法執)과] 함께하지 않아 '늘 열반에 머물러'(常住涅槃) 반드시 해탈할 것입니다."

此下, 第二遣著. 於中有二, 先明無住以遣有住之著, 後示無得以除有得之執. 初中有二, 先問後答. 問中言"獨一"者, 八識轉時, 成一覺故, 言"無伴"者, 人法二執, 斯遠離故. 無伴之覺, 常住於涅槃, 常住之智, 解脫一切縛, 有作是執, 故作是問也.

[H1, 634a24~b6; T34, 980a27~b3]

이 아래는 ['깨달음의 본연'(本覺)[인 '사실 그대로 앎']을 설명한 두 가지 중의] 두 번째인 '집착을 없애는 것'(遣著)이다. 여기에는 두 가지가 있으니, 먼저는 '[어떤 것에도] 머무름이 없음'(無住)으로써 '머무름이 있는 집착'(有住之著)을 없애는 것을 밝힌 것이고, 나중은 '얻음이 [불변 · 독자의 본질/실체로서] 없음'

(無得)으로써 '얻음이 [불변 · 독자의 본질/실체로서] 있다는 집착'(有得之執)을 제거함을 보여 주는 것이다. 처음 중에도 두 가지가 있으니, 먼저는 묻고 뒤는 답한 것이다.

질문 가운데 "오직 하나로 [통하는 깨달음이] 된다"(獨一)라는 것은 [분별하는] '여덟 가지 식'(八識)이 [['사실 그대로'를] 비로소 깨달아 감'(始覺)에 의해] 바뀔 때 '하나처럼 통하게 하는 깨달음'(一覺)을 이루기 때문이고, "함께하지 않는다"(無伴)라는 것은 '자아에 대한 집착과 현상에 대한 집착'(人法二執)에서 이때 멀리 벗어나기 때문이다. 〈'['자아에 대한 집착'(我執) 및 '현상에 대한 집착'(法執)과] 짝함이 없는 깨달음'(無伴之覺)은 열반에 '늘 머무르고'(常住), '늘 머무르는 지혜'(常住之智)는 '모든 속박을 풀어 버린다'(解脫一切縛)〉라는 집착을 짓기 때문에 이러한 질문을 한 것이다.

佛言, "常住涅槃, 是涅槃縛, 何以故? 涅槃本覺利, 覺利[250]本涅槃, 涅槃覺分, 卽本覺分. 覺性不異, 涅槃無異, 覺本無生, 涅槃無生, 覺本無滅, 涅槃無滅. 涅槃覺本無異故,[251] 無得涅槃, 涅槃無得, 云何有住? 善男子! 覺者, 不住涅槃, 何以故? 覺本無生, 離衆生垢, 覺本無寂, 離涅槃動. 住如是地, 心無所住, 無有出入, 入唵摩羅識.[252]"

[H1, 634b7~15; T34, 980b4~10]

부처님께서 말씀하셨다.

"'늘 열반에 머무른다'(常住涅槃)[고 생각하는] 것은 '열반에 속박됨'(涅槃

---

250 한불전에는 '覺利'로 되어 있지만, 대정장 『금강삼매경론』에는 '利'로 되어 있다. 대정장 『금강삼매경』(T9, 368c23)의 원문에도 '利'로 나온다. 여기서는 '利'로 번역한다.

251 본문의 "涅槃覺本無異故"가 대정장의 『금강삼매경론』(T34, 980b7)에는 "涅槃本故"라고 되어 있어 의문이 생긴다. 대정장 『금강삼매경』에는 "涅槃覺本無異故"(T9, 368c25)라고 되어 있고, 이 문장에 대한 교감주에서는 "송宋 · 원元 · 명明 · 궁宮 판본에는 '覺本無異'가 '本'이라 되어 있다"라고 밝힌다. 아래 원효의 주석에서는 "覺本無異"로 설명하고 있으므로 여기서는 한불전에 의거하여 번역하였다.

252 대정장 『금강삼매경론』에는 '識'자가 빠진 '唵摩羅'로 되어 있다.

縛)이니, 어째서인가? 열반은 '깨달음의 본연[인 '사실 그대로 앎']이 지닌 이로움'(本覺利)이고 [그] 이로움(利)은 '본래부터의 열반'(本涅槃)이니, '열반이 지닌 깨달음의 면모'(涅槃覺分)는 곧 '깨달음의 본연[인 '사실 그대로 앎']이 지닌 면모'(本覺分)이다. [그러므로] '깨달음의 본연'(覺性)[인 '사실 그대로 앎']에는 [서로] 다른 것이 없기에 열반에도 [서로] 다른 것이 없고, '깨달음에는 본래 [불변·독자의 본질/실체로서] 생겨난 것이 없기에'(覺本無生) '열반에도 [불변·독자의 본질/실체로서] 생겨남이 없으며'(涅槃無生), '깨달음에는 본래 [불변·독자의 본질/실체가] 사라짐이 없기에'(覺本無滅) '열반에도 [불변·독자의 본질/실체가] 사라짐이 없다'(涅槃無滅). 열반은 [불변·독자의 본질/실체가 아닌] 깨달음과 본래 다름이 없기 때문에 열반을 [불변·독자의 본질/실체로서] 얻음이 없으니, 열반에 얻음이 없다면 어떻게 [열반에] 머무름이 있겠는가? 훌륭한 이여! 깨달은 사람은 열반에 머무르지 않으니, 어째서인가? '[불변·독자의 본질/실체로서] 생겨남이 본래 없음'(本無生)을 깨달아 중생의 번뇌에서 벗어나고, '본래 [아무것도 생겨나지 않는] 고요함도 없음'(本無寂)을 깨달아 '[불변·독자의 본질/실체이거나 아무것도 없는] 열반[에 들어가려는 생각으로 인한] 동요'(涅槃動)에서도 벗어나는 것이다. 이와 같은 경지에 머무르면 '마음에 머무는 바가 없고'(心無所住) '[세속에서] 나오거나 [진리로] 들어감이 없어'(無有出入) '[근본무지에 따른 분별에서 풀려난 마음지평인 제9]암마라식'(唵摩羅識)으로 들어간다."

是答, 正遣有住之執. 於中有二, 初略破執, 後廣顯理. 初中言"常住涅槃, 是涅槃縛"者, 設有常覺, 住於涅槃, 卽是執著, 縛於涅槃, 云何常住是解脫耶? "何以故"下, 廣顯道理. 理無住故, 有住違理, 違理之心, 非縛是何? 釋意如是, 於中有二, 先約本覺以明無住, 後約始覺以顯無住. 初中約無異義, 以明無得無住, 此無異義, 有其四種. 一者本理無異, 如經"涅槃本覺利, 利[253]本涅槃"故. 是明涅槃是本覺利, 此本覺利是本涅槃, 其始覺者卽同本覺, 所以無異故無得也. 二者, 覺分無異, 如經"涅槃覺分, 卽本覺分". 是明涅槃衆德, 卽是本覺之德, 無異無得, 如前說也. 三者, 一味無異, 如經"覺性不異, 涅槃無異". 是明覺性一味無差別相, 卽是涅槃之無差別. 四者, 無二無異, 如經"覺本無生, 涅槃無生, 覺本無滅, 涅槃無滅". 是明本覺本無生滅, 卽是涅槃之無生滅. 由是四種無異道理, "本無異故, 無得涅槃", 是明無能得涅槃覺. 次言"涅槃無得"者, 是明涅槃無所得義. 旣無能得所得, 何有能住所住? 以之故言"云何有住", 卽顯常住不應道理. 次約始覺以明無住, 先標後釋. 言"覺者"者, 謂始覺者. 釋中言"覺本無生"者, 覺知生死本來無生, 所以離着生死之垢也. 言"覺本無寂"者, 覺知涅槃本無寂靜, 所以離入涅槃之動. "心無所住"者, 不住生死及涅槃故, "無有出入"者, 不見俗有及眞空故. "入唵摩羅"者, 一心之體, 離二邊故, 歸此心源, 故名爲"入". 如是無住, 方得解脫, 故住涅槃不離縛也.

[H1, 634b16~635a3; T34, 980b10~c9]

이것은 대답이니, '머무름이 있다는 집착'(有住之執)을 '곧바로 없애는 것'(正遣)이다. 여기에는 두 가지가 있으니, 처음은 '집착을 대략적으로 깨뜨리는 것'(略破執)이고 나중은 '도리를 자세하게 나타내는 것'(廣顯理)이다.

처음 가운데 "'늘 열반에 머무른다'[고 생각하는] 것은 '열반에 속박됨'이다"(常住涅槃, 是涅槃縛)라고 말한 것은 <'변하지 않는 깨달음이 있어 열반에 머무른다'(有常覺, 住於涅槃)라고 [생각]한다면 이것은 바로 집착이어서 열반에 속박되는 것이니 어떻게 '변함없이 머무는 것'(常住)이 해탈이겠는가?> [라는 말이다.]

"어째서인가"(何以故) 이하는 '도리를 자세하게 나타낸 것'(廣顯道理)이다. 진리에는 '머무름이 없기'(無住) 때문에 '머무름이 있음'(有住)은 진리를 위배하는 것이니, 진리를 위배하는 마음은 속박(縛)이 아니고 무엇이겠는

253 『금강삼매경』(T9, 368c23)의 원문이 한불전에는 '覺利'로 되어 있지만, 대정장 『금강삼매경론』에는 '利'로 되어 있고 대정장 『금강삼매경』(T9, 368c23)의 원문에도 '利'로 나오는데, 원효도 '利'로 보고 주석하고 있다.

가? 뜻을 풀면 이와 같은데 여기에 [다시] 두 가지가 있으니, 먼저는 '깨달음의 본연'(本覺)[인 '사실 그대로 앎']에 의거하여 '머무름이 없음'(無住)을 밝힌 것이고, 나중은 '['사실 그대로'를] 비로소 깨달아 감'(始覺)에 의거하여 '머무름이 없음'(無住)을 나타낸 것이다.

먼저 ['깨달음의 본연'(本覺)[인 '사실 그대로 앎']에 의거하여 '머무름이 없음'(無住)을 밝힌 것]에는 '[깨달음과 열반이] 다름이 없는 측면'(無異義)에 의거하여 '얻음이 없음'(無得)과 '머무름이 없음'(無住)을 밝혔는데, 이 '다름이 없는 측면'(無異義)에는 네 가지가 있다.

첫 번째는 '근본 도리에서 다름이 없음'(本理無異)이니, 경에서 "열반은 '깨달음의 본연[인 '사실 그대로 앎']이 지닌 이로움'이고 [그] 이로움은 '본래부터의 열반'이다"(涅槃本覺利, 利本涅槃)[라고 말한 것]과 같다. 이것은 〈열반이 '깨달음의 본연[인 '사실 그대로 앎']이 지닌 이로움'(本覺利)이고 이 '깨달음의 본연[인 '사실 그대로 앎']이 지닌 이로움'(本覺利)은 '본래부터의 열반'(本涅槃)이며 저 '['사실 그대로'를] 비로소 깨달아 감'(始覺)은 바로 '깨달음의 본연'(本覺)[인 '사실 그대로 앎']과 같으니, 그러므로 [깨달음과 열반이] 다름이 없기 때문에 '얻음이 없다'(無得)〉는 것을 밝힌 것이다.

두 번째는 '깨달음의 면모에 다름이 없음'(覺分無異)이니, 경에서 "'열반이 지닌 깨달음의 면모'는 곧 '깨달음의 본연[인 '사실 그대로 앎']이 지닌 면모'이다"(涅槃覺分, 卽本覺分)라고 말한 것과 같다. 이것은 열반의 갖가지 능력이 곧 '깨달음의 본연[인 '사실 그대로 앎']이 지닌 능력'(本覺之德)이어서 [서로] '다름이 없기에 얻음도 없다'(無異無得)는 것을 밝힌 것이니, 앞에서 설명한 것과 같다.

세 번째는 '한 맛처럼 통하여 다름이 없음'(一味無異)이니, 경에서 "깨달음의 본연에는 [서로] 다른 것이 없기에 열반에도 [서로] 다른 것이 없다"(覺性不異, 涅槃無異)라고 말한 것과 같다. 이것은 '깨달음의 본연이 지닌 한 맛'(覺性一味)[처럼 통하게 함]이 지닌 '[불변·독자의 본질/실체로 보아] 차별하는 차이가 없음'(無差別相)이 바로 '열반이 [지닌] 차별 없음[의 면모]'(涅槃之無差

別)라는 것을 밝힌 것이다.

네 번째는 '둘이 아니어서 다름이 없음'(無二無異)이니, 경에서 "'깨달음에는 본래 [불변 · 독자의 본질/실체로서] 생겨난 것이 없기에'(覺本無生) '열반에도 [불변 · 독자의 본질/실체로서] 생겨남이 없으며'(涅槃無生), '깨달음에는 본래 [불변 · 독자의 본질/실체가] 사라짐이 없기에'(覺本無滅) '열반에도 [불변 · 독자의 본질/실체가] 사라짐이 없다'(涅槃無滅)"(覺本無生, 涅槃無生, 覺本無滅, 涅槃無滅)라고 말한 것과 같다. 이것은 '깨달음의 본연[인 '사실 그대로 앎']에는 본래 [불변 · 독자의 본질/실체로서] 생겨남과 사라짐이 없음'(本覺本無生滅)이 바로 '열반에는 [불변 · 독자의 본질/실체로서] 생겨나거나 사라짐이 없음'(涅槃之無生滅)이라는 것을 밝힌 것이다.

이러한 네 가지 [측면에서의] '다름이 없는 도리'(無異道理)로 말미암아 "열반은 [불변 · 독자의 본질/실체가 아닌] 깨달음과 본래 다름이 없기 때문에 열반을 [불변 · 독자의 본질/실체로서] 얻음이 없다"(本無異故, 無得涅槃)[라고 말한 것]이니, 이것은 '열반과 깨달음'을 [불변 · 독자의 본질/실체로서] 얻을 수가 없음을 밝힌 것이다.

다음으로 "열반에 얻음이 없다면"(涅槃無得)이라고 말한 것은 '열반에는 [불변 · 독자의 본질/실체로서] 얻어지는 것이 없다'(涅槃無所得)는 뜻을 밝힌 것이다. [열반을] 얻은 자와 [열반에서] 얻어지는 것에 이미 [불변 · 독자의 본질/실체가] 없는데, 어떻게 머무는 사람과 머무는 곳이 [불변 · 독자의 본질/실체로서] 있겠는가? 그렇기 때문에 "어떻게 [열반에] 머무름이 있겠는가?"(云何有住)라고 말하였으니, [이것은] 곧 '[불변 · 독자의 본질/실체인 열반에] 늘 머무른다'(常住)[는 생각]은 도리에 상응하지 않음을 드러낸 것이다.

다음으로 '['사실 그대로'를] 비로소 깨달아 감'(始覺)에 의거하여 '머무름이 없음'(無住)[의 도리]를 밝혔으니, 먼저 [전체의 도리를] 제시(標)하고, 뒤에 [그 도리를] 해석(釋)하였다. "깨달은 사람"(覺者)이라고 한 것은 '['사실 그대로'를] 비로소 깨달아 가는 사람'(始覺者)을 가리킨 것이다. 해설 가운데 "'[불변 · 독자의 본질/실체로서] 생겨남이 본래 없음'(本無生)을 깨닫는다"(覺本無生)라고 말한 것은, '삶과 죽음'(生死)[의 현상]은 '본래부터 [불변 · 독자의 본질/실체로서] 생겨남이 없음'(本來無生)을 깨달아 앎으로써 '삶과 죽음에 집착하는 번뇌'(着生死之垢)에서 벗어나는 것이다.

"본래 [아무것도 생겨나지 않는] 고요함도 없음을 깨닫는다"(覺本無寂)라고 말한 것은, 열반에는 '본래 [아무것도 생겨나지 않는] 고요함도 없음'(本無寂靜)을 깨달아 앎으로써 '[불변 · 독자의 본질/실체이거나 아무것도 없는] 열반에 들어가려는 [생각으로 인한] 동요'(入涅槃之動)에서 벗어나는 것이다.

"마음에 머무는 바가 없다"(心無所住)라는 것은 생사와 열반[을 불변 · 독자의 본질/실체로 보는 생각]에 머무르지 않는 것이고, "[세속에서] 나오거나 [진리로] 들어감이 없다"(無有出入)라는 것은 '세속의 있음'(俗有)과 '참됨의 공함'(眞空)을 [불변 · 독자의 본질/실체로] 보지 않는 것이다. "'[근본무지에 따른 분별에서 풀려난 마음지평인 제9]암마라식'(唵摩羅識)으로 들어간다"(入唵摩羅)라는 것은, '하나처럼 통하는 마음의 본연'(一心之體)에서는 '[생사와 열반을 불변 · 독자의 본질/실체로 보는] 두 가지 치우친 견해'(二邊)에서 벗어나서 이 '[하나처럼 통하게 하는] 마음의 근원'(心源)으로 돌아가니, 그러므로 "들어간다"(入)라고 하였다. 이와 같이 '머무름이 없어야'(無住) 해탈할 수 있는 것이니, 그러므로 열반[을 불변 · 독자의 본질/실체로 보고 그곳]에 머무르면 속박에서 벗어날 수가 없다.

無住菩薩言, "唵摩羅識, 是有入處, 處有所得, 是得法也".

[H1, 635a4~5; T34, 980c10~11]

무주보살이 말하였다.

"'[근본무지에 따른 분별에서 풀려난 마음지평인 제9]암마라식'(唵摩羅識)에는 들어가는 곳이 있고, 그곳에서 얻는 것이 있다면 '진리를 얻은 것'(得法)이겠습니다."

此下, 第二遣有得執. 於中有四, 一者正明無得, 二者重遣疑情, 三者領解, 四者述成. 初中有二, 先問後答. 依前“入”言, 如言取義. 謂無垢識有所入處, 入時證得, 故有所得, 有作是疑, 故作是問.

[H1, 635a6~11; T34, 980c11~15]

이 아래는 [‘집착을 없애는 것’(遣著) 두 가지 중에서] 두 번째인 ‘얻음이 있다는 집착을 없애는 것’(遣有得執)이다. 여기에 네 가지가 있으니, 첫째는 ‘얻음이 없음을 곧바로 밝힘’(正明無得)이고, 둘째는 ‘의문을 거듭 없앰’(重遣疑情)이며, 셋째는 ‘핵심의 이해’(領解)이고, 넷째는 ‘설명의 마무리’(述成)이다.

첫째에는 두 가지가 있으니, 먼저는 질문이고 나중은 대답이다. 앞서 [말한 ‘암마라식으로 들어간다’(入唵摩羅識)에서의] “들어간다”(入)라는 말에 의거하여 말 그대로 뜻을 취하고는 〈‘오염되지 않은 식’(無垢識)에는 들어가는 곳이 있고 들어갈 때에 증득하는 것이니, 그러므로 얻는 것이 있다〉고 여기니, 이러한 의심을 하기 때문에 이러한 질문을 한 것이다.

佛言, “不.[254] 何以故? 譬如迷子手執金錢而不知有, 遊行十方, 經五十年. 貧窮困苦, 專事求索, 而以養身, 而不充足. 其父見子有如是事, 而謂子言, ‘汝執金錢, 何不取用? 隨意所須, 皆得充足.’ 其子醒已, 而得金錢, 心大歡喜, 而謂得錢. 其父謂言, ‘迷子! 汝勿欣懌. 所得金錢, 是汝本物, 汝非有得, 云何可喜?’

[H1, 635a12~20; T34, 980c16~22]

부처님께서 말씀하셨다.

“그렇지 않다. 어째서인가? 비유하자면 [다음과 같은 것이다.] 어리석은 아들이 손에 돈을 쥐고 있으면서도 있는 줄 모르고 온갖 곳으로 떠돌아다니면서 오십 년을 지냈다. 가난하고 없고 괴롭고 힘들어 열심히 일을 찾아 몸을 건사하려 했지만 충분하지 않았다. 그의 아버지는 아들에게

254 한불전에는 ‘不’자 뒤에 ‘也’자를 각주로 부가하였다. 대정장 『금강삼매경론』에는 ‘不’자만 있지만, 『금강삼매경』의 원문(T9, 369a1)에는 ‘不也’로 나온다. 여기서는 『금강삼매경』 원문에 따라 ‘不也’로 교감한다.

이와 같은 사정이 있음을 보고는 아들에게 말하였다. '너는 돈을 쥐고 있으면서 왜 쓰지 않느냐? 뜻대로 해도 모두 충족될 것이다.' 그 아들이 깨닫고서 돈을 얻어 마음으로 크게 기뻐하며 '돈을 얻었다'고 말하였다. 그의 아버지가 말하였다. '어리석은 녀석아! 너는 기뻐하지 말아라. 얻은 돈은 네가 본래 가지고 있던 것이어서 네가 [지금에야 비로소] 얻은 것이 아닌데, 어찌 기뻐할 일이겠는가?'

是答, 正明無得之義. 於中有三, 謂法喩合. 初言"不"者, 摠非有得, "何以故"下, 喩顯無得. 於中有四種喩. 一者, 迷子不知有金錢, 遊行貧苦喩, 二者, 其父示子有金錢, 令得充足喩, 三者, 喜得金錢喩, 四者, 告非有得喩. 初喩中言"迷子"者, 謂諸衆生迷自心源, 如來大悲, 如視一子, 故喩迷子. 『法華』窮子, 局喩聲聞, 此中迷子, 通喩群生. "手執金錢"者, 喩諸妄識, 五縛煩惱, 執着分別, 覆自淨心, 不知有故. "遊行十方"者, 遍計五相及五事故, "經五十年"者, 受五陰生五十惡故. "貧"者, 少有世間善故, "窮"者, 都無出世財故, 困者, 或墮三途受劇苦故, 苦者, 或生人天受輕苦故. "專事求索"者, 求世間樂, 作福業故, "而以養身"者, 受人天樂而受用故. "而不充足"者, 受世間樂, 彌增渴愛, 盛必有衰, 無義利故. 第二喩中, "其父見子"者, 佛歸心源, 同體大悲, 爲諸衆生, 作慈父故. "有如是事"者, 有如初喩所說事故, "而謂子言"者, 爲衆生說大乘教故. "汝執金錢, 何不取用?"者, 示有淨心應信解故. "隨意所須, 皆得充足"者, 若用淨心, 本覺勝利, 法身慧命, 得圓滿故. 第三喩中, "其子醒已"者, 聞大乘教, 而生信解, 位在地前故. "而得金錢"者, 得入初地, 正通達位, 證見佛性本覺利故. "心大歡喜"者, 後得智中, 念當現得, 生極喜故. "而謂得錢"者, 出觀失念有漏心中, 故起法執, 謂有得故. 第四喩中, "所得金錢, 是汝本物"者, 示其所證本覺之利, 本來屬汝, 非始有故. "汝非有得, 云何可喜"者, 旣本屬汝, 非今始得, 不宜於得生着心故. "汝勿欣懌"者, 遮其分別謂有所得, 於中生着而欣懌故.

[H1, 635a21~c10; T34, 980c22~981a23]

이는 대답이니, '얻은 것이 없다는 뜻'(無得之義)을 '곧바로 밝힌 것'(正明)이다. 여기에는 세 가지가 있으니, 도리(法)와 비유(喩)와 '[비유와의] 합치'(合)이다. 처음에 "그렇지 않다"(不也)라고 말한 것은 '얻은 것이 없음'(非有得)을 총괄한 것이고, "어째서인가?"(何以故) 이하는 '얻은 것이 없음'(無得)을 비유로 나타낸 것이다. 여기에는 네 가지 비유가 있다.

첫 번째는 어리석은 아들이 [원래 자신의 손에] 돈이 있는 줄을 알지 못하여 떠돌아다니며 가난하고 괴로운 [생활을 겪는] 비유이고, 두 번째는 그의 아버지가 아들에게 돈이 있음을 알려 주어 충족시켜 주는 비유이며, 세 번째는 돈을 얻었다고 기뻐하는 비유이고, 네 번째는 '얻은 것이 없음'(非有得)을 알려 주는 비유이다.

처음 비유 가운데 "어리석은 아들"(迷子)이라고 말한 것은 모든 중생들이 '자기 마음의 본원'(自心源)에 어리석은 것을 일컫는 것이니, 여래는 '크나큰 연민'(大悲)으로 [모든 중생을] 외아들 보듯 하기 때문에 '어리석은 아들'(迷子)에 비유하였다. 『법화경法華經』의 가난한 아들 비유[255]는 '가르침을 들어서 [혼자] 깨달으려는 수행자'(聲聞)에 국한된 비유이지만, 여기에

255 이 비유는 『묘법연화경妙法蓮華經』의 제4단원인 「신해품信解品」에 나온다. 『묘법연화경』 권2(T9, 16b25~17b16) 참조. 〈산스크리트본의 해당 내용: *Saddharmapuṇḍarīka*, pp.101~108. pratibhāti no bhagavan, pratibhāti naḥ sugata | tadyathāpi nāma bhagavan kaścid eva puruṣaḥ piturantikād apakrāmet | so 'pakramya anyataraṃ janapadapradeśaṃ gacchet | … atha khalu bhagavan sa daridrapuruṣas tasmin samaye imam evaṃrūpaṃ ghoṣaṃ śrutvā āścaryādbhutaprāpto bhavet | evaṃ ca vicintayet - sahasaiva mayedam eva tāvad hiraṇyasuvarṇadhanadhānyakośakoṣṭhāgāraṃ pratilabdham iti ||; 세존이시여! 그것은 저에게 분명해졌습니다. 선서시여! 그것은 저에게 분명해졌습니다. 세존이시여! 비유를 들어 말하자면, 어떤 한 남자가 아버지의 곁에서 떠났습니다. 그는 떠나고 나서 다른 나라의 지방으로 갔습니다. … 세존이시여! 그때 그 가난한 남자는 이러한 [자신의 아버지의] 말을 듣고 나서 매우 놀라고 깜짝 놀라게 되었습니다. 그리고 그는 다음과 같이 생각할 것입니다. 즉 '난데없이 나는 이만큼의 금화, 황금, 재산, 곡물, [그것들로 가득 찬/그것들을 저장하는] 창고와 저장고를 얻게 되었다'라고.〉

나오는 '어리석은 아들'(迷子)은 모든 중생들을 통틀어 비유한 것이다.

"손에 돈을 쥐고 있다"(手執金錢)라는 것은 모든 '분별 · 망상하는 식'(妄識)을 비유한 것이니, '다섯 가지 번뇌'(五縛煩惱)[256]로써 집착하고 '[불변 · 독자의 본질/실체로 보는 생각으로] 분별'(分別)하여 '자신의 온전한 마음'(自淨心)을 덮어 ['자신의 온전한 마음'(自淨心)이] 있는 줄 알지 못하는 것이다.

"온갖 곳으로 떠돌아다닌다"(遊行十方)라는 것은 '다섯 가지 특징'(五相)[257]과 [그] '다섯 가지 현상'(五事)[258]을 '두루 분별하는'(遍計) 것이고, "오십 년을 지냈다"(經五十年)라는 것은 '자아를 이루고 있는 요소들의 다섯 가지 더미'(五陰)를 받아 '오십 가지 해로움'(五十惡)을 일으키는 것이다.

"가난하다"(貧)라는 것은 '세간의 이로운 것'(世間善)이 조금만 있다는 것이고, "없다"(窮)라는 것은 '세속에서 풀려나는 자산'(出世財)이 전혀 없는 것이며, "괴롭다"(困)라는 것은 어떤 때는 '[지옥 · 아귀 · 축생의 삶과 같은] 세 가지 [나쁜] 세상'(三途)에 떨어져 극심한 고통을 받는 것이고, "힘들다"(苦)라는 것은 어떤 때는 인간세계와 천상세계에 태어나 가벼운 괴로움을 받

---

256 오박번뇌五縛煩惱: 『유가사지론瑜伽師地論』에서 설명하고 있는 '여섯 가지 분별망상의 속박'(六想縛) 가운데 '다섯 번째 분별망상의 속박'(五想縛)을 가리킨다. 오박번뇌란 '[네 가지 범주의 현상들에 빠져들지 않는] 마음국면을 놓치지 않는'(四念住) 수행을 반복적으로 닦을 경우 이 과정에서 [일어나는] 모든 분별이 '네 번째 분별망상의 속박'(四想縛)이며, 만일 이로 인해 '몸의 대상'(身境) 등에 대해 마음이 [그것들을] 좇아가며 '이해'(觀)를 확립하려는 경우 이 과정에서 [일어나는] 모든 분별이 '다섯 번째 분별망상의 속박'(五想縛)이다. 이에 대한 자세한 설명은 『이장의二障義』(H1, 792c14~16)에 나온다.

257 오상五相: 모습(相), 개념(名), 분별分別, 진여眞如, 정지正智로 지칭되는 다섯 가지 특징. 오상五相이 가장 많이 거론되는 것은 『유가사지론』인데, 수십 가지의 오상이 등장하고 있어서 확증하기가 어렵지만, 오사五事와 연관시킬 수 있는 것을 고려한다면 이 다섯 가지를 지칭하는 것으로 보인다. 『유가사지론』 권72(T30, 697b6~7). "復有餘五相? 一相相. 二名相, 三分別相, 四眞如相, 五正智相."

258 오사五事: 유식불교에서는 '존재'에서 발견되는 다섯 가지 현상을 오사五事라고 부른다. 명칭(名, nāman), '특징적인 차이'(相, nimitta), 분별작용(vikalpa), '참 그대로'(眞如, tathatā), '올바른 지혜'(正智, samyag-jñāna)가 그것이다.

는 것이다.

"열심히 일을 찾는다"(專事求索)라는 것은 세속의 즐거움을 구하고자 복을 짓는 것이고, "몸을 간수하다"(而以養身)라는 것은 인간세계와 천상세계의 즐거움을 받아 누리는 것이다. "그러나 충분하지 않았다"(而不充足)라는 것은, 세속의 즐거움을 누렸지만 '즐거움에 대한 갈증'(渴愛)은 더욱 늘어나고 [누리는 즐거움은] 왕성하다가 반드시 쇠퇴하여 '진리의 이로움'(義利)이 없는 것이다.

두 번째 비유 가운데 "그의 아버지가 아들을 보았다"(其父見子)라는 것은, 부처님이 '[하나처럼 통하게 하는] 마음의 근원'(心源)으로 돌아가 '한 몸으로 여기는 크나큰 연민'(同體大悲)으로써 모든 중생들을 위하여 자애로운 아버지가 되는 것이다. "이와 같은 사정이 있다"(有如是事)라고 한 것은 첫 번째 비유에서 말한 것과 같은 사정이 있다는 것이고, "아들에게 말하였다"(而謂子言)라는 것은 중생을 위하여 '대승의 가르침'(大乘教)을 설하는 것이다.

"너는 돈을 쥐고 있으면서 왜 쓰지 않느냐?"(汝執金錢, 何不取用)라는 것은 [본래부터] '온전한 마음'을 가지고 있으니 [그것을] 믿고 이해해야 한다는 것이다. "뜻대로 해도 모두 충족될 것이다"(隨意所須, 皆得充足)라는 것은, 만약 [그] '[본래의] 온전한 마음'(淨心)을 쓰면 '깨달음의 본연[인 '사실 그대로 앎']이 지닌 수승한 이로움'(本覺勝利)과 '진리 몸의 지혜로운 생명'(法身慧命)이 완전해진다(圓滿)는 것이다.

세 번째 비유 가운데 "그 아들이 깨달았다"(其子醒已)라는 것은, '대승의 가르침'(大乘教)을 듣고서 '믿음과 이해'(信解)를 일으켜 '[열 가지 본격적인] 수행경지'([十]地)의 직전에 자리 잡는 것이다. "돈을 얻었다"(而得金錢)라는 것은, '['열 가지 본격적인 수행경지'(十地)의] 첫 번째 경지'(初地)에 들어가 '['오로지 분별하는 마음에 의한 구성일 뿐임'(唯識)의 이치에] 통달한 수행경지'(通達位)[259]에

259 통달위通達位: 유식불교에서 '오로지 분별하는 마음에 의한 구성일 뿐임'(唯識)의 이

자리 잡아 '부처의 면모'(佛性)와 '깨달음의 본연[인 '사실 그대로 앎']이 지닌 이로움'(本覺利)을 직접 체득하여 보는 것이다.

"마음으로 크게 기뻐하였다"(心大歡喜)라는 것은, '[깨달은] 후에 체득되는 지혜'(後得智)[260] 속에서 미래와 현재에 얻을 것을 생각하고는 크나큰 기쁨을 일으키는 것이다. "돈을 얻었다고 말하였다"(而謂得錢)라는 것은, 〈'이해

치에 통달하는 경지를 가리키는 말이다. 『유가사지론』에 따르면 통달위는 네 가지 수행경지 중의 하나로 제시된다. "何等四位? 一不清淨位, 二清淨位, 三通達位, 四究竟位"(『유가사지론瑜伽師地論』 권80, T30, 745c6~8). 그러나 좀 더 체계화되면 『성유식론』의 설명과 같이, 다섯 가지 수행경지의 세 번째로 등장하는 경우도 나타난다. 이에 따르면 통달위는 모든 보살이 머무르는 '[진리다운] 이해를 밝혀 가는 수행'(見道)에 해당한다. 나아가 '[진리다운] 이해를 밝혀 가는 수행력'(見道力)에 의거하여 '참 그대로임'(眞如)을 깨달아 '[번뇌장煩惱障과 소지장所知障의] 두 가지 장애'(二障)를 끊어 내어 참모습을 증득하는 경지를 가리키기도 한다. 『성유식론成唯識論』 권9(T31, 48b11~14). "何謂悟入唯識五位? 一資糧位, 謂修大乘順解脫分. 二加行位, 謂修大乘順決擇分. 三通達位, 謂諸菩薩所住見道. 四修習位, 謂諸菩薩所住修道. 五究竟位, 謂住無上正等菩提"; 『성유식론』 권10(T31, 54c4~6). "二通達轉, 謂通達位. 由見道力通達眞如斷分別生二障麁重, 證得一分眞實轉依."

260 후득지後得智: 정체지正體智와 함께 유식학唯識學에서 출세성자出世聖者의 지혜로 제시되는 두 가지 지혜 중 하나이다. 정체지는 또한 근본지根本智, 근본무분별지根本無分別智, 무분별지無分別智, 정체무분별지正體無分別智, 여리지如理智, 이지理智, 승의지勝義智 등으로 불리는데, 인공人空과 법공法空에 의해 드러나는 진여眞如의 이치를 직증直證하여 번뇌를 끊은 지혜로서 무차별無差別의 이치를 비추는 지혜이다. 후득지는 또한 후득차별지後得差別智, 여량지如量智, 양지量智, 분별지分別智, 속지俗智, 세속지世俗智 등으로 불리는데, 정체지를 깨달은 후 세간의 통속사通俗事에 대해 차별差別의 이치를 비추는 지혜이다. 『불광대사전』 p.215, p.5012 참조. 정체지와 후득지가 거론되는 맥락과 용법들을 종합할 때, 현상의 〈'참 그대로인 본연'인 '불변·독자의 실체나 본질이 없음'〉(空, 空眞如)에 대한 이해는 정체지이고, '현상의 차이들이 지닌 특징'이나 '현상들의 관계'에 관한 이해는 후득지라고 하겠다. 『이장의二障義』에서 원효는 이 두 가지 지혜에 대해 "若人若法, 非有非無. 非無故, 說人法皆有量智所照, 非有故, 說人法二空理智所證"(H1, 814a22~24)이라고 설명한다. 이에 따르면 인법人法은 비유비무非有非無로서, 비무非無이기 때문에 인법의 유有가 양지量智로 이해되고 비유非有이기 때문에 인법의 공空이 이지理智로 증득된다. 원효학토대연구소 역(주저자 박태원), 『대승기신론 소·별기』 상, 세창출판사, 2019, p.366 참조.

[를 닦는 수행]'(觀)에서 나와 '[한결같은] 생각'(念)을 잃은 '번뇌가 스며드는 마음'(有漏心)〉(出觀失念有漏心) 속에 있기 때문에 '현상에 대한 집착'(法執)을 일으키는 것을 '얻은 것이 있다'(有得)고 말하는 것이다.

네 번째 비유 가운데 "얻은 돈은 네가 본래 가지고 있던 것이다"(所得金錢, 是汝本物)라는 것은, 그가 증득한 '깨달음의 본연[인 '사실 그대로 앎']이 지닌 이로움'(本覺之利)이 본래부터 그에게 속한 것이지 [지금에야] 비로소 있게 된 것이 아님을 알려 주는 것이다. "네가 [지금에야 비로소] 얻은 것이 아닌데, 어찌 기뻐할 일이겠는가?"(汝非有得, 云何可喜)라는 것은, 이미 본래부터 너에게 속한 것이고 지금 비로소 얻은 것이 아니므로 얻은 것에 대해서 '집착하는 마음'(着心)을 내는 것은 옳지 않다는 것이다. "너는 기뻐하지 말아라"(汝勿欣懌)라는 것은, 그가 '[불변 · 독자의 본질/실체로 보는 생각으로] 분별'(分別)하여 '얻은 것이 있다'고 말하면서 얻은 것에 대해 집착을 일으켜 기뻐하는 것을 막은 것이다.

善男子! 唵摩羅者, 亦復如是, 本無出相, 今則非入, 昔迷故非無, 今覺故非入".

[H1, 635c11~13; T34, 981a24~25]

훌륭한 이여! '[근본무지에 따른 분별에서 풀려난 마음인 제9]암마라[식]'(唵摩羅[識])이라는 것도 이와 같아서 본래의 '[자기] 면모'(相)를 벗어난 적이 없고, 지금에야 [비로소] 들어가는 것도 아니니, 예전에 어리석었다고 없는 것이 아니고, 지금 깨달았다고 [비로소] 들어가는 것도 아니다."

是第三合. 於中有二, 摠合別合. 摠合中言, "唵摩羅"者, 此云無垢. 本覺本淨, 性無改轉, 似彼金錢性無改故. 又金有四義喩, 本覺中常樂我淨, 通合四喩中金錢也. 別合中有四句, "本無出相"者, 合初喩中"手執金錢"故. "今卽非入"者, 合第三喩而"得金錢". "昔迷故非無"者, 合第二喩"汝執金錢, 何不取用", 是昔迷故不用, 而手執故非無也. "今覺故非入"者, 合第四喩

"是汝本物, 汝非有得". 今覺本物, 不出自心, 旣本不出, 何得有入, 非有入故, 非有得也.

[H1, 635c14~636a2; T34, 981a25~b6]

이는 세 번째인 '[비유와의] 합치'(合)이다. 여기에는 두 가지가 있으니, '총괄적인 [비유와의] 합치'(摠合)와 '개별적인 [비유들과의] 합치'(別合)이다.

'총괄적인 [비유와의] 합치'(摠合) 가운데 "[근본무지에 따른 분별에서 풀려난 마음인 제9]암마라[식]"(唵摩羅[識])이라고 한 것은 '번뇌가 없는 [식]'(無垢[識])이라고도 부른다. '깨달음의 본연[인 '사실 그대로 앎']은 본래부터 온전하여'(本覺本淨) '[그] 본연'(性)에는 '[번뇌에 의한] 달라짐이나 바뀜'(改轉)이 없으니, 마치 저 [비유에서 어리석은 아들이 본래부터 가지고 있었던] 돈의 성질이 [예전이나 지금이나] 달라진 적이 없는 것과 같다. 또 돈에는 네 가지 뜻의 비유가 있는데, '깨달음의 본연'(本覺)[인 '사실 그대로 앎']의 '늘 제자리를 지킴'(常)과 '안락함'(樂)과 '참된 자기'(我)와 '온전함'(淨)이 통틀어 네 가지 비유에서의 돈에 해당한다.

'개별적인 [비유들과의] 합치'(別合) 가운데 있는 네 구절에서 "본래의 [자기] 면모를 벗어난 적이 없다"(本無出相)라는 것은, 첫 번째 비유에서의 "손에 돈을 쥐고 있다"(手執金錢)와 합치하는 것이다. "지금에야 [비로소] 들어가는 것도 아니다"(今卽非入)라는 것은 세 번째 비유인 '돈을 얻었다'(而得金錢)와 합치한다. "예전에 어리석었다고 없는 것이 아니다"(昔迷故非無)라는 것은 두 번째 비유인 "너는 돈을 갖고 있으면서 왜 쓰지 않느냐?"(汝執金錢, 何不取用)와 합치하니, 이것은 예전에 어리석었기 때문에 쓰지는 못했지만 손에는 쥐고 있었기 때문에 없는 것은 아니라는 것이다.

"지금 깨달았다고 [비로소] 들어가는 것도 아니다"(今覺故非入)라는 것은, 네 번째 비유인 "네가 본래 가지고 있던 것이어서 네가 [지금에야 비로소] 얻은 것이 아니다"(是汝本物, 汝非有得)와 합치한다. 지금 본래부터 가지고 있던 것임을 깨달아 자기 마음을 벗어나지 않으니, 이미 본래부터 나온 적이 없는데 어찌 [비로소] 들어갈 수 있으며, '들어간 것이 아니기에 얻은 것이 아닌 것'(非有入故, 非有得)이다.

無住菩薩言, "彼父知其子迷, 云何經五十年, 十方遊歷貧窮困苦, 方始告言?" 佛言, "經五十年者,[261] 一念心動, 十方遊歷, 遠行遍計".

[H1, 636a3~6; T34, 981b7~9]

무주보살이 말하였다.

"저 아버지가 자기 아들의 어리석음을 알면서, 어찌 오십 년 넘게 [자기 아들이] 온갖 곳을 떠돌아다니면서 가난하고 없고 괴롭고 힘들고 나서야 비로소 알려 주었습니까?"

부처님께서 말씀하셨다.

"'오십 년 넘게'라는 것은 '한 생각'(一念)에 마음이 동요하는 것[을 뜻하는 것]이고, '온갖 곳으로 떠돌아다녔다'라는 것은 '[분별심으로] 광범위하게 분별하는 것'(遠行遍計)[을 의미하는 것]이다."

此下, 重遣疑情, 三番問答, 次第遣疑. 此初番者, 問依喩疑, 答就法遣. 答意而言. "經五十年", 喩於"一念心動", "十方遊歷", 喩於"遠行遍計", 斯則一念之頃, 遍計諸法. 卽於此念, 其父告言, 告言之時, 卽得醒悟, 念究竟時, 得無所得, 如覺金錢而無所得. 所以父告, 非爲經久, 但爲顯一念具五十惡, 故喩中說"經五十年"耳. 答意如是, 是義云何? 謂由無明力而起四相, 四相無明和合力故, 能動一心, 生住異滅. 一心旣動, 帶此四相, 是故說名"一念心動", 如『起信論』云, "自性淸淨心, 因無明風動", 乃至廣說. 於中委悉, 如彼記說.

[H1, 636a7~21; T34, 981b9~21]

261 대정장 『금강삼매경론』에는 '者'자가 없고, 한불전에는 별다른 설명 없이 작은 활자로 '者'자를 추가하였다. 여기서는 『금강삼매경』(T9, 369a12) 원문에 의거하여 '者'자를 추가하여 번역한다.

이 아래는 '의문을 거듭 없앰'(重遣疑情)이니, 세 번의 문답으로써 차례대로 의심을 없앴다. 이것은 첫 번째 문답이니, 질문은 비유에 의거하여 의심한 것이고 대답은 도리(法)에 의거하여 [의심을] 없앤 것이다. 대답한 뜻은 다음과 같다.

"오십 년 넘게"(經五十年)를 "한 생각에 마음이 동요하는 것"(一念心動)에 비유하고 "온갖 곳으로 떠돌아다닌다"(十方遊歷)를 "[분별심으로] 광범위하게 분별하는 것"(遠行遍計)에 비유하였으니, 그렇다면 '한 생각'(一念) 사이에 '온갖 것을 두루 분별한다'(遍計諸法)는 것이다. 바로 이 '[분별하는] 생각'(念)[의 잘못]을 그의 아버지가 알려 준 것이니, 알려 주는 말을 할 때 바로 깨달아 '[분별하는] 생각'(念)이 완전하게 사라질 때 '[새롭게] 얻은 것이 없음'(無所得)을 얻을 것이니, 마치 돈이 '[새롭게] 얻은 것이 아님'(無所得)을 깨닫는 것과 같다. 아버지가 알려 준 것은, [모르고 지내 온 세월이] 오래되었다는 것이 아니라 단지 '[불변·독자의 본질/실체로 보아 분별하는] 한 생각'(一念)에 '오십 가지의 해로움'(五十惡)이 갖추어짐을 드러내려는 것이니, 그러므로 비유로써 "오십 년 넘게"라고 말하였다.

대답한 뜻은 이와 같은데, 이 의미는 무엇인가? '근본무지의 힘'(無明力)에 따라 '['생겨나(生)·머무르고(住)·달라지며(異)·사라지는(滅) 분별망상의] 네 가지 양상'(四相)을 일으키고, '[분별망상의] 네 가지 양상'(四相)과 '근본무지'(無明)가 결합한 힘 때문에 '하나처럼 통하는 마음'(一心)을 동요시켜, [분별망상이] '생기고 머무르며 변이되고 사라지는 것'(生住異滅)을 일컫는다. '하나처럼 통하는 마음'(一心)이 동요되면 이 '[분별망상의] 네 가지 양상'(四相)이 갖추어지기 때문에 "[불변·독자의 본질/실체로 보아 분별하는] 한 생각에 마음이 동요한다"(一念心動)라고 말한 것이니, 『대승기신론』에서[262] "'본연이 온

262 『대승기신론』(T32, 576c13~16). "이와 마찬가지로 중생의 '본연이 온전한 마음'(自性淸淨心)이 근본무지(無明)의 바람에 의해 움직일 때 마음(心)과 근본무지는 둘 다 [독자적인] 모습이 없어 서로 배제하거나 분리되지 않지만 마음은 '움직이는 성질'(動性)[을 본질로 지닌 것]이 아니며, 만약 근본무지(無明)가 소멸하면 [분별하는 마음

전한 마음'이 근본무지의 바람에 의해 움직인다"(自性清淨心, 因無明風動) 등으로 자세하게 말한 것과 같다. 이 가운데 자세한 내용은 저 『대승기신론별기』에서[263] 설명한 것과 같다.

無住菩薩言, "云何一念心動?" 佛言, "一念心動, 五陰具生, 五陰生中, 具五十惡".

[H1, 636a22~24; T34, 981b22~23]

무주보살이 말하였다.

"무엇이 '[불변 · 독자의 본질/실체로 보아 분별하는] 한 생각에 마음이 동요하는 것'(一念心動)입니까?"

부처님께서 말씀하셨다.

"[불변 · 독자의 본질/실체로 보아 분별하는] 한 생각에 마음이 동요하면 [불변 · 독자의 본질/실체로 보는] '자아를 이루고 있는 요소들의 다섯 가지 더미'(五陰)가 함께 생겨나고, [불변 · 독자의 본질/실체로 보는] '자아를 이루고 있는 요소들의 다섯 가지 더미'(五陰)가 생겨나는 가운데 '50가지 해로움'(五十惡)을 갖추게 되는 것이다."

是第二番, 遣第二疑, 顯所治惡, 欲明一念四相, 攝諸生死故, 具五陰有五十惡. 云何五陰具五十惡? 謂識陰有八, 卽是八識, 受想二陰, 隨識各八. 行陰有九, 八是相應, 一不相應. 色陰十七, 合爲五十. 言十七者, 能造四大, 所造十三, 謂五根五塵法處所攝有三種色, 如顯揚說, 謂律儀色不律儀色及定自在所生色故. 且就一門, 立爲五十, 如是五十, 是眞實惡, 皆是流轉, 違涅槃故, 對彼涅槃眞實善故.

[H1, 636b1~12; T34, 981b23~c3]

들이] '서로 이어 가는 것'(相續)도 곧 사라지지만 [마음이 지닌] '지혜의 면모'(智性)는 파괴되지 않는 것이다"(如是衆生自性清淨心, 因無明風動, 心與無明俱無形相, 不相捨離, 而心非動性, 若無明滅, 相續則滅, 智性不壞故).

263 『대승기신론별기』(H1, 687b3~c7).

이것은 [세 번의 문답 가운데] 두 번째로서 [무주보살의] 두 번째 의심을 없애어 '다스려야 할 해로움'(所治惡)을 드러낸 것이니, '[불변 · 독자의 본질/실체로 보아 분별하는] 한 생각이 일으킨 [분별망상의] 네 가지 양상'(一念四相)이 '모든 [근본무지에 매인] 삶과 죽음을 포괄하기'(攝諸生死) 때문에 [불변 · 독자의 본질/실체로 보는] '자아를 이루고 있는 요소들의 다섯 가지 더미'(五陰)를 갖추어 '50가지 해로움'(五十惡)이 있게 됨을 밝히고자 한 것이다.

어떻게 [불변 · 독자의 본질/실체로 보는] '자아를 이루고 있는 요소들의 다섯 가지 더미'(五陰)가 '50가지 해로움'(五十惡)을 갖추게 되는가? ['자아를 이루고 있는 요소들의 다섯 가지 더미'(五陰) 가운데] '의식들의 무더기'(識陰)에 여덟 가지가 있으니 곧 '여덟 가지 식'(八識)이고, '느낌들의 무더기'(受陰)와 '개념적 지각들의 무더기'(想陰)는 '의식들[의 무더기]'(識[陰])에 따라 각각 여덟 가지가 있다. [또] '[의도와 같은] 정신작용들의 무더기'(行陰)에는 아홉 가지가 있는데, [이 중에서] 여덟 가지[264]는 '[마음(心) 및 마음작용(心所)과] 서로 응하

264 오음오십악五陰五十惡은 『금강삼매경』의 독자적 설명으로서 다른 경론에서는 찾을 수 없다. 본문에서 원효는 50악을 색色 · 수受 · 상想 · 행行 · 식識의 오음에 배속하여 설명한다. 이에 따르면 식음識陰은 안식眼識 · 이식耳識 · 비식鼻識 · 설식舌識 · 신식身識 · 의식意識 · 말나식末那識 · 아뢰야식阿賴耶識의 8가지이고, 수受 · 상想 이음二陰은 이 여덟 가지 식識에 의거하여 안식에 따르는 수 · 상과 이식에 따르는 수 · 상 등 각각 8가지이며, 행음行陰은 수 · 상 이음의 경우와 마찬가지로 여덟 가지 식識에 상응하는 심상응행음心相應行陰의 8가지에 식識과 상응하지 않는 심불상응행음心不相應行陰의 1가지를 더하여 9가지이고, 색음은 오근五根 · 오진五塵 · 법처소섭삼종색法處所攝三種色(율의색律儀色 · 불율의색不律儀色 · 정자재소생색定自在所生色)의 13가지이다. 8가지 심상응행음의 구체적 내용과 관련하여 『구사론』에서는 5위75법 가운데 심상응법인 46개의 심소법心所法 중 수受와 상想을 제외한 44가지와 심불상응법心不相應法 14가지를 합하여 행온을 58가지로 삼았다. 대승 유식에서는 5위100법으로 확장하였고, 행온은 소승과 동일하지만 숫자에 차이가 있다. 즉 대승의 심소법 51가지 가운데 심상응법心相應法 중 수受와 상想을 제외한 49가지와 심불상응법心不相應法 24가지를 합한 73가지를 행온으로 삼았다. 관련 논거를 『대승아비달마집론大乘阿毘達磨集論』 권1(T31, 664a13~23)에서 참고하면 다음과 같다. "云何建立行蘊, 謂六思身, 眼觸所生思, 耳觸所生思, 鼻觸所生思, 舌觸所生思, 身觸所生思, 意觸所生思, 由此思故思作諸善, 思作雜染, 思作分位差別. 又即此思除受及想與餘心所法心不相應行, 總

고'([心]相應) 한 가지[265]는 '[마음 및 마음작용과] 서로 응하지 않는다'([心]不相應). [그리고] '색깔이나 모양이 있는 것들의 무더기'(色陰)가 17가지이니, [이들을 모두] 합하면 50가지가 되는 것이다.

['색깔이나 모양이 있는 것들의 무더기'(色陰)가] 17가지라는 것은, [이 색음色陰을] 만들어 내는 '[지地·수水·화火·풍風의] 네 가지 물질적 속성'(四大)과 [이 사대四大로부터] 만들어지는 13가지이니, [그 구체적 내용은 다음과 같다.] '다섯 감관능력'(五根)과 '[색色·성聲·향香·미味·촉觸의] 다섯 가지 감관의 대상들'(五塵) [그리고] '의식의 대상에 포함되는 모양과 색깔이 있는 세 가지'(法處所攝三種色)[266]인데, ['모양과 색깔이 있는 세 가지'(三種色)는] 『현양론顯揚論』에

名行蘊. 何等名爲餘心所法, 謂作意·觸·欲·勝解·念·三摩地·慧·信·慚·愧·無貪·無瞋·無癡·勤安·不放逸·捨·不害·貪·瞋·慢·無明·疑·薩迦耶見·邊執見·見取·戒禁取·邪見·忿·恨·覆·惱·嫉·慳·誑·諂·憍·害·無慚·無愧·惛沈·掉舉·不信·懈怠·放逸·忘念·不正知·散亂·睡眠·惡作·尋·伺." 그러므로 심상응법心相應法의 행온은 〈작의作意·촉觸·사思·욕欲·승해勝解·염念·삼마지三摩地·혜慧·신信·참慚·괴愧·무탐無貪·무진無瞋·무치無癡·근勤·안安·불방일不放逸·사捨·불해不害·탐貪·진瞋·만慢·무명無明·의疑·견見(살가야견薩迦耶見/변집견邊執見/견취見取/계금취戒禁取/사견邪見)·분忿·한恨·부覆·뇌惱·질嫉·견慳·광誑·첨諂·교憍·해害·무참無慚·무괴無愧·혼침惛沈·도거掉舉·불신不信·해태懈怠·방일放逸·망념忘念·부정지不正知·산란散亂·수면睡眠·악작惡作·심尋·사伺〉이다.

265 대승 유식학의 심불상응행법은 〈득得·무상정無想定·멸진정滅盡定·무상이숙無想異熟·명근命根·중동분衆同分·생生·노老·주住·무상無常·명신名身·구신句身·문신文身·이생성異生性·유전流轉·정이定異·상응相應·세속勢速·차제次第·시時·방方·수數·화합和合·불화합不和合〉의 24가지이다. 『유가사지론』 권3(T30, 293c7~11). "不相應行有二十四種, 謂得, 無想定, 滅盡定, 無想異熟, 命根, 衆同分, 異生性, 生老住無常, 名身, 句身, 文身, 流轉, 定異相應, 勢速, 次第, 時, 方, 數, 和合, 不和合."

266 법처소섭삼종색法處所攝三種色: 법처소섭삼종색은 세 가지로 ① 율의색律儀色, ② 불율의색不律儀色, ③ 정자재소생색定自在所生色이 그것이다. 구체적으로 '이로운 규범에 따르는 행동으로 마음작용을 지어내는 유형적인 것'을 율의색이라고 하고, '해로운 규범에 따르는 행동으로 마음작용을 지어내는 유형적인 것'을 불율의색이라고 하며, '선정[에 든 상태]에서 자유자재로 일으키는 유형적인 것'을 정자재소생색이라고 한다.

서 설명한 것처럼[267] '이로운 규범에 따르는 행동으로 마음작용을 지어내는 유형적인 것'(律儀色), '해로운 규범에 따르는 행동으로 마음작용을 지어내는 유형적인 것'(不律儀色), '선정[에 든 상태]에서 자유자재로 일으키는 유형적인 것'(定自在所生色)[268][의 셋]이다.

우선 ['자아를 이루고 있는 요소들의 다섯 가지 더미'(五陰)와 관련한] '하나의 측면'(一門)에 의거하여 50가지를 세웠는데, 이와 같은 50가지는 진실로 '해로운 것'(惡)으로서 모두 [근본무지에 매인 채] '흘러 바뀌어 가면서'(流轉) 열반을 위배하기 때문에 저 '열반의 진리다운 이로움'(涅槃眞實善)과는 반대인 것이다.

無住菩薩言, "遠行遍計, 遊歷十方, 一念心生, 具五十惡, 云何令彼衆生, 無生一念?" 佛言, "令彼衆生, 安坐心神, 住金剛地, 靜念無起, 心常安泰, 卽無生一念".

[H1, 636b13~17; T34, 981c4~7]

무주보살이 말하였다.

"[중생은] '두루 분별하면서'(遠行遍計) 모든 세상을 떠돌아다니고 한 생각 사이에 마음을 일으킬 때 '50가지 해로움'(五十惡)을 모두 갖추니, 어

---

267 『현양성교론顯揚聖教論』 권1(T31, 484a13~21). "法處所攝, 色謂一切時意所行境. 色蘊所攝, 無見無對, 此復三種, 謂律儀色不律儀色及三摩地所行境色. 律儀色云何? 謂防護身語業者由彼增上造作心心法故. 依彼不現行法建立色性, 不律儀色云何? 謂不防護身語業者, 由彼增上造作心心法故, 依彼現行法建立色性. 三摩地所行境色? 謂由下中上三摩地俱轉, 相應心心法故, 起彼所緣影像色性, 及彼所作成就色性, 是名法處."

268 정자재소생색定自在所生色: 선정[에 든 상태]에서 자유자재로 생겨나는 대상의 속성이라고 정의할 수 있으나, 『현양성교론』에는 이 개념이 나타나지 않는다. 바로 위의 각주에서 제시한 『현양성교론』의 서술에 따르면, '삼매에 든 상태에서 나타나는 대상'(三摩地所行境色)이기 때문이다. 이 개념은 『대승아비달마집론大乘阿毗達磨集論』에서 제6의식의 대상인 법처색法處色으로 나타난다. 관련 내용은 다음과 같다. 『대승아비달마집론』 권1(T31, 663c15~17). "何等法處所攝色? 有五種應知, 謂極略色, 極逈色, 受所引色, 遍計所起色, 定自在所生色."

떻게 저 중생들로 하여금 '[불변·독자의 본질/실체로 보아 분별하는] 한 생각'(一念)을 일으키지 않게 하겠습니까?"

부처님께서 말씀하셨다.

"저 중생들로 하여금 마음(心神)을 편안하게 자리 잡게 하고 '금강[석 같은 굳건한] 경지'(金剛地)에 머무르면서 '[불변·독자의 본질/실체로 보아 분별하는] 생각'(念)을 그쳐 일어나지 않게 하여 마음이 '늘 편안하고 평안하면'(常安泰), 곧 '[불변·독자의 본질/실체로 보아 분별하는] 한 생각'(一念)이 생겨나지 않을 것이다."

是第三番, 遣第三疑, 明能治道. "令彼衆生"者, 十信已前一切衆生故. "安坐心神"者, 十住已去, 安心三空, 決定不退名"安坐"故. "住金剛地"者, 初地已上, 證得法身, 離諸滅壞, 如金剛故. "靜念無起"者, 等覺位中, 覺其動念本來寂靜, 令不起故. "心常安泰"者, 至妙覺位, 得見心源無起無滅, 本無動念無始無終. 無起滅故常, 無動念故安, 無始終故無不泰然. 如是修行, 得究竟覺, 卽無生死一念四相, 以之故言"卽無一念".[269] 爲顯是義故, 『起信論』說言, "初發意菩薩等, 覺於念異, 念無異相. 以捨麁分別執着相故, 名相似覺. 如法身菩薩等, 覺於念住, 念無住相, 以離分別麁念相故, 名隨分覺. 如菩薩地盡, 滿足方便, 一念相應, 覺心初起. 心無初相, 以遠離微細念故, 得見心性, 心卽常住, 名究竟覺". 案云, 此中"得見心性, 心卽常住", 卽釋此經"心常安泰"之句. 餘句准[270]釋如前, 應知. 上來大分演本覺竟.

[H1, 636b18~c16; T34, 981c7~24]

이 글은 세 번째 문답이니, 세 번째 의심을 없애어 '[번뇌를] 다스릴 수 있

---

269 『금강삼매경』 원문은 '卽無生一念'이다.

270 한불전과 대정장(T34, 981c24)의 『금강삼매경론』에서는 '淮'자로 된 판본이 있다고 하였다.

는 수행'(能治道)을 밝혔다. "저 중생들로 하여금"(令彼衆生)이라는 것은, '믿음을 세우는 열 가지 단계'(十信) 이전[에 있는] 모든 중생이기 때문이다. "마음을 편안하게 자리 잡게 한다"(安坐心神)라는 것은, '[믿음이 이해로] 안착하는 열 가지 단계'(十住)를 이미 지나 마음을 '불변 · 독자의 본질/실체가 없는 세 가지 경지'(三空)[271]에 안착시켜 결코 [다시는] 퇴보하지 않기 때문에 "편안하게 자리 잡는다"(安坐)라고 말하였다. "금강[석 같은 굳건한] 경지에 머문다"(住金剛地)라는 것은, '['열 가지 본격적인 수행경지'(十地)의] 첫 번째 경지'(初地) 이상에서 '진리의 몸'(法身)을 증득하여 온갖 '[분별에 따라] 사라지거나 무너져 버림'(滅壞)에서 벗어난 것이 마치 금강[석과 같기] 때문이다.

"'[분별하는] 생각'(念)을 그쳐 일어나지 않게 한다"(靜念無起)라는 것은, '[차이들을] 평등하게 볼 수 있는 깨달음의 경지'(等覺位)에서는 그 '동요하는 생각'(動念)이 '본래부터 [불변 · 독자의 본질/실체로 보는 분별의 동요가] 그쳐 평온한 것임'(本來寂靜)을 깨달아 일어나지 않게 하는 것이다. "마음이 늘 편안하고 평안하다"(心常安泰)라는 것은, '[차이들을] 사실대로 함께 만날 수 있는 깨달음의 경지'(妙覺位)에 이르러 〈'[하나처럼 통하게 하는] 마음의 근원'(心源)에는 '[분별하는 생각이] 일어남도 없고 사라짐도 없고'(無起無滅) '본래 [분별에 따라] 동요하는 생각도 없으며'(本無動念) '[분별의] 시작됨도 없고 끝남도 없음'(無始無終)〉을 증득하여 본[다는 뜻이]다. '[마음의 본원에는 분별하는 생각이] 일어남도 없고 사라짐도 없기'(無起滅) 때문에 '늘'(常)이고, [본래부터] '[분별에 따라] 동요하는 생각'(動念)이 없기 때문에 '편안하고'(安), '[분별하는 생각이] 시작됨도 없고 끝남도 없기'(無始終) 때문에 '평안'(泰)하지 않음이 없다. 이

---

271 『금강삼매경론』의 서문에서 나온 것처럼, 여기서 '불변 · 독자의 본질/실체가 없는 세 가지 경지'(三空)란 '불변 · 독자의 본질/실체가 없는 면모 또한 불변 · 독자의 본질/실체가 없다'(空相亦空), 〈'불변 · 독자의 본질/실체가 없는 면모도 불변 · 독자의 본질/실체가 없다는 것' 또한 불변 · 독자의 본질/실체가 없다〉(空空亦空), '불변 · 독자의 본질/실체가 없어진 것 또한 불변 · 독자의 본질/실체가 없다'(所空亦空)의 세 가지를 가리키는 말이다. 이 내용은 다음의 「'사실 그대로가 온전하게 드러나는 지평으로 들어가는 단원'(入實際品)」에서 자세하게 나온다.

와 같이 수행하여 '궁극적인 깨달음'(究竟覺)을 얻으면 곧 '[근본무지에 매여] 생겼다가 사라지면서 [불변 · 독자의 본질/실체로 보아 분별하는] 한 생각이 일으킨 [분별망상의] [생기고(生) 머무르며(住) 변이되고(異) 사라지는(滅)] 네 가지 양상'(生死一念四相)이 없으니, 그러므로 "곧 '[불변 · 독자의 본질/실체로 보아 분별하는] 한 생각'이 생겨나지 않을 것이다"(卽無[生]一念)라고 말하였다. 이러한 뜻을 나타내기 위해서 『대승기신론』에서는 [다음과 같이] 말한다.

"'처음으로 깨달음에 뜻을 일으킨 대승의 보살'(初發意菩薩) 등은 '[분별하는] 생각이 달라지는 단계'(念異)에서 [그것을] 깨닫기에, '[분별하는] 생각'(念)에 '달라지는 양상'(異相)이 없다. [그리하여] '뚜렷하게 분별하여 집착하는 양상'(麤分別執著相)을 버리기 때문에 '['[사실 그대로와 만나는] 근원적 마음'(心源)에 가까워진] 비슷한 깨달음'(相似覺)이라 부른다. '[열 가지 본격적인 수행경지(十地)에서] 진리의 몸을 얻은 보살'(法身菩薩) 등은 '[분별하는] 생각이 머무르는 단계'(念住)에서 깨닫기에, '[분별하는] 생각'(念)에 '머무르는 양상'(住相)이 없다. [그리하여] '분별[하여 망상을 수립]하는 뚜렷한 생각의 양상'(分別麤念相)에서 벗어나기 때문에 '['[사실 그대로와 만나는] 근원적 마음'(心源)의 범주에] 부분적으로 들어간 깨달음'(隨分覺)이라 부른다. '보살의 수행단계'(菩薩地)를 모두 마친 사람은 '[수행의] 수단과 방법'(方便)을 완전히 성취하였기에 '[근본무지에 따라 분별하는] 첫 생각을 포착하여'(一念相應) '[분별하는] 마음이 처음 일어나는 것을 깨달아'(覺心初起) 마음에 '[분별하는 생각이] 처음 일어나는 양상'(初相)이 없다. [그리하여] '[근본무지에 사로잡히는] 미세한 생각'(微細念)에서 멀리 벗어나기 때문에 '마음의 온전한 면모'(心性)를 보아 '마음이 늘 [그 온전함에] 자리 잡는 것'(心卽常住)을 '궁극적 깨달음'(究竟覺)이라 부른다."[272]

생각건대, 이(『대승기신론』) 중에서 말한 "'마음의 온전한 면모'를 보아 마음이 늘 [그 온전함에] 자리 잡는다"(得見心性, 心卽常住)라는 것은 바로 이 경(『금강삼매경』)의 "마음이 늘 편안하고 평안하다"(心常安泰)라는 구절의 뜻이

272 『대승기신론』(T32, 576b20~26).

다. 나머지 구절들은 앞서와 마찬가지로 [『대승기신론』의 구절에] 의거하여 해석하면 알 수 있을 것이다. '큰 구분'(大分)으로 '깨달음의 본연'(本覺)[인 '사실 그대로 앎']을 설명하는 것은 여기서 끝난다.

無住菩薩言, "不可思議. 覺念不生, 其心安泰, 卽本覺利. 利無有動, 常在不無, 無有不無, 不無不覺. 覺知無覺, 本利本覺. 覺者淸淨無染, 不變不易, 決定性故, 不可思議". 佛言, "如是".

[H1, 636c17~21; T34, 981c25~28]

무주보살이 말하였다.

"[이 경지는] 생각으로 헤아리기 어렵습니다. '[분별하는] 생각이 [불변·독자의 본질/실체로서] 생겨나지 않았음'(念不生)을 깨달아 그 마음이 '편안하고 평안하다면'(安泰) [이것이 바로] '깨달음의 본연[인 '사실 그대로 앎']이 지닌 이로움'(本覺利)입니다. '[깨달음의 본연[인 '사실 그대로 앎']이 지닌] 이로움'([本覺]利)은 변동이 없어서 언제나 존재하여 없어지지 않지만 '없어지지 않는 [장소]'(不無)에 있는 것도 아니니, [깨달음은] 없지도 않지만 [불변·독자의 본질/실체로서의] 깨달음도 아닙니다. '[불변·독자의 본질/실체로서의] 깨달음이 없음'(無覺)을 깨달아 알면 [그것이 바로] '본연적 이로움인 깨달음의 본연'(本利本覺)입니다. 깨달음이라는 것은 '[분별에 물들지 않아] 청정하여 오염이 없으며'(淸淨無染) [분별에 의해] 달라지지 않고 바뀌지도 않는 '본래 사실 그대로인 본연'(決定性)이기 때문에 [이 경지는] 생각으로 헤아리기 어렵습니다."

부처님께서 말씀하셨다.

"그렇다."

此是第三領解第四述成. "不可思議"者, 摠領歎深, 下別領解. 於中有二, 先領言句, 後領義理. 言"覺念不生, 其心安泰"者, 領前"靜念無起, 心常安泰"之句, 此是始覺之究竟處. 下領義理云"卽本覺利"者, 領無始覺異本覺義. 如論說云, “若得無念者, 則知心相生住異滅. 以無念等故, 而實無有始覺之異, 以四相俱時而有, 皆無自立, 本來平等, 同一覺故”. 案云, “實無始覺之異”者, 是釋經中“卽本覺利”之句, “四相俱時而有, 皆無自立, 本來平等”者, 是釋經中“利無有動”. 如是始覺覺知無異故, 以能得常在不無, 言“常在”者, 直謂不無. 然此中言“常”, 而無當有, 故言“無有不無”. 旣無當於有始覺故, 雖不無覺而不有覺, 故言“不無不覺”. 覺知如是無覺道理, 卽知始覺不異本覺, 故“覺知無覺, 本利本覺”. 如是究竟覺知之者, 遠離無明所覆, 故“淸淨無染”. “淸淨”者, 本來淨故, “無染”者, 今離染故. 永無生住異滅, 故“不變不易”. “不易”者, 無生住故, “不變”者, 無異滅故. 若如是者, 卽同眞際, 等於法性, 故言“決定性故”. 旣同平等, 離言絶慮, 故言“不可思議”. 前已言“不思議”, 今重言“不思議”者, 亦不可思議於不可思議故. 佛言“如是”者, 第四述成文, 如前所領解. 不違道理故.

[H1, 636c22~637b3; T34, 981c29~982a23]

이 글은 ['얻음이 있다는 집착'(有得之執)의 제거를 설명하는 네 부분 중에서] 세 번째인 '핵심의 이해'(領解)와 네 번째인 '설명의 마무리'(述成)이다. "[이 경지는] 생각으로 헤아리기 어렵습니다"(不可思議)라는 것은 '핵심을 총괄'(摠領)하여 [그] 심오함을 찬탄한 것이고, 그 이하는 하나씩 '핵심을 이해하는 것'(領解)이다. 여기에는 두 가지가 있으니, 먼저는 [부처님의] 말을 '이해[한 부분]'(領)이고, 나중은 '[그 말의] 뜻과 이치'(義理)를 '이해[한 부분]'(領)이다.

"[분별하는] 생각이 [불변·독자의 본질/실체로서] 생겨나지 않았음을 깨달아 그 마음이 편안하고 평안하다"(覺念不生, 其心安泰)라는 것은, 앞서의 "[분별하는] 생각(念)을 그쳐 일어나지 않게 하여 마음이 늘 편안하고 평안하다"(靜念無起, 心常安泰)라는 말을 이해(領)하는 구절이니, 이것은 '['사실 그대로'를] 비로소 깨달아 감이 완전해지는 경지'(始覺之究竟處)이다. [그] 아래에서 '[부처님 말씀의] 뜻과 이치'(義理)를 이해하여 "[이것이 바로] 깨달음의 본연[인 '사실 그대로 앎']이 지닌 이로움입니다"(卽本覺利)라고 말한 것은, '['사실 그대로'를] 비로소 깨달아 감'(始覺)이 '깨달음의 본연'(本覺)[인 '사실 그대로 앎']과 다르지 않다는 뜻을 이해한 것이다. 『대승기신론』에서 [다음과 같이] 말한 것과 같다.

"만일 '분별하는 생각이 없어짐'(無念)을 체득한 자라면 곧 '[근본무지에 따라 분별하는] 마음양상'(心相)의 '생겨나고 머무르며 달라지고 사라짐'(生住異滅)을 안다. '분별하는 생각이 없는 경지'(無念)와 같아졌기 때문에 [이럴 때] 실제로는 '비로소 깨달아 감'(始覺)의 [내용들에] 차이가 없으니, '[분별망상의] 네 가지 양상'(四相)이 동시에 있어도 모두 스스로 존립할 수 없으며 본래 평등하고 동일한 깨달음(覺)이기 때문이다."[273]

생각건대, [『기신론』에서] "[이럴 때] 실제로는 '비로소 깨달아 감'의 [내용들에] 차이가 없다"(實無始覺之異)라고 말한 것은 이 경(『금강삼매경』)의 "[이것이 바로] 깨달음의 본연[인 '사실 그대로 앎']이 지닌 이로움입니다"(卽本覺利)라는 구절의 뜻이고, "[분별망상의] 네 가지 양상이 동시에 있어도 모두 스스로 존립할 수 없으며 본래 평등하다"(四相俱時而有, 皆無自立, 本來平等)라는 것은 이 경(『금강삼매경』)의 "[본연적 깨달음의] 이로움은 변동이 없다"(利無有動)라는 구절의 뜻이다. 이와 같이 '['사실 그대로'를] 비로소 깨달아 감'(始覺)이 ['깨달음의 본연'(本覺)[인 '사실 그대로 앎']과] 차이가 없음을 깨달아 알기 때문에 ['깨달음의 본연[인 '사실 그대로 앎']이 지닌 이로움'(本覺利)은] 언제나 존재하여 없어지지 않을 수 있으니, "언제나 존재한다"(常在)라고 말한 것은 다만 "없어지지 않음"(不無)을 가리킨다.

그러나 여기서 말하는 "언제나"(常)라는 것은 '[불변의] 있음'(有)에 해당하는 것이 아니니, 그러므로 "없어지지 않는 [장소]에 있는 것도 아니다"(無有不無)라고 말하였다. 이미 '[불변의] 있음'(有)에 해당하는 것이 아닌 '['사실 그대로'를] 비로소 깨달아 감'(始覺)이므로, 비록 깨달음이 없는 것은 아니지만 깨달음이 [불변의 불변 · 독자의 본질/실체로서] 있는 것도 아니니, 그러므로 "[깨달음은] 없지도 않지만 [불변 · 독자의 본질/실체로서의] 깨달음도 아닙니다"

273 『대승기신론』(T32, 576c1~4) 참고.

(不無不覺)라고 말하였다. 이와 같이 '[불변 · 독자의 본질/실체로서의] 깨달음이 없다'(無覺)는 도리를 깨달아 알면, 곧바로 '['사실 그대로'를] 비로소 깨달아 감'(始覺)이 '깨달음의 본연'(本覺)[인 '사실 그대로 앎']과 다르지 않음을 알게 되니, 그러므로 "[불변 · 독자의 본질/실체로서의] 깨달음이 없음을 깨달아 알면 [그것이 바로] '본연적 이로움인 깨달음의 본연'입니다"(覺知無覺, 本利本覺)[라고] 하였다.

이와 같이 궁극적으로 깨달아 아는 사람은 '근본무지에 뒤덮여 있는 것'(無明所覆)에서 멀리 벗어나니, 그러므로 "[분별에 물들지 않아] 청정하여 오염이 없다"(淸淨無染)라고 하였다. "청정하다"(淸淨)라는 것은 '본래부터 [분별에 물들지 않아] 온전함'(本來淨)이기 때문이고, "오염이 없다"(無染)라는 것은 이제 [비로소] 오염에서 벗어나기 때문이다. [또] '[분별망상의] 생겨나고 머무르며 변이되고 사라짐'(生住異滅)이 완전히 없으니, 그러므로 "[분별에 의해] 달라지지 않고 바뀌지도 않는다"(不變不易)라고 하였다. "바뀌지 않는다"(不易)라는 것은 '[분별에 의해] 생겨나고 머무름'(生住)이 없는 것이고, "달라지지 않는다"(不變)라는 것은 '[분별에 의해] 변이되고 사라짐'(異滅)이 없는 것이다.

만약 이와 같다면 곧 '사실 그대로인 지평'(眞際)과 같아지고 '현상의 본연'(法性)과 같아지니, 그러므로 "본래 사실 그대로인 본연이기 때문이다"(決定性故)라고 하였다. [또] 이미 '같아져 평등하며'(同平等) '언어적 규정을 벗어나고 [불변 · 독자의 본질/실체로] 분별하는 생각을 끊었으니'(離言絶慮), 그러므로 "생각으로 헤아리기 어렵습니다"(不可思議)라고 말하였다. 앞에서 이미 "생각으로 헤아리기 어렵습니다"(不思議)라고 말했으면서 지금 거듭하여 "생각으로 헤아리기 어렵습니다"(不思議)라고 말한 것은, '생각으로 헤아리기 어려운 것'(不可思議)도 생각으로 헤아리기 어렵기 때문이다.

부처님께서 "그렇다"(如是)라고 말한 것은 ['얻음이 있다는 집착'(有得之執)의 제거를 설명하는 네 부분 중에서] 네 번째인 '설명을 마무리하는 글'(述成文)이니, 앞에서 '핵심을 이해한 것'(所領解)이 도리에 어긋나지 않기 때문이다.

2) 게송으로써 [부처님이] 읊은 것을 찬탄함(以偈讚頌)

無住菩薩, 聞是語已, 得未曾有而說偈言. "尊者大覺尊, 說生無念法. 無念無生心, 心常生不滅. 一覺本覺利, 利諸本覺者, 如彼得金錢, 所得卽非得".

[H1, 637b4~8; T34, 982a24~27]

무주보살이 이 말씀을 듣고서 아직 갖지 못했던 것을 얻게 되어 [다음과 같은] 게송을 읊었다.

"존경받는 분인 '위대한 깨달음'(大覺)을 얻으신 세존께서

중생에게 '[불변·독자의 본질/실체라고] 분별하는 생각이 없는 도리'(無念法)를 말씀하셨네.

'[불변·독자의 본질/실체라고] 분별하는 생각이 없어 [불변·독자의 본질/실체로서] 생겨난 것이 없는 마음'(無念無生心)이면

[편안하고 평안한] 마음이 늘 생겨나 사라지지 않네.

〈'하나처럼 통하게 하는 깨달음'인 '깨달음의 본연이 지닌 이로움'〉(一覺本覺利)으로

'깨달음의 본연'(本覺)[인 '사실 그대로 앎'을 갖추고 있는] 모든 이를 이롭게 하니,

[비유에서의] 그가 얻은 돈은

얻은 것이 곧 얻음이 아닌 것과도 같네."

此是第二以偈讚頌. 頌中有三, 初之二句, 摠讚能說, 次有四句, 頌前法說, 後有二句, 頌彼喩說. 初言"說生無念法"者, 說諸衆生, 成無念法究竟覺故, "無念無生心"者, 無生死念, 成無生心故. 言"心常生不滅"者, 略頌演文, 彼言"心常安泰", 乃至"常在不無"故. "生"之言"在", "滅"之言"無"故. "一覺本覺利, 利諸本覺者"者, 彼諸衆生, 無無本覺, 是故說言"諸本覺者". 下之二句, 頌前四喩, 摠頌可知.

[H1, 637b9~19; T34, 982a27~b6]

이 경문은 [본각리품本覺利品의 본문 전체를 이루는 세 부분 중에서] 두 번째인 '게송으로써 [부처님의 설법을] 찬탄함'(以偈讚頌)이다. 게송에 세 가지가 있으니, 처음의 두 구절은 설법한 이를 총괄적으로 [무주보살이] 찬탄한 것이고, 다음에 나오는 네 구절은 앞서의 [부처님] 설법을 칭송한 것이며, 뒤에 있는 두 구절은 저 [가난한 아들에] 비유한 설법을 칭송한 것이다.

처음에 말한 "중생에게 '[불변·독자의 본질/실체라고] 분별하는 생각이 없는 도리'를 말씀하셨다"(說生無念法)라는 것은 [부처님이] 모든 중생들에게 '[불변·독자의 본질/실체라고] 분별하는 생각이 없는 도리'(無念法)와 '궁극적인 깨달음'(究竟覺)을 이루는 것을 설했다는 것이고, "[불변·독자의 본질/실체라고] 분별하는 생각이 없어 [불변·독자의 본질/실체로서] 생겨난 것이 없는 마음"(無念無生心)이라는 것은 '[근본무지에 따른 분별에 매여] 생겼다가 사라지는 생각'(生死念)이 없어져 '[불변·독자의 본질/실체로서] 생겨남이 없는 마음'(無生心)[의 경지]를 성취했다는 것이다.

"[편안하고 평안한] 마음이 늘 생겨나 사라지지 않네"(心常生不滅)라고 말한 것은 [무주보살이 앞에서] 자세히 말한 것을 [다시] 간략히 게송으로 말한 것이니, 저 [앞에서 무주보살은] "마음이 늘 편안하고 평안하다"(心常安泰) 내지 "언제나 존재하여 없어지지 않는다"(常在不無)라고 말했기 때문이다. [지금 이 게송에서의] "생겨난다"(生)를 [앞서의 자세한 말에서는] "존재한다"(在)라고 말했고, [지금 이 게송에서의] "사라진다"(滅)를 [앞서의 자세한 말에서는] "없어진다"(無)라고 말했다.

"〈'하나처럼 통하게 하는 깨달음'인 '깨달음의 본연이 지닌 이로움'〉(一覺本覺利)으로 '깨달음의 본연'(本覺)[인 '사실 그대로 앎'을 갖추고 있는] 모든 이를 이롭게 한다"(一覺本覺利, 利諸本覺者)라는 것은, 저 모든 중생들 가운데 '깨달음의 본연'(本覺)[인 '사실 그대로 앎']이 없는 이가 없기 때문에 "깨달음의 본연[인 '사실 그대로 앎'을 갖추고 있는] 모든 이"(諸本覺者)라고 말하였다.

이하의 두 구절에서는 [앞에서 거론한] 네 가지 비유를 칭송하였으니, [네 가지 비유를] 총괄한 게송[의 뜻]은 [어렵지 않게] 알 수 있을 것이다.

3) 당시의 대중들이 이익을 얻음(時衆得益)

爾時, 大衆, 聞說是語, 皆得本覺利般若波羅蜜.[274]

[H1, 637b20~21; T34, 982b7~8]

그때 대중들은 [부처님의] 이 말씀을 [무주보살이 게송으로] 설명한 것을 듣고 모두 〈'깨달음의 본연[인 '사실 그대로 앎']이 지닌 이로움'(本覺利)에 의거한 '지혜가 밝아지는 [대승 보살의] 수행'(般若波羅蜜)〉(本覺利般若波羅蜜)을 얻었다.

此是第三聞法得利, 隨所說義, 隨得利故. 得本覺利, 始覺般若, 平等無異, 如前說故.

[H1, 637b22~24; T34, 982b8~10]

이 글은 [본각리품本覺利品의 본문 전체를 이루는 세 부분 중에서] 세 번째인 '[부처님이 말씀하신] 진리를 듣고 이로움을 얻음'(聞法得利)[275]이니, 설해진 뜻에 따르면서 [그에] 따라 ['깨달음의 본연'(本覺)[인 '사실 그대로 앎']이 지닌] 이로움을 얻기 때문이다. '깨달음의 본연[인 '사실 그대로 앎']이 지닌 이로움을 얻음'(得本覺利)과 '['사실 그대로'를] 비로소 깨달아 가는 지혜'(始覺般若)는 평등하여 차이가 없으니, 앞에서 설명한 것과 같다.[276]

---

274 대정장『금강삼매경론』에는 '密'자로 되어 있다. 원문인『금강삼매경』(T9, 369a28)에는 '蜜'자로 되어 있다.

275 앞에서는「'본연적 깨달음[인 '사실 그대로 앎']의 이로움[을 주제로 하는] 단원'(本覺利品)」의 본문의 세 번째 부분을 '당시의 대중들이 이로움을 얻은 것'(時衆得益)이라고 하였는데(H1, 629c16), 여기서는 표현이 바뀌었다.

276 이상의 단락에 해당하는 원효의 전체 과문 차례는 다음과 같다.

3. 깨달음의 본연[인 '사실 그대로 앎']이 지닌 이로움[을 주제로 하는] 단원(本覺利品)

1) 깨달음의 본연[인 '사실 그대로 앎']이 지닌 이로움을 자세하게 밝힘(廣明本覺利益)

(1) 움직임에 의거하여 고요함을 밝혀 '[깨달음의] 본연[인 '사실 그대로 앎']이 지닌 이로움의 핵심'을 간략히 나타냄(因動明靜, 略標本利之宗)

① 몸을 움직여서 [깨달음의] 본연[인 '사실 그대로 앎']이 지닌 이로움을 제시함(寄身移動, 以標本利)

② 말로써 [문답을] 주고받음(因言往復)

가. 질문(問)

나. 대답(答)

다. [여래의] 설명이 마무리됨([如來]述成)

③ 빛을 발하여 '[깨달음의] 본연[인 '사실 그대로 앎']이 지닌 이로움'을 찬탄함(放光讚頌本利)

(2) [깨달음의] 본연[인 '사실 그대로 앎']이 지닌 이로움의 면모를 자세하게 설명함(廣演本利之義)

① 곧바로 자세히 설명함(直廣)

② 거듭 설명함(重演)

가. ['사실 그대로'를] 비로소 깨달아 감을 설명함(演始覺)

가) 모든 식이 불변 · 독자의 본질/실체가 없고 [불변 · 독자의 본질/실체로 보는 분별의] 동요가 없음을 설명함(演諸識空寂)

(가) 곧바로 밝힘(正明)

(나) [시각始覺과 불각不覺의] 같지 않은 면모를 밝힘(明不同相)

(다) [시각始覺과 불각不覺의] 다르지 않은 면모를 밝힘(明不異相)

나) 모든 식이 [불변 · 독자의 본질/실체로서] 생겨나지 않음을 밝힘(明諸識不生)

(가) 간략하게 [핵심을] 밝힘(略標)

(나) 자세하게 해석함(廣釋)

나. 깨달음의 본연[인 '사실 그대로 앎']이 지닌 면모를 설명함(演本覺義)

가) 곧바로 밝힘(正明)

(가) 깨달음의 본연[인 '사실 그대로 앎']이 ['진리의 몸'과] 다르지 않은 이치를 밝힘(明本覺無二之理)

(나) 장애를 없애고 증득에 들어가는 방법을 제시함(示其除障入證之門)

나) 집착을 없애는 것(遣著)

(가) 머무름이 있는 집착을 없애는 것(遣有住之著)

㉮ 질문(問)

㉯ 대답(答)

ㄱ. 집착을 대략적으로 깨뜨림(略破執)

ㄴ. 도리를 자세하게 나타냄(廣顯理)

(나) 얻음이 있다는 집착을 없애는 것(遣有得執)

㉮ 얻음이 없음을 곧바로 밝힘(正明無得)

ㄱ. 질문(問)

ㄴ. 대답(答)

㉯ 의문을 거듭 없앰(重遣疑情)

㉰ 핵심의 이해(領解)

㉱ 설명의 마무리(述成)

2) 게송으로써 [부처님이] 읊은 것을 찬탄함(以偈讚頌)

3) 당시의 대중들이 이익을 얻음(時衆得益)

번역어 색인

ㄱ

ㄴ

ㄷ

ㅁ

ㅂ

ㅅ

ㅇ

ㅈ

ㅊ

ㅌ

ㅍ

ㅎ